16	3	2	13
5	10	11	8
9	6	7	12
4	15	14	1

Coleção LESTE

ANTOLOGIA DO PENSAMENTO CRÍTICO RUSSO

(1802-1901)

Organização, apresentação e notas
Bruno Barretto Gomide

Tradução
Cecília Rosas, Denise Sales, Ekaterina Vólkova Américo, Graziela Schneider, Mário Ramos, Renata Esteves, Sonia Branco e Yulia Mikaelyan

editora 34

EDITORA 34

Editora 34 Ltda.
Rua Hungria, 592 Jardim Europa CEP 01455-000
São Paulo - SP Brasil Tel/Fax (11) 3811-6777 www.editora34.com.br

Capa, projeto gráfico e editoração eletrônica:
Bracher & Malta Produção Gráfica / Mariana Leme

Revisão:
Cide Piquet, Lucas Simone, Cecília Rosas,
Camila Boldrini, Nina Schipper

1ª Edição - 2013, 2ª Edição - 2017 (1ª Reimpressão - 2022)

CIP - Brasil. Catalogação-na-Fonte
(Sindicato Nacional dos Editores de Livros, RJ, Brasil)

Gomide, Bruno Barretto, 1972
G724n Antologia do pensamento crítico russo (1802-1901) / organização, apresentação e notas de Bruno Barretto Gomide; tradução de Cecília Rosas e outros — São Paulo: Editora 34, 2017 (2ª Edição).
608 p. (Coleção LESTE)

ISBN 978-85-7326-544-6

1. Ensaio russo. 2. História da literatura russa - século XIX. I. Título. II. Série.

CDD - 891.74

ANTOLOGIA DO PENSAMENTO CRÍTICO RUSSO
(1802-1901)

Apresentação, *Bruno Barretto Gomide* 7

1. Do amor à pátria e do orgulho nacional (1802)
Nikolai Karamzin 27
2. Prefácio à *História do Estado russo* (1818)
Nikolai Karamzin 37
3. Da insignificância da literatura russa (1834)
Aleksandr Púchkin 47
4. Algumas palavras sobre Púchkin (1835)
Nikolai Gógol 57
5. Primeira carta filosófica (1836)
Piotr Tchaadáiev 65
6. Algumas palavras sobre a "Carta filosófica" (1836)
Aleksei Khomiakov 87
7. Algumas palavras sobre o poema de Gógol
As aventuras de Tchítchikov ou *Almas mortas* (1842)
Konstantin Aksákov 99
8. Pensamentos e observações
sobre a literatura russa (1846)
Vissarion Bielínski 113
9. Carta a Nikolai Vassílievitch Gógol (1847)
Vissarion Bielínski 147
10. Literatura e pensamento social
depois do 14 de dezembro de 1825 (1850)
Aleksandr Herzen 161
11. Sobre o caráter da ilustração da Europa
e sua relação com a ilustração da Rússia (1852)
Ivan Kiriêievski 187
12. Sobre o significado das obras de arte
para a sociedade (1856)
Pável Ánnenkov 235

13. O russo no *rendez-vous* (1858)
Nikolai Tchernichévski 263

14. O que é oblomovismo? (1859)
Nikolai Dobroliúbov 289

15. Quem deve aprender a escrever com quem, as crianças camponesas conosco ou nós com as crianças camponesas? (1859)
Lev Tolstói 337

16. A destruição da estética (1865)
Dmitri Píssariev 365

17. Sobre o método e as tarefas da história da literatura como ciência (1870)
Aleksandr Vesselóvski 387

18. Púchkin (1880)
Fiódor Dostoiévski 405

19. Um talento cruel (1882)
Nikolai Mikhailóvski 425

20. Três discursos em memória de Dostoiévski (1881-83)
Vladímir Soloviov 509

21. V. G. Bielínski (1898)
Gueorgui Plekhánov 549

22. A imortalidade como privilégio dos super-homens (1901)
Nikolai Fiódorov 585

Glossário 594
Créditos dos textos 601
Sobre o organizador 604
Sobre os tradutores 605

Apresentação

Bruno Barretto Gomide

A literatura russa do século XIX deve boa parte de sua tonalidade peculiar à imbricação com o vigoroso ensaísmo desenvolvido naquele país. No complexo jogo entre pensamento e ficção, é difícil saber quem abastece quem. Por mais central que tenha sido o papel do escritor na Rússia (ou do "poeta", em sentido amplo), cumprindo uma função de eixo em torno do qual girava a representação da nacionalidade, o crítico literário nada lhe devia. Em muitos casos, este último até ganhava primazia, creditado como voz interpretativa autorizada da história e da cultura russas. As idas e vindas entre texto crítico e texto literário produziram uma dinâmica essencial para a vida intelectual russa. Ambos eram publicados lado a lado nas mesmas "revistas grossas", o meio básico de discussão dos grandes temas culturais e sociais. Naqueles periódicos, lidos de uma ponta a outra da vasta Rússia, propostas críticas e personagens literários estabeleciam diálogos tensos e fecundos. Não por acaso, vários grandes artistas da literatura russa também se dedicaram ao ensaio social e filosófico. Inversamente, filósofos e críticos foram também prosadores e poetas, em alguns casos, bastante respeitáveis. O quadro geral resulta multifacetado, produzindo gêneros encontráveis na Europa Ocidental, mas que na Rússia ganharam dimensões especiais, como a *publitsístika*, ou então gerando frutos especificamente russos, como é o caso do *ótcherk*, um tipo de ensaio jornalístico com visada filosófica e social.

Na tradição cultural russa, os discursos extraliterários contêm um considerável arsenal de imagens transcendentes, de metáforas e reverberações estéticas. São elementos que vão muito além do meramente ornamental (embora muitas vezes tenham sido introduzidos pela necessidade de contornar a censura). Na mesma proporção, a arte de Gógol, Dostoiévski e Tolstói tinha o papel crítico de informar, admoestar, intervir e profetizar, mesclando radicalmente áreas de atuação que em outros países, *grosso modo*, encontravam-se mais autonomizadas. O século de *Crime e castigo*, *Almas mortas* e *Guerra e paz* é também o da "Primeira carta filosófica" de Tchaadáiev, da memorialística de Herzen, da crítica literária de Bielínski e do pensamento religioso de Vladímir Soloviov.

No Brasil, esse quinhão vital da cultura russa é desconhecido. A literatura russa tem sido amplamente traduzida. Seu sucesso constitui um grande fenômeno cultural. Porém, ainda há uma escassez considerável de textos sobre historiografia e sobre história da crítica e da filosofia russas. Ao compilar os principais textos críticos do século XIX, a presente antologia espera contribuir para a superação desse descompasso. Esta é a primeira reunião em português dos textos e autores essenciais do pensamento russo. Todas as traduções aqui apresentadas são inéditas em livro.[1] O leitor brasileiro tem noções da importância da discussão entre ocidentalistas e eslavófilos, para citar apenas a querela mais conhecida, mas faltam-lhe as fontes textuais desse e de outros debates. Essa polarização do campo intelectual russo é apenas uma das várias cisões e polêmicas contidas nesta antologia, que abrange os principais temas do pensamento crítico russo: o "povo" (o onipresente *narod*), o Estado, o papel do intelectual, a relação da arte com a sociedade, o peso do fator religioso, os contornos geográficos e históricos da Rússia, a função das ideias estrangeiras na cultura nacional.

Os vinte e dois textos dos vinte autores traduzidos são apresentados em ordem cronológica por questão de praticidade, mas o leitor certamente perceberá as idas e vindas das múltiplas linhagens dentro de um roteiro aparentemente linear. A primeira metade do século traz dúvidas atrozes sobre a própria existência de algo chamado "Rússia" e de uma cultura que lhe correspondesse; angústias tingidas de desespero histórico-metafísico e associadas à viabilidade de um sistema literário próprio. Na segunda metade do século, com o clima político transformado após as reformas do tsar Alexandre II, aumentam as possibilidades de encaminhamentos políticos, a censura se torna menos abrangente, a sociedade civil se complexifica. Em meio a ocidentalistas, eslavófilos, marxistas, simbolistas, populistas e estetas, as fraturas se formam no mesmo ritmo que as afinidades e confluências insuspeitadas: os "estetas" literários cla-

[1] Mesmo em traduções indiretas, apenas o momentoso texto de Dostoiévski sobre Púchkin teve algumas versões brasileiras, a partir dos anos 1940, geralmente em edições condensadas do *Diário de um escritor*.

mam pelo papel da moralidade e da serventia da arte, os "radicais" utilitários têm brilhantes *insights* literários, os populistas, adeptos da revolução e da ação direta, reelaboram aspectos comunais eslavófilos, e estes, conservadores politicamente, exibem componentes anarquizantes que os colocam em choque com as autoridades. Para além do céu e do inferno das dicotomias proverbialmente russas, surgem terceiras vias, posições moderadas, que desempenham um papel maior na vida russa do que habitualmente se supõe. Em comum a todas essas vertentes, figura a reflexão dramática sobre a identidade nacional, preocupação onipresente no século XIX, mas que no caso russo ganhou contornos paradigmáticos.

Os russos não foram os únicos a pensar questões de identidade nacional, mas deram a essas questões — que, sintomaticamente, ganharam o nome de "malditas" — um caráter vital e uma intensidade particular. Movidos pela exigência, típica do século, na Europa e em suas periferias, de se construir grandes narrativas legitimadoras sobre a nacionalidade, o ensaísmo russo desejava encontrar uma substância estável chamada "Rússia". Na falta dela, mapeava uma proliferação vertiginosa de temporalidades, espaços, fronteiras, vozes e tradições — um conjunto de "Rússias".

Dada a dimensão que tais questões assumiram no século XIX, nossa opção foi centrar forças nesse recorte cronológico, à diferença de outras antologias de propósito similar, porém mais panorâmicas, que começam com textos da era petrina e vão até o período revolucionário, já no século XX. A concentração dos textos em apenas um século permite apreciar a riqueza dos debates relativos às complexas conexões entre literatura, cultura, história e sociedade.[2]

Ao longo da maior parte do século XVIII, no influxo das reformas de Pedro, o Grande, a nova elite letrada modernizadora ficou estreitamente associada ao Estado burocrático imperial que ela mesma tinha a tarefa de construir (sendo, ao mesmo tempo, construída por ele), sob inspiração dos modelos de eficiência técnica e administrativa fornecidos pelo norte da Europa. Seus esforços mais sistemáticos visavam à criação de instrumentos técnicos e projetos culturais que ajudassem na gestão desse Estado. Entre eles, a própria linguagem literária russa, extraída a

[2] Exemplos de outras antologias são as de Olga Novikova, *Rusia y Occidente*, Madri, Tecnos, 1997; e Marc Raeff, *Russian intellectual history: an anthology*, New Jersey, Humanities Press, 1978.

fórceps do entrecruzamento da velha tradição, fornecida pelo eslavo eclesiástico, e das diversas propostas europeizantes, que iam desde a adoção de formas latinas clássicas até a enfática aceitação do referencial francês. Criavam-se dicionários, gramáticas, manuais, e adaptavam-se as poéticas neoclássicas para as discussões literárias russas.[3] Em meio à cooptação da nobreza, criada para servir a tal projeto, havia espaço para alguma dissensão, e mesmo para resistências localizadas: era considerável o número de sátiras, especialmente em relação ao afrancesamento que se apossara da sociedade russa (as peças de Fonvízin fornecem um bom exemplo desse veio) e à artificialidade da vida da nobreza e de suas fachadas literais ou metafóricas. Eram bosquejos cômicos devidamente acompanhados pelo correlato elogio árcade ou protossentimental à autenticidade do mundo rural. Muitos desses discursos antecipam problemas que ganharão voos mais altos no século seguinte. De modo geral, contudo, a produção intelectual da elite letrada ainda estava mais presa ao desenvolvimento de um projeto cosmopolita (e autoritário) de ordem e estabilidade, no sentido de um Estado polido e policiado. As crises mais drásticas, dentro dessa pauta de inserção da cultura da corte russa em um universo de cortes internacionais, vinham, evidentemente, "de baixo", com rebeliões populares e movimentos religiosos cismáticos.

A virada do século XVIII para o XIX trouxe alterações cruciais no modo como se pensava o país. A influência da Revolução Francesa, a profusão de novas correntes intelectuais na corte de Alexandre I (que reinou de 1801 a 1825), os diferentes ventos românticos e, sobretudo, a campanha napoleônica e o ano-chave de 1812 aprofundam uma cisão dentro da nobreza russa que já vinha se gestando desde a segunda metade do reinado de Catarina II (de 1762 a 1796). Tal fratura no interior da elite intelectual diminuta está na origem da camada social conhecida como *intelligentsia*, conceito que é tão fundamental para a história intelectual russa quanto de difícil definição. De modo muito sumário, e descontando-se todas as múltiplas variações pelas quais o termo passou, a *intelligentsia* pode ser entendida como certa categoria de pensadores e letrados que se autoatribui a missão de defender os valores culturais, e

[3] Uma obra de referência nesse sentido é a de Viktor Jívov, *Iazik i kultura v Rossíi XVIII vieka*, Moscou, 1996. (Há uma tradução para o inglês: *Language and culture in Eighteenth-century Russia*, Boston, Academic Studies Press, 2009, tradução de Marcus Levitt.)

que se localiza distante tanto do "Estado" quanto do "povo". A distância gera a sensação de pertencimento a uma comunidade, unida pela vocação de martírio, ao mesmo tempo que produz uma sensação de isolamento psicologicamente dolorosa. Sua origem pode ser datada, mais remotamente, nas reformas petrinas de começos do século XVIII, ou, de modo mais preciso, a partir de certas reformas administrativas de Catarina II, quando se suspende o serviço compulsório da nobreza ao Estado, vigente desde a época de Pedro, o Grande, e cria-se uma camada desvinculada da atuação direta nas instituições da autocracia. Essa parcela da nobreza russa passa a ter maiores possibilidades de viajar e de dedicar-se a estudos "livres", no exterior e em suas propriedades rurais, e assim verificar a disjunção entre a realidade da Rússia agrária e a vida do Ocidente europeu. Ela constata também a discrepância entre a base social da vida russa, especialmente a servidão, e as palavras de ordem universalistas e belas do reinado de Catarina: a sua imagem, exibida em versos e pinturas, é a da grande legisladora clássica. Abre-se o caminho para as inquietações de pensadores como Aleksandr Radíschev (1749-1802) e Nikolai Novikov (1744-1818), respectivamente ensaísta e editor que tentaram alargar as margens da incipiente esfera civil russa e cujas publicações foram tomadas por subversivas.[4]

Até fins do século XVIII, a nobreza experimentara de modo apenas pontual duas formas decisivas de alteridade, uma externa e outra interna: o "outro" europeu e o "outro" camponês. Estes, todavia, passam a ser conhecidos de perto, e em grande escala, durante as guerras napoleônicas. Aparecem como problemas simultâneos e inadiáveis, e tornam obrigatória a reflexão sobre o tipo de história e de sociedade que a Rússia possuía, e sua possível comparação com os modelos fornecidos pela modernidade ocidental.[5]

---

[4] Para se entender a *intelligentsia* russa, ainda são importantes os ensaios de Isaiah Berlin reunidos em *Pensadores russos*, São Paulo, Companhia das Letras, 1988, e, num registro mais contemporâneo, o livro de Aileen Kelly, *Toward another shore: Russian thinkers between necessity and chance*, New Haven, Yale University Press, 1998. Uma visão histórica é apresentada no estudo clássico de Marc Raeff, *Origins of the Russian intelligentsia: the Eighteenth-century nobility*, Nova York, Harcourt, Brace, 1966.

[5] Sobre a vida da nobreza russa do século XVIII e XIX e a importância de 1812, os textos fundamentais são os de Iuri Lotman, por exemplo: *Bessiédi o rússkoi kulture: bit i traditsii rússkogo dvoriánstva XVIII-natchalo XIX viéka*, São Petersburgo, Iskússtvo, 2008.

No percurso desta antologia, o primeiro a esquadrinhar os caminhos históricos possíveis é Nikolai Karamzin (1766-1826),[6] figura decisiva na transição de um século de cultura aristocrática para um novo mundo caracterizado pelo anseio da especificidade histórica, sob a marca de figuras tão diferentes como Herder e Walter Scott, cada qual recriado vorazmente pela cultura russa. Paradoxista de mão-cheia, Karamzin foi um homem de letras melancólico e atuante, mestre na arte das viagens e na escrita sobre temas nacionais, intelectual orgânico do regime tsarista e fonte de inspiração para a juventude irrequieta, que tramava reformas literárias de caráter modernizante. Ele tinha a habilidade de propor sínteses históricas e artísticas complexas, consagrando-se em fins do século XVIII com o seu conto "Pobre Liza",[7] que trazia embutida uma inovadora e influente adaptação dos modelos literários europeus vigentes. Com seu entrecho aparentemente anódino do ponto de vista político, a narrativa tinha o poder de circular pelos meios oficiais e ao mesmo tempo perturbá-los com a história de uma camponesa cuja vida fora destruída pela ação de um aristocrata — em outras palavras, uma versão sentimental do mesmo problema apontado por Radíschev em seu arqui-incômodo *Viagem de São Petersburgo a Moscou*, publicado dois anos antes de "Pobre Liza". Karamzin abre o Oitocentos propondo outras sínteses (serão legião ao longo do século), que atraíam tanto o olhar arcaizante quanto o inovador.

Dois de seus textos estão incluídos neste livro: o ensaio "Do amor à pátria e do orgulho nacional" e o "Prefácio à *História do Estado russo*". A história da Rússia deve ser contemplada melancolicamente, como uma ruína, ou de modo otimista, uma narrativa do "país do futuro", conforme à imagem do jovem ardente que encerra o primeiro ensaio? A Rússia já produzira uma historiografia considerável desde a fundação da Academia de Ciências, em 1724. Contudo, era vazada em um esquema antiquário que não atraía públicos maiores (de resto, ainda em formação), e ficava restrita a círculos de sábios. Já os doze volumes da *História do Estado russo* se tornariam o primeiro grande projeto nesse sentido, inte-

---

[6] Sobre Karamzin, além da obra de Lotman acima citada, ver Andrew Kahn, "Karamzin's discourses on Enlightenment", em Nikolai Karamzin, *Letters of a Russian traveller*, Oxford, Voltaire Foundation, 2003.

[7] Publicado na *Nova antologia do conto russo (1792-1998)*, organização de Bruno Barretto Gomide, São Paulo, Editora 34, 2011.

grando a santíssima trindade da historiografia russa oitocentista junto com as volumosas histórias escritas por Serguei Soloviov (1820-1879), pai do filósofo Vladímir, presente nesta antologia, e por Vassili Kliutchévski. Publicados, com apoio oficial, entre 1818 e 1829 (o último volume postumamente), dotavam pela primeira vez o passado russo de cor e movimento. Segundo Púchkin, Karamzin realizara uma espécie de descoberta da América para o leitor russo, "como Colombo". O resultado era que "até as senhoras da sociedade estavam lendo" a sua *História*. Do ponto de vista dos debates literários da época, os dois feitos pareciam de igual monta. Embora contivesse aspectos violentos e inquietantes, a ensaística de Karamzin era consumada por um tom construtivo de otimismo e de expectativa, apropriado de diferentes maneiras: derivou para argumentos legitimadores da ordem estatal, ou foi abertamente confrontado e desmontado por contra-historiografias.

Os dois ensaios seguintes, "Da insignificância da literatura russa" e "Algumas palavras sobre Púchkin", cada qual dando sua versão sobre a relação entre literatura e história nacional, pertencem a personagens bem conhecidos do leitor brasileiro, e que aqui surgirão sob nova luz, Aleksandr Púchkin (1799-1837) e Nikolai Gógol (1809-1852), respectivamente. Ambos datam do começo da década de 1830, quando a discussão sobre temas históricos continuava a todo vapor. Na esfera literária, o assunto do dia era a prosa de ficção, tecida de modo tateante e experimental em um meio aristocrático amplamente amigo da poesia. Quando foram redigidos, já estavam circulando, com tremendo impacto, os contos de Biélkin e "A dama de espadas", de Púchkin, e boa parte dos primeiros contos de Gógol. As opiniões — complexas, tortuosas, provisórias, grandiosas — contidas nesses ensaios mostram como o debate era multifacetado e indefinido. Ambos dão suas respostas ao problema da incompletude da vida literária russa. Em Púchkin, preserva-se a ambiguidade fundamental karamziniana entre o fator nacional e o cosmopolita, porém com um tom de urgência mais acentuado. A Rússia é aquele país admirável descortinado por Karamzin, legível no tempo e no espaço, ou aquele lodaçal provinciano caricaturado no relato sobre o "povoado de Goriúkhino", escrito por Púchkin na mesma época?[8] É sintomático que o escritor tenha deixado inconcluso o texto aqui apresentado: o comen-

[8] Disponível em Aleksandr Púchkin, *Noites egípcias e outros contos*, São Paulo, Hedra, 2010, tradução de Cecília Rosas.

tário sobre a literatura francesa flui normalmente, mas a descrição da Rússia fica suspensa no ar. Gógol, em seu ensaio, procede de maneira muito diferente: ele almeja a totalidade, a busca elíptica por um fim último. E "resolve" a questão apontando Púchkin como o nexo que dará sentido à precariedade da vida russa. Ao apresentar o amigo ilustre como uma síntese de arte e história, de nação e cultura, de vida individual e coletiva, Gógol antecipa muitas questões presentes no discurso de Dostoiévski sobre o mesmo tema, publicado quase meio século depois. "Algumas palavras sobre Púchkin" funciona também como uma tentativa de resolver a instabilidade simbólica e existencial de Gógol dentro da cultura russa dos anos 1830 e 1840, através da sugestão de continuidade entre ele e o poeta, proposta também nos famosos (e discutíveis, pois certamente inflados) comentários sobre a "transmissão" dos temas de *O inspetor geral* e *Almas mortas*, de Púchkin, ao autor estreante.

Os ensaios de Karamzin, Púchkin e Gógol foram influentes e espelharam a inquietação reinante, mas a verdadeira celeuma foi causada pelo ensaio seguinte. É consenso afirmar que, se há um divisor de águas na história do pensamento russo, este é a "Primeira carta filosófica" de Tchaadáiev (1794-1856). Na cultura russa da época, as cartas não eram vistas como um instrumento privado. Consideravam-nas uma forma semipública de discussão de ideias, no âmbito de uma comunidade de pares aristocráticos relativamente homogênea. O texto de Tchaadáiev foi "um tiro" dentro da noite, conforme sugeriu Herzen, aludindo ao ambiente soturno do regime de Nicolau I. As convicções reinantes se desestruturaram e as posições se cristalizaram, contra e a favor. As narrativas de Karamzin privilegiavam noções de continuidade histórica: a transmissão de ideias, os pactos entre gerações e a confluência moral. A contrapelo, Tchaadáiev propõe a imagem de uma Rússia fantasmagórica, pura descontinuidade, anomia e pulverização, impossível de ser narrada, pois a narrativa pressupõe um objeto e uma sequência, e a Rússia parece estar sempre começando do zero. O ensaio é a culminação de longas matutações da *intelligentsia* russa, na esteira da *débâcle* da insurgência dezembrista e do impasse sobre a impossibilidade de um curso histórico "normal", à europeia, quando as alternativas monárquicas constitucionais ou republicanas pareciam ter se esvaído.

Para Tchaadáiev, a despeito das diferenças entre países variados, existe algo chamado "Europa", com feitio homogêneo, constituído basicamente pelo pertencimento à tradição clássica, continuado pelo catolicismo romano, maturado na tradição racionalista, cujo embrião fora o silogismo antigo, e gerido pelo bom funcionamento civil calcado nas noções de ordem, direito e justiça. A Rússia apresenta-se como uma série de lacunas e desvios dramáticos em relação a esse ponto de referência. A tarefa para os russos seria a retomada, a partir de um prisma religioso — que é o pulo do gato do argumento ocidentalizante de Tchaadáiev —, do caminho comum com a Europa, rompido a partir da escolha da "corrompida Bizâncio". Este é o primeiro ensaio em que figuram argumentos depois amplamente reproduzidos na história do pensamento russo: os que versam sobre a ausência, na Rússia, de uma etapa renascentista, ou sobre sua posição, um não-lugar, entre Oriente e Ocidente. É um texto movediço, oscilante, instável como a realidade que ele tenta captar, em imagens que se tornaram famosíssimas: a Rússia como uma imagem da Europa, porém fora de foco, onde tudo "parece estar de passagem", espécie de acampamento nômade que em nada contribuiu para o progresso da humanidade. Apesar de tentar resolver as contradições russas em uma incrível síntese racional-religiosa e por meio de definições tão peremptórias, a "Carta" preserva ambiguidades incontornáveis quanto ao tempo e ao espaço: a Rússia é uma não-história, ou é uma história dotada de substância, ainda que nefasta? Ela tem um "cotovelo" na Alemanha e outro na China, conservando as características de cada um, ou não pertence nem a um, nem a outro?[9]

As flutuações da assombrosa criação poético-ideológica de Tchaadáiev, que serpenteia por um tortuoso caminho evocativo, distante da clareza cartesiana e silogística que ele pretendia conclamar para a Rússia, foram justamente o que permitiu a sua apropriação por grupos distintos. Uma boa forma de definir o famoso debate entre ocidentalizantes e eslavófilos, quanto à sua formação, é como uma reação ao texto de Tchaadáiev. Ele congregou posições e articulou projetos que vinham fervilhando de modo disperso na cultura russa dos anos 1820 e 1830. Formas de oposição entre tendências pró-europeias e nativistas existiam desde a época das reformas petrinas (a rigor, desde o século XVII, na cultura

---

[9] Uma boa apresentação das qualidades proteicas do texto de Tchaadáiev pode ser encontrada em Robin Aizlewood, "Revisiting Russian identity in Russian thought: from Chaadaev to the early Twentieth century", *Slavic and East European Review*, v. 78, nº 1, jan. 2000. Em russo, o texto de B. N. Tarássov, "Uroki istórii v mísli P. Ia. Tchaadáieva", em *Piotr Iákovlevitch Tchaadáiev*, Moscou, Rússki Mir, 2008.

moscovita), e ainda hoje podem ser observadas, sob diversas formas, na cultura russa. Porém, o debate mais específico é fruto das perguntas lançadas pela "Carta" de Tchaadáiev.

Ocidentalistas e eslavófilos travaram pugnas acirradas e se caricaturaram mutuamente: os primeiros apresentando os últimos como figuras arcaicas e retrógradas, inventores de uma tradição inverificável no caso russo. Tornou-se, a propósito, "folclórico" o caso do eslavófilo Konstantin Aksákov, presente nesta antologia, colecionador de objetos pátrios antigos que, ao utilizar trajes russos supostamente fiéis aos bons e velhos costumes, teria sido confundido pelos camponeses com um persa. Os eslavófilos, por sua vez, descreviam os adversários como figuras desenraizadas, amantes dos bulevares parisienses e suas delícias. Mais do que uma oposição absoluta, porém, é interessante ver os dois grupos como faces de uma mesma moeda, e cada um contendo elementos do outro.

Falar de "grupo", aliás, parece mais adequado no caso dos eslavófilos. Apesar de diferenças individuais de estilo e método, que podem ser verificadas nos ensaios aqui reunidos, é possível descrever uma pauta conjunta eslavófila sem que isso implique generalizações excessivas. Já o ocidentalismo é um nome "guarda-chuva" que abriga projetos muito distintos para a sociedade russa, alguns até incompatíveis, unidos pela amplíssima ideia de que era necessário integrar (ou reintegrar) a Rússia à vida europeia: seria possível fazê-lo por meio da revolução social, de reformas políticas, de tendências liberais, de grandes saltos culturais e morais, e inclusive a partir de um prisma religioso. Tanto para um grupo, quanto para o outro, foi fundamental o aporte da filosofia idealista alemã. Quanto aos eslavófilos, não falta o paradoxo de defenderem a especificidade radical russa a partir de um conjunto estrangeiro de ideias.

O eslavofilismo não é, contudo, um movimento estático. Ele passa por transformações ao longo do século, e inúmeros pensadores russos vão clamar sua filiação — ou serão acusados de pertencerem a ele. Os três textos escolhidos para esta antologia pertencem ao primeiro momento eslavófilo, o mais vigoroso do ponto de vista intelectual e histórico. Aleksei Khomiakov mostra como a "Carta" de Tchaadáiev obrigou o nativismo de determinados pensadores russos a se articular filosoficamente. O longo e minucioso ensaio de Ivan Kiriêievski é quase um manual dos principais argumentos eslavófilos: a idealização da Rússia pré-petrina e de sua organicidade "coral", a par da crítica aos excessos do racionalismo ocidental. Konstantin Aksákov, em um aguçado ensaio crítico, inscreve Gógol, o nó da questão para a sua geração, no universo da épica, afastando-se da imagem satírico-social pregada por Bielínski. É interessante observar como a visão eslavófila, com sua ênfase nos aspectos poéticos do autor de *Almas mortas*, parece mais próxima de tendências contemporâneas do que o ponto de vista, certamente brilhante, bielinskiano.

Ao contrário do que comumente se pensa, os eslavófilos, pelo menos na sua formação primeira aqui representada, não eram intelectuais diretamente afinados com o regime repressivo de Nicolau I. É preciso diferenciá-los do nacionalismo oficial daquele período, marcado pelo ministro Serguei Uvárov (1786-1855), *bête noire* da *intelligentsia*, com seu lema "ortodoxia, autocracia e nacionalidade". Também distam do pan-eslavismo, uma vertente internacional e politicamente adaptada a propósitos militares, forte no último terço do século. Talvez possamos definir os eslavófilos como um tipo de conservadorismo dissidente.[10] Ao insistirem no quadro idealizado das liberdades consensuais da velha Rússia, apresentada como uma organicidade vibrante e quase anárquica, e na apresentação da religião ortodoxa como um tipo de espiritualidade livre que não podia ser submetida ao autoritarismo da Igreja oficial, volta e meia entravam em confronto com o regime de Nicolau I e seu sonho da Rússia como um quartel "prussiano". É sintomático que, muitas vezes, os eslavófilos tenham tido mais problemas para publicar seus ensaios e periódicos do que opositores declarados do regime, como o próprio Bielínski.

O legado eslavófilo não se resume, portanto, a um caso de reacionarismo desvairado. Eles foram críticos literários sofisticados. Geraram um pensamento forte, sugestivo, de imensa repercussão na cultura russa. Suas ideias reverberaram na poesia de meados do século, na filosofia de Vladímir Soloviov, no simbolismo e na filosofia da emigração no século XX, com prolongamentos até a crítica literária contemporânea. Chegaram, inclusive, a moldar decisivamente a recepção ocidental da literatura russa. Traços fortes de suas obras são verificáveis no ensaio fundamental de Eugène-Melchior de Vogüé (1848-1910), *O romance russo*, de 1886.

---

[10] O historiador da filosofia Andrzej Walicki valeu-se do conceito de "utopia conservadora", de Mannheim (*A history of Russian thought: from the Enlightenment to marxism*, Stanford, Stanford University Press, 1993).

O conceito-chave de "*sobórnost*" — ou seja, de "espírito de concílio" — que seria a marca da ortodoxia, terá enorme presença na obra de Dostoiévski e na arte do fim de século.

No multifacetado campo ocidentalista, Bielínski é um personagem-chave, e o contraponto crítico de artistas como Gógol ou Dostoiévski, com os quais ele compartilha um estatuto simbólico quase comparável. Bielínski é o esteio da crítica literária na Rússia, no século XIX e depois. Sua importância local é inversamente proporcional ao conhecimento que se tem dele fora da Rússia, dado que é pouquíssimo traduzido.[11] Ele cunhou o mais influente modelo de relação entre literatura e nacionalidade em um século no qual, como demonstra esta antologia, eles não foram poucos. Bielínski fez o que a ótima expressão brasileira designa como "crítica de rodapé": escrevendo em jornais e revistas sobre autores do dia, foi fundamental para a consagração de escritores novos, validou as obras que julgava as mais representativas do seu modelo estético-social, vetou outras (e os vetos repercutiram poderosamente até o período soviético) e arranjou um esquema da história literária russa que, em linhas gerais, ainda hoje é utilizado. Praticamente toda a crítica russa se moveu num universo bielinskiano. A veemência contestatória de certos movimentos explica-se, em boa medida, pela necessidade de se afirmarem claramente antibielinskianos, sendo que o formalismo russo é o exemplo mais contundente. Não apenas no conteúdo dos textos ele se tornou paradigmático, mas também no próprio modelo de intelectual que passava a encarnar: o de jornalista profissional, de crítico "*raznotchíniets*", ou seja, vindo de camadas sociais não-nobres, bagunçando o coreto das formas de produção e circulação da literatura, ainda fortemente conectadas ao universo aristocrático. A produção crítica de Bielínski é vária e cambiante. Os dois textos desta antologia, escritos no fim de sua curta vida, demonstram que a literatura era entendida como o principal meio de conhecimento da vida social russa: "Pensamentos e observações sobre a literatura russa" desenvolve o tema a partir de um prisma histórico, com importantes considerações sobre o papel do mercado editorial nascente na Rússia. A veemente "Carta a Gógol" constitui uma espécie de testamento bielinskiano, típico da radicalidade do autor e *sui generis* pela expressão livre de ideias que, caso ele estivesse na Rússia, e não no

[11] O único trabalho brasileiro sobre Bielínski foi feito por Renata Esteves, "Vissarion G. Belínski: uma apresentação", USP, dissertação de mestrado, 2011.

exterior, onde fazia tratamento para a tuberculose — que acabaria por matá-lo —, não poderiam ter sido proferidas.

Sem papas na língua, porque também escrito no exílio, é "Literatura e pensamento social depois do 14 de dezembro de 1825", de Aleksandr Herzen (1812-1870), outro nome importante do pensamento social russo. O ensaio versa sobre a relação entre literatura e sociedade, tendo como marco inicial o decisivo levante dezembrista de 1825. O texto carrega fortemente na ideia do poeta cívico, monumentalizada pela própria tradição dezembrista, traz comentários incisivos sobre a dinâmica do mercado editorial russo e chama a atenção para a importância da censura no exame de todo e qualquer texto artístico da Rússia no século XIX. Valendo-se de uma retórica histórico-triunfante, Herzen lê o percurso apresentado por esta antologia sob o prisma enfático de um militante da esquerda russa. No Brasil, ele é conhecido exclusivamente pelos que estudam a história das ideias socialistas. Mas é impossível dissociar sua atuação política das suas boas iniciativas na ficção, da sua excepcional memorialística e da sua arguta produção crítica.

Os ensaios escritos por Nikolai Tchernichévski (1828-1889), Nikolai Dobroliúbov (1836-1861) e Dmitri Píssariev (1840-1868) surgiram como uma torrente oriunda do "degelo" instaurado pelo ambiente político reformista de Alexandre II, após a derrota russa na guerra da Crimeia. A crítica combativa e áspera produzida por esses autores estabelece o tom da cultura jovem na Rússia dos anos 1860. Na União Soviética, tornaram-se o cânone. Fora dela, sua recepção foi infausta. Amalgamaram-se em uma única voz, como se fossem um bloco panfletário monolítico. O leitor desta antologia poderá verificar as evidentes similaridades de propósito, mas também as diferenças importantes de pontos de vista e de procedimentos críticos. A crítica ocidental os tratou como uma mera degenerescência pragmática do elevado e sincero ponto de vista bielinskiano, o qual eles de fato prolongam (mas não de forma linear). O conjunto de textos aqui reunido, alguns dos mais decisivos na tradição crítica russa, indica que o legado desses autores tem que ser reavaliado. Eles certamente fazem pender a balança para o lado da política e da ética, em detrimento da estética. Equacionam muitas vezes o talento artístico individual com o grau "correto" de consciência ideológica e entronizam o mundo "real", transformando-o em um fetiche a ser quantificado, calculado e programado, inclusive através da arte. Contudo, o tom não é sempre monocórdico na direção do utilitarismo: há também humor, consciência das variações de linguagem e de procedimentos artísticos dos autores estudados, sensibilidade para a construção literária de personagens, percepção dos modos de produção e circulação social do texto artístico, e muito mais. Resultam textos vigorosos, que, no caso de Tchernichévski e Dobroliúbov, partem de obras literárias de dois autores fundamentais de fins da década de 1850 — Ivan Turguêniev (1818-1883) e Ivan Gontcharov (1812-1891) — para compor textos que marcariam a imaginação crítica russa por muitos anos.

"Sobre o significado das obras de arte para a sociedade", de Pável Ánnenkov (1813-1887), também sinaliza para os novos tempos, anunciados pelo fim do regime de Nicolau I, e permite um contraponto ponderado com a letra cortante do trio acima. Ánnenkov não defende a estética pura, pois tem noção do anacronismo que representaria tal tentativa de reconstituição do idealismo romântico. Ele propõe a construção minuciosa de pontes entre a estética e a sociedade, nas quais a importância cívica e social das obras literárias deve ser acompanhada pela autonomia de suas linguagens. O leitor poderá ver como "Púchkin" continuava a ser elaborado como um termo essencial na discussão sobre o significado da arte na Rússia. Uma grande questão, sempre muito atual, suscitada por esse texto, e aplicável também à complicada posição de Turguêniev no mesmo período, é saber se, em um ambiente político tão fortemente polarizado, um encaminhamento mais moderado significava fraqueza e indefinição ou se, pelo contrário, requeria um grau ainda maior de força e de coragem para se manifestar.

No meio do fogo cruzado entre "estetas" e "niilistas", surge um franco-atirador conhecidíssimo do público brasileiro, com um texto de crítica inspirado na produção literária infantil dos camponeses de Iásnaia Poliana que antecipa problemas discutidos quase quarenta anos depois no longo e polêmico ensaio *O que é arte?*, publicado em 1898, mas preparado desde começos da década anterior. O pensamento crítico de Lev Tolstói (1828-1910), religioso e social ao mesmo tempo, jamais se confundirá com as grandes sínteses religiosas dos eslavófilos, de Soloviov ou de Dostoiévski, e com o pragmatismo dos populistas. Contudo, ele toca as duas vertentes. Assim como aqueles últimos, Tolstói preocupava-se com a questão da utilidade e da serventia da arte e de sua relação com a cultura popular. É curioso observar que, em *O que é arte?*, onde são destrinchadas dezenas de definições de arte produzidas por diversas tradições, o seu olhar crítico impiedoso não se deteve justamente nos representantes russos, na esteira de Bielínski, que marcavam intensamente o debate cultural de seu tempo e eram figuras incontornáveis. Tolstói teria mantido silêncio por ter ojeriza a suas ideias? Parece pouco provável, visto que o conde não se caracterizava exatamente por recuar diante de um bom confronto. Ou a lacuna se daria por algum tipo de temor da influência e da proximidade? Não por acaso, Tolstói notabilizara-se na fabricação de botas, o mesmo objeto que o iconoclasta Píssariev afirmava ser mais útil do que toda a arte de Púchkin.

Uma outra forma de avaliar a relação entre literatura e história é apresentada por Aleksandr Vesselóvski (1838-1906), em um ensaio que se tornou famoso como uma das bases da crítica universitária na Rússia. A palavra "ciência" aparecerá ali de modo bem diferente dos textos de um contemporâneo como Tchernichévski, segundo o qual as ciências naturais, sobretudo a química, deveriam fornecer as balizas para o estudo da literatura. Em Vesselóvski, nota-se, à semelhança dos críticos populistas, a força conferida à função cognitiva da arte. O objetivo é exprimir e modificar conteúdos sociais, especialmente os temas populares, que devem ser recolhidos e comentados pelo estudioso, misto de linguista e etnólogo. Na mesma medida, porém, o texto aponta para uma proposta acadêmica de perfil mais especializado, inclusive comparatista, sinalizando para o estupendo desenvolvimento das disciplinas filológicas na Rússia da segunda metade do século e ressignificando a universidade como um local importante de produção cultural, ainda que a atividade filosófica mais vital tenha permanecido fora dela.

Ao contrário de Tolstói, Fiódor Dostoiévski (1821-1881) jamais sistematizou suas posições sobre a estética e a sociedade — o que não significa, claro, que elas tenham sido de pouca relevância. Tiveram um impacto filosófico imenso em todo o século XX, abastecendo boa parte do simbolismo russo e da filosofia da emigração, notadamente na influente obra de Nikolai Berdiáiev (1874-1948). Contudo, a construção de uma "estética" dostoievskiana deve ser feita com cautela, pois ele pulverizou comentários, fundamentais para a compreensão de sua própria obra e do ambiente intelectual russo, em cartas, depoimentos pessoais, artigos dispersos e textos ficcionais, de onde são extraídos pelos intérpretes por vezes com mão pesada. Os seus pontos de vista sobre o realismo literário, em especial, são recorrentes e permitem uma confrontação, decerto não uniforme, com o ensaísmo também múltiplo dos críticos seguidores de Tchernichévski. O texto escolhido para esta antologia é provavelmente seu ensaio crítico mais famoso. Preparado inicialmente como um discurso, ele guarda todo o *páthos* da retórica verbal utilizada para conclamar, através da caleidoscópica figura de Púchkin, a superação das contradições intelectuais e sociais da vida russa, às vésperas do assassinato do tsar Alexandre II em 1881. O ensaio não é a suma das visões de Dostoiévski sobre a literatura, mas condensa elementos decisivos de seus últimos anos de vida, marcados pela redação de *Os irmãos Karamázov*, a atividade jornalística no *Diário de um escritor* e o diálogo estabelecido com o filósofo Vladímir Soloviov (1853-1900).[12]

Este pensador é o motor da cultura russa finissecular e talvez o maior filósofo russo. Seu texto foi fundamental para a projeção nacional da imagem de Dostoiévski. Somado ao longo ensaio de Nikolai Mikhailóvski (1842-1904), de orientação muito diversa, eles fornecem duas das três principais vertentes do que será a recepção de Dostoiévski no século XX: a leitura simbólico-religiosa, enfaticamente laudatória, e a ressalva de cunho político-social — a terceira posição terá um viés literário-estético e se materializará em nomes como Leonid Grossman (1888-1965) e Mikhail Bakhtin (1895-1975). Naquela altura da história do pensamento crítico russo, a questão não era tanto definir "Púchkin" ou "Gógol" como os pontos nodais onde literatura e espírito nacional se cruzavam, embora eles continuassem, e continuem, a desempenhar esse papel, mas sim propor um "Dostoiévski" para essa função. Soloviov foi decisivo na construção desse Dostoiévski como amálgama consensual, símbolo das contradições e dos alcances espirituais da Rússia, e a influência de suas ideias se alastrará *urbi et orbi*. Mikhailóvski, por sua vez, se movimentará em direção completamente oposta. Sem negar a genialidade do conterrâneo, apontará não para a universalidade ecumênica sugerida por Soloviov, e sim para a parcialidade doentia do autor de *Os irmãos Karamázov*, criador de lobos e cordeiros. Mikhailóvski consolida, através de metáforas fortíssimas, uma tradição que vinha desde Bielínski e sua incompreensão de textos como *O senhor Prokhartchin*.[13] Segundo essa vertente, a disjunção formal atribuída à obra de Dostoiévski seria fruto

[12] Para um estudo monográfico sobre o discurso de Dostoiévski e suas repercussões, ver Marcus C. Levitt, *Russian literary politics and the Pushkin celebration of 1880*, Ithaca, Cornell University Press, 1989.

[13] A estupefação de Bielínski pode ser encontrada em Boris Schnaiderman, *Dostoiévski: prosa poesia*, São Paulo, Perspectiva, 1982, p. 63.

de algum tipo de desarranjo mental, evidentemente incompatível com a vida cultural saudável de uma nação do futuro, a ser politicamente redimida (na sensibilidade modernista, a mesma estranheza dostoievskiana passou a ser o principal atrativo da obra do autor russo).

Uma outra vereda bifurcada surge nos dois textos que arrematam a antologia. Nikolai Fiódorov (1829-1903) é um dos mais incríveis pensadores saídos de uma cultura que produziu não poucos pensadores incríveis. No resto do mundo, é conhecido apenas em círculos especializados; na Rússia, é um pensador vital. A ideia mestra fiodoroviana, vazada em termos cósmicos, sobre a superação da morte através da ciência e da cultura marcou profundamente contemporâneos como Dostoiévski e Tolstói e pósteros como Andrei Platónov (1899-1951) e Vladímir Maiakóvski (1893-1930) — para não falar de representantes do mundo científico, como por exemplo Konstantin Tsiolkóvski (1857-1935), com ecos que chegam até o programa espacial soviético. Ao lado de seu pensamento inclassificável, que busca na literatura, mais uma vez, a chave para entender o corpo e a alma russos, a antologia traz a ortodoxia inovadora de Gueorgui Plekhánov (1856-1918), um dos primeiros críticos a tentar sistematizar a estética marxista. O seu texto relê, com essa nova lente, a tradição de Herzen e Bielínski, apontando similitudes e divergências entre eles e o último grito da história das ideias na Rússia oitocentista. O marxismo, de tantas repercussões no século XX, é portanto um rebento tardio deste percurso crítico. Ao invés de ser a narrativa principal a organizar o sistema intelectual russo, como se poderia supor pela centralidade de que passaria a dispor, ele absorve e é absorvido por tradições e correntes muito diferentes. É difícil imaginar propostas tão discrepantes quanto o socratismo apocalíptico de Fiódorov e a ortodoxia evolucionista de Plekhánov. Que elas possam ter criado simbioses depois de 1917 é exemplo da variedade do pensamento russo, no ponto final desta coletânea, encerrada às vésperas de sua consumação nas explosões artísticas e políticas da Era de Prata e dos vários momentos revolucionários.[14]

---

[14] Como leitura adicional, podemos sugerir: Vassili Zenkóvski, *Istóriia rússkoi filossófii*, Paris, YMCA, 1948 (há traduções em diversos idiomas); a excelente coletânea de Ievguêni Dobrenko e Galin Tihanov, *Istóriia rússkoi literatúrnoi krítiki*, Moscou, Nóvoie Literatúrnoie Obozriénie, 2011 (voltada para o século XX, mas com avaliações

A *Antologia do pensamento crítico russo* tem o objetivo de apresentar ao leitor brasileiro um universo dotado de uma dinâmica interna, pertencente à linguagem específica da história intelectual russa. Um efeito previsível, porém, será que ela se prolongue na direção da literatura de ficção, com a qual certamente poderá ensejar paralelos fecundos. Outro efeito, certamente muito rico em repercussões para o nosso pensamento social, será o de estabelecer paralelos entre os dilemas e projetos existentes nos contextos socioculturais russos e brasileiros. O leitor provavelmente reconhecerá (e a lista que segue não tem a menor pretensão de exaurir as possibilidades) as pontes que podem ser estabelecidas entre o pensamento de Tchaadáiev e certas passagens de Sergio Buarque de Holanda, autores, de resto, muito diferentes. Publicados com exatamente um século de diferença (1836-1936), seus textos apresentam um país em que somos todos "estrangeiros na própria terra" e em que as ideias parecem começar sempre do zero. O leitor poderá ainda reler a notória simpatia de Gilberto Freyre pelo "pensamento eslavófilo", adaptável pela nossa "Rússia americana". A valoração das heranças ibérica e bizantina e a avaliação do peso da escravidão e da servidão em cada país, respectivamente, são problemas que figurarão em inúmeros ensaios brasileiros e russos. Outra linha de estudos poderia cotejar o pensamento de Antonio Candido com as preocupações de Bielínski quanto ao sistema literário russo, em termos de autor, obra e público, nos "momentos decisivos" da formação da literatura russa. Sem falar que o "bando de ideias novas" que sacudiram Araripe Júnior e Silvio Romero foi basicamente o mesmo que abalara Tchernichévski e Dobroliúbov, algumas décadas antes.

O leitor verá também as muitas diferenças entre os dois contextos intelectuais. A mais notável talvez seja o espaço que o pensamento religioso ocupa na tradição crítica russa, ao equacionar religião, identidade nacional e o papel da *intelligentsia* de um modo muito mais potente do que na tradição intelectual brasileira (mesmo sem desconsiderarmos a importância de movimentos de ampla repercussão, como o catolicismo brasileiro das décadas de 1920 e 1930).

---

importantes do período anterior); William Leatherbarrow e Derek Offord (orgs.), *A history of Russian thought*, Cambridge, Cambridge University Press, 2010; e Simon Franklin e Emma Widdis (orgs.), *National identity in Russian culture*, Cambridge, Cambridge University Press, 2004.

Muitos outros textos certamente poderiam entrar nesta seleção. Afinal, seria impossível pôr a palavra final em um discurso espesso, que sempre almejou encontrar a "palavra nova". Esta antologia optou por mesclar alguns ensaios clássicos, tradicionalmente presentes em coletâneas do gênero (Tchaadáiev, Bielínski, Dostoiévski, Soloviov), com outros menos presentes (Ánnenkov, Vesselóvski, Aksákov, Herzen, Fiódorov e, surpreendentemente, o marxista Plekhánov), e incluir os críticos de orientação populista ou "niilista" (Tchernichévski, Dobroliúbov, Píssariev, Mikhailóvski), que muitas vezes aparecem em obras específicas. Outros pensadores culturais de cariz eslavófilo, como Nikolai Daniliévski (1822-1885) e Konstantin Leóntiev (1831-1891), poderiam ter sido incluídos. O mesmo vale para importantes historiadores (Vassili Kliutchévski, 1841-1911, em especial). Consideramos, todavia, que a participação mais incisiva dos eslavófilos no debate cultural está bem representada pelos nomes selecionados, e que o pensamento historiográfico especializado reverbera adequadamente nos outros textos constantes da antologia. Há nomes vitais da história do pensamento russo em cuja ausência o leitor poderá reparar: Vassili Rózanov (1856-1919) e Vladímir Lênin (1870-1924), em polos muito opostos, talvez sejam os melhores exemplos. Porém, embora eles tenham começado a escrever no século XIX, de fato produzindo alguns textos cruciais nesse período, julgamos que o teor e a repercussão de seu pensamento caberiam melhor dentro dos problemas e ambientes específicos do novo século.

Este livro é resultado direto de cursos de crítica literária russa que ministro desde 2005 na Universidade de São Paulo. Gostaria de agradecer, portanto, em primeiro lugar, a todos os meus alunos de graduação e de pós-graduação. As suas sugestões e observações foram diretamente incorporadas neste projeto. Agradeço também a Boris Schnaiderman e Jerusa Pires Ferreira; a meus colegas de departamento, Arlete Cavaliere, Elena Vássina, Noé Policarpo Polli, Fátima Bianchi, Mário Ramos Francisco Jr. e Aurora Bernardini; aos tradutores Denise Sales, Cecília Rosas, Graziela Schneider, Renata Esteves, Sonia Branco, Yulia Mikaelian e Ekaterina Vólkova Américo; a Maria Nadiárnykh e Serguei Seriébriani (Moscou); Cássio de Oliveira (Yale); aos editores da 34, em especial a Cide Piquet, Alberto Martins e Paulo Malta; a Lucas Simone, também da 34; à minha família, Flávia, Laura, Lilian e Carlos Henrique.

As notas dos autores fecham com (N. do A.). As notas das edições russas, com (N. da E.), e as notas da tradução, com (N. da T.). Ao final do volume, encontram-se os títulos originais dos textos e as fontes utilizadas para as traduções, assim como um glossário que inclui alguns conceitos-chave, títulos de obras e os nomes próprios citados com maior frequência.

As datas são no calendário juliano, seguidas de seu equivalente no calendário gregoriano entre colchetes. Todas as citações bíblicas literais foram baseadas na *Bíblia de Jerusalém* (Paulus, São Paulo, 2002).

Nikolai Karamzin

Viajante, memorialista, periodista, ficcionista e historiador, Nikolai Mikháilovitch Karamzin (1766-1826) nasceu em Simbirsk, filho de um capitão de exército. Personagem versátil, atravessou (e produziu) os principais gêneros literários e correntes intelectuais da virada do século XVIII para o XIX, transitando entre várias formas de liberalismo e de conservadorismo político. Segundo Bielínski, ele "inaugurou uma nova época na literatura russa" ao criar os primeiros exemplos bem-sucedidos de prosa de ficção, como o conto "Pobre Liza", seu texto mais famoso, mas de modo nenhum o único caso exitoso, na sua obra, de adaptação dos modelos sentimentalistas. Ajudou a apresentar e comentar importantes autores ocidentais ao público russo, como Sterne, Rousseau e Shakespeare, e a fomentar o jornalismo russo, na forma, especialmente, da "revista grossa" que criou, *Moskóvski Jurnal* [Revista de Moscou] (vale a pena observar, aliás, a força que sua leitura de Sterne teve na Rússia, chegando inclusive a incitar um movimento, o "sternismo russo", na década de 1820, e que enseja um paralelo sugestivo com a adaptação machadiana de Sterne um século depois). Na juventude, Karamzin participou de diversos círculos de discussão filosófica em Moscou e São Petersburgo, inclusive o de Nikolai Nóvikov, e da maçonaria, que marcou profundamente o seu pensamento e o de boa parte da nascente *intelligentsia* russa. Foi também um viajante de mão-cheia: as *Cartas de um viajante russo* (1791), baseadas no seu *grand tour* europeu, em 1789, formam um relato fascinante sobre as relações entre a Rússia e a Europa Ocidental, tema que não cessará de atormentar os intelectuais russos e que encontrará ampla ressonância nas décadas seguintes. Karamzin foi fundamental, como escritor e como figura pública, nas discussões sobre a linguagem literária russa na década de 1810: o grupo Arzamás, do qual faziam parte Púchkin e Viázemski, entre outros, saudou-o como referência de renovação literária (embora conste que, nas reuniões secretas do grupo, ele era parodiado), em combate com as contrarreformas propostas pela sociedade do almirante Chichkov, a *Bessiéda liubíteliei rússkogo slova* [Sociedade dos amantes da palavra russa]. O primeiro texto foi publicado em 1802. O prefácio à *História do Estado russo* sai no primeiro volume da série, em 1818.

Do amor à pátria e do orgulho nacional

O amor à pátria pode ser físico, moral e político.

O ser humano ama o lugar de seu nascimento e educação. Este afeto, comum a todas as pessoas e povos, é obra da natureza e deve ser denominado físico. O coração ama a pátria, não pelas belezas locais, pelo céu claro ou o clima agradável, mas sim pelas lembranças encantadoras que cercam, por assim dizer, o amanhecer e o berço da humanidade. Não há nada no mundo mais querido do que a vida; ela é a primeira felicidade — e o começo de qualquer prosperidade possui uma espécie de fascínio especial na nossa imaginação. Assim, amantes apaixonados e amigos santificam na memória os primeiros dias de seu amor e amizade. Um lapão, nascido quase na sepultura da natureza, apesar disso ama a fria escuridão de sua terra. Transplantem-no para a afortunada Itália: seu olhar e coração sempre vão dirigir-se ao norte, como um ímã; o claro resplendor do céu não provocará sentimentos tão doces em sua alma quanto um dia sombrio, o assobio da tempestade e a queda da neve: eles lhe fazem recordar sua terra natal! A própria disposição dos nervos, constituídos no indivíduo pelo clima, nos prende à pátria. Não é por acaso que, algumas vezes, os médicos aconselham os pacientes a tratar-se nos ares de sua terra natal; não é por acaso que um habitante da Helvécia, afastado de suas montanhas nevadas, murcha e cai em melancolia; e, ao regressar ao selvagem Unterwalden, ao rigoroso Glarus, volta à vida. Toda planta tem mais força em seu clima: a lei da natureza não muda nem quando se trata de humanos. Não digo que as belezas naturais e os benefícios da pátria não tenham nenhuma influência no amor geral por ela: algumas terras, favorecidas pela natureza, podem por isso ser mais caras a seus habitantes; digo apenas que essas belezas e benefícios não são o principal fundamento do afeto físico das pessoas em relação à pátria: caso contrário, ele não seria generalizado.

Nos acostumamos àqueles com quem crescemos e vivemos. Sua alma *se conforma* com a nossa; torna-se de certo modo seu espelho; serve de objeto ou de meio para nossos prazeres morais e se transforma em objeto de afeto do coração. Este amor aos concidadãos, ou às pessoas com quem crescemos, nos criamos e vivemos é o segundo amor à pátria, *moral*, tão comum quanto o primeiro, local ou físico, porém mais forte em algumas idades, pois o tempo reafirma o hábito. É preciso ver dois conterrâneos que se encontram em uma terra estrangeira: com que prazer se abraçam e se apressam em desafogar a alma em conversas sinceras! Veem-se pela primeira vez, mas já são conhecidos e ligados, reafirmando sua conexão pessoal por conexões com a pátria, de alguma forma comuns a ambos! Sentem que, mesmo ao falar em uma língua estrangeira, entendem-se melhor entre si que o resto: pois sempre há alguma semelhança no caráter dos conterrâneos, e os habitantes de um Estado sempre formam uma corrente elétrica, por assim dizer, que lhes transmite uma só impressão por meio dos mais afastados elos ou círculos. Às margens do lago mais belo do mundo, que serve de espelho à suntuosa natureza, encontrei por acaso um patriota holandês que, por ódio ao estatuder[1] e aos orangistas, deixou seu país e se estabeleceu na Suíça, entre Nyon e Rolle. Tinha uma linda casinha, um gabinete de física, uma biblioteca; sentado à janela, via diante de si um magnífico quadro da natureza. Quando passava em frente à casinha, eu invejava o dono sem conhecê-lo; encontrei-o em Genebra e lhe falei sobre isso. A resposta do fleumático holandês me surpreendeu por sua vivacidade: "Ninguém pode ser feliz fora da própria pátria, onde o coração aprendeu a entender as pessoas e formou seus hábitos prediletos. Nenhum povo é capaz de substituir nossos concidadãos. Não vivo com quem vivi por quarenta anos, não vivo da maneira que vivi por quarenta anos: é difícil acostumar-me a novidades e me aborreço!".

Mas o afeto físico e moral pela pátria e a ação da natureza e das características do ser humano ainda não constituem aquela grande virtude pela qual se tornaram célebres gregos e romanos. O patriotismo é o amor ao bem e à glória da pátria e o desejo de contribuir com eles em todos os sentidos. Ele exige raciocínio, e, por isso, nem todas as pessoas o possuem.

---

[1] Chefe de Estado nos Países Baixos. O cargo foi extinto em 1795. (N. da T.)

A melhor filosofia é aquela que fundamenta os deveres do ser humano em sua felicidade. Ela nos diz que devemos amar o bem da pátria, pois ele é inseparável do nosso próprio bem; que a ilustração da pátria nos cerca dos maiores prazeres da vida; que suas virtudes e sua tranquilidade servem de escudo para os deleites familiares; que a sua glória é a nossa glória; e, se é ofensivo ser filho de um pai desprezível, não é menos insultante a um cidadão ser filho de uma pátria desprezível. Dessa forma, o amor ao nosso próprio bem produz em nós o amor à pátria, e o amor-próprio a nós mesmos gera o orgulho nacional que serve de sustentáculo ao patriotismo. Assim, gregos e romanos se consideravam o primeiro povo, e, a todos os outros, bárbaros; assim, os ingleses, que mais que ninguém são famosos por seu patriotismo nos tempos modernos, mais que ninguém se têm em alta conta.

Não ouso pensar que na Rússia não tenhamos muitos patriotas; mas acho que somos humildes demais ao pensar sobre nosso valor nacional, e a humildade é nociva na política. Quem não respeita a si mesmo sem dúvida não será respeitado pelos outros.

Não digo que o amor à pátria deva cegar-nos e persuadir-nos de que somos melhores que todos e em tudo; mas um russo deve ao menos saber seu valor. Concordemos que alguns povos são mais ilustrados que nós de um modo geral, já que as circunstâncias lhes foram mais favoráveis; mas devemos sentir todo o benefício do destino no desenvolvimento do povo russo; ponhamo-nos corajosamente no mesmo nível dos outros, falemos claramente nosso nome e repitamo-lo com nobre orgulho.

Não temos necessidade de recorrer a fábulas e invencionices, como os gregos e romanos, para elevar nossa origem: a glória foi o berço do povo russo, e a vitória, a mensageira de sua existência. O Império Romano soube que os eslavos existiam quando eles chegaram e derrotaram suas legiões. Os historiadores bizantinos falam de nossos antepassados como pessoas prodigiosas, contra quem era impossível opor-se e que se distinguiam dos outros povos do norte não só pela coragem, mas também por uma certa bondade cavalheiresca. No século IX, nossos heróis brincavam e se entretinham com o terror da então nova capital do mundo: precisavam apenas aparecer diante dos muros de Constantinopla para receber tributo dos reis gregos. No século XI, os russos, que sempre se destacavam pela coragem, não eram inferiores a outros povos europeus em ilustração, pois, por causa da religião, possuíam uma estreita ligação com Tsargrad, que dividia conosco os frutos do saber; e, na época de

Iaroslav, foram traduzidos para a língua eslava muitos livros gregos. Em honra ao firme caráter russo, serve de exemplo que Constantinopla nunca conseguiu ter influência política sobre nossa pátria. Os príncipes amavam a razão e o conhecimento dos gregos, mas estavam sempre prontos para castigá-los com armas ao menor sinal de insolência.

A divisão da Rússia em vários domínios e as discórdias entre os príncipes prepararam a vitória dos descendentes de Gêngis Khan e nossas duradouras catástrofes. Grandes homens e grandes povos estão sujeitos aos golpes do Destino, mas mesmo na infelicidade demonstram sua grandeza. Assim, a Rússia, torturada por um inimigo cruel, perecia com glória: cidades inteiras preferiram o extermínio certo à vergonha da escravidão. Os habitantes de Vladímir, Tchernígov e Kíev se sacrificaram pelo orgulho nacional e assim salvaram da difamação o nome dos russos. O historiador, tão cansado desses tempos infelizes como de um terrível deserto árido, descansa nas tumbas e encontra consolo em chorar a morte dos vários filhos honrados da pátria.

Mas qual povo na Europa pode gabar-se de melhor sorte? Quem dentre eles não esteve acorrentado várias vezes? Ao menos os nossos conquistadores aterrorizavam Oriente e Ocidente. Tamerlão, sentado no trono de Samarcanda, se considerava o rei do mundo.

E que povo arrebentou suas correntes de maneira tão gloriosa? Quem vingou-se dos inimigos ferozes com tanta glória? Foi preciso apenas um soberano decidido e ousado no trono: a força e a coragem do povo, depois de um certo adormecimento, anunciou seu despertar com raios e trovões.

O tempo dos impostores apresentou novamente o doloroso quadro da revolta; mas logo o amor à pátria inflamou os corações: cidadãos e camponeses exigiram um chefe militar, e Pojárski, marcado por suas gloriosas feridas, se levantou do leito da enfermidade. O virtuoso Mínin serve de exemplo; e quem não puder dar a vida pela pátria, dá tudo o que possui... A antiga e a nova história dos povos não nos apresenta nada mais comovente do que esse patriotismo heroico e generalizado. Durante o reinado de Alexandre, é permitido ao coração russo desejar que algum honrado monumento construído em Níjni Nóvgorod (onde ressoou a primeira voz de amor à pátria) refresque em nossa memória uma época gloriosa da história russa. Monumentos como este elevam o ânimo do povo. O modesto monarca não nos proibiria de dizer na inscrição que este monumento foi erigido em sua feliz época.

Pedro, o Grande, ao unir-nos à Europa e mostrar-nos as vantagens da ilustração, por algum tempo humilhou o orgulho nacional dos russos. Nossos olhos voltaram-se, por assim dizer, para a Europa, e com um vislumbre nos apropriamos dos frutos de seus longos esforços. Assim que o grande soberano disse aos nossos soldados como deviam manejar as novas armas, eles tomaram-nas e precipitaram-se para combater o primeiro exército europeu. Apareceram os generais; naquela época, aprendizes, no futuro, exemplos para os professores. Em breve, outros puderam e precisaram imitar-nos; mostramos como se derrotam suecos, turcos e, por fim, franceses. Estes honrados republicanos que falam ainda melhor do que lutam, e com tanta frequência se vangloriam de suas terríveis baionetas, correram na Itália ao primeiro levantar das armas russas. Sabendo que somos mais valentes do que muitos, não sabemos ainda quem nos supera em coragem. A bravura é uma grande característica da alma; o povo que se distingue por possuí-la deve ter orgulho de si.

Na arte militar tivemos mais sucessos do que em outras porque a praticávamos mais, pois era a mais necessária para a reafirmação de nossa existência como Estado; apesar disso, não podemos gabar-nos somente desses louros. Nossas instituições civis equiparam-se em sabedoria às de outros Estados que se ilustraram há vários séculos. Nossa humanidade, o tom da sociedade e o gosto pela vida surpreendem os estrangeiros que chegam à Rússia com uma falsa ideia a respeito de um povo considerado bárbaro no começo do século XVIII.

Aqueles que invejam os russos dizem que temos apenas uma faculdade imitativa em seu grau mais alto; mas por acaso não será isso um indício de uma magnífica formação da alma? Dizem que os professores de Leibniz também encontravam nele apenas capacidade de imitação.

Nas ciências, ainda estamos atrás de outros porque, e somente porque, as praticamos menos, e a situação da ciência não possui aqui campos de ação tão amplos como, por exemplo, na Alemanha, Inglaterra etc. Se nossos jovens nobres, ao estudar, pudessem terminar seu aprendizado e dedicar-se às ciências, já teríamos nossos Lineus, Hallers e Bonnets.[2] Os sucessos da nossa literatura (que exige menos saber, porém, ouso dizer, ainda mais inteligência que a chamada ciência propriamente dita) pro-

[2] Carlos Lineu (1707-1778), botânico sueco, considerado o pai da taxonomia moderna. Albrecht von Haller (1708-1777), naturalista e fisiologista suíço. Charles Bonnet (1720-1793), biólogo e filósofo suíço. (N. da T.)

vam a grande capacidade dos russos. Por acaso sabemos há muito tempo o que é o estilo nos versos e na prosa? E em alguns trechos já conseguimos igualar-nos aos estrangeiros. Na França, ainda no século XVI, Montaigne filosofava e escrevia: é de se admirar que eles escrevam melhor que nós, em geral? Não é de se maravilhar, ao contrário, que algumas de nossas obras possam estar no mesmo nível das melhores obras deles, tanto na pintura de ideias como nas nuances de estilo? Sejamos ao menos justos, caros concidadãos, e sintamos o nosso próprio valor. Nunca seremos inteligentes com a inteligência alheia e gloriosos com a glória alheia: autores franceses e ingleses podem prescindir de nossos elogios; mas os russos precisam ao menos da atenção dos russos. A disposição de minha alma — graças a Deus! — é absolutamente contrária ao espírito ofensivo e satírico; mas ouso censurar muitos de nossos amantes da leitura que, conhecendo melhor que os habitantes de Paris todas as obras da literatura francesa, não querem nem passar a vista por um livro russo. Será que eles querem que estrangeiros os informem sobre os talentos russos? Pois que leiam as revistas críticas francesas e alemãs que fazem justiça a nossos talentos, julgando a partir de algumas traduções.[3] Quem não se ofenderia por parecer-se com a ama de D'Alembert que, vivendo com ele, para sua surpresa escutou de outras pessoas que se tratava de um homem inteligente? Alguns se desculpam pelo parco conhecimento da língua russa: essa desculpa é pior que a própria falta. Deixemos nossas queridas damas mundanas afirmarem que a língua russa é grosseira e desagradável; que *charmant* e *séduisant*, *expansion* e *vapeurs*[4] não podem ser expressos nela; e que, em suma, aprendê-la não vale o esforço. Quem se atreve a mostrar às damas que estão enganadas? Mas os homens não possuem este gentil direito de julgar erroneamente. Nossa língua é expressiva, não só para a alta eloquência, para a poesia altissonante e pitoresca, mas também para a simplicidade delicada, para os sons do coração e da sensibilidade. É mais rica em harmonia que o francês; mais apta para as tonalidades dos desabafos da alma; apresenta mais palavras analógicas, isto é, conformes com a ação expressada: vantagem que só pos-

---

[3] Por isso, uma péssima tradução francesa de uma ode de Lomonóssov e de vários trechos de Sumarókov foram dignos de atenção e elogio de jornalistas estrangeiros. (N. do A.)

[4] Em francês, no original: "encantador", "sedutor", "expansão" e "vapores". (N. da T.)

suem as línguas maternas! Nossa desgraça é que queremos todos falar francês e não pensamos em trabalhar pela elaboração de nossa própria língua: é de se estranhar que não consigamos expressar nela algumas sutilezas da fala? Certa feita, um ministro estrangeiro falou em minha presença que "nossa língua deve ser bastante obscura, pois os russos, ao falá-la", segundo sua observaçao, "não se compreendem uns aos outros e precisam recorrer ao francês imediatamente". Será que nós mesmos não damos motivo para estas conclusões absurdas? A língua é importante para um patriota; gosto dos ingleses porque preferem assobiar e murmurar em inglês com suas amadas mais carinhosas a falar uma língua estrangeira que quase todos conheçam.

Há limite e medida para tudo: tanto um indivíduo quanto um povo começam sempre pela imitação; mas, com o tempo, devem voltar-se a si mesmo para dizer: "Eu existo moralmente!". Agora já possuímos tanto conhecimento e gosto de viver que poderíamos deixar de perguntar: como se vive em Paris e em Londres? O que vestem lá, em que andam e como decoram as casas?

O patriota se apressa em apropriar para a pátria o que é benéfico e útil, mas rejeita as imitações subservientes de banalidades, ultrajantes para o orgulho nacional. Aprender é bom e necessário; mas ai do indivíduo e do povo que permanece um eterno aprendiz!

Até o presente, a Rússia não deixou de elevar-se tanto no sentido político quanto moral. É possível dizer que a Europa nos respeita cada vez mais, ano após ano — e ainda estamos na metade de nosso curso glorioso! O observador vê por toda parte novos âmbitos e progressos; vê muitos frutos, mas ainda mais flores. Nosso símbolo é um jovem ardente: seu coração, cheio de vida, ama a atividade; seu lema é: trabalhos e esperança! As vitórias limparam para nós o caminho rumo à prosperidade; a glória é o direito à felicidade.

(1802)

Tradução de Cecília Rosas

Prefácio à *História do Estado russo*

A História é, em certo sentido, o livro sagrado dos povos: o principal e o imprescindível; espelho de sua existência e de seus atos; tábua de revelações e regras; ensinamento dos antepassados para a posteridade; complemento e explicação do presente, e exemplo para o futuro.

Governantes e legisladores agem segundo as instruções da História e consultam suas folhas como navegantes olham a carta marítima. A sabedoria humana necessita de experiências, e a vida é efêmera. É preciso saber como paixões conturbadas agitavam a sociedade civil desde tempos imemoráveis, e de que maneiras o poder benéfico da razão domava suas tendências tempestuosas para estabelecer a ordem, chegar a um acordo que favorecesse a todas as pessoas e lhes concedesse a felicidade possível na terra.

Mas mesmo o cidadão simples deve ler a História. Ela o reconcilia com a imperfeição da ordem visível das coisas, por mostrá-la como um fenômeno comum em todas as épocas; consola-o nas catástrofes do Estado, ao garantir que anteriormente também aconteciam casos semelhantes, ou ainda mais terríveis, e o Estado não se desfez; nutre o sentimento moral e, com seu justo julgamento, predispõe a alma à justiça que afirma nosso bem e a concórdia na sociedade.

Eis sua utilidade, e, além disso, quanto prazer proporciona ao coração e à razão! A curiosidade é inerente ao ser humano, tanto o civilizado quanto o selvagem. Nos gloriosos Jogos Olímpicos, o barulho silenciava e as multidões se calavam em torno de Heródoto, que lia lendas seculares. Mesmo antes de saber empregar as letras, os povos já amam a História: o ancião mostra ao jovem uma elevada sepultura e narra os feitos do herói que ali jaz. As primeiras experiências de nossos antepassados na arte da leitura e escrita foram consagradas à fé e à narrativa histórica; à sombra escura e densa da ignorância, o povo escutava com avidez as lendas dos cronistas. As ficções também agradavam; mas para um prazer pleno é preciso se enganar e pensar que elas são a verdade. A História, ao descerrar caixões, levantar defuntos, ao introduzir vida em seus corações e palavras em seus lábios, ao criar novamente os reinos a partir do pó e apresentar à imaginação a sucessão de séculos com suas distintas paixões, temperamentos e atos, amplia os limites da nossa existência pessoal; por sua força criadora vivemos com pessoas de todas as épocas, podemos vê-las e escutá-las, amá-las e odiá-las; ainda sem pensar na sua utilidade, já nos deleitamos ao contemplar os diversos acontecimentos e personalidades que distraem a mente ou nutrem a sensibilidade.

Se, como diz Plínio, toda história pode ser agradável, mesmo que escrita sem habilidade, ainda mais cara é a história da pátria. O autêntico cosmopolita é um ser metafísico ou um fenômeno tão incomum que não há necessidade de falar sobre ele, nem elogiá-lo, nem criticá-lo. Somos todos cidadãos, na Europa e na Índia, no México e na Abissínia; a individualidade de cada um está estreitamente ligada à pátria: amamo-la porque amamos a nós mesmos. Deixem que gregos e romanos fascinem a imaginação: eles pertencem à família da espécie humana e não nos são alheios em suas virtudes e fraquezas, glória e calamidades; mas a palavra "Rússia" tem um encanto especial para nós: meu coração ainda bate mais forte por Pojárski do que por Temístocles[1] ou Cipião.[2] A história mundial embeleza o mundo para a mente com grandes recordações, e a história russa embeleza a pátria onde vivemos e sentimos. Como se tornam atraentes as margens do Vólkhov, Dniepr e Don quando sabemos o que acontecia nelas na longínqua antiguidade! Não só Nóvgorod, Kíev, Vladímir, mas também os casebres de Ieliéts, Koziélsk e Gálitch se transformam em monumentos interessantes, e objetos mudos tornam-se eloquentes. Em toda parte, sombras de séculos passados desenham quadros diante de nós.

Além do valor especial para nós, filhos da Rússia, suas crônicas têm algo de universal. Olhemos para a extensão desta potência singular: o pensamento se petrifica; Roma nunca pôde, em sua grandeza, igualar-se a ela, tendo dominado do Tibre ao Cáucaso, o Elba e as areias africanas. Não é surpreendente que terras separadas por eternas barreiras naturais, desertos incomensuráveis e bosques impenetráveis, climas frios e quentes, como Ástrakhan e Lapônia, Sibéria e Bessarábia, tenham podido formar

---

[1] Temístocles (524 a.C.-460 a.C.), político e general ateniense. (N. da T.)

[2] Públio Cornélio Cipião (?-211 a.C.), general romano. (N. da T.)

um Estado com Moscou? Por acaso é menos maravilhosa a mistura entre seus habitantes, de tribos diferentes, de aparências variadas e tão afastadas umas das outras em graus de formação? Assim como a América, a Rússia tem seus selvagens; como outros países da Europa, apresenta frutos de uma longa vida civil. Não é necessário ser russo: é necessário apenas pensar para ler com curiosidade lendas de um povo que, com ousadia e coragem, obteve domínio sobre a nona parte do mundo, descobriu países até então desconhecidos de todos, trouxe-os para o sistema geral de geografia e história e os iluminou com a fé divina, sem violência, sem as malfeitorias empregadas por outros defensores do Cristianismo na Europa e na América, mas somente com o exemplo da melhor maneira de agir.

Concordemos que os feitos descritos por Heródoto, Tucídides e Lívio em geral são mais interessantes para todos aqueles que não são russos, por apresentar maior força espiritual e um jogo de paixões mais vivo, pois Grécia e Roma eram potências populares e mais ilustradas que a Rússia; porém, podemos afirmar com segurança que alguns casos, quadros e personagens de nossa história não são menos curiosos que os antigos. Assim são as façanhas de Sviatoslav, o terror de Bati, a insurreição dos russos sob Donskoi, a queda de Nóvgorod, a tomada de Kazan, o triunfo das virtudes nacionais na época do interregno. Os gigantes das sombras, Oleg e o filho de Igor; o guerreiro crédulo, o cego Vassilko; o amigo da pátria, o benfazejo Monomakh; os Valentes Mstislav, terríveis nas batalhas e exemplos de bondade na vida; Mikhail de Tvier, tão célebre por sua magnânima morte; Aleksandr Niévski, malfadado e verdadeiramente corajoso; o jovem herói, vencedor de Mamai;[3] todos, ainda que em um traçado leve, atuam com força sobre a imaginação e o coração. O reinado de Ivan III por si só é um raro tesouro para a história: ao menos, desconheço um monarca que seja mais digno de viver e brilhar em seu santuário. Raios de sua glória derramam-se sobre o berço de Pedro, e, entre esses dois autocratas, encontram-se o surpreendente Ivan IV e Godunov, digno de sua felicidade e infelicidade, o estranho Falso Dmitri, e atrás da multidão de destemidos patriotas, boiardos e cidadãos, estão o mentor do trono, o primeiro sacerdote Filariet com seu majestoso filho, portador da luz na escuridão dos nossos desastres do Estado, e

[3] Menção a Dmitri Donskoi. (N. da T.)

o tsar Aleksei, sábio pai daquele imperador a quem a Europa denominou "o Grande". Ou toda a história moderna deve calar-se, ou a história russa deve ter direito à atenção.

Sei que as batalhas de nossa guerra interna específica, que retumbaram sem cessar no período de cinco séculos, são pouco importantes para a razão; que este objeto não é rico em pensamento para o pragmático, nem em beleza para o pintor; mas a história não é um romance, nem o mundo é um jardim onde tudo precisa ser agradável: ela representa o mundo real. Vemos na Terra majestosas montanhas e cachoeiras, prados e vales floridos; mas quantos desertos estéreis e estepes tristes! No entanto, a viagem geralmente é amável para as pessoas com sentimento ativo e imaginação; mesmo nos desertos podem-se encontrar vistas fascinantes.

Não sejamos supersticiosos em nossa alta compreensão das descrições dos feitos da antiguidade. Se excluirmos da obra imortal de Tucídides a parte ficcional, o que resta? Um conto nu sobre guerras intestinas entre cidades gregas: multidões cometem malfeitorias, se enfrentam pela honra de Atenas ou Esparta, como aqui fizemos pela honra da casa de Monomakh ou Oleg. Não há muita diferença se esquecemos que estes semisselvagens se expressavam na língua de Homero, possuíam as tragédias de Sófocles e estátuas de Fídias. Será que o profundo pintor Tácito sempre nos apresenta aquilo que é grande e impressionante? Olhamos com comoção para Agripina, que leva as cinzas de Germânico; com piedade, para os ossos e armaduras da legião de Varo, dispersos no bosque; com terror vemos o banquete sangrento dos furiosos romanos, iluminados pelas chamas do Capitólio; com repulsa, o monstro da tirania que devorava os vestígios das virtudes republicanas na capital do mundo: mas as contendas entediantes das cidades pelo direito de ter um sacerdote neste ou naquele templo e o seco necrológio dos funcionários romanos ocupa muitas das listas em Tácito. Ele invejava Tito Lívio pela riqueza de seu objeto; e Lívio, suave, eloquente, às vezes enche o livro inteiro com notícias sobre escaramuças e vandalismos que dificilmente seriam mais importante que os ataques de poloretsianos. Em suma, a leitura de todo tipo de obra histórica exige uma certa paciência, que será em maior ou menor medida recompensada por prazer.

Um historiador da Rússia poderia, claro — ao falar algumas palavras sobre a origem de seu povo principal, sobre a composição do Estado, ao apresentar traços importantes e memoráveis da antiguidade em um habilidoso quadro e começar uma narrativa detalhada dos tempos de Ivan ou do século XV, quando se realizou um dos mais grandiosos feitos de Estado no mundo —, poderia escrever com facilidade duzentas ou trezentas páginas eloquentes e agradáveis, em vez de inúmeros livros difíceis para o autor e cansativos para o leitor. Mas tais *observações*, tais *quadros* não substituem as crônicas, e quem leu somente a introdução à *História de Carlos V*, de Robertson,[4] ainda não possui uma compreensão fundamentada e verdadeira a respeito da Idade Média europeia. Não basta que uma pessoa inteligente, depois de passar os olhos sobre documentos dos séculos, conte-nos suas observações: devemos nós mesmos ver os atos e atores — e então conheceremos a história. A imodéstia da eloquência do autor e o deleite dos leitores condenariam ao eterno esquecimento os atos e o destino dos nossos antepassados? Eles padeceram, seus infortúnios prepararam a nossa grandeza, e nós não vamos querer nem escutar a seu respeito, nem saber a quem eles amavam, a quem condenavam por suas infelicidades? Estrangeiros podem saltar o que os entedia em nossa história antiga; mas será que os bons russos não têm a obrigação de ter mais paciência, seguindo a regra da moral do Estado, que define o respeito aos antepassados como uma qualidade do cidadão instruído?... Assim pensei e escrevi sobre os Ígores, sobre os Vsiévolodes como um contemporâneo, olhando para eles pelo espelho turvo das antigas crônicas com infatigável atenção e sincera reverência; e se, em lugar de imagens *vivas e íntegras*, apresentei somente *sombras em fragmentos*, não é culpa minha: não podia acrescentar nada às crônicas!

Há *três* gêneros de história: a *primeira* é a contemporânea — por exemplo, a de Tucídides —, onde uma testemunha ocular narra os acontecimentos; a *segunda*, como a de Tácito, se fundamenta nas lendas orais recentes, próximas à época dos acontecimentos descritos; a *terceira* tira-se somente das crônicas, como a nossa exatamente até o século XVIII.[5] Na *primeira* e na *segunda*, brilham a razão e a imaginação do escritor, que seleciona o que é mais curioso, acrescenta cor, adorna, às vezes *inventa* sem temer o desmascaramento; diz: *vi assim, escutei assim*, e a crítica silenciosa não incomoda o leitor que se deleita com belíssimas descrições. O *terceiro* gênero é o mais limitado para o talento: não se pode acrescen-

---

[4] William Robertson (1721-1793), historiador escocês. (N. da T.)

[5] Somente com Pedro, o Grande, começam para nós as lendas orais: escutamos muito de nossos pais e avós a respeito dele, de Catarina I, Pedro II, Anna e Elizavieta, muito que não está nos livros. (N. do A.)

tar nenhum traço ao que é conhecido: não se pode interrogar os mortos; dizemos o que nos legaram seus contemporâneos; calamos, se eles calaram; ou a crítica justa selará os lábios do historiador leviano, obrigado a apresentar somente aquilo que se conservou dos séculos nas crônicas e nos arquivos. Os antigos tinham direito a inventar falas de acordo com os temperamentos das pessoas e com as circunstâncias: um direito precioso para os verdadeiros talentos, que Lívio aproveitou para enriquecer seus livros com a força da inteligência e da oratória e com sábios sermões. Mas nós, contrariamente à opinião do abade Mably,[6] atualmente não podemos florear a história. Os novos progressos da razão deram-nos uma compreensão mais clara de seu caráter e objetivo; um gosto racional estabeleceu regras imutáveis e separou para sempre a narrativa histórica do poema e dos jardins da eloquência, designando a primeira a ser um espelho fiel do passado, eco fiel das palavras de fato ditas pelos heróis dos séculos. A mais bela fala inventada desfigura a história, que trata não da glória do escritor, do prazer dos leitores e nem mesmo da sabedoria moralizadora, mas apenas da verdade, que já por si só torna-se fonte de prazer e benefício. Assim como a história natural, tampouco a história civil tolera invenções, e representa o que acontece ou aconteceu e não o que poderia ter acontecido. Porém, dizem que a história está repleta de mentiras: melhor, digamos que nela, como em qualquer ação humana, há uma parcela de mentira; entretanto, o caráter da verdade sempre se conserva em grau maior ou menor; só isso nos basta para formar uma ideia geral a respeito de pessoas e ações. Quanto mais a crítica torna-se exigente e severa, mais é inadmissível para o historiador, para proveito de seu talento, enganar leitores honestos, pensar e falar por heróis que já há muito tempo guardam silêncio nas sepulturas. O que então resta a ele, acorrentado, por assim dizer, aos documentos secos da antiguidade? Ordem, clareza, força, fidedignidade. Ele cria a partir da matéria dada: não produz ouro a partir de cobre, mas deve purificar o cobre; deve saber o valor e o caráter de tudo; revelar o grande onde ele se esconde, e não engrandecer o pequeno. Não existe objeto a tal ponto pobre que nele a arte não possa se manifestar de forma agradável ao intelecto.

Até hoje, os antigos nos servem de exemplo. Ninguém superou Lívio na beleza da narração, ou Tácito em sua força: eis o principal! O conhe-

---

[6] Referência a Gabriel Bonnot de Mably (1709-1785), filósofo e político francês. (N. da T.)

cimento de todas as leis do mundo, a erudição alemã, a espirituosidade de Voltaire, nem mesmo a própria profundidade de pensamento de Maquiavel substituem nos historiadores o talento para a narrativa dos feitos. Os ingleses são famosos por Hume, os alemães por Johann Müller,[7] e com justiça:[8] ambos são dignos seguidores dos antigos, não imitadores: pois, a cada século, cada povo dá um colorido especial ao hábil escritor de costumes. "Não imite Tácito, mas escreva como ele escreveria em seu lugar!", eis a regra do gênio. Será que Müller queria se assemelhar a Tácito ao inserir com frequência apotegmas morais na narrativa? Não sei; mas este desejo de exibir sua inteligência, ou de parecer um pensador profundo, seria quase contrário ao verdadeiro bom gosto. O historiador só opina sobre a explicação do fato onde suas ideias de alguma forma completariam a descrição. Notemos que esses apotegmas são, para mentes que buscam a compreensão, meias verdades ou verdades extremamente corriqueiras, que não possuem grande valor na história, na qual procuramos atos e temperamentos. A narrativa hábil é obrigação do escritor de costumes, e uma boa ideia em particular é um presente: o leitor exige a primeira e agradece pela segunda quando sua exigência já foi cumprida. Acaso não pensava assim também o sensato Hume, às vezes extremamente fecundo na explicação de motivos, mas comedido em reflexões ao ponto da mesquinhez? É o historiador a quem denominaríamos de "o mais perfeito entre os modernos" se não tivesse evitado demais a Inglaterra, se gabado em excesso de imparcialidade e com isso esfriado sua elegante obra! Em Tucídides, vemos sempre um grego ateniense, em Lívio, sempre um romano, e nos fascinamos por eles, e acreditamos neles. O sentimento de *nós* e *nosso* reanima a narrativa; e, assim como a paixão grosseira, consequência de uma mente fraca ou de uma alma débil, é intolerável em um historiador, da mesma forma o amor à pátria acrescentará ao seu pincel ardor, força e encanto. Onde não há amor, tampouco há alma.

---

[7] Referência a Johannes von Müller (1752-1809), historiador natural da região alemã da Suíça. (N. da T.)

[8] Falo somente daqueles que escreveram uma história completa dos povos. [Juan] Ferreras, [Gabriel] Daniel, [Johann Jacob] Mascov, [Olof von] Dalin e [Paul Henri] Mallet não se igualam àqueles dois historiadores; porém, ao aplicadamente elogiar Müller (historiador da Suíça), os conhecedores não elogiam sua introdução, que pode ser chamada de poema geológico. (N. do A.)

Volto à minha obra. Sem me permitir nenhuma invenção, procurei as expressões em minha mente, e as ideias unicamente nas crônicas: busquei ânimo e vida em documentos a ponto de se desfazerem; queria unir em um sistema claro, por uma aproximação harmoniosa entre as partes, aquilo que nos foi legado pelos séculos; representei não só a calamidade e a glória da guerra, mas também tudo o que forma parte da existência civil das pessoas: progressos da razão, arte, hábitos, leis e produção; não temi falar com seriedade sobre o que se respeitava entre os antepassados; queria, sem trair minha época, sem orgulho e zombaria, descrever os séculos da primeira infância espiritual, ingênuos e lendários; queria apresentar também o caráter dos tempos e dos cronistas, pois um me parecia necessário ao outro. Quanto menos eu encontrava notícias, mais valorizava e usava o que encontrava, menos escolhia: pois não são os pobres, e sim os ricos que escolhem. Era necessário ou não dizer nada, ou dizer tudo sobre determinado príncipe, para que ele vivesse em nossa memória não apenas como um nome seco, mas com certa fisionomia moral. *Esgotando* assiduamente os materiais da mais antiga história russa, me encorajava com a ideia de que há, na narrativa de tempos distantes, um certo encanto indefinível para nossa imaginação: lá estão as fontes da poesia! Nosso olhar, ao contemplar uma grande extensão, não costuma aspirar — para além de tudo o que está próximo e claro — ao fim do horizonte, onde as sombras se tornam mais espessas e escuras e começa a impenetrabilidade?

O leitor observará que não descrevo as ações *separadamente*, por ano e dia, mas as *reúno* para imprimi-las mais confortavelmente na memória. Um historiador não é um cronista: o último olha somente para o tempo, e o primeiro, para a particularidade e a ligação entre os atos: pode se enganar na distribuição de lugares, mas precisa indicar um lugar para tudo.

A infinidade de notas e citações que fiz intimida até a mim. Felizes são os antigos: eles não conheciam este esforço mesquinho em que se perde metade do tempo, a mente se aborrece e a imaginação se esvai: um sacrifício penoso em nome da *fidedignidade*, e, no entanto, necessário! Se todos os materiais estivessem reunidos em nossas terras, publicados e purificados pela crítica, me restaria somente citar; mas, quando grande parte deles está em manuscritos, na obscuridade, quando dificilmente há algo elaborado, explicado e posto de acordo, é necessário armar-se de paciência. É direito do leitor consultar esta mistura variada que serve às vezes de testemunho, às vezes de explicação ou complemento. Para os apreciadores tudo pode ser curioso: um nome velho, uma palavra; o menor traço da antiguidade dá motivo para reflexões. A partir do século XV, já faço menos citações: as fontes se multiplicam e se tornam mais claras.

Um homem famoso e erudito, Schlözer,[9] disse que nossa história possui cinco períodos principais: que a Rússia de 862 a Sviatopolk deve ser denominada *nascente* (*Nascens*); de Iaroslav aos mongóis, *dividida* (*Divisa*); de Bati a Ivan, *oprimida* (*Oppressa*); de Ivan a Pedro, o Grande, *vitoriosa* (*Victrix*); de Pedro a Catarina II, *florescente*. Tal ideia me parece mais espirituosa do que bem fundamentada. 1) A época de São Vladímir era já um tempo de poder e glória, e não um nascimento. 2) O Estado se dividia mesmo antes do ano de 1015. 3) Se, por uma condição interna e por atitudes externas à Rússia, é necessário separar os períodos, será possível misturar em uma só a época do grão-príncipe Dmitri Aleksándrovitch com a de Donskoi, escravidão muda com vitória e glória? 4) A era dos impostores se caracteriza mais por desgraças do que pela vitória. Muito melhor, mais verdadeiro e mais modesto é dividir nossa história em *antiga* de Riúrik a Ivan III, *média* de Ivan a Pedro, e *moderna* de Pedro a Alexandre. O sistema de feudos era um traço da *primeira época*; a autocracia, da *segunda*; a mudança de hábitos civis, da *terceira*. Ademais, não há necessidade de colocar limites em pontos onde os lugares servem de fronteiras naturais.

Com vontade e zelo, depois de dedicar doze anos e a melhor época de minha vida à composição destes oito ou nove volumes, posso por fraqueza desejar elogios e temer censuras; mas ouso dizer que isso não é o principal para mim. Apenas a busca pela fama não poderia dar-me a determinação constante, longa e necessária para esta empreitada se eu não tivesse encontrado verdadeiro prazer no próprio trabalho e não tivesse esperança de ser útil, ou seja, tornar a história russa mais conhecida para muitos, e até para meus severos juízes.

Agradecendo a todos, vivos e mortos, cuja inteligência, conhecimento, talentos e arte me serviram de guia, me entrego à indulgência dos bons concidadãos. Nós amamos o mesmo e desejamos o mesmo: amamos a pátria; desejamos a ela ainda mais prosperidade do que glória; desejamos

---

[9] August Ludwig von Schlözer (1735-1809), historiador alemão, contribuiu para os estudos de história universal e da história da Rússia em particular. (N. da T.)

que não mude nunca a sólida fundação de nossa grandeza; que os princípios da sábia Autocracia e da Fé Sagrada fortaleçam cada vez mais a união das partes; e que floresça a Rússia... ao menos por muito, muito tempo, já que na terra não há nada imortal exceto a alma humana!

(1818)

Tradução de Cecília Rosas

Aleksandr Púchkin

Aleksandr Serguêievitch Púchkin (1799-1837) tornou-se, muito jovem, a principal aposta da literatura russa moderna. De *primus inter pares* da cultura de corte de começos do século XIX, passou a mito de origem e ponto de referência da cultura russa, atualizado e remanejado por virtualmente todas as correntes intelectuais do país. Púchkin radicalizou o experimentalismo karamziniano em uma profusão de gêneros e formas, multiplicidade incrível que o lugar-comum descreve como "mozartiana". É autor de obras fundamentais, como o romance em versos *Ievguêni Oniéguin*, o poema "O cavaleiro de bronze", a novela *A filha do capitão*, além de contos extraordinários (reunidos, em sua maioria, em *A dama de espadas e outros contos*, desta editora). Púchkin foi também um ensaísta de respeito, apesar do aspecto fragmentário e diminuto da sua produção crítica. Contudo, como observa o russista William Mills Todd, a visada crítica de Púchkin localiza-se não apenas nos textos apresentados como tais, mas espraia-se por toda a sua obra, inclusive na sua correspondência e em textos ficcionais; de resto, o fragmento, em Púchkin, não indica uma limitação ou um bosquejo a ser substituído por um esquema mais encorpado, sendo ele próprio um sistema, que precisa ser fruído e estudado em si mesmo. A sua crítica literária mapeia as principais (e vertiginosas) alterações da vida cultural russa dos primeiros decênios do século: a chegada e adaptação dos novos modelos literários ingleses e alemães, em substituição parcial aos franceses; a transferência do cerne da vida literária, em sua produção e circulação, dos salões aristocráticos para o mercado editorial, e o concomitante surgimento da função "autor"; a crescente centralidade do jornalismo; o relativo ocaso da poesia, em prol da prosa; os debates sobre temas históricos e políticos. "Da insignificância da literatura russa", de 1834, é parte de um ensaio mais amplo, que não chegou a ser escrito. Rascunhos desse texto maior indicam que Púchkin daria destaque à literatura surgida a partir do século XVIII: poetas e letrados como Kantemir, Derjávin, Lomonóssov, Trediakóvski, Fonvízin e Sumarókov, e, na sequência, Karamzin e os jovens escritores contemporâneos.

Da insignificância da literatura russa

A Rússia esteve alheia à Europa por muito tempo. Depois de receber a luz do cristianismo de Bizâncio, ela não participou nem das revoluções políticas, nem da atividade intelectual do mundo católico romano. O grande período do Renascimento não a influenciou de nenhuma maneira; a cavalaria não inspirou arroubos castos em nossos antepassados e os abalos benéficos produzidos pelas cruzadas não se refletiram nas terras do norte entorpecido... Um grande destino estava determinado para a Rússia... Suas planícies sem fim absorveram a força dos mongóis e detiveram sua invasão bem na fronteira da Europa; os bárbaros não ousaram deixar em sua retaguarda a Rus escravizada e voltaram para suas estepes orientais. O Iluminismo em formação foi salvo pela Rússia arrasada e destruída...[1] Poupado pela surpreendente sagacidade dos tártaros, o clero, sozinho — no decorrer de dois séculos sombrios — alimentou as pálidas centelhas da cultura bizantina. No silêncio dos mosteiros, os monges seguiam adiante, sem interrupção, com suas crônicas. Os bispos conversavam por epístolas com príncipes e boiardos, alegrando o coração em tempos árduos de provação e desesperança. Mas a vida interior do povo escravizado não se desenvolveu. Os tártaros não eram como os mouros. Ao conquistar a Rússia, não a presentearam nem com a álgebra, nem com Aristóteles. A derrubada do jugo, as brigas dos grão-príncipes com os feudos, do absolutismo com as cidades livres, da autocracia com os boiardos e dos conquistadores com a identidade nacional não favoreceram o livre desenvolvimento da Ilustração. A Europa foi inundada por uma extraordinária quantidade de poemas, lendas, sátiras, romanças, mistérios etc., mas nossos arquivos e bibliotecas antigos, exceto pelas crônicas, não oferecem quase nada para alimentar a curiosidade dos exploradores. Al-

[1] E não pela Polônia, como ainda recentemente afirmavam revistas europeias; mas, em relação à Rússia, a Europa sempre foi tão ignorante quanto ingrata. (N. do A.)

guns contos de fadas e canções, incessantemente renovados pela tradição oral, conservaram traços de nacionalidade meio apagados, e o *Canto do exército de Igor* destaca-se como um monumento solitário no deserto de nossa literatura antiga.

Mas mesmo na época de tempestade e crises, tsares e boiardos concordavam em uma coisa: a necessidade de aproximar a Rússia da Europa. Daí a relação de Ivan Vassílievitch com a Inglaterra, a correspondência de Godunov com a Dinamarca, as condições oferecidas ao príncipe polonês pela aristocracia do século XVII,[2] as embaixadas de Aleksei Mikháilovitch... Por fim, apareceu Pedro.

A Rússia entrou na Europa como um navio lançado às águas, com um golpe de machado e estrondo de canhões. Mas as guerras empreendidas por Pedro, o Grande foram benéficas e fecundas. O sucesso da transformação nacional foi consequência da batalha de Poltava,[3] e a ilustração europeia atracou às margens do Nievá conquistado.

Pedro não conseguiu terminar muito do que começou. Morreu em tempos de bravura, em plena atividade criativa. Ele lançou sobre a literatura um olhar desatento, porém penetrante. Elevou Feofan,[4] incentivou Kopiévitch,[5] antipatizou com Tatíschev[6] por sua frivolidade e seu livre-pensamento, reconheceu um *eterno trabalhador* no pobre colegial Trediakóvski.[7] As sementes estavam plantadas. O filho de um senhor moldavo se criou em suas campanhas;[8] e um filho de pescador de Kholmogor,

---

[2] Em 1605, em meio à crise sucessória russa, Vladislau, filho do rei polonês Sigismundo III, reivindicou a coroa, obtendo apoio de parte da população de Moscou. Estes, em troca, exigiam que o postulante se comprometesse a manter a religião ortodoxa e a garantir certos privilégios aos moscovitas. (N. da T.)

[3] Maior batalha da Grande Guerra do Norte, travada entre a Suécia e a Rússia. Esta saiu vitoriosa e obteve diversos ganhos territoriais, especialmente no mar Báltico. (N. da T.)

[4] Feofan Prokopóvitch (1681-1736), bispo ortodoxo, conselheiro de Pedro e criador do Santo Sínodo, órgão que submetia a Igreja ao Estado no Império Russo. (N. da T.)

[5] Iliá Fiódorovitch Kopiévitch (1651-1714), poeta e editor russo. (N. da T.)

[6] Vassili Nikítitch Tatíschev (1686-1750), historiador russo. (N. da T.)

[7] Vassili Kiríllovitch Trediakóvski (1703-1769), famoso poeta russo do século XVIII. (N. da T.)

[8] Referência a Antiokh Kantemir, poeta e diplomata, filho do líder moldavo Dmitri Kantemir (1673-1723). (N. da T.)

fugido das margens do Mar Branco, bateu nos portões da escola Zaikonospásski.[9] Uma nova literatura, fruto de uma nova forma de sociedade, devia nascer em breve.

No começo do século XVIII, a literatura francesa dominou a Europa. Ela teria uma influência longa e decisiva sobre a Rússia. Antes de mais nada, precisamos examiná-la.

Se consideramos a infinidade de pequenos poemas, baladas, rondós, virelais, sonetos e poemas alegóricos e satíricos, romances de cavalaria, contos de fadas, *fabliaux*, mistérios etc. que inundaram a França no início do século XVII, é impossível não reconhecer a estéril nulidade dessa abundância ilusória. Uma dificuldade habilmente vencida, uma repetição escolhida com felicidade, uma expressão executada com leveza, uma brincadeira ingênua, uma máxima sincera — são raras recompensas para o explorador cansado.

A poesia romântica florescia com pompa e majestade por toda a Europa. A Alemanha há tempos tinha seu *Nibelungo*, a Itália — seu poema triplo, Portugal — *Os lusíadas*, Espanha — Lope de Vega, Calderón e Cervantes, Inglaterra — Shakespeare, e, entre os franceses, Villon cantava tavernas e forcas em cançonetas obscenas e foi considerado o primeiro poeta nacional! Seu sucessor, Marot,[10] que viveu na mesma época que Ariosto e Camões,

> *rima des triolets, fit fleurir la ballade.*[11]

A prosa já tinha preponderância definitiva. O cético Montaigne e o cínico Rabelais eram contemporâneos de Tasso.

As pessoas dotadas de talento, surpresas com a insignificância e, é preciso dizer, *baixeza* da poesia francesa, inventaram que a culpa era da pobreza da língua e começaram a tentar recriá-la segundo o modelo do grego antigo. Formou-se uma nova escola, cuja opinião, objetivo e esforços fazem lembrar a escola de nosso eslavo antigo, na qual também havia pessoas talentosas. Mas os esforços de Ronsard, Jodelle e Du

[9] Referência a Mikhail Lomonóssov. (N. da T.)

[10] Clément Marot (1496-1544), poeta francês. (N. da T.)

[11] Em francês, no original: “fez florescer as baladas, compôs triolés”. Nicolas Boileau-Despréaux, *A arte poética*, tradução de Célia Berrettini, São Paulo, Perspectiva, 1979, p. 19. (N. da T.)

Bellay[12] foram em vão. A língua se recusou a tomar uma direção que lhe era estranha e novamente seguiu seu caminho.

Por fim, veio Malherbe,[13] avaliado com tão brilhante precisão e tão rigorosa exatidão pelo grande crítico.

Enfin Malherbe vint et le premier en France
Fit sentir dans les vers une juste cadence,
D'un mot mis en sa place enseigna le pouvoir
Et réduisit la Muse aux règles du devoir.
Par ce sage écrivain la langue réparée
N'offrit plus rien de rude à l'oreille épurée.
Les stances avec grâce apprirent à tomber
Et le vers sur le vers n'osa plus enjamber.[14]

Mas Malherbe está esquecido hoje em dia, assim como Ronsard, estes dois talentos que esgotaram suas forças no aperfeiçoamento da poesia... Este é o destino à espera de escritores que cuidam mais das formas externas da palavra dos que das ideias, que, independentemente da forma de aplicação, são sua verdadeira vida!

Por qual prodígio, em meio a esta lamentável insignificância — à falta de críticos autênticos e à inconsistência de opiniões, em meio à decadência geral do bom gosto —, apareceu de repente a multidão de verdadeiros grandes escritores que cobriu de tanto brilho o fim do século XVII? Seria a generosidade política do cardeal Richelieu, seria o patrocínio vaidoso de Luís XIV a razão de tal fenômeno? Ou cada povo tem

[12] Pierre de Ronsard (1524-1585), Joachim Du Bellay (1522-1560), poetas franceses, e Étienne Jodelle (1532-1573), poeta e dramaturgo, integraram a *Pléiade*, grupo de poetas da Renascença francesa. (N. da T.)

[13] François de Malherbe (1555-1628), poeta francês, foi um importante reformador da língua poética em seu país. (N. da T.)

[14] "Veio enfim Malherbe e este foi o primeiro que, na França,/ fez sentir nos versos uma cadência justa,/ ensinou o poder de uma palavra posta em seu devido lugar,/ e reduziu a musa às regras do dever./ A língua, assim reparada por este sábio escritor,/ nada mais ofereceu de rude aos ouvidos depurados. As estrofes aprenderam a cair com graça,/ e o verso não mais ousou encavalar em outro verso." *Idem, ibidem*. (N. da T.)

uma época premeditada pelo destino em que de repente uma constelação de gênios aparece, brilha e some?... Seja como for, dentre a multidão de poetas sem talento, medíocres ou sem sucesso da época da velha poesia francesa, imediatamente se sobressaem Corneille, Boileau, Racine, Molière e La Fontaine, Pascal, Bossuet e Fénelon.[15] E seu domínio sobre a vida intelectual do mundo ilustrado é bem mais fácil de explicar do que sua aparição inesperada.

No caso de outros povos europeus, existia uma poesia antes da aparição dos gênios imortais que ofereceram suas grandes obras à humanidade. Estes gênios seguiram um caminho já aberto. Mas a elevada inteligência da França do século XVII surpreendeu a poesia nacional ainda de fraldas, desdenhou de sua fraqueza e voltou-se para os modelos da antiguidade clássica. Boileau, poeta dotado de vigoroso talento e viva inteligência, publicou seu código e a literatura submeteu-se a ele. O velho Corneille ficou sozinho como representante da tragédia romântica que com tanta glória levara ao palco francês.

Apesar de sua aparente insignificância, Richelieu sentia a importância da literatura. O grande homem que humilhou o feudalismo na França quis igualmente estabelecer uma ligação com a literatura. Os escritores (uma classe pobre, insolente e zombeteira na França) foram chamados à corte e passaram a receber uma pensão como os nobres. Luís XIV seguiu o sistema do cardeal. Logo a literatura se concentrou ao redor de seu trono. Todos os escritores receberam uma função. Corneille e Racine divertiam o rei com tragédias encomendadas, o historiógrafo Boileau cantava suas vitórias e indicava a ele escritores dignos de sua atenção, o camareiro Molière ria da vida da corte diante dos nobres. A Academia ditou a primeira regra de seu estatuto: louvar o grande rei. Houve exceções: um nobre sem dinheiro (apesar da religiosidade dominante) publicou na Holanda seus alegres contos sobre freiras, e um bispo de fala melíflua incluiu, em um livro cheio de filosofia ousada, uma sátira mordaz ao famoso reinado... Por isso, La Fontaine morreu sem pensão e Fénelon terminou os dias em sua diocese, afastado da corte por heresia mística.

Daqui surge uma literatura cortês e refinada, brilhante e aristocrática, um pouco amaneirada, mas por isso mesmo compreensível para

---

[15] Jacques Bénigne Bossuet (1627-1704), escritor francês. François Fenélon (1651-1715), teólogo e escritor francês. (N. da T.)

todas as cortes do continente, pois a mais alta sociedade, como notou com justiça um dos novos escritores, forma uma só família em toda a Europa.

Enquanto isso, o grande século passou. Luís XIV morreu, depois de durar mais do que sua glória pessoal e a de sua geração. Novas ideias e uma nova corrente se refletiram nas mentes ansiosas por novidades. Um espírito de exploração e reprimenda começou a manifestar-se na França. As mentes, desprezando as flores da literatura e os nobres jogos de imaginação, se prepararam para o predestinado século XVIII...

Nada podia ser mais oposta à poesia do que a filosofia que recebeu o nome do século XVIII. Ela estava orientada contra a religião dominante, eterna fonte de poesia para todos os povos, e suas armas preferidas eram uma ironia fria e cautelosa e um escárnio raivoso e grosseiro. Voltaire, gigante de sua época, dominou o verso como uma importante esfera da atividade intelectual humana. Ele escreveu uma epopeia com intenção de difamar o catolicismo. Por sessenta anos, encheu o teatro de tragédias nas quais, sem se preocupar com a verossimilhança dos personagens, nem com a legitimidade dos meios, obrigou suas criações a expressar as regras de sua filosofia, com ou sem propósito. Ele inundou Paris de ninharias encantadoras, nas quais a filosofia falava uma língua compreensível e brincalhona, distinta da prosa somente pelo metro e rima, e essa leveza parecia o auge da poesia; por fim, uma vez em sua vida, tornou-se poeta, quando todo seu gênio destrutivo manifestou-se com total liberdade em um poema cínico no qual todos os sentimentos elevados e estimados pela humanidade foram sacrificados em honra ao demônio do riso e da ironia, a antiguidade grega, ridicularizada e os dois sagrados Testamentos, insultados...

A influência de Voltaire foi incrível. Os traços da *Grande Époque* (como os franceses chamam a época de Luís XIV) desaparecem. A poesia, esgotada, se transforma em jogos pedantes de engenhosidade; o romance se torna um sermão aborrecido ou uma galeria de quadros lascivos.

Todas as mentes elevadas seguem Voltaire. O sonhador Rousseau se proclama seu discípulo; o impetuoso Diderot é o mais zeloso de seus apóstolos. A Inglaterra, nas figuras de Hume, Gibbon e Walpole,[16] saúda a

[16] David Hume (1711-1776), filósofo escocês. Edward Gibbon (1737-1794), historiador inglês. Horace Walpole (1717-1797), escritor inglês. (N. da T.)

Enciclopédia. A Europa vai a Ferney em adoração.[17] Catarina mantém com ele uma correspondência amistosa. Frederico briga e se reconcilia com ele.[18] A sociedade está cativada pelo autor. Por fim, Voltaire morre em Paris, abençoando os descendentes de Franklin e saudando o Novo Mundo com palavras até então inauditas!...

A morte de Voltaire não interrompeu o fluxo. Os ministros de Luís XVI descem à arena com os escritores. Beaumarchais[19] se arrasta em cena, despe e atormenta todos os que ainda se consideram imunes. A velha monarquia gargalha e aplaude.

A velha sociedade está madura para a grande destruição. Tudo ainda está tranquilo, mas a voz do jovem Mirabeau, como uma tempestade distante, ecoa surdamente do fundo das masmorras pelas quais erra.

A Europa, aturdida e encantada com a glória dos escritores franceses, dirige a eles uma atenção servil. Os professores alemães, da altura de suas cátedras, proclamam as regras da crítica francesa. A Inglaterra segue a França no campo da filosofia, Richardson,[20] Fielding e Sterne sustentam a honra do romance em prosa. A poesia na pátria de Shakespeare e Milton torna-se seca e insignificante, o que também acontece na França; a Itália renega o gênio Dante, Metastasio[21] imita Racine.

Voltemos à Rússia.

(1834)

Tradução de Cecília Rosas

---

[17] Cidade onde vivia Voltaire. (N. da T.)

[18] Frederico, o Grande, rei da Prússia, manteve uma amizade com Voltaire por muitos anos. (N. da T.)

[19] Pierre Beaumarchais (1732-1799), dramaturgo francês, era um crítico ferrenho da sociedade francesa no Antigo Regime. (N. da T.)

[20] Samuel Richardson (1689-1761), escritor inglês. (N. da T.)

[21] Metastasio, pseudônimo de Pietro Antonio Domenico Trapassi (1698-1782), poeta e libretista italiano. (N. da T.)

Nikolai Gógol

Nikolai Vassílievitch Gógol (1809-1852) é amplamente conhecido como contista, autor teatral e romancista. A fama é justa, tendo-se em vista que ele é um autor profundamente "estético" e que a sua linguagem é riquíssima, antecipando correntes artísticas do século XX e fecundando uma série inesgotável de vertentes literárias russas. Contudo, o seu incrível jogo verbal deve ser entendido em paralelo a um projeto discursivo "público", de tipo moralizante, em que a figura do prosador brilhante se mescla com a do tribuno. Gógol dificilmente se veria "apenas" como um ficcionista, e sempre cogitou uma carreira não literária. Em uma das tentativas de anunciar verdades para públicos mais amplos, foi, inclusive, por um breve período, professor universitário, um episódio comicamente retratado por Nabókov e outros biógrafos. Os seus contos, peças e o romance *Almas mortas* estão traduzidos e comentados no Brasil, mas ainda há muito de sua obra para se descobrir: os artigos e ensaios que ladeiam e dialogam com os textos de ficção, por exemplo, os *Trechos escolhidos da correspondência com amigos*, obra que despertou a fúria de Bielínski e produziu a sua famosa carta a Gógol, apresentada nesta antologia. Um bom modo de se iniciar nesse universo gogoliano é o ensaio "Algumas palavras sobre Púchkin", publicado na coletânea *Arabescos* (1835), onde também estão os contos "Avenida Niévski", o "Diário de um louco" e "O retrato", além de dois fragmentos ficcionais. Lidos em conjunto, podemos perceber que o não-senso literário de Gógol, vazado por meio de um jogo radical com as palavras, é primo-irmão de uma busca de "senso" no plano nacional e histórico, como demonstram os demais artigos da coletânea: "Escultura, pintura e música", "Sobre a Idade Média", "Um olhar sobre a composição da Pequena Rússia", "Al-Mamun", "Pensamentos sobre a geografia", "Sobre o movimento dos povos no fim do século V", entre outros. Gógol, em uma carta a Pogódin, deu a entender que havia um grau de aleatoriedade considerável na mistura de gêneros promovida pelo volume. Todavia, pesquisadores de diversas épocas e escolas, como Viktor Chklóvski, têm detectado várias possibilidades de amarração entre os textos e insistido na sua apreciação unitária.

Algumas palavras sobre Púchkin

Perante o nome de Púchkin, imediatamente ocorre a ideia de poeta nacional russo. De fato, nenhum dos nossos poetas está acima dele, e ninguém, mais do que ele, pode ser chamado de nacional; esse direito decididamente lhe pertence. Nele encerrou-se, como em um léxicon, toda a riqueza, força e flexibilidade da nossa língua. Ele é maior do que todos; foi o que mais expandiu suas fronteiras e demonstrou toda a sua vastidão. Púchkin é um fenômeno extraordinário e talvez o único fenômeno do espírito russo: é o homem russo em ascensão, ascensão esta que talvez se manifeste daqui a duzentos anos. A natureza russa, a alma russa, a língua russa e o caráter russo se refletiram nele de forma tão límpida, com uma beleza tão depurada, quanto a paisagem que se reflete na superfície convexa do cristal óptico.

Sua própria vida é completamente russa. O mesmo ímpeto e a mesma amplidão, às vezes esquecidos, a que o russo tem propensão, e que os jovens russos cheios de vigor sempre admiram, refletiram-se em seus anos incipientes, desde que surgiu no mundo. Como que de propósito, o acaso o lançou aonde as fronteiras da Rússia se distinguem por uma característica bem marcada, imponente; aonde a planície incomensurável da Rússia é cortada por montanhas mais altas do que o céu e pulsa em direção ao sul. O Cáucaso, gigantesco, coberto de neve eterna, em meio a vales tórridos, encantou-o; ele, pode-se dizer, despertou uma força em sua alma e rompeu as últimas correntes que ainda pesavam sobre seus pensamentos livres. A vida absolutamente livre e poética dos impávidos montanheses deixava-o maravilhado, seus combates, suas incursões rápidas e irresistíveis; a partir de então, seu pincel adquiriu vasto alcance, rapidez e ousadia, impressionando e encantando a Rússia que apenas começara a ler. Se ele pinta uma cena de combate entre um tchetcheno e um cossaco, seu estilo é um raio; reluz como o brilho de um sabre e voa mais rápido do que a própria batalha. Púchkin é o único cantor do Cáucaso:

este arrebata toda a sua alma e sentidos; o escritor está imbuído e impregnado de seus entornos divinos, do céu austral, dos esplêndidos vales da Geórgia e dos magníficos jardins e noites da Crimeia. E talvez seja por isso que em suas criações ele é mais intenso e mais extático quando sua alma toca o sul. Nelas, esboçou de forma espontânea toda a sua força, e, por isso, suas obras, impregnadas do Cáucaso, da liberdade absoluta da vida circassiana e das noites da Crimeia, possuíam uma força maravilhosa, mágica: ele sentia admiração até por aqueles que não possuíam nem gosto nem habilidades espirituais suficientemente desenvolvidas para serem capazes de entendê-lo. Mais do que tudo, de forma acessível, forte e vasta, o ousado expande a alma, em especial da juventude, que ainda anseia por algo extraordinário. Nenhum poeta da Rússia teve destino tão invejável como Púchkin. Nenhuma glória se propagou tão rápido. Todos, quer fosse oportuno quer não, consideraram uma obrigação declamar, e, às vezes, deformar alguns fragmentos vivos e reluzentes de seus poemas. Por si só, seu nome já possuía algo elétrico, e bastava qualquer borra-papéis ocioso inseri-lo em sua criação, que esta já se espalhava por toda parte. (Sob o nome de Púchkin se difundiu uma infinidade de versos dos mais disparatados. Esse é o destino habitual do talento que tem uma reputação forte. A princípio isso provoca riso, mas depois vem o desencanto, quando por fim deixa-se de ser jovem e esses insistentes disparates se tornam visíveis. Dessa forma, por fim, começaram a atribuir a Púchkin: "A cura para a cólera", "Primeira noite",[1] e assim por diante.)

Desde sua estreia, ele já era nacional, porque a verdadeira nacionalidade consiste não na descrição de um *sarafan*,[2] mas no próprio espírito de um povo. Um poeta pode até ser nacional quando descreve um mundo completamente alheio, mas, ao observá-lo com os olhos de seus elementos nacionais, os olhos de todo o povo, quando ele sente e fala à maneira de seus conterrâneos, é como se eles mesmos estivessem sentindo e falando. Em relação aos méritos que compõem o essencial de Púchkin, que o distinguem de outros poetas, deve-se dizer que eles consistem na extrema rapidez de suas descrições e na extraordinária arte de esboçar o objeto todo com poucos traços. Seu epíteto é tão preciso e ousado que às vezes

[1] Títulos de dois poemas anônimos atribuídos a Púchkin no século XIX. Apenas o texto do segundo se preservou. (N. da T.)

[2] Tradicional túnica russa para mulheres. (N. da T.)

apenas um substitui toda uma descrição; seu pincel voa. Uma pequena composição sua sempre vale por um poema inteiro. É improvável que algum poeta possua qualquer composição que encerre tanta grandeza, simplicidade e força, como Púchkin.

Mas seus últimos poemas — escritos no momento em que o Cáucaso ocultou-se dele, em toda a sua espantosa grandeza, com seus cumes assomando, soberanos, por detrás das nuvens, e então Púchkin mergulhou no coração da Rússia, em suas planícies comuns, dedicou-se a estudar mais profundamente a vida e os costumes de seus conterrâneos e desejou ser um poeta nacional por completo — já não encantavam a todos por aquela vivacidade e fascinante ousadia que pulsavam onde quer que se revelassem Elbrus, montanheses, Crimeia e Geórgia.

Não parece tão difícil reconhecer esse fenômeno: estupefatos pela ousadia de seu pincel e pelo encanto das imagens, todos os seus leitores, instruídos e não instruídos, exigiam, em uníssono, que acontecimentos pátrios e históricos se tornassem objeto de sua poesia, esquecendo que é impossível representar a vida russa, mais calma e muito menos cheia de paixões, com as mesmas cores com que se pinta as montanhas do Cáucaso e os seus habitantes absolutamente livres. O povo, que representa em si a nação, é muito estranho em seus desejos; ele grita: represente-nos exatamente como nós somos, a pura verdade, imagine os feitos de nossos antepassados da forma como eles ocorreram. Mas o poeta que se atreva, obediente a seu comando, a representar tudo de acordo com a mais pura verdade, exatamente como aconteceu, e logo o povo começará a dizer: isso é fraco, sem graça, não é bom, não se parece de jeito nenhum com o que aconteceu. A turba, nesse caso, parece uma mulher, ordenando que o artista pinte o seu retrato de modo muito semelhante a sua imagem, mas ai dele se não conseguir esconder todos os seus defeitos.

A história da Rússia só adquire uma vivacidade expressiva a partir do último período de domínio dos imperadores; até então o caráter do povo era em grande parte insípido; não conhecia uma grande variedade de paixões. O poeta não tem culpa; há no povo um forte sentimento indulgente de atribuir uma dimensão maior aos feitos de seus antepassados. Ao poeta restavam dois recursos: ou dilatar seu estilo o máximo possível, dar força ao que é fraco, falar com fervor sobre algo que não encerra grande fervor em si mesmo, e então haverá uma multidão de admiradores, uma multidão de pessoas ao seu lado, e, com ela, também dinheiro; ou ser fiel apenas à verdade, elevar-se quando o objeto for elevado, ser intenso e ousado quando se é verdadeiramente intenso e ousado, ser tranquilo e sereno quando o acontecimento não está em ebulição. Mas, nesse caso, adeus, multidão! Ela não estará com ele, a não ser quando o próprio objeto, representado por ele, for tão grandioso e intenso, que não possa não produzir um entusiasmo geral. O poeta não escolheu o primeiro recurso, porque queria continuar a ser poeta, e porque qualquer um que sinta em si mesmo a faísca da vocação sagrada possui um escrúpulo aguçado que não lhe permite manifestar seu talento por meio de tal recurso. Ninguém vai discutir que o montanhês selvagem, em seu traje de guerreiro, livre como a liberdade absoluta, ele próprio juiz e senhor de si, tem muito mais brilho do que qualquer assessor; e, mesmo que tenha apunhalado seu inimigo, e se escondido em um desfiladeiro, ou queimado todo um vilarejo, ele nos encanta e desperta em nós mais interesse do que nosso juiz de casaca surrada, manchada de tabaco, juiz este que, de maneira inocente, mediante declarações e procedimentos, soltou pelo mundo uma profusão de todo tipo de almas, servos e livres. Mas ambos — tanto este, quanto aquele — são fenômenos que pertencem ao nosso mundo: ambos devem ter direito à nossa atenção, embora, por uma razão natural, aquilo que vemos com menos frequência sempre encante nossa imaginação com mais força, e preferir o ordinário ao extraordinário não é senão uma desvantagem do poeta — desvantagem para seu numeroso público, não para si mesmo. Ele não perde em absoluto seu mérito, e talvez até adquira ainda mais mérito, mas somente aos olhos de alguns poucos e autênticos apreciadores. Veio-me à memória a lembrança de um acontecimento de minha infância. Sempre fui um tanto apaixonado pela pintura. Eu me interessava muito por uma paisagem que pintara: no primeiro plano, espalhava-se uma árvore seca. Naquela época, eu morava no campo; meus vizinhos eram diletantes e juízes. Um deles, olhando para a imagem, balançou a cabeça e disse: "Um bom pintor escolhe uma árvore alta, bela, em que as folhas estejam frescas, uma árvore robusta, e não seca". Na infância, parecia-me lamentável ouvir um juízo desse tipo, mas depois extraí sabedoria dele: saber do que a multidão gosta e do que não gosta. As obras de Púchkin, nas quais pulsa a natureza russa, são tão calmas e imperturbáveis como a própria natureza russa. Elas só podem ser completamente entendidas por alguém cuja alma traga em si elementos puramente russos, para quem a Rússia seja a pátria, cuja alma tenha se transformado em algo delicado e sentimental, e que seja capaz de entender as canções russas, o espírito russo, pouco brilhantes na superfície. Porque, quanto mais comum for o objeto, mais o poeta tem que se elevar para extrair dele o extraordinário, e para que esse extraordinário seja a pura verdade. Por acaso seus últimos poemas foram valorizados de forma justa? Por acaso alguém decifrou ou entendeu *Boris Godunov*, uma obra elevada, profunda, incrustada de poesia, íntima, inacessível, que refuta qualquer adorno grosseiro, pretensioso, da qual a multidão não consegue tirar os olhos? Pelo menos na imprensa não houve, em parte alguma, nenhuma apreciação fidedigna a esse respeito, e elas permaneceram intocadas até hoje.

Em suas obras menores, encantadoras antologias, Púchkin é extraordinariamente multifacetado, e se revela ainda mais vasto e distinto do que nos poemas narrativos. Algumas dessas obras menores são tão intensas e esplêndidas, que qualquer pessoa é capaz de entendê-las; no entanto, uma grande parte delas parece comum para as numerosas multidões e, justamente por isso, são as melhores. Para se dispor a entendê-las, é necessário possuir um faro muito apurado. É necessário um gosto mais elevado do que aquele que pode entender apenas alguns traços, muito nítidos e avultados. Para isso é necessário ser, em certa medida, como um sibarita que já há tempos se fartou de manjares grosseiros e pesados, então come um passarinho do tamanho de um dedal[3] e se deleita com esse prato, cujo gosto parece bastante indefinido, estranho, sem nenhuma graça, acostumado que está a devorar os artigos de seu servo cozinheiro. Esse conjunto de poemas menores é uma sucessão de quadros dos mais esplêndidos. Trata-se de um mundo claro, em que pulsam os traços familiares dos antigos e a natureza se expressa de forma tão viva, como na correnteza de um rio argênteo; em que cintilam, velozes e brilhantes, ombros esplêndidos, ou braços brancos, ou um pescoço de alabastro, coberto pela noite das madeixas escuras, ou diáfanos cachos de uva, ou mirtos e dosséis de árvores, concebidos para a vida. Há de tudo ali: o prazer, a simplicidade, a ascensão instantânea do pensamento, de repente envolto no frio sagrado da inspiração do leitor. Aqui não há uma cascata de eloquência, apaixonada e prolixa, em que cada frase é forte apenas porque está atrelada a outras e ensurdece com a queda de toda a sua massa, mas que, quando separada, torna-se fraca e impotente. Aqui não há eloquência, há somente poesia; nenhum brilho externo; tudo é sim-

---

[3] Referência à obra de Aleksandr Griboiêdov (1795-1829), *A desgraça de ter espírito* (1825). (N. da T.)

ples, tudo é apropriado, tudo repleto de brilho interior, que se revela aos poucos; tudo é lacônico, como sempre acontece com a poesia pura. São poucas palavras, mas são tão exatas, que designam tudo. Em cada palavra há uma vastidão abismal; cada palavra é vasta, como o poeta. Disso resulta que essas obras menores são relidas repetidas vezes, enquanto uma obra em que apenas uma ideia essencial transparece não possui esse mérito. Sempre achei estranho ouvir opiniões sobre essas obras de pessoas que se passam por diletantes e escritores, em quem eu confiava muito, até ouvir suas especulações sobre a questão. Essas obras menores podem ser denominadas pedras de toque, com as quais é possível pôr à prova o gosto e o senso estético que a crítica extrai delas. Isso é incompreensível! Como se elas não fossem compreensíveis a todos! Elas são tão simplesmente sublimes, tão radiantes, tão extáticas, tão voluptuosas e, ao mesmo tempo, de uma pureza tão infantil. Como não entendê-las?! Mas, que coisa! Trata-se de uma verdade irrefutável: quanto mais poeta torna-se o poeta, quanto mais expressa sentimentos que apenas os poetas conhecem, fica mais evidente como o círculo da multidão em torno dele diminui e, finalmente, torna-se tão restrito que ele pode contar nos dedos todos os seus verdadeiros apreciadores.

(1835)

Tradução de Graziela Schneider

Piotr Tchaadáiev

Um dos mais inquietos "filhos de 1812", Piotr Iákovlevitch Tchaadáiev (1794-1856) é oriundo de uma abastada família de proprietários de terras. Abandonou os estudos na Universidade de Moscou para se juntar ao exército russo, por ocasião da campanha contra Napoleão. Ocupou postos de grande distinção e chegou a ser membro da guarda de honra do tsar Alexandre I. Após a guerra, Tchaadáiev flertou com as possibilidades de carreira oferecidas pelo funcionalismo público russo, mas acabou optando por estudos e reflexões solitárias, das quais o resultado foi a série de "Cartas filosóficas". Vale notar que o autor era um rematado praticante do gênero — sua correspondência com Púchkin, de quem era grande amigo (o poeta, inclusive, o considerava um mentor em assuntos políticos e filosóficos), é um dos pontos altos da história intelectual russa. A primeira carta filosófica circulou inicialmente como um manuscrito, em francês, em 1829. Essa forma de socialização de textos críticos e literários, fora dos meios oficiais de publicação, era muito comum na Rússia de então — Púchkin chegou a dizer que a literatura russa de sua época era uma literatura "de manuscritos". Assumiria, com outras roupagens, diversas feições ao longo dos séculos seguintes. Na primeira versão, a carta já contribuíra consideravelmente para os dilemas históricos da *intelligentsia* russa. Porém, o verdadeiro impacto se deu com a sua publicação em russo na revista *Teleskop* [O Telescópio], no começo de outubro de 1836. Atingindo um público muito maior, em uma época na qual os periódicos se consolidavam como o meio fundamental de discussão de ideias, a carta suscitou a indignação do *establishment* imperial: a revista foi suspensa, o editor Nadiéjdin foi punido, e Tchaadáiev foi declarado oficialmente louco e colocado sob supervisão médica. Menções a ele ou à carta foram proibidas. Púchkin deu uma resposta angustiada ao texto (a resposta do poeta é lida pelo personagem Ignat em um momento-chave do filme *O espelho*, de Andrei Tarkóvski). Difícil saber se o que Púchkin registra é movido pela preocupação de escrever "para o censor" ou se de fato o seu orgulho patriótico encontrava-se ofendido. Em todo caso, fica evidente o mal-estar gerado. As demais sete "cartas filosóficas", escritas em 1831, nunca foram publicadas durante a vida do autor. Um diamante riscando o vidro — assim a carta foi definida por Óssip Mandelstam, poeta que descreveria o movimento acmeísta, do qual era um dos artífices, como uma "nostalgia pela cultura universal", formulação claramente evocativa das ideias de Tchaadáiev.

Primeira carta filosófica

Adveniat Regnum Tuum[1]

Senhora,

Franqueza e sinceridade são exatamente os traços que mais amo e aprecio na senhora. Julgue, então, o quanto sua carta me surpreendeu. Foram essas suas adoráveis qualidades que me encantaram quando nos conhecemos, e também foram elas que me induziram a falar com a senhora sobre religião. Tudo ao seu redor conclamava ao silêncio. Repito, julgue qual foi meu assombro ao receber sua carta. Eis tudo o que tenho para lhe dizer, senhora, a propósito das suposições ali expressas sobre minha avaliação de seu caráter. Não falemos mais sobre isso e passemos diretamente à parte essencial de sua carta.

E, antes de mais nada, de onde vem esta confusão em sua mente, que a emociona e extenua a tal ponto que, em suas palavras, isso se reflete até em sua saúde? Será uma triste consequência de nossas conversas? Em vez da tranquilidade e da paz que devia trazer o despertar de um sentimento no coração, ele provocou desassossego, dúvidas, quase remorso. Aliás, surpreender-me por quê? É uma consequência natural da triste situação a que estão sujeitos todos os corações e mentes em nossa terra. A senhora apenas cedeu à ação das forças que, aqui, colocam tudo em movimento, começando pelas maiores alturas da nossa sociedade e terminando no servo que vive somente para satisfazer seu amo.

Como a senhora poderia resistir a isso? As mesmas qualidades que a destacam da multidão devem deixá-la mais exposta à influência nociva do ar que a senhora respira. Será que o pouco que me era permitido relatar poderia transmitir firmeza a suas ideias, em meio a tudo o que a cerca? Será que eu seria capaz de purificar a atmosfera em que vivemos?

[1] "Venha o teu reino". Mateus 6, 10; Lucas 11, 2. (N. da T.)

Eu deveria ter previsto as consequências, e de fato as previ. Daí vieram os silêncios frequentes que impediram as convicções de infiltrar-se em sua alma e a induziram, naturalmente, à confusão. E, se eu não estivesse convencido de que despertar o sentimento religioso em algum coração, mesmo que parcialmente, apesar de todos os suplícios que isso possa causar, ainda assim é melhor do que deixá-lo completamente adormecido, ver-me-ia obrigado a lamentar meu zelo. Não obstante, tenho esperanças de que as nuvens que agora obscurecem seu céu alguma vez transformem-se em orvalho benéfico e fecundem a semente lançada em seu coração; e a ação causada na senhora por algumas palavras sem nenhum valor me garante os resultados mais significativos, que aparecerão no futuro graças ao trabalho de sua própria consciência. Entregue-se sem hesitar, senhora, à inquietação que as ideias sobre religião lhe despertaram: dessa fonte pura, apenas sentimentos puros podem brotar.

Em relação às condições externas, basta-lhe saber por enquanto que a doutrina fundamentada no princípio supremo da unidade e na transmissão direta da verdade pela sucessão ininterrupta de seus sacerdotes só pode estar de pleno acordo com o autêntico espírito religioso, porque este espírito está completamente contido na ideia da fusão de todas as forças morais existentes no mundo em um só pensamento, em um só sentimento, e no estabelecimento progressivo de um sistema social ou de uma igreja que deve estabelecer o reino da verdade entre os seres humanos. Qualquer outra doutrina, simplesmente por causa da separação da doutrina originária, também afasta de si o elevado apelo do Salvador: "Volto a ti. Pai Santo, [...] que sejam um como nós";[2] e não deseja a instauração do Reino dos Céus na terra. Mas isso não significa, de forma alguma, que a senhora esteja obrigada a proclamar essa verdade publicamente diante de todo o mundo: claro, não é esta sua vocação. Pelo contrário, o próprio princípio em que se baseia essa verdade a obriga, de acordo com sua posição na sociedade, a enxergar nela apenas a chama interna de sua fé, e nada mais. Considero uma felicidade ter contribuído para que a senhora voltasse seus pensamentos à religião, mas sentir-me-ia extremamente infeliz, senhora, se junto com isso provocasse em sua mente uma confusão que, com o tempo, não poderia deixar de arrefecer sua fé.

[2] João 17, 11; 17, 20-21. (N. da T.)

Acho que eu alguma vez lhe disse que a melhor maneira de preservar o sentimento religioso é seguir todos os costumes prescritos pela Igreja. Esse exercício de submissão é mais importante do que se costuma pensar; e o fato de que as grandes mentes o impuseram para si, de forma refletida e consciente, constitui um verdadeiro culto a Deus. Nada fortalece tanto o intelecto em suas crenças quanto o cumprimento rigoroso de todas as obrigações que lhe cabem. Ademais, a maioria das cerimônias da religião cristã, emanadas da razão suprema, possuem força efetiva sobre aquele que é capaz de sentir as verdades nelas expressas. Há apenas uma exceção a essa regra de caráter absoluto: justamente quando você encontra em si crenças de uma ordem superior às que professam as massas, crenças que elevam a alma à própria fonte de onde emanam todas as convicções, que não contradizem em nada as crenças populares mas, pelo contrário, as confirmam; nesse caso, mas somente nele, é permissível desprezar os rituais externos para dedicar-se com maior liberdade a afazeres mais importantes. Mas ai daquele que toma as ilusões de sua vaidade ou os devaneios de sua razão por uma iluminação extraordinária que o liberta da lei geral. E, para a senhora, não seria melhor trajar as vestes da humildade, tão decorosas para seu sexo? Acredite, isso, mais do que tudo, pode acalmar a confusão de seu espírito e trazer paz para a sua existência.

E, mesmo do ponto de vista das opiniões mundanas, diga, o que pode ser mais natural para uma mulher cuja mente desenvolvida é capaz de encontrar encanto em estudos e reflexões sérias do que uma vida concentrada, consagrada principalmente aos pensamentos e exercícios religiosos? A senhora diz que, ao ler livros, nada tem tanto efeito sobre sua imaginação quanto imagens de vidas tranquilas e reflexivas que, como uma bela paisagem rural ao pôr do sol, trazem paz à alma e nos arrancam por um instante da realidade pesada ou incolor. Mas não são, em absoluto, imagens fantasiosas: só depende da senhora a execução de uma dessas invenções encantadoras. A senhora possui tudo o que é necessário para isso. Como vê, não lhe preconizo uma moral excessivamente rigorosa: procuro em seus próprios gostos, nos devaneios mais agradáveis de sua imaginação, aquilo que pode trazer paz à sua alma.

Há circunstâncias na vida que não se relacionam com a existência física, mas com a existência espiritual; não convém menosprezá-las; há um regime para a alma, como há um regime para o corpo: é preciso saber submeter-se a ele. Sei que se trata de uma velha verdade, mas entre nós ela parece ter todo o valor de uma novidade. Uma das particularidades mais lamentáveis de nossa singular civilização é que ainda estamos descobrindo verdades que já se tornaram banais em outros países e até para povos bem mais atrasados do que nós. O caso é que nunca andamos lado a lado com outros povos, não pertencemos a nenhuma das famílias conhecidas do gênero humano, nem ao Oriente, nem ao Ocidente, e não temos tradições nem de um, nem de outro. Estamos como que fora do tempo, a educação universal do gênero humano não se difundiu entre nós. A admirável conexão das ideias humanas ao longo de sucessivas gerações e a história do espírito humano, que o trouxeram ao seu estado atual em todo o restante do mundo, não tiveram nenhum efeito sobre nós. Ademais, aquilo que há muito constitui a própria essência da sociedade e da vida, para nós ainda é apenas teoria e especulação. À guisa de exemplo, a senhora, tão afortunadamente capaz de perceber tudo o que é bom e verdadeiro no mundo, a senhora, que parece feita para experimentar todos os mais doces e puros deleites espirituais, o que, pergunto, alcançou com todas essas qualidades? Ainda se vê obrigada a procurar algo com que preencher, não direi a vida, mas um simples dia que passa. Aliás, falta-lhe por completo aquilo que cria a moldura indispensável da vida, que naturalmente contém os acontecimentos cotidianos, e sem o que é impossível levar uma existência moral saudável, assim como é impossível manter uma condição física saudável sem ar fresco. A senhora entende, até aqui ainda não se trata de princípios morais, nem de proposições filosóficas, mas simplesmente de uma vida confortável, desses hábitos, dessas práticas da consciência que dão aconchego à mente e, à alma, uma desenvoltura e um movimento ritmado.

Olhe ao seu redor. Será que existe algo concreto? É possível dizer que o mundo inteiro está em movimento. Ninguém tem uma esfera de ação definida, bons costumes nem regras para nada; não há nem mesmo um lar, nada que prenda, que desperte sua simpatia, seu amor; nada estável, nada constante; tudo flui, tudo desaparece sem deixar vestígios, seja dentro, seja fora da senhora. Em nossas casas, parece que estamos em um alojamento; em nossas famílias, parecemos estrangeiros; nas cidades, somos como nômades, somos pior que os nômades que pascem os rebanhos em nossas estepes, pois eles estão mais ligados aos seus desertos do que nós a nossas cidades. E não pense que são tolices. Pobres de nossas almas! Não acrescentaremos ainda às nossas desgraças a imagem falsa que fazemos de nós mesmos, não aspiraremos a uma vida de pura espiritualidade; aprendamos a viver sensatamente na realidade dada. Mas primeiro vamos falar mais um pouco sobre nosso país; além disso, não nos desviaremos de nosso tema. Sem esse preâmbulo a senhora não poderá compreender o que quero lhe dizer.

Todos os povos têm um período de grandes tumultos, inquietação apaixonada, atividade irrefletida. Nessas épocas, as pessoas erram pelo mundo e seus espíritos vagueiam. É um tempo de grandes impulsos, grandes feitos e grandes paixões dos povos. Nesses momentos, eles se exaltam sem motivo claro, mas não sem benefício para as gerações futuras. Todas as sociedades passaram por tais períodos, e neles se formam as memórias mais marcantes, seus milagres, sua poesia, suas ideias mais fortes e fecundas. São esses os pilares sociais indispensáveis. Sem isso, elas não guardariam na memória nada que pudessem amar, nada pelo que se apaixonar, estariam afeiçoadas somente ao pó de sua terra. Esta época fascinante na história dos povos é sua juventude; é o tempo em que seus talentos se desenvolvem com maior força, e sua lembrança traz deleite e ensinamento na idade madura. Nós, pelo contrário, não tivemos nada semelhante. Primeiro, a barbárie selvagem, depois a superstição grosseira, em seguida a dominação estrangeira, cruel e humilhante, cujo espírito o poder nacional herdou posteriormente — eis a triste história de nossa juventude. Os tempos de atividade transbordante, a manifestação efervescente das forças morais do povo — não tivemos nada semelhante. A época correspondente a essa idade em nossa vida social foi preenchida por uma existência opaca e sombria, sem vigor, sem energia, animada apenas por malfeitorias e atenuada apenas pela escravidão. Não há nenhuma lembrança fascinante, nenhuma imagem cativante na memória, nenhum preceito efetivo na tradição nacional. Lance um olhar sobre todos os séculos vividos, todos os espaços que ocupamos, e a senhora não encontrará nenhuma memória que chame a atenção, nenhum monumento honrado, que fale com autoridade sobre passado e o desenhe de maneira viva e pitoresca. Vivemos apenas no presente mais limitado, sem passado e sem futuro, em meio a uma estagnação achatada. E se às vezes nos revoltamos, não é nem à espera nem pelo desejo de algum bem comum, mas com a leviandade infantil de um bebê quando se estica e estende as mãos para o chocalho que a ama lhe mostra.

Para um povo, o autêntico desenvolvimento do ser humano em sociedade ainda não terá começado enquanto a vida dentro dela não se tornar mais ordenada, mais fácil e agradável em comparação com a incerteza dos primeiros tempos. Enquanto as sociedades ainda vacilam sem convicções e sem regras até em assuntos cotidianos e a vida ainda não está completamente ordenada, como é possível esperar o amadurecimento dos germes do bem? Por enquanto tudo ainda é uma efervescência caótica de objetos do mundo moral, semelhante àquelas reviravoltas na história da Terra que antecederam o estado contemporâneo do nosso planeta em seu aspecto atual. Até o presente momento, ainda estamos nesta situação.

Nossos primeiros anos, transcorridos em uma selvageria imóvel, não deixaram nenhum vestígio em nossas mentes, e não temos nada particularmente nosso em que se poderia basear nosso pensamento; separados do avanço geral da humanidade por uma estranha vontade do destino, tampouco assimilamos as ideias tradicionais do gênero humano. Entretanto, é precisamente nelas que se baseia a vida dos povos; precisamente a partir dessas ideias nasce seu futuro e nelas se origina seu desenvolvimento moral. Se quisermos ter nossa individualidade, como os outros povos civilizados, é necessário de alguma forma repetir entre nós toda a educação do gênero humano. Para isso, temos a história dos povos e, diante de nós, o resultado do avanço dos séculos. Sem dúvida, é uma tarefa difícil e uma pessoa sozinha talvez não consiga esgotar um objeto tão vasto; porém, antes de mais nada, é preciso entender qual é a questão, em que consiste essa educação do gênero humano e que lugar assumimos na ordem geral.

Os povos vivem apenas em função das fortes impressões dos tempos passados guardadas em suas mentes e pelas relações com outros povos. É assim que cada indivíduo sente sua ligação com toda a humanidade.

Em que consiste a vida de uma pessoa, diz Cícero, se a memória de tempos antigos não liga o presente ao passado? E nós, que viemos ao mundo como filhos bastardos, sem herança, sem ligação com as pessoas que nos precederam na Terra, não guardamos no coração nenhuma das lições deixadas mesmo antes de nosso surgimento. É necessário que cada um de nós tente por si só reatar o fio do parentesco rompido. O que em outros povos é apenas hábito, instinto, vemo-nos obrigados a cravar em nossas cabeças a golpes de martelo. Nossas lembranças não vão além do dia de ontem; é como se fôssemos estranhos a nós mesmos. Desfilamos no tempo de forma tão inacreditável que, à medida que avançamos, o passado desaparece para nós irreversivelmente. É a consequência natural de uma cultura inteiramente emprestada e imitativa. Entre nós falta, definitivamente, um desenvolvimento interno, um progresso natural; as ideias anteriores são varridas pelas novas, porque as últimas não se originam das primeiras, mas aparecem aqui vindas sabe-se lá de onde. Assimilamos apenas ideias completamente prontas, e por isso aqueles vestígios indeléveis — que se depositam nas mentes por meio de um desenvolvimento consequente do pensamento e criam uma força intelectual — não sulcam nossas consciências. Crescemos, mas não amadurecemos; avançamos de forma tortuosa, ou seja, por uma linha que não conduz a um objetivo. Parecemos aquelas crianças a quem nunca fizeram raciocinar sozinhas, de modo que, quando crescem, não têm nada próprio; todo seu conhecimento é superficial, toda sua alma está fora delas. Nós também somos assim.

Os povos são seres morais, exatamente como os indivíduos. Eles são formados pelos séculos, como as pessoas são formadas pelos anos. A nosso respeito, pode-se dizer que somos uma espécie de exceção entre os povos. Pertencemos àqueles que parecem não fazer parte do gênero humano, mas existem apenas para ensinar uma grande lição ao mundo. Claro, essa lição que nos foi destinada não passará sem vestígios, mas quem pode dizer o dia em que nos encontraremos novamente em meio à humanidade e quantas desgraças experimentaremos até a concretização de nosso destino?

Os povos da Europa possuem uma face comum, uma semelhança familiar. Apesar de sua separação nos ramos latino e teutônico, do sul e do norte, existe uma ligação comum que os une em um todo, visível para qualquer um que se aprofunde em sua história geral. A senhora sabe que há ainda relativamente pouco tempo toda a Europa trazia a denominação de mundo cristão e essa palavra constava no direito público. Afora o caráter comum a todos, cada um desses povos tem seu caráter especial, mas tudo isso é apenas história e tradição. Eles constituem o patrimônio de ideias desses povos. E cada pessoa em particular possui seu quinhão do patrimônio comum e recolhe na vida, sem trabalho, sem esforço, os conhecimentos dispersos pela sociedade, e os utiliza. Trace um paralelo com o que se faz em nossa terra, e julgue por si mesma que ideias elementares podemos tirar do uso cotidiano para, de uma forma ou de outra, usá-las ao guiarmo-nos na vida. E observe que não se trata de erudição, nem de leitura, nem de uma questão literária ou científica, mas somente de contato de consciências, das ideias que envolvem a criança no berço, circundam-na em meio às brincadeiras que a mãe sussurra ao acariciá-la — daquelas que, na forma de sentimentos diversos, se infiltram até a medula junto com o ar que ela respira, e que formam sua natureza moral antes que ela saia para o mundo e apareça em sociedade. A senhora quer saber que ideias são essas? São ideias de dever, justiça, direito e ordem. Elas se originam daqueles mesmos acontecimentos que fundaram a sociedade, elas constituem elementos integrantes do mundo social desses países. Aí está a atmosfera do Ocidente, é algo maior do que a história e a psicologia: é a fisiologia do povo europeu. E o que a senhora vê entre nós?

Não sei se é possível retirar do que foi dito agora algo absolutamente irrefutável e construir sobre isso uma tese indiscutível; mas é evidente que uma situação tão estranha — em que um povo não tem forças para concentrar seu pensamento em nenhuma das fileiras de ideias que se desenvolveram gradualmente na sociedade e decorreram aos poucos uma da outra; em que toda participação no avanço geral da razão humana reduz-se à imitação de outros povos de maneira cega, superficial e, com grande frequência, simplória — deve exercer forte influência na alma de cada indivíduo desse povo. Eis por que, como a senhora pode notar, falta a todos nós uma certa estabilidade, uma certa coerência no intelecto, uma certa lógica. Desconhecemos o silogismo do Ocidente. Em nossas melhores mentes há algo ainda pior do que a leviandade. As melhores ideias, privadas de nexo e coerência, paralisam-se em nosso cérebro como devaneios estéreis. É da natureza do ser humano perder-se quando não encontra meio de conectar-se ao que aconteceu antes dele e ao que acontecerá depois; ele, então, perde toda a confiança, toda a certeza; sem ser guiado pela sensação de duração contínua, sente-se perdido no mundo. Estes seres desnorteados existem em todos os países; entre nós isso é a característica geral. Aqui não se trata em absoluto daquela leviandade da qual certa vez foram acusados os franceses e que, no entanto, era apenas uma maneira simples de compreender as coisas, que não excluía nem profundidade, nem abrangência intelectual, e trazia tanto encanto e fascínio ao trato; aqui, há a vida despreocupada, sem experiência nem previsão, que não tem relação com nada além da existência ilusória do indivíduo separado de seu meio, não respeita nem a honra, nem os êxitos de um conjunto de ideias e interesses, nem mesmo a herança patrimonial de uma dada família e todas as prescrições e perspectivas que determinam tanto a vida em sociedade quanto a vida privada, em uma ordem baseada na memória do passado e na preocupação com o futuro. Em nossas cabeças, definitivamente, não há nada de geral; tudo encontra-se isolado, tudo é precário e incompleto. Acho inclusive que em nosso olhar há algo tão indefinido que chega a ser estranho, algo frio, pouco confiante, que lembra as características dos povos que se encontram nos degraus mais baixos da escada social. Em terras estrangeiras, principalmente no Sul, onde as pessoas são tão animadas e expressivas, inúmeras vezes comparei os rostos de meus conterrâneos com os dos habitantes locais, e ficava assombrado com essa mudez de nossas faces.

Os estrangeiros nos atribuíam o mérito de uma valentia despreocupada, especialmente perceptível entre as classes inferiores da população; mas, tendo a possibilidade de observar somente traços isolados do caráter popular, não puderam julgá-lo por completo. Não notaram que o mesmo princípio que nos faz por vezes tão intrépidos, constantemente nos priva de profundidade e perseverança; não notaram que a característica que nos faz tão apáticos às vicissitudes da vida também provoca em nós uma indiferença ao bem e ao mal, a toda verdade e a toda mentira, e que exatamente isso também nos priva daqueles fortes impulsos que nos indicam o caminho do aperfeiçoamento; não notaram que exatamente em consequência desta bravura indolente, até mesmo as classes mais altas, por mais lamentável que isso seja, não estão livres dos vícios que em outros povos são característicos somente das classes inferiores; eles não notaram, por fim, que, se possuímos alguns méritos dos povos jovens e ultrapassados pela civilização, não temos nenhum dos que caracterizam os povos maduros e de alta cultura. Claro, não afirmo que entre nós haja apenas vícios e que entre os povos da Europa haja apenas virtudes, Deus me livre. Mas digo que, para julgar os povos, é preciso examinar o espírito comum que compõe sua essência, pois apenas esse espírito comum, e não este ou aquele traço de caráter, é capaz de elevá-los a uma condição moral mais perfeita e orientá-los rumo a um desenvolvimento infinito.

As massas obedecem a certas forças que se situam no topo da sociedade. Elas não refletem diretamente. Entre elas há um certo número de pensadores que pensam por elas, que dão estímulo à consciência coletiva da nação e a põem em movimento. Uma minoria insignificante pensa, o resto sente, e é com o resultado que se obtém o movimento geral. Isso é verdade para todos os povos da Terra; a exceção está apenas em algumas raças embrutecidas, que, da natureza humana, conservaram apenas o aspecto externo. Os povos primitivos da Europa, celtas, escandinavos e germanos possuíam seus druidas, seus escaldos, seus bardos que, à sua maneira, eram grandes pensadores. Olhe para os povos da América do Norte, que estão sendo erradicados com tanto afinco pela civilização material dos Estados Unidos: entre eles há pessoas de uma profundidade surpreendente. Mas agora eu lhe pergunto: onde estão nossos sábios, onde estão nossos pensadores? Quem entre nós pensou alguma vez, quem pensa por nós agora?

Enquanto isso, nós, estendidos entre as duas grandes divisões do mundo, entre Oriente e Ocidente, apoiando-nos com um cotovelo na China e com outro na Alemanha, deveríamos combinar os dois grandes princípios da natureza intelectual — imaginação e razão —, e unificar em nossa civilização a história de todo o globo terrestre. Não foi esse o papel que nos concedeu a providência. Ao contrário, ela parece não ter se ocupado de forma alguma de nosso destino. Recusando-nos sua influência benéfica sobre a razão humana, ela nos abandonou à nossa própria sorte, não quis interferir em nossos assuntos, não quis ensinar-nos nada. A experiência dos tempos não existe para nós. Os séculos e gerações passaram por nós de forma estéril. Observando-nos, é possível dizer que, no que nos diz respeito, a lei geral da humanidade foi reduzida a zero. Sós no mundo, não lhe demos nada, não tiramos nada dele, não levamos à massa das ideias humanas nenhum pensamento, em nada contribuímos para o avanço da razão humana, e, tudo o que conseguimos desse avanço, deturpamos. Desde os primeiros instantes da nossa existência social, não saiu de nós nada útil para o bem geral dos homens, nem uma só ideia útil germinou no solo infértil de nossa pátria, nenhuma grande verdade saiu do nosso meio; não nos demos ao trabalho de criar nada no campo da imaginação e, do que foi criado pela imaginação de outros, adotamos apenas a aparência enganosa e o luxo vão.

Que coisa surpreendente! Até no âmbito da ciência que abrange tudo, a história, no nosso caso ela não está ligada a nada, não explica nada, não demonstra nada. Se as hordas de bárbaros que abalaram o mundo não tivessem passado por nosso país antes da invasão do Ocidente, mal teríamos importância para a história mundial. Para fazer-nos notar, vimo-nos obrigados a nos estender do estreito de Bering até o Oder. Certa vez, um grande homem inventou de nos civilizar e, para nos afeiçoar à Ilustração, lançou sobre nós o manto da civilização; apanhamos o manto, mas nem tocamos na Ilustração. Em outra ocasião, outro grande monarca, agregando-nos a seu glorioso destino, conduziu-nos vitoriosos de um extremo a outro da Europa; ao voltar para casa dessa marcha triunfal pelos países mais ilustrados do mundo, trouxemos conosco somente ideias tolas e erros perniciosos, cuja consequência foi uma imensa catástrofe que nos lançou meio século para trás. Em nosso sangue há algo que repudia qualquer progresso verdadeiro. Em suma, existíamos, e ainda agora existimos, para ensinar algum tipo de grande lição a descendentes distantes que a aprenderão; mas, por enquanto, não importa o que se fale, somos uma lacuna no campo intelectual. Não deixo de me admirar com esse vazio, este inacreditável isolamento de nossa existência social. Provavelmente, nosso incompreensível destino tem parte da culpa nisso. Mas ainda há aqui, sem dúvida, uma parcela de participação humana, como em tudo o que acontece no mundo moral. Perguntemos novamente à história: pois é justamente ela que explica os povos.

Naquele tempo em que se erguia o edifício da civilização contemporânea, em meio à luta entre a vigorosa barbárie dos povos do Norte e o elevado pensamento da religião, o que estávamos fazendo? Por vontade do funesto destino, fomos buscar a doutrina moral que devia nos educar na corrompida Bizâncio, objeto de profundo desprezo desses povos. Um pouco antes disso, esta família fora raptada da fraternidade universal por uma mente ambiciosa; e assimilamos a ideia de forma absolutamente deturpada pela paixão humana. Na Europa, nessa época, tudo estava animado pelo vivificante princípio da união. Lá, tudo originava-se nele, tudo desembocava nele. Todo movimento intelectual daquela época aspirava somente à unidade do pensamento humano, e qualquer impulso partia da necessidade imperiosa de encontrar um pensamento universal, inspirador dos novos tempos. Alheios a esse princípio milagroso, tornamo-nos vítimas de uma conquista. E quando, depois, libertados do jugo estrangeiro, poderíamos ter aproveitado as ideias que se desenvolveram durante esse tempo entre os nossos irmãos no Ocidente, vimo-nos separados da família universal e caímos em uma escravidão ainda mais pesada, e ademais santificada pelo próprio fato de nossa libertação.

Quantos raios luminosos já naquela época haviam irrompido em meio à aparente escuridão que encobria a Europa. Já se adivinhava nas mentes a maior parte do conhecimento de que se orgulha a mente humana hoje em dia; o caráter da sociedade moderna já se definira, e, voltando-se para trás, para a antiguidade pagã, o mundo cristão reencontrou as formas do belo que ainda lhe faltavam. Já a nós, isolados em nossa cisma, nada proveniente da Europa alcançava. Não tivemos nada a ver com o grandioso trabalho universal. As qualidades notáveis com que a religião presenteou os povos contemporâneos e que, aos olhos do bom senso, os coloca em um patamar tão superior aos antigos quanto estes últimos são superiores aos hotentotes ou aos lapões; essas novas forças, com as quais ela enriqueceu a mente humana; esses costumes que, sob influência da submissão ao poder desarmado, tornaram-se tão dóceis como antes haviam sido cruéis — tudo isso passou sem nos tocar. Apesar da denominação de cristãos que levávamos, justo na época em que o cristianismo desfilava majestosamente pelo caminho indicado por seu fundador divino, e levava gerações atrás de si, nós não saíamos do lugar. Todo o mundo estava se reconstruindo, mas em nossas terras não se erigia nada: continuávamos a nos abrigar em casebres de madeira e palha. Em suma, não era para nós que se concretizavam os novos destinos do gênero humano. Apesar de também sermos cristãos, os frutos do cristianismo não amadureciam para nós.

Eu lhe pergunto: não é absurda a ideia, predominante entre nós, de que poderíamos assimilar de uma vez esse progresso dos povos da Europa, realizado tão lentamente e, ademais, sob influência direta e clara de uma só força moral, sem nem mesmo esforçarmo-nos para saber como ele se realizou?

Não entendem nada do cristianismo aqueles que não percebem que em sua faceta puramente histórica — parte tão essencial do dogma religioso — se encerra, de certa forma, toda a filosofia do cristianismo, pois justamente aí se verifica o que ele fez pela humanidade e o que deve fazer por ela no futuro. Assim, a religião cristã se revela não só como um sistema de moralidade, compreendido nas formas transitórias da razão humana, mas também como uma força eterna e divina, atuante de forma geral no mundo intelectual, de modo que sua manifestação visível deve servir-nos de constante ensinamento. Nisso se encerra o próprio sentido do dogma, expresso no símbolo da fé de uma única Igreja Universal.

No mundo cristão, tudo deve necessariamente contribuir para o estabelecimento de uma perfeita ordem na terra, e, de fato, tudo conduz a isso. Caso contrário, os atos desmentiriam as palavras do Salvador. Ele não estaria no seio de Sua Igreja até o fim dos tempos. A nova ordem — o Reino de Deus, que deve chegar graças à redenção — não se distinguiria da velha ordem — o reino do mal, que deve ser erradicado por meio da redenção — e novamente nos restaria esse traço imaginário do aperfeiçoamento necessário com o qual sonha a filosofia e que se desmente a cada página da história: essa agitação vazia da mente, que satisfaz apenas as necessidades da existência material e que, se eleva o homem a uma certa altura, o faz sempre apenas para derrubá-lo em um abismo ainda mais profundo.

Mas, dirá a senhora, por acaso não somos cristãos, e por acaso não é possível ser civilizado de uma maneira que não seja a europeia? Sim, sem dúvida alguma somos cristãos, mas também não o são os abissínios? E, claro, é possível ser civilizado de uma forma diferente da europeia. Por acaso o Japão não é civilizado, e em um grau até maior do que a Rússia, se acreditarmos em um de nossos compatriotas? Mas acaso a senhora crê que no cristianismo dos abissínios e na civilização dos japoneses está realizada essa ordem das coisas sobre a qual acabei de falar e que constitui o objetivo último do gênero humano? Será que a senhora pensa que esses desvios absurdos das verdades divinas e humanas farão o céu descer à terra?

O cristianismo possui duas funções facilmente discerníveis. Em primeiro lugar, a ação sobre a consciência individual; em segundo, sobre a consciência universal. Na Razão Suprema, tanto uma quanto a outra se fundem naturalmente e conduzem a um mesmo objetivo. Mas nossa visão limitada não é capaz de abarcar todas as épocas em que se realizam as prescrições eternas da sabedoria divina. Precisamos distinguir a ação divina que se manifestou no tempo determinado da vida de uma pessoa, daquela ação que só se manifesta na eternidade. No dia em que a redenção se concluir definitivamente, todos os corações e todas as mentes formarão um só sentimento e um só pensamento, e cairão todos os muros que separam os povos e as religiões. Mas, no momento atual, é importante que cada um saiba seu lugar na ordem geral da missão cristã, ou seja, quais são os meios que encontra em si e ao seu redor para colaborar com a realização do objetivo de toda a sociedade humana em seu conjunto.

Portanto, na mesma sociedade onde esse objetivo deve ser realizado, isto é, onde a ideia da Revelação deve amadurecer e atingir toda sua plenitude, existe necessariamente um círculo especial de ideias em cujo âmbito acontece uma fermentação intelectual. Este círculo de ideias, esta esfera moral inevitavelmente determinam um modo de vida e um ponto de vista especiais, que, ainda que não coincidam entre diferentes povos, em relação a nós, assim como com todos os povos não europeus, criam uma mesma forma particular de comportamento, consequência daquele imenso trabalho espiritual no curso de dezoito séculos do qual fizeram parte todas as paixões, todos os interesses, todos os sofrimentos, todas as imaginações e todos os esforços da razão.

Todos os povos da Europa, ao avançar de século em século, andaram de mãos dadas. Não importa o que façam agora, cada um à sua maneira, eles sempre se encontram no mesmo caminho. Para entender a familiar semelhança do desenvolvimento desses povos, não é necessário nem mesmo estudar história: apenas leia Tasso e a senhora verá todos aos pés dos muros de Jerusalém. Lembre-se que durante quinze séculos eles tiveram a mesma língua para se dirigir a Deus, a mesma autoridade moral, a mesma crença; lembre-se que no curso de quinze séculos, no mesmo ano, no mesmo dia, na mesma hora, com os mesmo termos, eles ergueram sua voz para o Ser Supremo, glorificando-O na maior de suas bênçãos: uma consonância admirável, mil vezes mais grandiosa do que todas as harmonias do mundo físico. Depois disso, fica claro que, se a esfera na qual vivem os europeus — e que é a única capaz de trazer o gênero humano ao seu destino final — é resultado da influência que a religião exerce sobre eles, e se a fraqueza de nossas crenças ou a imperfeição da nossa doutrina religiosa mantiveram-nos fora desse movimento universal — no qual a ideia social do cristianismo se desenvolveu e recebeu uma expressão definida —, e fomos incluídos entre os povos destinados a aproveitar a ação do cristianismo com todo seu vigor apenas de forma indireta e com grande atraso, nesse caso é necessário usar todos os meios para reavivar nossas crenças e nosso impulso verdadeiramente cristão, pois lá, na Europa, o cristianismo realizou tudo. Eis a que me referia ao falar da necessidade de começar de novo a educação do gênero humano entre nós.

Toda a história da sociedade moderna se passa no terreno das convicções. Logo, é essa a verdadeira educação. A sociedade moderna, firmada desde o começo sobre essa base, avançou apenas sob a influência do pensamento. Os interesses sempre seguiam as ideias e nunca as precediam. Nela, os interesses sempre eram criados a partir das convicções; nunca as criavam. Lá, todas as revoluções políticas foram, em essência, revoluções morais. Procuravam a verdade e encontraram a liberdade e a prosperidade. Somente assim se explica o fenômeno excepcional da sociedade moderna e de sua civilização; de outro modo, seria impossível entender algo dela.

Perseguições religiosas, martírios, disseminação do cristianismo, heresias, concílios; eis os acontecimentos que ocuparam os primeiros séculos. Todas as conquistas dessa época, sem excluir as invasões bárbaras, estão totalmente ligadas aos esforços da infância do espírito moderno. A formação da hierarquia, a centralização do poder espiritual e a continuidade da disseminação da religião nos países do norte — eis o que ocupou a época seguinte. Depois começa a exaltada ascensão do sentimento religioso e a consolidação do poder espiritual. O desenvolvimento filosófico e literário da consciência e o aperfeiçoamento dos costumes sob influência da religião concluem esta história, que se pode denominar sagrada, como a história do antigo povo escolhido. Por fim, também o estado atual das sociedades foi definido pela reação religiosa, pelo novo impulso transmitido à humanidade pelo espírito da religião. Assim, o principal, e pode-se dizer que o único interesse dos povos modernos, está na convicção. Todos os interesses materiais, positivos e pessoais eram absorvidos por ele.

Sei que, em vez de se demonstrar reverência diante deste admirável ímpeto da natureza humana para a perfeição possível, chamaram-no de fanatismo e superstição. Mas, não importa o que falem, julgue a senhora mesma que impressão profunda deve ter deixado no caráter desses povos um desenvolvimento social inteiramente gerado, tanto para o bem quanto para o mal, por um único sentimento. Por mais que a filosofia superficial faça barulho ao falar das guerras religiosas e fogueiras acesas pela intolerância, no que nos concerne podemos apenas invejar o destino dos povos que, nesse choque de convicções, nesses embates sangrentos em defesa da verdade, criaram para si um mundo de ideias que não podemos nem imaginar, muito menos transportar-nos para lá de corpo e alma, como temos a pretensão de fazer.

Repetirei uma vez mais: sem dúvida, nem tudo nos países da Europa é repleto de inteligência, virtude e religiosidade, em hipótese alguma. Mas, lá, tudo é secretamente submetido à força que reinou absoluta por muitos séculos; tudo é resultado deste prolongado encadeamento de atos e ideias que criaram o estado atual da sociedade, e eis, a propósito, um exemplo disso. O povo cuja individualidade se destaca mais claramente entre todos, cujas instituições mais refletem o espírito moderno — os ingleses —, não possui, propriamente falando, uma história além da religiosa. Sua última revolução, a que deve a liberdade e prosperidade, assim como toda a sucessão de acontecimentos que levou a essa revolução, começando por Henrique VIII, não é nada senão um processo de evolução religioso. Em todo esse período, os interesses propriamente políticos se manifestavam somente na qualidade de impulsos secundários, e vez ou outra desapareciam por completo ou eram sacrificados em nome das convicções. E, enquanto escrevo estas linhas, mais uma vez a questão religiosa agita esse país.[3] De forma geral, qual dos povos da Europa não encontraria em sua autoconsciência nacional, caso procurasse, esse traço particular que, como um sagrado testamento, foi o princípio constante e vivificante, a alma de sua vida social durante toda sua existência?

A ação do cristianismo de modo algum se restringe a sua influência imediata e direta sobre a alma das pessoas. A fortíssima influência que ele deve causar se realiza em uma infinidade de combinações morais, intelectuais e sociais, onde toda a liberdade do espírito humano deve, sem falta, encontrar plena vazão. Pois bem, é claro que tudo o que aconteceu desde o primeiro dia de nossa era ou, mais precisamente, desde o momento em que o Salvador do mundo disse a seus discípulos: "*Ide [...], proclamai o Evangelho a toda criatura*",[4] tudo está inteiramente contido — inclusive com todas as invectivas contra o cristianismo — na ideia geral de sua influência. Para convencer-se do cumprimento da profecia de Cristo, basta observar por todas as partes a consolidação de seu poder sobre os corações, seja de forma consciente ou inconsciente, de bom grado ou de maneira imposta. E, por isso, apesar de tudo o que há de incompleto, viciado e criminoso na sociedade europeia da forma como ela se constitui agora, de certo modo todo o reino de Deus está realmente realizado nela, pois essa sociedade traz em si o começo de um progresso infinito e possui, tanto em seu germe quanto em seus elementos, tudo o que é necessário para seu estabelecimento final no futuro da terra.

Antes de concluir estas reflexões sobre a influência que a religião exerceu sobre a sociedade, senhora, repetirei aqui o que certa vez proferi sobre o assunto em uma obra que a senhora não conhece.

"Sem dúvida", escrevi, "enquanto não notar a influência do cristianismo em todos os lugares onde o pensamento humano entra em contato com ele de alguma forma, mesmo que apenas com o objetivo de comba-

---

[3] Tchaadáiev refere-se ao *Roman Catholic Relief Act*, lei de 1829 que garantia igualdade de direitos políticos entre católicos e protestantes. (N. da T.)

[4] Marcos 16, 15. (N. da T.)

tê-lo, você não possui uma compreensão clara a respeito do tema. Em todos os lugares onde é pronunciado o nome de Cristo, ele por si só arrebata irresistivelmente as pessoas, não importa o que elas façam. Nada revela de maneira mais clara a procedência divina dessa religião do que sua característica de absoluta universalidade, em consequência da qual ela se introduz nas almas de todas as formas possíveis, se apodera de suas mentes sem que se deem conta, reina sobre todos, subjuga as pessoas mesmo quando elas aparentemente se opõem da maneira mais forte, trazendo para a consciência verdades que até então lhe eram estranhas, obrigando o coração a vivenciar impressões jamais experimentadas, incutindo em nós sentimentos que, imperceptivelmente, nos forçam a ocupar um lugar na ordem geral. Com isso ela determina a ação de qualquer individualidade e orienta tudo na direção de um mesmo objetivo. Essa visão do cristianismo faz com que qualquer máxima de Cristo torne-se uma verdade palpável. E então você começa a distinguir nitidamente a ação de todas as alavancas acionadas por sua mão onipotente para orientar o ser humano rumo a seu destino, sem atentar contra sua liberdade, sem tolher nenhuma de suas forças inatas mas, pelo contrário, despertando sua maior intensidade e estimulando até o infinito toda potência que ele tenha. Então, salta aos olhos o fato de que na nova ordem nenhum elemento moral fica sem ação, que tudo nela encontra seu lugar e aplicação: os dons mais enérgicos da mente, assim como as calorosas expressões do sentimento, o heroísmo da alma forte e a devoção do espírito obediente. Acessível a qualquer criatura consciente, unindo-se a todos os movimentos do coração, não importa o que o faça bater, a ideia da revelação conquista tudo, cresce e se fortalece até diante dos obstáculos em seu caminho. No gênio ela se eleva até alturas inacessíveis aos demais mortais, no espírito tímido ela avança, colando-se ao solo e se movendo passo a passo; na mente atenta ela é independente e profunda, na alma tomada pela imaginação ela paira no éter, repleta de imagens; no coração terno e amoroso ela derrama amor e misericórdia; ela sempre anda lado a lado com qualquer consciência que se entregue a ela, preenchendo-a de calor, força e luz. Veja que características diferentes, que grande quantidade de forças ela movimenta, quantas capacidades distintas funde em uma só, quantos corações diferentes leva a bater por uma mesma ideia! Mas ainda mais surpreendente é a ação do cristianismo na sociedade como um todo. Lance um olhar sobre todo o quadro do desenvolvimento da sociedade moderna, e verá que o cristianismo transforma todos os interesses das pessoas em seus próprios, substituindo, em todos os lugares, a necessidade material pela necessidade moral, despertando na esfera do pensamento grandes debates que a história nunca vira em nenhuma outra época e em nenhuma outra sociedade, provocando uma luta feroz entre convicções, de forma que a vida dos povos se transforma em uma grande ideia e em um sentimento universal; verá que tudo desemboca no cristianismo, e somente nele: vida particular e vida social, família e pátria, ciência e poesia, razão e imaginação, memórias e esperanças, alegrias e dores. Felizes daqueles que, no grande movimento suscitado no mundo por Deus, trazem no coração a consciência interior da ação produzida por ele; mas nem todos são instrumentos ativos nesse movimento, nem todos trabalham conscientemente; por necessidade, as massas se movimentam às cegas, como átomos inanimados, enormidades estagnadas, sem conhecer as forças que as movimentam, sem distinguir o objetivo a que são levadas."

É hora de voltar à senhora mais uma vez. Confesso que tenho dificuldades em desprender-me desses horizontes amplos. Dessa altura abre-se diante de meus olhos o quadro do qual obtenho todos os meus consolos; na doce esperança de um bem-estar futuro para a humanidade encontra-se meu refúgio quando, sob o jugo da triste realidade que me cerca, sinto a necessidade de respirar um ar mais puro e olhar para um céu mais claro. No entanto, não acho que tenha abusado de seu tempo. Era necessário explicar para a senhora o ponto de vista a partir do qual se deve olhar o mundo do cristianismo e o que fazemos nesse mundo. Devo ter lhe parecido amargo nas referências a nossa pátria: no entanto, falei somente a verdade, e inclusive nem toda a verdade. Além disso, a consciência cristã não tolera nenhuma cegueira, e, menos ainda, a do preconceito da nacionalidade, pois ele é o que mais divide as pessoas.

Minha carta foi longa demais, senhora. Creio que nós dois precisamos descansar. No começo me pareceu que em poucas palavras poderia transmitir-lhe o que havia pensado. Depois de refletir, acho que há aqui material para um volume inteiro. Isso lhe convém? A senhora me dirá. Em todo caso, a senhora não poderá escapar da segunda carta, pois apenas começamos a tratar da essência do tema. Enquanto isso, ficarei muito agradecido se a senhora considerar a extensão da primeira carta como uma compensação pelo tempo de sua espera forçada. Tomei a pena no mesmo dia em que recebi sua carta. Afazeres tristes e enfadonhos me absorviam por completo na época: foi preciso primeiro livrar-me deles para depois começar uma conversa sobre assuntos tão importantes; depois, tive que passar a limpo meu rascunho, completamente ilegível. Dessa vez, a senhora não terá que esperar muito: amanhã mesmo tomo a pena.

Necrópolis, 1º [13] de dezembro de 1829[5]

(1836)

Tradução de Cecília Rosas

[5] Tchaadáiev usa "Necrópolis", palavra grega para "cidade dos mortos", como metáfora de Moscou. (N. da T.)

Aleksei Khomiakov

Como a maioria dos pertencentes ao movimento eslavófilo, Aleksei Stepánovitch Khomiakov (1804-1860) proveio de uma família de grandes proprietários de terras. Já se definiu, a esse respeito, o eslavofilismo como uma espécie de ideologia do agrarismo russo, ou do velho mundo da nobreza boiarda, lastreada na associação entre tradição e mundo rural, e crítica em relação ao urbanismo artificial, materializado por São Petersburgo, e às investidas centralizadoras e modernizantes do poder tsarista. Moscou, nessa construção binária, seria uma urbe mais afeita aos propósitos eslavófilos, visto que mais antiga e colada às tortuosidades da história e da psique russa, portanto mais orgânica, natural e "ruralizada", como uma imensa aldeia. Khomiakov se formou em matemática na Universidade de Moscou no começo dos anos 1820, época em que também integrava as fileiras da "Sociedade dos amantes da sabedoria", os Liubomúdri — palavra que é uma versão eslava e algo arcaizante para o termo estrangeiro "filosofia" —, círculo intelectual fundamental para a difusão do pensamento alemão na Rússia (do mesmo grupo fazia parte Vladímir Odóievski, publicado por esta editora na *Nova antologia do conto russo*). Publicou poemas, tragédias históricas e, sobretudo, ensaios sobre a situação da Rússia no tempo e no espaço. Em virtude dessa publicística, foi considerado uma das principais vozes do movimento eslavófilo a partir de fins dos anos 1830. Entre os seus pares, Khomiakov foi quem mais trabalhou com a noção de *Sobórnost* (derivado de "*sobor*", "catedral"), o misto de união e liberdade que caracterizaria idealmente a vida espiritual e social russa. A ênfase no primeiro aspecto degenera em repressão e pura coerção — seria o caso, segundo Khomiakov, do ocidente católico; a hipertrofia do segundo elemento desemboca em anarquia. O equilíbrio tenso requerido pela manutenção dos dois termos tinha sabor herético, e a publicação dos escritos sobre aspectos teológicos só foi autorizada décadas após a morte do autor. O presente artigo foi planejado imediatamente após a divulgação da "Carta filosófica" de Tchaadáiev. Consta que Khomiakov pensou-a inicialmente em termos mais veementes e duros, mas optou por moderar o texto em função do linchamento moral a que Tchaadáiev vinha sendo submetido. Khomiakov foi considerado um escritor brilhante por Aleksandr Herzen, seu adversário no campo político e ideológico. Ele se recorda das "famosas vigílias" de Khomiakov (e Bakúnin) na casa de Tchaadáiev, discussões intelectuais que duravam a noite inteira.

Algumas palavras sobre a "Carta filosófica"

(Carta à senhora N.)

Surpreendeu-a, minha amiga, o artigo "Cartas filosóficas", publicado no número 15 da *Teleskop* [O Telescópio]; você até se ofendeu e fica repetindo automaticamente: será que somos assim tão insignificantes em comparação com a Europa, será que realmente parecemos um filho adotivo da família geral da humanidade? Compreendo a tristeza que esse pensamento lhe incute; acalme-se, minha amiga, aquele artigo não foi escrito para você; qualquer transformação em seu coração e em sua alma seria um mal: você já nasceu uma verdadeira cristã, uma representação prática da teoria que o autor da "Carta filosófica" expõe a uma mulher talvez obscurecida pelas estranhas opiniões do século passado. Você há muito compreendeu aquela unidade de espírito que, com o tempo, deve prevalecer em toda a humanidade; você de longa data já contribui para ela. Sei como a seduzia a vida não cristã daquela camada da sociedade que deve servir de exemplo para as classes restantes. Você resistiu à sedução, não se desviou para um caminho sem objetivo de vida e agora vê que, no caminho que escolheu, é impossível tanto se perder quanto dissipar o bem terreno, pois esse caminho escolhido é uma senda na qual o homem está seguro contra a avidez e a adulação e pela qual, com o tempo, deve seguir toda a humanidade. Para você, a moderação em tudo não é novidade; em tudo o que diz respeito ao coração e à alma, você sabia que apenas a união indissolúvel dos dois proporciona uma vida verdadeira, que o coração sem a razão é uma paixão, uma chama que consome a existência, que a razão sem o coração é o frio, uma vida congelada. Não lhe foi necessária uma longa série de antepassados célebres para compreender as ideias sagradas.

"A dieta da alma e do corpo é uma verdade há muito conhecida de Outros povos", diz o autor do artigo, "mas para nós ela é novidade",[1] comenta ele. Porém, quem lhe teria revelado essa verdade, minha amiga, revelado de modo tão simples, como se não houvesse influência dos séculos nem das pessoas? Quem a poderia revelar, senão a Palavra de Deus? Antes de tudo, era preciso crer e só depois professar essa verdade para o bem comum do corpo e do espírito.

Se você já alcançou a verdade uma vez e a segue, então não pense que será possível aperfeiçoá-la. A sua revelação acontece uma vez e para sempre, por isso as palavras "Quantos raios de luz sulcavam nesse tempo a escuridão que encobrira toda a Europa!" referem-se a revelações para aperfeiçoamento apenas da vida material, e não da espiritual; pois a essência da religião é o espírito da luz, que não varia ao longo dos séculos e que penetra em todas as formas terrenas. Consequentemente, nesse aspecto, não estamos atrasados nem em relação a outros povos ilustrados; e o paganismo ainda oculta-se em toda a Europa: quantos adoradores de ídolos cobertos de ouro e honras ainda há! Já no que diz respeito às formas convencionais da vida social, que as experiências sejam feitas não conosco; é possível viver sabiamente com base em experiências alheias; para que chegarmos a extremos, experimentando a paixão do coração, como na França? Para que nos esfriarmos com a preponderância da inteligência, como na Inglaterra? Que uma se queime, que a outra se congele. Uma pode sofrer um aneurisma por excesso de esforço; a outra, uma paralisia por excesso de gordura.

Já os russos, por sua compleição forte, com uma vida moderada, podem alcançar muitos e muitos séculos da existência destinada aos povos.

A nossa posição é limitada pela influência de todos os quatro cantos do mundo, e nós não somos o nada de que fala o autor da "Carta filosófica", mas o centro da humanidade do hemisfério europeu, o mar ao qual confluem todos os conhecimentos. Quando ele transbordar de verdades particulares, então as suas margens serão inundadas pela verdade geral. Eis, parece-me, a destinação misteriosa da Rússia, com a qual se preocupa o autor do artigo "Carta filosófica". Eis o motivo da diversidade de conhecimentos em nosso reino. E mesmo que desemboquem em nosso

[1] Aqui e no restante do texto, o autor cita trechos do artigo de Tchaadáiev entre aspas, mas não reproduz exatamente suas palavras. Ver, neste volume, a "Primeira carta filosófica". (N. da T.)

recipiente os conhecimentos gerais da humanidade, nele há o elemento russo antigo, que nos preservará da deterioração.

Entretanto, examinemos mais detalhadamente algumas posições do autor do artigo "Carta filosófica". "Os povos vivem apenas em função das potentes impressões que os tempos passados exercem sobre a sua inteligência e dos contatos com outros povos. Desse modo, cada pessoa sente a própria correlação com a humanidade inteira", assim escreve o autor; e continua: "Nós viemos ao mundo como filhos bastardos, sem herança, sem ligações com as pessoas que nos antecederam, sem ter assimilado nenhuma das lições do passado".

O autor não se deu ao trabalho de abrir o livro de registros, em que o nosso nascimento também está inscrito entre os outros povos legítimos, do contrário ele não teria dito isso. Certamente não viu nem as notas nem o plano demarcatório da Terra, onde está assinalado o patrimônio dos eslavos e dos habitantes da Rus, assinalado em nosso próprio idioma pátrio, e não em outro! Se não vivêssemos em função de potentes impressões dos tempos passados, então não nos orgulharíamos do nosso patrimônio, não teríamos nos atrevido a rechaçar o jugo dos mongóis, há muito teríamos nos curvado diante do poder de um Sisto V[2] ou de um Napoleão, teríamos aceitado o purgatório entre o inferno e o paraíso e, finalmente, há muito teríamos nos voltado para santarrões que seguem a norma "mantenha o pecado em segredo". Quem estiver precisando dessa indulgência, não a encontrará nas disposições de nossa Igreja.

O autor vai do povo ao homem, mas nós vamos do homem ao povo: observaremos, em primeiro lugar, o que herdam do pai o filho, o neto, o bisneto etc. Depois, o que herdam as gerações.

A primeira herança é o nome, depois o título, depois os bens e, finalmente, certo brilho da boa glória dos antepassados; mas todas essas heranças, com exceção do título, desaparecem gradual ou repentinamente quando os herdeiros não as conservam e não as sustentam: a riqueza é dissipada, os raios da glória paterna refletem-se cada vez mais palidamente sobre a posteridade; restam apenas as palavras "príncipe", "conde", "nobre", "comerciante", "camponês", mas, sem sustentação, são as primeiras a cair.

Nunca e em nenhum lugar um grande homem teve uma série de su-

[2] Sisto V foi papa entre 1585 e 1590; era conhecido por sua severidade. (N. da T.)

cessores grandiosos; o mesmo se deu entre os descendentes; os herdeiros dos gregos não conservaram nem o idioma, nem as palavras, nem os costumes, nem o sangue dos seus antepassados. Os potentados romanos transformaram-se em escravos; e todo o norte da Europa, habitado por párias perseguidos, elevou-se, formou um novo livro genealógico da própria pátria e queimou os livros de registros da Índia, de Roma e da Grécia.

Onde estão, portanto, as potentes impressões dos tempos passados? E será que elas são necessárias para a moral do homem e para a ordem de sua vida? A fim de distribuir o próprio tempo, de saber como usar cada uma das horas do dia, de ter o elo da existência, será que são necessários descendentes e impressões do passado?

A linhagem só tem influência sobre as relações das pessoas entre si: a comparação da própria superioridade com a insignificância dos outros faz do homem um orgulhoso, o desprezo agride o amor-próprio e consome as forças; enquanto a condição religiosa do homem não exige linhagem. Consequentemente, é para o orgulho humano e para o respeito a nós próprios que precisamos da linhagem do povo; enquanto, para a religião, a Rússia precisa apenas do respeito à própria religião, cuja santidade e poderio atravessam os séculos serenamente.

A nossa sociedade de fato reúne atualmente grande diversidade de conhecimentos; e isso porque os conhecimentos são-nos transmitidos por educadores que pensam de formas diferentes: e, por isso, nossa sociedade, que devia dar a todos o exemplo de uma condição sólida, está construída em desarmonia. E essa desorganização não terá fim enquanto não se formar entre nós uma quantidade suficiente de educadores próprios, dignos do respeito e da confiança dos pais.

Assim sendo, os conhecimentos alheios transtornaram-nos. Colocamos de lado o trabalho de aperfeiçoamento de tudo o que é nosso, porque foram incutidos em nós o amor e o respeito apenas ao alheio, e isso, para nós, é uma humilhação moral. O nosso idioma não é respeitado; o nosso antigo caráter franco com frequência é substituído por artimanhas; a fortaleza do corpo estraga-se com mimos; a novidade tornou-se a nossa alma, a propensão à imitação nos domina. Será que não fomos nós próprios que rompemos a união com as impressões do nosso passado? Por que os nossos cumes apartam-se de nossos sopés? Por que os cumes vivem na pátria como visitantes, não apenas falam e escrevem, mas até pensam em outro idioma e não em russo?

Responda, minha amiga, a essas perguntas; elas não são verdadeiras? Responda: será que o falcão precisa de penas de pavão para ser também uma ave de Deus e cumprir o seu papel no destino de toda a criação?

Ao dividir uma mesma família europeia em duas, a latina e a teutônica, o autor injustamente dispensou a família greco-russa, que também mantém relações com as outras e, pode-se dizer, consiste no meio-termo entre os extremos da cegueira e da clarividência.

Havia três fortes potentados nos primeiros séculos do mundo cristão: a Grécia, Roma e o Norte (o mundo teutônico).

Da união voluntária entre a Grécia e o Norte, nasceu a Rus; da união forçada entre Roma e o Norte, nasceram os reinos ocidentais. A Grécia e Roma finaram-se. A Rus é a única herdeira da Grécia; Roma tem muitos herdeiros.

É preciso decidir em qual delas a verdade desenvolve de modo mais favorável as ideias de dever, lei, justiça e ordem. Talvez a roupagem da verdade deva se adequar ao clima, mas a sua essência é a mesma em toda parte, pois brota de um mesmo manancial. Para a moral da nossa vida, podemos usar a norma de Confúcio, pois as conclusões da razão a partir das experiências de vida são as mesmas em todo lugar: de todos os variados alimentos, o paladar distingue apenas dois princípios originais: o doce e o amargo.

Se a moral é uma só em toda parte, e nós, assim como os outros povos, podemos utilizá-la, quem então nos induziria a promover o aperfeiçoamento apenas da vida externa? Cada pessoa recebe do céu vontade suficiente para se dominar, para interromper uma má inclinação, obrigar-se a repensar a vida, a fiar-se na regra eterna — "modere as próprias palavras e ações" — e a tornar-se melhor sem a ajuda dos antepassados, mas com a ajuda da experiência das pessoas. As correntes do bem também emanam dos cumes.

> "As massas encontram-se sob a influência de um tipo particular de forças, que se desenvolvem em membros escolhidos da sociedade. As massas não pensam por si sós, no meio delas há pensadores que pensam por elas, estimulam a compreensão coletiva da nação e obrigam-na a avançar; entretanto, uma vez que uma pequena quantidade pensa, o restante existe e o movimento geral acontece. Isso vale para a relação entre todos os

povos, com exceção de algumas gerações nas quais, de humano, restou apenas uma única pessoa."

As últimas palavras contradizem as primeiras, pois a vida é um movimento para a frente, e na natureza todos os movimentos são para a frente; em todos os movimentos da natureza há o princípio e a consequência. Por mais justa que pareça a colocação do autor, se comparamos no entanto a massa com uma esfera composta de uma multiplicidade de esferas que se dividem constantemente até a unidade, então o último dos seres não pode ser privado do pensamento que constitui o pensamento geral, superior, colocado em prática. Senão a massa seria um material sem alma.

Desse modo, as palavras do senhor autor: "Onde estão os nossos sábios, onde estão os nossos pensadores? Quem pensa por nós e quando, quem pensa atualmente?" são ditas por ele contra o próprio pensamento para o bem geral. Ele nega com isso a própria atividade intelectual.

Nossos sábios! Quem pensa por nós!

Olhai apenas para o Ocidente e nada vereis no Oriente; olhai fixamente para o céu e nada notareis na terra. Suponhamos que "somos eremitas no mundo, não lhe demos nada"; mas dizer que não tomamos nada, isso é incorreto do ponto de vista lógico: nós tomaríamos do autor da carta o desrespeito por nós próprios se concordássemos com ele.

E, consequentemente, poderíamos somar à ilustração geral se olhássemos em torno de nós mesmos e não ao longe; o tempo todo nos ocupamos apenas em acompanhar, em alcançar a Europa. Nós, é verdade, afastamo-nos dela durante todo o tempo do domínio mongol, pois é enorme a diferença entre a submissão a um povo ilustrado e a um povo bárbaro. Enquanto a Rus sofria enfermidades da infância, era forçada a se submeter ao totem do Khan e era, entretanto, uma parede que protegia o mundo cristão do maometano; a Europa, durante esse tempo, aprendia ciências e artes com os gregos e seus herdeiros. A supremacia material mundial da Roma decadente aparelhava-se de novo no Vaticano, convertendo-se ilusoriamente nas formas da supremacia espiritual, mas essa supremacia não era a supremacia da palavra, e sim a da espada, embora oculta. A Rus manteve-se firme em nome do bem comum, esse foi o seu mérito.

O autor diz: "O que fazíamos enquanto, na luta cruel dos bárbaros povos do norte contra a ideia elevada da religião, surgia a morada majestosa da nova formação?".

Nós recebíamos da Grécia agonizante a herança santa, o símbolo da redenção e aprendíamos a palavra; nós a protegíamos da incursão do Corão e não cedíamos ao poder do papa; protegíamos a paloma imaculada, que voou de Bizâncio para as margens do Dniepr e veio cair junto ao peito de Vladímir.

As verdades eternas, transmitidas a nós no idioma eslavo, são as mesmas seguidas na Europa; mas então por que nós não as conhecemos? A nossa profissão de fé não proíbe o conhecimento dos mistérios do universo nem o aperfeiçoamento de nossa vida comum para o bem. A verdade eterna da santa religião não floresce, senão não seria eterna, mas prevalece cada vez mais no mundo, ilumina cada vez mais não a si mesma, mas às pessoas; e aquele que ainda adora ídolos, que não se prostra diante do Dever, da Lei, da Justiça e da Ordem, mas se prostra diante do ouro e de honras, teme os seus ídolos e, para satisfazê-los, está pronto a esquecer a correção dos próprios atos e pensamentos.

A prevalência da religião cristã não se baseia na violência, e, por isso, não foi a filosofia superficial que se insurgiu "contra as guerras da fé e as fogueiras", mas a verdade do próprio cristianismo. E tal mundo das ideias pode ser criado do choque de opiniões. O choque de opiniões é próprio de estudantes; nessas disputas veementes, o silogismo enganoso também pode triunfar, como a espada nas mãos daquele que é o mais forte, porém o mais injusto. A verdadeira convicção aparta-se timidamente daqueles que não a compreendem, não se rebaixa com desavenças de opinião. E, por isso, parece-me que a religião, nas pelejas do Ocidente, foi apenas uma máscara para outros esforços humanos, pois a religião não pergunta ao homem em que condições ele vive na sociedade; ela está convicta de que, se os modelos da vida social vivem na verdade e não na esperteza pagã ególatra, então, de todos os esforços da sociedade haverá uma única conclusão: dever, lei, justiça e ordem.

A religião é um único sol, uma única luz para todos; mas seus raios, igualmente benfazejos, não se derramam igualmente pelo globo terrestre e sim segundo a lei geral do universo; de acordo com o clima da natureza, entre nós é mais frio também o clima das ideias; com a fortaleza do nosso corpo, podem ser também mais resistentes as forças da alma. E não estamos condenados ao congelamento: a natureza deu-nos recursos para aquecer o corpo; depende de nós protegermos também a alma do frio do mal.

Com isso, eu gostaria de terminar a minha carta, mas não consigo reprimir mais algumas palavras para refutar a opinião de que a Rússia não possui nem história nem tradição — acaso isso não significa que ela não possui nem raízes, nem fundamentos, nem o espírito russo, que não tem nem passado, nem mesmo um cemitério que pudesse lembrá-la dos grandiosos antepassados? É preciso conhecer só a história dos salões para ser injusto a tal ponto.

Será que os anais da antiguidade russa são os culpados se ninguém os lê?

Não antes do século XII, os atuais reinos ilustrados começaram a se formar a partir do caos da barbárie. No século XII, o mundo cristão já florescia serenamente entre nós, enquanto, na Europa Ocidental, o que se fazia então? As ovelhas do rebanho ocidental, despertadas pelo seu pastor, pensavam em supremacia; mas, é verdade, as terras santas não lhes foram designadas para pastoreio. Deus não exige nem sangue nem perseguições em nome da fé; com a espada não se mostra a verdade. Deus conquista palavras com a palavra. O sepulcro de Deus não é pomo de discórdia; é um bem de toda a humanidade.

Desse modo, o empreendimento ilusoriamente grandioso devia ruir. Nós não participamos dele e temos orgulho disso. Nós, nessa época, formávamos a nossa inteligência e a nossa alma, e, por isso, nenhum dos reinos surgidos na Idade Média é capaz de mostrar monumentos do século XII como o nosso *Canto do exército de Igor*, a Epístola de Daniil a Gueorgui Dolgorúki[3] e muitas outras obras no idioma eslavo, inclusive as dos séculos IX e X. Será que há, entre os povos da Europa, além dos escoceses, lendas e canções semelhantes às nossas? Quem possui tanta alma? De onde sopram essas vozes sonoras das cantigas populares, inalcançáveis em sua plenitude de sentimentos? Leiam a antologia de poemas tradicionais dos povos antigos reunida por Kirill Danílov.[4] Que povo cristão tem o seu Nestor? Que povo tem tanta inteligência em seus provérbios? E os provérbios não são fruto de uma vida popular exuberante no passado?

Restaria ainda calcular as nossas características naturais e os nossos defeitos adquiridos e compará-los aos de outros povos ilustrados, pesá-

[3] Referência imprecisa à *Súplica de Daniil Zatótchnik a Iaroslav Vsiévolodovitch*, texto escrito entre os séculos XII e XIII pelo monge Daniil, o recluso. (N. da T.)

[4] Suposto autor da primeira coletânea de canções tradicionais russas, elaborada no século XVIII. (N. da T.)

-los e, por meio deles, concluir qual dos povos é mais capaz de reunir em si o poderio material e espiritual. Mas esse é um objeto de discussão novo e amplo.

Contra a ideia de que somos insignificantes, isto já basta.

(1836)

Tradução de Denise Sales

Konstantin Aksákov

Konstantin Serguêievitch Aksákov (1817-1860) nasceu na província de Orenburg, em uma família que deu grandes contribuições para as letras russas. Seu pai, Serguei Aksákov, foi um respeitado crítico de teatro, e seu irmão, Ivan Aksákov, um jornalista e importante ideólogo do eslavofilismo (adiante citado por Dostoiévski, em razão do discurso sobre Púchkin). É curioso observar que, apesar da defesa da pureza espiritual cristã que o eslavofilismo propunha, o nome da família é de origem tártara (como, de resto, outros luminares do pensamento russo: Tchaadáiev, Karamzin, Turguêniev...). Alguns estudiosos sugerem que a coesão da vida familiar dos Aksákovs, lastreada no modo de vida agrário e tradicional, foi fundamental para moldar a visão da Rússia que o jovem Konstantin desenvolveria. Aksákov foi estudante na Universidade de Moscou nos anos 1830, período de considerável efervescência intelectual naquela instituição. Mais efervescentes ainda eram os círculos de discussão que pululavam na Rússia. O de Stankévitch, do qual participou Aksákov, teve ainda a presença, em tertúlias famosas, de Bakúnin e Bielínski. Nesse círculo, a influência de Hegel era especialmente marcante, mas Aksákov vai, com o passar do tempo, construir uma leitura da história russa distante da dialética hegeliana, inspirada na liberdade moral atribuída ao povo russo e crítica em relação às correntes dissolventes que o ocidente e a elite intelectual ocidentalizada trariam. Aksákov morreu durante uma viagem à Europa, nas ilhas gregas — paragem simbolicamente ambígua para o pensamento russo, pois tanto podia significar a tradição clássica, racionalista, da qual ele queria fugir, como o mundo ortodoxo do espírito, cuja herança seria a bênção da Rússia. O crítico sempre dedicou-se a temas literários, como prova a tese que escreveu sobre Liérmontov, em 1846. Mas Gógol foi o pomo da discórdia de sua geração. O autor de *Inspetor geral* seria, afinal, uma expressão das virtudes linguísticas do povo russo, organicamente atado a esse universo em uma relação de tipo épico, ou seria um desvelador das contradições históricas e sociais da Rússia com olhar crítico e ocidentalizante, como queria Bielínski? O artigo presente nesta antologia é uma versão reduzida de um ensaio maior, originalmente publicado em 1842, e que logo se transformou em um texto expressivo na fortuna crítica gogoliana.

Algumas palavras sobre o poema de Gógol
As aventuras de Tchítchikov ou *Almas mortas*

Não assumiremos de modo algum a importante tarefa de fazer um apanhado geral dessa nova e grandiosa obra de Gógol, já elevado a um patamar superior por criações anteriores, mas julgamos necessário dizer algumas palavras para apresentar o ponto de vista a partir do qual, segundo nos parece, é preciso examinar esse poema.

Para muitos, se não para praticamente todos, seu poema pode parecer estranho; seu surgimento é tão importante, tão profundo e, ao mesmo tempo, tão inesperado, que se torna impossível apreendê-lo de imediato. Há muito o senso estético não experimentava esse tipo de impressão; há muito o mundo da arte não via uma criação desse tipo; e a primeira impressão de muitas pessoas, se não de todas, deve ser de perplexidade, embora momentânea: estamos falando das pessoas mais ou menos capazes de reconhecer o belo.

Portanto, é profundo o significado que se revela nas *Almas mortas* de Gógol! Diante de nós, manifesta-se um novo caráter da obra de arte, surge a justificativa de toda uma esfera da poesia, esfera há muito aviltada; a epopeia antiga desponta à nossa frente. Expliquemo-nos.

A epopeia antiga, baseada na contemplação simples e profunda, abarcava um mundo inteiro na relação indissolúvel de seus fenômenos; nela, dada essa contemplação que tudo envolve, que tudo vê com tanta perspicácia, apresentam-se todas as imagens da natureza e do ser humano encerradas nesse mundo contemplado; e então, ondas marulham, um navio passa, pessoas hostilizam-se e lutam, tudo isso combinado de modo maravilhoso, profundo e verdadeiro; nenhum fenômeno escapa, e cada um ocupa o lugar devido; a tudo é dirigido um olhar artístico, regular, tranquilo e imperturbável, que transfere para o campo da arte cada um dos objetos, com todas as suas qualidades, transfere cada um deles com o pleno mistério de sua existência, seja ele um grande homem, o mar ou o som da chuva batendo nas folhas. Algo de interesse histórico universal, um grande acontecimento ou uma época transformam-se em conteúdo da epopeia; a unidade de espírito é a ligação interior que aproxima todos os fenômenos. (Falamos aqui desse elemento da epopeia, de seu caráter imprescindível e objetivo, sem entrar numa análise minuciosa; as nossas palavras não contradizem o desenvolvimento ulterior.) A epopeia antiga, transferida da Grécia para o Ocidente, pouco a pouco foi sendo amesquinhada; a contemplação mudou, transformou-se em descrição e, simultaneamente, em ornamentação; pouco a pouco, as cores falsas foram empalidecendo, mais e mais foi se destacando aquilo que, mesmo sem a ajuda delas, por si só, já desperta interesse: o acontecimento nu, que nesse estado (ou seja, como acontecimento nu), sendo histórico, deve estar relacionado à história ou, sendo particular, deve consistir em anedota de si próprio. A história finalmente resguardou seus grandes acontecimentos do olhar indigno que tantas vezes os havia ultrajado; para as pessoas, tudo se tornou engraçado, e elas se afastaram da história: a denominação de poema tornou-se repreensível e jocosa. A crônica, a cada passo mais baixa e amesquinhada, avançou sem cessar e, finalmente, concentrou em si toda a atenção; todo o interesse dirigiu-se à crônica, à anedota, que foi ficando mais astuta, mais intrincada, passou a atrair mais a curiosidade, substituindo o prazer estético; assim, a epopeia cedeu lugar aos romances e, afinal, chegou ao último grau de rebaixamento, à novela francesa. Nós perdemos o prazer épico, nós o esquecemos; nosso interesse transformou-se em interesse pela intriga, pelo enredo: como vai terminar, como vai se esclarecer o tal imbróglio, o que vai resultar disso? O enigma, a charada tornaram-se afinal o que nos importa, o conteúdo da esfera épica, das novelas e dos romances que rebaixaram e rebaixam, com exceção de algumas passagens luminosas, o caráter épico antigo.[1]

E, de repente, nesse meio-tempo, surge a epopeia antiga em sua profundidade, simplicidade e grandeza: surge o poema de Gógol. Aquele

[1] Não entraremos em detalhes, nem mencionaremos as obras em que há mérito e em que cintilam partes ou pálidos matizes da contemplação épica, mas são apenas fragmentos: a verdadeira contemplação épica em sua integridade — condição tão importante, pois essa integridade é também garantia de sua existência — foi perdida e rebaixada; os romances e as novelas têm o seu significado, o seu lugar na história da arte da poesia, mas os limites de nosso artigo não permitem que nos estendamos a respeito desse objeto, nem que expliquemos o seu necessário surgimento e, juntamente com isso, o seu sentido e o grau de seu valor no campo da poesia, em seu desenvolvimento histórico. (N. do A.)

mesmo olhar épico profundamente penetrante e onisciente, aquela mesma contemplação épica universal. De maneira compreensível, nós, cuja percepção estética tem sido estragada ao longo de séculos, e que inicialmente olhamos esse fenômeno com perplexidade e incompreensão, procuramos entender do que se trata, passamos as folhas na expectativa de encontrar uma anedota, apressamo-nos a chegar ao fio da trama, do romance — a buscar o desconhecido já conhecido, o enigma misterioso frequentemente compreensível —, pensamos se não haveria aqui, nessa grande obra, alguma intriga um pouco mais sagaz; o poema, no entanto, cala-se a respeito disso, a respeito de tudo; ele nos apresenta uma esfera inteira da vida, um mundo inteiro, no qual, de novo, como em Homero, as águas rumorejam e cintilam livremente, o sol nasce, toda a natureza resplandece e o homem vive; um mundo que nos revela o conteúdo completo, profundo e interior da vida comum, que reúne todos os seus fenômenos num único espírito. Mas não precisamos disso: precisamos do conteúdo exterior, da anedota, da charada; e o senso estético, há muito tempo estragado, esquiva-se como uma criança obrigada a ficar sentada, quieta, trabalhando. No poema de Gógol, surge-nos aquela épica homérica antiga; nele, reaparece o principal aspecto do caráter, do valor e da dimensão universal dessa épica. Sabemos que, para muitos ouvidos, os nomes de Homero e de Gógol soam como um absurdo se colocados lado a lado; pois que recebam como quiserem o que é dito por nós agora em bom som; entretanto, queremos impedir um equívoco: não venham os mal-intencionados afirmar que chamamos *Almas mortas* de *Ilíada*. Não é isso que estamos dizendo, percebemos a diferença de conteúdo dos dois poemas; na *Ilíada*, aparece a Grécia com seu mundo, com sua época, e, consequentemente, o próprio conteúdo já estabelece uma diferença.[2] É claro que justamente a *Ilíada*, como epopeia que outrora abarcou tudo de modo exclusivo, não pode se repetir; mas a contemplação épica, isso falamos diretamente, a contemplação épica de Gógol, antiga e verdadeira, é a mesma de Homero; e somente em Gógol podemos ver essa contemplação, somente ele a domina, apenas com Gógol, apenas com ele, sob sua mão artística, levanta-se finalmente a verdadeira épica antiga, que há muito deixara o mundo — a épica genuína, repleta de uma vida eternamente amena e tranquila, sem nenhum excesso. Um fenômeno

[2] Por outro lado, quem sabe como se desvenda o conteúdo de *Almas mortas*? (N. do A.)

admirável, miraculoso! Ele nos conclama a um novo deleite artístico, desperta em nós, na atualidade, um novo e profundo senso do belo, e involuntariamente abrem-se adiante maravilhosas perspectivas.

É um fenômeno assim que vemos no poema *Almas mortas*, de Gógol. Cremos ser esse o ponto de vista a partir do qual devemos observar a obra gogoliana. Nessa obra, apresenta-se diante de nós, como já dissemos, a epopeia antiga pura e verdadeira, surgida maravilhosamente na Rússia; ela se apresenta a nós, confundidos por uma infinidade de romances e novelas e há muito desacostumados do prazer épico. Que novas cordas do deleite artístico que ela faz vibrar em nós! Entende-se que essa epopeia, a epopeia da antiguidade que aparece no poema *Almas mortas*, de Gógol, é, no mais alto grau, um fenômeno livre e, ao mesmo tempo, contemporâneo. Explicar de modo integral como ele pôde surgir justamente entre nós, o que assinala, que significado tem o seu surgimento em geral e em todo o mundo da arte, obviamente, seria tarefa longa, para uma próxima vez; agora acrescentaremos algumas observações que servirão para confirmar o que dissemos.

A algumas pessoas pode parecer estranho que os personagens de Gógol se sucedam sem motivo determinado; isso as aborrece; mas a base dessa recriminação está, novamente, na deterioração do senso estético, quando ele existe. É justamente a contemplação épica que permite a manifestação serena de um personagem após o outro, sem relação aparente, enquanto um único mundo os abarca, ligando-os numa unidade interna de maneira profunda e indissolúvel. Certamente, compreendemos que a intriga, com toda a sua embrulhada, força menos o desenvolvimento das forças interiores do homem, força-o menos profundamente, incomparavelmente menos, basta que ele sinta, que receba uma impressão; a intriga e a anedota despertam curiosidade e, nos romances e novelas, rebaixaram a epopeia a tal ponto que não é preciso sentimento estético para entendê-los, para se interessar por eles: qualquer basbaque não-abobado pode fazê-lo; e o homem apega-se com mais gosto ao mais fácil, àquilo que não exige muita tensão de suas forças interiores. Aliás, qual é a intriga, qual é o enredo na *Ilíada*? Todo o acontecimento é revelado em duas palavras; qual é o enredo, a intriga no mundo de Deus, cheio de vida e unidade?[3] No poema de Gógol, os fenômenos seguem-se um após

---

[3] Dir-nos-ão, talvez, que existem narrativas em que quase não há conteúdo. É ver-

o outro, sucedem-se serenamente, abarcados pela grandiosa contemplação épica, que revela um mundo inteiro, apresentado harmoniosamente em sua unidade e conteúdo interno, em sua vida misteriosa. Em resumo, como já dissemos e repetimos: uma epopeia antiga importante surge em seu percurso majestoso.

Realmente, a contemplação de Gógol é tal (sem falar, em suma, de seu caráter), que o objeto aparece nele sem perder um só de seus direitos, aparece com todo o mistério de sua vida, acessível apenas a Gógol; sua mão transfere o objeto para o mundo da arte sem deformá-lo nem um pouco; aqui ele vive em liberdade, elevado ainda mais; não são visíveis nele as marcas da mão que o transferiu, e por isso a reconhecemos. Todas as coisas que existem, justamente por isso, possuem uma vida, um interesse de vida, por menor que sejam, mas apreender isso está ao alcance apenas de um artista como Gógol; e realmente: tudo, seja a mosca que importuna Tchítchikov, os cães, a chuva, os cavalos, o malhado e o do assessor, e até mesmo a sege, tudo isso, em todo o mistério de sua vida, é alcançado por ele e transportado para o mundo da arte (entenda-se: artisticamente criado, e não descrito, Deus nos livre; as descrições apenas roçam a superfície do objeto); e, novamente, apenas em Homero é possível encontrar uma obra assim.

Obviamente, há interesse; mas não o interesse da anedota, praticado nos romances e novelas, e sim o interesse da epopeia, do poema. Acredito ter ficado claro que interesse é esse depois do que falamos sobre a epopeia em si. Após a leitura da primeira parte, sente-se necessidade da segunda, sente-se um interesse vivo, mas não para saber como será decifrado certo enigma, como será desenredada certa intriga; interessa não o modo como vai se resolver certo acontecimento, mas sim como será resolvida a própria epopeia, como surgirá e se apresentará a criação toda, inteira, como será destrançado o mundo que surge diante de nós, o mundo que carrega em si um conteúdo profundo, tanto mais que, segundo as palavras de Gógol, vai se desenrolar uma ampla novela.

Que sentido não adquire agora, depois de tudo o que dissemos, a denominação de poema incluída no título do livro! Sim, é um poema, e essa denominação comprova que o autor entedia o que estava produzindo, entendia toda a grandeza e importância de seu feito.

---

dade, existem; em compensação, nelas só há *descrições*; isso mostra apenas que elas, na ausência de força épica, não possuem também interesse anedótico. (N. do A.)

Se tivéssemos de dizer algumas palavras sobre a própria obra, a primeira pergunta que nos fariam seria a seguinte: qual é o conteúdo? Já falamos que não há motivo para procurar aqui um conteúdo de romances e novelas; a obra é um poema, e, obviamente, há nela um conteúdo de poema. Poderiam nos perguntar então: o que ele encerra, o quê, qual mundo o poema abarca? Embora essa seja apenas a primeira parte, embora esse seja apenas o início do rio, cujo curso posterior só Deus sabe aonde nos levará e que acontecimentos apresentará, pelo menos podemos e temos até o direito de pensar que, nesse poema, enlaça-se amplamente a Rus; pois não é o mistério da vida russa que jaz ali, encerrado nele? Não é ele que se manifesta ali artisticamente? Sem entrar em detalhes sobre a abertura da primeira parte, em toda a qual, sem dúvida, há um único conteúdo, podemos ao menos indicar o seu final, que decorre tão maravilhosa e naturalmente. Tchítchikov está numa sege, numa troica; a troica dispara com presteza, e, ainda que seja quem é, ainda que seja um velhaco, ainda que muitos fiquem inteiramente contra ele, Tchítchikov é russo e ama uma corrida desenfreada; e aqui, num instante, surge esse sentimento popular comum, que o liga a um povo inteiro, que o oculta, por assim dizer; aqui, Tchítchikov, também russo, desaparece, é tragado, funde-se com o povo nesse sentimento comum a todos. A poeira da estrada ergue-se e o oculta, não se vê quem está galopando, vê-se apenas uma troica em disparada. E quando, nesse ponto, no final da primeira parte, Gógol toca o sentimento substancial comum aos russos, então toda a essência (substância) do povo russo tocada por ele ergue-se, colossal, conservando a ligação com a imagem que a despertou. Aqui a Rus transparece, se avista, encerrada, pensamos nós, no conteúdo misterioso de todo o poema. Que linhas! E o que expira delas! E, apesar da mesquinhez dos personagens precedentes e das relações na Rus, com que vigor foi expresso o que está no fundo, o forte, o substancial, o eterno, que não é nem um pouco excluído pelo que vem antes. O final admirável que conclui a primeira parte, tão profundamente ligado com todo o precedente e que a muitos parece contraditório, enche o peito de um som maravilhoso, desperta profundamente todas as forças da vida, vertida inspiradamente em toda sua essência.

Apontar trechos? Sem a plena contemplação, isso significaria exumá-los. Tudo, do começo ao fim, está repleto de uma única vida que não esmorece, não se cansa, a vida que vive um objeto transferido inteira e livremente para o campo da arte, sem deixar se perder nada; por isso precisamos ler Gógol lentamente; há conteúdo em cada palavra, cada capítulo preenche imensamente o homem, que então se delicia com a percepção do belo; não há por que temer perder de vista a ligação exterior da obra: aqui não há o que costurar na memória, como se houvesse um fio, circunstâncias, como fazemos em muitas novelas e romances, em que, com frequência, desempenhamos o papel de juízes convocados para um inquérito; aqui não há nada disso, aqui não há por que temer pela memória, não há por que temer a perda da unidade: ela não é externa, ela está sempre presente; ela liga todos os objetos entre si não externa, mas internamente; tudo é vivificado num único espírito, que repousa profundamente no interior e se manifesta numa diversidade harmônica, como no mundo de Deus. Não podemos deixar de dizer que há passagens mais reveladoras da essência do objeto e do espírito do próprio autor; quem as leu com certeza se lembra dessas passagens inspiradas, solenes; mas não queremos entrar e não entraremos em detalhes, limitaremos o nosso artigo a algumas palavras, a um ponto de vista geral e a observações particulares.[4]

Provavelmente alguns virão com ataques ao estilo, mas isso será um grande erro; o estilo de Gógol não é exemplar, graças a Deus; isso seria um defeito. O estilo de Gógol é parte de sua criação; ele está sujeito àquele mesmo ato artístico, àquela mesma mão criadora que lhe dá tanto as formas, quanto a própria obra, e é justamente por não ser possível separar o estilo e a própria criação que ele se mostra excelente (não falamos aqui de singularidades e ninharias). Se não percebemos isso logo, a culpa é nossa; se não é possível compreender logo a beleza da obra, então também não será logo que compreenderemos o estilo e o uso que expressa inteiramente o necessário; é hora de parar de ver o estilo como uma espécie de traje confeccionado de modo ordinário, facilmente reconhecível e com o qual todos devem ataviar seus pensamentos; ao contrário, estilo não é algo belo nem confeccionado, não é um traje; é algo vivo, nele atua a vida da própria língua; o que pode fundi-lo com o pensamento não são fórmulas nem procedimentos decorados, mas sim o espírito; ainda mais quando falamos do estilo da língua russa, que possui em si

[4] Esses limites estreitos não nos permitem falar sobre muitas coisas, desenvolver muitas ideias, nem antecipar explicações completas a possíveis perplexidades e perguntas surgidas durante a leitura de nosso artigo. Esperamos, entretanto, que elas sejam solucionadas por si sós. (N. da A.)

inexauríveis fontes de forças, uma infinidade de matizes capturáveis e uma sintaxe completamente livre, mas não arbitrária. Faz-se necessário apenas alcançar o espírito e as leis da língua, e Gógol compreendeu isso com sua genialidade criadora.

Em *Almas mortas*, encontramos uma singularidade a respeito da qual não podemos nos calar; inevitavelmente ela se sobressai, e inevitavelmente nos leva a pensar na *Ilíada*. Isso acontece quando há comparações; ao comparar, Gógol entrega-se por inteiro ao objeto que serve de comparação, deixando de lado por algum tempo aquele que o levou a fazê-la; ele só para de falar quando esgota todo o objeto que lhe veio à cabeça. Todos os que leram a *Ilíada* decerto lembram Homero ao ler as comparações de Gógol; lembram como também Homero, deixando o primeiro objeto, entrega-se ao que lhe serviu de comparação; e, involuntariamente, isso sempre nos faz parar, inclusive em Homero: pois fomos afastados, levados para longe da contemplação épica plena; mas esse caráter da comparação é imprescindível ao olhar épico universal; o poeta épico não pode simplesmente aludir, não pode simplesmente apontar um objeto e satisfazer-se; não, a sua visão enxerga o objeto em sua plenitude, em toda a sua vida que tem afinidade com a vida do objeto narrado; o seu olhar abarca-o inteiramente, e ele se apresenta diante do leitor inteiro, independente, genuíno, sem perder nem um pouco da própria vida, pois é tomado como comparação. Se paramos, desorientados, diante dessas passagens, então cometemos um equívoco; o nosso senso estético ainda não se ilustrou, ainda não se desvelou completamente a ponto de abraçar a criação.

O caráter comum a todos os personagens de Gógol está em que nenhum deles possui nem sombra de unilateralidade, nem sombra de abstração, e, seja qual for o caráter específico manifesto, o personagem é sempre vivo, inteiro, e não uma qualidade abstrata (como acontece com outros, de modo que sobre uns escrevemos "avareza"; sobre outros "perfídia"; sobre outros ainda "fidelidade" e assim por diante); não, todos os aspectos, todos os movimentos da alma que podem ocorrer em algum personagem, todos eles são abarcados pelo olhar de Gógol, que vê a plenitude da vida; ele não exclui nenhum personagem marcado pela mesquinhez nem pela vilania, nenhum movimento humano; todos são representados na inteireza de suas vidas; por mais baixo que seja o nível do personagem de Gógol, o leitor sempre reconhecerá nele um ser humano, um irmão, criado à imagem e semelhança de Deus. Isso se vê em todas as suas obras. Lembremos Ivan Fiódorovitch Chponka:[5] um homem que parece vazio a não mais poder, um bobão, que passa a maior parte do tempo deitado na cama depois de despir a farda; mas lembremos do momento em que ele chega ao interior e vai para a sega do feno: sobre ele age a natureza, ele se integra com ela, então ele sente, mas o sentimento se manifesta nele tanto quanto deveria e poderia se manifestar.

O que dizer de *Proprietários à moda antiga*, em que o olhar de Gógol revelou um significado humano muito profundo onde outros veriam apenas mesquinhez e selvageria; ele abriu e traçou um caminho em direção à compaixão humana para com essas pessoas e essa vida. Em *Almas mortas*, vemos o mesmo. Manílov, por exemplo, em toda a sua futilidade e excesso de doçura, tem uma vida pequena e limitada, mas, de qualquer modo, é uma vida, e o leitor vê, sem nenhum desgosto, sem nenhuma zombaria e até com certa simpatia, o modo como ele fica no alpendre, fumando o cachimbo, enquanto só Deus sabe o que lhe vai pela cabeça, e isso se arrasta até a noite. Ou então Pliúchkin, um homem avarento, em cujo passado, porém, estendem-se anos vividos de outro modo, o que o conduziu natural e inevitavelmente à avareza; lembremos aquele trecho em que a vida pregressa desperta nele, tocada pelas lembranças, e a manifestação de um sentimento perpassa por seu rosto velho e desfalecido. Resumindo: em Gógol, em toda parte está ausente qualquer tipo de abstração, e está presente a multilateralidade, a verdade e, junto com elas, a plenitude da vida, que não perde nem uma ínfima partícula, desde os fenômenos da natureza — moscas, chuvas, folhas etc. — até o homem, plenitude essa que consiste no mistério da arte que se revela a muito, muito poucos.

Na verdade, em quem encontramos toda essa plenitude, toda essa concretude da criação (por que não usar essa palavra)? Expressemos aqui a nossa opinião, sem rodeios. Em pouquíssimos: nós a encontramos apenas em Homero e em Shakespeare; só Homero, Shakespeare e Gógol dominam o mistério dessa arte. De novo, pessoas mal-intencionadas dirão que estamos colocando Gógol lado a lado com Homero e Shakespeare; e de novo eliminamos o equívoco: Gógol não fez agora (quem

[5] Personagem do conto "Ivan Fiódorovitch Chponka e sua tia", do livro *Serões numa granja perto de Dikanka*, de Nikolai Gógol. (N. da T.)

sabe o que virá no futuro?) o que haviam feito Homero e Shakespeare, e, por isso, em relação ao volume e ao conteúdo da atividade criativa, não estamos dizendo que Gógol é igual a Homero ou Shakespeare; porém, em relação ao ato criativo, em relação à plenitude da própria criação, colocamos Homero e Shakespeare, e apenas Homero e Shakespeare, ao lado de Gógol. Estamos longe de depreciar o caráter colossal de outros poetas, mas, em relação ao ato criativo, eles estão abaixo de Gógol. De outro modo não poderia ser; por exemplo, um poeta que domina inteiramente a arte é capaz de criar, suponhamos, uma flor em toda a sua inteireza, em toda a liberdade de sua vida; um outro, tomando um conteúdo maior, cria um grande homem, porém, fixa somente traços gerais; a obra deste último é grandiosa, mas muito inferior à plenitude e à vitalidade transmitida pelo poeta que domina o mistério de sua arte. Desse modo, com essa comparação (embora, em geral, as comparações não expliquem tudo, preferimos não escrever um artigo muito longo), esperamos esclarecer nossas próprias palavras: "em relação ao ato criativo". Mas Deus nos proteja de fazer com que a comparação miniatural com uma flor seja, a nossos olhos, medida das grandiosas criações de Gógol: só queremos dizer que ele domina aquele mesmo mistério dominado por Shakespeare e Homero, e apenas por eles — o que ele ainda criará, tendo esse talento, após tudo o que já criou, o futuro vai mostrar; mas ele já fez muito, e; afinal, já surge o grandioso poema que tanto nos oferece.

Assim, repetimos nossas palavras, por mais estranhas que pareçam: apenas em Homero e em Shakespeare podemos encontrar tal plenitude de criações como em Gógol: apenas Homero, Shakespeare e Gógol dominam esse mesmo grandioso mistério da arte. Por isso, toda a obra de Gógol é grandiosa, e, deleitados, observamos a sua atividade criativa, que avança com enorme vigor e já nos deu tanto. Além de suas novelas literárias, tão conhecidas de qualquer russo letrado, além de todo o resto, ele nos deu uma comédia, uma verdadeira comédia, que não há em parte alguma; ele nos deu um poema; pode ser que nos dê uma tragédia.

Sabemos que nossas palavras podem parecer estranhas a muitas pessoas, mas pedimos que penetrem em seu sentido. No que diz respeito à opinião das revistas de Petersburgo, é de conhecimento geral o que pensam (a propósito, talvez com exceção da *Otiétchetsvennie Zapíski* [Anais da Pátria], que elogia Gógol), mas não falamos aqui dos jornalistas petersburguenses; ao contrário, é justamente deles que não falamos; como se em Petersburgo pudesse existir um círculo de atividades jornalísticas!...

Há outra circunstância importante conjugada ao fenômeno de Gógol: ele é da Pequena Rússia. O caráter artístico dela, profundamente encerrado no autor, manifesta-se em numerosas canções sonoras e leves, vivas e ternas, de formas arredondadas; a canção grã-russa não tem esse caráter. Mas a Pequena Rússia, parte viva da Rússia, foi criada pelo potente espírito grão-russo; sob sua proteção, ela pôde manifestar um caráter próprio e entrar, como elemento vivo, na vida comum da Rus, que abarca igualmente todos os componentes e não se chama mais Grande Rússia (se assim fosse, ela teria se mantido em sua unilateralidade, e as partes restantes teriam se relacionado com ela como vencidos diante do vencedor), mas sim Rússia. Certamente, a unidade decorreu do elemento grão-russo; em sua ampla dimensão, tudo, todos os aspectos podem se desenvolver livremente, e ela manteve o seu domínio legítimo, como é legítimo o domínio da cabeça em um corpo humano vivo; mas o corpo inteiro leva o nome de ser humano e não só a cabeça; assim, também a Rússia se chama Rússia e não Grande Rússia. Obviamente, apenas escrevendo em russo (ou seja, na língua grã-russa), pode se constituir um poeta da Pequena Rússia; apenas em russo ele pode e deve se constituir, sendo um cidadão da Rússia comum a todos, que lhe traz o seu elemento particular e instila uma nova vida em seus membros. Agora, com Gógol, evidenciou-se o caráter artístico da Pequena Rússia a partir de suas maravilhosas canções, de seu maravilhoso princípio artístico, surgiu, finalmente, um gênio russo, quando a vida comum do Estado abraçou todos os seus membros e permitiu que ele se manifestasse em proporções colossais; um novo elemento da arte desaguou amplamente na vida da arte na Rússia. Gógol, que nos trouxe esse novo elemento, oriundo do país, da parte mais importante de uma pátria múltipla e que, consequentemente, tanto expressa e justifica (não no sentido de pedir desculpas, mas de explicar) esse país, Gógol é russo, inteiramente russo, e isso fica mais visível em seu poema, tomado pelo conteúdo da Rus, de toda a Rus, e toda ela, como um todo titânico, revela-se nele colossalmente. Desse modo, esse fenômeno importante do elemento da Pequena Rússia já é um elemento russo vivo, da vida russa em geral, diante da legítima preponderância grã-russa. Juntamente com isso, o elemento da língua da Pequena Rússia foi introduzido maravilhosamente por Gógol no nosso russo.

E a canção grã-russa! A canção russa, como é legitimamente chamada: pois essa tribo deixou de ter unilateralidade quando foi capaz de criar um único Estado e fundir em uma só unidade todos os membros, à primeira vista heterogêneos e antagônicos; o nome "russo" permaneceu com a tribo e também com a Rússia. Quando querem falar separadamente das ações das outras tribos, então lhes conferem seu nome tribal, porque, tomadas separadamente, elas apresentam, cada uma, a sua unilateralidade, da qual se libertam tornando-se russas, com a ajuda do elemento grão-russo. Já a tribo grã-russa, consequentemente, não tinha essa unilateralidade ou então a havia reduzido originalmente, em sua própria vida, quando criou um Estado único e permitiu que nele se desenvolvessem livremente todas as partes. Desse modo, o nome "russo" fundiu-se com essa tribo, cujo espírito vive e movimenta o Estado; a denominação de "canção russa" permaneceu, preferencialmente e de direito, no lugar de "canção grã-russa". E a canção russa, que Gógol lembra com tanta frequência em seu poema, a canção russa! O que há nela? Como é amplo o seu refrão! Parece que estão nela o espírito e a imagem da grandiosa e poderosa amplidão de que fala Gógol tão encantadoramente. Nela não há fim, é uma canção infinita; como então chamá-la? Na verdade, não se pode dizer que a canção russa está expirando; ela não está expirando, mas sim se afastando. Quando ouvimos as amplas ondas de sons ecoarem cada vez mais fracas e, finalmente, soarem tão baixo que o ouvido mal consegue captar seus últimos sons, isso não significa que a canção russa expirou; ela apenas se foi, apenas se afastou e agora canta em algum outro lugar, canta eternamente.

Moscou, 16 [28] de junho de 1842

(1842)

Tradução de Denise Sales

Vissarion Bielínski

Vissarion Grigórievitch Bielínski (1811-1848) viveu o mesmo tempo que Púchkin, meros 37 anos. Tempo, contudo, de tornar-se uma das figuras mais importantes da história literária russa. Nesse breve transcurso, escreveu nas revistas *Moskóvski Nabliudátel* [O Observador de Moscou], *Otiétchestvennie Zapíski* [Anais da Pátria] e *Sovremiênnik* [O Contemporâneo]. Pável Ánnenkov deixou de Bielínski um perfil literário bem conhecido, tornado ainda mais famoso pelo comentário tecido por Isaiah Berlin a partir dele. Bielínski nasceu na cidade de Sveaborg, em uma família modesta (seu pai era médico). À maneira de outros personagens basilares da vida cultural russa, foi tido em alta conta mesmo por muitos de seus adversários políticos e ideológicos. Transformaram-no em ícone da esquerda russa e louvaram-no, na União Soviética, como o fundador de uma estética democrática precursora do realismo socialista, ou ao menos de algumas de suas características (esta filiação, obviamente forçada, não é de todo absurda). Os dois textos escolhidos para esta antologia pertencem a seus anos finais de vida. Os "Pensamentos e observações sobre a literatura russa" — publicados em 1846, no almanaque *Peterbúrgski Sbórnik* [Coletânea Petersburguesa] — são um excelente resumo do arranjo da história literária russa promovida pelo autor. E a "Carta" a Gógol, de 1847, talvez seja o seu texto mais famoso, divulgado após uma série de idas e vindas epistolares e jornalísticas motivadas pela publicação do livro *Trechos escolhidos da correspondência com amigos*, de Gógol. A sua leitura no círculo de Petrachévski motivou a condenação de Dostoiévski. A força retórica oral da carta dá mostra do *páthos* verbal com o qual Bielínski era proverbialmente associado, e traz uma série de marcas distintivas do Bielínski "tardio", cada vez mais radical politicamente. São questões que repercutirão poderosamente no imaginário da esquerda, não apenas russa: o talento literário seria equivalente à orientação política "correta"? Pode um autor politicamente conservador ser válido esteticamente? A história literária russa também vai haurir muitos elementos da discussão: Gógol teria realmente se tornado reacionário, numa guinada conservadora, ou ele era mais ou menos assim desde o começo, e o Gógol "humanitário" fora uma criação de Bielínski, mais adequada a seus modelos críticos? Interessante observar, em outro dos nós da tradição da esquerda russa, que Bielínski culmina por considerar o Gógol politicamente desviante como um "louco", em um gesto similar ao utilizado pela autocracia para condenar Tchaadáiev uma década antes.

Pensamentos e observações sobre a literatura russa

Seja o que for nossa literatura, seu significado, em qualquer caso, é muito mais importante para nós do que possa parecer: é nela, e apenas nela, que está toda nossa vida intelectual e a poesia de nossa vida. Apenas em sua esfera deixamos de ser Ivans e Pedros e tornamo-nos gente simples, voltamo-nos para as pessoas e delas nos ocupamos.

Em nossa sociedade predomina o espírito de desagregação; em cada nível tudo é próprio, peculiar: a roupa, as maneiras, o tipo de vida, os costumes e até mesmo a língua. Para se certificar disso, basta ir a uma reunião social em que se encontrem, por acaso, um funcionário público, um militar, um proprietário de terras, um comerciante, um pequeno-burguês, um gerente de negócios ou um administrador, um erudito, um estudante, um seminarista, um professor universitário, um artista; ao se ver neste círculo social, pode-se pensar que se está presenciando a divisão das línguas... Tamanha é a desagregação que reina entre os representantes das diversas classes de uma mesma sociedade! O espírito de desagregação é hostil à sociedade: a sociedade une as pessoas; a casta as separa. Muitos pensam que a arrogância, sobra dos velhos tempos eslavos, destrói a sociabilidade (*sociabilité*) entre nós. Se isso é justo, então talvez seja apenas em parte. Admitamos que um nobre encontra-se com pessoas de nível inferior a contragosto; mas o que as pessoas de nível inferior não estão dispostas a sacrificar para se aproximar de um nobre? Este é o anseio delas! O problema, porém, é a aproximação ser sempre superficial, formal, como um cumprimento de chapéu; o amor-próprio de um comerciante se infla por conhecer um nobre, ainda que pobre; no entanto, mesmo depois de conhecer até nobres ricos, ele ainda permanece fiel aos hábitos, às opiniões, à língua, a seu tipo de vida, ou seja, à categoria de comerciante. Esse espírito de particularidade é tão forte entre nós, que mesmo as camadas novas, oriundas da nova ordem das coisas instituídas por Pedro, o Grande, não tardaram em assumir nuances particulares. Por que se admirar com um nobre que não se afina em absoluto com um comerciante, ou também ao contrário, se, às vezes, quase a mesma diferença existe entre um cientista e um artista?... Também temos cientistas que permanecem fiéis por toda vida à nobre decisão de não entender o que é e para que serve a arte; temos ainda muitos artistas que nem desconfiam da ligação viva de sua arte com a ciência, com a literatura, com a vida. Ponha juntos um cientista e um artista desses e terá, se não o silêncio, frases soltas sobre trabalho, mas não uma conversa. Tome um outro cientista nosso: sobretudo se for da área de exatas, ele olha com um sorriso irônico para a filosofia e a história e para aqueles que delas se ocupam, e vê a poesia, a literatura e o jornalismo como meros disparates. Da mesma maneira, o nosso chamado "letrado" olha com desprezo para a matemática, com que tanto sofreu na escola. Irão dizer: tudo isso não é espírito de desagregação, mas espírito de instrução incompleta ou de formação incompleta. Sim! Mas todas essas pessoas receberam uma formação básica que, se não satisfatoriamente profunda, foi pelo menos variada: o letrado estudou matemática na escola, e o matemático, as letras. Quando possível, muitos deles até raciocinam corretamente sobre existir tão somente uma divisão artificial das ciências, já que não é possível uma divisão essencial, pois todas as ciências consistem no conhecimento de um único objeto: o ser; que tanto a arte como a ciência são a mesma consciência do ser, mas com outras formas; e que a literatura deve ser o deleite e a exuberância da inteligência de modo igual para todas as pessoas escolarizadas. Mas, quando se lhes impõe aplicar essas belas reflexões, logo se subdividem em corporações que passam a se entreolhar, ou com um sorrisinho irônico, ou com um sentimento de mérito próprio, ou com certa desconfiança... Como exigir sociabilidade entre pessoas de camadas diversas se, em cada uma delas, há um modo próprio de pensar, de falar, de se vestir, de comer e de beber?...

Apesar disso, seria uma mentira, porém, dizer que entre nós não existe uma sociedade. Sem dúvida temos enorme necessidade de uma sociedade e ansiamos por isso, o que já é importante! A reforma de Pedro, o Grande, não destruiu, não derrubou os muros que separavam, na velha sociedade, uma classe da outra, mas ela socavou sua fundação e, sem derrubá-los, tirou-os do prumo — e agora, dia a dia, todos eles pendem cada vez mais, caem e são cobertos com seus próprios restos, com seus próprios escombros e entulho; por isso, consertá-los significaria acrescentar-lhes uma carga que, devido a suas fundações abaladas, apenas apressaria sua queda inevitável. E se agora as camadas divididas por esses muros não podem transitar através deles como por calçadas, em compensação podem saltá-los com facilidade, ali onde desmoronaram ou sofreram rachaduras. Antes não se percebia isso, tão vagaroso era; agora se dá de modo cada vez mais rápido e notório — e se aproxima o tempo em que se dará prontamente e de uma vez. Estradas de ferro atravessam os muros por baixo e por cima, com túneis e pontes; pelo fortalecimento da indústria e do mercado, elas entrelaçam os interesses das pessoas de todas as camadas e classes e obrigam-nas a se relacionar entre si de forma viva e estreita, o que atenua, sem querer, as discrepâncias bruscas e desnecessárias.

Mas o início dessa aproximação das camadas entre si, que é o início da sociedade que se forma, não pertence apenas ao nosso tempo: ele se funde com o princípio da nossa literatura. Uma sociedade diversificada, coesa numa única massa apenas por interesses materiais, seria uma sociedade lamentável e desumana. Por mais grandiosas que sejam a prosperidade e a força aparentes de uma sociedade, é de duvidar que seja uma sociedade invejável se o comércio, a indústria, a navegação, as redes ferroviárias e todas suas forças motrizes em geral constituem o essencial, o principal e o imediato, e não apenas os meios auxiliares para a instrução e a educação... Nesse sentido, não podemos nos queixar do destino: a instrução e a educação da sociedade corriam entre nós de início como um regato que mal se notava, mas, em compensação, provinham de uma fonte elevada e abençoadíssima — a da própria ciência e da literatura. Nossa ciência agora apenas cria raízes, ainda não está arraigada, enquanto a educação já se enraizou, embora ainda não tenha se desenvolvido. Sua folhagem é miúda e esparsa, o caule não é alto nem grosso, mas as raízes são tão profundas que não há tempestade que as arranque, nem correnteza, nem força alguma: corte essa pequena árvore em qualquer parte, e as raízes darão rebentos em outra, e será mais fácil cansar-se de cortá-la do que ela se cansar de dar novos rebentos e aumentar...

Falando sobre os sucessos da educação de nossa sociedade, consideramos os sucessos de nossa literatura, porque nossa educação resulta da ação imediata dela nos conceitos e usos da sociedade. Nossa literatura criou os usos da sociedade, já educou algumas gerações, que se diferenciam entre si de forma contrastante, instalou o princípio da aproximação interna das camadas, formou um gênero de opinião social e produziu algo semelhante a uma categoria particular na sociedade, que se distingue das camadas médias habituais por consistir não apenas de comerciantes e de pequeno-burgueses, mas de pessoas de todas as camadas, aproximadas pela nossa educação extraordinariamente empenhada no amor pela literatura.

Se quiser entender e avaliar a influência de nossa literatura na sociedade, olhe para seus representantes dos diferentes períodos, fale com eles ou ponha-os para conversar. Nossa literatura é tão jovem, iniciou-se há tão pouco tempo, que ainda hoje é possível encontrar na sociedade todos os seus representantes. A primeira poesia admirável, escrita em medida regular, é de Lomonóssov, *Ode à conquista de Khotin*, e surgiu em 1739, há exatamente 107 anos, e Lomonóssov morreu em 1765, pouco mais de 80 anos atrás. É claro que hoje já não há pessoas que tenham visto Lomonóssov nem quando crianças, ou, se viram, que possam lembrar disso; mas há na Rússia ainda muita gente que aprendeu a amar poesia e literatura pelas obras de Lomonóssov e que o consideram um poeta tão grandioso hoje como era considerado por todos em seu tempo. Há muita gente que se lembra bem do rosto e da voz de Derjávin, e considera a época do apogeu do poeta como o melhor período de sua vida. Muitos idosos de hoje têm a convicção profunda do valor superior do poema de Kheráskov;[1] e faria tanto tempo assim que o experimentado poeta Dmítriev lamentava por escrito o desrespeito das gerações novas pelo talento do criador de *Rossíada e Vladímir*? Existem ainda muitos idosos que lembram comovidos a tragédia de Sumarókov e, numa discussão, estão prontos a declamar de cor as melhores tiradas, na opinião deles, de *Dmitri, o Impostor*. Outros já aceitaram que a língua de Sumarókov envelheceu deveras e indicarão aos senhores, com especial distinção, as tragédias e as comédias de Kniajnin[2] como modelo de *páthos* dramático e de pureza da língua russa. Hoje é ainda mais possível encontrar aqueles que, sem mencionar Sumarókov e Kniajnin, começarão a falar sobre Ózierov[3] com grande entusiasmo e convicção. No tocante a Karamzin, tanto as velhas gerações, como as que estão envelhecendo, pertencem a ele por

[1] Mikhail Matviêievitch Kheráskov (1733-1807), um dos primeiros representantes da poesia russa clássica. (N. da T.)

[2] Iákov Boríssovitch Kniajnin (1740-1791), dramaturgo russo. (N. da T.)

[3] Vladislav Aleksándrovitch Ózierov (1769-1816), poeta e dramaturgo russo, muito popular no início do século XIX. (N. da T.)

completo; elas sentem, pensam e vivem seu espírito, embora tenham lido Jukóvski, Bátiuchkov, Púchkin, Griboiêdov, Gógol, Liérmontov e tenham mais ou menos se encantado com todos eles... Além disso, hoje há pessoas a quem o nome de Púchkin provoca um sorriso irônico, enquanto falam com veneração e êxtase sobre Jukóvski, como se o respeito pelo último fosse incompatível com o respeito pelo primeiro. E quantas pessoas ainda não compreendem Gógol e justificam seu preconceito contra ele pela compreensão que têm de Púchkin...! Mas não pense que tudo isso não passa de fatos literários, não, se observarmos e escutarmos com mais atenção esses representantes de épocas diferentes de nossa literatura e de épocas diferentes de nossa sociedade, não teremos como deixar de perceber, de alguma forma, a relação viva entre seus conceitos e suas convicções literárias e de vida. No que se refere propriamente à formação literária, essas pessoas estão separadas umas das outras como que por séculos, porque nossa literatura, com seus cento e poucos anos, percorreu a extensão de várias eras. E por isso havia uma grande diferença entre a sociedade que se extasiava com as frases volumosas das odes grandiloquentes e dos poemas épicos pesados e a sociedade que ia chorar na lagoa de Liza;[4] entre a sociedade que lia com avidez *Liudmila e Svetlana*, se embriagava com os horrores fantásticos de *As doze donzelas adormecidas* ou entregava-se à lassidão da meditação romântica sob os sons misteriosos de *A harpa de Éolo*, e a sociedade que se esqueceu de *O prisioneiro do Cáucaso* e de *A fonte de Bakhtchissarai* por *Ievguêni Oniéguin*; das comédias de Fonvízin, por *A desgraça de ter espírito*; se esqueceu de *Dmitri Donskoi*, de Ózierov, por *Boris Godunov* (assim como *Dmitri, o Impostor*, de Sumarókov, foi esquecido outrora pelo primeiro), depois largou, por Púchkin e por Liérmontov, os poetas que os precederam; por Gógol, esqueceu-se completamente de todos os romancistas e novelistas que lhe causavam admiração ainda há pouco... Apenas imagine a distância imensurável que se colocou entre *Ivan Vijiguini*, de 1829, e *Almas mortas*, de 1842... Essa diferença de formação literária da sociedade passou para a vida e dividiu as pessoas em gerações com modos de agir e de pensar e com convicções diversas, cujas discussões candentes e relações polêmicas, oriundas de princípios, e não de interesses materiais, mostram

---

[4] Referência ao conto de Nikolai Karamzin, "Pobre Liza" (1792), que se tornou exemplo do chamado sentimentalismo, vigente na literatura russa na virada do século XVIII para o XIX. (N. da T.)

por si os sinais da vida espiritual que surge e se desenvolve na sociedade. E este grandioso feito é o feito de nossa literatura!

A literatura foi para nossa sociedade uma fonte viva, inclusive para as ideias morais práticas. Ela começou com a sátira e, com Kantemir, declarou guerra impiedosa à ignorância, aos preconceitos, à venalidade, à delação, à chicanice, à extorsão e ao peculato, que ela surpreendeu na velha sociedade não como vício, mas como regra de vida, como convicção moral. Qualquer que seja o talento de Sumarókov, seus ataques satíricos às "sementes de urtiga"[5] sempre irão merecer menção honrosa de um historiador da literatura russa. As comédias de Fonvízin tiveram ainda mais mérito perante a sociedade do que perante a literatura. Em parte, o mesmo se pode dizer sobre *A delação*, de Kapnist.[6] A fábula se deu muito bem entre nós porque ela pertence ao gênero satírico da poesia. O próprio Derjávin, poeta lírico por excelência, foi também um poeta satírico naquela época, como em *Felitsa*, *O grão-senhor* e outras peças. Por fim, chegou o tempo em que a sátira em nossa literatura deu no humor, que se manifesta na reprodução artística da realidade cotidiana. É claro que seria engraçado pressupor que a sátira, a comédia, a novela ou o romance pudessem corrigir um corrupto; mas não há dúvida de que eles, abrindo os olhos da sociedade em relação a ela mesma, capacitando o despertar da consciência dela, cobrem o corrupto de desprezo e vergonha. Não é à toa que muitos entre nós não podem ouvir o nome de Gógol sem ódio e chamam *O inspetor geral* de composição imoral, que devia ser proibida. Da mesma forma, hoje ninguém será tão inocente para achar que a comédia ou a novela pode fazer de um corrupto um homem íntegro — não, uma vez torta, a árvore não endireita quando cresce e encorpa; mas, assim como os corruptos têm filhos, os não corruptos também: tanto aqueles como estes, ainda sem razões para considerar imorais as representações vivazes da corrupção, admiram-se com elas e, sem perceber, se enriquecem com tais impressões, que nem sempre mostram-se infrutíferas em suas vidas quando se tornam membros efetivos da sociedade. As impressões da juventude são marcantes, e é assim que a juventude toma por verdade indubitável aquilo que primeiro atingiu seu sentimento, sua imaginação e sua mente. A literatura age dessa maneira não apenas na educação, mas

[5] Referência aos burocratas corruptos. (N. da T.)

[6] Vassili Vassílievitch Kapnist (1758-1823), poeta e dramaturgo. (N. da T.)

também no incremento moral da sociedade. Seja como for, é indubitável o fato de que apenas ultimamente começou a ficar claro o número de pessoas empenhadas em pôr em prática as convicções morais em detrimento de seus lucros pessoais e em prejuízo de sua condição social...

Não é fato menos incontestável que a literatura funciona entre nós como um fator agregador de pessoas *intimamente* separadas em todos os outros aspectos. O pequeno-burguês Lomonóssov, graças a seu talento e a sua erudição, atingiu patentes importantes, e grão-senhores admitiram--no em seu círculo. Por outro lado, a literatura também o aproximou das pessoas pobres e insignificantes nas relações civis. Derjávin, nobre e pobre, graças a seu talento, fez-se um grão-senhor e encontrou não apenas mecenas, mas também amigos entre as pessoas de quem a literatura o aproximou. Autor da balada *Gromval*, Kámeniev,[7] um comerciante de Kazan, veio para Moscou a negócios, foi apresentado a Karamzin e ficou conhecendo todo o círculo literário de Moscou. Isso foi há *quarenta anos*, quando comerciantes a trabalho não passavam das antessalas da casa de um nobre e instavam humildemente o pagamento de suas mercadorias ou de uma dívida. As primeiras revistas russas, de nomes hoje esquecidos, eram publicadas por círculos de jovens, que haviam se aproximado pela paixão comum à literatura. A educação igualava as pessoas. Nos dias de hoje, já não é nada raro encontrar um círculo de amigos que reúne um fidalgo distinto, um *raznotchíniets*,[8] um comerciante, um pequeno-burguês — um círculo em que seus membros esqueceram, por completo, as diferenças aparentes que os dividem e se estimam simplesmente como pessoas. Eis a verdadeira sociabilidade educada, criada entre nós pela literatura! Quem, com direito ao nome de gente, não deseja de todo o coração que essa sociabilidade cresça e aumente a cada dia, ou melhor, a cada hora, como cresciam nossos *bogatirs* dos contos fantásticos?! Como tudo o que é vivo, a sociedade deve ser orgânica, ou seja,

[7] Gavriil Petróvitch Kámeniev (1772-1803), poeta russo. (N. da T.)

[8] Os *raznotchíntsi* são representantes de um fenômeno social que se iniciou com a assimilação, pelo Estado, de homens que não pertenciam à nobreza, mas possuíam educação intelectual, condição necessária para atender às demandas do serviço burocrático, que se incrementava com as reformas administrativas instauradas por Pedro, o Grande (1682-1725); inicialmente, estes homens eram, em sua maioria, filhos do clero. O termo designou, assim, os intelectuais russos dos séculos XVIII e XIX de origem social comum. (N. da T.)

uma multidão de pessoas ligadas entre si *intimamente*. Os interesses financeiros, o comércio, as ações da bolsa, os bailes, as reuniões, as danças são também uma ligação, mas apenas aparente, portanto, não viva, orgânica, embora necessária e útil. Os interesses morais comuns ligam intimamente as pessoas, assim como a afinidade das opiniões, a igualdade da educação e também o respeito mútuo pela dignidade humana de cada uma. Mas todos os nossos interesses morais e toda a nossa vida espiritual ficaram concentrados até agora exclusivamente na literatura, e ainda devem permanecer assim por um bom tempo: ela é uma fonte viva de onde todos os sentimentos humanos e as ideias são difundidos para a sociedade.

Parece que não há nada mais fácil, e, *na realidade*, nada é mais difícil do que escrever sobre a literatura russa. Isto porque a literatura russa ainda é uma criança, digamos uma criança Alcides,[9] mas mesmo assim uma criança. E sobre as crianças é muito mais difícil dizer algo afirmativo, definitivo do que sobre os adultos. Por isso nossa literatura, semelhante a nossa sociedade, apresenta um espetáculo de possíveis contradições, contraposições, extremos e esquisitices. Isso porque ela não se iniciou por si mesma, mas foi, de início, transplantada de um solo alheio para o nosso. Assim, o mais fácil é falar sobre nossa literatura por meio de extremos. Prove que ela não perde em riqueza e maturidade para nenhuma literatura europeia e que nós podemos contar nossos gênios às dezenas e nossos talentos às centenas; ou prove que não temos literatura em absoluto, que os nossos melhores escritores ou são fenômenos casuais, ou simplesmente não valem nada — pelo menos, nos dois casos, irão compreendê-lo, e sua opinião encontrará seguidores fervorosos. O apego a juízos extremados é uma das características da natureza russa, ainda não consolidada; o russo gosta sem medida ou de se gabar, ou de se fazer de modesto. E por isso, de um lado, nós temos tantos europeus de cabeça oca, que falam com admiração da última historieta de um folhetim satírico, escrita por um beletrista francês ou, com afetação, cantam a estrofe de um novo *vaudeville*, já esquecido pelos parisienses, e olham para a obra genial de um poeta russo com uma indiferença desde-

[9] Na mitologia grega, nome inicialmente dado a Hércules. (N. da T.)

nhosa ou com uma desconfiança ofensiva — para esses, a Rússia não tem futuro e tudo nela é ruim, nada pode ser digno; e, de outro lado, temos tantos *patriotas de kvas*,[10] que se *retesam* com toda força para odiar tudo o que é europeu, até mesmo a instrução, e amar tudo o que é russo, até mesmo a *sivukha*[11] e o duelo corpo a corpo. Junte-se a um desses partidos e ele irá elevá-lo à categoria dos grandes homens e dos gênios no mesmo instante em que o outro irá detestá-lo e declará-lo uma pessoa sem talento. Mas, em todo caso, tendo inimigos, também se terá amigos. Sustente uma opinião *sóbria*, imparcial sobre um assunto, e irá se indispor com ambos os lados. Um deles irá importuná-lo com seus desdéns e modismos de papagaio, o outro poderá declará-lo uma pessoa imprópria, perigosa, suspeita, um renegado, e ficará escrevendo relatórios literários sobre o senhor — para o público, é claro...[12] O mais desagradável é que o senhor não será compreendido, e vão encontrar em suas palavras ora elogios descomedidos, ora palavrões descomedidos, e não enxergarão nelas a caracterização fiel do fato como ele é na realidade, com todo seu bem e seu mal, os méritos e as deficiências, com todas as contradições que carrega em si. Isso se aplica em particular à nossa literatura, que apresenta tantos extremos e contradições que, ao se falar algo positivo sobre ela, imediatamente se deve fazer uma ressalva que pode facilmente parecer negativa ou contraditória para a maioria do público, mais amante da leitura do que da reflexão. Assim, por exemplo, falando da forte e favorável influência de nossa literatura na sociedade e, portanto, de sua grandiosa importância para nós, devemos ressalvar que não atribuímos proporções desmedidas a essa influência e a essa importância, para que, assim, não tirem de nossas palavras a conclusão de que não apenas temos literatura, mas uma literatura rica que pode figurar confiante ao lado de qualquer literatura europeia. Semelhante conclusão seria inteiramente falsa. Nós temos literatura, e uma literatura rica em talentos e obras se considerarmos seus recursos e sua juventude, mas nossa literatura existe apenas para nós. Já para os estrangeiros, ela de modo algum é uma literatura, e eles têm pleno direito de não reconhecer

---

[10] Bebida fermentada russa, feita à base de pão de centeio. (N. da T.)

[11] Aguardente mal destilada, de preparação doméstica. (N. da T.)

[12] Referência aos relatórios escritos sobre Bielínski pelo serviço de repressão do reinado de Nicolau I. (N. da T.)

sua existência, porque eles não podem nos estudar e conhecer como povo, como sociedade por meio dela. Nossa literatura é demasiado jovem, indefinida e sem cor para que os estrangeiros possam vê-la como um fato da nossa vida intelectual. Há pouco ela era um discípulo acanhado, ainda que dotado, que se orgulhava de copiar os modelos europeus e de repassar as cópias dos quadros da vida europeia como sendo quadros da vida russa. E isso constitui o caráter de uma época inteira de nossa literatura, de Kantemir e Lomonóssov a Púchkin. Depois de sentir sua força como discípula, ela se fez mestre e, ao invés de copiar os quadros prontos da vida europeia e repassá-los de modo ingênuo como quadros originais da vida russa, ela começou a reproduzir confiante tanto quadros da vida europeia como da vida russa. Até agora, porém, ela foi um mestre pleno somente no trato daqueles, ao passo que apenas almejou, nem sempre em vão, tornar-se um mestre no trato destes. E isso constitui o caráter do período de nossa literatura de Púchkin a Gógol. Com o surgimento de Gógol, nossa literatura voltou-se exclusivamente à vida russa, à realidade russa. Talvez, com isso, ela tenha se tornado mais unilateral e até uniforme, mas, em compensação, mais original, singular e, portanto, verdadeira. Agora vamos dar uma olhada nesse período da literatura russa em relação a seu significado não para nós, mas para os estrangeiros. Não há nenhuma necessidade de comprovar que Lomonóssov e Karamzin têm um significado grandioso *para nós*; mas tente traduzir suas obras para qualquer língua europeia e verá, caso os estrangeiros passem a lê-las, se serão muitos os que encontrarão nelas algum interesse em particular. Eles dirão: "Nós já lemos tudo isso em casa há tempos; deem-nos escritores *russos*". Eles dirão o mesmo sobre Dmítriev, Ózierov, Bátiuchkov, Jukóvski. De todo esse período, apenas um escritor seria interessante para eles, o fabulista Krilov, mas não há como traduzi-lo para nenhuma língua do mundo, e podem apreciá-lo apenas os estrangeiros que sabem a língua russa e viveram bastante tempo na Rússia. E, assim, um período inteiro da literatura russa é totalmente desconhecido na Europa. No que se refere ao segundo, talvez exista para eles, mas apenas até certo ponto. Se obras de Púchkin, como "Mozart e Salieri", "O cavaleiro avarento", "O convidado de pedra", fossem traduzidas na forma devida para qualquer língua europeia, os estrangeiros não poderiam deixar de reconhecê-las como criações magníficas da poesia; entretanto, essas peças não teriam para eles quase nenhum interesse como criação de poesia russa. O mesmo se pode dizer sobre as obras de Liérmontov. Nem Púchkin, nem Liérmontov poderiam deixar de perder com as traduções, por mais bem traduzidas que fossem suas obras. O motivo é evidente: ainda que a alma russa seja visível nas criações de Púchkin e Liérmontov, a mente russa positiva e clara, a força e a profundidade de sentimento, qualidades assim são mais visíveis para nós russos que para os estrangeiros, porque a nacionalidade russa ainda não foi elaborada e desenvolvida o suficiente, para que o poeta russo possa imprimir em sua obra o selo nítido dela e expressar as ideias humanas gerais. As exigências dos europeus, nesse sentido, são grandes. Sem complicações: o espírito nacional dos povos europeus reflete-se de forma tão original e nítida, que, por maior que seja uma obra em seus aspectos artísticos, sem a impressão do selo nítido da nacionalidade, ela já perde seu mérito principal aos olhos dos europeus. Em um Marryat, um Bulwer-Lytton[13] ou um beletrista inglês ainda menos significativo, vê-se nitidamente um inglês, da mesma forma que em Shakespeare, em Byron, em Walter Scott. George Sand e Paul de Kock[14] representam os extremos do espírito francês e, ainda que a primeira expresse toda a beleza, o humano e a excelência da nacionalidade francesa, e o segundo, o que ela tem de limitado e vil, logo se vê que ambos podem igualmente ocorrer apenas na França. Um Clauren ou um August Lafontaine[15] são tão alemães quanto Goethe e Schiller. Em cada uma dessas literaturas, o escritor expressa com suas obras o aspecto bom e o fraco de sua nacionalidade nativa, e o espírito nacional, como um carimbo de alfândega, é dado tanto nas obras do gênio como nas dos escrevinhadores não dotados. Os franceses permaneceram nacionais ao imitar com todo empenho os gregos e os romanos. Wieland[16] permaneceu alemão ao imitar os franceses. As barreiras nacionais são intransponíveis para os europeus. Talvez nossa enorme vantagem seja todas as nacionalidades serem igualmente acessíveis para nós e nossos poetas serem fácil e livremente gregos, romanos, franceses, alemães, ingleses, italianos ou espanhóis em suas obras; mas esta vantagem

[13] Frederick Marryat (1792-1848), romancista inglês. Edward George Earle Lytton Bulwer-Lytton (1803-1873), romancista, poeta e dramaturgo inglês. (N. da T.)

[14] Charles Paul de Kock (1793-1871), escritor francês. (N. da T.)

[15] Heinrich Clauren, pseudônimo de Carl Gottlieb Samuel Heun (1771-1854), e August Heinrich Julius Lafontaine (1758-1831), escritores alemães. (N. da T.)

[16] Christoph Martin Wieland (1733-1813), poeta e romancista alemão. (N. da T.)

é como uma indicação de que nossa nacionalidade deve incrementar-se de modo amplo e variado no futuro. Por enquanto, porém, isso é mais uma insuficiência do que um mérito, nem tanto uma amplitude e uma versatilidade quanto uma incompletude e uma indefinição de seu próprio princípio particular.

Por isso, para os estrangeiros, em traduções boas, seriam mais interessantes do que outras as criações de Púchkin e Liérmontov que têm o conteúdo tirado da vida russa. Dessa forma, *Ievguêni Oniéguin* seria mais interessante para os estrangeiros que "Mozart e Salieri", "O cavaleiro avarento" e "O convidado de pedra". E aí está a razão de o poeta russo mais interessante para os estrangeiros ser Gógol. Não é uma suposição, mas um fato, comprovado pelo sucesso notável da tradução de cinco novelas desse escritor no ano passado na França, publicadas em Paris por Louis Viardot.[17] É compreensível o sucesso: além da enormidade de seu talento artístico, Gógol se prende rigorosamente à esfera da realidade do *dia a dia* russo em suas obras. O mais interessante de tudo para os estrangeiros é isso: eles querem, por meio do poeta, conhecer o país que o produziu. Nesse sentido, Gógol é o mais nacional dos poetas russos, e não pode temer uma tradução, embora, graças à própria nacionalidade de suas obras, seja impossível não esmaecer o colorido delas mesmo na melhor tradução.

Não se deve, porém, voar demasiado alto por causa desse êxito. Para o poeta que quer seu gênio reconhecido por todos e em toda parte, e não apenas por seus compatriotas, a nacionalidade é a primeira, mas não a única condição: é indispensável ainda que, sendo *nacional*, ele seja, ao mesmo tempo, também *universal*, isto é, que a nacionalidade de suas criações seja a forma, o corpo, a carne, a fisionomia, a personalidade do mundo incorpóreo e espiritual das ideias humanas comuns. Em outras palavras: é indispensável que o poeta nacional tenha um grande significado *histórico* não apenas para sua pátria, mas que seu aparecimento tenha um significado *histórico-universal*. Poetas assim podem aparecer apenas em povos chamados a representar um papel histórico-universal nos destinos da humanidade, isto é, ter influência na marcha e no desenvolvimento de toda a humanidade com sua vida nacional. Por isso, se, de um lado, sem o gênio grandioso dado pela natureza não se pode ser um

[17] Louis Viardot (1800-1883), escritor, crítico e tradutor francês. (N. da T.)

poeta histórico-universal, por outro lado, às vezes, não é possível ser um poeta histórico-universal mesmo dotado de um gênio grandioso, isto é, tem-se importância apenas para seu próprio povo. Aqui a importância do poeta já não depende dele mesmo, de sua atividade, orientação, gênio, mas da importância do país que o produziu. Deste ponto de vista, não temos nenhum poeta que tenhamos o direito de igualar com os poetas de primeira da Europa, mesmo no caso em que seja evidente que, em termos de talento, ele não esteja aquém de alguns deles. As peças de Púchkin "Mozart e Salieri", "O cavaleiro avarento" e "O convidado de pedra" são tão boas que se pode dizer sem nenhum exagero que elas são dignas do gênio do próprio Shakespeare; de modo algum, porém, decorre disto que Púchkin se nivele com Shakespeare. Sem falar na grande diferença de força e de proporções entre o gênio de Shakespeare e o gênio de Púchkin; se Púchkin tivesse escrito tanto quanto Shakespeare e com o mesmo grau de excelência, sua igualdade com Shakespeare seria uma hipótese demasiado ousada, sobretudo hoje em dia, quando temos ciência de que o número e volume de suas melhores obras são tão pobres em comparação com o número e o volume das melhores obras de Shakespeare. De modo geral, é preferível dizer que há algumas obras em nossa literatura que, por seu *mérito artístico*, podemos contrapor a algumas obras geniais das literaturas europeias; mas não podemos dizer que temos poetas para contrapor a poetas europeus de primeira grandeza. Há um significado profundo no fato de precisarmos conhecer grandes poetas das literaturas estrangeiras enquanto os estrangeiros não precisam conhecer os nossos. A relação de nossos grandes poetas com os da Europa pode ser expressa assim: é possível dizer sobre algumas peças de Púchkin que o próprio Shakespeare não se envergonharia de chamá-las suas, assim como algumas peças de Liérmontov o próprio Byron não se envergonharia de chamá-las suas; mas, sem o risco de cair no absurdo, não se pode trocar e dizer que Púchkin e Liérmontov não se envergonhariam de escrever o próprio nome em algumas obras de Shakespeare e de Byron. Nós podemos chamar nossos poetas de Shakespeares, Byrons, Walters Scotts, Goethes, Schillers, entre outros, apenas para mostrar sua força ou orientação, mas não por seu significado aos olhos do mundo cultivado. Quem não é chamado pelo próprio nome não pode ser igualado àquele que o é. Byron surgiu depois de Goethe e de Schiller e permaneceu Byron, não foi chamado de o Goethe inglês ou o Schiller inglês. Quando, na Rússia, chegar o tempo de produzir poetas de significado universal, estes poetas serão chamados por seus próprios nomes, e cada nome de poeta, permanecendo próprio, será ao mesmo tempo um substantivo comum e será usado também no plural, porque será *típico*.

Quando se fala que um grande poeta russo não pode ser equiparado hoje à relevância de um grande poeta europeu, mesmo sendo dotado pela natureza de um talento equivalente, queremos dizer com isso que aquele pode competir com este apenas na *forma*, mas não no *conteúdo* de sua poesia. O conteúdo é dado ao poeta pela vida de seu povo, portanto o mérito, a profundidade, a dimensão e o significado deste conteúdo dependem direta e imediatamente não do próprio poeta nem de seu talento, mas do significado histórico da vida de seu povo. Apenas cento e trinta e seis anos se passaram desde aqueles eternos e memoráveis dias em que a Rússia, com os trovões da batalha de Poltava,[18] anunciou ao mundo sua junção com a vida europeia, seu ingresso no campo da existência histórico-universal — e que caminho esplendoroso de êxito e de glória ela realizou nesse breve período de tempo! É algo fabulosamente grande, sem precedentes, jamais ocorrido em lugar algum! A Rússia decidiu os destinos do mundo contemporâneo, *lançando ao abismo o ídolo que ameaçava os reinados*,[19] e agora, ocupando por direito o lugar que lhe pertence entre as potências de primeira classe da Europa, ela, junto com as outras, sustenta os destinos do mundo na balança de seu poderio... Mas isso somente mostra que não ficamos atrás de ninguém, que ultrapassamos muitos em significado histórico-político — um aspecto da vida importante, mas não único nem exclusivo, para um povo convocado para um papel grandioso. Nossa grandeza política é garantia indubitável de um significado elevado no futuro também em outros aspectos; mas não é apenas com ela que se tem a conquista cabal do desenvolvimento de todos os aspectos que devem constituir a plenitude e a integridade da vida de um grande povo. No futuro, além da espada russa triunfante, deporemos ainda o pensamento russo na balança da vida europeia... Então teremos poetas com o direito de se igualar a poetas europeus de primeira grandeza...

---

[18] Maior batalha da Grande Guerra do Norte, travada entre a Suécia e a Rússia. Esta saiu vitoriosa e obteve diversos ganhos territoriais, especialmente no mar Báltico. (N. da T.)

[19] Tradução livre da adaptação de Bielínski de dois versos do poema de Púchkin "*Klevetnikám Rossíi*" ("Aos caluniadores da Rússia"). (N. da T.)

Mas fiquemos contentes hoje com o que temos, sem exagerar nem diminuir o que possuímos. Com o tempo, nossa literatura tem mostrado sucessos imensos, que testemunham, sem dúvida, a fertilidade do solo do espírito russo. Se ainda não é uma literatura nossa, algo em nossa literatura começa a interessar também aos estrangeiros. O interesse é ainda bastante unilateral, porque, nas obras de nossos poetas russos, os estrangeiros conseguem atinar apenas para o colorido local, para a pintura dos usos e costumes de um país contrastante com o deles de forma bem acentuada...

Vem de longe o costume entre nós de atacar ora o público, alegando sua indiferença a tudo que é natal, em especial os talentos da pátria e sua literatura; ora os críticos, que se empenhariam em humilhar as devidas autoridades da literatura russa.[20] Nós reunimos ambas as acusações não por acaso: há muito em comum entre elas. Comecemos pela primeira. Os defensores infatigáveis da nossa literatura, que humildemente se intitulam *patriotas* e *amantes da verdade*, mais que tudo, queixam-se do ataque ao nosso mercado livreiro, do pouco que se gasta com os livros. Mas os fatos dizem algo completamente diferente: eles deixam claro, como duas vezes dois são quatro, que muitas vezes esgotamos alguns livros decentes, sem falar nos excelentes. Três edições de *O herói do nosso tempo* foram esgotadas no decorrer de *seis* anos; a poesia de Liérmontov logo exigirá uma terceira edição, apesar de inicialmente ter sido publicada em revistas; *Os serões na fazenda*, de Gógol, quase ganha a quarta edição; esgotou-se a terceira edição de *O inspetor geral*; a segunda edição das obras de Gógol (1842), com três mil exemplares, foi esgotada; *Almas mortas*, publicado em 1842 com dois mil e quatrocentos exemplares, há tempos teve seu último exemplar comprado. Mesmo as novelas do Conde Sollogub,[21] lidas pelo público nas revistas, já tiveram uma segunda edição; também é de crer que logo apareça uma segunda edição de *Tarantás*. Esses fatos são suficientes. Dizem até que a edição do livro mais ruim não deixa de ser recompensadora aqui, por isso os livreiros publicam tantos deles. É

[20] Ao longo de sua trajetória, Bielínski foi acusado de combater antigas autoridades da literatura russa, o que gerava polêmicas literárias entre as partes envolvidas e acendia o embate entre as vertentes intelectuais que atuavam na época. (N. da T.)

[21] Vladímir Aleksándrovitch Sollogub (1813-1882), escritor russo. (N. da T.)

evidente que a exceção se faz apenas às obras dos senhores "amantes da verdade", que se queixam de não ser possível a venda de livros de porta em porta. Mas isso comprova apenas como é desvantajoso ser atrasado em talento, inteligência e conceitos. Pela aflição e desespero que lhes causa a ideia de a mercadoria de sua inteligência e fantasia ficar parada, esses senhores inventaram de deitar a culpa pela queda da mercadoria livro nas revistas grossas[22] e na nova, diriam falsa, escola literária estabelecida com Gógol. Os que acusam dizem que a nossa literatura estaria acabada por causa dos romances em volumes, das histórias e afins publicados integralmente nas revistas. Eles chegam a ter certeza de que o próprio público está descontente com isso. Claro! Não é nada lucrativo para o público adquirir, a cinquenta rublos por ano, obras que lhe sairiam quase cinco vezes mais caras se publicadas em separado!... Como o público não vai reclamar das revistas depois disso?! E os senhores querem que nada mude para os livros, apesar disso? Publiquem-nos ao máximo e pelo preço mais barato possível; as revistas não irão incomodá-los. Apesar de os livros terem se tornado bem mais baratos do que há uns quinze anos, quando eram almanaques minúsculos, mal impressos e vendidos a dez rublos em cédulas, ou as piores traduções dos romances de Walter Scott ou os romances russos originais, a vinte e tantos rublos em cédulas por exemplar — apesar disso, entre nós os livros ainda hoje são uma mercadoria tremendamente cara. Infelizmente bem sabe isso quem considera indispensável ter em sua biblioteca as obras de todos os escritores russos famosos. Somente no ano passado foi publicada a obra de Derjávin ao custo de três rublos em moedas de prata, enquanto essas obras deviam ser vendidas ainda duas vezes mais barato. A edição de Smírdin das obras de Bátiuchkov custa quinze rublos em cédulas. Os primeiros oito volumes da obra de Jukóvski podem ser adquiridos agora, com dificuldade, a quinze rublos em moedas de prata, pois a edição está esgotada há tempos, e a nova desapareceu. As obras de Púchkin, em publicações ruins, chegam a custar sessenta rublos em cédulas. *Almas mortas*, de Gógol, que era vendido a três rublos em moedas de prata,

[22] Designação usual da época para revistas de volume alentado em que se publicavam textos de teor diverso, traduções, capítulos de novos livros, poesia, polêmicas literárias etc. Essas publicações eram fundamentais para a circulação de ideias e a atualização do público ledor e desempenharam papel importante no debate entre ocidentalistas, eslavófilos e defensores do reinado de Nicolau I. (N. da T.)

agora não se pode comprar por menos de dez rublos nas mesmas moedas, e nem há indícios de nova edição. Como, então, prosperar o mercado livreiro, quando não há o que o público possa comprar, e todo seu desejo é comprar? Dirão que há, entre nós, livreiros editores que, em vez de enriquecer, apenas se arruínam com a publicação de livros. Sim, mas são muitos os livreiros que entendem da mercadoria que comercializam?... Quem então é o culpado, seriam as revistas grossas?...

Com certeza, não se pode deixar de concordar, de certa forma, que o nosso público não se parece em nada, por exemplo, com o francês no amor pelos talentos e pela literatura da pátria. Saiu uma nova edição em Paris (é difícil dizer em qual já está) das obras de Hugo no mesmo momento em que a Academia Francesa negou-lhe o título de membro: o público manifestou seu descontentamento esgotando toda a edição em alguns dias... Tais fatos são impossíveis conosco. Praticamente todo francês instruído acha indispensável ter em sua biblioteca os escritores que a opinião pública reconhece como clássicos. E ele os lê e relê por toda a vida. Entre nós — é preciso confessar? — não é todo literato aplicado que considera necessário ter os antigos escritores. E, em geral, todos compram com mais gosto um livro novo do que um antigo; quase ninguém lê os antigos escritores, em especial aqueles que fazem mais alarido em torno do gênio e de sua glória. Isso decorre, em parte, de nossa educação ainda não ter se consolidado, e as demandas da educação não terem se tornado um costume entre nós. Mas tem-se aqui uma outra causa talvez ainda mais essencial, que não apenas explica, mas justifica, em parte, esse fenômeno moral. Por exemplo, os franceses leem até hoje Rabelais ou Pascal, escritores dos séculos XVI e XVII: não há nada de surpreendente nisso, porque são escritores lidos e estudados hoje em dia não apenas por franceses, mas também por alemães e ingleses, em suma, por gente de todas as nações instruídas. A língua desses escritores, em particular a de Rabelais, envelheceu, mas o *conteúdo* de suas obras sempre terá um interesse vívido, porque ele está estreitamente ligado com o sentido e significado de uma época histórica inteira. Comprova-se, assim, a verdade de que não é a língua ou o estilo, mas apenas o *conteúdo* que pode salvar um escritor do esquecimento, a despeito das modificações da língua, dos costumes e das ideias na sociedade. Até mesmo o talento, mesmo um grandioso, não basta. Lomonóssov foi um homem genial, magnífico, suas obras científicas sempre terão seu valor; mas, para nós, seus versos conseguem apenas ter o interesse do fato histórico de uma literatura nascente, nada mais.

Lê-los é entediante e difícil. Pode-se fazê-lo por obrigacão, não por afeição. Derjávin foi positivamente dotado de um gênio poético; mas sua época podia dar muito pouco conteúdo para sua criação que, se lida hoje, é mais pelo objetivo de estudar a história da literatura russa do que pelo prazer estético imediato. Karamzin tirou a língua russa do caminho batido, acidentado e pedregoso da construção latino-germânica, dos dizeres eslavo-religiosos e dos volteios e da afetação escolástica da expressão e colocou-a no caminho autêntico e natural, passou a falar com a sociedade na língua dela, criou, pode-se dizer, uma literatura e um público: um mérito soberbo e imortal! Mérito que reconhecemos com todo gosto e que consideramos não apenas pelo dever, mas também pelo prazer de sermos gratos ao nome do célebre varão; mas tudo isso não dará conteúdo a "Pobre Liza", a *Natália*, a *A filha do boiardo*, a *Marfa Possádnitsa*, entre outras, não irá torná-las interessantes ao nosso tempo nem nos vai fazer lê-las e relê-las. E pode-se dizer o mesmo sobre muitos escritores nossos. Irão nos retrucar: "Assim era a época deles; eles não são culpados por terem nascido nela, e não na nossa". Concordamos, concordamos completamente, mas não os culpamos, apenas tiramos a culpa de nosso público; de modo algum nosso papel é acusar, mas apenas defender. É difícil discutir gosto; mas se há um de nossos escritores antigos que pode ser lido com verdadeiro prazer, este é Fonvízin. Sua obra se parece mais com anotações ou com um memorial da época, ainda que ela não seja isso de forma alguma. Fonvízin foi um homem de inteligência incomum; ele não se ocupou do lado grandiloquente, iluminado de seu tempo, e olhava mais para seu lado interno, doméstico. Por isso suas obras são de extremo interesse. Nem falaremos de Krilov: os que já se dedicaram a ele na infância jamais o esquecem.

O que foi dito por nós sobre Lomonóssov, Derjávin e Karamzin será tomado por muitos como *flagrant délit* de humilhação caluniosa, por parte da crítica, contra nossas glórias literárias. De fato, a prova é evidente — não há salvação para nós! Mas como diz o provérbio: *Para o sonho terrível, a brandura de Deus*. Felizmente, a opinião sobre a humilhação pela crítica das glórias literárias deixa de ser a opinião do público a cada dia que passa: ela agora é a parte que cabe exatamente aos assim denominados críticos, tornou-se o recurso predileto dos amores-próprios ofendidos, das celebridades esquecidas, dos talentos decaídos, dos escritores que se retiraram — um recurso absolutamente digno deles! Mas e quem não quer exaltá-los, ou, melhor ainda, quem não quer reparar neles; quem, ao falar de escritores conhecidos, não quer repetir os estereótipos prontos e as frases batidas, ser eco de opiniões alheias, mas quer, por seu próprio entendimento, pela medida de seus esforços, julgar de forma independente e livre, apreciar os méritos de cada escritor, mostrar suas suficiências e insuficiências, indicar seu lugar e significado verdadeiros na literatura russa: o que fazer com esse crítico, especialmente se suas opiniões encontram repercussão no público? Não há o que fazer além de gritar alto e com frequência que ele humilha as glórias literárias e calunia Lomonóssov, Derjávin, Karamzin, Bátiuchkov, Jukóvski e até Púchkin!... Aliás, pode-se fazer alusão a ele propagar a imoralidade, perverter as gerações jovens, ser ele, no mínimo, um renegado, se não coisa pior...[23] A isso também se chama "crítica"... Será que essa crítica ainda encontra seguidores no público?... Que seguidores, essa é outra questão, mas que encontra, isso é bem possível, porque nosso público é diversificado, variado, e não uno, assim como nossa sociedade. No meio dele há pessoas para quem *O inspetor geral* e *Almas mortas* são farsas grosseiras, enquanto *As sensações da senhora Kurdiukova* é uma obra muito arguta; há pessoas que, como disse Gógol, "gostam de comentar a literatura, elogiam Bulgárin, Púchkin e Grietch[24] e falam com desprezo e com mordacidade arguta sobre A. A. Orlov".[25] Tais pessoas ou tais ledores (é um pecado chamá-los de leitores) veem na crítica ou o elogio incondicional, ou o xingamento incondicional; é tão fácil para eles entender essa crítica, eles teriam vertigens por causa de qualquer outra, pois iria demandar deles pensar, o que é para eles o mais penoso e o mais trabalhoso de tudo. Quando surge uma análise das obras de um escritor, escrita no espírito da verdadeira crítica, que separa os méritos inquestionáveis dos relativos, as insuficiências do talento das insuficiências do tempo, os mencionados ledores não se põem a ler tal análise, e, sim, ao seu crítico perpétuo, o criador de todas as coisas, que elogia a si e a velhos escritores, que não lhe são mais perigosos, o qual achincalha com todo seu poder tudo o que

[23] No início de sua atuação, Bielínski foi chamado de *renegado* por Faddiei Venedíktovich Bulgárin (1789-1859), escritor e jornalista que atuava na crítica literária como defensor do reinado de Nicolau I. (N. da T.)

[24] Nikolai Ivánovitch Grietch (1787-1867), editor, jornalista, filólogo e tradutor. Inicialmente próximo dos dezembristas, no começo de 1825 mudou de posição. Participou da elaboração do regulamento da censura em 1828. (N. da T.)

[25] Citação da novela *Avenida Niévski*, de Gógol. (N. da E.)

há de talentoso na nova geração.[26] Tal crítico, por si só, examinará para seus ledores a análise recém-saída, arrancará cada costura, cada palavra de sua página e exclamará: como é possível humilhar assim as devidas autoridades! E os ledores acreditarão nele, porque o compreendem: ele fala a língua deles, com as ideias deles, com os sentimentos deles, com o gosto deles — *les beaux esprit se rencontrent*... Para eles, para esses ledores, não entra na cabeça que a verdade não humilha o talento, assim como uma opinião equivocada não o prejudica, que é possível humilhar apenas a celebridade desmerecida e que, portanto, o julgamento independente da literatura de modo algum pode ser prejudicial, mas, com frequência, útil. O inventor dessa crítica ainda convence seus ledores de que o crítico, a cujo nome ele não consegue ficar impassível, elogia apenas os próprios amigos, e os tais lentes acreditam no publicado: como ele lida então com o fato de que esse crítico mal conhece em pessoa os escritores vivos que admira? Isso é uma questão particular; mas como ele se arranja com o fato de esse crítico nem haver nascido quando Lomonóssov morreu, nem saber escrever na época da morte de Derjávin ou quando Karamzin e Jukóvski estavam no auge da glória, e, no entanto, o mesmo crítico reconhecer com total justiça o mérito e o gênio deles, sem que seja pela boca alheia ou de modo impensado? A ponderação demanda a capacidade de ponderar. É muito mais fácil acreditar na palavra de quem repete para si nada além de "sempre elogie seus colegas...".

Em geral, junto com os sucessos rápidos e admiráveis da educação literária e intelectual, vislumbra-se, entre nós, certa imaturidade, inconsistência e indefinição. As verdades nas outras literaturas tornaram-se axiomas há tempos e há tempos já não provocam discussões nem exigem comprovações — entre nós, ainda não foram submetidas a julgamento, não são sabidas por todos. Por exemplo, se o senhor não escreveu nenhum livro, mas publica uma revista, que desfruta de grande sucesso, seus oponentes bradarão que sua revista é ruim porque o senhor não escreveu nenhum livro. Esse "porque" é muito original! Mas se a revista é boa, o que interessa se o editor dela escreveu ou não um livro? O senhor se ocu-

[26] Conforme a edição do original, a passagem faz alusão a Faddiei Bulgárin, que era um grande defensor do reinado de Nicolau I e publicava semanalmente nas páginas da revista *Siévernaia Ptchelá* [A Abelha do Norte]. (N. da T.)

pa da crítica, e mesmo tendo êxito, será para interferir vivamente nas opiniões ou nas tendências dos outros e ganhar inimigos, pois não ache que seus opositores passarão a refutar suas posições ou a disputar seus lucros. Não, ao invés disso, eles começarão a falar para o senhor que, como nunca escreveu nada, então não tem o direito de criticar os outros; que o senhor é jovem e, entretanto, julga a obra daqueles que são velhos, e assim por diante. Semelhantes saídas deixam a pessoa numa situação embaraçosa à beça, não porque seria difícil retrucá-las, mas exatamente por ser muito fácil. Todavia tem espírito suficiente quem refuta semelhantes opiniões e demonstra com propriedade que é possível não ser cozinheiro e julgar a mesa; não ser alfaiate e manifestar uma opinião certeira sobre as qualidades ou os defeitos do novo fraque; assim como é possível não saber escrever versos, romances, novelas, dramas e estar em condição de julgar de forma sensata e ponderada as obras alheias; e que, se na esfera da gastronomia ter um paladar aguçado é a seu modo um talento, tanto mais na esfera da arte, quando a crítica é a seu modo uma arte. Há verdades que são muito triviais porque são demasiado evidentes, como o verão ser quente e o inverno, frio; como a chuva molhar e o fogo secar. Entretanto, às vezes, é indispensável defender verdades desse tipo com toda a força da lógica e da dialética... Isso pode ser apenas engraçado ou lamentável, a depender da disposição de espírito; mas há fenômenos que não se prestam a risadas. Lembre-se apenas que a obra que apreende fielmente certos traços da sociedade é frequentemente considerada entre nós uma pasquinada ou da sociedade, ou de uma camada social, ou de uma pessoa. Exigem de nossa literatura que ela veja na realidade apenas as virtudes dos heróis e dos malvados melodramáticos, e que não leve em conta os muitos fenômenos engraçados, estranhos e disformes na sociedade. Todo mundo está pronto para viver ampla e livremente se puder proibir o outro de viver... Os escrevinhadores de capotes frisados, de queixos com barba por fazer, escrevem livros ruins por encomenda dos vendedores miúdos de livros: o que há de mal nisso? Por que não deixar o escrevinhador ganhar seu pão como pode e sabe? — Mesmo que os escrevinhadores estraguem o gosto do público, rebaixem a literatura e o título de literato? — Consideremos que sim; mas, para que eles não estraguem o gosto do público e os sucessos da literatura, existem as revistas, existe a crítica... — Não, isso é pouco para nós: de bom grado, nós proibiríamos os escrevinhadores de escrever disparates e os vendedores de livros de publicá-los... E de onde surgiram, de quem partiram semelhantes ideias? — Das revistas, dos literatos!... Entre eles há os que adoram proibir; salvo suas obras, proibiriam aos montes... Alguns não parariam por aí e gostariam de proibir a venda de quaisquer outras mercadorias, até de pão e de sal, exceto de suas obras... Apareceu entre nós um escritor cujo talento humorístico teve então forte influência na literatura, que deu a ela uma orientação completamente nova.[27] Passaram a difamá-lo. Quiseram convencer o público de que ele é um Paul de Kock, pintor da natureza despenteada, suja e sem banho. Ele não respondeu a ninguém e seguiu em frente. O público se dividiu em dois, e o lado mais numeroso ficou decididamente contra ele, o que, aliás, não impediu em nada esgotar suas obras, que foram lidas e relidas. Por fim, a maioria do público ficou a seu favor; o que fizeram os que o rejeitaram? Começaram a reconhecer nele um talento, e um talento grande, ainda que, de acordo com eles, não seguisse por um caminho autêntico; mas, paralelamente, passaram a espalhar o fato de que ele, de certa forma, rebaixava tudo o que era russo, ofendia a classe respeitável dos funcionários públicos e assim por diante. Os mesmos senhores, porém, não se ocupavam jamais dos funcionários públicos, mas de si mesmos: eles gostariam de impor o silêncio a toda a literatura russa, para que o público, sem ter nada de bom, passasse a ler suas obras a contragosto e voltasse a comprá-las... E elas são sempre publicadas, e o público as lê, pois se ninguém as lesse, não seriam publicadas... Todas as opiniões encontram lugar, ampla liberdade, atenção e até seguidores entre nós. O que é isso se não a imaturidade e a inconsistência da opinião da sociedade? Contudo a verdade e o bom senso caminham a passos firmes e dominam o campo dessa luta desordenada de opiniões. Se é certo que um talento falso e vazio, mas cintilante, se aproveita do sucesso, também não houve exemplo ainda de um talento verdadeiro que não fosse reconhecido por nós e não tenha obtido sucesso. Autoridades falsas caem dia a dia. Acaso faz tempo que a glória de Marlínski, esse malabarista da frase, mostrou-se colossal? Agora já nem falam sobre ele, nem o elogiam, nem o reprovam. Seria possível dar muitos exemplos assim. Tudo isso demonstra que a literatura e a nossa sociedade ainda são bastante jovens e imaturas, mas que nelas está latente muita força saudável de vida, prometendo um desenvolvimento rico no futuro.

---

[27] Alusão ao escritor Nikolai Gógol. (N. da T.)

Certa vez foi manifestada em algum lugar a ideia de que temos mais obras artísticas que beletrísticas, mais gênios que talentos.[28] Como qualquer ideia original e genuína, ela deu o que falar. E, de fato, num primeiro olhar, essa ideia pode se mostrar um estranho paradoxo; no entanto, é justa no fundamento. Para se convencer disso, basta lançar um olhar rápido na marcha de nossa literatura, desde seu início até os dias de hoje. O beletrista é um imitador, ele vive da ideia alheia, da ideia do gênio. É verdade que os gênios do primeiro período de nossa literatura, antes de Púchkin, não passavam de beletristas em relação aos escritores europeus, com quem eles aprenderam a escrever e de quem emprestaram a forma e a ideia; mas, em nossa literatura, o papel deles era totalmente outro. Kantemir imitou Horácio e Boileau e, mesmo assim, foi um escritor completamente original na literatura russa, um objeto de admiração para os contemporâneos, que viam nele um gênio, e de respeito para a posteridade, que viu nele uma das pessoas notáveis de nossa literatura. Não há o que dizer em relação a isso sobre Lomonóssov, Derjávin e Fonvízin: foram homens geniais de fato, e o segundo foi um poeta genial. Mas também Sumarókov, Kheráskov, Petrov, Bogdanóvitch[29] e Kniajnin foram considerados poetas magníficos em seu tempo e também bem depois de sua morte. Serguei Nikoláievitch Glinka,[30] um veterano de nossa literatura, respeitável e sempre inspirado, também agora os considera como poetas magníficos. E ainda que a nossa época pense de um modo bem diferente, mesmo assim ela não pode deixar de concordar que a opinião de Serguei Nikoláievitch Glinka e a de sua época tenham seu fundamento. Os primeiros atores de uma literatura, em especial de uma imitadora, aparecem para a posteridade em grandes proporções, as quais nem existem nesses talentos, mas elas surgem mais tarde, no tempo dos sucessos e da evolução da literatura. Sumarókov, conforme a convicção de seus contemporâneos, ultrapassou em muito o escritor de fábulas La Fontaine e os escritores de tragédia Corneille e Racine e equiparava-se com o senhor Voltaire. Kheráskov foi o nosso Homero; Petrov, o nosso

---

[28] O próprio Bielínski manifesta essa ideia várias vezes em sua obra. (N. da T.)

[29] Vassili Petróvitch Petrov (1736-1799) e Ippolit Fiódorovitch Bogdanóvitch (1744-1803), poetas russos do século XVIII. (N. da T.)

[30] Serguei Nikoláievitch Glinka (1776-1847), escritor e historiador russo. (N. da T.)

Píndaro; quanto a Bogdanóvitch, Zéfiro deu-lhe a pena de suas asas e Amor conduziu-o pela mão quando ele escreveu *Duchenka*...[31] Mas foram muitos os imitadores que esses, digamos, gênios convencionais geraram? O próprio Derjávin produziu muitos imitadores? É verdade que naquele tempo abençoado foram escritas e publicadas milhões de odes solenes; mas isso porque milhares de mãos escreveram-nas, e, se de cada mão tira-se uma ode, tem-se um total tremendo. Mas seriam muitos os nomes talentosos de beletristas que chegaram até nós, oriundos do movimento transmitido a nossa literatura pelos seus primeiros gênios? Vamos admitir que de Sumarókov, Kheráskov e Petrov não poderia haver imitadores talentosos; mas foram muitos os de Derjávin? Dmítriev escreveu algumas odes, e Kapnist escreveu um pouco mais, e isso é tudo... As odes desses dois poetas podem ser contadas, nada em comparação com a riqueza numérica de Derjávin. E, entretanto, é natural ser mais fácil ao beletrista que a seu modelo escrever muito; mas, entre nós, isso sempre se deu ao contrário. Makárov e Podchiválov,[32] que escreveram muito pouco, sobretudo o último, agiam independentemente de Karamzin; foram imitadores de Karamzin, Vladímir Izmáilov, o príncipe Chálikov[33] e, devemos confessar, não recordamos quem mais: eles eram tão poucos, e, sendo poucos, ainda escreviam de forma indolente! A influência de Jukóvski foi mais ampla: sempre foi possível aprender a traduzir com ele, e seu verso sempre será modelar. Kozlov, o senhor F. Glinka e, em parte, o senhor Tumánski foram eco da musa de Jukóvski.[34] O gênio de Púchkin gerou ainda mais imitadores, de talento inegável, que desfrutavam de enorme notoriedade; mas, considerados em conjunto, escreveram quase a metade do que escreveu Púchkin, embora ele não tenha escrito muito, e logo experimentaram o talento e a notoriedade! E agora muitos escrevem; um sai de cena, ou seja, é esquecido (o que acontece de forma extraordinariamente rápida entre nós), um outro surge; pode-se dizer

[31] Zéfiro e Amor são referências a um poema escrito em homenagem a Bogdanóvitch. (N. da E.)

[32] Piotr Ivánovitch Makárov (1765-1804), escritor e crítico literário. Vassili Serguêievitch Podchiválov (1765-1813), escritor, poeta e tradutor. (N. da T.)

[33] Vladímir Vassílievitch Izmáilov (1773-1830) e Piotr Ivánovitch Chálikov (1767-1852), ambos escritores e jornalistas. (N. da T.)

[34] Iván Ivánovitch Kozlov (1779-1840), Fiódor Nikoláievitch Glinka (1786-1880), Vassili Ivánovitch Tumánski (1800-1860), poetas russos. (N. da T.)

que, no conjunto, todos produzem bastante (pelo menos de forma relativa), mas, em separado, escrevem muito pouco. E, além disso, todos aspiram à Arte, à criação, ninguém quer ser apenas um narrador, um contador de histórias, um beletrista. Quase todos escrevem por encomenda, sabendo de antemão quanto lhe dará cada parágrafo, cada palavra, cada vírgula; mas, ao mesmo tempo, todos escrevem por inspiração. Muitos vendem novelas que ainda nem foram escritas, porém não porque são muitos os que escrevem e que recebem encomendas, mas, sim, porque são bem poucos os que escrevem. Outro solta uma novela por ano e olha como Napoleão depois da batalha de Austerlitz. Se logra escrever duas novelas por ano, isso já equivale à conquista do mundo inteiro. Portanto nós não temos uma beletrística, e não há nada para o público ler. É possível contar nos dedos as obras um tanto notáveis (incluindo-se aqui as passáveis). Na França, isso se dá de outro modo: escrevem por página, e todo beletrista um pouco conhecido escreve volumes inteiros por ano, quase dez volumes, sem se preocupar se o público o vê como um gênio ou simplesmente como um talento. Lá um beletrista escreve muito mais que um artista-poeta: George Sand escreveu bastante, mais que muitos aqui escrevem durante vários anos; mas a pilha das obras de George Sand, em comparação com a pilha das obras de Eugène Sue e de Alexandre Dumas, é o mesmo que um lago em comparação com o mar ou o mar em comparação com o oceano. É natural: a criação não se submete à vontade, e o artista precisa de tempo para refletir e elaborar sua ideia concebida... No sentido autêntico, verdadeiro desta palavra, nós tivemos e temos apenas três beletristas, os senhores Bulgárin, Polevoi e Kúkolnik.[35] A infatigabilidade deles é estupenda...

De todos os gêneros de poesia, o que menos vingou entre nós foi o drama, em particular a comédia. Pelo menos, a chamada tragédia clássica teve seu momento de desenvolvimento e seus êxitos. As tragédias de Sumarókov forniram nosso teatro, que despontava, e não encantavam apenas os contemporâneos, pois *Dmitri, o Impostor*, ainda estava em cena nos teatros das províncias no começo dos anos vinte deste século. As tragédias e as comédias de Kniajnin tiveram um valor inalienável em

[35] Niéstor Vassílievitch Kúkolnik (1809-1868), escritor muito popular na Rússia na primeira metade do século XIX. (N. da T.)

sua época, e pode-se dizer de modo geral que a nossa ganharia muito se hoje surgisse um adaptador inteligente e hábil da literatura dramática como Kniajnin foi em seu tempo. Havia acima dele ainda Ózierov. Nota-se que a tragédia clássica entre nós teve desenvolvimento durante três gerações inteiras. Surgiu o Romantismo e lá vieram os dramas românticos, sangrentos, terríveis, espetaculares, por fim, os populares, mas ainda mais simplórios e vazios. Hoje eles são escritos apenas para fins beneficentes e, mesmo assim, são cada vez mais raros. Há a esperança de que eles logo cessem por completo. Tomara! Melhor não ter absolutamente nada do que ter muito de esplêndido ou seja lá o que for de disparate!

Mas, sobretudo no que se refere ao drama, confirmou-se a situação de termos em tudo mais gênios do que talentos. Púchkin deu-nos um modelo verdadeiro e genial de drama do povo com seu *Boris Godunov*; mas, talvez por isso, ele permaneceu sem qualquer influência na nossa literatura dramática, por ter sido demasiadamente verdadeiro e genial. Pelo menos, em nenhuma obra dramática com indícios de talento, a influência de *Boris Godunov* se refletiu. Dirão: isso porque nunca surgiu entre nós um drama com marcas de talento. É verdade! Mas por que surgiram e surgem aqui poemas narrativos, com marcas de talento, por vezes até notáveis, que demonstram a força e a fertilidade da influência de Púchkin e Liérmontov em nossa literatura?... Depois de *Boris Godunov*, a melhor obra dramática com espírito de povo pertence ao próprio Púchkin: *Russalka*. Seus poemas dramáticos "Uma cena do Fausto", "Mozart e Salieri", "O cavaleiro avarento", "O convidado de pedra" também não geraram nenhuma experiência minimamente feliz; no entanto, todas as experiências dramáticas de Púchkin são criações artísticas grandiosas...

Tal é a sorte de nossa comédia: ou algo extraordinário, ou algo abaixo da nulidade. Quase nada se tem a dizer sobre a comédia russa antes de Fonvízin: eram ou traduções, ou adaptações (e nisso os trabalhos de Kniajnin merecem respeito); mas, como comédias russas originais, eram deformidades estranhas. *O chefe de brigada* e *O bronco*, se não eram obras artísticas no sentido estrito da palavra, tanto menos eram obras geniais. Pelo seu caráter, podem ser chamadas de sátiras fiéis e certeiras em forma de comédia. Elas tiveram imitações feias e disparatadas. Aliás, ainda que tardia, a influência delas repercutiu na comédia de Osnoviánenko *Eleições fidalgas*, uma obra que tem suas insuficiências, mas não é desprovida de méritos. Entre *O chefe de brigada* e *O bronco*, digamos que Abliéssimov[36] deixou escapar um *vaudeville* popular mais que encantador. Foi por acaso, mas ótimo; era de se esperar que não resultassem consequências para a literatura. *A calúnia*, de Kapnist, é mais admirável pelo objetivo do que pela realização. Agora devemos passar para *A desgraça de ter espírito*, de Griboiêdov, porque muitas comédias escritas em versos e em prosa, no intervalo de tempo entre Fonvízin e Griboiêdov, não merecem menção. *A desgraça de ter espírito* é uma comédia um tanto artística e um tanto satírica, é um modelo elevado de espírito, argúcia, talento, genialidade, de uma inspiração raivosa e irritada. *A desgraça de ter espírito* permanece, até agora, como a única obra em nossa literatura em cujo gênero nenhum talento atreveu-se a testar suas forças. Da comédia de Griboiêdov, deve-se passar direto para *O inspetor geral*. Além dessa comédia do mais alto grau artístico, tomado do humor mais profundo e de uma verdade impactante, Gógol ainda escreveu a pequena comédia *O casamento* e algumas cenas que, por seu tamanho, não podem ser chamadas de comédia, e que estão para a comédia assim como a novela está para o romance. Todas essas cenas carregam em si o selo nítido do talento do autor de *O inspetor geral* e, como ela, até agora permanecem, em nossa literatura, como monumentos isolados na ampla estepe arenosa, onde não se vê nem uma árvore, nem uma ervinha... Houve, é verdade, duas ou três tentativas não completamente desafortunadas, mas muito pouco convincentes...

A unilateralidade do olhar para um objeto sempre leva à falsa conclusão, ainda que esse olhar não seja desprovido de profundidade e perspicácia. A capacidade de persuasão, uma das capacidades mais esplêndidas da natureza humana, chega ao fanatismo pela unilateralidade. O fanatismo literário é cego e surdo como qualquer outro, em particular, quando vive em nome da teoria. As teorias estéticas alemãs se adaptaram tão bem no solo receptivo de nossa educação recente que encontraram seguidores fervorosos e fanáticos, os quais seriam olhados, em especial agora, como milagres de um delírio maravilhoso na própria Alemanha. Para os fanáticos incorrigíveis desse gênero, a literatura e a arte francesas

---

[36] Aleksandr Oníssimovitch Abliéssimov (1742-1783), poeta, dramaturgo e satirista russo. (N. da T.)

são verdadeiros obstáculos: sem entendê-las e obstinados em não admitir isso, eles não se incomodam nem um pouco em não reconhecer a existência delas. Aliás, isso não surpreende, pois não insistiam alguns historiadores do tempo da Restauração que Napoleão era chefe militar de Luís XVIII? Realmente, de um ponto de vista puramente teórico, sem recorrer à consciência histórica viva, não se pode encontrar muita coisa boa na literatura francesa quando se está encantado com a alemã. A estética alemã saiu do gabinete acadêmico, e a poesia alemã saiu da estética alemã. Aliás, para se convencer disso, basta lembrar como escrevia o genial Schiller: em *Wallenstein*, tudo foi não apenas pensado com antecedência por ele, mas demonstrado e justificado, tudo decorreu da teoria, e o autor escreveu este drama durante *oito* anos. Schiller quis escrever um poema épico da vida de Frederico, o Grande, mas queria dedicar-se a ele não antes de ter desenvolvido filosoficamente a teoria da poesia épica do novo tempo. Todos esses fenômenos, um pouco estranhos, para não dizer aberrantes, muitos dos quais prejudicaram o gênio de Schiller, assim como de outros poetas alemães, saíam diretamente da posição social dos alemães, tranquila, familiar, contemplativa, de gabinete. A literatura francesa, ao contrário, saiu toda da vida histórica e da sociedade, com que era estreitamente unida. Por isso não se pode julgar a literatura francesa por uma teoria pronta sem cair na unilateralidade e sem tirar falsas conclusões. É verdade que as tragédias de Corneille são feias por sua forma clássica, e os teóricos têm pleno direito de atacar essa forma chinesa a que o gênio grandioso e poderoso de Corneille se rendeu devido à influência violenta de Richelieu, que quis ser o primeiro ministro na literatura. Mas os teóricos cometeriam um erro crasso se negligenciassem a força interna tremenda do *páthos* das tragédias de Corneille devido à forma pseudoclássica feia. Os franceses de nossa época dizem que Mirabeau deve a Corneille as melhores inspirações de seus discursos. Depois disso, surpreenda-se com os franceses porque já esquecem suas tragédias românticas *à la* Shakespeare e até hoje leem e continuarão lendo o velho Corneille! Todos os seus escritores notáveis, vinculados indissoluvelmente à época em que viveram, têm direito a um lugar não apenas na história da literatura francesa, mas também na história da França. Com isso, todas as ideias sobre criação ganham um significado um pouco diferente daquele que têm na literatura alemã: eles devem compartilhar seu poder e sua força com as ideias sobre a sociedade e sua marcha histórica. Temos pessoas a quem sucedeu compreender que *O inspetor geral* é uma obra profundamente criativa e artística e que nenhuma comédia de Molière resistirá a uma crítica estética. Eles estão certos a esse respeito, mas não estão certos na conclusão que tiraram do fato. Com efeito, nenhuma comédia de Molière sustenta uma crítica estética, porque elas são mais produzidas do que criadas, frequentemente desviam para a farsa ou, pelo menos, admitem em si a farsa (como os falsos muftis,[37] dervixes e turcos em *Le Bourgeois gentilhomme*);[38] as molas de suas ações são sempre artificiais e uniformes, os personagens são abstratos, a sátira aparece por debaixo da forma da invenção poética de modo demasiado brusco e assim por diante. Mas Molière também exercia uma influência enorme na sociedade de seu tempo e ergueu o teatro francês, o que poderia fazer somente uma pessoa de gênio, e não apenas de talento. Para julgar suas comédias, é necessário vê-las em cena, não lê-las, e é indispensável que seja a cena francesa, porque o mérito cênico delas é mais elevado que o dramático. Os franceses não podem se vangloriar desta ou daquela comédia de Molière especificamente, mas podem se orgulhar, com todo direito, das comédias, ou melhor, do teatro de Molière, porque ele lhes deu um teatro completo. O mesmo se pode dizer sobre Scribe.[39] Não se pode indicar nem um drama seu, nem um *vaudeville* como obra artística que tenha valor perene, mas é possível afirmar que o teatro de Scribe sempre terá seu valor, inestimável hoje em dia, tal sua importância para a sociedade contemporânea, composta de todas as classes, as educadas e as não educadas, que correm para o teatro para ver em cena a si mesma...

Nós temos algumas comédias primorosas, que, dada a quantidade, não podem compor um repertório constante para o teatro e que, apesar de seu mérito, cansariam a todos tremendamente se não houvesse mais nada no teatro, porque a mesma coisa, eternamente a mesma coisa, sempre cansa...

Convenhamos que os franceses não têm uma única comédia artística, mas, em compensação, têm teatro, que existe para todos, e a sociedade aprende e se deleita esteticamente com ele...

---

[37] Entre os povos islâmicos, jurisconsulto supremo e intérprete qualificado do Alcorão para resolver os pontos controvertidos da lei (em alguns países, nomeado oficialmente). (N. da T.)

[38] Em francês, no original. A peça recebeu diversas traduções em português, entre elas, *O burguês fidalgo*. (N. da T.)

[39] Augustin Eugène Scribe (1791-1861), dramaturgo francês. (N. da T.)

Qual das partes está tendo vantagem?...

Deixemos os leitores decidirem. Nossa questão é outra.

O gênio difere do talento em quê? A questão é muito importante, tanto mais por ser resolvida sempre de modo muito difícil. Não nos propomos a explicá-la de modo simples, mas tentaremos. Como o gênio e o talento são dados pela natureza, como um e outro são, por assim dizer, características do próprio organismo do ser humano, tal como a luz e o calor são do fogo, não há o que falar sobre aspectos em que todos estão de acordo faz tempo. A questão está na diferença entre o gênio e o talento e vice-versa.

Quem, por exemplo, já não encontrou pessoas que gostam de ler, que seguem a literatura e querem opinar a respeito dela, mas que julgam sem hesitar um novo livro apenas quando conseguiram ler a opinião sobre ele na revista de sua confiança incondicional, e que se sentem numa situação difícil se a resenha ou a crítica do livro que causou barulho demora a aparecer nela? Quem já não encontrou aquela pessoa pronta a opinar sobre tudo, mas que, basta alguém contestá-la duramente, logo refuta a própria opinião e concorda de forma incondicional com a opinião do contestador? São pessoas sem opinião, sem capacidade de ter opinião, pessoas que podem ser fortes apenas com a opinião alheia, e a autoridade é uma necessidade de primeira categoria para elas. É necessário observar que as pessoas desse gênero desenvolvem um forte instinto para perceber a força alheia e sempre reconhecê-la. Elas podem ser pessoas bem inteligentes, consideram as evidências, têm capacidade de julgamento; porém sua capacidade carece de espírito de iniciativa e demanda as escoras de uma autoridade. A maior parte da multidão consiste de pessoas assim, que são sempre comandadas por aquelas com maior ou menor independência de opinião. E eis a razão da multidão não se atrair pelo falso e pelo feio por muito tempo — cedo ou tarde ela reconhece o mérito do verdadeiro e do belo: outros agem por ela, e ela apenas obedece. Sem essa disciplina moral nos conceitos das pessoas, não haveria unidade, mas uma anarquia tremenda.

O talento como capacidade de fazer, de produzir pertence mais à forma da criação e, deste ponto de vista, ele é uma força externa, que pode existir numa pessoa independentemente da inteligência, do coração e de outros aspectos intelectuais e morais da natureza humana. Mas é necessário conteúdo para a forma, e aqui reside toda a importância da atividade independentemente da força de espírito de uma pessoa. Se há pessoas que carecem da capacidade de ter sua opinião sobre as coisas e que tomam a opinião alheia por inteiro como algo pronto, sobre a qual elas não têm mais nada que pensar, também há pessoas que vivem eternamente pela opinião alheia, mas com a capacidade de se apropriar dela, de desenvolvê-la, de tirar dela novos resultados, de encontrar outras ideias por meio dela — esta capacidade, aliás, engana as pessoas desse gênero a ponto de elas se convencerem francamente da independência de suas próprias reflexões. E elas estão quase certas: naturezas vivas e suscetíveis, elas próprias não sabem e não se lembram de quem lhes veio esta ou aquela ideia, porque tudo de fora se lhes adere fácil e rapidamente de uma forma inconsciente e instintiva. Basta-lhes apenas conversar com uma pessoa inteligente ou ler um bom livro, para que lhes ocorra uma enfiada inteira de novas ideias de que não podem deixar de se apropriar. Por sua vez, tais pessoas no comando de outras têm grande influência sobre a multidão. Elas frequentam bastante as altas rodas, em especial nas capitais. Em geral, quanto mais ilustrada e educada a sociedade, mais se encontram pessoas assim. Por fim, há pessoas (destas muito poucas) que efetivamente possuem a capacidade da livre iniciativa criadora de suas habilidades. Elas olham para tudo como algo especial, original, veem em tudo exatamente o que ninguém vê, mas que, depois delas, todos veem e se admiram de não ter visto antes. Essas pessoas não são astutas nem complicadas: elas entendem tudo de forma simples, mas sua compreensão simples parece a todos, de início, muito complexa, às vezes desatinada e absurda, mas depois parece tão simples que não há estúpido que não se admire de não lhe ter ocorrido o mesmo, já que é tão simples! Quando Colombo tencionava descobrir a América, todos olhavam para ele como para um sonhador desvairado, e, quando ele a descobriu, quase ninguém queria reconhecer o mérito disso, porque, depois de descoberta a América, parecia tão fácil fazê-lo!...

Ao tratar sobre essas três categorias de gente, nós quisemos falar sobre a *multidão*, o *talento* e o *gênio*...

Nos tempos de hoje não é raro um talento, em especial na literatura. É pura ninharia! Com frequência, chegam a confundi-lo com um gênio. Não é de estranhar: é necessário certo talento para distinguir de primeira um talento de um gênio. Isso nos faz lembrar da passagem de uma novela de um escritor francês famoso hoje em dia, em que ele discorre sobre a autoria de um herói seu da seguinte forma: "Ele confessava que tudo o que começava, depois das dez primeiras linhas ou de três, quatro versos, tomava tal semelhança com os escritores lidos por ele que chegava a enrubescer se vendo capaz apenas de imitação. Ele me mostrou alguns versos e algumas frases em que Lamartine, Victor Hugo, Paul Courier, Charles Nodier, Balzac e até Béranger[40] poderiam assinar seus nomes. Todas essas experiências, que poderiam ser chamadas de excertos de excertos, serviriam para enfeitar as ideias individuais nas obras daqueles escritores, mas essa individualidade não havia em Horácio. Se ele queria expressar alguma ideia, logo se via (ele mesmo enxergava isso) um roubo claro: a ideia não era dele; ela pertencia a um outro escritor, *pertencia a todos, exceto a ele*".[41]

Eis a história eterna do talento! É claro que ela não ocorre sempre da forma como está nas palavras do autor citado por nós, mas sua essência é sempre igual. Por mais grandioso que seja o talento, ele não pode pôr o selo de sua personalidade em suas obras, por isso não pode ser original e singular. Por mais grandiosa que seja sua capacidade de apropriar-se das ideias alheias, ele não pode esconder por muito tempo que sua inspiração não é movida pela fonte viva dos recônditos de sua natureza, mas é apenas "a irritação do pensamento cativo".[42] Mas, em compensação, por mais estreita e limitada que seja a esfera do talento, se em suas obras se vê a marca nítida da personalidade, que torna as obras tão originais, impossíveis de imitar, então já não se trata mais de um talento, mas de um gênio. Na nossa literatura, pertence a tal sorte de poetas geniais o fabulista Krilov.

(1846)

Tradução de Renata Esteves

---

[40] Paul Louis Courier (1773-1825), escritor político francês. Jean Charles Emmanuel Nodier (1780-1844), escritor francês. Pierre-Jean de Béranger (1780-1857), poeta francês muito popular no início do século XIX. (N. da T.)

[41] Citação do romance *Horace*, de George Sand, que teve sua tradução publicada na revista *Notas da Pátria* em 1842. (N. da E.)

[42] Tradução livre da citação do poema de Liérmontov "*Nie vier sebié*" ("Não confie em si"). (N. da T.)

Carta a Nikolai Vassílievitch Gógol

O senhor está certo apenas em parte ao perceber em meu artigo uma pessoa *irritada*:[1] este epíteto é demasiado fraco e delicado para expressar o estado em que fiquei ao ler seu livro. Mas o senhor engana-se por completo ao atribuir isso a seu comentário, realmente em nada lisonjeiro, sobre os admiradores de seu talento. Não, havia um motivo mais importante para minha irritação. Pode-se suportar uma ofensa ao amor-próprio, e eu teria inteligência suficiente para calar sobre esse assunto se a questão toda se encerrasse nisto; mas não se pode suportar uma ofensa à verdade, à dignidade humana; não se pode ficar calado quando, sob o manto da religião e a proteção do cnute, pregam a mentira e a imoralidade como verdade e virtude.

Sim, eu o amava com toda a paixão com que uma pessoa intimamente vinculada a seu país pode amar a esperança, a honra, a glória deste, pode amar um dos grandes guias dele no caminho da consciência, do desenvolvimento e do progresso. E o senhor teve bom fundamento para, ainda que por um minuto, perder a paz de espírito, que se foi com o direito a esse amor. Digo isso não porque eu considere o amor como recompensa minha a um grande talento, mas porque, com essa atitude, represento não uma, mas muitas pessoas, das quais nem o senhor, nem eu nunca vimos a maior parte e que, por sua vez, nunca o viram. Não estou em condição de dar ao senhor nem a mínima ideia da indignação que seu livro provocou em todos os corações nobres,[2] nem do grito de

[1] Entre os dias 8 e 20 de junho [20 de junho e 2 de julho] de 1847, Gógol envia uma carta a Bielínski, que se tratava de tuberculose em Salzbrunn. Em várias passagens, o escritor se refere ao estado de irritação que considera manifesto no artigo do crítico, publicado em fevereiro de 1847 na revista *Sovremiênnik* [O Contemporâneo], sobre seu novo livro *Trechos escolhidos da correspondência com amigos*. (N. da T.)

[2] Referência aos ocidentalistas; alguns deles se manifestaram contra o novo livro de Gógol. (N. da T.)

alegria disparatada que deram, com a publicação dele, todos os seus inimigos — os não literários (Tchítchikovs, Nozdrióvs, Gorodnítchs,[3] entre outros) e os literários, cujos nomes o senhor conhece.[4] O senhor mesmo bem vê que até as pessoas que parecem compartilhar de seu espírito renegam o livro.[5] Tivesse sido escrito em decorrência de uma convicção profunda, sincera, ainda assim ele deveria produzir no público a mesma impressão. E se todos o tomaram por uma artimanha astuta (com exceção de algumas pessoas que é preciso conhecer, para que não nos alegremos com a aprovação delas), mas intrincada demais, a fim de alcançar objetivos puramente terrenos pelo caminho celestial, o culpado é apenas o senhor. E isso não é surpreendente; surpreendente é o senhor achar isso surpreendente. Eu acho que isso se dá porque o senhor conhece profundamente a Rússia apenas como artista, e não como pensador, papel que tomou para si de forma tão infeliz em seu livro fantasioso. E isso não porque não seja um pensador, mas porque, já há tantos anos, o senhor se acostumou a olhar para a Rússia de seu *belo retiro*[6] — pois é sabido que nada é mais fácil do que ver de longe as coisas tal como gostaríamos de vê-las; porque o senhor, nesse *belo retiro*, vive perfeitamente alheio, ensimesmado, dentro de si mesmo, ou na mesmice de um círculo de pendor igual ao seu e incapaz de opor-se a sua influência.[7] Por isso o senhor não percebeu que a Rússia vê a salvação não no misticismo, não no ascetismo, não na piedade, mas nos êxitos da civilização, da instrução, do humanitarismo. Ela não precisa de sermões (escutou-os de sobra!) nem de orações (repetiu-as de sobra!), e, sim, do despertar do sen-

---

[3] Nome dado, na Rússia, até meados do século XIX, à autoridade encarregada de administrar uma unidade territorial-administrativa pertencente a outra maior. As divisões administrativas e os cargos mudaram com as posteriores reformas, e hoje *mér*, do inglês *mayor*, prefeito, é a palavra usada para designar a maior autoridade municipal. (N. da T.)

[4] Bielínski alude a referências elogiosas ao *Trechos escolhidos*... dos defensores do reinado de Nicolau I no meio publicista. (N. da T.)

[5] Referência à repercussão do livro de Gógol entre os eslavófilos. Representantes importantes dessa linha de pensamento da cultura russa não apoiaram a nova obra do escritor. (N. da T.)

[6] Referência a passagem do capítulo 11 de *Almas mortas*, de Gógol. (N. da E.)

[7] No final dos anos de 1840, Gógol viveu em Roma, e diversos aristocratas russos próximos do tsar frequentavam seu círculo de amizades. (N. da T.)

timento de dignidade humana no povo, há tanto tempo perdido na lama e no estrume; dos direitos e das leis, conformes não à doutrina da Igreja, mas ao bom senso e à justiça, e de sua execução tão rigorosa quanto possível. E em vez disso ela se revela no espetáculo terrível de um país onde gente vende gente, sem ter a justificativa ardilosamente utilizada pelos plantadores americanos que afirma que o negro não é ser humano; de um país onde as próprias pessoas se chamam não pelo nome, mas por apelidos: Vanka, Stiochka, Vaska, Palachka; por fim, de um país onde não só não há garantias para o indivíduo, a honra e a propriedade, como não há sequer uma ordem policial, apenas imensas corporações de ladrões de todo tipo e de salteadores em exercício. As questões nacionais mais candentes na Rússia contemporânea agora são: acabar com a servidão; abolir o castigo físico; introduzir, tanto quanto possível, a execução rigorosa, que seja, das leis existentes. Isso sente mesmo o próprio governo (que bem sabe o que fazem os senhores de terra com seus camponeses e quantas vezes ao ano estes retalham aqueles), que se justifica com suas meias medidas acanhadas e infrutíferas em favor dos negros brancos e com a substituição cômica do cnute de uma ponta pelo açoite de três.[8] Eis as questões com que a Rússia está inquietamente ocupada em sua sonolência apática! E, nesse mesmo momento, o grande escritor que contribuía tão poderosamente para a autoconsciência da Rússia com sua obra admiravelmente artística e profundamente verdadeira, que lhe deu a possibilidade de olhar para si mesma como num espelho, aparece com um livro em que, em nome de Cristo e da Igreja, ensina ao bárbaro senhor de terras a tirar mais dinheiro de seus camponeses, xingando-os de *focinhos sujos*!... E isso não deveria deixar-me indignado?... Ainda que o senhor atentasse contra a minha vida, eu não ficaria mais tomado de ódio do que por essas linhas vergonhosas... E, depois disso, quer que acreditem na sinceridade do sentido de seu livro? Não, estivesse o senhor realmente pejado da verdade de Cristo, e não do ensinamento do Diabo, jamais escreveria aquilo para um de seus simpatizantes senhores de terra.[9] Fosse assim, escreveria a ele que, sendo o camponês seu irmão em Cristo, e como um irmão não pode ser escravo do próprio irmão, deve

[8] Referência ao *Código de castigos penais e correcionais*, de 1845, em que o castigo do cnute de uma ponta, é substituído pelo de três pontas. (N. da T.)

[9] Referência ao destinatário de uma das cartas que compõe o livro *Trechos escolhidos...*, cujo capítulo chama-se "O senhor de terras russo". (N. da T.)

então ou dar-lhe a liberdade, ou, que seja, pelo menos aproveitar-se da labuta alheia dando-lhe algum alívio, reconhecendo, do fundo de sua consciência, a mentira de sua condição ante eles. E que dizer da expressão: *ah, seu focinho sujo!*,[10] que o senhor ouviu de um Nozdrióv, de um Sobakévitch,[11] e agora transmite ao mundo como uma grande descoberta em proveito e edificação do mujiques, que, aliás, não se asseiam porque, fiando-se em seus senhores, não se consideram gente? E sua opinião sobre o tribunal nacional russo e a justiça sumária, cujo ideal o senhor encontrou nas palavras da velha estúpida da novela[12] de Púchkin, para quem se deve açoitar tanto o justo como o culpado? Sim, isso já se faz por aqui com frequência, ainda que se castigue, o mais das vezes, apenas o justo — se não tiver como provar sua inocência, que pague pelo culpado! E como um livro assim poderia ser o resultado de um difícil processo interno, de uma elevada lucidez de espírito?! De jeito nenhum! Ou o senhor está doente e precisa tratar-se urgentemente, ou... Não ouso completar meu raciocínio.

Pregador do cnute, apóstolo da ignorância, defensor do obscurantismo e do atraso, panegirista dos costumes tártaros, o que está fazendo? Dê uma olhada sob seus pés: o senhor está sobre um abismo... Que fundamente semelhante ensinamento na Igreja Ortodoxa, isto eu ainda entendo: ela sempre foi esteio do cnute e bajuladora do despotismo; mas logo Cristo, para que foi enfiá-lo nisso? O que o senhor achou em comum entre ele e qualquer Igreja, ainda mais a Ortodoxa? Ele foi o primeiro a anunciar às pessoas a doutrina da liberdade, da igualdade e da fraternidade e encarnou-a no martírio, confirmando a verdade de sua doutrina. E esta foi a salvação das pessoas apenas enquanto não se organizava em Igreja nem era considerada como base do princípio da ortodoxia. A Igreja surge como hierarquia, portanto, defensora da desigualdade, aduladora do poder, inimiga e perseguidora da fraternidade entre as pessoas — e continua sendo isso até hoje. Mas o sentido da doutrina de Cristo foi revelado pelo movimento filosófico do século passado. E é por isso que um Voltaire, que extinguiu na Europa as fogueiras do fanatismo e da igno-

---

[10] Citado do capítulo "O senhor de terras russo", do livro *Trechos escolhidos da correspondência com amigos*. (N. da T.)

[11] Senhores de terras de *Almas mortas*, de Gógol. (N. da T.)

[12] Referência a uma personagem da novela *A filha do capitão*, de Púchkin. (N. da T.)

rância com a arma da zombaria, certamente é mais filho de Cristo, sangue de seu sangue, carne de sua carne, do que todos os popes, prelados, metropolitas e patriarcas, orientais e ocidentais. Será que o senhor não sabia? Pois hoje nada disso é novidade alguma para qualquer escolar...

E, sendo assim, terá o senhor, autor de *O inspetor geral* e de *Almas mortas*, cantado com franqueza, de coração, o hino ao ignóbil clero russo, elevando-o desmedidamente acima do clero católico? Admitamos que o senhor não saiba que este foi alguma coisa no passado, ao passo que aquele nunca foi nada além de criado e servo do poder secular; mas será que o senhor não sabe mesmo que o nosso clero é objeto do desprezo geral da sociedade russa e do povo russo? Sobre quem o povo russo conta historietas obscenas? Sobre o pope, sua esposa, sua filha e seu criado. Quem o povo russo chama de *raça estúpida*, *trânsfugas*,[13] *garanhões*? Os popes. Há um único pope na Rússia que não seja, para todos os russos, representante da glutonaria, da avareza, do servilismo, da indecência? Será que o senhor não sabe disso tudo? Que estranho! Segundo o senhor, o povo russo é o mais religioso do mundo. Mentira! A base do sentimento religioso é a piedade, a devoção, o temor a Deus. O russo pronuncia o nome de Deus coçando o traseiro. Ele fala sobre o ícone: *presta para rezar e para os potes tapar.*[14] Observe com cuidado e o senhor verá que este é um povo profundamente ateu por sua natureza. Há nele ainda muita crendice, mas não há vestígio de sentimento religioso. Os sucessos da civilização acabam com a crendice, mas o sentimento religioso convive muitas vezes com eles: exemplo vivo é a França, onde hoje há muitos católicos fanáticos e sinceros entre as pessoas ilustradas e instruídas, assim como há muitos que, depois de se desgarrar do cristianismo, con-

---

[13] De acordo com nota do editor, há dúvidas sobre a palavra original, havendo duas possibilidades: *kalukhan*, que significa "herético", "renegado", "apóstata da Ortodoxia", "castrado" ou a forma popular da palavra alterada *kaligan*, que significa "revendedor de cavalos", "velhaco", "trapaceiro", conforme a fonte citada: V. I. Dal, *Tolkóvi slovar* [Dicionário explicativo], t. 2, Moscou, 1935, p. 79. A tradução por "trânsfuga" visou alcançar o terreno comum dos significados das palavras que a edição usada aventa. O texto da carta estabelecido para a edição das obras completas de Bielínski baseou-se no cotejo de fontes históricas diferentes e critérios de pesquisa, já que a carta sobreviveu clandestinamente por décadas, graças a cópias manuscritas e memorização. Isto explica a existência de versões diferentes da carta e a nota mencionada. (N. da T.)

[14] Pote (*gorchok*) sugere "pote noturno" (*notchnói gorchok*), ou seja, "penico". (N. da T.)

tinuaram defendendo tenazmente algum deus. O povo russo não é assim: a exaltação mística não está de modo algum em sua natureza; ele tem bom senso, lucidez e espírito confiante demais para isso, e talvez aí, justamente, se encerre a grandeza de seu destino histórico no futuro. O sentimento religioso não vingou nem mesmo no clero: algumas figuras isoladas, excepcionais, que se distinguiram pela contemplação silenciosa, fria e ascética, não são prova do contrário. A maioria do nosso clero sempre se distinguiu apenas pela pança gorda, pelo pedantismo teológico e ainda pela mais brutal ignorância. Seria pecado acusá-lo de intolerância religiosa e fanatismo; mais cabe elogiar sua indiferença exemplar diante da fé. O sentimento religioso manifestou-se entre nós apenas nas seitas dissidentes, tão contrárias, por seu espírito, à massa do povo e tão inferiores em número a esta.

Não vou me estender sobre o seu ditirambo ao afeto do povo russo por seus soberanos. Direi sem mais palavras: esse ditirambo não conquistou a simpatia de ninguém e comprometeu o senhor mesmo aos olhos daqueles que, em outros aspectos, lhe são muito próximos quanto à orientação.[15] Por mim, sua consciência pode se inebriar à vontade com a contemplação da beleza divina da autocracia (ela é um sossego e, dizem, também vantajosa para o senhor); apenas continue a contemplá-la de forma prudente, a partir de seu *belo retiro*: de perto ela não é tão bela nem tão inofensiva... Faço apenas uma observação: quando o espírito religioso se apodera de um europeu, especialmente de um católico, este passa a denunciar o poder iníquo, à maneira dos profetas hebreus, que denunciavam a injustiça dos poderosos da Terra. Entre nós, acontece o contrário: que uma pessoa (mesmo uma pessoa correta) seja acometida pela doença que os médicos psiquiatras conhecem por *religiosa mania*,[16] e ela, na hora, começará a incensar antes o deus terreno que o celestial, perdendo a medida a tal ponto que o deus terreno quererá recompensá-la pelo afinco servil; então o russo, vendo que poderia se comprometer aos olhos da sociedade... Nosso irmão, o russo, é um pilantra!

Lembro-me ainda que, em seu livro, o senhor afirma, como uma grande verdade incontestável, que a alfabetização do povo simples não

---

[15] Bielínski refere-se às linhas sobre o amor pelo tsar, no artigo "Sobre o lirismo dos nossos poetas", de um dos capítulos de *Trechos escolhidos da correspondência com amigos*. (N. da E.)

[16] Em latim no original. (N. da T.)

só seria inútil como terminantemente nociva. Que dizer disso? Que seu deus bizantino lhe perdoe essa ideia bizantina, a menos que, ao pô-la no papel, o senhor não soubesse o que estava concebendo...

"Mas consideremos — dirá o senhor — que talvez eu tenha me equivocado e que as minhas opiniões sejam um engano; ainda assim, por que tiram de mim o direito de me equivocar e não querem acreditar na franqueza de meus equívocos?" E eu lhe respondo: porque já faz tempo que semelhante orientação não é novidade na Rússia. E também não faz tanto tempo que ela foi esgotada por Buratchok e seus parceiros. É claro que, em seu livro, há mais inteligência e mesmo talento (embora sem fartura de ambos) do que nos trabalhos deles; em compensação, eles desenvolveram essa doutrina, comum ao senhor, com grande energia e coerência e, valentes, foram até as últimas consequências, entregaram tudo ao deus bizantino e não deixaram nada para Satanás; enquanto o senhor, desejando acender uma vela para cada um, caiu em contradição ao defender, por exemplo, Púchkin, a literatura e o teatro, uma vez que estes, de seu ponto de vista, caso o senhor prezasse a coerência, de modo algum poderiam servir à salvação da alma, e, sim, em muito, à perdição dela.[17] Quem poderia engolir a ideia de uma identidade entre o senhor e Buratchok? O senhor presumiu que o público o tinha em tão alta conta que jamais duvidaria de semelhantes convicções. O que soa natural nos estúpidos não soa assim num homem genial. Alguns quase chegaram à conclusão de que seu livro é fruto de uma desordem mental, próxima de uma demência definitiva. Mas eles logo abandonaram essa conclusão: é evidente que o livro não foi escrito num dia ou numa semana, ou num mês, mas, talvez, em algo como dois ou três anos; ele tem costura, em meio à exposição negligente surge a ponderação, e os hinos às autoridades supremas bem convêm à situação terrena do autor devoto. Eis por que se espalhou em Petersburgo o rumor de que o senhor escreveu esse livro com

---

[17] Stepan Aníssimovitch Buratchok (1800-1877) era editor da revista conservadora *Maiák* [O Farol]. Foi um dos oponentes de Bielínski na imprensa literária ao longo dos anos de 1840 e tomava parte nas discussões entre ocidentalistas e eslavófilos nas revistas e jornais literários da época em prol da ideologia do reinado de Nicolau I. Neste trecho, Bielínski refere-se à defesa feita por Gógol da obra de Púchkin e da arte teatral como fenômenos de moral elevada contra as rudes acusações de imoralidade feitas por Avksenti Matviêievitch Martínov (1787-1858), e pelo próprio Buratchok, na série de artigos sobre Púchkin publicados na mesma revista em 1843. (N. da T.)

o objetivo de se tornar o preceptor do filho do príncipe-herdeiro. Ainda antes disso, ficou famosa em Petersburgo sua carta a Uvárov,[18] em que o senhor diz com mágoa que suas obras foram deturpadas na Rússia, manifesta insatisfação com seus livros anteriores e declara que *somente ficará satisfeito com eles quando aquele que* etc.[19] Agora julgue o senhor mesmo: é de surpreender que o senhor, com seu livro, tenha se comprometido aos olhos do público como escritor e, sobretudo, como pessoa?

Pelo que vejo, o senhor não entende muito bem o público russo. O caráter dele define-se pela situação da sociedade russa, em que forças recentes estão fervendo e ressurtindo, mas, sufocadas pelo jugo pesado, sem encontrar vazão, provocam apenas abatimento, desânimo e apatia. Apenas na literatura, apesar da censura tártara, ainda existe vida e avanço. Eis por que o título de escritor é tão respeitável entre nós e a conquista literária, tão fácil, mesmo para um talento menor. Há tempos a rubrica de poeta, o título de literato ofuscou o brilho das dragonas e das fardas coloridas entre nós. E é por isso que premiamos, com a consideração geral, toda orientação denominada liberal, mesmo diante de uma carência de talento; e é por isso que decai rápido a popularidade dos grandes poetas que, sinceramente ou não, se põem a serviço da ortodoxia, da autocracia e do sentimento de povo.[20] Um exemplo espantoso é Púchkin, a

---

[18] Serguei Semiônovitch Uvárov (1786-1855), ministro da Educação de 1833 a 1849. (N. da T.)

[19] Em carta a Uvárov, no final de abril de 1845, Gógol agradece a ajuda material que o governo lhe dispensou e declara: "tudo escrito por mim até agora não merece muita atenção; ainda que repouse uma boa intenção em seu fundamento, tudo foi expresso de forma imatura, ruim, insignificante e, além disso, num nível como não deveria ser; não é à toa que a maioria atribui a minhas obras mais um sentido pernicioso do que bom". As palavras citadas por Bielínski são uma citação imprecisa do projeto da carta oficial a Nicolau I, que Gógol enviou a Petersburgo para Piotr Aleksándrovitch Pletniov (1791-1865), amigo e auxiliar seu, em janeiro de 1847. *Obras completas de Gógol*, Academia de Ciências da URSS, t. 12, 1952, pp. 483-4 e t. 13, pp. 424-5. (N. da T.)

[20] *Naródnost* deriva do adjetivo *naródni*, literalmente "popular", "do povo", "de povo", que deriva do substantivo *narod*, "povo". A tradução usual de *naródnost* é "nacionalidade", mas é inadequada. O neologismo foi criado em 1819 para designar o modo próprio, peculiar, da cultura russa no âmbito literário, mas foi ganhando nuances políticas e culturais conservadoras no decorrer dos debates. O reinado de Nicolau I (1825-1855) experimentou um período histórico conturbado devido ao atraso da Rússia em face das transformações que se davam em países avançados da Europa. Um debate interno cada vez mais acirrado, sob o influxo das ideias liberais do Ocidente, expunha a fra-

quem bastou escrever apenas dois ou três poemas de súdito fiel e vestir um uniforme de oficial da corte para perder de uma vez o amor do povo. E o senhor está tremendamente enganado, se não for troça, em achar que seu livro fracassou não por seus descaminhos, e, sim, pela dureza das verdades que o senhor teria proferido diante de todos e de cada um. Que o senhor pensasse isso sobre os homens da pena, vá lá; mas, convenhamos, como o público poderia cair na mesma categoria? Será que, de forma menos dura, em *O inspetor geral* e *Almas mortas*, o senhor lhe revelou, com menos verdade e talento, realidades menos amargas? E o público, de fato, irritou-se com o senhor, até se enfureceu, mas não foi motivo para *O inspetor geral* e *Almas mortas* fracassarem, ao passo que seu último livro desapareceu vergonhosamente, como por encanto. E o público está certo: ele vê nos escritores russos seus únicos guias, defensores e salvadores nas trevas da autocracia, da ortodoxia e do sentimento de povo; por isso está sempre pronto a perdoar ao escritor um livro ruim, mas jamais lhe perdoa um livro pernicioso. Isso mostra o quanto um senso salutar e recente se assenta em nossa sociedade, ainda que em estado embrionário; e isso mostra que nela há um porvir. Se o senhor ama a Rússia, alegre-se com meu ataque a seu livro!

Não sem algum sentimento de satisfação, direi ao senhor que sei alguma coisa do público russo. Seu livro me assustou com a possibilidade de uma influência negativa sobre o governo, sobre a censura, mas não sobre o público. À medida que se espalhavam em Petersburgo os rumores de que o governo queria imprimir muitos milhares de exemplares de seu livro e vendê-los pelo menor preço possível, meus amigos desanimavam;

---

tura social existente entre a multidão de servos e a sociedade russa, o chamado *beau monde*, que compunham um país regido pela autocracia, legitimada pela ortodoxia. A apropriação da palavra, que figura na divisa oficial do tsar — "Ortodoxia, Autocracia e Sentimento de Povo" —, pretendia impor a ideia de unidade do povo russo, sentido que ganhou força conservadora e anulava o sentido do estrangeirismo *natsionálnost*, "nacionalidade", derivado do adjetivo *natsionálni*, "nacional", que, por sua vez, deriva de *nátsia*, "nação" — noção cara ao Romantismo e ao Liberalismo, que continha o princípio de horizontalidade legal entre os integrantes de uma nação. Devido à afinidade de Bielínski com as ideias ocidentais, o uso de *naródnost* foi se tornando cada vez menos frequente em sua produção em prol de *natsionálnost*, mantendo o sentido original do neologismo e defendendo a noção transformadora do estrangeirismo. Para uma visão mais detalhada sobre o assunto, ver a dissertação de mestrado de Renata Esteves, "Vissarion G. Belínski: uma apresentação", USP, São Paulo, 2011. (N. da T.)

mas eu lhes disse que, apesar de tudo, o livro não teria sucesso e logo iriam esquecê-lo. E, de fato, ele é mais lembrado pelos artigos que suscitou do que por si mesmo. Sim, o homem russo é profundo, embora ainda não tenha desenvolvido o instinto da verdade!

Suas declarações até podiam ser sinceras, mas, convenhamos, a ideia de levar isso ao conhecimento do público foi muito infeliz. Os tempos da devoção ingênua já se foram, há muito, em nossa sociedade. Ela já compreende que pouco importa o lugar em que se reza, e que vão a Jerusalém em busca de Cristo apenas aqueles que nunca o tiveram no coração ou que o perderam. Quem é capaz de sofrer diante do sofrimento alheio, quem não suporta o espetáculo da opressão, este tem Cristo no coração e não precisa peregrinar até Jerusalém.[21] Em primeiro lugar, a humildade pregada pelo senhor não é nova; em segundo lugar, ela corresponde, de um lado, a um orgulho terrível e, de outro, à humilhação mais vergonhosa de sua dignidade humana. A ideia de alcançar uma perfeição abstrata, de estar acima de todos pela humildade pode ser fruto apenas do orgulho ou da debilidade mental e, nos dois casos, conduz inevitavelmente à hipocrisia, à carolice, ao fanatismo. E pensar que o senhor se permitiu falar de forma cínica e ordinária não apenas sobre os outros (isto seria apenas descortês), mas também sobre si mesmo, e isto é sórdido — pois se uma pessoa que bate no rosto do próximo provoca indignação, ao bater no próprio, provoca desprezo. Não! O senhor é sombrio, e não lúcido; o senhor não entende nem o espírito, nem a forma do cristianismo de nosso tempo. Não é a verdade do ensinamento cristão, mas o temor doentio à morte, ao diabo e ao inferno que sopra de seu livro. E que dizer da língua, das frases?! *Drian i triápka stal tepiér vsiák tcheloviék.*[22] Por acaso o senhor acha que dizer *vsiák* em vez de *vsiáki* equivale a expressar-se de forma bíblica?[23] Eis uma grande verdade: quando uma pessoa se en-

[21] No prefácio a *Trechos escolhidos da correspondência com amigos*, Gógol menciona os preparativos de sua viagem a Jerusalém. (N. da T.)

[22] "Hoje qualquer pessoa virou uma porcaria, um trapo." Citação de "O que uma esposa pode ser para um marido na vida doméstica simples", que compõe o livro *Trechos escolhidos*... (N. da T.)

[23] Algumas categorias de palavras em russo podem variar sua forma em curta ou longa, o que imprime nuances estilísticas. Na Bíblia, predomina o uso da forma curta. No exemplo citado por Bielínski, Gógol usa a forma curta do pronome indefinido "qualquer" (*vsiák*). (N. da T.)

trega por inteiro à mentira, a inteligência e o talento a abandonam! Se seu nome não constasse no livro, se fossem excluídas as passagens em que fala de si mesmo como escritor, quem diria que aquela algaravia enfatuada e descuidada de palavras e frases era obra da pena do autor de *O inspetor geral* e *Almas mortas*?

No que me concerne pessoalmente, repito-lhe: o senhor se enganou ao considerar meu artigo uma expressão de aborrecimento por sua menção a mim como um de seus críticos. Fosse esse o único motivo de minha irritação, eu me mostraria aborrecido apenas a esse respeito e me pronunciaria calma e imparcialmente sobre todo o restante. É verdade que a menção a seus leitores é duplamente infeliz. Compreendo a necessidade de, vez por outra, dar um piparote num estúpido que só me expõe ao ridículo com seus elogios e seu enlevo; mas essa necessidade também é desagradável, pois, de certo modo, humanamente falando, não cai bem retribuir com hostilidade a um amor equivocado. Mas o senhor tinha em vista pessoas, se não de extraordinária inteligência, pelo menos nada estúpidas. Talvez essas pessoas, por admiração a suas obras, tenham se excedido em exclamações de entusiasmo mais do que tratado das questões de fato; mesmo assim, o entusiasmo delas pelo senhor brota de uma fonte pura e nobre, e não lhe caberia absolutamente desmascará-las aos inimigos comuns aos senhores nem, muito menos, acusá-las da intenção de conferir uma interpretação repreensível a suas composições. O senhor, com certeza, fez isso por entusiasmo com a ideia principal de seu livro e por imprudência, mas Viázemski, o príncipe da aristocracia e serviçal da literatura, desenvolveu sua ideia e publicou nada mais, nada menos que uma delação contra seus admiradores (e, portanto, contra mim mais do que todos).[24] Ele, mau versejador, provavelmente fez isso em agradeci-

[24] Refere-se ao artigo "Iazíkov e Gógol", do príncipe Piotr Andrêievitch Viázemski (1792-1878), antigo inimigo de Bielínski. Nele, o crítico é mencionado de forma alusiva: "Eu sempre fui da opinião de que Gógol é por si só um homem extraordinariamente dotado, que ocupa um lugar superior e iluminado, mas, por outro lado, como fundador de uma escola, posição a que quiseram elevá-lo, ele não só estava fora do lugar como chegou a ser um dano. [...] Em algumas revistas o nome de Gógol tornou-se o alfa e o ômega de qualquer discussão literária. Em sua miséria espiritual, muitos escritores sem reconhecimento viviam de seu nome como o único pão de cada dia. [...] Quiseram colocá-lo como o cabeça da nova escola literária, personificando nele a bandeira literária negra. [...] Dessa forma, uma série de incongruências, de disparates proclamados por algumas revistas depuseram cabeças, doentias e sãs". (N. da T.)

mento ao senhor por tê-lo promovido a grande poeta — pelo que me lembro, por ele ter um *verso frouxo, que se arrasta pela terra.*[25] Nada disso é bom! Mas por que o senhor tardava em fazer justiça aos admiradores de seu talento (depois de tê-la concedido a seus inimigos com uma humildade presumida), isso eu não saberia, não poderia saber, nem gostaria, confesso. À minha frente estava seu livro, e não sua intenção. Eu o lia e relia centenas de vezes e, mesmo assim, não encontrava nada além do que há nele, e o que há nele revoltou e ofendeu minha alma profundamente.

Se eu desse plena liberdade a meus sentimentos, esta carta logo se transformaria num caderno grosso. Nunca pensei em lhe escrever sobre este assunto, muito embora o desejasse tremendamente, e muito embora o senhor mesmo tenha dado a todos, por escrito, o direito de lhe escrever sem cerimônia, em prol da verdade.[26] Estando na Rússia, eu não poderia fazê-lo, pois os Chpiékins[27] locais violam as cartas alheias não por prazer pessoal, mas por dever, para delatar. Mas a tuberculose, que retorna neste verão, mandou-me para o exterior e N.[28] entregou-me sua carta em Salzbrunn, de onde parto hoje com Án[nenkov][29] para Paris, via Frankfurt am Main. A chegada inesperada de sua carta foi o ensejo para que expressasse tudo o que havia em minha alma contra o senhor, por conta de seu livro. Eu não sei falar pela metade, não sei proceder com astúcia: isto não está em minha natureza. Que o senhor ou o tempo comprovem que me enganei em minhas conclusões a seu respeito, e serei o primeiro

---

[25] Citação imprecisa do livro de Gógol *Trechos escolhidos da correspondência com amigos*. A passagem correta é: "este verso pesado de Viázemski como que se arrasta pela terra, por vezes impregnado de uma tristeza russa sufocante e amarga". (N. da T.)

[26] Referência ao prefácio à segunda edição de *Almas mortas*, em que Gógol escreveu: "Neste livro, há muito erro no que foi descrito, não sendo como é e como de fato ocorre na terra russa. Eu lhe peço, leitor, que me corrija". (N. da T.)

[27] Chpiékin é o chefe dos correios que viola as cartas alheias na comédia *O inspetor geral*, de Gógol. (N. da T.)

[28] Há divergências quanto ao nome a que a letra *N* se refere, havendo duas possibilidades: Nikolai Nekrássov ou Nikolai Iákovlevitch Prokopóvitch (1810-1857). (N. da T.)

[29] De acordo com a edição adotada para a tradução, não há dúvidas de que se trata de Pável Vassílievitch Ánnenkov, por isso é reproduzida a forma presente no original. (N. da T.)

a me alegrar, sem por isso me arrepender do que lhe disse. Nada disso tem a ver com a minha pessoa ou com a sua, mas com um objeto que está muito acima de mim e mesmo do senhor: trata-se aqui da verdade, da sociedade russa, da Rússia. E eis a minha última e derradeira palavra: se o senhor teve o infortúnio de renegar com humildade presunçosa suas obras verdadeiramente magníficas, agora o senhor deve renegar com humildade sincera seu último livro e redimir-se do grave pecado de tê-lo publicado com novas obras que recordem suas primeiras.[30]

Salzbrunn, 15 de julho de 1847

(1847)

Tradução de Renata Esteves

---

[30] O encerramento da carta de Bielínski polemiza com o artigo de Viázemski, Iazíkov e Gógol, que foi lido pelo crítico antes de sua viagem para o exterior. Viázemski sugeriu a Gógol reparar a grave falta por criar *O inspetor geral* e *Almas mortas* com novas obras no espírito da compreensão de arte que Gógol proclamou em *Trechos escolhidos*... Estas são as palavras de Viázemski: "Eu tenho certeza que é possível observar um ótimo acordo, um arranjo útil entre o Gógol anterior e o atual. Ele se refreou e se apaziguou como pessoa, agora pode se refrear e se apaziguar como autor. Que ele nos transmita tudo o que acumulou nesses últimos anos em suas obras narrativas e dramáticas, mas que sejam alheias a essa peculiaridade, a esse aferro com o qual até hoje perseguiu os vícios e as fraquezas risíveis das pessoas, sem deixar nenhuma boa palavra no mundo, sem enxergar nada de agradável e animador". (N. da T.)

Aleksandr Herzen

Aleksandr Ivánovitch Herzen (1812-1870) também é, e em sentido literal, um dos "filhos de 1812" a que Lotman se referia quando falava dos nobres marcados por preocupações histórico-sociais intensificadas pela campanha napoleônica. Aleksandr Herzen (ou Guértsen, em uma transliteração mais exata), filho ilegítimo de um nobre russo que mais tarde o legitimou, nasce em Moscou precisamente naquele ano, pouco antes da chegada do exército francês. Como outros autores presentes nesta antologia, estudou na Universidade de Moscou, mas "formou-se" de modo mais rematado nos vários círculos de discussões filosóficas da época. Exilou-se em 1847 e nunca mais voltou à Rússia, convertendo-se em uma voz altissonante e em paradigma de emigrado político russo. Passou primeiro por Paris e Genebra, até estabelecer-se em Londres; em 1864, começou a fazer o caminho inverso — da cidade suíça a Paris, onde morreu e foi enterrado. Na Inglaterra, publicou revistas importantes para a discussão do socialismo e de outros temas políticos, em especial *Poliárnaia Zvezdá* [A Estrela Polar] e *Kólokol* [O Sino], cujos títulos ecoavam imagens fortes da tradição radical russa, em especial a de inspiração dezembrista. Os textos publicados na emigração, muito conhecidos na Europa e mesmo na Rússia, apesar das restrições impostas pela censura, contribuíram para criar e difundir uma imagem do Império Russo fortemente associada ao despotismo político e ao obscurantismo social, uma Rússia controlada rigidamente pelo gendarme da Europa, Nicolau I. Essa apresentação de uma nação agrilhoada, porém ao mesmo tempo afeita à repressão, marcou profundamente a opinião pública europeia na segunda metade do século XIX (ousaríamos dizer: até hoje?), casando-se bem com visões orientalizantes, muito em voga, sobre o "asiatismo" russo. Mas Herzen não foi somente o autor de ensaios políticos: também escreveu obras literárias de gabarito, como o romance *Quem é o culpado?* (1847) e alguns ótimos contos, que podem ser lidos com proveito ao lado de outras narrativas do mesmo período. Escreveu, sobretudo, as estupendas memórias em vários volumes, *Passado e pensamentos*, um dos grandes textos russos do século XIX. O presente ensaio, publicado no exterior em 1851, inicialmente em francês e alemão, fornece uma versão basilar de um tipo de narrativa da história literária russa pelo prisma da esquerda que depois ecoará em inúmeros ensaios, manuais e artigos, desde meados do XIX até o período soviético. É um texto útil também para iluminar os meandros e disputas relativos à profissionalização do mercado livreiro russo nas décadas de 1830 e 1840, nas quais aparecem os nomes controversos de Senkóvski, Grietch, Bulgárin e outros, pouco conhecidos do leitor brasileiro.

Literatura e pensamento social depois do 14 de dezembro de 1825[1]

É mais difícil caracterizar os vinte e cinco anos que se seguiram ao 14 de dezembro do que todo o período decorrido desde a época de Pedro, o Grande. Duas correntes opostas — uma superficial e a outra profunda, que mal se pode divisar —, levam o observador à confusão. Na aparência, a Rússia continuava no mesmo lugar ou até parecia ter retrocedido, mas, na essência, tudo tomara um aspecto novo e as questões haviam se tornado mais complexas; as soluções, menos simples.

Na superfície da Rússia oficial, na "fachada do império", viam-se apenas perdas, uma reação brutal, perseguições desumanas e o acirramento do despotismo. Rodeado por mediocridades, soldados de paradas, alemães do Báltico e conservadores abrutalhados, estava Nicolau, desconfiado, frio, inflexível, impiedoso, privado de grandeza de alma — a mesma mediocridade daqueles que o cercavam. Logo abaixo dele, via-se a alta sociedade, que, diante da primeira pancada do trovão que retumbou sobre sua cabeça após o 14 de dezembro, perdera as noções, fracamente assimiladas, de honra e mérito. No reinado de Nicolau, a aristocracia russa não voltaria mais ao estado anterior: a época de sua florescência passara; tudo o que havia nela de nobre e magnânimo esgotava-se nas minas ou na Sibéria. Os que permaneciam nas acomodações do potentado ou se serviam delas decaíam até aquele grau de degradação ou servilismo que conhecemos pelo quadro de costumes descrito por Custine.[2]

---

[1] No calendário juliano (26 de dezembro pelo calendário gregoriano). Ao longo do texto, a data refere-se sempre ao juliano. (N. da T.)

[2] Trata-se do livro de Astolphe-Louis-Léonor, marquês de Custine (1790-1857), *La Russie en 1839*, cuja segunda edição (v. I-IV, Paris, 1843) foi proibida na Rússia. Apesar disso, a obra (ver a tradução russa *Nikoláievskaia Rossíia*, Moscou, 1930) teve enorme ressonância na sociedade letrada do país. Ver M. Cadot, *L'image de la Russie dans la vie intellectuelle française (1839-1856)*, Paris, 1967, pp. 223-64. (N. da E.)

A esses se seguiram os oficiais da guarda; antes brilhantes e educados, foram se transformando cada vez mais em sargentos embrutecidos. Até 1825, todos os que usavam trajes civis reconheciam a superioridade das dragonas. Para adquirir a reputação de *pessoa da alta roda*, era preciso servir dois anos na guarda ou pelo menos na cavalaria. Os oficiais eram a alma da sociedade, os heróis das festividades, dos bailes e, sinceramente, essa preferência por eles tinha seus fundamentos. Os militares eram mais independentes e comportavam-se com mais dignidade do que os funcionários públicos, medrosos e rastejantes. Mas as circunstâncias mudaram, e a guarda passou a compartilhar o destino da aristocracia; os melhores oficiais foram desterrados, muitos deixaram o serviço por não suportarem o tom grosseiro e descarado introduzido por Nicolau. Gradualmente, os postos vagos foram preenchidos por serviçais zelosos ou pilares da caserna e do picadeiro. Os oficiais decaíam aos olhos da sociedade, o fraque triunfou — a farda predominava apenas em cidadezinhas da província e, ainda assim, em suas cortes —, nesse primeiro calabouço do império. Os membros da família imperial, assim como o seu chefe, demonstravam pelos militares acentuada preferência, inadmissível entre os figurões do tsar. A frieza do público ao uniforme, entretanto, não chegou a ponto de permitir funcionários civis na alta sociedade. Inclusive na província, experimentavam em relação a eles uma repulsa irreprimível, que, porém, não impedia de modo algum o aumento da influência da burocracia. Depois de 1825, toda a administração, antes aristocrática e iletrada, tornou-se mesquinha e hábil na arte da rabularia. Os ministérios transformaram-se em escritórios, os seus chefes e altos funcionários converteram-se em homens de negociatas ou escrivães. No serviço civil, eles desempenham o seu papel como os serviçais broncos da guarda. Grandes conhecedores de todas as formalidades possíveis, cumpridores frios e imponderados das ordens superiores, seguiam fiéis ao governo por amor à concussão. Nicolau precisava justamente desses oficiais e desses administradores.

As casernas e as chancelarias transformaram-se no principal sustentáculo da ciência política de Nicolau. Uma disciplina cega e privada de sentido razoável, combinada ao formalismo desalmado dos funcionários do sistema fiscal austríaco[3] — eram essas as molas do famoso mecanismo

[3] Nicolau I admirava os sistemas políticos da Prússia e do Império Austro-Húngaro e considerava-os modelos de disciplina administrativa e de modernização autoritária,

do poder russo baseado na força. Que escassez de pensamento governamental, que prosa do absolutismo, que lamentável mesquinhez! A forma mais simples e grosseira de despotismo.

Acrescentemos a isso o conde Benkendorf,[4] chefe do corpo dos gendarmes — essa inquisição armada, essa maçonaria policial que, em todos os cantos do império, de Riga a Nertchinsk, tem os seus irmãos *servidores e subservidores* —, chefe da III Seção da Chancelaria de Sua Majestade (como foi denominado o serviço central de espionagem), que julga tudo, revoga decisões de juízes, intromete-se em tudo, principalmente nos casos de criminosos políticos. De tempos em tempos, a civilização colocava-se diante desse escritório de farsas judiciais na pessoa de algum literato ou estudante, que então era degredado ou trancafiado em uma fortaleza e em cujo lugar logo surgia outro.

Em resumo, o quadro da Rússia oficial incutia apenas desespero: aqui a Polônia, que se dispersara em todas as direções e estava sendo dilacerada com monstruosa tenacidade; ali, a insensatez de uma guerra que se prolongava desde o início do reinado e tragava exércitos inteiros, sem avançar nenhum passo na conquista do Cáucaso; e, no centro, o aviltamento e a mediocridade generalizada do governo.

Por outro lado, no interior do Estado, realizava-se um grande trabalho, um trabalho surdo e silencioso, mas ativo e ininterrupto; por toda parte, crescia a insatisfação; nesses 25 anos, as ideias revolucionárias disseminaram-se mais amplamente do que em todo o século precedente, mas, apesar disso, não chegavam ao povo.

O povo russo permanecia distante da vida política, e não havia nele as bases para tomar parte no trabalho realizado em outras camadas da nação. Sofrimentos prolongados impõem uma sensação singular de merecimento; o povo russo havia sofrido demais e, por isso, não tinha o direito de se inquietar para conseguir alguma melhoria insignificante no próprio destino; melhor simplesmente permanecer miserável em andrajos do que passar a usar um fraque cerzido. Mas, se ele não tomava parte no movimento das ideias, que arrebatara outras classes, isso não significa de modo algum que nada estivesse acontecendo em sua alma. O povo russo

---

em meio a uma Europa cada vez mais varrida pela "pestilência" revolucionária francesa. (N. da T.)

[4] Aleksandr Khristofórovitch Benkendorf (1782-1844), general russo que comandou a repressão política no governo de Nicolau I. (N. da T.)

sente mais dificuldade para respirar do que antes, parece mais pesaroso; a injustiça do regime da servidão e a pilhagem promovida pelos funcionários públicos tornam-se ainda mais insuportáveis. O governo destruiu a tranquilidade da *obschina* com a organização compulsória do trabalho; no campo, com o departamento da polícia rural (*os comissários*), o lazer do camponês foi cerceado e colocado sob vigilância dentro da própria isbá. Aumentou significativamente o número de processos contra incendiários, a frequência de assassinatos de proprietários de terras, as revoltas camponesas. A enorme população cismática rezinga; explorada e oprimida pelo clero e pela polícia, ainda está muito longe de se unir coesamente, mas, às vezes, nesses mares mortos e inacessíveis para nós, ouve-se um ronco confuso, anunciador de terríveis tormentas. A insatisfação do povo russo, da qual falamos, não pode ser capturada pelo olhar superficial. A Rússia sempre parece tão tranquila que é difícil acreditar que nela possa acontecer alguma coisa. Poucos sabem o que está ocorrendo sob a mortalha com que o governo encobre cadáveres, manchas de sangue e execuções, anunciando, hipócrita e desdenhosamente, que ali não há nem cadáveres, nem sangue. O que sabemos sobre os incendiários de Simbírski, sobre o massacre dos proprietários de terra organizado por camponeses em uma série de propriedades simultaneamente? O que sabemos sobre as revoltas localizadas, que irromperam em função da nova administração introduzida por Kisseliov?[5] O que sabemos sobre os levantes de Kazan, de Viatka, de Tambov, nos quais as autoridades recorreram aos canhões?

O trabalho intelectual mencionado realizou-se não na cúpula do Estado, nem em suas bases, mas entre elas, ou seja, principalmente no seio da pequena e média nobreza. Pode parecer que os fatos apresentados aqui não têm grande importância; entretanto, convém não esquecer que a propaganda, assim como qualquer atividade educativa, está privada de brilho, principalmente quando nem ousa se mostrar à luz do dia.

A influência da literatura intensifica-se notavelmente e avança cada vez mais; a literatura não modifica a própria vocação e conserva um caráter liberal e ilustrador, na medida permitida pela censura.

A sede de educação domina toda a nova geração; academias, liceus, ginásios e escolas civis ou militares estão repletos de estudantes; os filhos

[5] As reformas na administração dos camponeses em regime de servidão ao Estado, implementadas por Pável Dmítrievitch Kisseliov (1788-1872) no período de 1837 a 1841, reforçaram a sua tutela burocrática. (N. da E.)

das famílias mais pobres esforçam-se para entrar nos diversos institutos. O governo, que ainda em 1804 atraía as crianças para as escolas com variados privilégios, agora detém a sua afluência com todos os recursos disponíveis; criam-se dificuldades para o ingresso através de exames; os alunos são cercados de pagamentos obrigatórios; o ministro da Instrução Popular emite uma ordem para limitar o direito dos camponeses à educação.[6] Apesar disso, a Universidade de Moscou transforma-se em templo da civilização russa; o imperador a odeia, irrita-se com ela, todos os anos manda para o degredo uma boa parte de seus discentes e, quando chega a Moscou, não lhe dá a honra de uma visita; mas a universidade floresce, sua influência aumenta; tida em má conta, ela não espera nada, continua o seu trabalho e transforma-se em uma verdadeira força. A flor da juventude das províncias vizinhas a Moscou dirige-se à universidade, e a cada ano a falange daqueles que concluem o curso superior espalha-se por todo o governo na qualidade de funcionários públicos, médicos ou professores.

No interior das províncias, e muito mais em Moscou, aumenta visivelmente a classe de pessoas independentes, que, recusando-se a servir o governo, administra suas próprias propriedades e ocupa-se das ciências e da literatura; se pedem algo ao governo é apenas que as deixe em paz. Essa camada era o exato oposto da nobreza de Petersburgo, ligada ao serviço governamental e à corte e consumida por uma ambição vil: confiando no governo para tudo, ela vivia apenas de seus favores. Não suplicar nada, preservar a própria independência, não buscar posições: tudo isso, num regime despótico, chama-se fazer oposição. O governo via com desaprovação *aqueles desocupados* e manifestava sua insatisfação com eles. Realmente, eles representam o núcleo das pessoas educadas, que se relacionam mal com o regime petersburguense. Alguns deles, depois de vários anos no exterior, traziam de lá ideias liberais; outros, depois de alguns meses em Moscou, passavam o resto do ano trancafiados em suas

[6] Pelo estatuto de 1804, o acesso às universidades era aberto a pessoas de todas as classes; o estatuto subsequente, de 1835, embora colocasse como tarefa tornar "as universidades acessíveis basicamente aos filhos dos nobres", não estabelecia uma proibição direta ao ingresso de indivíduos de outras classes, "exceto aos filhos de camponeses". P. A. Zaiontchkóvski, *Pravítelstvenni apparat samoderjávnoi Rossíi v XIX v.* [O aparato governamental da Rússia absolutista no século XIX], Moscou, 1978, p. 25. (N. da E.)

propriedades, onde liam tudo o que saía de novo, e familiarizavam-se com o movimento intelectual da Europa. Entre a nobreza provinciana, virou moda ler. As pessoas gabavam-se quando tinham uma biblioteca e assinavam, no pior dos casos, novos romances franceses, o *Journal des Débats*[7] e o *Jornal de Augsburg*; ter em casa livros proibidos era considerado de bom-tom. Não conheço nenhuma casa decente onde não se pudesse encontrar a obra de Custine sobre a Rússia, proibida por ordem especial de Nicolau. A juventude, privada da participação em qualquer tipo de atividade, sob a eterna ameaça da polícia secreta, mergulhava na leitura ainda com mais ardor. A soma das ideias em circulação crescia cada vez mais.

Quais eram os novos pensamentos e tendências surgidos após o 14 de dezembro? (Não é sem receio que inicio essa parte da minha exposição. O leitor compreenderá que não tenho condições de dizer tudo e, em muitos casos, nem de citar nomes; para falar de algum russo, é preciso ter a certeza de que ele está no túmulo ou na Sibéria. Somente depois de pensar bem, decidi-me a fazer esta publicação; o silêncio serve de sustentação ao despotismo; aquilo que não nos atrevemos a dizer *existe* apenas pela metade.)

Foram terríveis os primeiros anos que se seguiram a 1825. Foi necessário não menos de uma década para que o indivíduo conseguisse se recobrar em sua penosa posição de escravizado e acossado. Profundo desespero e desalento geral tomaram conta das pessoas. A alta sociedade, com vil e desprezível afinco, apressou-se a renunciar a todos os sentimentos humanos, a todos os pensamentos humanitários. Não havia praticamente nenhuma família aristocrática que não tivesse algum parente próximo entre os degredados, mas quase nenhuma delas se atrevia a usar luto ou a expressar a sua dor. E quando se desviaram desse pesaroso espetáculo de servilismo, quando mergulharam em reflexões para encontrar alguma orientação ou esperança, depararam-se com uma ideia terrível, de gelar o coração.

Já não era possível nenhuma ilusão: o povo havia se transformado em espectador passivo do 14 de dezembro. Todas as pessoas conscientes viram as temíveis consequências da completa ruptura entre a Rússia nacional e a Rússia europeizada. Toda ligação viva entre esses dois campos

[7] Jornal francês conservador, publicado de 1789 a 1944. (N. da T.)

fora rompida; era preciso restaurar o vínculo, mas de que modo? Essa era justamente a grande questão. Alguns acreditavam que, deixando a Rússia a reboque da Europa, não seria possível fazer nada; esses depositavam suas esperanças não no futuro, mas na volta ao passado. Outros viam no futuro só infelicidade e devastação; amaldiçoavam a civilização monstruosa e o povo indiferente a tudo. Uma tristeza profunda dominava a alma de todas as pessoas de ideias.

Somente a canção de Púchkin, ampla e sonora, soava pelos vales da escravidão e dos tormentos; essa canção prolongava a época passada, preenchia o presente com seus sons vigorosos e transmitia sua voz ao futuro distante. A poesia de Púchkin era garantia e consolo. Os poetas que vivem em épocas de desesperança e de queda não compõem canções assim, elas não combinam nem um pouco com funerais.

Mas a inspiração de Púchkin não o enganou. O sangue que aflui impetuosamente ao coração tomado de pavor não podia ficar ali parado; ele logo se manifestou no exterior.

Surgiu um publicista que elevou corajosamente a própria voz para reunir os amedrontados. Esse homem, tendo passado toda a juventude na pátria, na Sibéria, trabalhando no comércio, entediou-se logo com isso e apaixonou-se pela leitura. Sem nenhum tipo de educação formal, estudou francês e alemão por conta própria e veio morar em Moscou. Aqui, sem colaboradores, sem relações importantes, sem tradição na literatura, decidiu publicar uma revista mensal. Em pouco tempo, maravilhou os leitores com a variedade enciclopédica de seus artigos. Escrevia com primor sobre jurisprudência e música, medicina e língua sânscrita. Uma de suas especialidades era a história russa, mas isso não o impediu de escrever contos, romances e, no final, artigos de crítica, com os quais logo adquiriu grande fama.

É inútil buscar nos escritos de Polevoi grande erudição e profundidade filosófica, mas ele conseguia destacar o aspecto humanístico de qualquer questão e tinha inclinações liberais. A sua revista, *Moskóvski Telegraf* [O Telégrafo de Moscou], teve grande influência; devemos reconhecer ainda mais o seu mérito por ter sido publicada em tempos de trevas. O que se podia escrever um dia depois do levante, na véspera das execuções? A posição de Polevoi era muito difícil. O que o salvou de perseguições foi o fato de ainda ser um nome desconhecido. Naquela época, escrevia-se pouco: metade dos literatos estava no degredo, a outra metade mantinha silêncio. Uma pequena chusma de renegados, espécie de gêmeos siameses de Grietch[8] e Bulgárin,[9] vinculara-se ao governo, reparando a participação no 14 de dezembro com delações de amigos e com a *eliminação* do mestre tipógrafo que, por ordem deles, havia composto proclamações revolucionárias na tipografia de Grietch.[10] Sozinhos, reinavam no jornalismo petersburguense da época, só que no papel de policiais e não de literatos. Polevoi conseguiu se manter na contramão da reação até 1834, sem mudar o seu estilo; não devemos nos esquecer disso.

Polevoi começou a democratizar a literatura russa; ele a obrigou a descer das alturas aristocráticas e tornou-a mais popular ou, pelo menos, mais burguesa. Ele atacava seus maiores inimigos, as autoridades literárias, com impiedosa ironia. E estava inteiramente certo em pensar que arrasar qualquer autoridade é um ato revolucionário, e que aquele capaz de se libertar do jugo dos grandes nomes e das autoridades escolásticas já não pode ser um completo escravo nem da religião, nem da sociedade. Antes de Polevoi, os críticos às vezes se atreviam, ainda que não sem grande quantidade de reticências e desculpas, a fazer repreensões insignificantes, endereçadas a Derjávin, Karamzin ou Dmítriev, reconhecendo, entretanto, a indiscutível grandeza de todos eles. Mas Polevoi já desde o primeiro dia se colocou em pé de igualdade com eles, começou a apresentar acusações contra esses grandes mestres, esses figurões dogmáticos, que se davam ares de grande importância. O velho Dmítriev, poeta e ex-ministro da Justiça, falava com tristeza e horror da anarquia literária introduzida por Polevoi, que, segundo ele, estava privado do sentimento de respeito pelas pessoas cujos méritos são reconhecidos por todo o país.

Polevoi atacava não apenas as autoridades literárias, mas também os cientistas; esse pequeno comerciante siberiano, que nunca frequentara

[8] Nikolai Ivánovitch Grietch (1787-1867), editor, jornalista, filólogo e tradutor. Inicialmente próximo dos dezembristas, no começo de 1825 mudou de posição. Participou da elaboração do regulamento da censura em 1828. (N. da T.)

[9] Faddiei Venedíktovitch Bulgárin (1789-1859), escritor, jornalista, crítico literário e editor. A partir de 1824, abandonou as fileiras dos liberais e passou a apoiar os reacionários. Após a derrota dos dezembristas, colaborou com a III Seção. (N. da T.)

[10] Na tipografia de Nikolai Ivánovitch Grietch, imprimiam-se ilegalmente documentos da maçonaria; já as obras de propaganda política dos dezembristas eram distribuídas apenas em cópias manuscritas. E. Friedrich, tipógrafo-chefe da oficina de Grietch, foi morto em 1821; não há informações sobre a ligação de Grietch e Bulgárin com a sua morte. (N. da E.)

a escola, ousava duvidar da ciência. Os cientistas *ex officio* uniram-se aos literatos eméritos e grisalhos para iniciar uma guerra formal contra o jornalista rebelde.

Conhecendo o gosto do público, Polevoi destruía os inimigos com artigos cáusticos. A objeções científicas, ele respondia com piadas; a divagações entediantes, com intrepidez, despertando sonoras gargalhadas. É até difícil imaginar a curiosidade com que o público acompanhava o correr dessa polêmica. O público parecia compreender que, ao atacar as autoridades literárias, Polevoi tinha em vista outros alvos. Na verdade, ele aproveitava todas as oportunidades de tocar nas mais delicadas questões da política e fazia isso com admirável habilidade. Falava praticamente de tudo, mas de um modo que não dava motivo para chateações. É preciso dizer que a censura possibilita um extraordinário desenvolvimento do estilo e da arte de refrear o próprio discurso. Exasperada por obstáculos ultrajantes, a pessoa tem vontade de superá-los e quase sempre consegue fazer isso. O discurso alegórico conserva rastos de inquietação, de luta; nele há mais paixão do que numa narração simples. A alusão fica mais forte sob seu véu, que sempre é transparente para quem quer compreender. O discurso sucinto é mais rico de sentidos, mais agudo; falar de modo que o pensamento esteja claro, mas que as palavras sejam encontradas pelo próprio leitor, é o melhor meio de convencer alguém. O sentido oculto intensifica a força do discurso; o sentido desnudo refreia a imaginação. Quando sabe que o escritor tem de ser cuidadoso, o leitor o lê com mais atenção; entre ele e o autor se estabelece uma ligação secreta: um oculta aquilo que escreve; o outro, aquilo que entende. A censura é como uma teia: captura pequenos insetos, mas os grandes conseguem rompê-la. Alusões a pessoas e acusações morrem sob *tintas vermelhas*, mas as ideias vivas e a poesia autêntica passam com desdém por essa antessala, permitindo, no máximo, uma leve escovada. (Após a revolução de 1848, a censura tornou-se uma mania de Nicolau. Não satisfeito com a censura habitual e com duas censuras que ele instituíra além dos limites de seus domínios, em Iasi e Bucareste, onde não se escreve em russo, Nicolau criou ainda uma segunda censura em Petersburgo;[11] somos inclinados a pensar que essa censura dupla será mais útil

[11] Nada se sabe sobre a instituição da censura russa em Iasi e Bucareste; em Petersburgo, em 27 de fevereiro [10 de março] de 1848, foi organizada uma comissão presidida por Aleksandr Serguêievitch Miénchikov; a partir de 2 [14] de abril de 1848, passou

do que a simples. Chegará até o ponto em que os livros russos serão impressos fora da Rússia, como já se faz; e como saber quem será mais astuto: a palavra livre ou o imperador Nicolau?)

Com o *Telegraf* [O Telégrafo], as revistas começam a dominar o cenário da literatura russa. Elas reúnem todo o movimento intelectual do país. Compravam-se poucos livros, os melhores poemas e contos apareciam nas revistas, e era preciso algo saído das fileiras de lá — um poema de Púchkin ou um romance de Gógol — para chamar a atenção de um público tão disperso quanto os leitores da Rússia. Em nenhum outro país, com exceção da Inglaterra, a influência das revistas foi tão grande. Elas são realmente o melhor meio de disseminação da ilustração em um país de dimensões amplas. *Telegraf* [O Telégrafo], *Moskóvski Viéstnik* [O Mensageiro de Moscou], *Teleskop* [O Telescópio], *Bibliotieka dliá Tchtiénia* [Biblioteca para a Leitura], *Otiétchestvennie Zapíski* [Anais da Pátria] e seu filho bastardo, *Sovremiênnik* [O Contemporâneo], independentemente de suas orientações extremamente diversas, disseminaram, nos últimos vinte anos, enorme quantidade de conhecimentos, concepções e ideias. Deram aos habitantes de Omsk e Tobolsk a chance de ler romances de Dickens ou George Sand dois meses após a sua publicação em Londres ou Paris. Até a sua periodicidade foi favorável, despertando o leitor preguiçoso.

Polevoi encontrou um jeito de publicar o *Telegraf* [O Telégrafo] até 1834. No entanto, após a revolução polonesa, a perseguição ao pensamento de vanguarda intensificou-se. O absolutismo vitorioso perdeu toda a vergonha e qualquer tipo de discrição. Puniam travessuras de escolares como se fossem levantes armados, degredavam crianças de quinze e dezesseis anos de idade ou alistavam-nas como soldados por toda a vida. Polejáiev, estudante da Universidade de Moscou, famoso por suas obras poéticas, escreveu alguns versos liberais. Nicolau não o mandou a julgamento, ordenou que o levassem a sua presença e exigiu que ele lesse os versos em voz alta. Depois *o beijou* e mandou para o exército como soldado raso; essa ideia de castigo tão disparatada só podia brotar em uma mente que perdera o bom senso governamental, que considerava o exército russo uma instituição correcional ou um campo de trabalhos forçados. Oito anos mais tarde, o soldado Polejáiev morreu no hospital

---

a funcionar um comitê, presidido por Dmitri Petróvitch Buturlin, para fiscalização das publicações e das instituições responsáveis por seu controle. (N. da E.)

militar.[12] Um ano depois, os irmãos Krítski, também estudantes em Moscou, foram mandados para a prisão por terem, se não me engano, quebrado um busto do imperador.[13] Desde aquela época, ninguém mais ouviu falar deles. Em 1832, sob o pretexto de envolvimento numa sociedade secreta, prenderam uma dúzia de estudantes e imediatamente os encaminharam para a guarnição de Orenburg,[14] para onde levaram também o filho de um pastor luterano, Iuli Kolreif, que nunca fora súdito russo e nunca se ocupara de outra coisa, a não ser de música, mas se atrevera a dizer que não considerava dever seu delatar os amigos. Em 1834, também nós, meus amigos e eu, fomos jogados na prisão e, passados oito meses, degredados como escrivães para a chancelaria de províncias distantes. Acusaram-nos de planejar criar uma sociedade secreta e de querer divulgar as ideias do conde de Saint-Simon;[15] numa brincadeira de mau gosto, leram-nos a sentença de morte, depois informaram que o imperador, por um ato de bondade verdadeiramente imperdoável, ordenara nos submeter a um castigo apenas corretivo: o degredo. Esse castigo durou mais de cinco anos.

Naquele mesmo 1834, o *Telegraf* [O Telégrafo] foi proibido. Sem a revista, Polevoi perdeu o norte. Suas experiências literárias não tiveram mais êxito; irritado e desencantado, ele deixou Moscou e instalou-se em Petersburgo. Os primeiros números de sua nova revista, *Sin Otiétchestva* [O Filho da Pátria], foram recebidos com amarga surpresa. Ele se deixou subjugar, tornou-se um bajulador. Era triste ver que aquele guerreiro corajoso, aquele trabalhador incansável, capaz de permanecer firme em seu posto nos tempos mais difíceis, assim que fecharam sua revista firmou um acordo amigável com seus inimigos. Era triste ouvir o nome de Polevoi junto com os de Grietch e Bulgárin; era triste comparecer às apresentações de suas obras dramáticas, que despertavam aplausos de agentes secretos e funcionários lacaios.

---

[12] A. I. Polejáiev morreu em 1838. (N. da E.)

[13] O processo dos irmãos Krítski é de 1831. (N. da E.)

[14] O mais provável é que se trate do processo dos estudantes da Universidade de Moscou acusados em 1831 de não terem informado que N. P. Sungurov planejava fundar uma sociedade secreta. (N. da E.)

[15] Claude Henri de Rouvroy, conde de Saint-Simon (1760-1825), pensador do socialismo utópico francês. (N. da T.)

Polevoi sentia a vida naufragar; isso o fazia sofrer, e ele perdeu o ânimo. Até queria se corrigir, queria sair daquela posição falsa, mas não tinha forças, e apenas se prejudicava aos olhos do governo, sem nenhum ganho aos olhos da sociedade. Mais nobre em sua natureza do que no comportamento, ele não podia suportar essa luta por muito tempo. Em breve morreria, deixando os negócios em completa desordem. As concessões que fizera não o levaram a nada.

Houve dois seguidores de Polevoi: Senkóvski[16] e Bielínski.

Polonês russificado, orientalista e acadêmico, Senkóvski era um escritor muito perspicaz, um grande trabalhador, mas um sujeito sem princípios, isso se não considerarmos como princípios um profundo desprezo por pessoas e acontecimentos, por convicções e teorias. Em Senkóvski, aquela disposição espiritual adotada pela sociedade a partir de 1825 encontrou o seu verdadeiro representante — um verniz brilhante, mas frio, um sorriso que não raro escondia uma mordida de remorso, uma avidez por prazeres intensificada pela falta de confiança no próprio destino, um materialismo zombeteiro mas tristonho e piadas artificiais como as de um homem que se encontra atrás das grades.

Bielínski era o exato oposto de Senkóvski: um típico representante da juventude estudantil de Moscou, mártir das próprias dúvidas e reflexões, entusiasta, poeta em dialética; ultrajado por tudo o que o cercava, esgotava-se em inquietações. Esse homem palpitava de indignação e tremia de raiva diante do eterno espetáculo do absolutismo russo.

Senkóvski fundou uma revista como quem abre uma casa de comércio.[17] Mas nós não compartilhamos da opinião daqueles que viam na revista uma tendência governamental. Ela era lida com avidez em toda a Rússia, o que nunca aconteceria com uma revista ou livro escrito em defesa dos interesses do poder. A *Siévernaia Ptchelá* [A Abelha do Norte], sob os auspícios da polícia, era apenas uma exceção aparente à regra: era a *única* folha política, mas não oficial, que suportavam, e é desse modo que se explica o seu sucesso; mas, assim que os jornais oficiais adquiriram uma redação aceitável, a *Siévernaia Ptchelá* [A Abelha do Norte] foi abandonada por seus leitores. Não há glória, não há reputação que re-

[16] Óssip-Iulian Ivánovitch Senkóvski (1800-1858), escritor russo. (N. da T.)

[17] Trata-se da revista *Bibliotieka dliá Tchtiénia* [Biblioteca para a Leitura], sob redação de O. I. Senkóvski, lançada em 1834 e editada por Aleksandr Filíppovitch Smírdin. (N. da E.)

sista ao contato mortal e humilhante com o governo. Na Rússia, todos aqueles que leem odeiam o poder; todos os que o amam não leem nada ou leem apenas besteiras francesas. A Púchkin — grande glória da Rússia — certa vez voltaram as costas por causa de uma saudação dirigida a Nicolau após o controle do cólera e de dois poemas políticos.[18] Gógol, ídolo dos leitores russos, num instante despertou o mais profundo desprezo por causa de uma brochura servil.[19] A estrela de Polevoi apagou-se no dia em que ele selou sua união com o governo. Na Rússia, não perdoam os renegados.

Senkóvski falava com desprezo do liberalismo e da ciência, mas também não tinha respeito por mais nada. Ele se imaginava um homem prático no mais alto grau, pois pregava o materialismo teórico, mas, como qualquer teórico, foi ultrapassado por outros teóricos, que pensavam de modo ainda mais abstrato, mas tinham convicções ardentes — e isso é incomparavelmente mais prático e próximo da ação do que a *praticologia*.

Ridicularizando tudo o que é mais sagrado para o ser humano, Senkóvski automaticamente destruiu nas mentes a ideia da monarquia. Apregoando o conforto e as satisfações sensoriais, levou as pessoas à noção extremamente simples de que não é possível se deleitar com a vida pensando o tempo todo em gendarmes, em delações e na Sibéria, de que o medo não é confortável e não há ser humano que possa almoçar com apetite quando não sabe onde vai dormir.

Senkóvski pertencia inteiramente a sua época; varrendo a entrada de um novo tempo, ele removeu com a vassoura tanto a poeira quanto coisas valiosas, mas desobstruiu o solo para outra época, que ele mesmo não compreendia. E ele próprio sentia isso; assim que algo novo e vivo aparecia na literatura, Senkóvski recolhia as velas e logo esmaecia de todo.

Em torno de Senkóvski, havia um círculo de jovens literatos que ele arruinou, corrompendo seus gostos. Eles introduziram um estilo à primeira vista brilhante, mas, à segunda, falso. Na poesia de Petersburgo,

---

[18] Trata-se do poema "Gueroi" ["Herói"], dedicado a Nicolau I por sua visita a Moscou na época da epidemia de cólera (1830) e também de "Borodínskaia godovschina" ["O aniversário de Borodinó"] e "Klevetnikám Rossíi" ["Aos difamadores da Rússia"]. (N. da E.)

[19] Trata-se de *Trechos escolhidos da correspondência com amigos*. (N. da E.)

ou, melhor ainda, da ilha Vassílievski (uma espécie de Quartier Latin, onde moram, principalmente, literatos e artistas *desconhecidos* nas outras partes da cidade), naquelas imagens histéricas engendradas por Kúkolniks, Benedíktovs, Timofiêievs[20] etc., não havia nada vivo nem real. Flores desse tipo podiam nascer apenas ao pé do trono do imperador e sob o teto da Fortaleza de Pedro e Paulo.

Em Moscou, em lugar do proibido *Telegraf* [O Telégrafo], começou a circular a revista *Teleskop* [O Telescópio]; ela não teve a longevidade de seu antecessor, mas, em compensação, sua morte foi verdadeiramente gloriosa. Justamente nela saiu a famosa carta de *Tchaadáiev*.[21] Logo proibiram a revista, mandaram o censor para a reserva, degredaram o redator-chefe para Ust-Sisolsk.[22] A publicação dessa carta foi um dos acontecimentos mais significativos. Nela havia um chamado, um sinal de despertar; a carta quebrou o gelo do pós-14 de dezembro. Finalmente, chegava alguém com uma alma transbordante de mágoa; ele encontrou palavras duras para dizer, com fúnebre eloquência, com abafada tranquilidade, tudo o que, durante dez anos, havia se acumulado de amargura no coração do russo letrado. Essa carta era o testamento de alguém que renuncia a seus direitos não por amor a seus herdeiros, mas por repulsa; dura e friamente, o autor exige da Rússia a conta de todos os sofrimentos infligidos por ela a quem ousa sair da condição de rebanho. Ele quer saber o que compramos ao preço de nossa posição; ele analisa isso com uma transparência implacável, que leva ao desespero e, assim que termina essa vivisseção, afasta-se, horrorizado, amaldiçoando o próprio país no passado, no presente e no futuro. É verdade que essa voz sombria soou apenas depois, para dizer à Rússia que ela nunca havia vivido com humanidade, que ela representa "apenas uma lacuna na consciência humana, apenas um exemplo instrutivo para a Europa".[23] Ele disse à Rússia

---

[20] Niéstor Vassílievitch Kúkolnik (1809-1868), Vladímir Grigórievitch Benedíktov (1807-1873) e Aleksei Vassílievitch Timofiêiev (1812-1883), autores menores, mas muito populares na Rússia na primeira metade do século XIX. (N. da T.)

[21] A "Carta filosófica" de Piotr Iákovlevitch Tchaadáiev (1794-1856) foi publicada em 1836. (N. da E.)

[22] O redator da *Teleskop* [O Telescópio] era Nikolai Ivánovitch Nadiéjdin (1804-1856) e o censor, Aleksei Vassílievitch Bóldirev (1780-1842). (N. da E.)

[23] Citação inexata da "Carta filosófica". No texto de Tchaadáiev: "existíamos, e ainda agora existimos, para ensinar algum tipo de grande lição a descendentes distantes

que o passado dela foi inútil, o presente é vão e que ela não terá nenhum futuro.

Apesar de não concordarmos com Tchaadáiev, compreendemos muito bem por que caminho ele chegou a esse ponto de vista sombrio e desesperançado, ainda mais que, até agora, os fatos falam a favor dele e não contra. Nós acreditamos, mas a ele basta apontar o dedo; nós esperamos, mas a ele basta somente abrir o jornal a fim de demonstrar que tem razão. A conclusão a que chega Tchaadáiev não resiste a críticas, mas não está nisso a importância da carta; ela é importante graças ao lirismo de sua rigorosa indignação, que abala a alma e a mantém longamente sob forte impressão. Acusaram o autor de crueldade, mas esse é sem dúvida o seu maior mérito. Não há necessidade de nos poupar: nós esquecemos com demasiada rapidez a nossa posição, estamos acostumados demais a nos divertir dentro das paredes da prisão.

O artigo foi recebido com um clamor de mágoa e assombro; ele assustou, atingiu profundamente até aqueles que devotavam simpatia a Tchaadáiev, mas, apesar disso, expressou apenas aquilo que inquietava vagamente a alma de cada um de nós. Quem de nós não experimentou momentos em que, tomado de fúria, odiou esse país que a todos os impulsos nobres do ser humano responde só com martírios, que se apressa a nos acordar só para em seguida promover torturas? Quem de nós não quis se arrancar para sempre dessa prisão que ocupa a quarta parte do globo terrestre, desse império monstruoso, em que todo inspetor de polícia é um tsar e o tsar é um inspetor de polícia coroado? Quem de nós não se entregou a todo tipo de paixão para esquecer esse inferno congelado e frio, para se embriagar e espairecer ainda que por alguns minutos? Agora enxergamos tudo de outro modo, examinamos a história russa a partir de outro ponto de vista, mas não temos motivo nem para renegar esses minutos de desespero, nem para nos arrepender deles; pagamos um preço alto demais por eles, por isso não podemos esquecê-los; eram o nosso direito, o nosso protesto, e eles nos salvaram.

Tchaadáiev calou-se, mas não o deixaram em paz. Os aristocratas de Petersburgo, esses Benkendorfs, esses Kleinmikhels,[24] ofenderam-se

---

que a aprenderão; mas, por enquanto, não importa o que se fale, somos uma lacuna no campo intelectual". (N. da T.)

[24] Conde Piotr Kleinmikhel (1793-1869), general próximo a Nicolau I. (N. da T.)

em nome da Rússia. O importante alemão Vigel, pelo visto protestante, diretor do Departamento de Confissões Religiosas Estrangeiras, levantou-se contra os inimigos da ortodoxia russa.[25] O imperador mandou anunciar que Tchaadáiev estava sofrendo de um transtorno mental. Essa farsa desprezível arrebatou para o lado de Tchaadáiev até seus inimigos; sua influência em Moscou cresceu. A própria aristocracia baixou a cabeça diante desse pensador e cercou-o de respeito e atenção, apresentando assim uma contestação à brincadeira do imperador.

A carta de Tchaadáiev soou como um clarim de convocação; o sinal foi dado, e de todas as partes ouviram-se novas vozes; entraram em cena jovens combatentes, fato que dava testemunho do trabalho silencioso realizado no decorrer desses dez anos.

O 14 de dezembro provocou uma abrupta ruptura com o passado, e a literatura antecedente já não podia continuar como antes. No dia seguinte, ainda era possível surgir um jovem Venevítinov,[26] cheio dos sonhos e das ideias de 1825. O desespero, assim como a dor depois de um ferimento, não vem logo. Mas, mal conseguira balbuciar algumas nobres palavras, ele já definhava, como uma florzinha nova atingida pela respiração congelante do Báltico.

Venevítinov não era capaz de sobreviver na nova atmosfera russa. Seria preciso ter outra têmpera para respirar o ar daquela época sinistra, seria necessário ter se acostumado desde a infância com esse vento cortante e ininterrupto, familiarizar-se com dúvidas não solucionadas, com verdades angustiantes, com a própria fraqueza, com as ofensas de cada dia; seria preciso adquirir, desde o início da tenra infância, o hábito de ocultar tudo o que inquieta a alma e não só não perder nada do que se conservou dela, mas, ao contrário, deixar sazonar na fúria silenciosa tudo o que se conservou no coração. Seria preciso ser capaz de odiar por amor, de desprezar por humanidade; seria preciso dominar o orgulho ilimitado para, com grilhões nos pés e nas mãos, manter a cabeça bem erguida.

---

[25] Trata-se da denúncia de Fillip Fillípovitch Vigel (1786-1856) ao metropolita Serafim de Petersburgo a respeito da "Carta filosófica". (N. da E.)

[26] Dmitri Vladímirovitch Venevítinov (1805-1827), poeta russo. Sua morte ocorreu poucos meses após ter passado três dias preso sob suspeita de colaboração com o movimento dezembrista. (N. da T.)

Cada canção de *Oniéguin* surgida após 1825 distinguia-se por uma grande profundidade. O plano inicial do poeta era desembaraçado e plácido; ele o havia traçado em outros tempos; naquela época, a sociedade que cercava o poeta gostava do riso irônico, mas benevolente e alegre. As principais canções de *Oniéguin* lembram-nos muito a comicidade picante mas cordial de Griboiêdov. Lágrima e riso se misturavam.

Dois poetas que temos em mente e que expressam a nova época da poesia russa são Liérmontov e Koltsov. Eram duas vozes potentes, que alcançavam extremos opostos.

Nada pode testemunhar com maior evidência a mudança ocorrida nas mentes a partir de 1825 do que a comparação entre Púchkin e Liérmontov: Púchkin, com frequência insatisfeito e pesaroso, ofendido e tomado de indignação, está, apesar disso, pronto a selar a paz. Ele quer a paz e não perde as esperanças nela; em seu coração, a corda das lembranças da época do imperador Alexandre não para de tocar. Já Liérmontov está tão conformado com o desespero e a hostilidade que, além de não ter procurado uma saída, nem mesmo via a possibilidade de luta ou entendimento. Liérmontov nunca conheceu a esperança, ele próprio não foi vítima, pois nunca se exigiu dele esse espírito de sacrifício. Ele não caminhou em direção ao carrasco, erguendo orgulhosamente a cabeça, como Piéstel[27] e Riliéiev,[28] porque não podia crer na atitude de vítima; ele se esquivou e morreu por nada.

O tiro de pistola que matou Púchkin despertou a alma de Liérmontov. Ele escreveu uma ode enérgica, em que, estigmatizando as intrigas vis que antecederam o duelo, intrigas tramadas por ministros-literatos e jornalistas-espiões, exclamava com indignação juvenil: "Vingança, soberano, vingança!".[29] Por essa única inconsequência, o poeta pagou com o degredo para o Cáucaso. Isso aconteceu em 1837; em 1841, o corpo de Liérmontov desceu ao túmulo, no sopé das montanhas do Cáucaso.

---

[27] Pável Ivánovitch Piéstel (1793-1826), militar, participou da guerra de 1812 contra Napoleão. Um dos cinco chefes do levante dezembrista de 1825 condenados à morte, foi enforcado em julho de 1826. (N. da T.)

[28] Kondrati Fiódorovitch Riliéiev (1795-1826), poeta e ativista social. Assim como Piéstel, foi enforcado em julho de 1826. (N. da T.)

[29] Citação da tragédia do dramaturgo francês Jean de Rotrou (1609-1650); foi usada como epígrafe em uma série de manuscritos do poema de Mikhail Liérmontov "A morte do poeta". (N. da E.)

E o que tu disseste diante do fim
Nenhum dos que ouviram lembram...
... De tuas últimas palavras
O significado profundo e amargo
Perdeu-se...[30]

Felizmente, para nós, o que Liérmontov escreveu em seus quatro últimos anos de vida não está perdido e pertence inteiramente à nossa geração. Todos éramos jovens demais para tomar parte no 14 de dezembro. Despertados por esse dia grandioso, vimos apenas as execuções e os banimentos. Obrigados a nos calar, contendo as lágrimas, aprendemos, trancados em nós mesmos, a amadurecer nossos pensamentos — e que pensamentos! Já não eram as ideias do liberalismo ilustrado, eram dúvidas, negações, pensamentos tomados de fúria. Conformado com esses sentimentos, Liérmontov não conseguiu encontrar salvação no lirismo, como encontrou Púchkin. Ele arrastava a pesada carga do ceticismo em todos os seus sonhos e deleites. O pensamento viril e pesaroso está permanentemente assentado em sua fronte, transparece em todos os seus versos. Não é um pensamento abstrato, destinado a se adornar com as cores da poesia; não, as reflexões de Liérmontov são a sua poesia, o seu martírio, a sua força.[31] Ele tinha mais simpatia por Byron do que Púchkin. À infelicidade de ser transparente demais, uniu-se em Liérmontov ainda outra: ele falava corajosamente a respeito de tudo, sem clemência e sem disfarce. Os seres fracos atingidos por isso nunca perdoam semelhante sinceridade. Falavam de Liérmontov como um rebento mimado da família aristocrata, como um daqueles desocupados que morrem de tédio e

[30] Versos dedicados a Liérmontov pelo príncipe Aleksandr Ivánovitch Odóievski (1802-1839), um dos condenados no processo do 14 de dezembro, morto no Cáucaso como soldado. (N. da T.)

[31] Os poemas de Liérmontov foram magnificamente traduzidos para o alemão por Bodenstedt. Há uma tradução do romance *O herói de nosso tempo* para o francês, feita por Chopin. (N. do A.) [Jean-Marie Chopin (1796-1871) foi um explorador, escritor e tradutor de pais franceses, mas nascido na Rússia. Friedrich Bodenstedt (1819-1892), escritor e tradutor alemão, viveu na Rússia e na Geórgia e traduziu obras de Púchkin, Liérmontov e Turguêniev, entre outras. A obra de Liérmontov, na tradução de Bodenstedt, foi publicada em 1852. A tradução de Chopin é de 1853. (N. da T.)]

de fastio. Não queriam saber o quanto esse homem lutara e sofrera antes de se atrever a expressar suas ideias. As pessoas são muito mais indulgentes com xingamentos e ódios do que com a reconhecida maturidade de pensamento, do que com o afastamento que, sem querer compartilhar de suas esperanças nem de suas inquietações, ousa falar abertamente desse rompimento. Quando Liérmontov, condenado ao degredo pela segunda vez, partiu de Petersburgo para o Cáucaso, ele sentiu um forte cansaço e disse aos amigos que tentaria ir ao encontro da morte o mais rapidamente possível. E cumpriu a palavra.

Que monstruosidade é essa chamada Rússia, que precisa de tantas vítimas e que apresenta a seus filhos só uma triste escolha: naufragar mo ralmente em um meio hostil a toda a humanidade ou morrer no alvorecer da vida? É um sorvedouro sem fundo, onde se afogam os melhores frutos, onde grandiosíssimos esforços, grandiosíssimos talentos, grandiosíssimas habilidades desaparecem antes de conseguir fazer algo.

Mas será possível duvidar da existência de forças em estado embrionário quando das próprias profundezas da nação começou a ressoar uma força como a de Koltsov?

No decorrer de um século ou até de um século e meio, o povo cantou somente canções antigas ou obras monstruosas, fabricadas na primeira metade do reinado de Catarina II. É verdade que, no início de nosso século, surgiram algumas imitações bem felizes da canção popular, mas faltava verdade a essas criações artificiais; foram tentativas, extravagâncias. Justamente do seio mais profundo do interior da Rússia antiga, saíram as novas canções. Elas foram compostas com inspiração por um mercador de gado, que tocava seu rebanho pelas estepes. Koltsov era um verdadeiro filho do povo. Ele nasceu em Vorónej, frequentou a escola paroquial até os dez anos de idade e lá aprendeu apenas a ler e escrever, com erros de ortografia. O seu pai, comerciante de gado, obrigou o filho a se ocupar exatamente do mesmo negócio. Koltsov tocava o gado por centenas de verstas e, graças a isso, acostumou-se à vida nômade, que encontrou reflexo em suas melhores canções. O jovem mercador de gado gostava de livros e com frequência relia algum poeta russo, que então tomava como modelo; as tentativas de imitá-lo davam uma orientação enganosa a seu instinto poético. Finalmente, manifestou-se nele seu verdadeiro dom: ele compôs canções populares, poucas, mas cada uma delas é uma obra-prima. São verdadeiras canções do povo russo. Nelas, sentem-se a melancolia, que consiste em traço característico seu, a tristeza que dilacera a alma, a vida exuberante (*a audácia intrépida*). Koltsov mostrou que, na alma do povo russo, oculta-se muita poesia; que, após longo e profundo sono, em seu peito restou algo vivo. Temos ainda outros poetas, artistas e homens de Estado saídos do povo, mas que saíram dele literalmente, romperam todo tipo de relação com ele. Lomonóssov era filho de um pescador do mar Branco. Fugiu da casa paterna para estudar, ingressou em um estabelecimento de ensino religioso, depois foi para a Alemanha, onde deixou de ser uma pessoa simples. Entre ele e a Rússia agrária não há nada em comum, a não ser aquela ligação existente entre pessoas da mesma raça. Já Koltsov permaneceu junto aos rebanhos e negócios de seu pai, que o odiava e, com outros parentes, tornava a sua vida tão difícil que ele morreu em 1842. Koltsov e Liérmontov entraram para a literatura e faleceram praticamente na mesma época. Depois deles, a poesia russa emudeceu.

Mas, no campo da prosa, a atividade se fortalecia e tomava outra direção.

Gógol, embora, ao contrário de Koltsov, não fosse originário do povo, pertencia a ele em termos de gostos e disposição do raciocínio. Gógol estava inteiramente livre da influência estrangeira; ele não conhecia nenhuma literatura quando se tornou famoso. Ele mais se solidarizava com a vida do povo do que com a corte, coisa natural para quem é da Pequena Rússia.[32]

O pequeno-russo, mesmo quando se torna cortesão, nunca rompe radicalmente com o povo, como faz o russo. Ele ama sua pátria, sua língua, as tradições dos cossacos e dos hétmans. A Ucrânia salvaguardou a sua liberdade, selvagem e guerreira, mas republicana e democrática, até a época de Pedro I. Os pequeno-russos, dilacerados por poloneses, turcos e *moskális*,[33] arrastados para uma guerra eterna com os tártaros da Crimeia, nunca depuseram as armas. Tendo se anexado voluntariamente à Grande Rússia,[34] a Pequena Rússia reservou-se direitos significativos. O

[32] Pequena Rússia ou Maloróssia era o nome dado à Ucrânia na Rússia Imperial. (N. da T.)

[33] Nos idiomas ucraniano, polonês e bielorrusso, *moskal* é um apelido depreciativo usado em relação aos russos. Sua origem remonta a manuscritos ucranianos do século XVII. Nos séculos XVIII e XIX, assim os habitantes da parte oriental da Bielorrússia e da Ucrânia chamavam os soldados e funcionários do Império Russo. (N. da T.)

[34] Grande Rússia ou Velikoróssia era o nome dado à Rússia. (N. da T.)

tsar Aleksei jurou observá-los. Pedro I, sob o pretexto da substituição de Mazepa,[35] conservou apenas uma tênue sombra desses privilégios. Elizavieta e Catarina introduziram lá a servidão. O infortunado país protestou, mas como poderia resistir diante da avalanche fatal que rolava do norte até o mar Negro, cobrindo tudo o que levava o nome russo com uma única savana de escravidão glacial? A Ucrânia teve o mesmo destino de Nóvgorod e Pskov, embora muito depois; mas um século de servidão não podia destruir tudo o que havia de independente e poético nesse povo glorioso. Lá se observa um desenvolvimento mais genuíno, lá há um colorido local mais forte do que no nosso país, onde toda a vida do povo, sem distinção, enfia-se numa farda patética. Entre nós, as pessoas nascem para inclinar a cabeça diante do destino injusto e morrem sem deixar vestígios, legando a seus filhos a sina de começar desde cedo essa mesma vida sem esperanças. O nosso povo não conhece a própria história, enquanto na Pequena Rússia cada aldeiazinha possui a sua lenda. O povo russo lembra-se apenas de Pugatchov[36] e do ano de 1812.

Os contos com os quais Gógol estreou apresentam-se como uma série de quadros autenticamente maravilhosos, que retratam os costumes e a natureza da Pequena Rússia — quadros repletos de alegria, de graça, de vivacidade e de amor. Contos semelhantes não são possíveis na Grande Rússia por falta de enredo e de heróis. Entre nós, as cenas populares logo adquirem um caráter sombrio e trágico, que oprime o leitor; eu digo "trágico" apenas no sentido de Laocoonte.[37] É o trágico do destino ao qual se cede sem resistência. Aqui a mágoa se transforma em fúria e desespero; o riso, em uma ironia amarga e repleta de ódio. Quem é que pode ler, sem estremecer de indignação e vergonha, a notável novela *Anton Goremika*[38] ou a obra-prima de Ivan Turguêniev *Memórias de um caçador*?

---

[35] Ivan Stepánovitch Mazepa (1639-1709), político russo. Por muito tempo, foi um dos correligionários do tsar Pedro I, mas em 1708 aliou-se ao rei da Suécia, Carlos II, adversário da Rússia na Guerra do Norte. (N. da T.)

[36] Iemelian Pugatchov (1742-1775), líder de uma rebelião camponesa ocorrida entre 1773 e 1775. (N. da T.)

[37] Caracterizando o grupo de esculturas antigas que retratam o sacerdote Laocoonte e seus dois filhos condenados à morte, Herzen parafraseia a definição de Hegel. Ver Hegel, *Estética em 4 volumes*, v. III. (N. da E.)

[38] Novela de Dmitri Vassílievitch Grigoróvitch (1822-1900). (N. da E.)

Com a mudança de Gógol da Pequena Rússia para a Rússia Central, desaparecem de suas obras as imagens simples e graciosas. Nelas já não há o herói semisselvagem, à semelhança de *Tarás Bulba*; não há um velho patriarcal bonachão, tão bem descrito em *Proprietários à moda antiga*.[39] Sob o céu de Moscou, tudo em sua alma torna-se sombrio, nebuloso, hostil. Ele continua a rir, e ri até mais do que antes, mas é outro riso; ele consegue enganar apenas pessoas com um coração muito empedernido ou os crédulos demais. Passando de seus pequeno-russos e cossacos aos russos, Gógol deixa o povo de lado e ocupa-se de dois de seus mais mortais inimigos: os funcionários públicos e os proprietários de terra. Nunca ninguém antes escrevera um tratado de anatomia do *funcionário público* russo tão completo. Rindo, ele penetra impiedosamente nos cantos mais recônditos dessa alma impura e perniciosa. A comédia de Gógol *O inspetor geral* e o seu romance *Almas mortas* são uma terrível confissão da Rússia contemporânea, tais quais as revelações de Kochíkhin[40] no século XVII.

Presente na estreia de *O inspetor geral*, o imperador Nicolau morreu de rir!!!

O poeta, desesperado por ter evocado apenas essa alegria augustíssima e o riso cheio de si de funcionários exatamente iguais àqueles retratados, porém gozando do grande auspício da censura, considerou dever seu esclarecer, em uma advertência, que a comédia não era apenas muito engraçada, mas também muito triste, que "por trás de seu riso, ocultavam-se lágrimas ardentes".[41]

Depois de *O inspetor geral*, Gógol voltou sua atenção à nobreza proprietária e arrastou para o mundo de Deus essa tribo oculta, que se

[39] *Tarás Bulba*, *Proprietários à moda antiga* e alguns contos de Gógol foram traduzidos para o francês por Viardot. Há uma tradução alemã de *Almas mortas*. (N. do A.) Herzen refere-se à antologia de novelas de Nikolai Vassílievitch Gógol editada por Louis Viardot (Paris, 1845), mas, como se deduz de seu prefácio, as traduções foram feitas por "I. T." (Ivan Turguêniev) e "S. N." (desconhece-se a sua identidade). (N. da E.) [Louis Viardot (1800-1883), escritor, crítico e tradutor francês. (N. da T.)]

[40] Grigóri Kárpovitch Kochíkhin [Kotochíkhin], diplomata russo da época de Aleksei, pai de Pedro I; receando perseguições da parte do tsar, fugiu para a Suécia e foi assassinado em Estocolmo. (N. do A.)

[41] Há uma frase de sentido semelhante no capítulo 7 de *Almas mortas*. Sobre a origem da expressão "riso entre lágrimas", ver V. Gippius, *Gógol*, Leningrado, 1924, p. 233, nota 106. (N. da E.)

mantém atrás dos bastidores, bem longe das estradas e das grandes cidades, que se enterra nas profundezas das aldeias — a Rússia dos nobrezinhos que, pelas caladas, enfiando-se de cabeça em seus negócios, escondem depravações mais profundas do que as do Ocidente. Graças a Gógol, podemos vê-los, finalmente, além do limiar de seus palacetes de fidalgo, de suas casas senhoriais; eles passam diante de nós sem máscaras, sem disfarces, bêbados e glutões, cativos subservientes do poder e tiranos impiedosos de seus escravos, bebendo a vida e o sangue do povo com a mesma naturalidade e simplicidade com que uma criança suga o peito da mãe.

As *Almas mortas* abalaram toda a Rússia.

Apresentar semelhante acusação à Rússia contemporânea era imprescindível. É a história de uma doença, descrita pela mão de um mestre. A poesia de Gógol é o grito de pavor e vergonha que o ser humano solta sob influência de uma vida desprezível, quando, de repente, vê no espelho o próprio rosto animalizado. Entretanto, para que esse grito possa irromper do peito, é preciso que nele tenha sobrado algo saudável, que nele permaneça viva a grande força do renascimento. Quem reconhece sinceramente as próprias fraquezas e falhas sente que elas não são a essência de sua natureza, sente que não foi completamente tragado por elas, que ainda há em si algo que não cedeu e que opõe-se à queda, que ainda pode espiar o passado e não apenas erguer a cabeça, mas, como na tragédia de Byron, transformar-se de um Sardanapalus-melindroso em um Sardanapalus-herói.[42]

Aqui mais uma vez nos deparamos, frente a frente, com uma questão importante: onde estão as provas de que o povo russo pode se reanimar e quais são as provas do contrário? Essa questão, como vimos, ocupou todos os intelectuais, mas nenhum deles encontrou a resposta.

Polevoi, o mais animado de todos, não acreditava em nada; caso contrário, teria ele caído tão cedo no desânimo, teria passado para o lado do inimigo logo no primeiro golpe do destino? A *Bibliotieka dliá Tchtiénia* [Biblioteca para a Leitura], num único salto, pulou esse problema, contornou a questão sem nem tentar resolvê-la. A solução de Tchaadáiev não é uma solução.

---

[42] Trata-se da tragédia *Sardanapalus*, de Lord Byron. (N. da E.)

A poesia, a prosa, a arte e a história mostraram-nos a formação e o desenvolvimento desse meio absurdo, desses caracteres ultrajantes, desse poder monstruoso, mas ninguém apontou uma saída. Seria preciso se adaptar, como fez Gógol posteriormente, ou correr ao encontro da própria morte, como Liérmontov? Não podemos nos adaptar; morrer é repulsivo; algo no fundo de nosso coração nos diz que ainda é cedo demais para desistir; parece que além das *almas mortas* ainda há almas vivas.

E mais uma vez levantam-se essas questões, ainda com maior insistência; tudo o que se esperava exigia uma solução a qualquer preço.

Depois de 1840, a atenção da sociedade foi atraída por duas correntes. Das discussões escolásticas, elas logo passaram à literatura; de lá, à sociedade.

Estamos falando do pan-eslavismo moscovita e do europeísmo russo.

A revolução de 1848 pôs fim à luta entre essas duas tendências. Então, aconteceu a última polêmica acalorada que envolveu o público; desse modo, ela adquiriu um significado especial. Por isso dedicamos a ela o próximo capítulo.

(1850)

Tradução de Denise Sales

Ivan Kiriêievski

Ivan Vassílievitch Kiriêievski (1806-1856) foi outro dos expoentes do movimento eslavófilo que nasceu em uma família de proprietários de terras e cresceu em um meio patriarcal e tradicionalista, embora familiarizado com a cultura russa europeizada do século XVIII e com a própria cultura europeia. Sua família tinha relações com o poeta Jukóvski — que se tornaria, inclusive, o padrinho de Ivan — e os meios literários românticos. O pai de Kiriêievski morreu de cólera quando ele tinha seis anos. Sua mãe casou-se novamente e a família mudou-se para a Meca eslavófila, Moscou. A partir de 1824, Kiriêievski trabalhou nos arquivos do Ministério do Exterior russo, sendo que o emprego nesta instituição moldou decisivamente o perfil de vários jovens aristocráticos daquela geração, os quais Púchkin batizaria de "juventude dos arquivos". Como todos os intelectuais de então, ele participou dos círculos filosóficos dos anos 1820, em especial dos Liubomúdri e do grupo em torno a Semion Ráitch, poeta e tradutor. Em 1830, após uma decepção amorosa, veio a inevitável temporada na Europa Ocidental, onde passou dez meses em contato direto com as obras dos filósofos alemães, e às vezes com os próprios — conheceu Hegel em Berlim. Schelling foi uma influência especialmente marcante, em sua valorização da mitologia e da religião. Vale observar que o irmão de Ivan, Piotr, seguiria uma trajetória similar, tornando-se um colecionador de canções populares (consta que o incentivo de Púchkin nesse particular foi importante) e um defensor do passado e das tradições da boa e velha Rússia, sem, contudo, desenvolver um arcabouço conceitual tão consistente quanto o do irmão. Ivan Kiriêievski foi, juntamente com Khomiakov, o principal artífice das ideias do movimento eslavófilo. Este texto longo, publicado em 1852 na revista eslavófila *Moskóvski Sbórnik* [Coletânea de Moscou], é quase um compêndio das principais ideias eslavófilas. Quanto à sua *démarche*, contudo, ele promove uma curiosa inversão em relação à "Carta" catalizadora escrita por Tchaadáiev. Esta opera poeticamente para advogar a necessidade de retomada da tradição silogística, enquanto Kiriêievski, ao amaldiçoar essa tradição, destruidora da união entre razão e coração, constrói o seu argumento a partir de uma demonstração hiper-racional e binária, que culmina em uma sequência de comparações didáticas. O esquematismo quase "performático" do ensaio, destinado a provar — silogisticamente — a inferioridade da vida europeia, não deve, porém, ser lido de forma estanque, já que Kiriêievksi, como aliás os demais pensadores eslavófilos, considerava impossível (e indesejável) abandonar por inteiro os elementos da vida europeia.

Sobre o caráter da ilustração da Europa e sua relação com a ilustração da Rússia

(Carta ao conde Ie. Ie. Komaróvski)[1]

Em nosso último encontro, conversamos muito sobre o caráter da ilustração europeia e sobre as diferenças em relação ao caráter da ilustração da Rússia, inerente a ela desde os tempos antigos e cujos traços até hoje não só ainda são notados nos usos e costumes e no modo de pensar do povo simples, como também permeiam, por assim dizer, toda a alma, todo o modo de ser, toda a composição interna do homem russo, se podemos assim expressar, ainda não reelaborada pela educação ocidental. O senhor exigia de mim que expusesse no papel minhas ideias a esse respeito. Naquele momento, porém, eu não podia satisfazer seu desejo. Agora, no entanto, preciso escrever um artigo exatamente sobre isso para a *Moskóvski Sbórnik* [Coletânea de Moscou] e peço-lhe permissão para adotar a forma de uma carta ao senhor: pensar que estamos conversando aquece e aviva as minhas reflexões de gabinete.

Certamente, na época atual, poucas questões podem ser mais importantes do que esta, do que a relação entre a ilustração russa e a ocidental. Do modo como ela está sendo solucionada em nossas mentes depende não apenas a orientação reinante na nossa literatura, mas talvez também a orientação de toda a nossa atividade intelectual, o sentido de nossa vida particular e o caráter de nossas relações em sociedade. No entanto, não está muito distante o tempo em que essa questão era quase impossível ou, o que dá no mesmo, era solucionada de modo tão leviano que não valia o trabalho de propô-la. Havia a opinião geral[2] de que a diferença

[1] Iegor Ievgráfovitch Komaróvski (1803-1875), amigo de longa data e correligionário de Kiriêievski. (N. da T.)

[2] Provavelmente a opinião expressa por Piotr Tchaadáiev em sua "Primeira carta filosófica". (N. da E.)

entre a ilustração da Europa e a da Rússia é apenas de grau e não de caráter, e menos ainda no espírito ou nos princípios básicos da educabilidade. Naquela época, diziam que antes, entre nós, havia apenas barbárie, que nossa educação tinha começado a partir do momento em que passamos a imitar a Europa, infinitamente à nossa frente em desenvolvimento intelectual. Lá as ciências floresciam, enquanto aqui ainda não havia ciências; lá elas amadureciam, enquanto aqui apenas começavam a desabrochar. Por causa disso, lá havia mestres, aqui alunos; aliás, em geral acrescentavam cheios de si: alunos bastante sagazes, capazes de copiar tudo com tanta rapidez que logo, provavelmente, ultrapassariam os próprios mestres.

"Quem poderia imaginar, irmãos", dizia Pedro em 1714, em Riga, esvaziando um copo no navio recém-inaugurado, "quem poderia imaginar, trinta anos atrás, que vocês, russos, estariam comigo aqui, no mar Báltico, construindo navios e festejando em trajes alemães?". E acrescentou: "Os historiadores pressupõem o assento antigo das ciências na Grécia, de onde teriam sido levadas à Itália e disseminadas por todas as terras da Europa. Mas a ignorância[3] de nossos antepassados impediu-os de penetrar além da Polônia, embora também os poloneses, anteriormente, estivessem na mesma escuridão em que no início estavam todos os estrangeiros e na qual nós vivemos até hoje, e apenas graças a esforços infindáveis de seus governantes eles puderam, finalmente, abrir os olhos e assimilar o conhecimento, a arte e o modo de vida europeu. Comparo esse movimento das ciências pela Terra com a circulação do sangue no ser humano; e tenho a impressão de que elas, mais uma vez, em algum momento abandonarão a sua residência na Inglaterra, França e Alemanha e mudar-se-ão para o nosso país por alguns séculos, para depois de novo voltar à sua pátria, na Grécia".

Essas palavras explicam o entusiasmo com que Pedro agia e em muito justificam seu extremismo. O amor à ilustração era sua paixão. Apenas nela ele via salvação para a Rússia, e apenas na Europa via sua fonte. Essa convicção sobreviveu-lhe cem anos entre a classe do povo educado, ou mais corretamente, reeducado por ele; e trinta anos atrás seria praticamente impossível encontrar um homem pensante que vislumbrasse a

---

[3] Pedro, o Grande usou a expressão alemã *Die Unart*. (N. da E.)

possibilidade de alguma outra ilustração que não fosse aquela emprestada da Europa Ocidental.

Entretanto, a partir daquela época aconteceu uma transformação na ilustração da Europa Ocidental e na ilustração da Rússia Europeia.

A ilustração europeia na segunda metade do século XIX atingiu tal plenitude de desenvolvimento que o seu significado singular se manifestou com evidente clareza a todas as mentes minimamente observadoras. Mas o efeito dessa plenitude de desenvolvimento, dessa clareza de resultados foi um sentimento quase geral de insatisfação e de esperança frustrada. A ilustração ocidental mostrou-se insatisfatória, não porque no Ocidente as ciências tivessem perdido a vitalidade — ao contrário, pelo visto elas floresceram mais do que nunca; não porque alguma forma da vida exterior tivesse oprimido as relações entre as pessoas ou obstaculizado o desenvolvimento da sua orientação dominante — ao contrário, a luta com os obstáculos externos podia apenas fortalecer a propensão à orientação preferida, e parece que a vida externa nunca havia se construído de modo mais consoante e mais obediente às suas exigências intelectuais. Mas um sentimento de insatisfação e de vazio desolador pesou no coração daqueles cujo pensamento não se limitava ao círculo estreito dos interesses efêmeros, justamente porque o triunfo das inteligências europeias revelou a estreiteza de suas principais aspirações; porque, mesmo com toda a riqueza, toda a enormidade, pode-se dizer, das descobertas particulares e dos êxitos nas ciências, a conclusão geral de todo o conjunto de conhecimentos teve apenas um significado negativo para a consciência interna do homem; porque, em meio a todo o brilho, em meio a todas as comodidades dos aparentes aprimoramentos da vida, a própria vida foi privada de seu significado essencial, pois, sem estar penetrada de nenhuma forte convicção geral, não podia ser ornada com elevadas esperanças nem aquecida por profunda compaixão. A análise fria multissecular destruiu todos os fundamentos em que se baseava a ilustração europeia desde o início de seu desenvolvimento, de modo que os próprios princípios fundamentais a partir dos quais ela havia crescido tornaram-se estranhos, alheios a ela, em desacordo com os seus últimos resultados; ao mesmo tempo, revelou-se como uma particularidade sua essa mesma análise que arruína as suas raízes, essa faca automotora da razão, esse silogismo abstrato, que nada reconhece, a não ser a si mesmo e a experiência individual, esse juízo autocontrolador — ou então de que outro modo seria mais correto chamar essa atividade lógica, apartada de todas as outras forças cognitivas do homem, exceto das mais grosseiras, das forças primitivas dos sentidos, dadas inicialmente, e que com base apenas nelas edifica as próprias construções dialéticas vazias?

A propósito, convém lembrar que o sentimento de insatisfação e de desespero não foi experimentado logo pelo homem ocidental, diante do primeiro triunfo evidente da sua racionalização destruidora. Tendo derrubado as próprias convicções seculares, ele passou a depositar mais esperanças na onipotência da sua razão abstrata quanto maiores, mais firmes e mais abrangentes eram as convicções por ela destruídas. No primeiro minuto de êxito, a sua alegria não só não estava misturada ao pesar, como, ao contrário, o arrebatamento da sua autossuficiência chegava a certo êxtase poético. Ele acreditava que, com a sua inteligência abstrata, podia criar imediatamente, para si, uma vida nova e racional e edificar a beatitude celestial na Terra por ele reformada.

Experiências terríveis e sangrentas não o assustavam; enormes fracassos não arrefeciam suas esperanças; sofrimentos individuais apenas cingiam a sua cabeça deslumbrada com a coroa do martírio; talvez toda uma eternidade de tentativas malsucedidas fosse capaz só de cansar a sua autoconfiança, mas não de desencantá-la, caso aquela mesma razão abstrata em que ele depositava esperanças não tomasse consciência, por força do próprio desenvolvimento, de sua unilateralidade orgânica.

Esse último resultado da erudição europeia que, embora ainda esteja longe de se fazer geral, evidentemente já começa a imperar entre os pensadores de vanguarda do Ocidente, pertence à mais nova, e provavelmente já derradeira, época do pensamento filosófico abstrato. Mas as opiniões filosóficas não permanecem por muito tempo ao alcance só das cátedras científicas. O que hoje é conclusão do pensamento de gabinete, amanhã será convicção das massas, pois, para o ser humano que está separado de todas as crenças, a não ser da crença na ciência racional, e que não reconhece nenhuma outra fonte da verdade, a não ser as conclusões da própria razão, o destino da filosofia torna-se destino de toda a vida intelectual. Para a filosofia não apenas confluem todas as ciências e todas as relações da vida, entrelaçando-se num único nó da consciência geral, mas também, desse nó, dessa consciência geral, partem de novo fios governamentais em direção a todas as ciências e a todas as relações da vida, dando-lhes sentido e ligação e formando-as de acordo com a sua orientação. Por isso, não era raro vermos que, em algum cantinho da Europa, amadurecia um pensamento que mal se notava na cabeça de algum trabalhador da ciência, cujo rosto mal se notava na multidão circundante, e, passados uns vinte anos, o pensamento despercebido dessa personalidade despercebida governava as mentes e a vontade dessa mesma multidão, sendo, diante dela, um acontecimento histórico evidente. Não porque algum pensador de gabinete, sentado no seu canto enfumaçado, realmente pudesse governar a história segundo o seu próprio arbítrio, mas porque a história, passando pelo sistema dele, desenvolve-se até a própria autoconsciência. Ele apenas observa e reduz a um total geral o conjunto de resultados dominantes, e qualquer arbítrio no movimento do seu pensamento priva-o de todo o poder sobre a realidade, pois só se torna dominante o sistema que é, ele próprio, conclusão necessária das convicções dominantes até então. Assim, no organismo dos povos que baseiam as próprias convicções unicamente em reflexões individuais, a cabeça do filósofo existe como órgão natural indispensável, através do qual ocorre toda a rotação das forças da vida, erguendo-se dos acontecimentos externos até a consciência interior e da consciência interior novamente de volta à esfera da atividade histórica patente. Por isso, pode-se dizer que não foram os pensadores ocidentais que se convenceram da parcialidade da razão lógica, mas sim que a própria razão lógica europeia, tendo alcançado um alto grau de desenvolvimento, conscientizou-se da sua limitação; tendo explicado a si mesma as leis da própria atividade, convenceu-se de que todo o volume da sua força automovimentada não ia além do lado negativo do saber humano; que o entrelaçamento abstrato das noções extraídas exige fundamentos hauridos de outras fontes de conhecimento; que as supremas verdades da inteligência, suas visões vivas, suas convicções essenciais, todas elas estão fora do círculo abstrato do seu processo dialético e, embora não contradigam as suas leis, não são extraídas delas e nem mesmo são alcançadas por sua atividade quando esta é arrancada do seu conjunto tradicional, junto com a atividade geral de outras forças do espírito humano. Assim, o homem ocidental, pelo excepcional desenvolvimento da sua razão abstrata, tendo perdido a crença em todas as convicções que não derivam unicamente dela, em consequência do desenvolvimento dessa mesma razão, perdeu também a fé derradeira em sua onipotência. Desse modo, ele foi obrigado a satisfazer-se com um estado de indiferença semianimal a tudo o que está acima dos interesses dos sentidos e das contas comerciais (assim fizeram muitos; entretanto, muitos não puderam fazê-lo, pois, ainda com os vestígios conservados da vida europeia anterior, desenvolveram-se de outro modo) ou então foi forçado a retomar as convicções rejeitadas, que haviam espiritualizado o Ocidente antes do desenvolvimento final da razão abstrata — assim fizeram alguns; mas outros não puderam fazê-lo porque essas convicções, por terem se formado durante o desenvolvimento histórico da Europa Ocidental, já se encontravam penetradas da ação corruptora da razão abstrata e, por isso, haviam passado de sua esfera primitiva, de sua autônoma plenitude e independência ao nível de um sistema racional, constituindo, assim, a consciência do homem ocidental como uma razão unilateral, em vez de ser o seu princípio supremo e vivificador.

O que restou então à Europa pensante? Voltar ainda mais atrás, à pureza primitiva daquelas convicções básicas, no ponto em que elas se encontravam antes da influência da racionalidade da Europa Ocidental? Voltar a esses princípios como eram antes do próprio início do desenvolvimento ocidental? Isso seria algo quase impossível para as inteligências cercadas e penetradas de todas as ilusões e preconceitos da formação ocidental. Eis, talvez, por que grande parte dos pensadores europeus, sendo incapaz de levar uma vida estreitamente egoísta, limitada aos objetivos dos sentidos e a reflexões individuais, ou uma vida unilateralmente intelectualizada, diretamente contrária à plenitude de sua consciência mental, e para não ficar sem convicção nenhuma e para não se entregar a convicções notoriamente ilegítimas, voltaram-se então a uma evasão tal que cada um começou a inventar, na própria cabeça, novos princípios gerais da vida e da verdade para o mundo inteiro, buscando-os no jogo individual de suas reflexões sonhadoras, misturando o novo com o antigo, o impossível com o possível, entregando-se incondicionalmente às mais ilimitadas esperanças, cada um contradizendo o outro, e cada um exigindo o reconhecimento geral dos outros. Todos se tornaram Colombos, todos se lançaram à descoberta de novas Américas dentro da própria inteligência, em busca do outro hemisfério da Terra, pelo mar ilimitado das esperanças impossíveis, das proposições individuais e das soluções rigorosamente silogísticas.

Tal estado das mentes na Europa teve na Rússia ação contrária àquela que, posteriormente, produziu no Ocidente. Apenas alguns, e talvez até esses só por um minuto, deixaram-se entusiasmar pelo brilho aparente desses sistemas insensatos, deixaram-se enganar pela graça artificial de sua beleza corrompida; grande parte das pessoas, porém, tendo acompanhado os fenômenos do pensamento ocidental, convenceu-se de que a formação europeia era insatisfatória, voltou a sua atenção especificamente para aqueles princípios da ilustração desconsiderados pela inteligência europeia, com base nos quais a Rússia vivia antes e que nela ainda agora podem ser observados, à parte a influência europeia.

Então começaram novas buscas históricas, cotejos, publicações. Nesse caso, particularmente benfazejas foram as ações do nosso governo, que descobriu monumentos valiosos da antiguidade nas profundezas de mosteiros, na poeira de arquivos esquecidos, e os publicou. Naquela época, talvez pela primeira vez em 150 anos, os cientistas russos voltaram um olhar imparcial e perscrutador para dentro de si próprios e de sua Pátria e, estudando nela elementos da vida intelectual que lhes eram novos, surpreenderam-se com um fenômeno estranho: viram, espantados, que em quase tudo o que se referia à Rússia, à sua história, ao seu povo, à sua crença, aos fundamentos básicos da sua ilustração e aos rastos claros e ainda quentes dessa instrução na vida russa antiga, no caráter e na mente do povo — praticamente em tudo, digo eu, eles tinham sido enganados até então; não porque alguém quisesse enganá-los intencionalmente, mas porque um furor incondicional pela formação ocidental e uma prevenção incalculada contra o barbarismo russo impediram que eles alcançassem o entendimento da Rússia. Talvez também eles próprios, no passado, sob influência desses mesmos preconceitos, tivessem contribuído para a disseminação desse mesmo cegamento. Mas a fascinação era tão grande que lhes ocultava os objetos mais evidentes, aqueles que estavam, por assim dizer, diante de seus olhos; em compensação, o despertar aconteceu tão rapidamente que surpreendeu por seu caráter inesperado.

Diariamente vemos pessoas que compartilhavam da orientação ocidental, e não é raro haver entre elas integrantes do grupo das mentes mais ilustradas e dos temperamentos mais firmes, e que mudaram de todo a sua forma de pensar unicamente porque voltaram a sua atenção, de modo imparcial e profundo, para dentro de si e de sua Pátria, estudando nela os princípios fundamentais com base nos quais se formou a particularidade da vida russa, descobrindo em si os aspectos essenciais do espírito que não encontravam nem lugar nem alimento no desenvolvimento ocidental do intelecto.

A propósito, compreender e expressar esses princípios fundamentais, a partir dos quais se formou a particularidade da vida russa, não é tão fácil quanto talvez pensem alguns. Pois os princípios básicos da ilustração da Rússia não se revelaram em sua vida com a mesma evidência com que se desenvolveram os princípios da ilustração europeia em sua história.

Para encontrá-los é preciso procurar; eles não se lançam aos olhos por si sós, como se lança a formação europeia. A Europa revelou-se por inteiro. No século XIX ela concluiu, pode-se dizer, o círculo do seu desenvolvimento, iniciado no IX. A Rússia, embora fosse, nos primeiros séculos de sua vida histórica, não menos culta do que o Ocidente, em consequência de obstáculos indiretos e, pelo visto, fortuitos, teve o caminho de sua ilustração constantemente interrompido, de modo que, para o tempo atual, ela conseguiu preservar não a sua expressão plena e integral, mas apenas algumas alusões, por assim dizer, a seu verdadeiro sentido, alguns de seus primeiros princípios e de seus primeiros rastos na mente e na vida do russo.

Pois em que consistem esses princípios da ilustração russa? O que eles representam de particular em relação aos princípios a partir dos quais se desenvolveu a ilustração ocidental? E será possível o seu desenvolvimento futuro? E, se ele for possível, o que esses princípios prometem para a vida intelectual da Rússia? O que podem trazer para a vida intelectual da Europa? Pois, depois da interpenetração entre Rússia e Europa, já não é possível conceber nem o desenvolvimento da vida intelectual na Rússia sem a relação com a Europa, nem o desenvolvimento da vida intelectual na Europa sem a relação com a Rússia.

Os princípios da ilustração russa são completamente diferentes dos elementos a partir dos quais se formou a ilustração dos povos europeus. É claro que cada um dos povos da Europa tem no caráter de sua formação algo particular, mas essas particularidades individuais, tribais, governamentais ou históricas não impedem que todos eles formem, juntos, uma unidade de espírito, em que cada parte específica entra como membro vivo de um único corpo. Por isso, em meio a todos os acasos históricos, eles se desenvolveram sempre numa correlação estreita e compassiva.

A Rússia, separada da Europa em espírito, levava uma vida também separada dela. O inglês, o francês, o italiano, o alemão nunca deixaram de ser europeus, mas sempre conservaram, apesar disso, sua particularidade nacional. O russo, por sua vez, praticamente teve de exterminar a personalidade nacional para se unir à formação ocidental, pois, tanto no aspecto externo quanto na constituição interna do intelecto, que se explicavam e sustentavam mutuamente, havia nela marcas de uma vida completamente diferente, originária de fontes completamente diferentes.

Além das diferenças tribais, outras três particularidades históricas deram caráter distinto a todo o desenvolvimento da ilustração no Ocidente: a forma específica pela qual o Cristianismo penetrou nele, o aspecto particular com que lhe foi transferida a formação do mundo clássico antigo e, finalmente, os elementos específicos a partir dos quais se formou nele a estrutura do Estado.

O Cristianismo foi a alma da vida intelectual dos povos do Ocidente, assim como na Rússia. Na Europa Ocidental, entretanto, ele penetrou unicamente através da Igreja de Roma.

É claro que cada patriarcado, cada tribo, cada país do mundo cristão continuou a conservar sua particularidade individual, participando, apesar disso, da unidade geral da Igreja única. Cada povo, em consequência de acasos locais, tribais ou históricos, desenvolveu em si, preferencialmente, algum aspecto da atividade intelectual, e é natural que, tanto em sua vida espiritual quanto na escritura de seus teólogos, mantivesse esse mesmo caráter próprio e específico, sua fisionomia natural, por assim dizer, apenas iluminada pela Consciência Superior. Assim, os escritores teológicos dos países sírios deram atenção preferencial, ao que parece, à vida interior contemplativa do homem apartado do mundo. Os teólogos romanos ocuparam-se principalmente do aspecto da atividade prática e da ligação lógica entre as concepções. Os escritores eclesiásticos da Bizâncio ilustrada, aparentemente mais do que os outros, tinham em vista a relação entre o Cristianismo e as ciências específicas que floresceram em torno dele e que, de início, hostilizaram-no, mas depois se submeteram a ele. Os teólogos de Alexandria, envolvidos em duas lutas — contra o paganismo e contra o Judaísmo —, cercados de escolas filosóficas, teosóficas e gnósticas, dirigiram a sua atenção, preferencialmente, ao aspecto abstrato do ensinamento cristão. Caminhos diferentes levavam a um único objetivo geral, enquanto os que avançavam por eles não se desviavam desse objetivo. Por toda parte havia heresias específicas, que sempre tiveram uma relação próxima com a orientação dominante dos povos em meio aos quais surgiram, mas elas eram destruídas pela unanimidade da Igreja Universal, que reunia todas as Igrejas específicas numa única concórdia santa. Houve tempos em que o perigo do desvio ameaçava também patriarcados inteiros, quando o ensino, em desacordo com a doutrina da Igreja Universal, concordava, entretanto, com a orientação dominante e com a particularidade intelectual dos povos que compunham a Igreja específica, mas, nesses tempos de provação, em que a Igreja específica ficava diante de uma escolha decisiva — afastar-se da Igreja Universal ou sacrificar a própria opinião individual —, o Senhor salvava as Suas Igrejas com a unanimidade de todo o mundo ortodoxo. A particularidade de cada Igreja específica podia então arrastá-la para o cisma apenas quando ela se segregava da Tradição e do contato com as outras Igrejas; mas, permanecendo fiel à verdadeira Tradição geral e à concórdia geral do amor, cada Igreja, pelo caráter próprio de sua atividade espiritual, apenas fortalecia a riqueza geral e a plenitude da vida espiritual de todo o Cristianismo. Assim também a Igreja de Roma tinha a sua particularidade legítima, por assim dizer, antes de se separar da Igreja Universal, mas, tendo se separado dela, naturalmente devia transformar essa particularidade específica em uma forma excepcional e, unicamente através dela, fazer com que o ensinamento cristão penetrasse na mente dos povos a ela subordinados.

A formação do mundo pré-cristão antigo, segundo elemento a partir do qual se desenvolveu a ilustração da Europa antes da metade do século XV, era conhecida no Ocidente quase que exclusivamente nessa forma específica, assumida na vida da Roma pagã antiga, enquanto o seu outro aspecto, a formação grega e asiática em sua forma pura, praticamente não penetrou na Europa quase até a conquista de Constantinopla. Entretanto, como se sabe, Roma estava longe de ser representante de toda a ilustração pagã: pertencia-lhe apenas o domínio material sobre o mundo, enquanto o domínio intelectual pertencia à língua e à formação gregas. Por isso, receber toda a experiência da inteligência humana, todas as suas conquistas alcançadas no decorrer de esforços de seis milênios, unicamente na forma que elas adquiriram na formação romana, significava recebê-las num aspecto completamente unilateral e, fatalmente, correr o risco de transmitir essa unilateralidade também ao caráter de sua própria formação específica. Assim aconteceu com a Europa. Quando, ainda no século XV, os gregos expatriados foram para o Ocidente, levando seus valiosos manuscritos, já era tarde. A formação da Europa, é verdade, revigorou-se, mas o seu sentido permaneceu o mesmo: a constituição da mente e da vida já estava fixada. A ciência grega ampliou o círculo de conhecimentos e gostos, despertou ideias, deu asas e movimento às mentes, mas já não podia mudar a orientação espiritual reinante.

Finalmente, um terceiro elemento da ilustração, a formação social, apresenta, no Ocidente, a particularidade de que praticamente nenhum dos povos da Europa teve a sua estrutura de Estado determinada a partir do desenvolvimento pacífico da vida e da autoconsciência nacionais, no qual as concepções religiosas e sociais dominantes, personificando-se nas relações cotidianas, crescem e se fortalecem naturalmente, entrelaçando-se numa unanimidade geral, que se reflete do modo correto na totalidade bem-proporcionada do organismo social. Ao contrário, a vida social da Europa, por algum estranho acaso histórico, surgiu com violência quase em toda parte, a partir da luta mortal de duas tribos inimigas: da opressão dos conquistadores, da resistência dos conquistados e, finalmente, daquelas condições fortuitas com as quais aparentemente tiveram fim as disputas entre forças inimigas desproporcionais.

Estes três elementos do Ocidente — a Igreja de Roma, a formação romana antiga e a conquista da estrutura de Estado à força — eram inteiramente estranhos à Rússia antiga. Tendo recebido o ensinamento cristão da Grécia, ela se encontrava em constante relação com a Igreja Universal. A formação do mundo pagão antigo foi-lhe transmitida já através do ensinamento cristão e não agiu sobre ela com fervor unilateral, como vestígio vivo de uma nacionalidade específica; apenas mais tarde, depois de se firmar na formação cristã, ela começou a assimilar os últimos resultados da ilustração pseudocientífica do mundo antigo, quando, pelo visto, conveio à Providência interromper o curso subsequente de seu desenvolvimento intelectual, salvando-a, talvez, do mal daquela unilateralidade que teria se tornado certamente o seu destino se a sua formação racional não tivesse começado antes de a Europa ter completado o círculo de seu desenvolvimento intelectual, quando, sem ter revelado ainda as suas últimas conclusões, ela podia, de modo mais incontrolado e assim mais profundo, arrebatá-la para a esfera limitada de seu desenvolvimento específico. O Cristianismo, depois de penetrar na Rússia, não encontrou nela as dificuldades enormes com que teve de lutar em Roma, na Grécia e nas terras europeias impregnadas da formação romana. O mundo eslavo não apresentou à pura influência do ensinamento do Cristianismo na vida interna e social do homem os obstáculos insuperáveis que ele encontrou na formação fechada do mundo clássico e na formação unilateral dos povos ocidentais. Em muitos aspectos, até as particularidades tribais da vida eslava ajudaram na aplicação bem-sucedida dos princípios cristãos. Entretanto, as noções básicas do homem a respeito de seus direitos e deveres, de suas relações pessoais, familiares e sociais não foram constituídas com violência, a partir de condições formais entre tribos e classes inimigas, como ocorre quando, após uma guerra, determinam-se fronteiras artificiais entre Estados vizinhos pela letra morta de tratados obtidos pelos vencedores. Mas, sem ter experimentado conquistas, o povo russo organizou-se de modo singular. Os inimigos que o oprimiram sempre permaneceram fora dele, não interferiram em seu desenvolvimento interno. Tártaros, lendianos, húngaros, alemães e outros flagelos que lhe enviou a Providência eram capazes apenas de interromper a sua educação, e realmente a interromperam, mas não eram capazes de mudar o sentido essencial de sua vida interna e social.

Entretanto, esses três elementos da formação europeia primitiva — a Igreja de Roma, o mundo romano antigo e a estrutura de Estado surgida a partir de conquistas, os três estranhos à Rússia — determinaram todo o círculo do desenvolvimento posterior da Europa, como três pontos no espaço determinam a linha circular que passa por eles.

As ruínas ainda vivas, remanescentes da destruição dos restos da antiga formação romana, tiveram uma influência muito ampla sobre a recém-constituída formação do Ocidente. Penetrando na base da própria construção das relações sociais, nas leis, na língua, nos costumes, nos hábitos, no desenvolvimento inicial das ciências e das artes europeias, inevitavelmente a Roma Antiga transmitiria a todas as relações do homem ocidental, em maior ou menor grau, o caráter específico que a distinguia de outros povos; e esse caráter específico de todo o conjunto das relações que cercam o homem penetraria, obrigatoriamente, na própria composição interna da vida, por assim dizer, reformulando, às vezes mais, às vezes menos, todas as outras influências de acordo com sua orientação dominante.

Por isso a principal particularidade do caráter intelectual de Roma se refletiria também na particularidade intelectual do Ocidente. Mas, se quisermos expressar essa particularidade dominante da formação romana numa única fórmula geral, então não erraremos, parece, se dissermos que a constituição distintiva da mente romana consistia exatamente em que, nela, a racionalização aparente levava vantagem sobre a essência interna das coisas. Esse caráter, é evidente, apresenta-nos a vida social e familiar de Roma, que, de modo lógico e contumaz, produziu relações naturais e morais entre as pessoas pela letra externa da lei ocasionalmente expressa. Observamos também esse mesmo caráter na poesia romana, que trabalhava o aperfeiçoamento artístico de formas externas de inspiração estrangeira. Esse mesmo caráter observamos no idioma, que, sob a proporcionalidade artificial das construções gramaticais, sufocava a liberdade natural e a espontaneidade viva dos movimentos espirituais. O mesmo caráter observamos nas mais famosas leis romanas, em que as boas proporções da formalidade externa eram levadas a um grau estupendo de perfeição lógica, com igualmente estupenda ausência de justiça interna. Esse mesmo encadeamento externo das ideias, em detrimento da viva plenitude interna de sentido, observamos também na religião romana, que, em nome das celebrações externas, quase se esqueceu do significado dos mistérios; a religião romana era uma reunião de divindades do mundo pagão, heterogêneas e até contrárias entre si, externamente unidas, internamente divergentes e, ao mesmo tempo, logicamente concordes numa única reverência simbólica, em que, sob o manto da ligação filosófica, ocultava-se a ausência interna de fé. Esse mesmo caráter de orientação racional notamos também nos costumes romanos, que tanto valorizavam a atividade externa do homem e tão pouca atenção devotavam a seu sentido interior; em que o orgulho era virtude; em que a convicção lógica individual de cada um era o único guia de suas ações; em que, por isso, cada indivíduo considerava-se não apenas como algo singular, mas também como algo distinto dos outros indivíduos e não concebia nenhuma outra relação com eles, a não ser aquelas logicamente deduzidas a partir das condições externas da vida. Por isso, o romano não conhecia praticamente nenhuma outra ligação entre as pessoas além do interesse comum, nenhuma unidade além da unidade do próprio grupo. Até o patriotismo do romano, o mais desinteressado dos sentimentos que ele conseguia cultivar, era para ele algo diferente do que era para um grego. Ele não amava a fumaça da Pátria;[4] até a fumaça do lar grego era para ele mais atraente. Ele amava na Pátria o interesse do próprio grupo e, especialmente, o fato de que ser romano afagava o seu orgulho. Mas o sentimento espontâneo, humano, estava quase embotado na alma do habitante de Roma. Ele via a si próprio em relação a seus concidadãos praticamente do mesmo modo como a grande Roma via a si própria em relação às cidades ao seu redor; igualmente pronto a fazer alianças ou a guerrear, ele decidia por uma coisa ou outra segundo seus cálculos, ouvindo constantemente a sugestão da paixão interior que, de hábito, domina o inte-

[4] Referência à peça do dramaturgo russo Aleksandr Griboiêdov (1795-1829), *A desgraça de ter espírito* (1825). Segundo a tradução de Poliana Ramos em sua dissertação de mestrado: "Quando corremos o mundo e voltamos para casa, a fumaça da pátria nos parece doce e agradável" ("*Gorie ot uma*, de Aleksandr Griboiêdov: tradução e aproximações", USP, São Paulo, p. 55). (N. da T.)

rior da mente aridamente lógica e interesseiramente ativa: falo da paixão da preponderância sobre os outros, que, na alma do romano, ocupava o mesmo lugar da irracional sede de glória na alma do grego compassivo. Em resumo, em todas as particularidades do homem romano, em todos os meandros da sua atividade intelectual e espiritual, vemos apenas um traço geral: a proporcionalidade externa das suas noções lógicas era para ele mais essencial do que a própria essência, e o equilíbrio interior de sua existência, se podemos assim expressar, era considerado unicamente como o equilíbrio das noções racionais ou da atividade formal externa.

Evidentemente, assim que surgiu no seio do mundo pagão, o Cristianismo se opôs a essa orientação da personalidade interesseira e da racionalidade presunçosa do homem romano. Dirigindo a principal atividade do espírito para a plenitude interna do ser, ele não só se contrapôs a todo fervor da paixão, ainda que adornado de desculpas plausíveis, mas, em vez disso, elevando a mente ao centro vivo do autoconhecimento, também lutou com aquele estado de desintegração espiritual em que a racionalidade unilateral se desprende das outras forças do espírito e pensa alcançar a verdade por meio do aparente nexo entre as concepções. Enquanto para essa sabedoria racional exterior a profecia cristã parecia loucura, das alturas do ensinamento cristão essa racionalidade soberba era, em toda a sua pobreza, uma cegueira insensível. Por isso, nos primeiros séculos da Igreja, vemos nos escritores teológicos, inclusive no mundo romano, constantes ataques à falsidade da filosofia pagã. No entanto, a supremacia de uma orientação puramente cristã não era capaz de apagar completamente de sua mente a particularidade da fisionomia romana, que, como já destacamos, permanecendo em suas fronteiras legais, não apenas não atrapalhava a verdadeira orientação do espírito, como, ao contrário, ainda devia engrandecer a riqueza multíplice de suas manifestações e levava ao engano apenas quando, com seu excesso, arruinava o equilíbrio interno do espírito. Assim, Tertuliano, talvez o mais expressivo dos escritores teológicos de Roma, impressiona em particular por sua lógica brilhante, pela coerência externa de suas teses; muitas de suas obras permanecem para sempre como paramentos da Igreja, embora o próprio excesso da faculdade lógica ou, melhor dizendo, a separação entre essa faculdade e as outras forças da razão o tenha arrastado a um extremismo em que o seu ensinamento já se desprendera do ensinamento puramente cristão. Mais feliz foi seu famoso discípulo, o padre Cipriano, embora não menos notável pela particularidade de sua força lógica. Mas, talvez, nenhum dos antigos e dos novos pais da Igreja tenha se distinguido tanto pelo amor ao encadeamento lógico de verdades como o bem-aventurado Agostinho, amiúde chamado de mestre do Ocidente. Algumas obras suas são como uma única corrente férrea de silogismos, com elos indissociavelmente ligados. Talvez por isso, algumas vezes, ele tenha sido arrastado para muito longe, além da boa proporção externa, sem notar a unilateralidade interna do pensamento, de modo que, nos últimos anos de sua vida, ele próprio escreveria a refutação de algumas de suas afirmações anteriores.

Mas, se esse apego do mundo romano ao encadeamento externo das concepções era bastante perigoso para os teólogos romanos naquele tempo — quando a Igreja romana consistia em parte viva da Igreja Universal, quando a consciência comum de todo o mundo ortodoxo sustentava cada particularidade num equilíbrio legítimo —, então é compreensível que, após a separação de Roma, essa particularidade da mente romana tivesse preponderância decisiva no caráter do ensinamento dos teólogos romanos. Pode ser até que essa particularidade romana, essa racionalidade desprendida, essa inclinação excessiva ao encadeamento externo das concepções tenha sido um dos principais motivos do próprio cisma de Roma. Obviamente, aqui não é o lugar para examinar nem os motivos, nem as circunstâncias desse cisma: será que o espírito romano de preponderância foi o estímulo misterioso dos principais atores ou houve outras causas? Todas as suposições podem ser questionadas, mas o que não está sujeito a questionamentos é a própria proposição do cisma: um novo acréscimo de dogma ao Símbolo anterior, acréscimo que, contra a Tradição antiga e a consciência geral da Igreja, foi justificado unicamente por conclusões lógicas dos teólogos ocidentais.

Por isso, mencionamos aqui, em especial, a circunstância que, melhor do que outras, pode nos explicar o caráter da formação ocidental, em que a racionalidade romana ensimesmada, já a partir do século IX, penetrou no próprio ensinamento dos teólogos, arruinando, com sua unilateralidade, a inteireza harmônica da especulação interna.

A partir desse ponto de vista, podemos compreender por que os teólogos ocidentais, com sua escrupulosidade racional, não conseguiam ver a unidade da Igreja de outro modo, a não ser na unidade externa do episcopado; por que eles eram capazes de atribuir valor significativo aos assuntos externos do homem; por que, diante da prontidão interna da Alma e da insuficiência desses assuntos externos, eles não conseguiam encontrar nenhum outro meio de salvação para ela, além de um prazo determinado no purgatório; por que, finalmente, eram capazes de atribuir, a algumas pessoas, até mesmo uma abundância de mérito nos negócios externos, e imputar essa abundância ao demérito de outras, também por meio de alguma ação aparente realizada para uso externo da Igreja.

Desse modo, submetendo a fé às conclusões lógicas do juízo, a Igreja Ocidental, ainda no século IX, plantou dentro de si a semente fatal da Reforma, que colocou essa mesma Igreja diante do tribunal dessa mesma razão lógica, elevada, por ela própria, acima da consciência comum da Igreja Universal; e, ainda naquela época, o homem pensante já podia ver Lutero atrás do papa Nicolau I, assim como, nas palavras dos católicos romanos, o homem pensante do século XVI já podia vislumbrar Strauss atrás de Lutero.

É evidente que essa mesma causa moral, essa mesma predominância lógica da unilateralidade, que promoveu a tese da necessidade da unidade externa da Igreja, geraria também a tese da infalibilidade de seu dirigente visível. Isso foi consequência direta do caráter específico da formação que começou a predominar no mundo ocidental. Em função dessa mesma causa, do estado geral das mentes na Europa, adveio também a circunstância que permitiu ao imperador franco propor, e ao bispo romano aceitar, a soberania laica em sua eparquia. Depois, por essa mesma causa lógica, a soberania semiespiritual do papa seria difundida entre todos os governantes do Ocidente, gerando toda a estrutura do assim chamado Sacro Império Romano e todo o caráter do desenvolvimento histórico dos séculos medievais, em que o poder laico constantemente se misturava com o espiritual e constantemente lutava com ele, preparando mutuamente, um para o outro, o lugar da futura queda na opinião do povo, enquanto, ao mesmo tempo, no interior do homem ocidental, acontecia essa mesma luta entre a fé a razão, entre a Tradição e a presunção individual; e, assim como o poder espiritual da Igreja buscava fundamentação na força laica, também a convicção espiritual das mentes ocidentais buscava fundamentação no silogismo racional.

Assim, tendo organizado para si uma unidade externa artificial, tendo alçado sobre si um único dirigente, que reunia o poder espiritual e o laico, a Igreja Ocidental produziu a bipartição em sua atividade espiritual, em seus interesses internos e em suas relações externas com o mundo. As duas torres que comumente se elevam sobre a Igreja católica podem servir de símbolo dessa bipartição.

Entretanto, os governantes laicos, que se submetiam à primazia do governo da tiara papal da Igreja, cerraram desse modo a organização feudal do assim chamado Sacro Império Romano. Talvez essa fosse a única solução razoável para a vida social de povos cuja estrutura de governo surgira da conquista. Pois a luta inconciliável entre duas tribos rivais, a opressora e a oprimida, resultou, durante todo o desenvolvimento de sua história, no constante ódio entre classes que se enfrentavam imutavelmente entre si, com seus direitos inimigos, com a supremacia exclusiva de uma delas, com a profunda insatisfação e as infindáveis queixas da outra, com a persistente inveja de uma classe média surgida entre elas, com a oscilação geral e eternamente dolorosa da predominância relativa entre ambas, da qual nasciam condições externas formais e forçadas de conciliação, com as quais todas as partes ficavam insatisfeitas e que poderiam ter alguma sustentação na consciência social apenas a partir de um princípio localizado fora do governo. Entretanto, quanto menos direitos eram dados à classe oriunda da tribo conquistada, menor era a legitimidade também nas concepções da classe oriunda dos conquistadores. Cada indivíduo nobre tentava, ele próprio, tornar-se a lei suprema de suas relações com os outros. A ideia da estrutura geral de governo ou do caráter nacional não podia penetrar em seu coração independente, protegido, de todos os lados, pelo ferro e pelo orgulho. Apenas as regras elaboradas e voluntariamente estabelecidas por eles para as relações formais externas eram capazes de subjugar o seu próprio despotismo arbitrário. Desse modo, os códigos de honra, embora surgidos por exigência dos tempos como único substituto possível da lei diante da completa arbitrariedade, denunciavam, no entanto, com seu caráter, tamanha unilateralidade da vida social, uma exterioridade e uma formalidade nas relações individuais tão extremas, e tamanho esquecimento de seu aspecto essencial, que, tomados separadamente de toda a vida europeia, por si sós podiam servir de fiel espelho a todo o desenvolvimento da estrutura social ocidental.

Cada cavaleiro nobre no interior de seu próprio castelo era um Estado separado. Por isso as relações entre os nobres também só podiam ter um caráter externo, formal. Esse mesmo caráter externo, formal, estaria presente também em suas relações com as outras classes. Por isso o desenvolvimento do direito civil nos Estados ocidentais também adquiriu esse mesmo sentido de formalidade externa, discutida na letra da lei, e que consiste na própria base das relações sociais. O direito romano, que ainda continua vivo e atuante em algumas cidades isoladas da Europa, fortaleceu ainda mais essa orientação para a formalidade externa na jurisprudência europeia. Pois o direito romano tem esse mesmo caráter formal externo, que, em nome da forma externa da letra, esquece a justiça interna; talvez isso tenha acontecido porque a vida social romana também se desenvolveu a partir da luta constante de duas nacionalidades opostas, forçadas a integrar uma única estrutura de governo.

Com isso se explica, aliás, por que o direito romano, estranho aos povos europeus, firmou-se tão facilmente entre eles, com exceção daqueles poucos países onde a estrutura social surgiu não da conquista e que, por isso, prometem um desenvolvimento mais completo no futuro.

Mas, tendo começado com violência, os Estados europeus se desenvolveriam com viragens, pois o desenvolvimento do Estado não é outra coisa, senão a revelação dos princípios internos em que se baseia. Por isso, as sociedades europeias, baseadas na força, relacionadas com a formalidade das relações individuais, penetradas do espírito da racionalidade unilateral, viriam a desenvolver em si não o espírito social, mas o espírito do isolamento individual, ligado por conjunções de grupos e de interesses particulares. Por esse motivo, embora a história dos Estados europeus apresente às vezes sinais externos de florescimento da vida social, na verdade, sob as formas sociais ocultavam-se constantemente apenas grupos particulares, que, em nome de seus objetivos particulares e sistemas individuais, esqueciam-se da vida do Estado como um todo. Nos Estados europeus, grupos pontificais, grupos imperiais, grupos urbanos, grupos clericais, cortesãos, individuais, governamentais, religiosos, políticos, populares, das classes médias e até metafísicos lutavam constantemente, cada um tentando mudar a estrutura do Estado de modo radical, segundo seus objetivos individuais. Por isso, nos Estados europeus, o desenvolvimento aconteceu não por um crescimento tranquilo, mas sempre por uma viragem mais ou menos perceptível. A viragem era condição de qualquer progresso, até que se transformou, ela própria, não em meio para se alcançar algo, mas em objetivo singular das aspirações do povo.

Evidentemente, nessas condições, a formação europeia terminaria pela ruína de toda a edificação racional e social erigida por ela própria.

No entanto, essa dissociação da razão em forças isoladas, essa predominância da racionalidade sobre as outras atividades do espírito, que, posteriormente, arruinaria toda a edificação da formação medieval europeia, de início teve uma ação contrária e produziu um desenvolvimento tanto mais rápido, quanto mais unilateral era o seu caráter. É esta a lei do desvio da razão humana: uma exterioridade luminosa combinada com um obscurecimento interno.

Ainda mais rapidamente aconteceu o desenvolvimento da formação árabe, pois ela foi ainda mais unilateral, embora tivesse a mesma orientação racional-abstrata adotada pela Europa medieval. Mas, para a ilustração maometana, era mais fácil conduzir as suas convicções básicas na direção da formalidade lógica do que para a ilustração cristã, essencialmente viva e integral. A ligação sistemática de concepções abstratas era o objetivo supremo que a autoconsciência intelectual do maometano podia alcançar e estava, pode-se dizer, no próprio fundamento da sua fé. Pois, exigindo dele apenas o reconhecimento abstrato de alguns fatos históricos e o reconhecimento metafísico da unidade da Divindade, ela não exigia dele, além disso, nenhuma inteireza interna do autoconhecimento, mas permitia tranquilamente a natureza dissociada do homem em sua bipartição irreconciliável; não apontava ao homem o objetivo supremo do ser, mas, ao contrário, apontava-lhe o estado dos prazeres grosseiramente sensoriais não apenas como a melhor recompensa para esta vida, mas até como o objetivo supremo da Vida Futura. Por isso, tudo a que podia chegar a exigência intelectual do maometano consistia na exigência de uma unidade lógica abstrata, de uma ordem externa das ideias e de uma justeza sistemática de suas inter-relações. A tarefa metafísica extrema que podia propor a sede de saber maometana — essa, por assim dizer, poesia do amor pela sabedoria maometana — consistia na elaboração de fórmulas visíveis para a atividade invisível do mundo espiritual: na busca de uma ligação talismânica entre as leis do mundo acima das estrelas e as leis do mundo sublunar. Daí a sua paixão pela lógica, daí a sua astronomia, alquimia, quiromancia e todas as suas ciências abstrato-racionais e sensitivo-espirituais. Daí se explica também por que os árabes, embora tivessem recebido o princípio de sua formação intelectual dos gregos sírios, embora tivessem mantido relações próximas com Bizâncio, praticamente não exerceram influência sobre o curso da ilustração grega. Na Europa Ocidental, entretanto, eles tiveram influência tão forte que levaram para lá todo o brilho do florescimento de suas ciências, numa época em que a Europa se encontrava em estado de ignorância quase completa. Com a orientação lógico-abstrata de sua erudição, eles contribuíram também, sem dúvida, para o fortalecimento dessa mesma orientação na ilustração europeia, mesclando apenas, por algum tempo, a corrente dominante do pensamento europeu com a corrente variegada de suas especulações talismânicas. Os árabes foram os primeiros a apresentar aos teólogos latinos as obras de Aristóteles, de que eles tomaram conhecimento, pela primeira vez, em traduções do árabe, juntamente com as interpretações árabes, já que a formação grega era tão pouco conhecida entre eles.

Aristóteles, sem nunca ter sido compreendido por inteiro, mas estudado interminavelmente por partes, foi, como se sabe, a alma da escolástica, que, por sua vez, representava todo o desenvolvimento intelectual da Europa daquela época e consistia em sua expressão mais evidente.

A escolástica não era outra coisa senão a aspiração a uma teologia pseudocientífica. Pois a teologia era então o objetivo supremo e a fonte principal de todo conhecimento. A tarefa da escolástica consistia não apenas em interligar as concepções teológicas num sistema racional, mas também em fornecer-lhes um alicerce metafísico-racional. Os principais instrumentos para isso eram as obras do bem-aventurado Agostinho e as composições lógicas de Aristóteles. O desenvolvimento universitário superior consistia em discussões dialéticas sobre objetos da fé. Os teólogos mais notáveis tentavam extrair os dogmas da fé a partir de deduções lógicas. Desde o irlandês Erígena até o século XVI, provavelmente não houve entre eles nenhum teólogo que não tivesse tentado colocar a própria convicção da existência de Deus no gume de algum silogismo afiado com perícia. Os seus trabalhos grandiosos estavam repletos de sutilezas abstratas, encadeadas de modo lógico a partir de concepções puramente racionais. Para eles, os aspectos mais insignificantes do pensamento eram objeto da ciência, causa de partidos, objetivo de vida.

Nem as discussões abstratas entre nominalistas e realistas, nem os estranhos debates sobre a Eucaristia, a bem-aventurança, a Natividade da Virgem Maria e objetos de fé semelhantes podem nos dar uma verdadeira noção do espírito da escolástica e do estado das mentes daquela época, mas o que mais claramente os expressa é aquilo que, nessas discussões, consistia no principal objeto de atenção e ocupava o pensamento dos filósofos mais sábios, ou seja, a colocação de questões arbitrárias a respeito de proposições quiméricas e a análise de todos os argumentos possíveis a favor delas e contra elas.

Esse interminável e esgotante jogo de concepções no decorrer de setecentos anos, esse inútil caleidoscópio de categorias abstratas, que girava sem cessar diante da visão intelectual, produziriam inevitavelmente uma cegueira geral em relação às convicções vivas que se encontram acima da esfera do juízo e da lógica, em relação às convicções a que o ser humano chega não por meio de silogismos, mas, ao contrário, tentando fundamentá-las em conclusões silogísticas, ele apenas deturpa a sua verdade, isso se não a destrói por completo.

A compreensão viva e integral da vida interna, espiritual, e a contemplação viva e sem prevenções da natureza externa foram igualmente banidas do círculo limitado do pensamento ocidental, a primeira sob a denominação de "mística", por sua natureza odiosa à racionalidade escolástica (aqui se incluía também a orientação do ensinamento da Igreja Ortodoxa que não combinava com os sistemas ocidentais), a segunda perseguida diretamente como "destituída de Deus" (aqui se incluíam as descobertas da ciência que contradiziam a concepção dos teólogos da época). Pois a escolástica forjava sua fé com o estreito entendimento da ciência, em um único destino indissolúvel.

Por isso, quando, com a tomada de Constantinopla, o ar fresco e impoluto do pensamento grego soprou do Oriente para o Ocidente, e o homem pensante ocidental respirou com mais leveza e liberdade, então a edificação da escolástica arruinou-se instantaneamente. No entanto, os rastos da unilateralidade escolástica permaneceram nas mentes por ela alimentadas. O objeto do pensamento tornou-se outro, e a sua orientação também mudou, mas a mesma preponderância da racionalidade e a mesma cegueira em relação às verdades vivas foram conservadas quase como antes.

Um exemplo instrutivo disso é apresentado exatamente pelo famoso fundador da filosofia moderna. Ele pensava ter se livrado, definitivamente, dos grilhões da escolástica; entretanto, não percebia estar ainda tão emaranhado neles que, apesar de todo o seu genial entendimento das leis formais da razão, permaneceu estranhamente cego às verdades vivas, a ponto de considerar pouco convincente sua consciência interna direta a respeito da própria existência enquanto não fez essa dedução a partir de seu raciocínio silogístico abstrato! E esse exemplo é ainda mais notável porque não consistia numa particularidade individual do filósofo, mas expressava a orientação geral das mentes. Pois a dedução lógica de Descartes não permaneceu como particularidade excepcional sua, mas foi aceita com entusiasmo e transformou-se na base do pensamento de grande parte dos filósofos mais recentes quase até a metade do século XVIII.

Talvez, inclusive agora, existam pensadores profundos que sustentem, com base nela, a incontestabilidade de sua existência e satisfaçam, dessa forma, a própria necessidade intelectual de convicções firmes. Pelo menos, o autor destas linhas ainda lembra vivamente uma época, em sua própria vida, durante a qual semelhante processo de pensamento artificial aplacava docemente sua sede de quietude intelectual.

Já não falo daquela particularidade de Descartes com base na qual, tomado pela austera necessidade de suas deduções, de bom grado ele foi capaz de se convencer de que todos os animais, com exceção do ser humano, são em essência apenas máquinas externas, construídas com arte pelo Criador, e, por não terem consciência, não sentem nem dor nem prazer.

Depois disso, não é de surpreender que seu discípulo e sucessor no domínio do desenvolvimento filosófico, o famoso Espinosa, tenha conseguido forjar, com tanta arte e tanta densidade, deduções racionais acerca da Causa Primeira, da ordem suprema e da estrutura do sistema do universo; que, através dessa rede compacta e indissolúvel de teoremas e silogismos, ele não tenha conseguido enxergar, em toda a criação, rastos do Criador Vivo, nem notar no ser humano a sua liberdade interna. Esse mesmo excesso de racionalidade lógica ocultou do grande Leibniz, atrás do encadeamento racional de suas concepções abstratas, o visível encadeamento entre causa e ação, e, para explicá-las, obrigou-o a propor sua Harmonia Preestabelecida, que, aliás, pela poesia de sua ideia básica, compensa um pouco a sua unilateralidade.

Eu digo que a poesia da ideia preenche um pouco a sua unilateralidade porque penso que, quando ao mérito lógico se une o mérito moral ou estético, então, com essa união de forças, a própria razão retorna, em maior ou menor medida, à primitiva completude e, por isso, aproxima-se da verdade.

Seria preciso prosseguir na enumeração dos representantes subsequentes da filosofia ocidental para, lembrando os seus sistemas, convencer-se da unilateralidade geral da orientação do Ocidente?

Seria preciso lembrar que Hume, esse resultado direto e inevitável do outro ramo do amor pela sabedoria ocidental, seguidor de Bacon, de Locke e de pensadores similares, o desapaixonado Hume, com a força de sua desapaixonada razão, demonstrou que no mundo não há nenhuma verdade e que a verdade e a mentira estão sujeitas à dúvida? Que o célebre Kant, estimulado por Hume e preparado pela escola alemã, a partir das próprias leis da razão pura, extraiu a prova incontestável de que, para a razão pura, não há nenhuma prova das verdades supremas?

Daí talvez restasse apenas um passo até a verdade, mas o mundo ocidental de então não estava maduro para ela.

Do sistema de Kant, desenvolveu-se uma orientação abstrata no sistema de Fichte, que provou, por uma surpreendente estrutura de silogismos, que todo o mundo exterior é apenas um espectro ilusório da imaginação, e que há, na verdade, apenas um eu que se autodesenvolve.

A partir daí, Schelling desenvolveu o aspecto contrário dessa hipótese, ou seja, que, embora o mundo externo realmente exista, a alma do mundo não é outra coisa, senão esse *eu* humano, que se desenvolve no ser universal apenas para tomar consciência de si no ser humano. Hegel fortaleceu ainda mais e difundiu esse mesmo sistema de autodesenvolvimento da autoconsciência humana. Entretanto, tendo se aprofundado mais do que qualquer um de seus antecessores nas próprias leis do pensamento lógico, com a força de sua enorme e extraordinária genialidade, levou-as até o extremo de sua completude e clareza de resultados e, assim, deu ao próprio Schelling a possibilidade de comprovar a unilateralidade de todo o pensamento lógico. Desse modo, a filosofia ocidental agora se encontra em tal posição que já não pode seguir adiante pelo próprio caminho abstrato-racional, pois tomou consciência da unilateralidade da racionalidade abstrata, mas também não tem condições de prosseguir num caminho novo, pois toda sua força consiste exatamente no desenvolvimento dessa racionalidade abstrata.[5]

Entretanto, ao mesmo tempo em que a teologia romana se desenvolvia por meio da filosofia escolástica, os escritores da Igreja Oriental, sem se deixar entusiasmar pela unilateralidade das construções silogísticas, mantinham constantemente a completude e a inteireza da especulação que consistem na marca do amor pela sabedoria cristã. Pois não se deve esquecer que toda a ilustração da época concentrava-se então em Bizâncio. Os gregos letrados conheciam profundamente os escritores antigos, cristãos e pagãos, e particularmente os escritores filósofos, e rastos de seu ensinamento fundamentado são vistos em grande parte das obras espirituais até a metade do século XV; no entanto, o Ocidente, iletrado e, pode-se até dizer, ignorante em comparação com Bizâncio praticamente até o

[5] Ver meus artigos "Sobre a condição contemporânea da ilustração", no *Moskvitiánin* [O Moscovita], nº 1 e 2, 1845. (N. do A.)

século XIV, voltava o seu pensamento quase que unicamente para o círculo dos escritores latinos, com exceção somente de alguns poucos gregos. Apenas em meados do século XIV, foi fundada a primeira academia científica na Itália, pelo célebre monge Barlaão, mestre de Petrarca, ele próprio um infeliz traidor da Igreja Ortodoxa, que, contaminado pela confiança ocidental em sua racionalidade lógica, refutou alguns dogmas do ensinamento cristão que ele próprio não compreendia, e por isso foi condenado pelo Concílio de Constantinopla e expulso da Grécia, desonrado, mas, em compensação, recebido com grandes honras na Itália.

Aristóteles, sem dúvida nenhuma, era conhecido de modo mais rico e profundo pelos gregos do que pelos latinos, embora, talvez, sem aquelas complementações com as quais o enriqueceram os cientistas árabes e latinos e que, até a queda da educação escolástica na Europa, consistiam em requisito básico de todo o desenvolvimento do pensamento no Ocidente. No entanto, entre os pensadores gregos, não apenas não vemos especial paixão por Aristóteles, como, ao contrário, na maioria deles observamos clara preferência por Platão, com certeza não porque os pensadores cristãos tivessem assimilado as concepções pagãs de um ou de outro, mas porque, provavelmente, o próprio modo de pensar de Platão apresenta maior inteireza das faculdades intelectuais, maior calor e harmonia na atividade especulativa da razão. Por isso, aquela mesma relação que observamos entre os dois filósofos da antiguidade quase existia também entre a filosofia do mundo latino, como elaborada na escolástica, e a filosofia espiritual que encontramos em escritores da Igreja Oriental, expressa de modo particularmente claro nos Santos Padres da Igreja que viveram após a queda de Roma.

É de se notar que a filosofia espiritual dos pais orientais da Igreja, que escreveram após o século X — filosofia direta e puramente cristã, profunda, viva, que eleva a razão, em relação ao mecanismo do juízo, para uma especulação superior e moralmente livre, filosofia que, até para o pensador descrente, podia ser edificante em função de sua impressionante riqueza e profundidade e da precisão de suas observações psicológicas —, apesar, entretanto, de todos os seus méritos (eu falo aqui apenas dos méritos especulativos, deixando à parte o significado teológico), era tão pouco acessível à orientação racional do Ocidente, que não apenas nunca foi valorizada pelos pensadores ocidentais, como também, o que é ainda mais surpreendente, até hoje permanece quase que inteiramente desconhecida deles.

Pelo menos nenhum filósofo, nenhum historiador da filosofia faz menção a ela, embora, em cada história da filosofia, encontremos longos tratados sobre a filosofia indiana, chinesa e persa. As próprias obras dos escritores orientais permaneceram desconhecidas na Europa por muito tempo; muitas até hoje permanecem assim; outras, apesar de conhecidas, são deixadas de lado ou mal compreendidas; outras ainda, publicadas há muito pouco tempo, também não foram valorizadas. Alguns escritores teológicos do Ocidente, embora tenham mencionado algumas particularidades dos escritores orientais, com tão pouca frequência conseguiam alcançar essa particularidade que, de suas palavras, amiúde tiravam-se conclusões diretamente opostas à verdade. Afinal, em praticamente ne nhum dos escritores teológicos do Ocidente se observam rastos vivos da influência que a escritura da Igreja Oriental sem falta teria deixado neles caso conhecessem dela ao menos a metade do que conheciam dos escritores pagãos antigos.

Talvez possamos excluir daí apenas Tomás de Kempis, ou Gerson,[6] se o livro que lhe é atribuído realmente pertence a ele e não é, como supõem alguns, uma tradução do grego, um pouco reelaborada de acordo com as concepções latinas.[7]

É claro que, nos escritores da Igreja Oriental que viveram após o cisma de Roma, não se pode encontrar nada de novo em relação ao ensinamento cristão, nada daquilo que não se encontra nos escritores dos primeiros séculos. Mas é nisso que consiste seu mérito; a sua particularidade está, afirmo, em que eles conservaram e sustentaram, em toda sua pureza e completude, o ensinamento cristão essencial e, mantendo-se constantemente, por assim dizer, no próprio centro do verdadeiro credo, dali eram capazes de ver mais claramente também as leis da mente humana, o caminho que leva ao verdadeiro conhecimento e tanto os sinais externos quando as molas internas de seus variados desvios.

Aliás, também os antigos padres da Igreja, que viveram ainda antes do cisma de Roma e, portanto, foram igualmente reconhecidos no Oriente e no Ocidente, nem sempre foram compreendidos do mesmo modo no

---

[6] Jean Charlier de Gerson (1363-1429), teólogo francês. (N. da T.)

[7] Menção ao livro *Imitação de Cristo*, cujo mais provável autor é o místico alemão Tomás de Kempis (*c*. 1380-1471). (N. da T.)

Ocidente e no Oriente. Essa diferença surgiu porque o Oriente sempre conheceu inteiramente *todos* os escritores e mestres da Igreja Universal, enquanto os estudiosos ocidentais conheciam preferencialmente escritores latinos e apenas alguns dos gregos, para os quais eles também olhavam através de suas próprias concepções já formadas, por eles hauridas dos mestres romanos. Por isso também em tempos mais recentes, quando eles já conheciam mais profundamente a literatura grega, ainda assim continuavam a olhar para ela automaticamente, através da mesma janela limitada, com vidros, se não coloridos, então baços. Só assim se pode explicar o fato de terem se mantido por tanto tempo na unilateralidade de sua orientação racional, que, caso contrário, acabaria por ruir em função da ação conjugada de todos os antigos padres da Igreja. Tendo mantido a unilateralidade, não notavam ou às vezes ignoravam por completo os escritores antigos em que se manifestava, em particular, o aspecto diretamente oposto àquela limitação, e com satisfação a rejeitavam, chamando-a de misticismo!

Daí vem, além da diferença de concepções do Oriente e do Ocidente, também a diferença na própria *forma* do pensamento teológico-filosófico. Pois, aspirando à verdade da especulação, os pensadores orientais preocupavam-se, acima de tudo, com a justeza do estado interno do espírito pensante, e os ocidentais, mais com a ligação externa entre as concepções. Os orientais, para alcançar a plenitude da verdade, buscam a inteireza da razão, aquele centro das forças mentais, por assim dizer, onde todas as atividades específicas do espírito convergem para uma única unidade viva e superior. Os ocidentais, ao contrário, supõem que é possível alcançar a verdade plena também para as forças da razão, que atuariam de modo automotor e em separado. Com um sentimento, eles compreendem a moral, com outro, a estética; para o útil, de novo um sentido particular; o verdadeiro, eles compreendem pelo juízo abstrato; e, até completar sua ação, nenhuma das particularidades sabe o que a outra está fazendo. Cada caminho, eles pressupõem, leva a um derradeiro objetivo em vez de todos se unirem num único movimento conjugado. Eles consideram igualmente a frieza insensível do julgamento e o entusiasmo extremo dos movimentos do coração como estados legítimos do ser humano; e quando, no século XIV, os cientistas do Ocidente souberam da aspiração dos contemplativos de conservar a serenidade da inteireza interior do espírito, eles então escarneceram dessa ideia, inventando para ela todo tipo de alcunha zombeteira.

É verdade que eles utilizam, às vezes, as mesmas expressões dos orientais e falam da "concentração interior do espírito", da "reunião da mente em si" etc., mas, com essas palavras, geralmente querem dizer outra coisa: não a concentração, nem a reunião, nem a inteireza das forças internas, mas apenas a sua extrema tensão. Em geral, pode-se dizer que eles não buscam o centro da existência espiritual. O homem ocidental não compreende a conjugação viva das forças superiores da mente, em que nenhuma delas se movimenta sem a aprovação das outras, aquele equilíbrio da vida interna que distingue até os movimentos mais externos do ser humano alimentado nas tradições comuns ao mundo ortodoxo, pois há em seus movimentos, inclusive nas mais drásticas reviravoltas da vida, algo profundamente sereno, uma moderação natural, uma dignidade conjugada à humildade, que testemunham o equilíbrio do espírito, a profundidade e a inteireza da autoconsciência comum. O europeu, ao contrário disso, está sempre pronto a impulsos extremos, sempre azafamado, quando não teatral, sempre intranquilo em seus movimentos internos e externos, e apenas com esforço premeditado é capaz de lhes transmitir uma proporcionalidade artificial.

Os ensinamentos dos Santos Padres da Igreja Ortodoxa chegaram à Rússia, pode-se dizer, junto com o primeiro repique do sino cristão. Sob sua orientação, formou-se e educou-se a mente russa primordial, que está na base da vida russa.

A vasta terra russa, inclusive na época de sua divisão em pequenos principados, sempre teve consciência de si como um único corpo vivo e encontrava o seu ponto de atração nem tanto na unidade da língua quanto na unidade das convicções oriundas da unidade da crença nas deliberações religiosas. Pois o seu espaço imenso estava todo coberto por uma espécie de rede ininterrupta, formada de uma quantidade incalculável de mosteiros longínquos, ligados entre si pelas linhas harmônicas da convivência espiritual. Deles, de modo uniforme e unânime, difundia-se a luz da consciência e da ciência para todas as aldeias e principados isolados. E não só as concepções espirituais do povo partiam deles, também todas as concepções morais, sociais e jurídicas, depois de passar por sua influência formadora, de novo retornavam deles para a consciência social, tendo adquirido uma única orientação comum. Sendo composto, sem distinção, de todas as classes do povo, dos níveis superiores e inferiores da sociedade, o clero, por sua vez, propagava para todas as classes e níveis a sua própria formação superior, haurindo-a diretamente das fontes originais, do próprio centro da ilustração contemporânea, que então se encontrava em Tsargrad, na Síria e no Monte Athos.

E essa formação cresceu tão rapidamente e em tal grau na Rússia, que ainda agora ela nos parece admirável quando lembramos que, nos séculos XII e XIII, alguns dos príncipes já tinham, em seus apanágios, bibliotecas cuja quantidade de volumes era muito superior à da biblioteca parisiense,[8] a primeira do Ocidente; que muitos deles falavam grego e latim tão fluentemente quanto russo; que alguns, além disso, sabiam outras línguas europeias;[9] que, em alguns escritos do século XV,[10] conservados intactos até hoje, encontramos trechos de traduções russas de obras gregas que não apenas eram desconhecidas na Europa, como tinham se perdido na própria Grécia, após seu declínio, e que, apenas num tempo mais recente e já com enorme dificuldade, tinham sido redescobertas nos tesouros desmantelados de Athos; que, no silêncio isolado das celas monásticas, com frequência na profundeza dos bosques, eram estudadas e copiadas, e até hoje se mantêm intactas em manuscritos antigos, traduções eslavônicas dos pais da Igreja, cujos escritos profundos, repletos de especulações teológicas e filosóficas elevadas, até na época atual dificilmente seriam compreendidos por estudiosos alemães de filosofia devido à força de sua sabedoria (embora, talvez, nenhum deles tenha consciência disso); finalmente, quando lembramos que essa formação russa era tão disseminada, tão firme, tão desenvolvida e que, assim, lançou raízes tão profundas na vida russa, que, apesar de já terem se passado 150 anos desde que nossos mosteiros deixaram de ser o centro da ilustração, apesar de toda a parte pensante do povo, em sua educação e suas concepções, já ter se desviado significativamente e, em alguns casos, estar completamente separada da vida russa anterior — tendo apagado, inclusive, a

[8] Ver Schlözer, nota sobre Nestor, v. I. (N. do A.) [August Ludwig von Schlözer (1735-1809), historiador alemão, contribuiu para os estudos de história universal em geral e da história da Rússia em particular. (N. da T.)]

[9] Ver *A história da literatura russa* do professor [Stepan Petróvitch] Cheviriov [(1806-1864)], segunda edição. Esse livro, sem dúvida um dos mais notáveis publicados entre nós nos últimos tempos, deve, provavelmente, produzir uma viragem definitiva na compreensão geral de nossa formação antiga. (N. do A.)

[10] Ver a escritura de Nilo de Sora. (N. do A.) [Em russo, Nil Sórski (1433-1508). Santo venerado pelos ortodoxos e que lançou as bases da corrente eclesiástica defensora da supremacia da vida espiritual sobre os interesses materiais. (N. da T.)]

memória dela do seu coração —, essa vida russa, criada de acordo com as concepções da formação antiga e penetrada delas, ainda se manteve intacta, quase imutável nas classes baixas do povo, e conservou-se mesmo vivendo nessas classes já quase inconscientemente, já numa tradição habitual, já não relacionada ao domínio do pensamento formador, já não revivificada, como na antiguidade, pelas influências do pensamento unânime das classes superiores da sociedade, já não penetrantes, como anteriormente, em cooperação inspiradora com todo o conjunto de movimentos intelectuais da Pátria.

Que força não devia existir para produzir ação tão sólida! E essa firmeza da vida, consequência da formação prévia, é observada no mesmo povo que pôde tão facilmente mudar a sua formação pagã quando recebeu o ensinamento cristão.

Por isso, esses costumes russos e essa vida prévia da Rússia, que se reflete neles, são preciosos para nós, principalmente pelos rastos que deixaram neles os princípios cristãos puros, que agiram sem obstáculos sobre as tribos eslavas voluntariamente submetidas a eles. E não é nenhum tipo de superioridade natural da tribo eslava que nos leva a esperar o seu florescimento no futuro. Não! As particularidades tribais, como a terra em que cai a semente mental, podem apenas acelerar ou atrasar o seu desenvolvimento inicial, podem lhe transmitir uma nutrição saudável ou pobre, podem, afinal, dar-lhe curso livre em direção à luz de Deus ou abafá-la com plantas estranhas, mas a característica própria do fruto depende da característica da semente.

Seja qual for a nossa opinião sobre o advento dos variagues: se toda a terra russa convocou-os de livre vontade, ou se um grupo levou vantagem sobre outro, em qualquer caso, esse advento não foi invasão de uma tribo alheia, de modo algum podia ter sido uma conquista, pois se, passados 150 anos, foi tão fácil mandá-los — ou pelo menos uma parte significativa deles — sair da Rússia, então como teriam conseguido conquistá-la tão facilmente antes? Como poderiam ter se mantido na Rússia contra a vontade dela, pacificamente?[11] Naquela época, de modo tranquilo e natural, aconteceu a formação das relações sociais e governamentais, sem

[11] Ver no *Moskvitiánin* [O Moscovita], n° 3, 1845, o artigo "Sobre a história russa antiga", de meu irmão Piotr Vassílievitch Kiriêievski, cujo ponto de vista sobre a Rússia antiga apresenta, na minha opinião, o quadro mais claro de sua estrutura primitiva. (N. do A.)

nenhuma inovação forçada, unicamente em consequência da estrutura interna de suas concepções morais. Já com a introdução do Cristianismo, as concepções morais do homem russo mudaram, e, juntamente com elas, também suas relações sociais; e, por isso, toda a estrutura social da terra russa aceitaria em seu desenvolvimento igualmente a orientação cristã.

A melhor expressão da prontidão com que o homem russo aspirou, desde o início, a concretizar em sua vida toda a plenitude da nova convicção por ele aceita foi o primeiro desejo, ainda irrefletido (tão maravilhosamente irrefletido), de são Vladímir: perdoar todos os criminosos. A própria igreja foi a primeira a impedir que ele realizasse esse desejo, expondo, desse modo, a diferença entre as obrigações espirituais individuais e as laico-governamentais. Juntamente com isso, ela determinou, desde o início e para sempre, fronteiras rígidas entre ela própria e o Estado, entre a incondicional pureza de seus princípios superiores e o amálgama cotidiano da estrutura social, sempre ficando fora do Estado e de suas relações seculares, colocando-se acima deles, como um ideal inacessível, iluminado, a que eles deviam aspirar e que não se misturava com suas molas terrestres. Guiando as convicções individuais das pessoas, a Igreja Ortodoxa nunca teve a pretensão de guiar a vontade delas à força, nem de adquirir para si o poder laico-governamental e, menos ainda, de buscar o domínio formal sobre o poder governante. É verdade que o Estado apoiava-se na Igreja: ele era tanto mais forte em suas bases quanto mais coeso se mantinha em sua estrutura, quanto mais integral em sua vida interna, quanto mais interpenetrado pela Igreja. Mas a Igreja nunca aspirou a ser Estado, assim como o Estado, por sua vez, reconhecendo humildemente a destinação laica, nunca se chamou de "santo". Pois, se às vezes chamavam a terra russa de "Santa Rus", tinham em vista unicamente seu vigor sagrado, os mosteiros e templos de Deus nela edificados, e não porque considerassem que sua estrutura representava a interpenetração mútua entre religioso e secular, como a estrutura do "Sacro Império Romano".

Desse modo, guiando o corpo social como o espírito guia o corpo físico, a Igreja não cobriu as estruturas seculares com o caráter da religiosidade, como observado nas ordens de cavaleiros monásticas, nos tribunais da inquisição e em outras deliberações laico-espirituais do Ocidente; penetrando todas as convicções intelectuais e morais das pessoas, ela conduziu o Estado, imperceptivelmente, na direção da concretização dos princípios cristãos supremos, sem nunca se intrometer no seu desenvolvimento natural. E a influência espiritual da Igreja sobre esse desenvolvimento natural da estrutura social podia ser ainda mais completo e puro, porque nenhum obstáculo histórico impedia que as convicções internas das pessoas se manifestassem em suas relações externas. Por não ter sido deturpada pela conquista, a terra russa, em sua estrutura interna, não se constrangeu por aquelas formas violentas que surgiriam da luta entre duas tribos mutuamente odiadas, obrigadas a construir uma vida conjunta em constante hostilidade. Nela não havia nem conquistadores, nem conquistados. Ela não conhecia nem demarcações férreas entre classes fixas, nem privilégios constrangedores de umas em relação a outras, nem lutas políticas e morais decorrentes dessa situação, nem o desprezo de classe, nem o ódio de classe, nem a inveja de classe. Consequentemente, ela não conhecia o fruto necessário dessa luta: a formalidade artificial das relações sociais e o processo doloroso do desenvolvimento social ocorrido em função de mudanças violentas das leis e de reviravoltas tempestuosas nas deliberações. E os príncipes, os boiardos, o clero, o povo, as *drujinas* dos príncipes, as *drujinas* dos boiardos, as *drujinas* das cidades e as *drujinas* do campo, todas as classes e tipos de população estavam penetrados de um espírito único, de convicções únicas, da necessidade única do bem comum. Podia haver diversidade em alguma situação específica, mas, nas questões essenciais, praticamente não se encontravam rastos significativos de diversidade. Assim, a sociedade russa cresceu de modo singular e natural, sob a influência de uma única convicção interna, alimentada pela Igreja e pelas tradições dos costumes. Entretanto, ou, melhor dizendo, exatamente *por isso*, nela não havia aquela igualdade fantasiosa, assim como não havia também privilégios opressivos. Ela apresentava não uma superfície plana, mas uma escada, em que havia vários níveis, mas esses níveis não eram eternamente fixos, pois se arranjavam naturalmente, como vasos necessários ao organismo social, e não à força, por contingências de guerra, nem premeditadamente, por categorias da razão.

Se alguém quiser visualizar a sociedade ocidental dos tempos feudais, então não poderá fazê-lo de outro modo, a não ser compondo um quadro que apresente vários castelos, protegidos por muros, no interior dos quais mora um cavaleiro nobre com a sua família enquanto, ao redor, habita a plebe ordinária. O cavaleiro era uma individualidade; a plebe, parte de seu castelo. As relações bélicas desses castelos entre si e suas relações com as cidades livres, com o rei e com a Igreja formam toda a história do Ocidente.

Diferentemente disso, ao imaginarmos a sociedade russa dos tempos antigos, não veríamos castelos, nem a plebe ordinária circundante, nem cavaleiros nobres, nem reis em luta com eles. Veríamos uma quantidade incontável de pequenas *obschinas*, espalhadas por toda a face da terra russa, cada uma delas com um responsável pela ordem, baseada em direitos conhecidos, e cada uma delas formando seu próprio acordo, seu próprio pequeno mundo; esses pequenos mundos, ou acordos, confluíam para outros acordos maiores, que, por sua vez, compunham acordos regionais e, finalmente, tribais, a partir dos quais já se formava um único acordo geral de toda a terra russa, tendo sobre si o grão-príncipe de toda a Rus, com base no qual se consolidava todo o teto da edificação social em que se apoiavam todos os elos de sua estrutura superior.

Em consequência dessas relações naturais, simples e unânimes, também as leis que expressam essas relações não podiam ter um caráter de formalidade artificial, mas, saídas de duas fontes — da tradição comum e da convicção interna —, deviam, em seu espírito, em sua composição e em suas proposições, carregar o caráter de uma verdade mais interna do que externa, preferindo a visibilidade da justiça essencial ao sentido literal da forma; a santidade da tradição à conclusão lógica; a moralidade das exigências à utilidade externa. Estou falando, é claro, não de uma ou outra lei específica, mas, por assim dizer, de toda a inclinação (tendência) do direito russo antigo. Era nele que a justiça interna buscava sua superioridade sobre a formalidade externa.

Enquanto a jurisprudência romano-ocidental extrai, de modo abstrato, conclusões lógicas de cada condição legal, dizendo: "a forma é a própria lei", e tenta reunir todas as formas num único sistema racional, em que cada parte, por necessidade da abstração intelectual, desenvolve-se corretamente a partir do todo, e todas juntas compõem não apenas um texto racional, mas a *própria razão escrita*, ao contrário disso, o direito comum, do modo como ele se desenvolveu na Rússia, tendo nascido da vida, afasta-se completamente do desenvolvimento abstrato-lógico. Na Rússia, a lei não era inventada de antemão por nenhum jurisconsulto erudito, não se baseava, com profunda convicção e eloquência, em nenhuma assembleia legislativa e não caía, depois, como neve sobre a cabeça de toda a multidão de cidadãos, surpresos, destruindo entre eles alguma ordem de relações já estabelecida. Na Rússia, a lei não era elaborada, mas, normalmente, apenas redigida no papel depois de ter sido formada, por si só, nas concepções do povo e de ter sido, pouco a pouco, exigida pela necessidade das coisas, de ter entrado nos costumes e na vida do povo. O movimento lógico das leis só pode existir onde a própria estrutura social está fundamentada em condições artificiais; onde, portanto, o desenvolvimento da estrutura social pode e deve ser orientado pela *opinião* de todos ou de alguns. Por outro lado, nos lugares em que a estrutura social se fundamenta em uma forte unidade de pensamento, a solidez dos costumes, a santidade da tradição e a fortaleza das relações comuns não podem ser destruídas sem provocar também a destruição das próprias condições de vida da sociedade. Lá, qualquer mudança à força em função de conclusões lógicas seria como um corte de faca no próprio coração do organismo social. Pois lá a estrutura social baseia-se *em convicções*, e, por isso, qualquer *opinião* guiando o seu desenvolvimento, mesmo que ampla, seria para ela mortal.

A opinião e a convicção são duas molas inteiramente específicas de duas estruturas sociais inteiramente diferentes. A opinião distingue-se da convicção não apenas porque a primeira é efêmera e a segunda mais estável; a primeira é resultado de suposições lógicas; a segunda é resultado de toda a vida; no sentido político, elas possuem ainda outra dessemelhança: convicção é a consciência espontânea de todo o conjunto das relações sociais; opinião é a simpatia exagerada por apenas uma parte dos interesses sociais, por aquela parte que coincide com os interesses de um único grupo, e é por isso que ela encobre sua excepcionalidade ambiciosa com a visão enganosa da utilidade comum. Por essa razão, na sociedade artificial, baseada na conjugação formal de interesses, cada melhoria é alcançada em consequência de algum plano premeditado; é introduzida uma nova relação porque a opinião de hoje toma primazia sobre a ordem das coisas de ontem; cada resolução muda a anterior à força; o desenvolvimento acontece, como já destacamos, pela lei das reviravoltas: de cima para baixo ou de baixo para cima, dependendo do ponto em que o grupo dominante concentrou as suas forças e da direção para a qual a opinião dominante as encaminhou.

Ao contrário disso, na sociedade construída naturalmente, a partir do desenvolvimento singular de seus princípios básicos, mudanças bruscas são uma doença com maior ou menor risco; a lei das reviravoltas, em vez de ser condição de melhoria da vida, é condição de sua desintegração e morte, pois o seu desenvolvimento pode acontecer apenas de modo harmonioso e imperceptível, de acordo com a lei do crescimento natural, numa existência com unanimidade de sentido.

Uma das diferenças mais significativas entre o sistema de leis da Rússia e o do Ocidente são as concepções básicas sobre o direito de propriedade da terra. Em essência, as leis civis romanas, pode-se dizer, não são outra coisa senão o desenvolvimento do caráter incondicional desse direito. As estruturas sociais da Europa Ocidental originaram-se, igualmente, de combinações variadas desses direitos singulares, que são ilimitados em seus fundamentos e, apenas nas relações sociais, submetem-se a certas restrições mutuamente condicionadas. Pode-se dizer que a edificação da estrutura social ocidental baseia-se no desenvolvimento do direito à propriedade individual, de modo que também a própria personalidade, em sua base jurídica, é apenas expressão desse direito de propriedade.

Na organização da estrutura social russa, a personalidade é a base primeira, mas o direito à propriedade é apenas uma relação *ocasional*. A terra pertence à *obschina* porque a *obschina* é composta de famílias, que são compostas de pessoas capazes de cultivar a terra. Com o aumento do número de membros da família, aumenta também a quantidade de terra pertencente à família; a redução desse número implica a diminuição da quantidade de terra. O direito da *obschina* sobre a terra restringe-se pelo direito do proprietário ou do herdeiro; o direito do proprietário, por sua relação com o Estado. As relações do proprietário com o governo não dependem da propriedade, mas a propriedade depende das suas relações individuais. Essas relações individuais, determinadas tanto pelas relações individuais do pai do proprietário quanto pelas suas próprias, podem ser perdidas pela incapacidade de mantê-las ou ser ampliadas pela definitiva superioridade de seus méritos em relação a outros indivíduos do coletivo. Em resumo, a incondicionalidade da propriedade da terra era possível na Rússia apenas como exceção. A sociedade constituía-se não de propriedades particulares, às quais eram atribuídos indivíduos, mas de indivíduos aos quais eram atribuídas propriedades.

A confusão que, posteriormente, adviria dessas relações nas camadas superiores da sociedade, com o aniquilamento dos pequenos principados e sua fusão em uma estrutura governamental única, seria ocasional e teria sua base, ao que parece, em causas indiretas, apresentando-se não como um desenvolvimento necessário, mas já como um desvio do desenvolvimento regular do espírito fundamental de toda a estrutura do Estado russo. Aliás, em todos os casos, essa condição singular, completamente diferente do Ocidente, onde o indivíduo compreendia a si mesmo em termos da propriedade da terra, encontrava-se relacionada com todo o conjunto de suas relações sociais, coletivas e morais.

Por isso as relações sociais russas também se distinguiam das ocidentais. Não estou falando da diferença de algumas formas específicas, que podem ser consideradas casualidades insignificantes da particularidade de um povo. Mas o próprio caráter dos costumes do povo, o próprio sentido das relações sociais e dos temperamentos individuais eram completamente diferentes. O homem ocidental fraciona a própria vida em aspirações separadas e, embora reúna todas elas, por meio do juízo, num único plano geral, em cada momento da vida é uma pessoa diferente. Num canto de seu coração, reside o sentimento religioso, que ele utiliza em seus exercícios de devoção; no outro, separadamente, as forças da razão e os esforços das ocupações cotidianas; num terceiro, as aspirações aos prazeres dos sentidos; num quarto, o sentimento moral da família; num quinto, a aspiração a vantagens pessoais; num sexto, a aspiração ao deleite estético-artístico; e cada uma dessas aspirações se subdivide ainda em vários tipos, acompanhados de estados de alma específicos, todos eles desirmanados e ligados apenas por lembranças racionais abstratas. O homem ocidental pode, facilmente, rezar pela manhã com um zelo ardente, concentrado e grandioso; depois descansar desse zelo e, esquecendo-se da oração, exercitar outras forças no trabalho; depois descansar do trabalho, não apenas física, mas também moralmente, esquecendo suas ocupações árduas no riso e em sonoras canções à mesa; depois esquecer seu dia inteiro e sua vida inteira no prazer fantasioso de um espetáculo artístico. No dia seguinte, facilmente ele se põe de novo a girar a mesma roda de sua vida externamente correta.

O russo não é assim. Ao rezar na igreja, ele não grita em êxtase, nem bate no peito, nem desfalece de comoção; ao contrário, no momento da oração, ele tenta, especialmente, conservar uma mente sóbria e a inteireza do espírito. Já quando, não a tensão unilateral da sensibilidade, mas a própria plenitude da autoconsciência da prece penetra em sua alma, e a comoção toca seu coração, então suas lágrimas são vertidas imperceptivelmente e nenhum movimento apaixonado incomoda o profundo silêncio de seu estado interior. Além disso, ele também não entoa canções à mesa. A sua refeição é concluída com uma prece. Com uma prece, ele começa e termina cada uma de suas atividades. Com uma prece, ele entra e sai de casa. O último dos camponeses, apresentando-se no palácio ao próprio grão-príncipe (por cuja honra, talvez, ainda ontem ele tivesse arriscado a vida numa briga ocasional com poloneses), só reverencia o senhorio depois de inclinar-se diante da imagem do santuário, que sempre esteve à vista, num lugar de honra, em cada isbá, grande ou pequena. Assim, o homem russo sempre relacionava diretamente cada atividade sua, importante ou não, com o parecer superior da inteligência e com o centro profundo do coração.

Entretanto, é preciso reconhecer que essa aspiração constante à inteireza do conjunto de todas as forças morais pode ter também seu lado perigoso. Pois, apenas na sociedade em que todas as classes estão igualmente penetradas de um único espírito; em que, por toda parte, numerosos e respeitáveis mosteiros — essas populares escolas e universidades do Estado religioso — governam por completo as mentes; em que, consequentemente, as pessoas amadurecidas na sabedoria espiritual podem orientar constantemente as outras, ainda não amadurecidas; apenas nela semelhante disposição do homem deve levá-lo ao supremo aperfeiçoamento. Mas quando, antes de atingir o amadurecimento específico da vida interna, ele é privado do desvelo orientador da Mente Suprema, então sua vida pode apresentar uma combinação incorreta de tensões excessivas e esgotamentos excessivos. Por isso, às vezes, vemos que o homem russo, concentrando todas as suas forças no trabalho, consegue fazer em três dias mais do que o alemão cauteloso faria em trinta, mas depois disso, em compensação, durante muito tempo, ele não será capaz de retomar voluntariamente suas tarefas. Eis por que, quando o homem russo se encontra num estado ainda não amadurecido e é privado de um guia adequado, para ele, com frequência, a mente mais limitada do alemão, medindo em horas e tabelas a extensão e o grau de seus trabalhos, pode administrar a ordem de suas ocupações melhor do que ele próprio.

Mas, na Rússia antiga, essa inteireza interna da autoconsciência, em cuja direção os próprios costumes orientavam o homem russo, refletia-se também nas formas de sua vida familiar, em que a lei da abnegação regular e incessante era não uma exceção heroica, mas uma questão de obrigação geral e rotineira. Até hoje ainda se conserva esse caráter da inteireza familiar em nossa vida camponesa. Pois, se quisermos nos aprofundar na vida interna de nossa isbá, notaremos nela uma situação em que cada membro da família, com todos os seus trabalhos incessantes e preocupações constantes a respeito do curso bem-sucedido da administração da casa, nunca têm em vista seus interesses particulares em seus esforços.

Pensamentos sobre vantagens pessoais foram inteiramente cortados por eles da própria raiz de seus anseios. O valor da família é o único objetivo e mola geral. Todo o excedente da administração da casa vai, sem prestação de contas, para o chefe da família, todas as rendas individuais são entregues a ele de modo integral e consciencioso.

E, além disso, o modo de vida de toda a família geralmente melhora pouco em função dos excedentes de seu chefe, e os membros, individualmente, não participam de sua utilização e não buscam nem mesmo saber qual é seu montante: eles continuam a fazer seu trabalho e a ter suas preocupações com o mesmo esquecimento de si, tanto como obrigação da consciência quanto como suporte do consenso familiar. Nos tempos antigos, isso era ainda mais surpreendente, pois as famílias eram mais numerosas e consistiam não apenas em filhos e netos, mas conservavam toda a sua inteireza também quando a linhagem se multiplicava significativamente. Entretanto, ainda hoje podemos ver todos os dias que, diante de graves infortúnios da vida, um membro da família, com toda a prontidão, de bom grado e, posso dizer, até com satisfação, está sempre pronto a se sacrificar voluntariamente por outro quando vê no próprio sacrifício um proveito geral para a família.

No Ocidente, o enfraquecimento dos laços familiares foi consequência da orientação geral da formação: das classes altas da população ela passou às baixas, sendo que aquelas tinham influência direta sobre estas, e as classes baixas aspiravam descontroladamente a copiar os costumes da classe dirigente. Quanto mais unilateral a formação intelectual das diversas classes, mais natural essa necessidade apaixonada de imitação; quanto mais artificial o caráter da própria formação e quanto mais ela se submete a opiniões pessoais, mais rapidamente surgem seus frutos.

Nas camadas superiores da sociedade europeia, a vida familiar, de modo geral, logo se tornou algo quase estranho, inclusive para as mulheres. Já desde o nascimento, as crianças de linhagens ilustres eram educadas longe dos olhos da mãe. Especialmente nos Estados em que a moda de educar as filhas fora da família, longe dela, no interior dos muros impenetráveis dos conventos, tornou-se hábito da classe alta, a mãe de família foi praticamente privada do sentido familiar. Atravessando o limiar do convento apenas para receber a coroa do casamento, com esse mesmo passo ela entrava no círculo encantado das obrigações seculares antes de conhecer as obrigações familiares. Por isso, a sensibilidade às relações sociais ficava acima das relações domésticas. Os prazeres rumorosos e cheios de amor-próprio da sala de visitas substituíam as inquietações e alegrias infantis do calmo quarto das crianças. As gentilezas de salão e a habilidade de levar uma vida social, que se desenvolvia em demasia, à custa de outras virtudes, transformaram-se na parte mais significativa do mérito feminino. Para os dois sexos, logo a brilhante sala de visitas se transformaria na principal fonte de prazer e alegria, na fonte da mente e da formação, na fonte da força social, no objetivo, que tudo domina e absorve, de sua vida artificial. Daí, em especial nos Estados onde a educação das mulheres do círculo superior acontecia fora da família, decorreu o desenvolvimento grandioso e fascinante dos requintes sociais; junto com esse desenvolvimento, ocorreu também a deterioração moral da classe superior, e, nela, consequentemente, o primeiro embrião da famosa teoria da emancipação da mulher sob todos os aspectos.

Na Rússia, entretanto, as formas do coletivo social, expressando a inteireza geral da vida, nunca aceitaram o desenvolvimento separado e autônomo, apartado da vida de todo o povo, e, por isso, não conseguiram reprimir o sentido familiar do ser humano nem prejudicar a inteireza de seu crescimento moral. Uma marcada particularidade do caráter russo, nesse aspecto, consistia em que nenhum indivíduo, em sua convivência coletiva, buscava expor alguma particularidade sua inata como mérito, mas toda a ambição dos indivíduos limitava-se à aspiração a ser a expressão correta do espírito fundamental da sociedade. Porque, assim como o salão não governa em um Estado no qual todas as partes estão penetradas da simpatia por toda a inteireza da vida social, assim como a opinião pessoal não reina em uma sociedade que se baseia numa convicção inabalável, também o capricho da moda não predomina nela e não sobrepuja a firmeza da vida comum.

Nessa estrutura dos temperamentos, a simplicidade da vida e a simplicidade das necessidades não eram nem consequência da insuficiência de recursos, nem do subdesenvolvimento da formação, mas sim uma exigência do próprio caráter da ilustração básica. No Ocidente, o luxo não era uma contradição, mas consequência legítima das aspirações fragmentadas da sociedade e do indivíduo; ele estava, pode-se dizer, na própria natureza da formação artificial; os clérigos podiam reprová-la, contrariando as noções habituais, mas, na opinião geral, ele era quase uma virtude. Não cediam a ele por fraqueza, mas, ao contrário, orgulhavam-se dele como um privilégio invejável. Na Idade Média, o povo via com respeito o brilho exterior ao redor do homem, e a compreensão que tinham desse brilho exterior fundia-se, num único sentimento, com a compreensão do próprio mérito do homem. O homem russo respeitava mais os trapos do *iuródivi*[12] do que o brocado de ouro do cortesão. O luxo penetrava na Rússia, porém por contágio dos vizinhos. Desculpavam-se por causa dele, sucumbiam a ele como a um vício, sentindo sempre a sua ilegitimidade, não apenas religiosa, mas também moral e social.

O homem ocidental buscava, com o desenvolvimento dos recursos externos, aliviar o peso dos defeitos interiores. O homem russo ansiava, com a elevação interior acima das exigências externas, por esquivar-se do peso das necessidades externas. Se, naquela época, já existisse a ciência da economia política, então, sem nenhuma dúvida, o russo não a compreenderia. Ele não poderia conciliar uma ciência específica sobre a riqueza com a integridade de sua maneira de ver a vida. Ele não poderia entender como é possível exasperar intencionalmente a sensibilidade das pessoas para as necessidades externas apenas com o objetivo de multiplicar os seus esforços em prol da produtividade material. Ele sabia que o desenvolvimento da riqueza é uma das condições secundárias da vida social e que, por isso, devia não só estar estreitamente relacionado com outras condições, superiores, mas também se manter completamente subordinado a elas.

A propósito, se o luxo da vida ainda conseguiu, por contágio, penetrar na Rússia, o conforto artificial, com seus mimos exagerados e artificiais, assim como toda a artificialidade premeditada da vida, todo o debilitante caráter fantasioso da mente, nunca chegariam a ter nela o direito à cidadania, por contradizer seu espírito dominante de modo direto e evidente.

Por esse mesmo motivo, ainda que as belas-artes tivessem tido tempo de se desenvolver na Rússia antiga, com certeza teriam adquirido outro caráter, diferente daquele do Ocidente. Lá elas se desenvolveram em cooperação com o movimento geral do pensamento, e, por isso, aquela mesma fragmentação do espírito que, na especulação, levou à abstração lógica, nas belas-artes engendraria o caráter fantasioso e desirmanado das aspirações do coração. Daí a reverência pagã à beleza abstrata. Em vez de conservar o sentido da beleza e da verdade numa ligação indissociável, que, obviamente, poderia prejudicar a rapidez do desenvolvimen-

[12] Misto de bobo, mendigo alienado e profeta. (N. da T.)

to de cada uma em separado, mas que cuidaria da inteireza geral do espírito humano e conservaria a verdade de suas manifestações, o mundo ocidental, ao contrário disso, baseou sua beleza no engano da imaginação, na fantasia notoriamente mentirosa ou na tensão extrema do sentimento unilateral, nascido da bipartição premeditada da mente. Pois o mundo ocidental não reconhecia que o caráter fantasioso é uma mentira do coração e que a inteireza interna da vida é necessária não apenas para a verdade da razão, mas também para a plenitude do prazer estético.

Essa orientação das belas-artes não passou ao largo de todo o mundo ocidental. Do interior de todo o conjunto das relações humanas, nasce a arte livre, e, ao surgir no mundo, de novo entra no âmago do espírito humano, fortalecendo-o ou enfraquecendo-o, unindo suas forças ou desagregando-as. Por isso, penso que a orientação enganosa das belas-artes deturpou o caráter da ilustração europeia ainda mais profundamente do que a orientação da filosofia, que só pode ser a mola do desenvolvimento quando é também resultado dele. Porém, a aspiração voluntária, constante e, por assim dizer, entusiasmada à bipartição premeditada da autoconsciência interna estilhaça a própria raiz das forças espirituais. Por isso a razão transforma-se em esperteza inteligente; o sentimento do coração, em paixão cega; a beleza, em quimera; a verdade, em opinião; a ciência, em silogismo; a essencialidade, em pretexto para a imaginação; a virtude, em autossatisfação; e a teatralidade torna-se companheira obsessiva da vida, cobertura externa da mentira, assim como o caráter sonhador serve de máscara interna.

Mas, tendo mencionado a "autossatisfação", toquei ainda numa diferença bastante geral entre o homem ocidental e o russo. O ocidental costuma, de modo geral, estar quase sempre satisfeito com seu estado moral; praticamente todo europeu está sempre pronto a bater no próprio peito, com orgulho, e a dizer a si mesmo e aos outros que está com a consciência tranquila, que é completamente inocente diante de Deus e das pessoas e que tem a pedir a Deus apenas que todas as outras pessoas sejam como ele. Caso aconteça de suas ações externas entrarem em contradição com as concepções morais aceitas pela sociedade, ele inventa um sistema moral próprio e original, e com base nele sua consciência de novo se tranquiliza. O homem russo, ao contrário, sempre percebe vivamente os próprios defeitos e, quanto mais alto se encontra na escada do desenvolvimento moral, mais exige de si e, por isso, está cada vez menos satisfeito consigo mesmo. Quando se desvia do verdadeiro caminho, ele não tenta se enganar com algum raciocínio engenhoso, que dá uma aparência externa de correção a seu engano interior, mas, até nos momentos mais apaixonados de entusiasmo, está sempre pronto a reconhecer sua ilegitimidade moral.

Mas paremos por aqui e façamos juntos um resumo de tudo o que foi dito sobre a diferença entre a ilustração da Europa Ocidental e da Rússia antiga, pois, ao que parece, as particularidades mencionadas por nós já bastam para chegar a um resultado e obter uma determinação clara do caráter dessa e daquela formação.

O Cristianismo penetrou na mente dos povos ocidentais só através do ensinamento da Igreja de Roma; na Rússia ele se acendeu nas luzes de toda a Igreja Ortodoxa. No Ocidente, a teologia adquiriu um caráter de abstração racional; no mundo ortodoxo ela conservou a inteireza interna do espírito. Lá houve a bipartição das forças da razão; aqui, a aspiração a sua conjugação viva. Lá houve o movimento da mente em direção à verdade por meio do encadeamento lógico das concepções; aqui, a aspiração a ela pela elevação interna da autoconsciência na direção da inteireza do coração e do centro da razão. Lá, a busca de uma unidade externa e morta; aqui, a aspiração a uma unidade interna e viva. Lá a Igreja fundiu-se com o Estado, reunindo o poder espiritual ao laico e fazendo confluir o significado religioso e secular numa única estrutura de caráter misto; na Rússia ela permaneceu separada dos objetivos e da estrutura secular. Lá fundaram universidades escolásticas e jurídicas; na Rússia antiga, mosteiros de oração concentravam em si o conhecimento supremo. Lá havia o ensino racional e escolar das verdades superiores; aqui, a aspiração ao conhecimento vivo e integral dessas verdades. Lá, o crescimento recíproco da formação pagã e cristã; aqui, a aspiração constante à purificação da verdade. Lá, uma estrutura de governo formada a partir da conquista violenta; aqui, a partir do desenvolvimento natural da vida do povo e penetrada de uma única convicção básica. Lá, a existência de fronteiras hostis entre as classes; na Rússia antiga, sua conjugação unânime diante da natural diversidade. Lá a ligação artificial entre os castelos dos cavaleiros e suas pertenças formaram Estados separados; aqui o consenso conjunto de toda a terra expressa, espiritualmente, uma unidade indissolúvel. Lá a propriedade da terra é o fundamento básico das relações civis; aqui a propriedade é apenas expressão ocasional das relações pessoais. Lá a estrutura de leis é lógico-formal; aqui ela se origina da vida. Lá o direito se inclina à justiça externa; aqui é dada preferência à interna. Lá a jurisprudência anseia a um código lógico; aqui, em lugar da coerência externa de uma forma com a outra, ela busca a ligação interna entre a convicção da lei e as convicções da fé e da vida. Lá as leis originam-se artificialmente da opinião dominante; aqui elas nascem naturalmente da vida. Lá as melhorias sempre acontecem por meio de reviravoltas violentas; aqui, pelo crescimento natural estável. Lá existe a turbulência do espírito dos grupos; aqui, a firmeza de uma convicção básica. Lá, o capricho da moda; aqui, a estabilidade dos costumes. Lá, a inconsistência da autorregulação individual; aqui, a fortaleza dos laços familiares e sociais. Lá, a garridice do luxo e a artificialidade da vida; aqui, a simplicidade das necessidades da vida e o vigor da bravura moral. Lá, os mimos do caráter sonhador; aqui, a inteireza saudável das forças racionais. Lá, a inquietação interna do espírito diante da convicção racional na própria perfeição moral; entre os russos, o profundo silêncio e serenidade da autoconsciência interna diante da constante desconfiança de si mesmo e da ilimitada exigência de aperfeiçoamento moral. Em resumo: lá a bipartição do espírito, a bipartição dos pensamentos, a bipartição das ciências, a bipartição do Estado, a bipartição de classes, a bipartição da sociedade, a bipartição dos direitos e deveres familiares, a bipartição do estado da moral e do coração, a bipartição de todo o conjunto e de todos os tipos isolados da existência humana, social e individual; na Rússia, ao contrário disso, a aspiração preferencial à inteireza da vida interna e externa, social e individual, especulativa e cotidiana, artística e moral. Por isso, se está correto o que acabamos de dizer, então a *bipartição* e a *inteireza*, a *racionalidade* e a *sensatez* serão, respectivamente, a última expressão da formação da Europa Ocidental e da Rússia antiga.

Mas aqui, naturalmente, surge uma pergunta: por que então a formação russa não se desenvolveu mais inteiramente do que a formação europeia antes da introdução da ilustração ocidental na Rússia? Por que a Rússia não passou à frente da Europa? Por que ela não ocupou o comando do movimento intelectual de toda a humanidade, uma vez que tinha tanto potencial para o desenvolvimento correto e abrangente do espírito?

Para explicar isso, dizer que, se o desenvolvimento da mente russa afastou-se alguns séculos daquela época em que ele, com toda probabilidade, podia ter se completado, isso aconteceu pela vontade suprema da Providência, significa expressar uma ideia justa, mas sem responder à pergunta. Não é sem um motivo moral dado pelo próprio homem que a Santa Providência alonga ou encurta seu caminho. Do Egito até a Terra Prometida, o povo de Israel podia ter completado a viagem em quarenta dias, através do deserto Arábico, mas ele fez isso em quarenta anos somente porque a sua alma havia se afastado da aspiração pura a Deus, seu guia.

Mas já falamos que cada patriarcado da Igreja Universal, cada povo, cada pessoa, colocando sua particularidade individual a serviço dela, no próprio desenvolvimento dessa particularidade, enfrenta perigos contra o próprio equilíbrio interno e contra a própria permanência harmônica no espírito geral da Ortodoxia.

Em que consistia então a particularidade da Rússia em comparação com outros povos do mundo ortodoxo, e de onde vinha o perigo que a ameaçava? Será que sua particularidade podia se desenvolver tão excessivamente que seria capaz de desviar sua orientação intelectual do caminho reto em direção ao objetivo a ela destinado?

Aqui, é claro, pode haver apenas proposições conjecturais. No que se refere a minha opinião pessoal, penso que a particularidade da Rússia era a própria plenitude e pureza da expressão que o ensinamento cristão adquiriu nela, em todo o volume de sua vida social e individual. Nisso consistia a principal força de sua formação, mas nisso se escondia também o principal perigo para seu desenvolvimento. A pureza da expressão fundiu-se tanto com o espírito expresso que o homem podia facilmente confundir seu significado e respeitar sua forma externa na mesma medida de seu sentido interno. Contra essa confusão, evidentemente, ele era protegido pelo próprio caráter do ensinamento ortodoxo, que se preocupa preferencialmente com a inteireza do espírito. No entanto, a razão do ensinamento recebido pelo homem não destrói nele, completamente, a fraqueza de toda a humanidade. No homem e no povo, a liberdade moral da vontade não se destrói por nenhuma educação, nem por nenhuma resolução. No século XVI, realmente, vemos que o respeito à forma já em muito superava o respeito ao espírito. Talvez, o princípio desse desequilíbrio deva ser buscado ainda antes, mas, no século XVI, ele já se tornava visível. Certa deterioração, que se insinuava nos livros das celebrações religiosas, e algumas particularidades nos ritos externos da Igreja permaneciam obstinadamente no povo, embora a convivência ininterrupta com o Oriente já devesse tê-lo feito compreender as dessemelhanças com outras Igrejas. Ao mesmo tempo, vemos que as disposições jurídicas específicas de Bizâncio não eram apenas estudadas, mas também respeitadas quase no mesmo nível das disposições de toda a Igreja, e já se expressava a necessidade de aplicá-las à Rússia, como se tivessem obrigatoriedade geral. Ao mesmo tempo, nos mosteiros, que conservavam seu esplendor externo, observava-se certa queda na rigidez da vida. Ao mesmo tempo, a formação inicialmente correta das relações mútuas entre boiardos e proprietários começa a adquirir um caráter formal monstruoso de acordo com o confuso *miéstnitchestvo*.[13] Ao mesmo tempo, a iminência da União,[14] com o pavor a novidades vindas de fora, fortalece ainda mais a aspiração geral à amedrontada conservação de toda a unidade, tanto externa quanto textual, da formação ortodoxa russa primordial.

Desse modo, o respeito à Tradição, com o qual a Rússia se mantinha, transformou-se, de modo imperceptível até para ela própria, em respeito mais a suas formas externas do que a seu espírito vivificador. Daí adveio a unilateralidade da formação russa, da qual uma consequência aguda foi Ivan, o Terrível, e que, passado um século, foi a causa dos cismas e, mais tarde, com sua limitação, deveria produzir em certa parte das pessoas pensantes outra unilateralidade, contrária à sua: a aspiração a formas estrangeiras e ao espírito estrangeiro.

Mas a raiz da formação da Rússia ainda vive em seu povo, e, o que é mais importante, ela vive em sua Santa Igreja Ortodoxa. Por isso, apenas nessa base, e não em alguma outra, deve ser erigida a sólida edificação da ilustração da Rússia, que foi construída até hoje com materiais misturados e, em grande parte, estrangeiros, e, por isso, precisa agora ser reconstruída a partir de materiais próprios e puros. A estrutura dessa edificação poderá ser completada apenas quando a classe de nosso povo que não está excepcionalmente ocupada em obter recursos materiais de vida e à qual, consequentemente, na composição social, destina-se de preferência a importância de elaborar intelectualmente a autoconsciência

---

[13] Sistema em vigor entre os séculos XIV-XVII que estabelecia a distribuição das funções dos boiardos dentro da hierarquia estatal segundo a posição de sua família: quanto mais nobre fosse a linhagem, mais alto seria o posto ocupado. A prática foi extinta em 1682. (N. da T.)

[14] A União de Brest (1595) reincorporou o ramo ucraniano da Igreja Ortodoxa à jurisdição papal, provocando uma série de conflitos entre uniatas e ortodoxos. Ao longo do século XVI, tanto a inconstância política quanto as reformas religiosas fizeram pairar a ameaça de que o mesmo pudesse acontecer na própria Rússia. (N. da T.)

social, quando essa classe — penso eu, penetrada até hoje de concepções ocidentais — finalmente se convencer plenamente da unilateralidade da ilustração europeia; quando ela mais vivamente sentir a necessidade de novos princípios intelectuais; e quando, com sensata sede da verdade pura, voltar-se para as fontes puras da fé ortodoxa antiga de seu povo e, com coração sensível, ouvir os ecos ainda distintos da fé sagrada da Pátria na querida vida prévia da Rússia. Então, livrando-se do jugo dos sistemas racionais do amor pela sabedoria europeia, o homem russo educado encontrará, na profundidade da especulação dos padres da Igreja — especial, viva, completa, inacessível às concepções europeias — as respostas mais completas exatamente para aquelas questões da mente e do coração que mais inquietam a alma enganada pelos recentes resultados da autoconsciência ocidental. E, na vida prévia de sua Pátria, ele encontrará a possibilidade de compreender o desenvolvimento de outra formação.

Então será possível na Rússia uma ciência baseada em princípios originais, diferentes daqueles que nos propõe a ilustração europeia. Então será possível na Rússia uma arte que floresça a partir de uma raiz nativa.[15] Então a vida social na Rússia será firmada numa direção diferente daquela que lhe pode transmitir a formação ocidental.

Entretanto, ao falar em "direção", considero não ser demais acrescentar que, com essa palavra, preservo todo o sentido do meu desejo. Pois, se em algum momento eu visse em sonho que alguma particularidade externa de nossa vida prévia, há muito desaparecida, de repente renascesse em nosso meio e, em sua forma prévia, fosse misturada em nossa vida verdadeira, então essa visão não me alegraria. Ao contrário, ela me assustaria. Pois essa mistura do passado no novo, do morto no vivo seria o mesmo que colocar a roda de um carro em outro, com estrutura e dimensão diferentes: nesse caso, quebra-se ou a roda ou o carro. Desejo apenas uma coisa: que os princípios de vida conservados no ensi-

---

[15] Sobre o estado contemporâneo da arte e sobre o caráter de seu desenvolvimento futuro, ainda em 1845 foi expressa uma série de pensamentos profundos de A. S. Khomiakov em seu artigo "Carta a Petersburgo", publicada no segundo número do *Moskvitiánin* [O Moscovita] desse mesmo ano, mas, naquela época, parece que as opiniões eram prematuras para seu público, pois a nossa literatura não respondeu a esses pensamentos vivos do modo como se podia esperar dela em meio a uma disposição mais consciente das mentes. (N. do A.)

namento da Santa Igreja Ortodoxa penetrem inteiramente as convicções de todos os nossos níveis e camadas, que esses princípios supremos, reinando sobre a ilustração europeia sem ocultá-la, e, ao contrário disso, abraçando-a com a sua plenitude, transmitam a ela o sentido superior e o recente desenvolvimento, e que essa *inteireza* da existência por nós observada em nossa Rússia ortodoxa antiga seja para sempre um atributo da presente e da futura...

(1852)

Tradução de Denise Sales

Pável Ánnenkov

Pável Vassílievitch Ánnenkov (1813-1887) foi um brilhante crítico literário, editor e memorialista, cujos trabalhos se inserem nos acirrados debates sobre as relações entre literatura e sociedade, estética e ética, travados na Rússia dos anos 1850 e 1860. Ánnenkov estudou no curso de Letras da Universidade de São Petersburgo. Nessa cidade, tornou-se próximo dos mentores da *intelligentsia* e da literatura local, como Bielínski, Herzen, Bakúnin, Gógol e Turguêniev. Viajou extensamente à Europa, onde conheceu diversas personalidades (inclusive Karl Marx, com quem trocou cartas), passando a cultivar o gênero, muito russo, das cartas literárias mandadas da Europa para a Rússia. Foi como autor de memórias, contudo, que Ánnenkov se notabilizou: em 1857, publicou-se sua biografia de Stankévitch, líder de um importante círculo filosófico ocidentalista. Anos depois, já na reta final de sua trajetória, sai a sua obra mais conhecida, *A década extraordinária* (1880), que até hoje é o retrato mais vívido dos personagens e assuntos surgidos na Rússia dos anos 1840, uma fonte de informações preciosa para a compreensão daqueles anos de ebulição literária e repressão política. Na década de 1850, Ánnenkov publicou a primeira edição crítica da obra de Púchkin, em sete volumes, além dos *Materiais para uma biografia de A. S. Púchkin*, um dos primeiros e mais importantes conjuntos de aparatos filológicos para a vastíssima puchkiniana, que não cessará de crescer na academia russa. O grande poeta — apresentado como fundamentalmente estético, mas vinculado ao aspecto social — tornou-se a pedra de toque da crítica de Ánnenkov, que foi homenageado com um doutorado *honoris causa* pela Universidade de Moscou, em 1880, durante os festejos do monumento a Púchkin (ver adiante). Também nos anos 1850 foi publicado o ensaio presente nesta antologia, "Sobre o significado das obras de arte para a sociedade". Além disso, batizou um volume homônimo, reunindo textos que matizavam a posição mais drástica oferecida por críticos como Tchernichévski, que ganhavam espaço cada vez maior nos principais periódicos.

Sobre o significado das obras de arte para a sociedade

Apesar da diversidade de exigências e aspirações dos nossos críticos contemporâneos das belas-artes, parece possível distinguir dois princípios básicos em sua avaliação sobre as obras da literatura atual. Esses princípios já de antes vinham sendo objeto de intenso debate entre os literatos, mas nos últimos cinco anos eles se transformaram praticamente na única questão séria que surgia de tempos em tempos no ruidoso campo das assim chamadas resenhas, notas, e do jornalismo. Os princípios dos quais estamos falando, em sua essência, ainda são tão importantes em relação à literatura nacional, ainda estão tão repletos de vida e sentido para ela, que apenas nas obras em que eles foram tratados apareciam palavras sensatas; somente quando eles estavam em evidência as aspirações pessoais e o trabalho fácil do rematado inspetor literário desapareciam. Vamos logo dizer quais eram esses princípios: a ideia do *valor artístico* das obras e a ideia de *caráter nacional*. A possibilidade de defini-los, por um lado, e a dúvida sobre a viabilidade e a utilidade dessa definição, por outro, constituíam e continuam a constituir até hoje um ponto polêmico na crítica, oportuno para livrá-la de imediato do sistema de opiniões pessoais e arbitrárias que sempre explicam mais o temperamento e o caráter do intérprete do que a questão em si. Sem esse contraponto, os artigos dos intérpretes poderiam servir, com raras exceções, apenas para o estudo deles mesmos, e não do objeto de suas investigações. É natural que as mentes dos leitores também frequentassem o mesmo círculo, caindo, imediatamente após sair dele, na esfera de simpatias e antipatias dos críticos, na esfera de seus hábitos mentais e, às vezes, até na esfera de seus assuntos particulares...

Mas vamos nos restringir à questão do valor artístico. Por que a consideramos uma questão vital para a literatura nacional, diante da qual todas as outras exigências, tal como a presente exigência do tratamento ideal da natureza e da sociedade, parecem ter importância secundária? A resposta será dada em nosso artigo e de forma alguma escondemos de nós mesmos as objeções que podem ser feitas *a priori* contra seu objetivo e suas próprias ideias. Afinal, será que desde o seu surgimento, nos anos trinta do presente século, o conceito de valor artístico das obras de arte não foi investigado, como se costuma dizer, a fundo, e não se desfez, por fim, em uma frase pobre, encontrada sob a pena do primeiro decifrador de literatura e que soa abafada apenas pela qualidade de seu vazio? Será que as mentes de nossos leitores não estão fartas da definição, de longa data, de atributos heterogêneos do valor artístico, a ponto de, às vezes, fenômenos literários mortos lhes parecerem imagens vivas, devido à latência de um senso estético extremamente desgastado? Será que, ao contrário, a mesma razão não gerou neles uma aversão, ou, pelo menos, uma desconfiança em relação às obras talentosas, cuja nitidez e força agiram de modo desagradável sobre um senso acostumado à ordem dialética, à importância lógica e ao silêncio? Será que no fim das contas os rumores sobre o valor artístico não privaram o público russo da crítica estética viva que existia, com seu aspecto brilhante, no momento do próprio surgimento da ideia, e se perdia cada vez mais conforme envelhecia e se tornava decrépita? Onde estão agora todos os antigos méritos da crítica: a definição dos procedimentos criativos do escritor, a explicação de seu pensamento, todo o trabalho particular do crítico baseado nos dados apresentados pelo modelo, e a abertura de novos horizontes, novas perspectivas a partir do ponto em que o padrão já se posicionou? Onde está o pensamento impositivo que mostra ao autor uma infinidade de transições relegadas por ele, e que por vezes lhe revela uma dimensão inesperada em uma determinada área? Onde estão os grandiosos favores mútuos, de autor para crítico e vice-versa, que constituíam uma relação verdadeira e razoável entre eles? Naquela época ainda se sentia muito que, graças ao escritor, o crítico alcançava o ponto mais elevado da contemplação, que pode ser atingido apenas por meio do instinto criativo e que às vezes nem o intérprete que usa os seus próprios meios alcança! Em troca, o crítico concedia ao escritor o olhar afiado, apurado, devido à observação, que, com a habilidade de perceber todos os traços sutis da cena, ainda é capaz de encontrar, bem na junção de suas partes, o germe de novas considerações e criações. Onde estão todas as relações férteis entre autor e crítico que existiam, por exemplo, na época do surgimento de Gógol no âmbito literário e que, em menor grau, é claro, poderiam existir até hoje? Tornou-se hábito um jogo com os nomes, como no jogo de damas, com sua transposição, dependendo do nome que caiu no gosto do crítico em determinado momento. Ao invés da avaliação de suas aspirações e do gênero de sua atuação, o tempo todo os escritores são expulsos, feito escolares, de um banco para outro, rebaixados do primeiro ao último ou elevados do último ao mais próximo do professor, e assim por diante. Esse jogo com os nomes, essas comparações de uma cabeça com a outra, como se cabeças devessem ser semelhantes, são ainda mais estranhos pelo fato de que, no momento presente (em oposição ao passado), nossos escritores independentes, inclusive aqueles que têm pouco talento, são decididamente superiores a todas as críticas atuais escritas sobre eles. Para começar, são superiores porque têm liberdade de escolher fenômenos, imagens e caracteres de todo o mundo de Deus, porque o impulso (*iniciativa*) para todas as tendências e representações possíveis encontra-se em suas mãos, porque só neles há o germe da vida e da prosperidade: a crítica, reduzida a duas ou três ideias, alimenta-se apenas das migalhas de sua mesa e não aprecia o pão gratuito. São essas as recriminações que podem ser feitas à tentativa de se levantar uma questão velha, decrépita, há muito tempo resolvida e não muito oportuna em relação a suas consequências. Porém, o ponto é justamente que, devido à posição especial da literatura russa, a questão, como nos parece, não é decrépita, de forma alguma, e, sobretudo, as consequências que lhe são atribuídas não são culpa sua. O simples fato de que os pensadores contemporâneos refletiam constantemente sobre ela demonstra, sem dúvida alguma, sua importância, e, supomos, uma breve história da questão, que pretendemos apresentar aqui, corroborará essa evidência com suficiente força e clareza. O conceito de valor artístico aparece para nós em meados dos anos trinta, e em primeiro lugar substitui as doutrinas estéticas anteriores sobre o que é bom, comovente, sublime, e assim por diante, e, finalmente, sobre o conceito de romantismo. A crítica daquela época começou a desenvolver a nova ideia com fervor. Não há dúvida de que, com o sentimento de força que acompanhou o conceito, ela avaliava mal as posições estéticas anteriores, as quais, em sua época, não tinham menos direito à atenção e não eram menos úteis do que a recém-descoberta visão de arte; mas, nos períodos em que se molda uma nova ideia, antes de tudo está a prioridade de desenvolvê-la e o cuidado de afastá-la de qualquer concorrência. Devido ao excesso de forças empregadas, a teoria do valor artístico alcançou, junto à antiga crítica, uma representação ideal, que quase excluía os escritores com habilidades comuns e humanas e demandava gênios e talentos colossais para ser materializada em alguma obra. Recordemos as tarefas irrealizáveis então propostas aos escritores, tanto em relação à constituição da obra, quanto aos tipos e personagens, que tinham de se distinguir por uma inatingível fidelidade a si mesmas, à vida e à obra em cada instante de seu desenvolvimento. Era o século do entusiasmo crítico. Com a descoberta do novo conceito parecia que todo o mundo da arte já estava iluminado até os seus ângulos mais secretos, e que nele não havia mais nem tarefas nem fenômenos que impedissem o veredito, nem mesmo criações enigmáticas que demandassem uma verificação longa e cuidadosa. A crítica formulava seus princípios com firmeza, sem indulgência e sem ressalvas. Nações inteiras eram descartadas da história da arte quando se considerava que em seu desenvolvimento estético não haviam seguido o caminho conhecido pela teoria, e monumentos que representavam o deleite de muitas gerações eram derrubados quando não se encontrava neles tudo o que estava na fórmula da teoria. Afinal, a crítica sabia que essa era a única maneira de enraizar conceitos com firmeza e dizia, em voz alta: "se há algum erro, foi a história que errou, as regras não estão erradas". Mas, junto com esse movimento teórico, repleto de energia e vigor juvenil, havia também uma crítica puramente estética, que contribuiu muito para desenvolver em nós um senso de requinte e para definir a situação especial de vários tipos particulares em sua esfera; no fervor de suas aspirações ao ideal teórico, quantas palavras inflamadas e sinceras sobre a importância da arte na vida popular, sobre o seu significado como mentora, e sobre leis sempiternas, inerentes a ela, foram proferidas por essa mesma crítica antiga, dos anos trinta e quarenta? Todas essas palavras íntegras e inspiradas, esbanjadas com generosidade, vieram seguidas de um inevitável declínio na opinião pública da questão do que era falso, fraco, artificial e astucioso do ponto de vista literário. Elas se tornaram então patrimônio público, transformaram-se em capital popular de ideias, e mesmo aqueles que consideram uma honra não provir de ninguém, o que lhes parece possível, vivem graças a parte desse bem comum. Como prova desse ímpeto benfazejo concedido pela crítica antiga ao pensamento dos seus contemporâneos, podemos dizer que, por suas mãos, as melhores mentes e os escritores mais talentosos se dedicavam à questão teórica sobre a arte. Púchkin, para quem os princípios da arte em geral se apoderavam de uma porção bastante significativa do intelecto, aprovava suas principais disposições; Gógol também refletia profundamente sobre suas leis, como mostram "A saída" e algumas páginas de "A confissão do autor".[1]

Entretanto, nossa antiga crítica não podia permanecer cega por muito tempo, mesmo em relação a si mesma. Foi ela a primeira a notar que suas exigências teóricas abandonavam e desrepeitavam muitos fenômenos que trouxeram sua porção de utilidade moral. Pareceu-lhe injustiça e erro grave condenar e recusar a palavra inteligente para sempre apenas porque ela não podia se manifestar por meio de formas de arte verdadeiras, ou não reconhecer uma observação acertada e a importância atual de um indício sensato só porque eles não foram expressos de modo suficientemente artístico. A própria crítica dos anos quarenta sentiu a inconsistência de sua teoria da criatividade. Ela não abarcava todo o horizonte da arte, e nem todos os fenômenos das belas-letras podiam permanecer nela de forma livre! Sem abandonar nenhuma de suas principais convicções estéticas, a crítica se encarregou de diminuir a drástica exclusividade da teoria anterior e constituiu uma espécie de antessala, na qual as obras destituídas até do direito de entrar no santuário da arte pudessem ser reunidas com o merecido respeito. Dessa forma, ela criou dois mundos separados para resolver os aspectos contraditórios de sua própria teoria: em primeiro lugar, o mundo da arte iluminada, impecável, alheia a polêmicas e não sujeita a mudanças, e, atrás dele, o mundo das necessidades, das casualidades mais ou menos razoáveis, do conjunto de todo o polêmico trabalho contemporâneo, que não se preocupa com o certificado de existência, porque ela mesma é a vida.[2] A crítica estava totalmente certa ao querer fazer justiça para cada caso, mas, aplicada à nossa vida particular, ela atribuiu um significado grande demais à palavra inteligente, à observação acertada e ao indício sensato fora das formas rígidas do valor artístico. No âmbito da ciência, das investigações, e assim por diante, claro, esses valores trazem resultados vastos e férteis, mas, pelo caráter especial de nossa sociedade, não exercem entre

---

[1] O texto "A saída do teatro depois da representação de uma nova comédia" foi escrito em 1842 e faz parte dos escritos dedicados à peça *O inspetor geral*, de Nikolai Gógol (ver *Teatro completo*, tradução de Arlete Cavaliere, São Paulo, Editora 34, 2009). O segundo seria um comentário a *Almas mortas*. (N. da T.)

[2] Trata-se da divisão entre as obras "artísticas" e "beletrísticas", proposta pela primeira vez por Bielínski. (N. da E.)

nós, abandonados à própria sorte, a influência que possuem em outras nações, nem na vida, nem na arte, sobre o que ainda diremos algumas palavras. Além disso, uma vez que rompera com a ideia de arte pura, como ela a imaginava, a crítica não sabia aonde iria parar e estava sujeita a todas as condições e intempéries da casualidade. É verdade, a crítica introduziu, naquele mundo secundário da arte, criado por ela como uma reparação à sua teoria exclusiva, todas as suas qualidades distintivas: o calor da convicção, o exame incansável das causas e consequências de cada fato e a perspicácia no discernimento entre o falso e o verdadeiro; mas, seguindo o curso natural da tendência escolhida, ela foi obrigada a abrir as portas do domínio da arte até para o desconhecido, para o futuro, que nem ela, nem ninguém era capaz de definir. Com um ardor consciencioso levado a limites extremos, a crítica concordou que poderiam surgir obras que exigiriam novas definições de arte e substituiriam as antigas, já existentes e elaboradas por ela mesma de forma tão esmerada. Nós, cuja única vantagem é ter a vida mais longa, agora sabemos como essa expectativa é infundada: a teoria da antiga crítica — apesar de suas dimensões, colossais em relação ao conteúdo que fora destinado a conter em si e que, contudo, não era senão a nossa literatura nacional — continua um edifício sólido, não abalado nem por objeções, nem por refutações; uma boa parte das disposições estéticas da antiga crítica constitui até hoje o melhor triunfo da nossa ciência sobre as belas-artes e, como se supõe, permanecerá verdadeira para sempre. Aqui seria oportuno dizer que, na antiga crítica, apesar das modificações apontadas por nós e de outras que deixamos escapar, não houve nenhuma divergência interna. Na análise geral de sua atuação, é impossível encontrar algo extravagante, que tenha sido permitido por leviandade ou aceito por prudência. Ela se desenvolvia de forma correta a partir dos princípios que ela mesma estabelecera, e alguns de seus desvios evidenciam apenas que nem todos os seus princípios correspondiam à essência da questão, mas, ao mesmo tempo, evidenciam outra qualidade importante — justamente que ela não recuava diante de suas próprias consequências e as expressava de forma direta e aberta. É por isso que é tão fácil agora colocar uma parte separada dela em contradição com outra parte separada, mas é tão difícil acusá-la de incoerência e apontar alguma ruptura da lógica. Essa é uma qualidade comum a qualquer desenvolvimento que se diferencie em seus vários pontos, mas que seja claro e proporcional em sua totalidade. O trabalho da crítica era, por assim dizer, inteiriço.

A partir dos anos cinquenta começamos a verificar tudo o que havia sido dito antes, e surge então uma fragmentação de conceitos e uma diversidade de visões sobre a arte e o valor artístico.

Desde o princípio desse trabalho sobre o passado recente, armaram-se as polêmicas sobre as quais falamos no início desse artigo, e logo acrescentamos que o trabalho de reinvestigar os conceitos antigos, assim como qualquer trabalho, já foi de grande utilidade. Nas mentes imparciais que entendiam que o valor artístico, por ser o propósito de toda criação, não pode ser excluído, surgiu a exigência de transformar a antiga representação ideal do valor artístico em uma definição mais modesta e simples, que não precisaria de extensões e teria bastante espaço para acomodar todos os fenômenos da literatura. Na consciência geral (como pode ser julgado pela afetuosa recepção e aprovação unânime de diversas obras que, de fato, excluem-se mutuamente), o valor artístico passou a ser compreendido de forma mais modesta e, portanto, mais próxima à verdade. É possível expressar em poucas palavras esse pressentimento em relação à questão, observado pelo público antes dos críticos. Uma obra literária dotada de um conteúdo vital e destituída de todo o seu conteúdo próprio por si só tem direito à atenção irrestrita do público; mas a sociedade permite que a ciência julgue o grau de seu valor artístico, as formas e as leis por meio das quais se alcança o valor artístico. De fato, graças a essa definição que a polêmica suscitada trouxe à mente dos leitores, todos os defeitos particulares em relação à forma convencionados pelo tempo e pelos gostos de várias épocas não excluirão muitas obras imortais e não colocarão a sociedade na posição lamentável de venerá-las em clara contradição com a melhor das teorias contemporâneas. Com uma consciência pura e tranquila, a sociedade pode se deleitar, por exemplo, com *Gil Blas*,[3] apesar de a obra não possuir qualquer traço de caráter nacional; ou com o polêmico conto concebido em Ferney,[4] apesar de sua natureza excepcional; com *O menor de idade*, de Fonvízin,[5] apesar do elemento sentencioso; com as tragédias de Corneille, apesar de suas rupturas como

[3] Referência a *L'Histoire de Gil Blas de Santillane*, de Alain-René Lesage. (N. da E.)

[4] Trata-se de *Contes de Guillaume Vadé*, escrito por Voltaire em Ferney, na fronteira entre França e Suíça. (N. da E.)

[5] Comédia *O menor de idade* (1782), de Denis Fonvízin, uma das peças mais características do classicismo russo. (N. da T.)

um todo; e, ainda mais, com a crônica histórica de Shakespeare, apesar dos trocadilhos e da narração magnificamente retórica de alguns monólogos. A polêmica, como vimos, foi de alguma utilidade para o público; mas os próprios críticos, no fervor de refutar algumas opiniões antigas, e ao invés da especificação sutil de condições e métodos artísticos, suspeitaram antes de tudo das palavras "valor artístico" e do conceito relacionado a elas, e atacaram os dois, a partir de lados diferentes, completamente opostos.

Em nossa breve revisão da história desse conceito, o primeiro lugar deve ser ocupado pelos críticos que ainda têm alguma relação com as antigas tradições da arte, mas que, por estarem excessivamente afastados pela doutrina da criação espontânea, da arte pela arte e da inspiração todo-poderosa, concluíram que o valor artístico, de acordo com os seus seguidores, pode ser alcançado mesmo sem conhecimentos, sem a ciência, sem o sentido vivo do contemporâneo. Uma hipótese levou à outra, ainda mais drástica, de que a própria essência do conceito de valor artístico escondia uma negação da experiência, das reflexões e da educação. Eles começaram a refutar com fervor essa insuportável reivindicação de valor artístico, que (supostamente) pode produzir grandes fenômenos vãos, e todos os privilégios intoleráveis concedidos apenas ao talento, que, desde o nascimento, é (supostamente) capaz de entender tudo no mundo.[6] Os críticos eram totalmente imparciais ao se recusarem a reconhecer nele a clarividência de todos os mistérios da vida sem os próprios órgãos da visão, e ao buscarem nos grandes escritores os vestígios do trabalho profundo sobre a ciência contemporânea em geral e sobre as ideias que estavam em movimento ao redor deles. Mas, para ser totalmente justo nesse caso, seria necessário chamar a atenção para uma das primeiras condições do valor artístico: a plenitude e a vitalidade de conteúdo, que não podem ser obtidas de outra forma senão por meio da combinação do talento criativo com uma compreensão ampla e multilateral do tema escolhido: caso uma dessas partes falte, o objeto não se esgotará, o objetivo da obra não será alcançado e o defeito de seu organismo se refletirá

[6] Trata-se de Stepan Semiônovitch Dudíchkin (1821-1866), que mais de uma vez expressou essas ideias nos artigos reunidos sob o título "Jornalismo", em *Otiétchestvennie Zapíski* [Anais da Pátria] (1852, n° 11; 1854, n° 5; e outros), que confrontavam o artigo de Ánnenkov "*O mísli v proizvediéniakh iziáschnoi sloviésnosti*" ["Sobre o pensamento nas obras de belas-letras"]. (N. da E.)

na própria forma. Podem objetar que na história de qualquer literatura existem obras que satisfazem plenamente o sentimento estético pela simplicidade pueril de seu conteúdo, pela inocência, pela bondade de sua visão de mundo, destituídas de qualquer experiência ou conhecimento. Mas, em primeiro lugar, essas obras, assim como outras semelhantes a elas, são fieis à vida e têm uma compreensão completa da questão: assim, a infância e a juventude conhecem muito bem a si mesmas e quase sempre melhor do que aqueles que as observam; em segundo lugar, o próprio murmúrio das obras, apesar de todas as descontinuidades e reticências, expressa um momento da vida *em sua totalidade* e, portanto, possui as primeiras exigências do valor artístico. Com o desenvolvimento do homem e da sociedade, as leis da arte, é claro, não mudam, mas tornam-se mais complexas, antecipam mais eventualidades e são mais exigentes, assim como um problema de álgebra superior é mais difícil do que um problema elementar, embora se ocupe da mesma parte da verdade. Nesse caso, tornam-se mais prementes as exigências relativas à combinação de talento e *conhecimento*, e as mentes que anseiam por um feito essencial da arte procuram-no até em uma disposição pequena e casual da obra, e então nem mesmo um poeta lírico, que de preferência se dedique a instantes de disposição emocional e, em geral, à vida do coração, será livre para evitá-la ou escapar dela de alguma forma: há sentimentos que pertencem à época e são gerados por ela, há inquietações de pensamentos profundos que apenas o homem muito desenvolvido conhece e cujo melhor e mais importante significado se perde se o poeta as menospreza. Se ele não comungar com o trabalho da contemporaneidade, com o pensamento que a anima, se em geral ele estiver abaixo ou fora deles, a escassez de impulsos se refletirá em suas obras. Assim, de acordo com a própria teoria do valor artístico, cada artista deve estar, em sua esfera, em plena posse dos materiais relacionados ao seu tema: não é tarefa fácil, e ninguém, como sabemos, conseguiu escapar dela só com a ajuda do talento! Não seria por isso que, quando se resolve a tarefa de forma conscienciosa em uma obra, esta se torna uma expressão de sua época, o seu melhor testemunho e um importante documento histórico? Supomos que nenhum de nossos leitores confunda as exigências que expressamos com as exigências que a ciência pura ou o pensamento abstrato propuseram para as obras de arte. Sempre refutamos a confusão antinatural dos diferentes gêneros da atividade mental. Na ciência, a verdade da natureza, assim como a verdade da vida, são expressas por meio de *leis* e do *pensamento*; na arte, as mesmas verdades aparecem como *imagem* e *sentimento*. No primeiro caso, há investigação, no segundo, contemplação, portanto, não importa que análise e exame do fenômeno estejam na base da criatividade, o resultado deve ser o mesmo: a imagem vívida, e nada mais.

Passaremos ao segundo tipo de ataques ao valor artístico, feitos em nome de um outro conceito, o conceito de caráter nacional. Ao condenar a antiga teoria da arte como uma busca de formas convencionais sem preocupação com o conteúdo, os críticos desse ramo contrapuseram o valor artístico à ideia de caráter nacional, como um princípio que abrange a vida com maior plenitude e arrebata mais o nosso pensamento e o nosso sentimento.[7] Mas aqui de uma só vez salta aos olhos certa confusão de conceitos. O valor artístico não pode se opor ao caráter nacional porque o último é um membro secundário e subordinado que, quando aparece na arte, deve ser dependente do primeiro. Separado, sem uma forma artística que o defina, o caráter nacional pertence não à arte, mas à etnografia. Isso não é suficiente: na literatura, o caráter nacional só é encontrado, compreendido e evidenciado como questão quando passa por alguma forma de arte. A música, o conto de fadas ou a *duma*[8] por si sós já representam uma definição de caráter nacional a partir de formas épicas, convencionais, que constituem o primeiro e mais precioso estágio da arte. Com o surgimento da arte individual e livre, o mesmo se repete: assim que o artista se afasta, assim que o conceito de caráter nacional se transforma em polêmica ou reflexão, imediatamente ele perde toda a sua clareza, definição e, podemos dizer, a sua verdadeira existência. Isso não significa que refutamos a possibilidade de *sentir* em nós mesmos, com clareza, a índole e a natureza do povo ao qual pertencemos; apenas falamos sobre a maneira como eles aparecem na literatura. Não existe nenhuma outra forma de expressar ou transmitir o caráter nacional que não a puramente artística: uma reflexão ou descrição quase nunca o engloba por completo, e sabemos que alguns críticos conscienciosos admitiram publicamente que é impossível definir o caráter nacional por meio de investigação.[9] Ainda hoje vemos que para realizar esse trabalho de Tânta-

---

[7] Trata-se dos críticos eslavófilos. (N. da E.)

[8] Gênero popular de canções épicas ou poesias russas e ucranianas dedicadas a temas sociais. (N. da T.)

[9] O mais provável é que se trate da resenha de Aleksandr Vassílievitch Drujínin (1824-1864) do ensaio de Ivan Gontcharov (1812-1891) "*Rússkie v Iapónii v kontsé*

lo alguns deixam a pátria em pensamento e são levados ao exterior por sua imaginação, onde, em algum canto da Europa, estão à procura de fenômenos análogos aos da vida russa para, de alguma forma, poder elucidar o significado destes últimos. A causa de tudo isso está na excepcional fragmentação e, ousamos dizer, na maleabilidade de conceitos e fatos. O caráter nacional, assim como o ar, penetra todos os organismos vivos da sociedade, desfaz-se em sombras minúsculas e, às vezes, dá um colorido sutil aos pensamentos, impulsos e instintos do homem; talvez seja possível recolher todas as suas manifestações mecanicamente, parte por parte, mas elas apenas desorientarão e confundirão o homem e não lhe darão um conceito coerente e claro. Nem os materiais mais ricos do caráter nacional poderão ajudar, a saber: coleções de canções, provérbios, ditados e assim por diante, se o próprio pesquisador não for um artista por natureza. O significado de qualquer uma das partes desses materiais sempre contradiz alguma outra: elas representam a complexidade, riqueza, diversidade de ideias, sentimentos e conceitos que formam a essência do caráter nacional. O pesquisador ficará apenas com a parte por ele mesmo escolhida, pouco legitimada por todas as outras partes, ainda intatas, e às vezes até refutada por completo. Apenas um artista é capaz de concentrar esse elemento extremamente móvel, estabelecer seus limites legítimos e, desse modo, atribuir-lhe uma força incomensurável, transformando-o em um propulsor da literatura e da sociedade. Essas condições são necessárias para apreender o caráter nacional não apenas no âmbito das belas-letras, mas também no âmbito da história e da etnografia. Temos alguns insignes talentos que conhecem bem o método artístico de definição do caráter nacional; entre eles, o lugar de honra pertence ao senhor Ostróvski. Ele é cada vez mais citado quando falam sobre as antigas teorias com desdém:[10] no entanto, em suas melhores obras, Ostróvski é essencialmente um artista. Em primeiro lugar, ele é um artista da

---

1853 i v natchálie 1854 godov" ["Os russos no Japão no final de 1853 e no início de 1854"], publicada em 1856 na revista *Sovremiênnik* [O Contemporâneo], n° 1. As ideias de Ánnenkov parecem antecipar a discussão sobre esse tema, que teve início em 1856. (N. da E.)

[10] Aqui deve se tratar antes de tudo do artigo de Apollon Aleksándrovitch Grigóriev (1822-1864) "*O komiédiakh Ostróvskogo i ikh znatchénii v literatúrie i na stsénie*" ["Sobre as comédias de Ostróvski e o seu significado na literatura e no palco"), publicado na revista *Moskvitiánin* [O Moscovita], 1855, n° 3. (N. da E.)

linguagem porque não se limita nem às locuções nem às expressões preferidas do povo, mas compreende a conexão lógica entre os conceitos que existem em uma determinada classe da sociedade e geram a sua *palavra*. Em segundo lugar, é um artista pela capacidade de encontrar os limites e os verdadeiros contornos de seu pensamento: muitas vezes em dois ou três detalhes ele transmite por completo uma personagem ou até toda uma cena repleta de conteúdo. Seria uma ousadia afirmar que tudo isso lhe é dado pelo próprio objeto da descrição, que, pelo contrário, distingue-se pela profusão e complexidade de detalhes; tudo lhe é dado apenas pelo tratamento artístico do objeto. É preciso notar que quando o senhor Ostróvski deixa de ser um artista, quando é simplesmente um homem inteligente, com seus objetivos próprios e convicções específicas, como, por exemplo, em todas as passagens em que abandona o tratamento artístico do objeto e se volta, abrupto, para o sermão ou a conclusão moral, ele perde a expressão clara das fisionomias e a representação do próprio caráter nacional torna-se desorientada e confusa, caindo de novo na área das polêmicas, dúvidas e contradições. Pelas mesmas razões, aconteceu exatamente isso com algumas descrições e personagens da segunda parte das *Almas mortas*, de Gógol, e acreditamos que essa é a consequência inevitável de qualquer representação do caráter nacional sem técnicas artísticas, independente do aspecto ideal ou positivo que for tratado na obra.

Resta contemplar o último tipo de invectiva contra o significado do elemento artístico na arte. Ela se formou mais à base de insinuações do que do pleno desenvolvimento de um sistema, mas os princípios essenciais dessa crítica também são claros. Ela considera a busca pelo valor artístico na arte como a diversão de pessoas com tempo livre para diversões, e, sua manifestação, apenas como um jogo de formas que entretém o ouvido, o olho e a imaginação, nada além isso. A referida crítica coloca, no mesmo patamar da arte — ou até acima dela —, o ato nobre, o pensamento útil e, finalmente, a natureza visível e o homem real.[11] Os objetos de fato são grandes e ainda podemos compreender a negação da arte em seu favor, mas a crítica não quer sequer ouvir falar sobre a exclusão da arte. O que lhe restaria fazer então, nesse caso? Pelo contrário, ela incentiva a arte a se dedicar a seus grandes objetos, mas com a con-

[11] Referência à dissertação de Tchernichévski, *Ob estetítcheskikh otnochéniakh iskússtva s deistvítelnosti* [Relações estéticas entre a arte e a realidade]. (N. da E.)

dição de lidar exclusivamente com eles, e ainda de maneira a não se expor no lugar deles, não ofuscá-los, mas sempre lembrar e confessar que está abaixo do tema escolhido. Porém, é muito difícil fazer *isso* porque a arte deve, antes de tudo, absorver o objeto, processá-lo e, em seguida, apresentá-lo em uma nova forma, *paralela*, digamos, aos materiais a partir dos quais ela aprendeu a sua tarefa, mas que em nada se assemelha a eles. No entanto, os referidos críticos não reconhecem essa transformação, essa mudança. Eles a chamam de baile de máscaras e não de vida. Seria preciso novamente deixar a arte de lado, como uma mentira que distorce os conceitos e o entendimento racional dos objetos, mas não: a teoria exige apenas que a arte abandone a livre escolha, a contemplação, a pretensão de criar sem prestar contas e se dedique, em especial, ao ofício de servir a sociedade, diretamente. Mas de novo essa exigência é contrária à própria essência da questão. As experiências de todos os tempos provaram que a arte sempre perdia a capacidade de produzir quando estava em posição humilde, em segundo plano e subordinada. Ela precisa de um campo livre e amplo para suas considerações, e então satisfará facilmente as exigências da sociedade: contida e limitada por indicações afirmativas, a arte passa longe delas. Liérmontov e Gógol surgiram na nossa literatura (todos se lembram disso) justamente a partir de um movimento independente da fantasia, fato que pode ser confirmado por meio de indícios eloquentes em suas obras; apenas pelo direito ilimitado de escolha, passando de um fenômeno para outro, eles encontraram aqueles que acabaram por definir sua tendência e, além disso, sua personalidade literária. Mesmo quando deixamos o período contemporâneo, vemos a mesma lei. Em todo lugar em que a plena liberdade de atuação se apresentava à arte, ela não desprezava nenhum trabalho, nenhuma solução para as necessidades, tomava em suas mãos os utensílios domésticos da mesma forma que tomava a estátua de Júpiter; mas quando se esperam dela serviços definidos e prescritos, como, por exemplo, acontece com os povos primitivos, ela os nega, obstinada, e nem precisa falar sobre algo mais significativo. Nessas circunstâncias, nenhum tema brilhante ajudará; a arte permanece muda. Vemos isso nos recentes poemas e romances dos nossos vizinhos mais próximos, os alemães. Temas brilhantes que ainda não são muito claros para os próprios contemporâneos e são impostos à arte à força produzem obras distorcidas e natimortas justamente porque a arte não está em condições de dominá-los ou foi submetida a eles de forma intencional, e então surge na obra um único tema com toda a deformidade de um material surrado, extenuado, mas não subjugado.

Depois de esboçar de forma breve e, como nos parece, consciencio-sa, a história da questão, diremos mais algumas palavras para seu esclarecimento.

Em nossa opinião, as aspirações em relação ao valor artístico puro na arte não só devem ser admitidas por nós, mas fortemente incentivadas e defendidas como uma regra sem a qual a influência da literatura na sociedade é completamente impossível. Nos últimos tempos, temos visto tentativas de obscurecer — ou mesmo deixar em segundo plano — o nosso artista por excelência, Púchkin, justamente devido à sua excepcional dedicação à arte.[12] Apesar de expressarem profundo respeito e grande simpatia por sua obra, os críticos foram obrigados a sacrificar esse nome, ainda tão *caro* para nosso público, pela coerência em relação às convicções e em nome de seu conteúdo substancial e de sua tendência. É um fenômeno lamentável, em especial porque, se essa opinião se enraizasse, isso com certeza resultaria em um *embotamento* da literatura. Certa vez isso até já esteve prestes a acontecer. Lembremos aquela longa fila de imitadores do nosso famoso romancista que criou a tendência[13] e concordaremos que não estávamos muito longe de um embotamento literário, de uma compreensão grosseria dos objetos e da supremacia da visão material da vida. Esse período já foi vivido por nós e, provavelmente, não vai voltar. Somos apoiados, nessa convicção, pelas melhores figuras contemporâneas do meio literário, sem dúvida associadas a Gógol, que lhes abriu o caminho para o vasto domínio da realidade, mas que preservaram o direito de livre circulação, o direito de uma relação independente com ela. Acreditamos que a crítica não as desviará desse caminho, assim como estamos convencidos de que, apesar de todas as interpretações, elas consideram como parte da realidade toda a história íntima do ser humano, os movimentos e os sonhos de seu coração, o jogo e os embates de seus princípios morais. Hoje em dia tornou-se hábito condenar todos os imitadores de Púchkin, sem exceção, e os bardos

---

[12] Referência ao artigo de Tchernichévski "*Sotchiniénia Púchkina*" ["As obras de Púchkin"], publicado na revista *Sovremiênnik* [O Contemporâneo], em 1855, nº 2, 3, 7 e 8, e que foi escrito em relação à publicação da edição de Ánnenkov. (N. da E.)

[13] Trata-se da "Escola Natural". (N. da E.)

de sua época.[14] É claro, a acusação de vulgaridade formal, que entre eles tomou o lugar de qualquer representação e conteúdo, é justa, mas se nos déssemos o trabalho de analisar a questão mais de perto, encontraríamos nesses imitadores alguns poemas de traço delicado, o que atesta a dignidade da própria escola, e com uma expressão do sentimento que está muito longe da vulgaridade. Nada disso pode ser dito sobre os primeiros imitadores de Gógol: com a pretensão de desnudar a vida, suas obras são tão grosseiras que se desnuda apenas sua compreensão reduzida ou unilateral, fazendo uso somente das características externas, sem o elemento profundamente poético que havia no inatingível modelo original do fundador da escola. A comparação e a verificação de ambas as imitações conduziria, ao que parece, a conclusões muito instrutivas, sem perder a opinião aqui formulada. Seguiremos adiante. Vamos nos transpor para o ponto de vista dos críticos que têm afinidade com a época de Púchkin e perguntaremos a eles: que benefício *prático* pode ser extraído das criações imortais do representante dessa época? É claro, nelas não se descobrem indícios de um declínio moral que necessita auxílio de todas as forças de seu entendimento e de uma propensão para o bem, assim como não se encontra uma reprovação viva, que ergue, das profundezas da alma, a sede de correção (tudo isso foi concedido a outro, porque nunca se concede tudo apenas para um); mas quem não consideraria uma matéria *praticamente* útil a ciência do pensamento *nobre* e do sentimento *nobre*, que faz de Púchkin um mestre insuperável até hoje? Não seria por isso que Gógol apreciava o poeta com tanto furor, que não conseguia pronunciar o seu nome sem comoção e que sempre se referia a ele como seu grande mentor? Junto com as admiráveis imagens da sua poesia, ele recebeu de Púchkin, assim como todos nós, o dom de compreender a beleza dos pensamentos e a nobreza dos sentimentos. É preciso antes de tudo ter em si mesmo a norma da nobreza para os pensamentos e as ideias, a fim de indicar claramente aos outros seus desvios e até mesmo para entender o desvio. O próprio Gógol reconhecia que, acima de tudo, devia essa norma a Púchkin. Em seguida surge, naturalmente, outra pergunta: será que a tarefa prática da poesia de Púchkin foi completamente esgotada pela maioria do público leitor, por toda a sociedade? Será que

[14] Compare, por exemplo, a resenha de Tchernichévski sobre "Poesias", de Ivan Ivánovitch Kozlov (1779-1840), em *Sovremiênnik* [O Contemporâneo], 1855, n° 7. (N. da E.)

aqueles que argumentam que a sociedade já deixou sua tendência no passado e não precisa mais dela falam isso com pleno conhecimento da questão, com uma compreensão completa do que disseram? Quando se faz qualquer afirmação teórica seria bom, antes de tudo, olhar ao redor. Por meio de Púchkin o público russo não apenas conheceu a beleza da poesia, como alguns críticos estão começando a pensar, mas também a beleza do modo de pensar. Antes dele, os literatos aconselhavam que se estocasse essa qualidade preciosa: ele, por sua vez, apresentou modelos baseados nela e realizou as esperanças, crenças e convicções de seus antecessores honestos, cujos gênios eram menores do que o dele. Mesmo agora podemos repetir a pergunta: será que toda a essência de sua poesia, ou, seguindo o aspecto prático da questão, será que toda a obra de sua vida foi absorvida e assimilada pela sociedade? Será que a beleza do modo de pensar, a nobreza das intenções, a compreensão das sensações espirituais mais sutis e o respeito em relação a isso já se tornaram tão comuns e tão difundidos que o juiz literário pode fechar o livro em que se encontravam os grãos dessa rica safra, colocá-lo na prateleira e dizer: "Agradecemos ao grande semeador, mas seu dever foi cumprido"? Porém, ele não apenas não foi cumprido, como não o será tão cedo. As pessoas que duvidam da possibilidade de uma repetição da tendência de Púchkin em nossa literatura seguem unicamente uma corrente dialética, que assumiu um declínio no qual o pensamento delas já está deslizando, cego e desenfreado, como uma onda; mas nessa dialética não está nem todo o conhecimento das exigências da sociedade, nem todo o sentimento em relação à verdade e à vida. A continuação da poesia artística pura é necessária não apenas para nós, pela condição especial das ideias coletivas, mas é necessária para qualquer sociedade instruída da terra e em qualquer época de sua vida. Este é um ideal eterno e, quanto mais elevado ele for, de forma mais nítida evidenciará as exigências morais da sociedade, e sua atuação será mais fértil em relação a todos os aspectos morais do povo, renovando-os de maneira ininterrupta. A formação artística da sociedade é realizada justo por meio desses ideais: eles elevam o nível dos conceitos, abrem os corações a todo tipo de serenidade, e, por meio de revelações inquietantes da alma e do amor reavivado pelo ser humano, domam e contêm as vontades. Nenhuma sociedade contemporânea pode dizer: "Eu não preciso mais disso", e, supomos, nenhum indivíduo. De fato, é muito mais difícil perceber a influência de uma obra puramente artística do que a de uma obra artística que possua uma tendência única, dinâmica. Com seu conjunto de representações claras, esta, ocasionalmente, elimina de uma vez alguns dos aspectos sombrios da vida, e este é, sem dúvida, seu grande mérito. Uma obra puramente artística age sobre o aspecto psíquico do povo, e, nesse caso, é claro, é mais difícil apontar sua influência; observar o momento em que surgiu sua primeira flor é absolutamente impossível. A semente lançada por ela cresce, invisível, e seu profundo e constante trabalho nas entranhas da sociedade não cabe em uma tabela estatística ou no parágrafo de uma mera descrição, e foge a qualquer tipo de definição de tempo ou trajetória. É uma questão de alma. Da mesma forma, não se pode capturar o momento em que as partes de um organismo vivo crescem e se alongam; mas, em se tratando de arte, muitos, sem ver o misterioso trabalho realizado sobre a obra, duvidam de sua própria existência. No entanto, uma pequena dose de atenção pode descobrir o erro. Não são necessários nem um espírito de observação muito aguçado, nem esforços especiais da mente para notar traços deixados pelo artista-poeta na sociedade. Aqui e ali você encontra indícios claros de sua existência na terra, de sua permanência temporária entre as pessoas: em muitas mãos encontram-se os retalhos de seu manto e em muitos conceitos se vê o seu brasão; muitos *atos* nobres possuem uma semelhança familiar com as imagens e representações de sua fantasia poética. É possível até adivinhar, pelos próprios costumes de uma sociedade, se ela produziu algum artista ou não e se teve a felicidade de vê-lo em seu meio. Quem já teve oportunidade de conhecer, em sua vida, diferentes nacionalidades, sabe que em cada uma delas sente-se a influência de imagens artísticas, uma dependência delas e uma visão especial sobre os objetos do mundo moral, que elas ordenam. E esse fenômeno contribui para a compreensão das nacionalidades tanto quanto qualquer outro. Onde havia muitos artistas-mestres, apesar de todos os elementos conflitantes, seu legado resultou na racionalidade das relações entre as pessoas, na simplicidade séria dos costumes e na consciência quase geral da dignidade humana, que enfraquece e contém a pressão de cada vaidade, preconceito e egoísmo mesquinho. A atuação da arte pura é sempre essa. De tudo o que foi exposto, temos o direito de concluir que não apenas a nossa sociedade não ultrapassou a tendência artística da poesia, nem se tornou superior a ela, mas, ao contrário, a escola puchkiniana, representante dessa tendência, renascerá com um novo conteúdo e uma nova força, em um futuro mais ou menos próximo, conforme o triunfo das necessidades morais da consciência. Estamos convencidos de que ainda haverá muitos Púchkins na Rus, que pronunciarão, com respeito, o nome de seu predecessor, que pela primeira vez abriu o domínio multilateral e inesgotável da arte; e o que nos garante isso, além do instinto poético inerente ao povo, é o seu bom senso e a capacidade de compreender seu valor espiritual.

Fomos obrigados a atentar para o aspecto prático do nosso objeto, mas continuaremos a investigação. Cada povo, cada sociedade tem um método próprio para se expressar, um caráter próprio de atuação, excepcional, que pertence a essa ou àquela nação. Para alguns, a expressão geral de atuação possui uma clara marca de susceptibilidade, significativa, de rápida realização do plano, em suma, de improvisação; para outros, o pensamento e o trabalho estão sujeitos ao cálculo, à ideia premeditada, ao cumprimento de objetivos mais próximos; e para outros ainda, a atuação criativa se manifesta apenas sob a condição de um trabalho obstinado, multifacetado e duradouro, capaz de finalmente dominar o elemento vivo da improvisação e o cálculo prático. Se não estivermos enganados, a expressão de nossa própria atuação se aproxima mais desse último tipo. Tudo o que vemos em nossa literatura, ciência e outros segmentos, tudo o que tenha um fundamento sólido, foi obtido com incessante trabalho, não a partir de um primeiro ímpeto, nem da necessidade de satisfazer exigências momentâneas. A rigor, não temos questões precipitadas: é como se nossa face estivesse voltada para o futuro. Todas as tentativas de introduzir um método fácil para se dedicar aos objetos da literatura, da ciência, e assim por diante, fracassaram e surpreendem por sua deformidade, desmascarando de imediato uma natureza monstruosa. Mesmo para popularizar um objeto científico ou um conceito é necessária uma forma rigorosa, concebida com profundidade, que não oculte os aspectos difíceis desse ou daquele objeto. A experiência mostra claramente, a cada dia, que as ideias mais abstratas são aceitas entre nós apenas quando a sua exposição exige do leitor atenção ou um esforço da mente. Se a realização de um pensamento ou da arte não suscitar um trabalho mental, ela logo evapora, transforma-se em um fenômeno efêmero e some sem deixar vestígio na vida e na sociedade, mesmo que for acompanhada por dezenas e centenas de fenômenos semelhantes. É uma composição especial da mente popular. Tudo o que lhe é dito com facilidade, mesmo que seja dito a toda hora, não permanece tanto quanto seria necessário para transformar um conceito em bem inalienável. Ela é ainda menos capaz de se submeter a uma solução rápida e momentânea para as questões, e, quando se submete, isso não ocorre devido à confiança na solução, mas à suposição de que outra solução melhor não foi encontrada. A mentalidade coletiva também trata com suspeita qualquer lampejo que apareça na literatura: por sua própria essência, ela não acredita muito na inspiração e sempre duvida da palavra, a menos que ela seja fruto de uma longa provação prévia, de um longo estudo e trabalho. Em suma, o trabalho é a única fonte de nossa atuação; todos os acertos do passado, tudo de maravilhoso no presente: essa é a nossa força moral. Quase não conseguimos imaginar essa pretensa *genialidade*, isto é, a criação de algo às pressas no campo da literatura e da arte. Essa condição da mentalidade popular corresponde o máximo possível à essência do valor artístico, que pressupõe trabalho redobrado para a resolução de sua tarefa. Até mesmo na história da nossa literatura vemos exemplos de que o trabalho cru, sem participação do talento, produz uma forte movimentação em nossas mentes. Os poemas de Kheráskov[15] e Chikhmátov,[16] que tiveram uma influência tão profunda sobre as pessoas instruídas de sua época, evidenciam, melhor do que todas as nossas palavras, os instintos involuntários da sociedade, a disposição de seu espírito; até hoje isso não se perdeu, apenas foi eliminado o perigo de se aceitar o duro ofício do compositor de poemas, romances e histórias como um trabalho criativo, que a sociedade busca constantemente e não faz senão confiar nele.

Em geral, é preciso dizer que, por um lado, a história da literatura russa foi muito pouco estudada, visto que justamente ainda não se dirigiu suficiente atenção para a misteriosa conexão da literatura com a sociedade e para as relações que surgem entre elas. Um fraco raio de luz, lançado de tempos em tempos pelas memórias dos antigos habitantes sobre esse domínio ainda não investigado, revela muitos fatos curiosos. Outros fatos podemos apenas imaginar. Assim, recentemente, começamos a suspeitar que os ímpetos para alcançar as alturas da criatividade surgiram em todos os nossos grandes autores no âmbito da literatura, começando por Lomonóssov, e até Dmítriev, em especial no que diz respeito a um trabalho mais difícil e obstinado. Em compensação, sua influência sobre a sociedade, totalmente sintonizada com o estilo deles, era enorme. Quase

---

[15] Mikhail Matviêievitch Kheráskov (1733-1807), um dos primeiros representantes da poesia russa clássica. (N. da T.)

[16] Serguei Aleksándrovitch Chirínski-Chikhmátov (1783-1837), monge, poeta e escritor, um dos primeiros críticos literários russos. (N. da T.)

não conhecemos entre nós o súbito e incontrolável fluxo de forças produtivas que ocorre em outros povos: há poucas exceções e às vezes lamentáveis. Apesar disso, é impossível deixar de notar que ao lado dos grandes homens estavam também aqueles que de vez em quando entregavam ao público seus próprios pensamentos sem verificá-los antes, e muito foi dito, com sabedoria e sensatez, por esses produtores secundários, inclusive, em grande parte até bem dito. No entanto, suas ações não permaneciam na memória dos contemporâneos e tornavam-se alheias e estranhas para a geração seguinte. O motivo é o mesmo: a incapacidade da sociedade de se contentar com um fenômeno fugaz, com um lampejo, com uma casualidade, por mais inteligente, intenso e feliz que ele seja. Quem já não encontrou, na nossa antiga literatura, estrofes e pensamentos inspirados que mesmo hoje seriam bem-vindos graças à sinceridade e nobreza de suas intenções, e quem já não pensou sobre o destino desses fenômenos que passaram despercebidos e logo desapareceram na poeira das bibliotecas e livrarias? Podem objetar que o conteúdo desses meteoros literários, provavelmente, era extemporâneo, compreensível apenas para um pequeno número de pessoas e, infelizmente, perdeu-se junto com elas, mas há exemplos ainda mais marcantes da persistente indiferença do público às obras leves: as revistas satíricas dos anos setenta do século passado, que naquela época surgiam em número considerável e ainda há pouco tempo foram redescobertas como uma raridade da bibliografia e da própria literatura.[17] Essas revistas satíricas dedicavam-se a objetos tão conhecidos, que não resta dúvida alguma de seu interesse palpitante, como se costuma dizer; além disso, nas instruções, ensinamentos, truques e anedotas de algumas delas estava justamente tudo aquilo que impressiona os contemporâneos: muitas palavras inteligentes, considerações felizes, questões essenciais sob o véu da anedota e da alegria. Mesmo assim, temos motivos muito instigantes para duvidar de sua influência sobre as mentes dos leitores da época, e sabemos o que aconteceu com elas quase imediatamente após sua publicação: apenas especialistas, para complementar suas investigações históricas, encontraram seus vestígios por casualidade e descobriram a sua existência! Por favor, notem que de modo algum negamos os grandes benefícios trazidos pelo desenvolvimento geral

[17] Trata-se do ciclo de artigos de Aleksandr Afanássiev (1826-1871), publicados separadamente, que depois integraram seu livro *Rússkie satirítcheskie jurnáli 1769-1774 godov* [As revistas satíricas russas dos anos 1769-1774]. (N. da E.)

da ciência, da educação, da moralidade, para o que, sem dúvida, contribuíram também os escritores menores; apenas apontamos para a importância relativa de cada papel na formação da sociedade. Mas se já foi provado que esta dificilmente se deixava levar por mentes impetuosas, por observações tenazes e por todo o jogo do improviso na exposição do objeto, então o pensamento sobre a incomensurável importância das técnicas artísticas, que têm a força para tirar a sociedade da indiferença, manifesta-se por si só. De fato, começando pelas sátiras de Kantemir e por "Pobre Liza", de Karamzin,[18] toda obra que exerceu alguma influência na sociedade trazia o reflexo da teoria da arte então existente, e era artística, no sentido da época. Afinal, "Pobre Liza", geralmente considerado o início de um gênero novo e leve da literatura, foi apenas o avesso da ode de Lomonóssov ou Derjávin, e cresceu da mesma raiz. O sucesso dos epigramas e das obras leves de Púchkin também não contradiz as nossas palavras: eles eram admirados em segredo, feito uma artimanha, assim como já havia acontecido antes com esse tipo de obra; mas não mudaram nem um pouco o modo de pensar do leitor e sua relação com os objetos em seu entorno; da mesma forma, o próprio autor não mudou depois dessa obra.

Se tudo o que foi dito em relação aos predecessores estiver certo, também está certo em relação a nós. O que é verdade para eles também é verdade para nós. Uma palavra inteligente e um ímpeto nobre encontram o caminho do coração apenas no invólucro da arte e na forma artística. Essa condição é necessária até mesmo para que eles possam se tornar patrimônio da literatura, aparecer no mundo e encontrar um círculo de ouvintes. De acordo com as exigências especiais da sociedade, eles não têm, por si só, força suficiente para se revelar. Com sua forma simples e inacabada, eles são, em sua maioria, impedidos de adentrarem naturalmente no âmbito da consciência nacional. Em cada uma dessas declarações do pensamento suspeita-se, imediatamente, embora às vezes sem a mínima razão, de uma unilateralidade ultrajante, de um desejo de substituir a definição completa da questão por suas particularidades mais evidentes; e o medo da sociedade de se deixar levar pelo esplendor e fervor da palavra — graças à própria palavra — coroa o resto. A expo-

[18] "Pobre Liza", conto sentimental de Nikolai Karamzin, escrito em 1792. Há tradução para o português, incluída na *Nova antologia do conto russo (1792-1998)* (São Paulo, Editora 34, 2011). (N. da T.)

sição artística do pensamento elimina todos esses obstáculos, visto que sua essência consiste na completa revelação de todos os traços desse pensamento. Antes de tudo, a exposição artística suprime o caráter unilateral de cada objeto, antecipa todas as objeções e, finalmente, coloca a verdade naquela relação superior com as pessoas em que seus interesses e visões particulares já não podem mais nem ofuscá-la, nem reinterpretá-la. Então a verdade da imagem ou da representação se instala nas mentes mais obstinadas em não aceitá-la e as desenvolve, de modo que, de adversárias, transformam-se em suas partidárias e servas. Essa lei local para a manifestação do pensamento é válida não apenas na esfera das belas-letras, mas em geral é obrigatória para qualquer tipo de escrita: nenhum tratado ou plano de aperfeiçoamento pessoal pode se abster dela. Essas categorias de atuação também devem aceitar o método de representação artística de sua tarefa se quiserem suscitar convicções e inclinar o pensamento coletivo para si. Claro, as pessoas que atacaram o enaltecimento exclusivo do valor artístico na arte não previram que estavam dificultando um dos principais caminhos pelo qual chegam à nossa sociedade ideias sobre a honra, o autoconhecimento, o bem...

Daremos um último exemplo. Já há algum tempo, como se sabe, surgiu entre nós o anseio por descobrir e detectar aspectos *positivos* ou ideais da vida.[19] Não foi só a crítica que manifestou essas exigências em nome do público, enfastiado devido à aridez geral da nossa arte, mas, o que é muito mais importante, também os escritores, pelo visto, estão imbuídos do mesmo pensamento. Claro, não há nenhuma tarefa mais nobre do que essa, mas não nos parece possível aproximar-se dela e solucioná-la de nenhuma outra maneira a não ser, novamente, com a ajuda de um tratamento exclusivamente artístico do objeto. E em que consiste toda a questão? Não se trata, supomos, de formar um ideal prévio, com base em alguma convicção, para inseri-lo na obra e depois cruzar os braços e admirar suas aventuras. A tarefa seria, então, fácil demais. Trata-se de penetrar mais fundo na vida, descobrir e mostrar suas forças secretas, que podem produzir fenômenos *heroicos*. Todos sabem que nem todo ato heroico necessariamente aparece no campo de batalha: é possível elevar ao heroísmo cada uma das virtudes mais simples, que, em sua forma primordial, em seu nível mais baixo, são quase imperceptíveis e talvez só

[19] Trata-se dos artigos de A. Grigóriev. (N. da E.)

contribuam para *amenizar* a convivência. Porém, essa compreensão austera, rigorosa, pode-se dizer, da virtude moral, e, em geral, das forças que a produzem, bem como as próprias manifestações dessas forças na sociedade, não se revelam com facilidade. Tudo o que possui em si a marca do *ideal* é inibido por natureza e quase nunca vai para a frente. É preciso ter uma capacidade especial para sentir o ideal quando ele está ao seu lado — nem todos conseguem isso —, e depois ainda é preciso imaginar os pretextos e as razões para suas ações e não confundi-los. Isso por si só já exige não um simples espírito de observação, mas um faro artístico da vida, por assim dizer. A arte às vezes tarda muito para se aproximar dessa nova fonte de criatividade, e por razões muito justificáveis: primeiro é necessário explicar todo o mundo externo em cujo meio uma pessoa ou um evento ideal podem se desenvolver. A arte se dedica à vida comum, que primeiro salta aos olhos e é totalmente justa em sua contemplação: são incontáveis as miríades de eventos e fenômenos que pairam sobre a superfície da vida, assim como são incontáveis as miríades de encadeamentos entre os eventos e os indivíduos, e o seu significado é muito importante para o objetivo da arte. As propriedades positivas ou ideais de vida são examinados aqui de passagem, porque não se trata deles. Ao lado de tudo isso, apesar do silêncio temporário e necessário à arte, existe sempre uma suspeita, na sociedade, ou melhor, um pressentimento de que há indivíduos que não tomam parte nessa dança de roda da vida, concentrados em seu sentimento ou em sua compreensão, e a tal ponto resistentes, que o furioso fluxo das circunstâncias pode derrubá-los, mas não transformá-los em uma categoria arbitrária. A sociedade não sabe em que se baseia essa resistência, mas também isso não lhe concerne, e sim ao pesquisador. Pode ser que ela ocorra porque um indivíduo ideal, às vezes desprovido de muitas qualidades morais, possui uma delas em tal grau, que adquire, com sua ajuda, uma incrível fortaleza moral; isso também pode ocorrer devido a certa limitação na natureza do indivíduo, elevada a grandes proporções, ao heroísmo etc. Seja como for, uma história simples, conhecida por sua propriedade de ir, intrépida e veloz, ao encontro de qualquer pressentimento e ainda de um desejo obscuro da sociedade, está à frente da questão da arte e domina sua tarefa. Mas, em grande parte, é nesse ponto que ela encontra o fracasso. Ela descreve um acontecimento ideal, uma nuance de caráter romântico ou íntimo, como uma novidade inusitada e surpreendente: por causa disso, as tintas da obra podem ser ora muito carregadas, ora tão delicadas que se tornam incolores, e quase sempre inexatas. Com o surgimento da personagem ideal, a história simples costuma se confundir, perder o seu rumo e objetivo, bifurcar-se por causa da impossibilidade de posicionar, de maneira adequada, o ideal em meio às pessoas que a rodeiam, e de esconder o abismo que imediatamente se forma entre ela e seus interlocutores. A história simples sempre se refere ao ideal como um raro exemplar da humanidade, como uma distorção ou exceção; por isso, o ideal produz sobre a história o efeito do "fantasma de Banquo",[20] da "estátua do Comendador"[21] e de outros espectros assustadores: ele surpreende e confunde o pensamento. Ocorre totalmente o contrário quando, na base de uma obra, há uma observação artística do mundo e dos acontecimentos subjacentes: o próprio ideal e uma delicada disposição da alma em relação à natureza e às pessoas aparecem de forma tão simples quanto o indivíduo mais comum e quanto qualquer outro sentimento. Afinal, eles pertencem à vida e não é necessário fazer nenhum esforço especial de imaginação e de criatividade quando a vida aparece em toda a sua possível plenitude... Deixaremos o desenvolvimento dessa ideia para o leitor, e nos apressamos em chegar à conclusão. Parece-nos, portanto, que para exigir uma compreensão ideal dos objetos seria necessário antes de tudo observar que ela não pode ser alcançada de outra forma senão pelo hábito do debate artístico e da assimilação dos fenômenos da vida: o seu aspecto ideal se converterá imediatamente em uma parte necessária e essencial dela. Se Gógol tivesse se limitado apenas ao papel de artista até o fim, ele teria encontrado, em meio ao seu trabalho, um aspecto positivo da sociedade e o teria apresentado ao mundo de forma tão livre, como já havia feito com um outro aspecto que, por sua essência, sempre esteve à mostra e devia ser o primeiro a estar ao alcance da mão. Ao homem genial faltou apenas a simplicidade de olhar para si mesmo. Se ele tivesse concedido o curso natural ao seu incomensurável talento artístico, de sua pena surgiriam, como suas próprias obras nos convenceram, cenas episódicas capazes de aplacar sua sede por uma poesia límpida, que fortalece a alma, a sede que fez com que, no fim, ele agonizasse de tanto sofrimento. Confuso devido às exigências de amigos e inimigos, ele não suportou a voca-

[20] *Macbeth*, 3º ato, cena 4. (N. da E.) No século XIX, era comum utilizar essa expressão para referir-se a alguém que estaria perseguindo outra pessoa. (N. da T.)

[21] Referência a *Don Juan*. (N. da T.)

ção, duvidou da possibilidade de alcançar a reconciliação consigo mesmo, de dominar ambos os aspectos da arte, por meio do caminho artístico, e introduziu um elemento puramente *moralizador* na questão, com o qual não é possível criar nada na arte. Um preceito é uma definição abstrata do objeto e não a sua representação: ele possui outro caminho e outro objetivo. Entretanto, não vamos nos deter em um erro de um escritor genial, que teve consequências lamentáveis para ele e para a literatura. Ao contrário, concluiremos nosso artigo com a surpreendente palavra desse homem multifacetado, dono do mais elevado sentido estético, raro de se encontrar nas pessoas. Em um de seus discursos literários, ele disse: "a palavra inteligente nunca prova a si mesma; apenas o artista prova a palavra inteligente". A isso acrescentamos: a palavra inteligente, uma vez dita por um artista, torna-se uma verdade universal e assim permanece para sempre.

(1856)

Tradução de Ekaterina Vólkova Américo e Graziela Schneider

Nikolai Tchernichévski

Nikolai Gavrílovitch Tchernichévski (1828-1889) foi crítico literário, jornalista, romancista e publicista. No "degelo" de meados dos anos cinquenta, hipertrofiou os temas bielinskianos, no ar desde a década anterior. Seu destino atribulado, em permanente choque com as autoridades, fez dele um ídolo da juventude dos anos 1860 e 1870, e transformou-o em um dos grandes mártires da *intelligentsia* russa. Tchernichévski nasceu em Sarátov. Seu pai era um pope, e sua formação inicial foi marcada pela vivência do cristianismo. Morreu na sua cidade natal, com saúde alquebrada, após anos de agruras em função da atividade política: preso em 1864, passou por uma execução de fancaria, como Dostoiévski; condenaram-no a sete anos de trabalhos forçados em Irkutsk, Sibéria, e a doze anos de exílio na região do Ártico. No meio-tempo, Tchernichévski encarnou como ninguém o papel do intelectual *raznotchíniets* e tornou-se epítome do radical russo, com todas as suas ambiguidades. O tom secular ocidentalizante que impregna a sua atividade funde-se com diversas camadas de textos religiosos, compondo narrativas salvacionistas laicas, de matriz iluminista e socialista, e ao mesmo tempo hagiográficas. Tchernichévski escreveu diversos artigos e ensaios sobre temas literários, que mesclam uma concepção quase relatorial da literatura, entendida como um inventário de contradições sociais, a uma visão das complexidades inerentes ao papel da arte na sociedade. Escreveu também teses acadêmicas que foram os principais sinalizadores dos novos temas surgidos com o início do reinado de Alexandre II: *Relações estéticas entre a arte e a realidade* propunha o primado do real e da realidade — palavras que se tornariam o fetiche da nova geração — sobre a "pura" estética; e *O princípio antropológico em filosofia* considerava que as ciências naturais deveriam servir de modelo para as humanas, e que o meio era o principal responsável pelas ações humanas. Desnecessário dizer que esses temas foram a nêmesis de Dostoiévski em seu período pós-Sibéria. Embora tais textos fossem muito conhecidos, Tchernichévski tornou-se uma figura referencial em razão do seu estudo político travestido de romance, *O que fazer?* (1863), já definido como a obra de ficção mais conhecida na Rússia do século XIX. Decisivo para a trajetória das ideias políticas na Rússia (a revolução de 1917 pode ser entendida como um híbrido dessa tradição plasmada pelo romance com a chegada do marxismo), o romance é também um elo essencial da dinâmica literária russa do começo dos anos 1860, sem o qual não se entende nem a obra-chave que lhe antecedeu (*Pais e filhos*, de Turguêniev, de 1862), nem a revolução literária que lhe sucedeu (as *Memórias do subsolo*, de Dostoiévski, em 1864).

O russo no *rendez-vous*

(Reflexões sobre a leitura da novela *Ássia* do senhor Turguêniev)[1]

"Narrativas de tipo direto, acusatório,[2] deixam no leitor impressões bastante pesadas; por isso, mesmo reconhecendo seu proveito e dignidade, não me sinto nada satisfeito com o fato de a nossa literatura vir tomando exclusivamente essa direção tão lúgubre."

Assim se expressam muitas pessoas aparentemente nada estúpidas, ou, melhor dizendo, assim se expressavam, antes que a questão camponesa se tornasse o único objeto dos pensamentos e das conversas. Se suas palavras são justas ou injustas, eu não sei; mas ocorreu-me estar sob a influência de tais ideias ao começar a ler uma novela, talvez a única boa novela dentre as novas, em que já pelas primeiras páginas tem-se a impressão de um conteúdo e inspiração totalmente diversos daqueles das narrativas diretas. Aqui não há nem chicana com violência e suborno, nem velhacos obscenos ou oficiais celerados que expõem em língua elegante a sua posição de benfeitores da sociedade, nem há comerciantes, mujiques ou pequenos funcionários atormentados por todas aquelas pessoas torpes e horríveis. A ação se passa no estrangeiro, longe de todo o ambiente sujo do nosso cotidiano. Todos os personagens da novela são pessoas das melhores entre nós, muito instruídas, esplendidamente humanas: imbuídas dos mais nobres pensamentos. A novela tem um sentido puramente poético, ideal, não toca em nenhum dos chamados lados negros da vida. Dessa forma, penso eu, minha alma poderá repousar e se iluminar. E realmente se iluminou com esses ideais poéticos, até que a

---

[1] Publicado em 1858 no periódico peterburguês *Ateniei* [O Ateneu], número 18, como crítica à novela *Ássia* de Ivan Turguêniev, que havia aparecido naquele mesmo ano no periódico *Sovremiênnik* [O Contemporâneo]. (N. da T.)

[2] O crítico nomeia ironicamente certas obras pela designação "literatura acusatória". (N. da E.)

narrativa chegasse ao momento decisivo. No entanto, as últimas páginas não se parecem com as primeiras, e a leitura da novela termina por deixar uma impressão ainda mais desoladora que a deixada pelas histórias sobre maus funcionários e suas ladroagens cínicas. Estes agem mal, mas, como cada um de nós, reconhecem-se como más pessoas; não esperamos deles nada de melhor para as nossas vidas. Existem forças na sociedade, pensamos, que porão um fim a suas influências nocivas, que transformarão, com sua nobreza, o caráter da nossa vida. Na novela, essa ilusão é destruída da forma mais amarga, após haver despertado, em sua primeira parte, as expectativas mais luminosas.

Eis um homem cujo coração está aberto aos mais elevados sentimentos, cuja honradez é inabalável, cujo pensamento resume tudo aquilo que faculta ao nosso século a designação de século das nobres aspirações.[3] E o que faz este homem? Faz uma cena de que se envergonharia o último dos concussionários. Este homem sente uma afeição pura e forte por uma moça que o ama; não pode passar nem uma hora sem vê-la; seu pensamento desenha, dia e noite, à sua frente, a bela imagem da mulher, oferecendo-lhe, imagine você, aquele momento do amor em que o coração se afoga em deleite. Vemos Romeu, vemos Julieta, cuja felicidade nada perturba; mas aproxima-se o momento em que seus destinos serão decididos para sempre — para tanto, basta Romeu dizer: "Eu te amo, você me ama?" E Julieta murmurará: "Sim...". E o que faz o nosso Romeu (chamemos assim o herói da novela, cujo nome não nos foi informado pelo autor), como se manifesta no encontro com Julieta? Com palpitações de amor, Julieta espera por seu Romeu; precisa saber dele se a ama — essa palavra não havia sido pronunciada entre eles; agora será pronunciada e os unirá para sempre; a bem-aventurança os espera, uma bem-aventurança tão alta e pura que o desejo ardente torna o momento solene da decisão quase insuportável para um organismo terrestre. Por muito menos felicidade as pessoas morrem. Ela está sentada como um passarinho assustado e protege o rosto dos raios do sol do amor, que incidem sobre si; tem a respiração ofegante, treme toda; com ainda mais palpitações baixa os olhos à chegada dele, que a chama; quer olhá-lo, mas não pode; ele lhe toma a mão — essa mão fria que pousa como mor-

[3] O crítico faz uso das palavras do próprio Turguêniev, considerado pela opinião pública um artista capaz de articular as experiências e aspirações do seu tempo. (N. da E.)

ta entre as suas; ela quer sorrir, mas seus lábios pálidos não podem sorrir. Ela quer falar-lhe, mas sua voz embarga. Ficam ambos em silêncio por um longo tempo — e, nele, como ele mesmo diz, o coração se enternece. E eis que Romeu fala a sua Julieta... e o que lhe fala? "A culpa é sua, toda sua — diz a ela —, você me envolveu em contrariedades, estou desgostoso com você, você me compromete e devo interromper as nossas relações; não gosto de me separar de você, mas faça o favor de ir-se daqui para o mais longe possível."[4] O que significa isso? De quê *ela* é culpada? De tê-lo julgado um homem honesto, talvez? Comprometeu sua reputação por ter vindo se despedir dele? É incrível! Cada traço de seu rosto pálido diz que ela espera das suas palavras a decisão do seu destino, que irremediavelmente lhe entregou toda a alma e apenas espera ouvi-lo dizer que recebe a sua alma, sua vida — e ele lhe faz tal admoestação, de que ela o compromete! Que crueldade disparatada é essa? Que vil grosseria é essa? E esse homem, que se conduz de forma tão baixa, apresentava-se até então como uma pessoa digna! Ele nos enganou, enganou o autor. Sim, o poeta cometeu um erro por demais grosseiro, imaginando que nos falava sobre um homem honrado. Esse homem é mais imprestável que qualquer rematado patife.

Tal foi a impressão que produziu em muitos leitores a guinada totalmente inesperada nas relações entre o nosso Romeu e a sua Julieta. Escutamos de muitos que a novela estragou-se com essa cena revoltante, que o caráter do personagem principal não foi mantido, que se esse homem era de fato como se apresentava até o meio da novela, então não poderia se conduzir com tamanha grosseria e vulgaridade, e, para que pudesse se conduzir assim, deveria ter se apresentado desde o início como um homem imprestável.

Seria bastante consolador pensar que o autor realmente errou, mas o que constitui o triste mérito de sua novela é o fato de o caráter do herói reproduzir fielmente a nossa sociedade. Talvez, se esse caráter fosse como gostariam de vê-lo as pessoas insatisfeitas com a grosseria da cena do encontro, se o herói não temesse se entregar ao amor que o dominava, talvez a novela ganhasse em sentido ideal e poético. Ao entusiasmo da cena do primeiro encontro suceder-se-iam, então, outros tantos momentos altamente poéticos; o encanto silencioso da primeira metade da novela

---

[4] Tchernichévski não reproduz o diálogo da novela, mas apresenta a sua leitura desse diálogo. (N. da T.)

elevar-se-ia a um esplendor patético na segunda metade, e, em lugar de termos um primeiro ato de *Romeu e Julieta* com final ao gosto de Petchórin, teríamos de fato algo semelhante a *Romeu e Julieta* ou, pelo menos, a um dos romances de George Sand.[5] Quem procura na novela a impressão de um todo poético deve realmente condenar o autor, que, após atrair o leitor com altas e doces expectativas, súbito apresenta-lhe a vaidade vulgar e estúpida e o egoísmo tímido e trivial de um homem, de início semelhante a Max Piccolomini,[6] e ao final parecido com uma espécie de Zakhar Sídoritch, que joga *préférence* a copeques.

Mas, afinal, teria o autor errado em seu personagem? Se ele errou, então já não é a primeira vez que comete esse erro. Quantas não foram as suas histórias que conduziram a situações semelhantes, seus heróis retirando-se das situações sempre de forma desconcertante sob os nossos olhos? Em "Fausto",[7] o herói tenta animar-se com a ideia de que nem ele nem Vera possuem qualquer sentimento sério um pelo outro: sentar-se com ela, sonhar com ela, isso ele faz, mas, ao aproximar-se o momento da decisão, sustém as palavras, de forma que a própria Vera é quem tem de lhe dizer que o ama; a conversa entre eles, por ter tomado certo rumo, em alguns momentos fez parecer inevitável a sua confissão, mas ele, veja só, não percebeu e não ousou dizer nada a ela; e quando a mulher, que deveria ter ouvido a declaração, é por fim forçada a se declarar ela mesma, ele, veja só, "gela", mas sente "um deleite a percorrer seu coração como uma onda", embora apenas "de tempos em tempos"; falando mais propriamente, ele "perdeu completamente a cabeça" — é pena somente que não tenha caído desmaiado, o que teria acontecido de fato se não houvesse oportunamente uma árvore em que pudesse se apoiar. Nem bem o homem se recompôs e já se aproxima a mulher que ele ama e que lhe declarara seu amor, e lhe pergunta o que tenciona fazer a respeito. Ele... ele "desorienta-se". Não surpreende o fato de que, após tal conduta do homem amado (não é possível chamar o modo de agir desse senhor de outra forma senão "conduta"), a pobre mulher tenha tido uma febre nervosa; mais natural ainda é ele em seguida vir a lamentar o seu destino.

---

[5] O crítico refere-se a romances como *Jack*, *Consuelo*, *Indiana* etc. (N. da E.)

[6] Herói dos dramas de Schiller *Piccolomini* e *A morte de Wallenstein*. (N. da E.)

[7] Conto de Turguêniev publicado em 1856 no periódico *Sovremiênnik* [O Contemporâneo]. (N. da T.)

Isso em "Fausto". Quase o mesmo ocorre em *Rúdin*. Rúdin inicialmente se comporta de maneira um tanto mais decorosa para um homem do que os heróis citados: é tão decidido, que ele mesmo fala a Natália do seu amor (embora não o faça por vontade própria, mas porque é induzido pela conversa); ele mesmo marca um encontro com ela. Mas quando Natália lhe diz, nesse encontro, que está disposta a ir embora com ele, com ou sem a permissão da mãe, desde que ele a ame; quando a moça pronuncia as palavras: "Saiba que... serei sua!", Rúdin em resposta solta apenas a exclamação "Ah! Deus!" — uma exclamação mais confusa que entusiasmada — e em seguida passa a se conduzir tão bem, isto é, com tal grau de covardia e abatimento, que Natália é forçada ela mesma a marcar com ele um encontro para decidir o que fariam. Ao receber o bilhete, "ele percebia que o desfecho estava próximo e, intimamente, seu espírito perturbava-se". Natália lhe conta que a mãe declarara preferir a filha morta do que casada com Rúdin, e novamente lhe pergunta o que pretende fazer. Rúdin inicialmente responde "Meu Deus! Meu Deus!", e acrescenta de forma ainda mais ingênua: "Tão rápido! O que eu pretendo fazer? Minha cabeça está girando, não tenho como pensar em nada".[8] Mas depois considera que devem "resignar-se". Em nome da covardia, ele começa a censurar Natália e a pregar-lhe um sermão sobre a sua honradez e, à observação dela de que não era isso que deveria ouvir naquele momento, responde que não esperava tal determinação. A história termina com a moça ofendida lhe dando as costas, quase envergonhada de seu amor por um covarde.

Esse lamentável traço no caráter dos heróis pode ser uma particularidade das novelas do senhor Turguêniev? Pode ser da natureza do seu talento rebaixar a imagem de semelhantes figuras? Não exatamente; a natureza de um talento, ao que nos parece, não significa nada aqui. Lembre-se de qualquer boa história fiel à vida real, escrita por um dos nossos poetas atuais: se a narrativa contiver um lado ideal, esteja certo de que a figura que representa esse lado ideal se conduzirá exatamente como os personagens do senhor Turguêniev. Por exemplo, a natureza do talento do senhor Nekrássov é totalmente diversa daquela do senhor Turguêniev; você pode encontrar nela as falhas que quiser, mas ninguém pode dizer que falta energia e solidez no talento do senhor Nekrássov. E o que faz o

[8] Tchernichévski faz aqui uma colagem de vários trechos do diálogo. (N. da T.)

herói do seu poema *Sacha*? O autor inculcou em Sacha a ideia de que "não se pode ser fraco de espírito" porque "o sol da verdade nascerá sobre a terra" e que é necessário agir para a realização das suas aspirações; no entanto, quando Sacha começa a agir, o autor diz que tudo isso é vão, não conduz a nada, que pronunciara "palavras vazias". Vamos nos lembrar de como se conduz Biéltov:[9] este, da mesma forma, prefere a retirada a qualquer passo decisivo. Poderíamos colecionar muitos outros exemplos como esses. Por todo lado, seja qual for o caráter do poeta, seja qual for o entendimento que ele possua sobre a conduta do seu herói, esse herói sempre age exatamente da mesma maneira que todas as outras figuras respeitáveis introduzidas na literatura pelos outros poetas: o herói se mostra bastante ousado enquanto não se exige dele nenhuma ação concreta, quando se trata apenas de ocupar um tempo ocioso, preencher uma cabeça ociosa ou um coração ocioso com conversas e sonhos; mas basta chegar a hora de expressar seus sentimentos e desejos de forma direta e precisa e a maior parte dos heróis já começa a vacilar e a sofrer certo retardo na língua. Alguns poucos, os mais valentes, ainda conseguem de alguma forma reunir todas as suas forças e manifestar algo em linguagem confusa, dando uma vaga noção de seus pensamentos; mas deixe que algum outro personagem se aferre aos desejos desses heróis e diga: "você quer isso e aquilo; muito bem; comece então a agir e nós te apoiaremos" — ante tal réplica, a metade desses valentes heróis cairia desmaiada, e os restantes começariam a censurar o proponente de forma rude por tê-los colocado em posição desagradável; diriam que não esperavam tais proposições, que perderam a cabeça completamente e não podem compreender mais nada, porque "como pode acontecer tão rápido?" e "além do mais são pessoas honradas", e não apenas honradas, mas também pacíficas, e não querem expô-lo a contrariedades; aliás, pode alguém realmente se ocupar com tudo o que se diz por falta do que fazer? O melhor a fazer é não se comprometer com nada, porque todas essas coisas trazem preocupações e inconveniências e nisso não pode haver nada de bom — já que, como foi dito, tais personagens "absolutamente não desejam e não esperam" e assim por diante.

Assim são as nossas "melhores pessoas" — todas se parecem ao nosso Romeu. Se para Ássia foi uma grande desgraça o fato de o senhor

[9] Herói do romance *Quem é o culpado?* de Aleksandr Herzen (1846), o qual sacrifica seu amor para não trazer sofrimentos ao marido da mulher amada. (N. da T.)

N.[10] não saber absolutamente o que fazer com ela e ainda se encolerizar quando lhe foi solicitada uma decisão corajosa; se para Ássia isso foi uma grande desgraça, não sabemos. A primeira ideia que nos vem à cabeça é a de que, para ela, a desgraça de tudo isso foi bem pequena; ao contrário, e graças a Deus, a fraqueza desprezível do caráter do nosso Romeu repeliu a moça antes que fosse tarde demais. Ássia ficará triste por algumas semanas, por alguns meses, depois esquecerá tudo e poderá se entregar a um novo sentimento, cujo objeto será mais digno dela. Mas a desgraça está justamente no fato de ser pouco provável que um homem mais digno a encontre; a desgraça está naquilo que constitui a triste comicidade das relações do nosso Romeu com Ássia, ou seja, no fato de nosso Romeu ser uma das melhores pessoas da nossa sociedade, de quase não existir ninguém melhor do que ele entre nós. Ássia somente ficará à vontade em suas relações com as pessoas, quando ela, como qualquer um, aprender a limitar-se a belas reflexões enquanto não se apresentar o momento de levar o discurso à ação. Tão logo se apresente a ocasião, deve morder a língua e cruzar as mãos, como fazem todos. Só assim ficarão satisfeitos com ela. Então, de início, evidentemente todos dirão que essa moça é muito encantadora, de alma nobre, com uma maravilhosa força de caráter, em geral uma moça a quem não se pode deixar de amar, não se pode deixar de reverenciar; mas tudo isso só será dito enquanto a natureza de Ássia se expressar meramente em palavras, enquanto puder ser concebido que ela é capaz de condutas nobres e decididas; mas tão logo dê um passo que confirme as expectativas sobre seu caráter, imediatamente centenas de vozes gritarão:

"Ora essa! Como é possível? Isso é loucura! Marcar um *rendez-vous* com um jovem! Ela está se arruinando, e se arruína totalmente em vão! Daí não vai sair nada de bom, decididamente nada, e ela ainda vai perder a sua reputação. Como pode se arriscar de forma tão insensata?" "Arriscar-se? Isso ainda não é nada" — acrescenta outro — "Ela que faça consigo o que bem entender, mas para que expor outros a contrariedades? Em que situação ela colocou esse pobre rapaz? Acaso ele poderia imaginar que ela o levaria tão longe? O que ele poderia fazer ante sua irracionalidade? Se a segue, arruína-se a si próprio; se declina, é chamado de

[10] Na novela *Ássia*, o personagem é nomeado como senhor N. N. — do latim *Nomen Nescio* —, forma largamente utilizada na literatura ocidental do século XIX para designar uma pessoa de quem não se sabe o nome. (N. da T.)

covarde, e ele mesmo se desprezará. Não sei o que há de nobre em colocar em situações desagradáveis pessoas que parecem não haver dado nenhum motivo especial para conduta tão absurda. Não, isso não é exatamente nobre. E o pobre do irmão de Ássia? Qual é o seu papel? Que pílula amarga lhe deu sua irmã! Passará a vida toda sem conseguir digeri-la. Sem palavras; que favor lhe prestou a querida irmãzinha! Não nego que tudo isso fique muito bem em discursos: as nobres intenções, o espírito de sacrifício, e só Deus sabe que outras belas coisas mais; mas eu digo uma coisa: não gostaria de estar no lugar do irmão de Ássia. E digo mais: se estivesse no lugar do irmão dela, eu a trancaria em seu quarto por meio ano. Deve ser trancada para o seu próprio bem. Ela se deixa arrebatar pelos mais elevados sentimentos, como podem ver; mas por que os outros devem engolir o que ela se permite cozinhar? Não, eu não chamaria de nobre a sua conduta, nem o seu caráter, pois não considero nobres aqueles que com insolência e leviandade prejudicam os outros."

Assim a grita geral das pessoas racionais se expressa, com racionalidade. Em parte nos envergonhamos de admitir — mas deve ser admitido — que essas opiniões nos parecem ter fundamento. Na realidade, Ássia prejudica não apenas a si própria, mas a todos que têm a infelicidade de estar à sua volta, por parentesco ou circunstância; e não podemos deixar de condenar aqueles que para sua própria satisfação prejudicam todos os que estão ao seu redor.

Condenando Ássia, nós justificamos o nosso Romeu. Na realidade, do que ele é culpado? Acaso ele lhe deu motivos para agir irracionalmente? Acaso ele a incitou a uma conduta desabonadora? Acaso ele não teve razão ao lhe dizer que em vão ela o envolvera em circunstâncias desagradáveis? Você se indigna com as palavras ásperas do rapaz, chama-as de grosseiras. Mas a verdade é sempre áspera; e quem poderá me condenar se me escapar uma palavra grosseira, quando, não sendo eu culpado de nada, me veja envolvido em algo desagradável, e ainda por cima me acusem de desfrutar de uma desgraça na qual me enredaram?

Eu sei por que você se encantou tão injustamente com a conduta ignóbil de Ássia e condenou o nosso Romeu. Sei disso porque, por um instante, eu mesmo me entreguei a essa infundada impressão que você ainda conserva. Você tem se fartado de ler sobre como as pessoas se comportavam e se comportam em outros países. Mas leve em conta que são, antes de tudo, outros países. Não se conhece tudo o que se faz em outros lugares do mundo, mas, veja, nem sempre e nem em todos os lugares é possível fazer aquilo que é considerado conveniente para um ambiente específico. Na Inglaterra, por exemplo, a forma "tu" não é usada em conversas: o dono de fábrica necessariamente empregará "vós"[11] para falar a seu trabalhador, assim como o proprietário de terras a seu arrendatário, o senhor a seu empregado, e, quando necessário, estabelece-se no diálogo o termo "*sir*", que corresponde em francês a "*monsieur*". Em russo essa palavra não existe, e o que resultaria, caso esse gênero cortês fosse aplicado, seria o equivalente a um *bárin*[12] falar a seu mujique da seguinte forma: "Fazei-me um favor, Sídor Kárpitch, trazei-me uma xícara de chá, e depois consertai as passagens do meu jardim". Você me condenaria por falar a Sídor sem essas sutilezas? Veja, eu seria ridículo se assumisse o tom dos ingleses. Em geral, tão logo você começa a condenar aquilo que não lhe agrada, você se torna um ideólogo, ou seja, a pessoa mais galhofeira e, cá entre nós, a mais perigosa do mundo; perde de sob os seus pés o suporte firme da realidade prática. Evite isso, tente se tornar uma pessoa prática em suas opiniões e tente pela primeira vez fazer as pazes com o nosso Romeu, de quem ainda agora falávamos. Estou pronto para narrar o caminho que me levou a esse resultado, não só em relação à cena citada de *Ássia*, mas também em relação a tudo no mundo, ou seja, a me sentir satisfeito com tudo o que vejo ao meu redor, a não me enfurecer com nada nem me amargurar por nada (exceto pelo insucesso em coisas que para mim eram proveitosas); não julgo nada nem ninguém no mundo (exceto as pessoas que destroem minhas vantagens pessoais), não desejo nada (além do que pessoalmente pode me ser proveitoso) — em uma palavra, vou narrar a você como, de um bilioso melancólico, eu me tornei um homem tão prático e bem-pensante que sequer me surpreenderia se viesse a receber alguma condecoração pelos meus bons pensamentos.

Começo com a observação de que não se deve censurar as pessoas por nada e a nenhum preço, porque, por tudo quanto vi, mesmo o mais inteligente dos homens possui a sua cota de limitação, suficiente para impedi-lo de escapar, em pensamentos, à sociedade na qual foi educado

[11] Até o século XVII, era corrente o uso do pronome *thou*, da segunda pessoa do singular e equivalente, portanto, ao nosso "tu" e ao russo *ti*. Posteriormente, o pronome caiu em desuso e foi substituído na linguagem cotidiana pelo pronome *you*, da segunda pessoa do plural, que gramaticalmente equivale ao nosso "vós" e ao russo *vi*. (N. da T.)

[12] Proprietário de terras, fidalgo. (N. da T.)

e onde vive; assim também o mais enérgico dos homens possui a sua dose de apatia, suficiente para impedir que, em suas ações, se afaste muito da rotina e, como se diz, se lance à correnteza. Em nosso meio costuma-se pintar ovos na Páscoa e comer *blini* no entrudo — e todos fazem isso, embora absolutamente não se comam os ovos coloridos, e quase todo mundo se queixe de que os *blini* são uma comida pesada. E as coisas são assim, não só em trivialidades, mas em tudo. Costuma-se pensar que os meninos devem ter mais liberdade que as meninas e, então, todos os pais e mães, como que convencidos dessa diferença irrazoável, educam seus filhos de acordo com essa regra. Costuma-se pensar que a riqueza é uma coisa boa, e qualquer um ficaria contente se, em lugar de receber dez mil rublos por ano, viesse a receber, por alguma reviravolta da vida, vinte mil, embora toda pessoa inteligente saiba que aquelas coisas que eram inacessíveis com a primeira renda e que se tornam acessíveis com a segunda não podem trazer nenhuma satisfação real. Por exemplo, se era possível dar um baile de quinhentos rublos quando se tinha uma renda de dez mil, com vinte mil pode-se dar um baile de mil rublos: este será um baile melhor do que o primeiro, mas não terá nenhum esplendor especial e será chamado no máximo de um baile bastante correto, mas o primeiro também havia sido chamado de correto. Assim, com uma renda de vinte mil, a vaidade só se sacia um pouco mais em relação aos dez mil anteriores; embora as satisfações possam ser consideradas positivas, a diferença se mostra absolutamente insignificante. Um homem com uma renda de dez mil possui exatamente a mesma mesa, o mesmo vinho e ocupa a mesma poltrona na ópera que um homem com uma de vinte mil. O primeiro é considerado não mais que um homem abastado, mas o segundo tampouco é considerado um homem extremamente rico — não há uma diferença essencial em suas posições; no entanto, pela rotina vivida em sociedade, o indivíduo é capaz de se alegrar com o aumento de sua renda de dez para vinte mil, embora fatidicamente não perceba quase nenhuma melhoria em suas satisfações. As pessoas em geral são terrivelmente rotineiras: basta que se examinem um pouco mais profundamente seus pensamentos para constatar esse fato. Alguém pode deixá-lo perplexo, num primeiro momento, por sua independência de pensamento em relação à sociedade a que pertence; essa pessoa se mostra, por exemplo, um cosmopolita, sem preconceitos de classe etc., e, à semelhança de seu círculo de amigos, considera-se um espírito puro. Mas, observe mais atentamente esse cosmopolita e ele se revelará integralmente um francês ou um russo, com todas as particularidades existentes nos pensamentos e hábitos da nação a que pertence, reconhecida em seu passaporte; se revelará um proprietário de terras ou um funcionário, um comerciante ou um professor, com todas as nuances do pensamento de sua classe. Estou certo de que a razão de ser grande o número de pessoas que habitualmente se enfurecem umas com as outras e se acusam umas às outras deve-se apenas ao fato de que muito poucas se dispõem a fazer observações dessa natureza; experimente olhar as pessoas com o objetivo de verificar o quanto um sujeito, que à primeira vista parece diferente dos outros, realmente difere em algo importante dos indivíduos da sua própria classe; experimente apenas ocupar-se com tais observações, e essa análise o fascinará tanto, trará tanto interesse à sua mente, proporcionará constantemente impressões tão tranquilizadoras ao seu espírito, que você já não se desprenderá mais dela e logo chegará à conclusão: "Todo indivíduo é como os demais, e em cada um há exatamente o mesmo que há nos outros". E, quanto mais longe você for, tanto mais firmemente se convencerá desse axioma. As diferenças parecem importantes apenas porque surgem na superfície e saltam aos olhos, mas, sob o visível, essas aparentes diferenças escondem uma total identidade. E por que razão o homem seria uma contradição a todas as leis da natureza? Veja, na natureza o cedro e o isópiro se alimentam e florescem, o elefante e o rato se movimentam e comem, se alegram e se enraivecem sempre pelas mesmas leis; sob a diferença externa da forma, há no interior uma identidade entre os organismos do macaco e da baleia, da águia e da galinha; penetre-se na questão mais cuidadosamente, e veremos que não apenas seres diversos de uma só classe, mas também diversas classes de seres se constituem e vivem de acordo com um único e mesmo princípio, que os organismos dos mamíferos, pássaros e peixes são idênticos, que os vermes, semelhantes aos mamíferos, também respiram, apesar de não possuírem narinas, traqueia ou pulmões. Não só a analogia com outros seres seria destruída ante o não reconhecimento da identidade das leis fundamentais e dos estímulos na vida moral de cada indivíduo, mas também a analogia da sua vida física seria destruída. Se considerarmos duas pessoas saudáveis com a mesma idade e mesmo temperamento, em uma o pulso baterá naturalmente um pouco mais rápido e forte do que na outra; mas é grande essa diferença? É tão insignificante que mesmo a ciência lhe dá pouca atenção. Outra é a questão, quando você compara pessoas de idades diferentes ou em circunstâncias diversas; o pulso da criança bate duas vezes mais rápido que o de um velho, o pulso de um doente, bem mais forte ou fraco que o de uma pessoa saudável, o de uma pessoa que tomou um copo de champanhe, mais forte que o de alguém que tomou um copo de água. Mas aqui é claro para todos que a diferença está não na estrutura do organismo, mas nas circunstâncias em que o organismo é observado. Quando o velho era criança, seu pulso batia com a mesma frequência que o da criança com a qual foi comparado; se apanhasse a mesma doença, o pulso do homem saudável se enfraqueceria tal qual o do doente; e se Piotr tomasse um copo de champanhe, a batida de seu pulso se tornaria mais forte que a de Ivan.

Você terá praticamente alcançado o limite da sabedoria humana ao se convencer dessa verdade simples, a de que cada ser humano é como todos os outros. Já não falo das consequências consoladoras dessa convicção para a sua felicidade na vida: você deixará de enfurecer-se e amargurar-se, deixará de indignar-se e acusar, olhará com docilidade para aquilo que antes o levava a altercações e brigas; realmente, como você poderia se enfurecer ou queixar-se de alguém por uma conduta que qualquer um poderia ter tido em seu lugar? Uma calma branda, por nada perturbável, tomará assento em sua alma; mais doce, talvez, só a contemplação da ponta do nariz pelo Brahma, com a repetição serena e incessante das palavras “om-mani-padme-hum”. Já não falo desse incalculável ganho espiritual e prático; não falo nem mesmo dos ganhos financeiros que poderá obter por sua sábia indulgência com relação às pessoas: com total cordialidade se relacionará com um patife, que antes enxotaria; mas esse patife pode ser um homem de peso na sociedade, e as boas relações entre vocês quem sabe terminem por beneficiar os seus negócios. Não falo sobre o fato de que você mesmo se sentirá menos constrangido por falsas dúvidas e por escrúpulos na utilização das vantagens que vierem a cair em suas mãos: por que haveriam de lhe constranger excessivos melindres, se está convicto de que qualquer um, em seu lugar, se conduziria da mesma forma? Não estou exibindo todas essas vantagens com o objetivo de apontar simplesmente para a pureza científica, para a importância teórica da convicção de que a natureza humana é a mesma em todos os homens. Se todas as pessoas são realmente semelhantes, de onde vêm as diferenças em seus comportamentos? Precipitando-nos no sentido de alcançar uma verdade maior, encontramos, a caminho, a conclusão que serve de resposta a essa questão. Está claro para nós agora que tudo depende dos costumes e arranjos sociais, ou seja, no final das contas, tudo depende exclusivamente das circunstâncias, porque os costumes sociais, por seu lado, também surgem das circunstâncias. Antes de acusar alguém, verifique de quê ele é culpado, por quê você o acusa, ou se a culpa não seria das circunstâncias e dos costumes da sociedade; examine bem, talvez aqui não seja sua culpa, mas sua desgraça. Raciocinando sobre os outros, nós tendemos a considerar toda desgraça como culpa — nisso está a verdadeira desgraça para a vida prática, porque culpa e desgraça são coisas absolutamente diferentes e demandam tratamentos diversos. Culpa provoca censura ou até mesmo punição a alguém. Desgraça demanda ajuda a alguém em prol da eliminação de circunstâncias que são mais fortes do que sua vontade. Conheci um alfaiate que enfiava ferro incandescente nos dentes de seus pupilos. Deve-se certamente considerá-lo culpado, deve-se mesmo castigá-lo; mas nem todo alfaiate finca ferro quente nos dentes dos pupilos, e exemplos de tal aberração são bem raros. Mas quase todo artesão se põe a brigar depois de beber nos feriados — isso já não é culpa, mas simplesmente desgraça. Aqui é necessária, não a punição de uma pessoa em particular, mas a mudança das condições de vida de toda uma classe. A nociva confusão entre culpa e desgraça é o que há de mais triste, já que essas duas coisas são muito fáceis de serem distinguidas; um indício dessa diferença nós já vimos: culpa é raridade, é exceção à regra; desgraça é epidemia. Incêndio premeditado é culpa, pois entre milhões de pessoas, uma decide cometê-lo. Há um outro indício, necessariamente vinculado ao primeiro: desgraça desmorona sobre o homem que preenche as condições que conduzem até ela; culpa desmorona sobre os outros, trazendo vantagens ao culpado. Este último indício é extremamente preciso. O ladrão esfaqueia um homem a fim de roubá-lo, tirando proveito disso para si — isso é culpa. Um caçador descuidado acidentalmente fere alguém e é o primeiro a se atormentar por essa infelicidade que provocou — isso já não é culpa, mas simplesmente desgraça.

O indício é confiável, e, se for aplicado com alguma perspicácia, com uma análise cuidadosa dos fatos, perceberemos que no mundo quase nunca ocorre culpa, mas tão somente desgraça. Nós mencionamos um ladrão. A vida é fácil para ele? Se as circunstâncias não lhe fossem tão especialmente difíceis, será que lançaria mão de tal expediente? Onde você encontra um homem que considera agradável esconder-se das tempestades de neve e do tempo inclemente em covis, arrastar-se por desertos, ser frequentemente atormentado pela fome, temer constantemente por sua pele, enquanto aguarda o açoite — a quem isso pode ser mais agradável do que fumar um charuto tranquilamente sentado em confortáveis poltronas, ou jogar *ieralach*[13] no Clube Inglês, como fazem as pessoas respeitáveis?

Ao nosso Romeu também teria sido bem mais agradável deleitar-se com os prazeres de um amor alegre, do que fazer papel de bobo e injuriar cruelmente a si mesmo pela baixa grosseria que fez a Ássia. O fato de esse cruel dissabor, ao qual se sujeitou Ássia, não lhe ter trazido pessoalmente nenhuma vantagem ou satisfação, mas sim vergonha de si mesmo, ou seja, tormento pelas amarguras morais — esse fato nos indica que ele não recai em culpa, mas em desgraça. A baixeza com que procedeu seria a mesma com que procederiam muitas daquelas pessoas consideradas respeitáveis, as melhores da nossa sociedade; portanto, isso não é outra coisa, senão um sintoma de doença epidêmica enraizada na nossa sociedade.

O sintoma da doença não é a própria doença. E se a questão se resumisse ao fato de apenas alguns — ou seja, quase todas as "melhores pessoas" — ofenderem uma moça de grande dignidade ou menos experiência que eles, então essa questão pouco nos interessaria. Deus os leve e às suas questões eróticas — porque o leitor do nosso tempo não está com cabeça para elas, ocupado que está com as questões do aperfeiçoamento administrativo e judiciário, reformas financeiras, emancipação dos servos. A cena que nosso Romeu fez a Ássia, como notamos, é apenas o sintoma de uma doença, que, por meio dessa imagem vil, estraga todas as coisas, mas basta que perscrutemos a razão da queda em desgraça do nosso Romeu para termos uma ideia do que todos nós, tão semelhantes a ele, podemos esperar de nós mesmos e para nós mesmos em todas as demais condutas.

Comecemos pelo fato de que o pobre rapaz não compreende absolutamente o assunto do qual toma parte. A questão é claríssima, mas ele está possuído por tamanho idiotismo que nem à força é capaz de atinar sobre os fatos mais óbvios. Decididamente não sabemos a que se pode equiparar esse idiotismo cego. A moça, não sendo capaz de nenhuma simulação, não conhecendo nenhuma artimanha, lhe diz: "Nem eu mesma sei. Às vezes tenho vontade de chorar e rio. Não deve me julgar...

---

[13] Jogo de cartas, semelhante ao uíste. (N. da T.)

pelas coisas que faço. Ah, a propósito, que história é essa sobre Lorelei![14] O seu rochedo é esse que se avista? Dizem que antes afogava todos, mas quando se apaixonou, também se atirou à água. Gosto dessa história".[15] Parece claro qual sentimento despertou nela. Após dois minutos, com uma excitação que se reflete na palidez do seu rosto, pergunta-lhe se ele gosta da dama que fora mencionada na conversa vários dias antes por meio de um gracejo; depois, pergunta-lhe do que gosta em uma mulher; quando ele observa a beleza do céu resplandecente, ela diz: "Sim, é impressionante! Se fôssemos pássaros... poderíamos levantar voo, sair voando... E mergulharíamos nesse céu azul... Mas não somos pássaros"; "Mas podemos ter asas"; "Como assim?"; "Viva e verá. Há sentimentos que nos tiram do chão. Não se preocupe, ainda terá asas"; "Já as teve?"; "Não sei dizer... acho que até agora ainda não voei". No outro dia, assim que ele chegou, Ássia enrubesceu; queria sair correndo; estava triste e certamente lembrava-se da conversa da véspera; disse a ele: "Lembra-se de que ontem falou sobre asas? Elas nasceram em mim".

Essas palavras foram tão claras que até mesmo o pouco perspicaz Romeu, ao retornar para casa, não pôde deixar de pensar: "Será que ela me ama?". Deitou-se com esse pensamento e, ao acordar no dia seguinte, perguntou-se: "Será que ela me ama?".

Seria realmente difícil não entender isso, mas, apesar de tudo, ele não entendeu. Acaso ele entendia ao menos o que acontecia em seu próprio coração? E aqui os sinais não estavam menos claros. Após os dois primeiros encontros com Ássia, ele sentiu ciúmes ao vê-la dirigir-se ternamente ao irmão e, por ciúmes, não quis acreditar que Gáguin fosse realmente irmão dela. Seu ciúme é tão forte que não pode ver Ássia e nem furtar-se de vê-la; por isso, como se fosse um jovenzinho de dezoito anos, foge por alguns dias da aldeia em que ela vive e erra pelos campos vizinhos. Convencido, por fim, de que Ássia é apenas irmã de Gáguin, ele se alegra como uma criança e, ao voltar da casa deles, sente que lágrimas de arrebatamento brotam de seus olhos, sente, ao mesmo tempo, que esse arrebatamento está concentrado inteiramente no pensamento sobre Ássia e, finalmente, fica a ponto de não conseguir pensar em mais nada

[14] Lenda sobre a sereia do rio Reno, Lorelei, que atraía os pescadores com seu canto. (N. da E.)

[15] Os trechos citados da novela *Ássia*, de Turguêniev, aqui reproduzidos foram tirados da tradução de Fátima Bianchi (São Paulo, Cosac Naify, 2010). (N. da T.)

além dela. É de se pensar que um homem que amou algumas vezes deveria entender os sentimentos que nele se manifestam por meio de tais sinais. É de se pensar que um homem, tendo conhecido bem as mulheres, deveria entender o que se passa no coração de Ássia. Mas quando ela lhe escreve dizendo que o ama, esse bilhete o deixa totalmente assombrado: ele, veja só, de forma alguma poderia supô-lo. Maravilha! Mas se supôs ou não supôs que Ássia o amava, tanto faz: agora ele sabe claramente que Ássia o ama, está vendo isso. E o que ele sente por ela? Decididamente não sabe como responder a essa pergunta. Coitadinho! Aos quase trinta anos — tão jovem! — precisa que um titio lhe diga quando assoar o narizinho, quando dormir e quantas xícaras de chá tomar. Em vista dessa inabilidade tão absurda para entender as coisas, pode parecer que se está diante de uma criança ou de um idiota. Nem um, nem outro. Nosso Romeu é uma pessoa muito inteligente e, como notamos, teve muitas experiências na vida, tem uma rica reserva de observações sobre si mesmo e sobre os outros. De onde vem sua inacreditável falta de perspicácia? Há duas circunstâncias responsáveis por ela, sendo que uma advém da outra, e, portanto, tudo se reduz a uma. Ele não está acostumado a compreender nada que seja grandioso e vivaz, porque sua vida é por demais pequena e sem espírito, assim como são pequenas e sem espírito todas as relações e questões que o circundam. Isso, em primeiro lugar. Em segundo: é medroso, impotente, foge de tudo o que exige franca determinação e nobre risco, novamente porque a vida lhe ensinou apenas a agir com pálida mesquinhez em relação a tudo. Parece uma pessoa que passou a vida jogando *ieralach* a meio copeque de prata. Ponha esse hábil jogador numa partida em que as perdas e os ganhos não sejam de dez copeques, mas de milhares de rublos, e verá que ficará absolutamente perturbado, que toda a sua experiência desaparecerá, que toda a sua arte se perderá — fará os lances mais estúpidos, talvez nem segure direito as cartas na mão. Ele é como um marujo que passou a vida no trajeto de Kronstadt a Petersburgo e com destreza conduz seu pequeno barco entre incontáveis bancos de areia em águas rasas, seguindo indicações de balizas; o que aconteceria a esse marujo, experiente em seu copo d'água, se, de repente, se visse em meio ao oceano?

Meu Deus! Por que estamos analisando tão severamente o nosso herói? Em que ele é pior do que os outros? Em que ele é pior do que todos nós? Quando entramos na sociedade, vemos ao nosso redor pessoas fardadas ou não, em sobrecasacas ou fraques; essas pessoas têm de cinco e meio a seis pés de altura, alguns até mais; deixam crescer ou raspam os pelos do rosto acima dos lábios e a barba, e nós pensamos estar vendo homens à nossa frente. Isso é um tremendo engano, uma ilusão de óptica, uma alucinação, nada mais. Sem a aquisição do hábito de uma genuína participação na vida civil, sem a aquisição do sentido de cidadania, a criança do sexo masculino, ao crescer, torna-se um ser do sexo masculino de meia-idade, e, mais tarde, de idade avançada, mas não se torna um homem, ou pelo menos não se torna um homem de caráter nobre. É melhor não educar um homem, a educá-lo sem a influência de ideias sobre questões sociais, sem a influência de um sentido que desperte a sua participação nelas. Se, no círculo das minhas observações, na esfera das atividades em que me movimento, estão excluídas as ideias e os impulsos que têm como objeto o bem comum, ou seja, estão excluídos os motivos cívicos, o que me resta observar? Do que me resta participar? Resta-me a barafunda azafamada dos seres individuais, com as suas estreitas preocupações pessoais a girarem em torno do seu próprio bolso, da sua pança ou dos seus passatempos. Se me ponho a observar as pessoas pelo aspecto com que se apresentam a mim, distantes de qualquer participação em atividades civis, que ideias posso formar sobre elas e sobre a vida? Em algum momento, entre nós, passaram a amar Hoffmann,[16] e em algum momento foi traduzido seu conto sobre o senhor Peregrinus Tiess, sobre como os seus olhos adquiriram, por uma estranha circunstância, a habilidade de um microscópio, e quais as consequências daí advindas para as suas concepções a respeito das pessoas. Beleza, nobreza, virtude, amor, amizade — tudo o que havia de sublime e elevado desapareceu do mundo, para ele. Sob o olhar do senhor Tiess, todo homem se revelava um infame covarde ou um pérfido intrigante; toda mulher, uma coquete; todas as pessoas, mentirosas e egoístas, mesquinhas e baixas até o último grau. Esse terrível conto só poderia ter sido concebido na cabeça de uma pessoa que olha para o que se chama na Alemanha *Kleinstädterei* (fim de mundo), que olha para a vida das pessoas que não têm nenhum sentido de participação social, limitadas estreitamente pelo círculo comedido dos seus interesses pessoais; pessoas que não têm ideia de nada mais sublime que o jogo de *préférence* (jogo esse que ainda não era conhecido no tempo de Hoffmann). Pense no que se torna uma conversa em qualquer so-

[16] Refere-se ao escritor alemão E. T. A. Hoffmann (1776-1822). (N. da T.)

ciedade logo que cessa a discussão sobre questões sociais. Independente de serem inteligentes e nobres os participantes de uma conversa, quando não estão falando de coisas de interesse social, começam a mexericar e tagarelar; trivialidades maledicentes ou trivialidades devassas, em todo caso trivialidades insensatas — eis o caráter que assume inevitavelmente a conversa que se afasta dos interesses sociais. É possível julgar os participantes pela natureza da conversa. Se até mesmo pessoas que adquiriram as mais altas concepções caem em trivialidades vazias e sujas quando seus pensamentos se afastam dos interesses sociais, imagine então o que não acontece com grupos sociais que vivem em total alheamento desses interesses. Imagine um homem que foi educado pela vida em tal grupo social: quais podem ser as conclusões de sua experiência? Quais os resultados de suas observações sobre as pessoas? Esse homem pode compreender maravilhosamente bem tudo o que é trivial e vulgar, mas não compreende nada mais além disso, porque não viu nem experimentou nada. Pode se fartar de ler sabe Deus que belas coisas, pode se sentir satisfeito com as reflexões sobre essas belas coisas; talvez até acredite que elas de fato existam ou devam existir no mundo, e não apenas nos livros. Mas como você quer que ele as entenda ou adivinhe ao emergirem súbita e inadvertidamente sob o seu olhar despreparado, acostumado apenas a classificar tolices e trivialidades? Como você quer que eu — que sempre tomei um bom vinho espumante sob o rótulo falsificado de champanhe e que nunca vi um vinhedo de Champanhe — que eu diga, assim de repente, ao provar um champanhe verdadeiro: "sim, isso de fato não é uma falsificação"...? Se eu dissesse isso, seria um janota. Meu gosto me diz apenas que esse vinho é bom, mas, e se tivessem sido poucos os bons vinhos falsificados que eu bebi? Como saber que desta vez não estaria diante de uma imitação? Não, não, eu sou um especialista em imitações, posso distinguir o bom do mau vinho; mas não posso avaliar o vinho verdadeiro.

Seríamos felizes, seríamos nobres se fosse apenas o olhar despreparado ou a inexperiência do pensamento que nos impedisse de adivinhar e valorizar as coisas maiores e mais sublimes que acontecem na nossa vida. Mas não, também a nossa vontade participa dessa tosca falta de entendimento. Não são apenas os conceitos que se estreitam em mim pelas futilidades e torpes limitações em que vivo; essa característica atravessa também a minha vontade: quanto mais abrangente o olhar, tanto mais abrangente a decisão; e, além do mais, é impossível não acostumar-

-se a agir como todos os outros agem. O contágio do riso, o contágio do bocejo não são ocorrências excepcionais na fisiologia social — esse mesmo contágio ocorre em todos os fenômenos que se revelam nas massas. Alguém escreveu uma fábula sobre um homem saudável que foi parar em um reino de coxos e zarolhos. A fábula conta que os habitantes lhe caíram em cima, porque possuía ambos os olhos e as duas pernas perfeitas; a fábula mentiu, porque não disse *tudo*: o recém-chegado foi atacado apenas no início; quando se acostumou ao novo lugar, ele próprio começou a apertar um dos olhos e a mancar, pois já lhe parecia que essa era a forma mais confortável, ou pelo menos a mais decente, de olhar e andar, e logo ele mesmo esqueceu que não era coxo nem zarolho. Se você é um apreciador de finais tristes, pode acrescentar que quando, por fim, o nosso forasteiro teve necessidade de dar um passo firme e de olhar, vigilante, com os dois olhos, já não pôde fazê-lo: ocorre que seu olho fechado não se abria mais, a perna contraída não mais se distendia; os nervos e os músculos das pobres articulações, atrofiadas devido à longa compressão, perderam a força necessária para atuarem da forma correta.

Quem quer que toque no breu, enegrecerá — para castigo seu, se o fez espontaneamente; para desgraça sua, se o ato não foi espontâneo. É impossível que não se impregne de um odor de bêbado o sujeito que vive em tabernas, mesmo que não tenha bebido um cálice sequer; é impossível que não se encha de mesquinhez a vontade de um homem que vive numa sociedade que não possui nenhuma aspiração além das pequenas contas do dia a dia. Quando lhe vem à mente que talvez tenha chegado a hora de tomar uma decisão firme, de ousar dar um passo arrojado, e dessa vez não mais pelo atalho aberto pelas repetições cotidianas, uma espécie de timidez insinua-se involuntariamente em seu coração. Então, tenta se convencer de que o tempo para tal ato incomum ainda não chegou; você tentará se convencer até o último minuto fatal de que tudo o que foge às trivialidades costumeiras não é mais do que mera tentação. A criança que tem medo de bicho-papão aperta os olhos e grita o mais alto possível que não há nenhum bicho-papão, que bicho-papão é bobagem — e com isso, veja só, se convence. Nós, tão inteligentes, tentamos nos convencer de que tudo o que tememos, tememos unicamente por não termos forças para nada mais sublime — tentamos nos convencer de que o que tememos é uma grande bobagem, de que apenas quiseram nos assustar, assim como a criança com o bicho-papão, mas que no fundo não há nada e nem haverá.

Mas... e se houver? Então, acontecerá conosco o mesmo que aconteceu ao nosso Romeu na novela do senhor Turguêniev. Ele também não previu nada e nem quis prever; da mesma forma apertou os olhos e recuou, e sua hora passou — quando quis morder os cotovelos, já não os alcançava.[17]

E por efêmero que fosse o tempo em que se decidiria o seu destino e o de Ássia — não mais que alguns minutos —, dele dependia toda uma vida, e, uma vez tendo-o deixado escapar, nada mais viria a corrigir tal erro. Mal entrou na sala, mal conseguiu pronunciar algumas palavras impensadas, um tanto inconscientes e insensatas, e tudo já estava resolvido: rompiam para sempre e não havia retorno. Não nos apiedamos muito de Ássia; certamente foi duro para ela ouvir palavras ásperas de rejeição, mas foi melhor que esse indivíduo insensato tenha rompido com ela. Se ela continuasse ligada a ele, naturalmente seria uma grande alegria para ele, mas nós não pensamos no que teria sido para ela viver perto de um homem como esse. Quem quer que simpatize com Ássia, deve alegrar-se com essa cena dura, revoltante. Quem quer que simpatize com Ássia está totalmente certo: escolheu como objeto de sua simpatia uma criatura submissa, uma criatura ofendida.

Apesar disso, para nossa vergonha, devemos confessar o interesse que sentimos pelo destino do herói. Infelizmente, não temos a honra de ser seus congêneres; entre as nossas famílias ocorreram até mesmo inimizades, porque a família dele desprezava a todos os que nos eram próximos.[18] Mas tal interesse se deve a ainda não termos conseguido nos livrar dos preconceitos inculcados em nossas cabeças pelos falsos livros e aulas com que a nossa juventude foi educada e arruinada; não conseguimos nos livrar dos conhecimentos insignificantes incutidos em nós pela sociedade que nos cerca; parece-nos sempre (um sonho vão, mas, em todo caso, um sonho irresistível) que o nosso Romeu presta algum serviço à sociedade, sendo ele um representante do nosso iluminismo, o melhor dentre nós e sem o qual seríamos piores. Cresce sempre mais forte em nosso pensamento essa opinião sobre ele — sonho vão, porque já

---

[17] Expressão da língua russa que tem o sentido de "quando quis agir, já era tarde". (N. da T.)

[18] Tchernichévski se refere alegoricamente ao antagonismo entre os intelectuais da pequena nobreza (em que Turguêniev se inclui) e os intelectuais das camadas médias urbanas (ou *raznotchíntsi*, de que o próprio crítico faz parte). (N. da T.)

percebemos que não estaremos por muito tempo sob sua influência, ou seja, percebemos que há pessoas melhores, mais precisamente aquela a quem ofendeu; e que sem ele viveríamos melhor — mas no momento ainda não nos acostumamos o suficiente com essa ideia, não nos desprendemos o bastante desse sonho em que fomos educados; por isso ainda desejamos o melhor ao nosso herói e a seus semelhantes. Enquanto observamos a aproximação do momento decisivo, que determinará os destinos de ambos para sempre, não queremos dizer para nós mesmos: eles são incapazes de compreender sua situação no presente momento; eles são incapazes de agir de forma sensata e magnânima — somente seus filhos e netos, uma vez educados sob outras concepções e costumes, serão capazes de atuar como cidadãos honrados e sensatos; quanto a eles, são inadequados ao papel que lhes foi dado. Não queremos ainda dirigir a eles as palavras do profeta: "Vendo, não verão, ouvindo, não ouvirão, porque neles o coração endureceu, os ouvidos ensurdeceram e os olhos se fecharam para que nada vissem"[19] — não, ainda queremos acreditar que são capazes de entender o que acontece em torno deles e acima deles; queremos pensar que são capazes de seguir a sábia exortação de uma voz que deseja salvá-los e, portanto, queremos dar-lhes a indicação de como se livrar das desgraças, inevitáveis às pessoas que não são capazes de compreender, a tempo, a sua situação e usufruir das vantagens que se apresentam em um momento passageiro.

Contra o nosso desejo, vem se enfraquecendo em nós, a cada dia, a esperança na perspicácia e energia das pessoas às quais rogamos compreender a importância das circunstâncias atuais e agir em conformidade ao bom senso, mas pelo menos que não digam que não ouviram bons conselhos, que sua situação não lhes foi explicada. Entre vocês, senhores (dirigimos nosso discurso a essas veneráveis pessoas), há muitos literatos; estes sabem como a felicidade foi representada na mitologia antiga: sob a figura de uma mulher com uma longa trança agitada ao vento que a leva adiante; é fácil apanhá-la quando ela está voando em sua direção, mas deixe-a escapar por um momento: ela terá passado, e em vão você tentará alcançá-la; é impossível apanhá-la depois de haver ficado para trás. O instante de felicidade não retorna. Assim como não se repete a configuração de corpos celestes que ocorre em dado momento, você pode-

[19] Citação imprecisa de Isaías 6, 9-10. (N. da T.)

rá esperar para sempre que se repita a concatenação favorável das circunstâncias. Não deixe escapar o momento favorável — é a mais alta condição para uma vida sensata. Circunstâncias felizes acontecem a cada um de nós, mas nem todos estão aptos a aproveitá-las, e nesta arte quase única é que está a diferença entre os homens cujas vidas são bem ou mal empregadas. Talvez você não considere justo que a felicidade seja instituída por circunstâncias, que seu destino dependa unicamente da sua vontade em um instante fugaz. A questão da eterna felicidade ou infelicidade está no fato de você ser capaz de compreender as demandas do seu tempo, de ser capaz de aproveitar a situação em que se encontra.

Quais são as aptidões e regras que impedem de escapar a felicidade que as circunstâncias oferecem? O que são elas? Acaso é difícil dizer o que é que exige sensatez em cada situação dada? Vamos imaginar, por exemplo, que eu tenha um litígio, no qual sou o único culpado. Imaginemos também que o meu oponente, que tem total razão, esteja tão acostumado às injustiças do destino que tenha dificuldades em acreditar na possibilidade de uma decisão para o nosso litígio; este já se arrasta há algumas décadas. Muitas vezes meu oponente indagou ao tribunal quando sairia a decisão, e tantas vezes lhe responderam "amanhã ou depois de amanhã", e a cada vez passavam-se meses e meses, anos e anos, e a coisa não se decidia. Por que tanto se arrastava, isso eu não sei, sei apenas que, por alguma razão, o juiz me favorecia (aparentemente acreditava na minha devoção a ele). Mas eis que recebe ordens de proferir a decisão sem mais delongas. Por simpatia, ele me chama e diz: "Não posso mais protelar a decisão do seu processo; legalmente, não se decidirá a seu favor — as leis são muito claras; você perderá tudo, e a perda dos bens não concluirá a ação; a sentença da nossa corte civil revelará circunstâncias, pelas quais você será chamado à responsabilidade de acordo com as leis criminais, e você sabe como são severas; não sei qual será a decisão da câmara criminal, mas creio que você sairia melhor dessa situação se fosse sentenciado apenas à perda dos bens — aqui entre nós, eu diria que você pode esperar por algo ainda pior. Hoje é sábado; na segunda-feira seu caso será relatado e decidido; não tenho mais poder para continuar postergando, apesar de toda a minha disposição em ajudá-lo. Sabe o que o aconselharia a fazer? Aproveite esse dia que lhe resta: proponha um arranjo amigável ao seu oponente; ele ainda não sabe que a ordem que recebi é improrrogável; ouviu dizer que o litígio será decidido na segunda, mas já ouviu isso tantas vezes que já não crê na própria esperança.

Nesse momento ele ainda concordará em fazer algum arranjo amigável — o que será vantajoso para você do ponto de vista financeiro, sem falar no fato de que esse arranjo o livrará do processo criminal, e você ainda granjeará a fama de um homem indulgente, magnânimo, que parece ter ouvido a voz da consciência e humanidade. Tente encerrar o litígio com um acordo desse tipo. Eu lhe digo isso como amigo".

Cada um de vocês dirá: o que eu devo fazer agora? Será inteligente da minha parte correr para o meu oponente e fechar um acordo? Ou será inteligente passar sentado em meu divã o único dia que me resta? Ou será inteligente lançar injúrias grosseiras ao juiz que tem me favorecido, e cuja amigável advertência me dá a possibilidade de terminar meu litígio com honra e vantagem?

Através desse exemplo, o leitor pode ver como é fácil, em certos casos, decidir coisas que exigem sensatez.

> "Com o teu adversário mostra-te conciliador enquanto caminhardes juntos, para não acontecer que ele te entregue ao juiz e este à guarda e te mandem para a prisão. Em verdade te digo: Não sairás de lá até que pagues o último centavo."
>
> (Mateus 5, 25-6)[20]

(1858)

Tradução de Sonia Branco

[20] Citação imprecisa da passagem referida. (N. da T.)

Nikolai Dobroliúbov

Assim como Tchernichévski, Nikolai Aleksándrovitch Dobroliúbov (1836-1861) era de origens modestas e também filho de um sacerdote de província. Nasceu em Níjni Nóvgorod, onde frequentou o seminário. Deixou, dessa época, um incrível diário sobre suas angústias espirituais e sociais. Ao mudar-se para Petersburgo, na década de cinquenta, integrou-se à *intelligentsia* local e tornou-se, ao lado de Tchernichévski, e até morrer precocemente de tuberculose, aos vinte e cinco anos, um dos nomes-chave na revista *Sovremiênnik* [O Contemporâneo]. Este periódico ocidentalista cada vez mais expressava os pontos de vista dos novos intelectuais radicais, que por trás da armadura aparentemente inteiriça de suas posições utilitárias escondiam uma mescla de matrizes que iam desde o socialismo utópico francês até os diversos tipos de evolucionismo disponíveis no mercado. Muitos consideraram que Bazárov, o protagonista de *Pais e filhos*, publicado por Turguêniev no ano seguinte à morte de Dobroliúbov, era uma paródia do jovem crítico, embora o escritor tenha se inspirado em uma mistura dos novos homens e do discurso produzido por eles, sobretudo nas páginas da *Sovremiênnik* [O Contemporâneo]. Dobroliúbov ficou conhecido principalmente por quatro longos ensaios, sobre peças e romances publicados em seus dias: "O reino das trevas" (1859) e "Um raio de luz no reino das trevas" (1860), ambos baseados na dramaturgia de Aleksandr Ostróvski;[1] "Quando o dia verdadeiro chegará" (1860), sobre o romance *Na véspera*, de Turguêniev; e talvez o mais famoso deles, este "O que é oblomovismo?" (1859), a partir do romance de Gontcharov. É um texto-acontecimento, que define toda uma época e uma forma de encarar a literatura. Ele toma o personagem de Gontcharov como um tipo social, um reflexo das contradições e dos impasses da aristocracia russa naquele contexto histórico específico. Evidentemente, o propósito de Dobroliúbov não era "apenas" discutir literatura, mas apontar para a necessária superação das mazelas sociais expostas pelo romance. Em outras palavras, o ensaio de Dobro-

---

[1] Este texto está reproduzido na dissertação de mestrado de Sonia Branco, "Pensamento e crítica na Rússia oitocentista: preâmbulos de uma revolução", UFRJ, 2007.

liúbov pratica, com mestria, o que na história cultural russa se conhece como "linguagem esópica" — a discussão de problemas contemporâneos, porém mascarada por recursos literários.

O que é oblomovismo?[1]

"Onde está aquele que, no idioma nativo da alma russa, ousaria dizer-nos a palavra todo-poderosa 'avante'?... Século após século, meio milhão de mandriões, pachorrentos e atoleimados cochilam a sono solto, e raramente nasce na Rússia um homem capaz de pronunciá-la, essa palavra todo-poderosa..."

Gógol[2]

Por dez anos nosso público esperou o romance do senhor Gontcharov. Já muito antes do seu aparecimento na imprensa, referiam-se a ele como obra incomum. As pessoas se precipitaram a lê-lo com as maiores expectativas. Entretanto, o primeiro capítulo do romance, escrito ainda em 1849 e, portanto, alheio aos interesses correntes do momento atual, pareceu a muitos enfadonho. Nesse meio-tempo, surgiu *Ninho de fidalgos*,[3] e todos foram atraídos pelo talento poético e altamente encantador do seu autor. *Oblómov* foi deixado de lado por muita gente; muitos chegaram a sentir fadiga ante a análise inusitadamente sutil e psíquica que perpassa todo o romance do senhor Gontcharov. O público que gosta de

---

[1] Em russo, "*Tchto takóie oblómovschina?*". A tradução do termo *oblómovschina* como "oblomovismo" é anacrônica, porque, na Rússia de meados do século XIX, ainda não se aplicava o sufixo "ismo" a nomes próprios com o objetivo de designar movimentos sociais, ideológicos, políticos, opinativos, religiosos etc. Além do mais, há uma diferença fundamental entre ambos, pois o sufixo "schina", além de acrescentar ao nome valor sistêmico, abstrato e generalizante, agrega-lhe valor negativo, seja ele meramente pejorativo, seja indicativo de tempo histórico terrivelmente memorável, como, por exemplo, *tatárschina*, a era do jugo tártaro, *Iejóvschina*, a era de terror stalinista, em que Iejov era chefe da NKVD (1934-38) etc. A recorrência ao sufixo "ismo" pelas traduções ocidentais deve-se, portanto, à falta de um correspondente exato nas respectivas línguas. (N. da T.)

[2] Epígrafe retirada do primeiro capítulo do segundo tomo de *Almas mortas*, de Nikolai Gógol. (N. da T.)

[3] Obra de Ivan Turguêniev, escrita em 1859. (N. da T.)

ações divertidas e superficiais achou enfadonha a primeira parte do romance, porque o herói permanece até o final deitado no mesmo divã em que o haviam encontrado no início do primeiro capítulo. Já os leitores mais afeitos ao teor acusatório não poderiam ficar satisfeitos, uma vez que a nossa vida pública oficial encontra-se intocada no romance. Em suma: a primeira parte do romance produziu impressões desfavoráveis em muitos leitores.

Parece não serem poucas as indicações de que o romance como um todo não obteve sucesso, ao menos entre o nosso público, tão acostumado a considerar mero passatempo a literatura poética e a julgar as obras artísticas pela sua primeira impressão. Mas, desta vez, a verdade artística logo se impôs. As partes subsequentes do romance obliteraram a má impressão inicial, e o talento de Gontcharov submeteu à sua incontestável influência até mesmo pessoas cujas opiniões lhe eram em geral menos simpáticas. Parece-nos que o segredo de tal sucesso está tanto na força do talento artístico do autor, quanto no rico e inusitado conteúdo do romance.

Pode parecer estranho que encontremos alguma riqueza especial no conteúdo de um romance em que, pelo próprio caráter do herói, não há quase nenhuma ação. Mas esperamos tornar claro o nosso pensamento ao longo deste artigo, que tem como principal objetivo expor certas observações e deduções para as quais converge, em nossa opinião, o conteúdo do romance de Gontcharov.

Oblómov suscitará, sem sombra de dúvida, muitas críticas. Entre elas, encontraremos as de tipo "correcional", que se põem a escarafunchar toda e qualquer pequena falha na língua e no estilo; as de tipo patético, que contêm exclamações sobre o fascínio das cenas e personagens; as de tipo estético-farmacêutico, que escrutinam cuidadosamente a obra para verificar se têm sido prescritas às personagens as doses precisas de tais ou quais qualidades em estreita conformidade com a receita estética. Não temos o menor desejo de entrar em semelhantes sutilezas, e certamente não causará nenhuma aflição particular aos leitores o fato de não ficarmos a nos consumir com o seguinte problema: se em tal ou qual frase o caráter do herói corresponde inteiramente a sua posição, ou se certas palavras deveriam ser reordenadas etc. Assim, não nos parece de forma alguma repreensível nos engajarmos em uma reflexão geral sobre o conteúdo e o significado do romance de Gontcharov, apesar de, evidentemente, os *verdadeiros críticos* virem de novo nos censurar, afirmando que o nosso artigo versa não sobre *Oblómov*, mas a respeito de *Oblómov*.[4]

Parece-nos que em relação a Gontcharov, mais do que em relação a qualquer outro autor, é dever do crítico expor as deduções gerais que tirou de sua obra. Há autores que fazem eles mesmos esse trabalho e explicam aos leitores o propósito e o significado de suas obras. Outros não expressam de forma categórica as suas intenções, mas conduzem a narrativa de tal forma, que esta se torna uma clara e perfeita personificação das suas ideias. No caso desses últimos, cada página busca alcançar a compreensão do leitor e é preciso ser muito pouco perspicaz para não compreendê-las... Mas o fruto de tal leitura estará mais ou menos (dependendo do grau de talento do autor) *de acordo com a ideia* que subjaz à obra. Todo o resto se evapora duas horas após a leitura do livro. Com Gontcharov ocorre algo totalmente diferente. Ele não lhe oferece nenhuma dedução e, evidentemente, nem quer oferecer. A vida retratada por ele não é um meio para uma filosofia abstrata, mas é, em si mesma, o seu objeto. Ele não se importa com o leitor nem com as deduções que são tiradas do romance: isso é assunto seu. Se errar, queixe-se da sua miopia, e não do autor. Ele lhe apresenta uma imagem viva e apenas garante a sua semelhança com a realidade; mas cabe a você determinar o mérito dos objetos figurados: o autor é absolutamente indiferente a isso. Ele não dispõe daquele sentimento ardente que dá a outros talentos mais força e charme. Turguêniev, por exemplo, narra sobre os seus heróis como se narrasse sobre pessoas conhecidas suas; arranca do peito deles sentimentos ardentes e os segue com ternura e agitação doentia; sofre e se alegra com os personagens que criou e se deixa arrebatar, ele mesmo, pelo cenário poético com que gosta de cercá-los... E seu arrebatamento é contagioso: captura de forma irresistível a simpatia do leitor, prende à narrativa os seus pensamentos e sentimentos desde a primeira página, compelindo-o a viver e a sentir aqueles momentos em que surgem à sua frente os personagens turguenievianos. Pode passar muito tempo: o leitor pode esquecer o enredo da narrativa, perder o elo entre os detalhes dos acontecimentos, perder de vista as características individuais dos personagens

[4] Observação irônica a Apollon Aleksándrovitch Grigóriev (1822-1864) e seus epígonos, que acusavam Dobroliúbov de não analisar a estrutura interna da obra. (N. da E.)

e situações; pode, por fim, vir a esquecer tudo o que foi lido, mas sempre lembrará e acalentará a impressão viva e prazerosa que experimentou ao ler a história. Não há nada semelhante em Gontcharov. Seu talento não se presta a impressões. Ele não canta o lirismo ao ver uma rosa e um rouxinol; essas coisas, antes, o pasmam, ele se detém, e por um longo tempo as observa e escuta, imerso em reflexões... Que processo atravessa a sua alma nesse momento? Isso não nos é dado saber exatamente... Mas eis que ele começa a traçar algo... Você olha friamente para aqueles traços ainda obscuros... Veja como vão se tornando mais nítidos, mais nítidos, mais belos... e, de repente, como que por milagre, a rosa e o rouxinol emergem dessas linhas em todo o seu encanto e fascínio. Não apenas a sua imagem se desenha para você, mas você sente o aroma da rosa, ouve o canto do rouxinol... Cante um canto lírico se a rosa e o rouxinol despertam os seus sentidos; o artista terminou de traçá-los e, satisfeito com o seu trabalho, afasta-se para o lado: não acrescentará mais nada... "Seria inútil acrescentar", pensa consigo mesmo, "se a própria imagem não diz nada a sua alma, o que podem as palavras dizer?...".

Nessa habilidade de abarcar a imagem inteira do objeto, ressaltá-la e esculpi-la encontra-se o lado mais forte do talento de Gontcharov. Nisso ele supera todos os escritores russos da atualidade. Através dessa habilidade explicam-se mais facilmente as demais características do seu talento. Ele possui uma fantástica capacidade para, em dado momento, imobilizar um fenômeno fugaz da vida em toda a sua integridade e frescor, e segurá-lo diante de si até que passe a pertencer inteiramente ao artista. Sobre todos nós recai o raio luminoso da vida, que imediatamente desaparece, mal tocando a nossa consciência. E a este seguem-se outros raios, de outros objetos, que, súbito, também se extinguem, quase sem deixar rastro. E assim a vida passa, deslizando pela superfície da nossa consciência. Mas não para o artista; ele é capaz de pescar em cada objeto algo de próximo e familiar à sua alma, é capaz de se deter no exato momento em que algo o surpreende. De acordo com a natureza do talento poético e o grau de depuração desse talento, a esfera acessível ao artista pode se estreitar ou alargar, as impressões podem ser mais vivas ou mais profundas; a expressão delas, mais apaixonada ou calma. Não raro a simpatia do poeta se deixa atrair por alguma qualidade particular do objeto, e é essa qualidade que ele tenta evocar e descobrir por toda parte; coloca como sua tarefa principal a necessidade de expressá-la da maneira mais completa e viva possível, e é preferencialmente nela que despende a sua força artística. Assim são os artistas que fundem o mundo interior de sua alma com o mundo dos fenômenos externos e que olham para a vida e a natureza pelo prisma dos estados de alma que os dominam. Assim, alguns subordinam tudo ao sentimento da beleza plástica; outros preferem pintar traços gentis e simpáticos; outros, ainda, fazem refletir em cada imagem e em cada descrição as aspirações sociais e humanas etc. Nenhuma dessas especificidades ocorre particularmente em Gontcharov. Sua qualidade é outra: serenidade e plenitude na contemplação poética do mundo. Ele não se deixa atrair por nada que seja exclusivo, nem se atrai por tudo de uma mesma maneira. Não se deixa impressionar por um aspecto particular de um objeto, por um momento de um evento, mas gira o objeto e o observa de todos os lados, aguarda a realização de todos os momentos do evento e, só então, dá início à sua elaboração artística. Em consequência disso, a atitude do artista com relação ao objeto imaginado se faz certamente mais calma e desapaixonada, seu traço possui maior nitidez até nos mínimos detalhes, e ele dedica igual parcela de atenção a todas as particularidades da narrativa.

Eis por que, para alguns, o romance de Gontcharov parece arrastado. De fato, se querem assim, o romance é arrastado. Na primeira parte, Oblómov permanece deitado no divã; na segunda, vai à casa dos Ilínski e se apaixona por Olga, e ela por ele; na terceira, Olga percebe que se enganara sobre Oblómov, e separam-se; na quarta, ela se casa com o amigo dele, Stoltz, e Oblómov desposa a senhoria da casa em que aluga um quarto. E isso é tudo. Nenhum acontecimento externo, nenhum obstáculo (exceto talvez a elevação da ponte sobre o Nievá, que pôs fim aos encontros entre Olga e Oblómov), nenhuma circunstância estranha é introduzida no romance. A indolência e a apatia de Oblómov são as únicas molas da ação em toda a história. Como isso pôde se alongar em quatro partes?! Caísse esse tema nas mãos de outro autor e este o trabalharia de maneira diversa: escreveria umas cinquenta pagininhas leves e divertidas, comporia uma deliciosa farsa, ridicularizaria seu herói indolente, mostrar-se-ia encantado com Olga e Stoltz e terminaria por aí. A narrativa não seria jamais entediante, embora tampouco tivesse qualquer significação artística especial. Gontcharov se lançou ao trabalho de outro modo: não quis desprender-se do fenômeno ao qual uma vez lançou o olhar, sem tê-lo seguido até o fim, sem ter procurado seus motivos, sem ter compreendido o seu elo com todos os outros fenômenos ao redor. Quis alcançar a tipificação daquela imagem casual que lampejou à sua frente, ou seja, dar-lhe um significado patrimonial e permanente. Por isso, para o autor, no que diz respeito a Oblómov, não há nada que seja vazio ou insignificante. A tudo se dedica com amor, descreve tudo em minúcias e com nitidez. Não apenas os cômodos em que vivia Oblómov, mas também a casa em que sonhava viver; não apenas o seu roupão, mas também o casaco cinza e as costeletas eriçadas do seu criado Zakhar; não apenas a escrita de Oblómov nas cartas, mas também a qualidade do papel e da tinta na carta que o *stárosta*[5] lhe escreveu — tudo é figurado e apresentado em total relevo e nitidez. O autor não pode nem mesmo passar diante de um barão qualquer como von Langwagen, que não possui nenhum papel no romance, e já escreve sobre o barão toda uma bela página; e escreveria duas, quatro, se não conseguisse esgotar o tema em uma. Isso, se você quiser, prejudica o andamento da ação, cansa o leitor indiferente que exige inexoravelmente ser conduzido por fortes sensações. No entanto, essa é uma qualidade preciosa do talento de Gontcharov, porque auxilia extraordinariamente o caráter artístico de suas imagens. Ao começar a lê-lo, você acha que muitas coisas parecem não se justificar por uma necessidade estrita, parecem estar em desarmonia com as eternas demandas da arte. Mas logo você começa a se habituar àquele mundo que ele representa e, involuntariamente, passa a admitir que tudo o que ele descreve é legítimo e natural; você mesmo se coloca na posição dos personagens e começa a sentir que eles não poderiam agir de outra forma, dados os lugares e circunstâncias em que se encontram, e que nem mesmo deveriam. Os ínfimos detalhes que o autor constantemente introduz e desenha com tanto carinho e incomum maestria começam por fim a exercer certa fascinação. Você se transporta totalmente para esse mundo aonde o autor o conduz: nele, você encontra algo familiar, abre-se à sua frente não apenas uma forma externa, mas também interna — a alma de cada personagem e de cada objeto se revela a você. E, após terminar a leitura de todo o romance, você sente que algo de novo se acrescentou à esfera dos seus pensamentos, que novas imagens, novos tipos gravaram-se profundamente em sua alma. Essas novas imagens e tipos o perseguirão por muito tempo, e você desejará pensar sobre eles, desejará esclarecer os significados e as relações que possuem com sua vida pessoal, seu caráter

[5] Ancião que representa os camponeses das aldeias situadas nas terras senhoriais. (N. da T.)

e inclinações. Para onde terão ido seu abatimento e sua fadiga? Pensamentos vigorosos e um sentimento de frescor despertarão em você. Você estará pronto para reler muitas páginas, pensar a respeito delas, discutir sobre elas. Foi assim, ao menos, que Oblómov atuou sobre nós: lemos inúmeras vezes o "Sono de Oblómov" e várias outras cenas; lemos o romance quase inteiro por duas vezes, e da segunda vez ele nos agradou ainda mais que da primeira. Tal é o significado fascinante desses detalhes com que o autor cerca o andamento da ação, e que, na opinião de alguns, *arrastam* o romance.

Dessa forma, Gontcharov se apresenta diante de nós, antes de tudo, como um artista capaz de expressar a plenitude dos fenômenos da vida. A representação desses fenômenos constitui sua vocação, seu deleite; sua criação objetiva não se deixa perturbar por nenhum preconceito teórico ou ideias dadas, não se sujeita a nenhuma simpatia exclusiva. É serena, sensata. Será que isso constitui o mais alto ideal da atividade artística, ou, quem sabe, constitui uma falha, a revelar no artista uma fraqueza de percepção? É difícil dar uma resposta categórica, e de qualquer forma seria injusto fazê-lo sem delimitações e esclarecimentos. Muitas pessoas não gostam da relação tranquila do poeta com a realidade e estão prontas a pronunciar duras sentenças sobre a falta de atrativos de um talento como esse. Nós entendemos a natureza de semelhante condenação, e talvez não nos seja estranho o desejo de que o autor estimule mais nossos sentimentos, nos atraia com mais força. Mas temos consciência de que esse desejo é um tanto oblomovista, que se origina na nossa propensão a buscar sempre um guia, mesmo em matéria de sentimentos. Atribuir ao autor um baixo grau de percepção apenas porque as impressões não provocam nele entusiasmos líricos, mas ocultam-se silenciosamente nas profundezas de sua alma, é injusto. Ao contrário, quanto mais rápida e impetuosamente a impressão se manifesta, tanto mais amiúde prova ser superficial e efêmera. A todo momento encontramos exemplos desse tipo em pessoas dotadas de uma inesgotável reserva de entusiasmo mímico e verbal. Se um indivíduo é capaz de suster e acalentar a imagem de um objeto em sua alma e depois apresentá-la de forma nítida e inteira, isso significa que sua fina percepção se combina a profundos sentimentos. Ele não se expressa até chegar o momento devido, mas, para ele, nada no mundo se perde. Tudo o que vive e se move ao seu redor, tudo, como a rica natureza e a sociedade humana, tudo isso

... como um milagre
Vive nas profundezas da alma.[6]

Todos os fenômenos da vida refletem-se nele como em um espelho mágico; a cada minuto, por sua vontade, detêm-se, solidificam-se e assumem formas fixas e imóveis. É como se ele pudesse deter a própria vida, fixar para sempre o seu momento fugidio diante de nós, a fim de que possamos olhá-lo eternamente, para o nosso conhecimento ou deleite.

Tal poder, no seu mais alto desenvolvimento, vale certamente por tudo o que nós chamamos de atração, fascínio, frescor ou talento vigoroso. Mas esse poder tem seus graus e, além disso, pode estar dirigido a objetos de tipos diferentes, o que também é muito importante. Aqui, nós divergimos dos adeptos da chamada arte pela arte, que acreditam que a excelente representação de uma folhinha de árvore tem a mesma importância que, por exemplo, a excelente representação do caráter humano. Subjetivamente isso pode ser justo: dois artistas podem ter precisamente a mesma força de talento e apenas diferirem em suas esferas de atuação. Mas nós de forma alguma concordamos que o poeta que despende seu talento em descrições de imagens de folhinhas e riachinhos possa ter o mesmo significado daquele que, com igual força de talento, é capaz de reproduzir, por exemplo, fenômenos da vida social. Parece-nos que para a crítica, para a literatura e para a própria sociedade, é bem mais importante a questão sobre em que o objeto se despende e se expressa o talento do artista, do que questões sobre medidas e qualidades que o artista possua em si mesmo, em abstrato, como potencialidade.

Como se expressou Gontcharov? Em que despendeu seu talento? Uma análise do conteúdo do romance deve servir de resposta a essa questão.

Como podemos ver, Gontcharov não escolheu uma esfera larga para as suas representações. Uma história em que o bonachão e indolente Oblómov permanece deitado, dormindo, e nem as amizades, nem o amor podem despertá-lo e fazê-lo levantar-se não é lá grande coisa. Mas nela refletiu-se a vida russa, nela surge à nossa frente, bem vivo, um tipo russo contemporâneo, cunhado com implacável severidade e justeza; nela

---

[6] Do poema "Confissão" (1842), de Nikolai Platónovitch Ogariov (1813-1877). (N. da E.)

está dita a nova palavra do nosso desenvolvimento social, pronunciada de forma nítida e dura, sem desespero e sem esperanças pueris, mas com total consciência da verdade. Essa palavra é *oblomovismo*; tal palavra serve de chave para a decifração de muitos fenômenos da vida russa, e atribui ao romance de Gontcharov um significado muito mais social do que aquele que possuem, juntas, todas as nossas novelas acusatórias. No tipo Oblómov e em todo esse oblomovismo, nós vemos algo mais do que simplesmente a feliz criação de um artista de grande talento; vemos nele um produto da vida russa, um sinal dos tempos.

Oblómov não é uma figura completamente nova em nossa literatura; mas tal figura nunca antes havia sido apresentada a nós de forma tão simples e natural como ocorre no romance de Gontcharov. Para não voltarmos muito no tempo, digamos que traços gerais do tipo oblomovista já estão presentes em Oniéguin, e que se repetem muitas vezes nas nossas melhores obras literárias. O ponto é que trata-se de um tipo nativo, característico da nossa nação, e dele nenhum dos nossos artistas sérios pode se afastar. No entanto, ao longo do tempo, à medida que se desenvolvia a consciência social, esse tipo se transformava, assumia novas relações com a vida, recebia novas significações. Perceber as novas fases da sua existência, delimitar a substância do seu novo sentido: isto sempre constituiu uma tarefa colossal, e o talento que se mostra capaz de fazer isso está sempre dando um fundamental passo adiante na história da nossa literatura. Tal passo foi dado por Gontcharov com o seu *Oblómov*. Observemos os traços principais desse tipo, e depois tentemos estabelecer um pequeno paralelo entre ele e outros tipos da mesma espécie que surgiram na nossa literatura em épocas diversas.

Em que se resumem os traços importantes do caráter de Oblómov? Em uma total inércia, resultante da sua apatia diante de tudo o que acontece no mundo. O motivo de tal apatia encerra-se, em parte, na sua posição exterior, e, em parte, na imagem de seu desenvolvimento intelectual e moral. Em relação à sua posição exterior, ele é um *bárin*:[7] "possui Zakhar e mais trezentos Zakhars", na expressão do autor. A superioridade da sua posição é explicada por Iliá Ilitch [Oblómov] para Zakhar da seguinte forma:

---

[7] Proprietário de terras. (N. da T.)

> "Acaso eu me preocupo? Acaso trabalho? É pouco o que como? Minha aparência é magra ou miserável? Há algo que me falte? Parece que tenho quem faça as coisas para mim! Em toda a vida, nunca calcei uma meia na perna, graças a Deus! Eu deveria me incomodar com isso? E por quê?... E a quem eu diria isso? Você não tem me servido desde a infância? Está claro que você sabe disso tudo, que fui educado com carinho, que nunca passei frio, nem fome, não conheci necessidades, não trabalhei pelo meu pão e, em geral, nunca fiz coisas pesadas."

E Oblómov fala a mais absoluta verdade. Toda a história da sua educação confirma essas palavras. Desde tenros anos ele se acostumou ao ócio por ter sempre quem lhe servisse, quem fizesse as coisas por ele; e assim, ainda que por vezes contra a sua vontade, levou a vida ociosa de um sibarita. Mas o que se poderia esperar de uma pessoa que cresceu nas seguintes condições:

> "Zakhar — e antes dele a ama de leite — punha-lhe as meias, calçava-lhe as botas, enquanto Iliúcha,[8] já um rapaz de catorze anos, se mantinha deitado e apenas lhe oferecia ora uma perna, ora outra; se lhe parecia que algo não estava certo, dava com o pé no nariz de Zakhar. Se o descontente Zakhar pensava em se queixar, recebia dos adultos tapas nos ouvidos. Depois, Zakharka[9] penteava os cabelos de Iliá Ilitch, vestia-lhe o casaco, passando cuidadosamente seus braços pelas mangas a fim de não incomodá-lo muito, e lembrava ao jovem que deveria fazer isso e aquilo: ao levantar-se pela manhã, deveria lavar-se etc.
>
> Quando Iliá Ilitch desejava algo, bastava dar uma piscadela e já três ou quatro criados corriam a executar o seu desejo; o mesmo acontecia quando deixava cair algo ou queria alcançar alguma coisa de que necessitava, trazer ou correr atrás de algo. Como jovem ativo que era, às vezes tinha vontade de se lançar ao encalço daquilo e resolver por si mesmo, mas nesse momento o pai, a mãe e as três tias gritavam a cinco vozes:

---

[8] Diminutivo de Iliá. (N. da T.)

[9] Diminutivo de Zakhar. (N. da T.)

— Para que isso? Aonde vai? E Váska, e Vánka,[10] e Zakharka para que servem? Ei! Váska, Vánka, Zakharka! O que estão fazendo aí de boca aberta? Vocês vão ver!

E Iliá Ilitch nunca fazia nada por conta própria. Depois, passou a considerar que isso era mais cômodo e aprendeu a gritar: 'Ei, Váska, Vánka, me traga isso, me dê aquilo! Não quero esse, quero aquele! Vá correndo, traga logo!'.

Algumas vezes, a preocupação carinhosa dos pais o entediava. Se saísse correndo pelas escadas ou pelo pátio, ouviam-se de repente dez vozes desesperadas atrás dele: 'Ah! Ah! Segurem-no, parem-no! Vai cair, se machucar! Pare, pare!...'. Se pensasse em meter-se no saguão durante o inverno ou abrir o postigo de uma janela, novamente os gritos: 'Ei, para onde vai? O que deu em você? Não corra, não vá, não abra: vai se machucar, vai se resfriar...'. E Iliúcha, com tristeza, ficava em casa, mimado como uma flor exótica na estufa; e assim como a última flor sob o vidro, crescia de forma lenta e indolente. Suas forças, que em vão procuravam um escape, terminaram por dirigir-se para dentro, definharam e murcharam."

Esse tipo de formação não é absolutamente excepcional ou estranho entre as pessoas educadas da nossa sociedade. Certamente não é em todo lugar que um Zakharka veste as meias em seu senhorzinho etc. Mas não devemos nos esquecer de que isso constitui uma espécie de privilégio que se outorga a Zakhar, um favor pessoal ou o resultado de altas considerações pedagógicas, e que de modo algum se generaliza no cotidiano da vida doméstica. Evidentemente o senhorzinho sabe se vestir, mas considera que essa situação lhe proporciona uma distração agradável, um capricho, e que basicamente não é obrigado em absoluto a tomar tal atitude por si mesmo. Na verdade, não é necessário que ele faça nada. Por que se incomodaria? Não há pessoas para servi-lo e executar tudo o que lhe é necessário?... Por isso ele não se cansa com trabalhos, apesar de lhe dizerem que é uma necessidade e um dever sagrado: desde tenros anos, viu em sua casa os trabalhos domésticos serem executados por lacaios e criados, e o paizinho e a mãezinha apenas darem ordens e ralha-

[10] Respectivamente, diminutivos de Vassili e de Ivan. (N. da T.)

rem ante alguma execução imperfeita. Eis que se forma sua primeira concepção das coisas: é mais honroso cruzar os braços e dar ordens, do que afobar-se na labuta... Nessa direção segue todo o seu desenvolvimento subsequente.

É compreensível o efeito produzido pela posição da criança sobre toda a sua educação intelectual e moral. As forças interiores "definharam e murcharam" necessariamente. Se, já rapaz, ainda as experimenta algumas vezes, é por capricho ou por uma exigência arrogante de que outros cumpram suas ordens. Sabe-se bem que a satisfação de caprichos desenvolve a falta de caráter e que a arrogância é incompatível com a habilidade real de manter sua própria dignidade. Acostumando-se a fazer demandas desarrazoadas, o jovem logo perde a medida das possibilidades para a realização dos seus desejos, priva-se de toda habilidade para relacionar meios e fins, e cai num beco sem saída ao primeiro obstáculo que exige o uso da sua própria força para removê-lo. Quando cresce, torna-se um Oblómov com uma parcela, ora maior, ora menor, de sua apatia e falta de caráter, sob uma máscara, ora maior, ora menor, mas sempre com a mesma invariável qualidade: repugnância por atividades sérias e independentes.

Um fator importante aqui é o desenvolvimento intelectual dos Oblómov, também certamente moldado por suas posições externas. Como desde o princípio enxergaram a vida às avessas, assim permanecem até o fim dos seus dias, sem capacidade para atingir uma compreensão razoável das suas relações com o mundo e com as pessoas. Mais tarde, muitas coisas são explicadas a eles, que começam mesmo a compreender algo, mas, apesar disso, a concepção enraizada desde a infância se sustenta em algum canto e emerge constantemente, estorvando todo novo entendimento, não permitindo que este se instale no fundo da alma... E certo caos passa a reinar na cabeça: às vezes vem ao indivíduo a decisão de fazer algo, mas ele não sabe como começar, para onde se dirigir... E não é de se surpreender. Uma pessoa normal não quer outra coisa, senão o que pode realizar; assim, imediatamente faz tudo o que deseja... Mas Oblómov... Ele não está acostumado a fazer nada, por conseguinte não tem condições de avaliar bem o que pode ou não fazer; consequentemente, não pode desejar algo a sério, *ativamente*... Seus desejos só existem na forma: "Seria bom fazer isso"; mas, como fazê-lo, ele já não sabe. Por essa razão, gosta de sonhar e teme terrivelmente o momento em que os sonhos entrarão em contato com a realidade. Caso isso ocorra, ele tentará jogar o problema sobre os ombros de alguém, e se não houver ninguém, deixará ao *deus-dará*...

Todos esses traços podem ser notados perfeitamente e estão concentrados, com força e verdade incomuns, no personagem de Iliá Ilitch Oblómov. Não se deve imaginar, no entanto, que Iliá Ilitch pertence a alguma espécie humana particular, que possui na imobilidade seu traço essencial, fundamental. Isso equivaleria a pensar, injustamente, que ele foi despojado pela natureza da capacidade de se mover por vontade própria. Absolutamente. Pela natureza, é um indivíduo como todos os outros. Na infância, queria correr e jogar bolas de neve com os outros garotinhos, pegar para si isso ou aquilo, escorregar pelo barranco e chegar ao bosque de bétulas mais próximo, atravessando o canal, as cercas e os fossos. Após o almoço, aproveitando-se da hora em que todos em casa faziam a sesta, o menino saía do entorpecimento: "... subia correndo para a galeria (onde não lhe permitiam ir porque estava prestes a desabar a qualquer momento), corria em torno das tábuas que rangiam, trepava no pombal, metia-se até o fundo do jardim, escutava o besouro zumbir e acompanhava com os olhos o seu voo pelo ar até bem longe". E então, "metia-se no canal, escavava e arrancava algumas raízes, descascava-as e comia a se fartar, preferindo-as às maçãs e doces que a mãezinha lhe dava". Tudo isso deveria servir como indício de um caráter dócil, tranquilo, e não absurdamente indolente. No entanto, a docilidade que se transforma em timidez, assim como o hábito de oferecer as costas para os outros montarem, não são características de todo naturais ao homem, mas adquiridas, exatamente como a desfaçatez e a presunção. E a discrepância entre umas e outras qualidades não é tão grande quanto em geral se pensa. Ninguém levanta tão alto o nariz como o lacaio; ninguém trata tão rudemente seus subordinados quanto aquele que é obsequioso para com o seu superior. Com toda a sua docilidade, Iliá Ilitch não hesita em chutar o rosto de Zakhar enquanto este lhe calça os sapatos; e, se não repete esse gesto com outrem mais tarde em sua vida, isso se deve unicamente ao fato de prever que encontrará oposição e que terá de superá-la. A contragosto, ele limita suas atividades aos seus trezentos Zakhars. Tivesse ele cem ou mil vezes mais Zakhars, ainda assim não encontraria oposição e seria capaz de chutar o rosto de cada um com quem tivesse de se haver. E tal conduta não seria absolutamente um sinal de que possui uma natureza bruta; para ele próprio e para todos os que o cercam, sua conduta pareceria muito natural, necessária até... não passaria pela cabeça de ninguém que poderia ou deveria se conduzir de qualquer outra maneira. Mas — por infelicidade ou felicidade — Iliá Ilitch nasceu senhor de terras mediano, possuía um rendimento não maior que dez mil rublos em notas e, em consequência, apenas em seus sonhos poderia dispor do destino do mundo. No entanto, em seus sonhos gostava de se entregar a aspirações belicosas e heroicas. "Às vezes, gostava de se imaginar como algum general invencível, diante de quem não só Napoleão, mas também Ieruslan Lázarevitch[11] nada significavam; imaginava uma guerra e suas causas: por exemplo, as nações da África precipitavam-se sobre a Europa, ou então, ele organizava novas cruzadas e lutava, decidia a sorte das nações, devastava cidades, era clemente, executava, procedia a atos de bondade e generosidade." Imaginava-se também como um grande pensador ou artista, seguido por uma multidão de admiradores... Está claro que Oblómov não é um obtuso, uma natureza apática, destituída de ambições e sentimentos, mas uma pessoa que também busca algo em sua vida, que pensa em algo. Porém, o infame hábito de ter seus desejos satisfeitos por outros, e não por esforço próprio, desenvolveu nele uma inércia apática e mergulhou-o em um lamentável estado de escravidão moral. Essa escravidão está de tal forma entrelaçada à postura aristocrática de Oblómov, a tal ponto elas se interpenetram e determinam uma à outra, que se torna totalmente impossível qualquer demarcação de limites entre elas. A escravidão moral de Oblómov é talvez o lado mais interessante de sua personalidade e de toda a sua história... Mas como pôde chegar à escravidão uma pessoa em situação tão independente quanto Iliá Ilitch? Aparentemente, se alguém pode gozar de liberdade, esse alguém é ele. Não presta serviços, não está preso à sociedade, tem situação garantida... Ele próprio se gaba de não ter necessidade de se submeter, de implorar, de se humilhar, de não ser como os "outros" — que trabalham incansavelmente, correm, se atordoam, e se não trabalham, não comem... Oblómov inspira à boa viúva Pchenítsina um amor reverencioso precisamente porque é um *bárin*, porque resplandece e brilha, porque anda e fala de forma livre e independente, porque "não está constantemente copiando papéis, não morre de medo de se atrasar para o emprego, não olha para ninguém como se pedisse para ser selado e montado, mas olha para todos e para tudo de maneira ousada e livre, como se exigisse obediência". E, no en-

[11] Herói épico (*bogatir*) de contos folclóricos russos medievais. (N. da T.)

tanto, toda a sua vida está arruinada, porque sempre se torna escravo da vontade dos outros e nunca se destaca a ponto de revelar qualquer originalidade. É escravo de cada mulher, de cada recém-chegado, de cada vigarista que deseje impor a ele a sua vontade. É escravo do seu servo Zakhar, e é difícil dizer qual deles é mais submisso ao poder do outro. No limite, se Zakhar não deseja fazer algo, Iliá Ilitch não pode forçá-lo a fazer o que não quer, e se Zakhar deseja fazer alguma coisa, então o fará, mesmo contra a vontade do *bárin*, e o *bárin* se submete... Acontece assim: Zakhar tem capacidade de fazer qualquer coisa, enquanto Oblómov não pode e não é capaz de fazer nada. Aqui já nem se fala de Tarantiev e Ivan Matviêitch, que fazem o que querem com Oblómov, embora possuam desenvolvimento intelectual e qualidades morais bem inferiores... E por que isso? Tudo porque Oblómov, enquanto *bárin*, não quer e não é capaz de trabalhar; não compreende suas próprias relações com o ambiente que o cerca. Ele não é contra atividades — desde que estas não passem de uma visão e estejam longe de qualquer realização: assim, concebe um plano de melhorias para as suas terras e dedica-se a ele com muito afinco —, apenas "os detalhes, as estimativas e cifras" o assustam e constantemente ele os deixa de lado: para quê, afinal, perder tempo com isso?!... Oblómov é um *bárin*, como ele mesmo explica a Ivan Matviêitch: "'Quem sou eu? O que sou?', você perguntará... Vá perguntar a Zakhar e ele te dirá: '*bárin*!'. Sim, eu sou um *bárin*, e não posso fazer nada! Faça você, se souber, e ajude, se puder, e para o seu labor, pegue o que quiser: para isso serve a ciência!". E você imagina que, com tais palavras, ele pretende apenas furtar-se ao trabalho, que procura encobrir sua indolência com uma suposta falta de conhecimento...? Não, ele realmente não sabe nada e não está apto a fazer nada, realmente não pode compreender nenhuma tarefa útil. No que diz respeito às suas terras (à reforma que havia planejado), confessa sua ignorância a Ivan Matviêitch: "Eu não sei o que é *bárschina*,[12] o que é trabalho rural, o que significa um mujique pobre e um mujique rico; não sei o que significa um quarto de centeio ou aveia, o seu custo, em que mês se semeia e se colhe, quando e como se vende; não sei se sou rico ou pobre, se dentro de um ano serei uma pessoa abastada ou miserável — não sei nada!... Portanto, fale e me aconselhe como se eu fosse uma criança...". Equivale a dizer: seja meu se-

[12] Trabalho obrigatório e gratuito do servo nas terras do seu senhor. (N. da T.)

nhor, disponha da minha boa vontade como achar melhor, faça dela o que achar mais conveniente... E eis o que aconteceu: Ivan Matviêitch quase se apropriou totalmente das terras de Oblómov, mas para a sua infelicidade, Stoltz o impediu.

Oblómov não apenas desconhece a organização de suas terras, não apenas não entende o estado de seus negócios: isso ainda não seria nada!... Mas a desgraça é maior: ele não consegue, de maneira geral, compreender a vida. No mundo da Oblómovka,[13] ninguém se coloca a questão: para que viver? O que é a vida? Qual seu sentido e significado? Os oblomovistas entendem a vida simplesmente "como um ideal de repouso e ociosidade, perturbado, de tempos em tempos, por diversas situações desagradáveis, como doenças, mortes, brigas e, entre outras coisas, o trabalho. Toleram o trabalho como um castigo imposto já aos nossos ancestrais, algo de que não podem gostar, e, sempre que surge a ocasião, livram-se dele, julgando tal atitude possível e correta". E é precisamente assim que Iliá Ilitch se relaciona com a vida. O ideal de felicidade que desenhou diante de Stoltz se resume a nada além de uma vida farta: estufas de flores e de hortaliças, passeios no bosque com samovar etc.; *robe de chambre*, sono profundo e descansos intermediários; passeios idílicos com uma esposa dócil e roliça, e a contemplação do trabalho dos camponeses. A mente de Oblómov foi de tal forma moldada desde a infância que, mesmo diante do raciocínio mais abstrato, da teoria mais utópica, preserva a aptidão para se manter no presente e não se descolar do seu *status quo*, sejam quais forem os argumentos. Ao desenhar o que considerava seu ideal de felicidade, Iliá Ilitch não pensou em se perguntar sobre seu sentido interior, não pensou em sustentar sua lei e sua verdade, não se colocou perguntas como: de onde vêm essas estufas de flores e hortaliças, quem as mantém, de que forma as utilizará?... Não se colocando semelhantes questões, não esclarecendo suas relações com o mundo e com a sociedade, Oblómov certamente não podia compreender a sua vida, e por isso se sentia oprimido e entediado com tudo o que tinha de fazer. Quando prestou serviço público, não pôde compreender a finalidade de escrever tantos documentos; e por não compreender, considerou melhor se demitir e não mais escrever. Ainda quando estudava, não sabia de que lhe serviria a ciência; e já que não sabia, decidiu colocar

[13] Nome da propriedade rural de Oblómov. (N. da T.)

os livros em algum canto e observar, indiferente, a poeira cobri-los. Em seus passeios sociais, não entendia a razão por que as pessoas visitavam umas às outras; e uma vez que não entendia, deixou de lado todos os seus conhecidos e passou a ficar os dias inteiros deitado em seu divã. Tentou se aproximar das mulheres, mas começou a pensar: o que se pode esperar delas e o que se pode conseguir com isso? Pensando assim, não decidiu a questão e se pôs a fugir das mulheres... Tudo o entediava e aborrecia, e ele se deitava de lado, em total e deliberado desprezo pelo "trabalho de formiga", no qual as pessoas se matam e se alvoroçam, sabe Deus por quê...

Ao atingirmos esse ponto da explicação sobre o caráter de Oblómov, consideramos oportuno nos voltarmos ao paralelo literário que assinalamos acima. As reflexões anteriores haviam nos levado à conclusão de que Oblómov não é um ser totalmente desprovido da habilidade de mover-se por vontade própria. Sua indolência e apatia são resultado da educação e das circunstâncias que o cercam. O fundamental aqui não é Oblómov, mas o oblomovismo. Oblómov poderia, quem sabe, até mesmo trabalhar, se conseguisse alguma ocupação por si mesmo; mas, para isso, é claro, ele deveria ter se desenvolvido sob outras condições, que não aquelas sob as quais se desenvolveu. Na sua situação atual, não pode encontrar ocupação que lhe agrade, uma vez que não vê nenhum sentido na vida em geral, e não consegue definir racionalmente as suas relações com os outros. É aqui que ele nos dá ocasião para a comparação com tipos anteriores, criados pelos nossos melhores escritores. Há muito foi notado que todos os heróis dos mais geniais romances e novelas russos sofrem pela falta de visão de um objetivo qualquer na vida e não encontram para si uma ocupação decente. Em consequência, consideram todas as ocupações tediosas e repugnantes, no que revelam uma impressionante semelhança com Oblómov. De fato, abra-se, por exemplo, *Ievguêni Oniéguin*, *O herói do nosso tempo*, *Quem é o culpado?*, *Rúdin*, [*Diário de*] *um homem supérfluo*, *Hamlet do distrito de Schigrí*[14] — em cada uma dessas obras serão encontrados traços quase idênticos aos de Oblómov. Oniéguin, como Oblómov, deixa a sociedade porque:

[14] Obras respectivamente de Aleksandr Púchkin, Mikhail Liérmontov, Aleksandr Herzen, e as três últimas de Ivan Turguêniev. (N. da T.)

De traições se havia cansado,
De amigos e amizades, enfastiado.[15]

E eis que se ocupa com a escrita:

Ruidosas festas renegou,
Da casa Eugênio fez prisão
E a bocejar, com a pena à mão,
Quer escrever — cansa e demora,
Da pluma nada conseguiu,
Ou coisa alguma produziu...[16]

Nesse campo atua também Rúdin, que adorava ler as seletas "primeiras páginas de supostos artigos e composições suas". E Tentiétnikov,[17] que se ocupou por muitos anos com uma "composição colossal que deveria abarcar a Rússia inteira sob todos os pontos de vista", mas cuja "empresa terminou por se limitar ao plano da meditação: roía a pena, surgiam desenhos no papel, e depois tudo isso era posto de lado". Iliá Ilitch não fica atrás de seus confrades a esse respeito: ele também escreveu e traduziu — chegou mesmo a traduzir Say.[18] "Onde estão os teus trabalhos, as tuas traduções? — perguntou-lhe Stoltz. — Não sei, Zakhar colocou-os em algum lugar; devem estar em algum canto — respondeu Oblómov." Pode ser que Iliá Ilitch tenha feito até mais do que os outros, embora estes tenham se ocupado com a tarefa, imbuídos da mesma forte determinação que ele... Ocuparam-se com essa atividade quase todos os confrades da família oblomovista, apesar das diferenças de suas posições e de seu desenvolvimento intelectual. Petchórin olhava sempre de cima para os "noveleiros e compositores de dramas burgueses", no entanto,

---

[15] A. S. Púchkin, *Ievguêni Oniéguin*, capítulo primeiro, XXXVII. A tradução dos versos citados neste artigo levou em conta e por vezes aproveitou, em parte ou no todo, as traduções presentes na edição brasileira (Record, 2010, tradução de Dário M. de Castro Alves) e na francesa (Babel, 2005, tradução de André Markowicz). (N. da T.)

[16] *Idem*, capítulo primeiro, XLIII. (N. da T.)

[17] Personagem de *Almas mortas*, de Gógol. (N. da T.)

[18] Refere-se a Jean-Baptiste Say (1767-1832), jornalista de ciências econômicas em periódicos liberais franceses, que divulgou as ideias de Adam Smith. (N. da T.)

também ele escreveu suas memórias. Quanto a Biéltov,[19] decerto criou alguma coisa, e ainda era artista, frequentava o Ermitage e sentava-se atrás de um cavalete, imaginando um grande quadro sobre o encontro de Biron, que retornava da Sibéria, com Münnich, que seguia para a Sibéria...[20] Os leitores bem sabem o que resultou dessa história... Em toda a família reina o mesmo oblomovismo...

No que diz respeito a "se apropriar da inteligência alheia", ou seja, no que diz respeito à leitura, Oblómov não se assemelha muito a seus confrades. Iliá Ilitch também lia alguma coisa, embora não da mesma forma que seu falecido pai: "Há muito tempo não leio um livro", dizia o pai; "deixe-me dar uma olhada em um" — e apanha o primeiro livro que lhe cai nas mãos... Não, as tendências da educação moderna haviam afetado Oblómov: ele já lia de modo consciente, escolhia o que ler. "Se escutasse falar de alguma obra notável, ficava ansioso por conhecê-la: procurava-a, indagava... mal a traziam, debruçava-se logo sobre ela e uma ideia sobre o tema começava a se formar em sua mente; mais um passo e a ideia se completaria; mas, veja só, ele já está deitado, olhando apaticamente para o teto, enquanto o livro jaz perto dele, inacabado e não compreendido... A frieza o dominou mais rapidamente do que o entusiasmo inicial, e ele nunca retorna a um livro abandonado." Não ocorre o mesmo com os outros? Oniéguin, pensando em se apropriar da inteligência alheia:

De muito livro a estante encheu

e pôs-se a ler. Mas nenhum proveito veio daí: a leitura logo o enfadou e

Qual as mulheres, os livros deixou,
E a estante, o pó das coleções
Cobriu em negro tafetá.[21]

---

[19] Protagonista de *Quem é o culpado?*. (N. da T.)

[20] Refere-se a Ernst Johann Biron (1690-1772), regente do Império Russo por três semanas, em 1740, deposto por seu rival, o Marechal de Campo Burkhard von Münnich (1683-1767), e enviado à Sibéria. Poucos meses mais tarde, um novo golpe palaciano exilou Münnich para a Sibéria e permitiu a Biron residir em Iaroslav. (N. da T.)

[21] Púchkin, *op. cit.*, capítulo primeiro, XLIV. (N. da T.)

Tentiétnikov também leu livros (graças ao costume de tê-los à mão) — a maior parte, enquanto almoçava: "com sopa, com molho, com assado e até mesmo com pastelão"... Rúdin também confessou a Liéjnev ter comprado alguns livros sobre agronomia, mas que não chegara a ler nenhum até o fim; tornara-se professor, mas achava que não conhecia bem os fatos, e no que se referia a certo monumento do século XVI, chegou mesmo a ser desbancado por um professor de matemática. A exemplo de Oblómov, ele só compreendia ideias gerais, deixando de lado "os detalhes, as estimativas e as cifras".

"Mas, veja, isso ainda não é a vida, isso é só uma preparação para a vida", pensava Andrei Ivánovitch Tentiétnikov, após passar, como Oblómov e companhia, por uma infinitude de conhecimentos desnecessários, incapaz de aplicar à vida um iota sequer. "A vida verdadeira está no serviço." E todos os nossos heróis, com exceção de Oniéguin e Petchórin, entram para o serviço do Estado, embora o considerem um fardo desnecessário e sem sentido; e todos terminam por se demitir cedo e com dignidade. A Biéltov faltavam catorze anos e seis meses para a titulação; inicialmente entusiasmado, logo esfriou em relação ao seu trabalho na chancelaria, tornando-se irritadiço e negligente... Tentiétnikov dirigiu-se rudemente a seu chefe e, além disso, queria ser útil ao governo de outra forma: ocupando-se pessoalmente da organização das suas terras. Rúdin teve uma briga com o diretor do ginásio onde trabalhava como professor. Oblómov não gostava de ver os colegas falarem ao chefe "com uma voz que não era a deles, mas de outro tipo, fina e detestável"; não quis usar esse tipo de voz para explicar-se ao chefe por ocasião de "haver enviado um documento importante para Arkhánguelsk em vez de Ástrakhan", e demitiu-se... Por todos os lados sempre aquele mesmo oblomovismo...

Na vida doméstica, os oblomovistas também se parecem muito uns com os outros:

Passeios, leituras, sono saudável,
Sombras do bosque, riacho a cantar,
Por vezes o beijo, jovem e amável
Da moça alva de negro olhar,
Dócil corcel, belo e brioso,
Jantar um tanto caprichoso,
Frasco de vinho transluzente,

E solidão, mui quietamente...
Eis a santa vida de Oniéguin...[22]

Palavra por palavra, exceto pelo corcel, esse é o tipo de vida que Iliá Ilitch considera como o ideal de felicidade. Sequer o beijo da moça alva de negro olhar foi esquecido por Oblómov. "Uma das camponesas — sonha Iliá Ilitch — com o colo bronzeado, cotovelos à mostra, olhos matreiros que acanhadamente baixam um pouco e fingem resistir ao afago senhorial, quando na verdade se rejubilam... Tss... Que a esposa não veja isso, Deus me livre e guarde!" (Oblómov imagina-se já casado.) Se Iliá Ilitch não fosse tão preguiçoso para deixar São Petersburgo e ir para o campo, ele indubitavelmente viria a realizar esse seu caro idílio. Em geral os oblomovistas tendem a uma felicidade idílica e inativa, que não lhes custe nenhum esforço e que pareça dizer: "Delicie-se comigo, querido, e nada mais...". Petchórin parece bastante ativo, mas mesmo ele crê que a felicidade talvez esteja no descanso tranquilo e doce. A certa altura das suas memórias, ele se compara a um indivíduo famélico que, "caindo no sono por exaustão, vê diante de si comidas magníficas e vinhos espumantes; devora com entusiasmo os presentes vaporosos da sua imaginação e se sente mais leve... mas tão logo acorda, o sonho desaparece, e se sente duplamente esfomeado e desesperado...". Em outro momento, Petchórin se pergunta: "Por que eu não quis seguir esse caminho que o destino me abriu, onde me esperavam alegrias tranquilas e sossego espiritual?". Ele próprio acredita que isso se deve a "sua alma estar acostumada a tempestades e sequiosa por atividades intensas...". Mas, veja, ele está eternamente insatisfeito com sua luta, e amiúde afirma que arma todos esses horríveis escândalos por não ter nada melhor para fazer. Ora, uma vez que não encontra nada para fazer e, em consequência, não faz nada e não se satisfaz com nada, isso significa que tende mais à inércia do que à ação... Sempre o mesmo oblomovismo...

A atitude dos oblomovistas em relação às pessoas e particularmente às mulheres também apresenta traços comuns. Em geral, desprezam as pessoas com seus trabalhos insignificantes, seus estreitos entendimentos das coisas e suas ambições míopes; "são todos trabalhadores braçais",

[22] *Idem*, capítulo quarto, XXXVIII-XXXIX. (N. da T.)

desdenhosamente opina até mesmo Biéltov, o mais humano deles. Rúdin, ingenuamente, imagina-se um gênio incompreendido. Petchórin pisoteia qualquer um. Mesmo Oniéguin tem dois versos sobre si onde se lê que:

Quem já viveu e muito pensou
Despreza na alma a humana gente.[23]

Mesmo Tentiétnikov — tranquilo que era — sentiu, ao entrar pela primeira vez no seu departamento, "como se, por engano, o tivessem conduzido da classe alta para a classe baixa"; chegando ao campo, esforçou-se logo em cortar relações com todos os vizinhos que acorriam a conhecê-lo, a exemplo de Oniéguin e Oblómov. E nosso Iliá Ilitch não se rende a ninguém em seu desprezo pelas pessoas: isso é tão fácil, não exige dele nenhum esforço! Diante de Zakhar, ele estabelece, todo satisfeito, um paralelo entre si e "os outros"; em suas conversas com conhecidos, expressa uma ingênua surpresa ante o fato de as pessoas se debaterem, forçando-se a ir trabalhar, a escrever, a espiar os jornais, a fazer visitas e assim por diante. Chega a expressar categoricamente a Stoltz a consciência da sua superioridade em relação aos outros: "Vida em sociedade? É uma vida boa! — dizem. O que se pode buscar nela? Algo que interesse ao coração ou à mente? Diga, onde está o centro em torno do qual gira tudo isso? Não há centro, não há nada profundo, nada que o toque de forma vital. São todos pessoas sem vida, sonolentas, piores do que eu, esses membros da sociedade e do mundo!". E em seguida, Iliá Ilitch fala sobre esse tema de forma tão eloquente e prolixa, que poderia muito bem ser Rúdin a falar.

Com relação às mulheres, todos os oblomovistas se conduzem de modo igualmente infame. São de todo incapazes de amar e não sabem o que buscar no amor, assim como na vida em geral. Não são contra coquetear com uma mulher, desde que possam ver nela uma boneca movida a molas; não são contra escravizar o coração de uma mulher... por que não? Isso agrada muito à sua natureza de *bárin*. Mas, mal a coisa toma um rumo um pouco sério, mal começam a desconfiar de que o que existe à sua frente não é um brinquedo, e sim uma mulher que pode exigir deles respeito aos seus direitos, rapidamente põem-se em vergonhosa

---

[23] *Idem*, capítulo primeiro, XLVI. (N. da T.)

fuga. A covardia em todos esses senhores é incomensurável: Oniéguin, que tão "cedo pôde inquietar os corações das coquetes inveteradas", que buscava as mulheres "sem ardor, e as deixava sem lamento" — Oniéguin acovardou-se frente a Tatiana, duas vezes acovardou-se: quando tomava dela uma lição e, depois, quando ele mesmo lhe passava uma lição. Gostou de Tatiana desde o início, e se ela o houvesse amado de forma menos séria, não teria cogitado assumir para com ela tamanho tom moralizador. Ele percebeu que era perigoso brincar e por isso pôs-se a falar de sua vida pregressa, do seu caráter ruim, do fato de que ela ainda viria a se apaixonar por alguém no futuro etc. Posteriormente, ele mesmo explica sua conduta quando, "ao notar uma centelha de carinho em Tatiana, não quis nela crer" e:

Sua infame liberdade
Não desejava perder.[24]

Com que frases se recobre o pusilânime!

Biéltov, como se sabe, também não ousou ir até o fim com Krutsíferskaia, fugiu dela, embora por motivos totalmente diferentes, se for possível acreditar nele. Já Rúdin perde definitivamente a cabeça, quando Natália tenta decidir algo independente dele. Não ousa fazer mais nada, a não ser aconselhá-la a "resignar-se". No dia seguinte, explica-lhe através de uma carta espirituosa que "não está acostumado" a se relacionar com mulheres como ela. O mesmo ocorre com Petchórin, especialista em matéria de coração feminino, que chega a confessar que, com exceção de mulheres, não ama mais nada no mundo, que por elas está pronto a sacrificar tudo no mundo. Mas confessa que, em primeiro lugar, "não pode amar mulheres de caráter: para que serve isso nelas?!"; e, em segundo lugar, que nunca se casará: "Quão apaixonadamente eu posso amar uma mulher!", diz ele. "Mas se ela me faz sentir que devo desposá-la, adeus, amor. Meu coração se torna de pedra e nada o aquece novamente. Estou pronto a todos os sacrifícios, menos esse; vinte vezes ponho minha vida em jogo e até minha honra, mas minha liberdade não está à venda. Por que eu a tenho em alta conta? O que eu pretendo com ela? Aonde pre-

[24] *Idem*, capítulo oitavo, XXXII. (N. da T.)

tendo chegar? O que espero do futuro? Na verdade, absolutamente nada. É uma espécie de medo inato, um pressentimento inexplicável" etc. Na realidade, isso não é nada mais que oblomovismo.

Mas acaso você pensa que Iliá Ilitch, por sua vez, não possui em si elementos de Petchórin e Rúdin, sem falar de Oniéguin? E como os possui! Por exemplo, ele, à semelhança de Petchórin, pretende *dominar* a mulher, pretende compeli-la a todo tipo de sacrifício como prova de amor. Claro está que ele não esperava de início que Olga viesse a se casar consigo, e é com timidez que lhe propõe casamento. Em resposta, ela lhe diz que há muito tempo ele já deveria ter feito tal proposta. Isso o embaraça; não lhe é suficiente o fato de Olga aceitar e, então — imagine só!... —, ele começa a atormentá-la, inquirindo se realmente o amaria a ponto de se tornar sua concubina! E se aborrece ao ouvi-la dizer que nunca tomaria tal rumo; entretanto, a explicação dela e a cena apaixonada o acalmam... De qualquer forma, no final ele se acovarda a ponto de temer até mesmo aparecer diante dos olhos de Olga; faz-se de doente e alega o levantamento da ponte como motivo para não atravessar o rio, dando a entender a Olga que ela poderia comprometê-lo etc. E por que isso? Porque ela exigia dele decisão, ação, tudo o que não fazia parte dos seus hábitos. O casamento, propriamente, não o assustava tanto quanto assustava Petchórin e Rúdin; tinha hábitos mais patriarcais. Mas Olga queria que fizesse as melhorias em suas terras antes do casamento; isso já exigia um sacrifício que ele evidentemente não fez, provando-se um verdadeiro Oblómov. No entanto, é exigente ao extremo. Fez com Olga algo que poderia se esperar de um Petchórin: pôs na cabeça que não era suficientemente belo e nem suficientemente atraente para que Olga pudesse amá-lo muito. Começou a sofrer, a passar noites em claro e, por fim, cheio de energia, escreveu uma longa mensagem a Olga, ao estilo de Rúdin, na qual repetia assuntos conhecidos, pisados e repisados, já ditos por Oniéguin a Tatiana, por Rúdin a Natália, e até mesmo por Petchórin à princesa Mary: "Não sou feito de maneira que você possa ser feliz comigo; mais tempo, menos tempo e você se apaixonará por outro, mais digno do que eu".

Mais que uma vez podeis mudar
Sonhos comuns em sonhos leves...
De novo a amar já voltareis
Mas... dominai a vossa mente;

Como eu, quem vos entenderá...
A ingenuidade dor trará.[25]

Todos os oblomovistas adoram se humilhar, e o fazem com o objetivo de obter a satisfação de serem desmentidos e de ouvir elogios daqueles que assistem às injúrias que lançam contra si mesmos. Deliciam-se com o seu próprio rebaixamento, e todos se parecem com Rúdin, a respeito de quem disse Pigassov: "E quando começa a condenar a si mesmo, cobre-se de lama... tanto, tanto, que a gente pensa que depois disso não ousará mais olhar para ninguém... Mas que nada! Anima-se como se houvesse se servido de alguma vodca barata!". Também Oniéguin, depois de injuriar-se na presença de Tatiana, afigura-se magnânimo. Assim é com Oblómov, que, depois de escrever a Olga uma pasquinada sobre si mesmo, sentiu "que não estava mais pesado, mas quase feliz"... Concluiu sua carta com aquele mesmo sermão de que se serviu Oniéguin em seu discurso: "Deixe que essa sua história comigo lhe sirva de guia no futuro, em um amor normal" etc. Iliá Ilitch certamente não sustentou sua auto-humilhação diante de Olga até o fim: correu para ver que impressão a carta tinha produzido nela, viu que ela estava chorando, sentiu-se satisfeito e, sem conseguir se conter, apareceu diante dela nesse momento crítico. Olga lhe mostrou com que baixo e lamentável egoísmo ele se apresentava naquela carta ao escrever "que se preocupava com a felicidade dela". Aqui, ele recua terminantemente, como fazem, via de regra, todos os oblomovistas ao encontrarem uma mulher infinitamente superior a eles em caráter e inteligência.

"No entanto — protestarão as pessoas de pensamento profundo —, a despeito dessa seleção de fatos aparentemente similares, não há sentido nos paralelos que você faz. Para uma definição do caráter daqueles personagens, não são tanto as manifestações externas que importam, e sim os impulsos que levam o indivíduo a agir dessa ou daquela forma. E no que concerne aos impulsos, como é possível não ver a vasta diferença entre a conduta de Oblómov e a atuação de Petchórin, Rúdin e outros?... Oblómov faz tudo por inércia, porque é preguiçoso para mover-se e preguiçoso para resistir quando é empurrado, todo o seu objetivo consiste em não mover nem um dedo desnecessariamente. Os outros, no entanto,

[25] *Idem*, capítulo quarto, XVI. (N. da T.)

consomem-se pela fome de atividades, pelo ardor de dar conta de tudo; neles, sempre

Domina a inquietude,
Vontade de mudar de lugar[26]

... e outras moléstias, sinais de um espírito forte. Se não fazem nada de verdadeiramente útil, é porque não encontram atividades compatíveis com o seu vigor. Pela expressão de Petchórin, são como gênios cravados à mesa do funcionalismo e condenados a copiar documentos. Eles se elevam sobre as realidades do mundo e por isso têm direito de desprezar a vida e as pessoas. Toda a sua vida é uma negação no sentido de reação contra a atual ordem das coisas; já a vida de Oblómov consiste em uma submissão passiva à influência dos acontecimentos, em uma repulsa conservadora a toda mudança, em uma total falta de reação interna devido a sua natureza. Podem-se comparar tais pessoas? É colocar Rúdin no mesmo plano que Oblómov!... É condenar Petchórin à mesma insignificância em que se atola Iliá Ilitch!... É sinal de total incompreensão, é absurdo, é crime!..."

Ah, meu Deus! Na verdade, veja, nós esquecemos que, para lidar com pessoas de pensamento profundo, é necessário estar de sobreaviso: elas tiram conclusões tais, que você nem mesmo poderia imaginar. Se você pretende nadar e uma pessoa de pensamento profundo está de pé na margem, com as mãos atadas, gabando-se de ser um excelente nadador e prometendo salvá-lo caso você se afogue, receie dizer: "Mas, meu caro amigo, você está com as mãos atadas; preocupe-se antes em soltar as suas mãos". Receie dizer isso, porque uma pessoa de pensamento profundo dar-se-á por ofendida e dirá: "Com que, então, você afirma que eu não sou capaz de nadar! Você elogia aquele que atou as minhas mãos! Você não simpatiza com pessoas que salvam afogados!...". E assim por diante... Pessoas de pensamento profundo costumam ser muito eloquentes e profusas nas deduções mais inesperadas... Vejamos no nosso caso: chegarão à conclusão de que nós pretendemos colocar Oblómov em posição mais alta do que Petchórin e Rúdin, que nós queremos justificar sua indolência, que não temos capacidade de ver a diferença interior funda-

[26] *Idem*, capítulo oitavo, XIII. (N. da T.)

mental entre ele e os heróis precedentes etc. Apressemo-nos a nos explicar a essas pessoas de pensamento profundo.

Em tudo o que dissemos, tínhamos em vista antes o oblomovismo que propriamente a personalidade de Oblómov e dos outros heróis. No que concerne à personalidade, não poderíamos deixar de ver as diferenças de temperamento, por exemplo, entre Petchórin e Oblómov, assim como não poderíamos deixar de encontrá-las entre Petchórin e Oniéguin, e entre Rúdin e Biéltov... Quem vai discutir o fato de existirem diferenças pessoais entre os homens (apesar de, talvez, não serem tão grandes, nem tão importantes como geralmente se supõe). Mas ocorre que sobre todos esses personagens pesa sempre o mesmo oblomovismo, a lhes imprimir a indelével marca de indolência, inatividade e total inutilidade no mundo. É bastante provável que sob outras condições de vida, em outra sociedade, Oniéguin houvesse sido verdadeiramente um jovem adorável, Petchórin e Rúdin tivessem realizado grandes façanhas, e Biéltov tivesse provado ser um homem de excelentes qualidades. Mas sob outras condições de desenvolvimento, talvez até mesmo Oblómov e Tentiétnikov não houvessem sido tão marmotas e houvessem encontrado alguma ocupação útil para si... Ocorre que, no presente momento, todos eles possuem um mesmo traço geral — uma aspiração estéril pela atividade, a consciência de que deles poderia resultar muita coisa, mas não resulta nada... Nesse ponto eles se assemelham assombrosamente. "Percorro a memória de todo o meu passado e me pergunto involuntariamente: para que vivi? Qual o objetivo de eu ter nascido?... É verdade que a vida aconteceu, e é verdade que me destinou algo maior, porque eu sinto em minha alma uma força imensa. Mas não adivinhei o objetivo, deixei-me arrebatar por falsas paixões, vazias e ingratas; emergi de sua fornalha duro e frio como o ferro, mas perdi para sempre o ardor das nobres aspirações, a melhor flor da vida." Isso é Petchórin... Mas veja a reflexão que faz Rúdin sobre si: "Sim, a natureza me deu muito; mas morrerei sem ter feito nada de digno com as minhas forças, sem deixar qualquer traço benéfico. Toda a minha riqueza de dons perder-se-á: não verei os frutos das sementes que semeei"... Iliá Ilitch também não fica atrás: "tinha a sensação doentia de que nele estava sendo soterrado, como em um túmulo, um princípio bom, brilhante, que talvez já estivesse morto agora, ou jazendo como o ouro nas profundezas da montanha, um ouro que há muito deveria ter se tornado moeda corrente. Mas esse tesouro encontra-se profundamente obstruído sob o peso do lixo e do refugo. É como se houvessem roubado e enterrado em sua própria alma o tesouro que lhe fora dado sob a forma de dádivas do mundo e da vida". Uma vez soterrado o *tesouro* em sua natureza, ele nunca mais poderá revelá-lo ao mundo. Alguns dos seus irmãos mais jovens "bradam pelo mundo"

Coisas gigantescas que buscam para si...
Graças à herança de ricos ancestrais,
Libertos estão da cotidiana faina...[27]

Em sua juventude, Oblómov também sonhava: "servir, enquanto tem forças para isso, porque a Rússia precisa de braços e cabeças para desenvolver suas inexauríveis fontes...". E ainda agora ele "não é alheio ao sofrimento humano universal, é capaz de tirar prazer de altos pensamentos"; e apesar de não bradar pelo mundo coisas gigantescas, ainda assim sonha com uma atividade universal; ainda assim olha com desprezo os trabalhadores comuns e exclama com ardor:

Não, não te devastarei, alma minha
Como tantas, em labuta mesquinha...[28]

A indolência em que vive não é nem um pouco maior do que a de todos os outros irmãos oblomovistas; apenas ele é mais sincero, não tenta encobrir sua ociosidade nem mesmo com conversas em sociedade e passeios pela Avenida Niévski.

Então, de onde vem essa impressão de diferença que se produz em nós, entre Oblómov e os heróis citados acima? Esses heróis se apresentam a nós, embora de formas diversas, como naturezas vigorosas pressionadas por um ambiente desfavorável, enquanto Oblómov parece uma marmota incapaz de fazer qualquer coisa, mesmo ante as circunstâncias mais favoráveis. Em primeiro lugar, o temperamento de Oblómov é excessivamente fleumático e por isso, naturalmente, as tentativas de levar adiante seus planos e de resistir a circunstâncias hostis são mais fracas do que as do sanguíneo Oniéguin ou as do bilioso Petchórin. No fundo, todos eles são igualmente incapazes ante a força das circunstâncias adversas, todos

---

[27] Poema "Sacha" (1855), de Nikolai Nekrássov. (N. da T.)

[28] *Ibidem*. (N. da T.)

afundam igualmente na insignificância quando confrontados com alguma atividade legítima e séria. De que forma o ambiente de Oblómov forneceu a ele um campo favorável a atividades? Ele possuía terras e poderia organizá-las; tinha um amigo que o convocava a assumir atividades práticas; havia uma mulher que lhe era superior em energia e clareza de visão e que o amava ternamente... Pois, diga, qual dos oblomovistas não foi provido de tudo isso, e o que fizeram disso tudo? Também Oniéguin e Tentiétnikov geriam suas terras; e sobre Tentiétnikov os mujiques inicialmente diziam: "que esperto!". Mas logo perceberam que o seu *bárin*, embora despachado num primeiro momento, não apenas não compreendia nada, como também não tinha bom senso para fazer nada... E sobre as amizades? Como se relacionam, todos eles, com os seus amigos? Oniéguin matou Liénski; Petchórin está todo o tempo em disputas com Werner; Rúdin conseguiu afastar de si Liéjnev e não soube aproveitar a amizade de Pokórski... E acaso são poucas as pessoas como Pokórski que se encontram no caminho de cada um deles?... O que fizeram? Combinaram uns com os outros uma ação comum? Formaram uma estreita aliança para se defenderem do ambiente hostil que os cercava? Nada disso... Tudo se reduziu a pó, tudo terminou naquele mesmo oblomovismo... Sobre o amor, não há o que dizer. Cada um dos oblomovistas encontrou uma mulher superior a si (também Krutsíferskaia está acima de Biéltov, e mesmo a princesa Mary é superior a Petchórin), e cada um deles fugiu vergonhosamente do seu amor, ou conseguiu que a mulher o repudiasse... Como isso se explica, senão pela pressão de um infame oblomovismo?

Além da diferença de temperamento, há também uma grande diferença de idade entre Oblómov e os outros heróis. Não nos referimos à idade em anos: nesse caso eles são quase da mesma idade, Rúdin conta dois ou três anos a mais que Oblómov; temos em mente o tempo de seu aparecimento. Oblómov surgiu em um período posterior e, no entanto, para a geração mais jovem, para a vida contemporânea, ele dá a impressão de ser bem mais velho que os oblomovistas precedentes... Ainda na universidade, aos dezessete ou dezoito anos, já possuía as mesmas aspirações, compenetrava-se das mesmas ideias que inspiraram Rúdin aos trinta e cinco anos. Nesse sentido, dois caminhos se abriram para ele: seguir em direção a alguma atividade legítima — feita não de palavras, mas que envolvesse a cabeça, o coração e os braços ao mesmo tempo —, ou simplesmente deitar e cruzar os braços. Sua natureza apática levou-o ao último caminho: isso é ruim, mas, no limite, aqui não há falsidade nem pretensão. Se ele, a exemplo dos seus irmãos, se pusesse a discorrer publicamente sobre aquilo que apenas ousava sonhar, sentiria dia após dia uma amargura semelhante àquela que experimentou ao receber a carta do *stárosta* da aldeia e a notificação para deixar a sua moradia. Antigamente, era com amor e devoção que se ouviam fraseadores sentenciarem sobre a necessidade disso ou daquilo, sobre as mais altas aspirações etc. Talvez, então, Oblómov não tivesse sido tão avesso às palavras... Mas hoje em dia todos os fraseadores e projetistas são confrontados com a demanda: "Por que não experimenta você, por si mesmo?". Isso os oblomovistas já não podem suportar...

De fato, como é possível sentir o sopro de uma nova vida, quando, após ler *Oblómov*, você verifica que um tipo como esse é evocado na literatura?

Não se pode atribuir isso unicamente ao talento pessoal desse autor e à amplitude de sua visão. Também encontramos força de talento e visões mais amplas e humanas nos autores que produziram os tipos precedentes, aos quais nos referimos acima. Ocorre que, desde o aparecimento do primeiro deles, Oniéguin, até o presente momento, já se passaram trinta anos. Tudo aquilo que existia em embrião, que se expressava apenas em palavras vagas e obscuras, que era pronunciado em sussurros, agora assumiu uma forma firme e definida, passou a se manifestar de maneira aberta e altissonante. A frase perdeu sua razão de ser; surgiu na sociedade uma demanda por ação efetiva. Biéltov e Rúdin, pessoas com aspirações verdadeiramente nobres e elevadas, não apenas não sentiram, em sua época, necessidade de entrar em combate mortal com as circunstâncias que os envolviam: eles sequer conceberam tal combate como uma possibilidade próxima. Entraram em um bosque denso e inexplorado, seguiram por um pântano lamacento e perigoso, viram vários répteis e serpentes a seus pés, subiram em uma árvore — em parte para observar se havia algum caminho por perto, em parte para descansar e escapar, por algum tempo, do perigo de se atolarem no pântano ou de serem picados. As pessoas que os seguiam esperavam que dissessem algo, olhavam-nos com respeito, enxergando neles seus líderes. Mas estes pioneiros não viram nada das alturas em que se encontravam: o bosque era muito vasto e denso. Entretanto, ao escalar a árvore, arranharam os rostos e feriram os pés e as mãos... Extenuados e com dores, deviam acomodar-se o melhor possível na árvore e descansar. Na verdade, não fizeram nada pelo bem comum, não viram e não disseram nada, restando, portanto, aos que os esperavam embaixo, a alternativa de abrir e limpar o caminho do bosque por si mesmos, sem contar com a sua ajuda. Mas quem, em nome do bem comum, se decidirá a atirar pedras naqueles infelizes, para fazê-los cair das alturas em que se acomodaram com tanta dificuldade? Os seguidores sentem compaixão e não exigem deles que participem da limpeza do bosque; afinal, coube-lhes uma outra tarefa, e a cumpriram. Se não houve resultado, não foi por culpa deles. A partir deste ponto de vista, cada autor, antigamente, podia olhar o seu "Oblómov" como um herói, e estava certo. Acrescente-se ainda que a esperança em encontrar uma saída do bosque para a estrada preservou-se no grupo de caminhantes enquanto durou a sua fé na perspicácia dos pioneiros. Mas eis que, pouco a pouco, as coisas foram clareando e vieram a tomar outro rumo: os pioneiros gostaram de ficar na árvore. Discutiam com eloquência a respeito dos diversos caminhos e meios para livrarem-se do pântano e do bosque; chegaram a achar na árvore certos frutos com que se regalaram, atirando as cascas para baixo; convidaram alguns poucos, escolhidos dentre a multidão, a se juntarem a eles, e estes subiram e igualmente se instalaram; deixaram de procurar caminhos e passaram apenas a devorar os frutos. Estes são os Oblómov no sentido próprio do termo... E os pobres caminhantes, deixados embaixo, atolavam no pântano, eram picados por cobras, assustados por répteis, fustigados no rosto por galhos... Por fim, a multidão decide partir para a ação: chama de volta aqueles que subiram por último na árvore; mas os Oblómov silenciam e seguem devorando os frutos. Então, a multidão se dirige aos pioneiros, pede a eles que desçam e a ajude no trabalho comum. Mas estes repetem os argumentos iniciais: é preciso procurar um caminho, é inútil abri-lo através do bosque. Então, os pobres caminhantes percebem seu erro e, dando de ombros, dizem: "Eh! Vocês são todos uns Oblómov!". E iniciam um trabalho concreto, infatigável: cortam árvores, utilizam-nas para fazer pontes sobre o pântano, criam atalhos, matam as cobras e os répteis que caem sobre si, sem se preocuparem mais com aqueles personagens inteligentes e fortes, os Petchórin e os Rúdin, em quem, antes, colocavam suas esperanças e a quem admiravam. Quanto aos Oblómov, inicialmente olharam, tranquilos, para a movimentação geral; depois, como de hábito, acovardaram-se e puseram-se a gritar... "Ai, ai, não façam isso, parem", gritaram ao se dar conta de que cortavam a árvore em que estavam. "Vocês não veem que podemos morrer e que junto conosco perecerão as belas ideias, os altos sentimentos, as aspirações humanas, a eloquência, o entusiasmo, o amor a tudo o que é belo e nobre, que sempre nos inspirou?... Parem! Parem! O que estão fazendo?...” Mas os caminhantes já haviam escutado mil vezes essas belas frases e, não lhes dando mais atenção, prosseguiram com o trabalho. Ainda há um meio de os Oblómov salvarem a si e a sua reputação: descerem da árvore e se porem a trabalhar junto com os outros. Mas eles, como de hábito, ficaram desnorteados, sem saber o que fazer... “Por que isso, assim, tão de repente?”, repetiam em desespero, e prosseguiam em suas invectivas inúteis contra a estúpida multidão que já não os respeitava mais.

Mas veja que a turba está certa! Uma vez que se conscientizou da necessidade de uma ação efetiva, tanto faz para ela se é Petchórin ou Oblómov que está à sua frente. Novamente, não estamos dizendo que Petchórin em determinadas situações agiria exatamente da mesma forma que Oblómov; em circunstâncias similares, ele poderia seguir uma outra direção. No entanto, os tipos criados por autores de grande talento são longevos: ainda hoje existem pessoas que se imaginam cópias de Oniéguin, Petchórin, Rúdin etc., mas não como se esses personagens existissem em outras circunstâncias, e sim, exatamente da forma imaginada por Púchkin, Liérmontov e Turguêniev. Somente na consciência social eles se convertem todos, cada vez mais, em Oblómov. Não se pode dizer que essa conversão já se tenha completado: não, ainda hoje milhares de pessoas passam o seu tempo em discussões, enquanto outros milhares tomam aquelas discussões por ações. Mas a prova de que essa conversão já se iniciou é o tipo Oblómov, criado por Gontcharov. Seu surgimento teria sido desnecessário se, em certa parcela da sociedade, houvesse amadurecido a consciência do quão insignificantes são todas essas naturezas *quasi-talentosas*, antes tão respeitadas. Antigamente, tais figuras se recobriam com vários mantos, ornavam-se com vários penteados, atraíam por seus diversos talentos. Mas hoje Oblómov surge diante de nós tal qual ele é, sem máscaras, taciturno, removido do belo pedestal e colocado em um divã macio, envolto em um simples roupão no lugar de mantos. As perguntas *O que ele faz? Qual o sentido e o objetivo de sua vida?* estão colocadas de forma direta e clara, não se encontram obnubiladas por nenhuma questão secundária. Isso porque já chegou, ou já está chegando, sem mais delongas, o tempo do trabalho social... Eis por que dissemos no início deste artigo que vemos no romance de Gontcharov um *sinal dos tempos*.

Observe como de fato modificou-se o ponto de vista desses mandriões educados que tão bem raciocinam, tidos outrora como verdadeiros líderes sociais.

Diante de você há um homem jovem, muito bonito, bem-apessoado, instruído. Move-se pelo *grand monde*[29] com êxito, frequenta teatros, bailes e mascaradas, veste-se e come impecavelmente, lê livros e escreve muito bem... Seu coração se preocupa apenas com os eventos diários da vida mundana, mas ele também tem ideias sobre questões mais elevadas. Adora palestrar sobre paixões,

Os preconceitos seculares
Fatais mistérios tumulares...[30]

Também possui algumas regras de honra: ele é capaz de

O jugo antigo da bárschina
Trocar por leve imposto...[31]

É capaz por vezes de não se aproveitar da inexperiência de alguma moça que ele não ama; é capaz de não atribuir valor especial aos seus próprios sucessos na sociedade ilustrada. Ele se mantém, em relação à sociedade que o cerca, em posição elevada o suficiente para perceber sua insignificância; pode até mesmo deixá-la e se mudar para o campo; só que lá ele se aborrece, sem saber o que fazer... Sem nada para fazer, briga com o amigo e, por frivolidades, mata-o em um duelo... Após alguns anos, retorna à sociedade e apaixona-se por uma mulher, amor que ele mesmo outrora recusara porque lhe exigiria, então, abrir mão da liberdade de uma vida errante... Neste homem você reconhece Oniéguin. Mas, observe melhor... é Oblómov!

Diante de você há, agora, outro homem, de alma mais ardente e de amor-próprio mais aguçado. Esse homem parece ter sido dotado pela natureza com tudo o que foi concebido para Oniéguin. Ele não precisa se preocupar com a toalete e a elegância: é um homem da sociedade ilus-

---

[29] Em francês, no original: "alta sociedade". (N. da T.)

[30] Púchkin, *op. cit.*, capítulo segundo, XVI. (N. da T.)

[31] *Idem*, capítulo segundo, IV. (N. da T.)

trada mesmo sem isso. Não precisa escolher palavras para demonstrar um conhecimento fajuto: suas palavras são como navalha. Ele de fato despreza as pessoas, compreende bem as suas fraquezas; é de fato capaz de dominar o coração das mulheres, mas não por um instante fugaz, e sim por muito tempo, às vezes para sempre. É capaz de afastar ou destruir todo e qualquer obstáculo que lhe apareça no caminho. Sua infelicidade é apenas uma: não sabe para onde vai. Seu coração está vazio e frio em relação a tudo. Experimentou de tudo; ainda na juventude, cansou-se de todos os prazeres que podem ser obtidos com o dinheiro; cansou-se também do amor das belas da sociedade, porque não tocavam seu coração; as ciências o aborreciam, porque verificou que nem a fama, nem a felicidade dependiam delas; as pessoas mais felizes são as ignorantes, e a fama é uma questão de sorte; os perigos da guerra também rapidamente o aborreceram, porque não via sentido neles e porque logo se acostumava a eles. Por fim, mesmo o amor simples e puro de uma moça rude de quem gostara também veio a aborrecê-lo, por não encontrar nele uma satisfação para os seus impulsos. E o que são esses impulsos? Aonde levam? Por que não se entrega a eles com todas as forças de sua alma? Porque ele mesmo não os compreende e nem se dá ao trabalho de refletir sobre o que fazer com sua força interior. Passa, então, a sua vida escarnecendo dos estúpidos, afligindo corações de moças não instruídas, intrometendo-se em negócios amorosos alheios, provocando querelas, tentando extrair valor de ninharias, duelando sem necessidade... Você se lembra de que essa é a história de Petchórin, e de que foi com palavras quase iguais a essas que o personagem falou de si a Maksim Maksímitch... Observe melhor, por favor, e você verá o próprio Oblómov...

Mas, repare, há aqui ainda outro homem, que segue de forma mais consciente o seu caminho. Ele não apenas sabe que é dotado de muita força, mas também sabe que tem um grande objetivo pela frente... Parece que até mesmo suspeita qual seja esse objetivo e onde se encontra. Esse homem é honrado, digno (apesar de frequentemente não pagar suas dívidas); discute com ardor, não sobre trivialidades, mas a respeito de questões elevadas; afirma estar pronto a sacrificar-se pelo bem da humanidade. Em sua cabeça, todos os problemas estão resolvidos e se conectam em um elo harmonioso e vivo. Com suas poderosas palavras, ele atrai as jovens inexperientes que, ao ouvi-lo, sentem-se convocadas para algo grandioso... Mas como conduz a sua vida? De tal forma que nunca termina o que começa, vai deixando tudo de lado; entrega-se com avidez a todas as coisas, sem entregar-se realmente a nada... Apaixona-se por uma moça que lhe diz que, apesar da proibição da mãe, está pronta a lhe pertencer; e ele responde: "Ah! Deus! Então sua mãe não concorda! Que golpe inesperado! Deus! Tão depressa!... Não há o que fazer, devemos nos resignar"... E nessa exata imagem está toda a sua vida... Você já sabe que este homem é Rúdin... Não, aqui também se trata de Oblómov. Depois que examinar bem esse personagem e colocá-lo frente a frente com as reivindicações da vida moderna, você se convencerá disso.

Comum a todos esses homens é o fato de não haver ação no mundo que se imponha a eles como necessidade vital, como coisa sagrada do coração, como uma religião que tenha se amalgamado organicamente neles, de forma que privá-los dela signifique privá-los de suas próprias vidas. Tudo neles é exterioridade, em sua natureza nada finca raízes. Fazem algo, talvez, quando alguma necessidade externa assim o exige, como Oblómov, ao visitar lugares, arrastado por Stoltz, ao comprar partituras e livros para Olga, ao ler aquilo que ela lhe exigia ler. Mas seus corações não estão nessas coisas, que fazem meramente por força das circunstâncias. Se pudessem obter gratuitamente as vantagens que auferem com o seu trabalho, com grande alegria recusariam o trabalho. Por força do oblomovismo, um funcionário oblomovista não iria ao trabalho todo dia, se continuasse a receber seus proventos e promoção regular sem ter de se apresentar. O guerreiro prestaria juramento sem tocar em armas, se lhe fossem oferecidas condições de preservar sua bela forma, muito útil em certas ocasiões. O professor deixaria de dar aulas, os estudantes deixariam de estudar, o autor deixaria de escrever, o ator não se apresentaria em cena, o pintor quebraria o pincel e a paleta, falando em alto estilo, se tivesse possibilidade de receber gratuitamente tudo o que hoje consegue com o trabalho. Falam muito de aspirações elevadas, de consciência da dívida moral, de alcançar interesses comuns, mas, posto à prova, tudo isso não passa de palavras, meras palavras. O que há de mais sincero em suas aspirações espirituais é justamente a aspiração ao repouso, a vestir o roupão; e sua maior atividade não é outra senão a de vestir o *robe de chambre de honra* (para usar uma expressão que não é nossa), sob o qual escondem seu vazio e apatia. Mesmo as pessoas mais instruídas, pessoas de natureza vivaz e coração ardente, renunciam de modo incrivelmente fácil às suas ideias e planos na vida prática, conciliam-se de modo incrivelmente rápido com o seu entorno, embora não deixem de considerá-lo, verbalmente, como vulgar e repulsivo. Isso significa que tudo de que falam e tudo com que sonham lhes é estranho, tomado de empréstimo; no fundo dos seus corações enraíza-se um único sonho, um único ideal: o de repouso imperturbável, de quietismo, de oblomovismo. Muitos chegam a ponto de nem conseguir imaginar que uma pessoa possa trabalhar por vontade própria, por entusiasmo. Leia-se no *Índex Econômico*[32] o argumento de que todos morrerão de fome por inatividade, caso a distribuição uniforme da riqueza prive as pessoas do estímulo que as faz desejar obter para si os lucros sobre o capital...

Sim, todos esses oblomovistas jamais converteram em carne e sangue os princípios de que se imbuíram; jamais os levaram às últimas consequências; não chegaram ao limiar, onde a palavra se torna ação, onde o princípio se funde à necessidade interior da alma, desmancha-se nela e se faz força única a mover o homem. É por isso que esses homens mentem sempre, é por isso que se mostram tão inconsistentes em suas ações pessoais. É por isso que para eles as concepções abstratas são mais preciosas que os fatos vivos, e os princípios são mais importantes que a verdade simples da vida. Leem livros úteis a fim de se porem a par do que se escreve; escrevem artigos inspirados para admirarem as construções lógicas do seu próprio discurso; dizem coisas audaciosas a fim de ouvirem a harmonia de suas próprias frases e suscitar o elogio dos ouvintes. Mas, indo um pouco mais longe, qual o objetivo de toda essa leitura, escrita e fala? Eles ou não querem absolutamente saber, ou não querem se incomodar com isso. Estão constantemente dizendo a você: eis o que sabemos, eis o que pensamos — e quanto ao resto, deixe que outros cuidem, não é da nossa conta... Enquanto não há trabalho à vista, é possível embromar o público, é possível vangloriar-se, já que nós, por nosso lado, vivemos atarefados, andando, falando, narrando coisas. É nisso que se baseia o sucesso na sociedade de pessoas como Rúdin. Mais ainda: é possível entregar-se a pândegas, intrigas, trocadilhos, teatralidades — e asseverar que se entregaram a isso porque não havia espaço para atividades mais amplas. Na sua época, Petchórin (e mesmo Oniéguin) devia parecer uma natureza de imensa força de espírito. Mas, hoje, todos esses heróis recuaram para segundo plano, perderam o significado inicial, deixaram de nos confundir com as suas naturezas enigmáticas e a misteriosa desarmonia

---

[32] Revista semanal editada por Ivan Vassílievitch Vernádski (1821-1884) a partir de 1857. Sua ingênua apologia à cultura do capital tornou-se objeto de escárnio da crítica de Dobroliúbov. (N. da E.)

entre eles e a sociedade, entre a grandeza de suas forças e a insignificância de suas ações...

Agora o enigma se esclarece,
Agora a palavra foi achada.

E a palavra é *oblomovismo*.

Se eu vejo um senhor de terras discorrendo sobre as verdades da humanidade e a necessidade do desenvolvimento pessoal, reconheço, desde as primeiras palavras, tratar-se de um Oblómov.

Se encontro um funcionário a queixar-se de que o sistema de administração é complicado e oneroso, trata-se de um Oblómov.

Se escuto um oficial se lamentar de que as paradas são exaustivas e fazer divagações astuciosas sobre a inutilidade do *passo lento* etc., não tenho dúvidas de que se trata de um Oblómov.

Quando leio nas revistas as tiradas liberais contra os desmandos e a alegria por finalmente estar sendo feito algo que há muito esperávamos e desejávamos, penso que tudo o que está sendo escrito vem da Oblómovka.

Quando me encontro em um círculo de pessoas instruídas que simpatizam ardentemente com as necessidades da humanidade e que há anos contam as mesmas (às vezes novas) anedotas sobre concussionários, atos de opressão, atos ilegais de todo tipo, sempre com o mesmo entusiasmo, sinto-me involuntariamente transportado à velha Oblómovka...

Interrompa os ruidosos falatórios dessa gente e pergunte-lhes: "Vocês dizem que nada é bom, nem isso nem aquilo; o que se deve fazer, então?". Eles não sabem... Proponha-lhes o expediente mais simples, e eles dirão: "Mas como assim, tão de repente?" — necessariamente dirão isso, porque os Oblómov não podem responder de outra forma... Prossiga a conversa com eles e pergunte: "O que vocês pretendem fazer?" — e eles lhe responderão da mesma forma que Rúdin respondeu a Natália: "O que fazer? Devemos nos resignar ao nosso destino. O que fazer! Sei bem como é amargo, difícil, insuportável, mas julgue você mesma..." etc. Você não conseguirá deles mais do que isso, porque em todos está impresso o oblomovismo.

Quem, por fim, haverá de colocá-los em movimento com a palavra todo-poderosa "Avante!", palavra com que tanto sonhou Gógol, e pela qual a Rus espera há tanto tempo e tão penosamente? Até agora não há respostas a essa questão, nem na sociedade nem na literatura. Gontcharov, sendo capaz de compreender e nos mostrar o nosso oblomovismo, não pôde, porém, deixar de pagar tributo ao erro comum que até os dias de hoje prevalece em nossa sociedade: decidiu enterrar o oblomovismo e proferir um discurso laudatório fúnebre. "Adeus, velha Oblómovka, tu já viveste o teu século", diz ele pela voz de Stoltz; mas não diz a verdade. Toda a Rússia que leu ou virá a ler *Oblómov* não estará de acordo com isso. Não, Oblómovka é nossa pátria dileta, seus domínios são nossos mestres, seus trezentos Zakhars estão sempre prontos a nos servir. Em cada um de nós vive uma parte significativa de Oblómov, e ainda é cedo para que o autor nos escreva discursos fúnebres; de modo algum falam de nós e de Iliá Ilitch as seguintes linhas:

> "Nele havia aquilo que há de mais precioso à inteligência: a honestidade e um coração fiel! Esse é seu ouro natural, e ele o transportou intacto através da vida. Empurrado, ele caiu, esfriou, adormeceu por fim; massacrado e desiludido, perdeu a força de viver, mas não perdeu a honestidade e a fidelidade. De seu coração não soou uma única nota falsa; nele, a lama não respingou. Nenhuma mentira bem ataviada pode seduzi-lo; ninguém consegue conduzi-lo a falsos caminhos, ainda que em torno dele se agite todo um oceano de sujeiras, do mal; ainda que o mundo inteiro se envenene e vire ao contrário, nunca Oblómov reverenciará o ídolo da falsidade, sua alma permanecerá sempre pura, iluminada, honesta... Uma alma assim cristalina, transparente, poucas pessoas possuem; é uma pérola na multidão! Seu coração não se deixa subornar por nada, pode-se contar com ele sempre e em toda parte."

Não pretendemos fazer alarde sobre essa passagem, mas os leitores são capazes de perceber que ela encerra uma grande inverdade. De fato, há em Oblómov uma característica boa: a de não tentar tapear os outros, já que ele sempre se mostra como realmente é ao natural — um mandrião. Mas, perdão, *pode-se contar* com ele exatamente para quê? Talvez para coisas que não exijam nenhuma ação? Nisso, de fato, ele se distingue como ninguém. Mas não fazer nada também é possível sem ele. Oblómov não reverenciará o ídolo do mal! Sim, mas por quê? Porque tem preguiça de se levantar do divã. Arranque-o de lá, coloque-o de joelhos diante desse ídolo: não terá forças para se pôr de pé. Não se deixa subornar por nada. Mas e para que o subornariam? Para movê-lo do lugar? Bem, isso é realmente difícil. A lama nunca respingou nele! Sim, enquanto se mantém solitário em seu divã, tudo vai bem; mas assim que chegam Tarantiev, Zatierti, Ivan Matviêitch — *brrr*! Que vilania abominável se estabelece ao redor de Oblómov! Eles comem toda a sua comida, bebem toda a sua bebida, embriagam-no, induzem-no a assinar uma promissória falsa (da qual Stoltz, um tanto sem cerimônia, o livra à maneira russa: sem julgamento, nem inquérito); arruínam-no e atribuem a culpa aos mujiques, extorquem dele enormes somas de dinheiro sem mais essa nem aquela. Tudo isso Oblómov sofre em silêncio e, assim, evidentemente, não profere nenhuma nota falsa.

Não, não se pode fazer tantos elogios a um ser vivente; e nós, que ainda estamos vivos, ainda somos os mesmos Oblómov. O oblomovismo nunca nos deixou, permanece em nós ainda hoje — *nos tempos atuais, quando*[33] etc. Quem dentre os nossos literatos, publicistas, gente instruída, ativistas sociais; quem dentre eles não considera provável que Gontcharov tivesse isso em mente ao escrever as seguintes linhas a respeito de Iliá Ilitch:

> "Conheceu as delícias dos pensamentos elevados: não foi alheio às aflições humanas universais. Por algum tempo, no íntimo de sua alma, chorou amargamente a desgraça humana, experimentando um sofrimento desconhecido, anônimo; tristeza e aspiração por algo longínquo, talvez por aquele mundo para onde o arrastava Stoltz. Doces lágrimas escorreram por sua face. Desprezou fortemente os vícios humanos, a falsidade, a calúnia, o mal que se derrama pelo mundo; deixou-se inflamar pelo desejo de apontar ao homem as suas maldades; e, de repente, surgem-lhe ideias, e as ideias avançam e passeiam por sua mente como ondas no mar, tornam-se intenções e incendeiam seu sangue, seus músculos se movem, os tendões tensionam-se... e as intenções se convertem em aspirações: movido por uma força moral, Oblómov, num rápido instante, assume duas ou três posições diferentes; com brilho nos olhos, soergue-

---

[33] Dobroliúbov reproduz com ironia essa fórmula, utilizada por críticos liberais. (N. da E.)

-se meio palmo na cama, estende um braço e, inspirado, olha ao redor... E pronto, assim a aspiração se realiza, o mover-se torna-se a própria façanha... e então, senhor! Que maravilha! Quantas consequências benéficas podem ser esperadas desse sublime esforço! Mas veja, a manhã voa, cai a tarde e, com ela, as forças de Oblómov se esgotam e tendem ao repouso: a tempestade e a excitação se aplacam em sua alma, sua mente se desembaraça dos pensamentos, o sangue corre mais vagaroso pelas veias. Oblómov, silencioso, contemplativo, vira-se de costas e, lançando um olhar tristonho para o céu através da janela, com desgosto acompanha o sol, que se põe esplendoroso por trás da casa de quatro andares. E quantas, quantas vezes já não acompanhou tal ocaso!"

Não é verdade, caro leitor de pensamentos nobres e refinados, que as linhas acima são uma representação fidedigna das suas bem-intencionadas aspirações e úteis atividades? É possível que haja alguma diferença, mas apenas em relação ao estágio que você alcançou em sua evolução. Iliá Ilitch chegou a soerguer-se meio palmo na cama, estender um braço e olhar ao redor. Outros não vão tão longe, os pensamentos meramente passeiam por suas mentes como ondas no mar (estes são a maioria); há também aqueles nos quais as ideias tornam-se intenções, mas sem atingir o grau das aspirações (estes já são uma minoria); e há ainda alguns em quem as aspirações de fato surgem (estes são extremamente raros)...

Pois bem, acompanhando a tendência dos tempos atuais, em que toda a literatura, na expressão do senhor Benedíktov, representa

... um tormento para nossa carne,
Grilhões em prosa e verso...[34]

... confessamos humildemente quão lisonjeiros são, para o nosso amor-próprio, os elogios do senhor Gontcharov a Oblómov; no entanto, não podemos considerá-los justos. Um jovem ativo e vivaz é capaz de se

[34] Do poema "Oração contemporânea" (1857), de Vladímir Grigórievitch Benedíktov (1807-1873). (N. da T.)

exasperar menos com Oblómov, do que com Petchórin ou Rúdin, mas nem por isso Oblómov deixa de ser repugnante em sua insignificância.

Pagando tributo ao seu tempo, o senhor Gontcharov criou também um antídoto contra Oblómov: Stoltz. Com relação a este personagem, devemos mais uma vez reiterar a nossa opinião de que não é possível à literatura correr muito à frente da vida. Os Stoltz, homens de caráter ativo e íntegro, que imediatamente convertem as ideias em aspirações e partem para a ação, ainda não existem na vida da nossa sociedade (temos em mente a sociedade instruída, aquela que é capaz de atingir as mais elevadas aspirações; entre as massas, onde as ideias e aspirações estão limitadas a objetos próximos e pouco numerosos, constantemente surgem tais pessoas). O próprio autor o confessa, ao dizer sobre a nossa sociedade: "Veja! Os olhos se abriram após a modorra, ouviram-se passos largos e decididos, vozes animadas... Quantos Stoltz deverão surgir com nomes russos!". Deverão surgir muitos, sem dúvida; mas, por enquanto, não há espaço para eles. Por isso, no romance de Gontcharov, vemos apenas que Stoltz é um homem de ação, sempre azafamado, a se ocupar com algo, a adquirir coisas, e a dizer que a vida significa trabalho etc. Mas o que ele faz e como consegue realizar bem o que faz, enquanto outros não conseguem fazer nada, isso permanece um mistério para nós. Stoltz num piscar de olhos organizou Oblómovka para Iliá Ilitch — como? Isso não sabemos. Liquidou, num piscar de olhos, a promissória falsa de Iliá Ilitch — como? Isso nós sabemos. Foi ver o chefe de Ivan Matviêitch (a este Oblómov havia dado a promissória) e falou-lhe amigavelmente. Depois disso, Ivan Matviêitch foi chamado à presença de seu chefe, que não apenas o obrigou a devolver a promissória, mas também o demitiu do serviço. Foi, certamente, bem-merecido. Mas, a julgar por esse caso, Stoltz ainda não terá logrado alcançar o patamar ideal do homem russo público de ação. Não seria possível: era cedo. Ainda agora, mesmo que você seja um poço de sabedoria, uma ação pública notável não o fará mais que um *virtuoso concessionário* como Murazov, que pratica boas ações com sua fortuna de dez milhões, ou como o nobre proprietário de terras Kostanjoglo: mais longe que isso, não irá...[35] E não entendemos como Stoltz, com tantas atividades, pôde ainda se ocupar das aspirações e demandas que subjugaram Oblómov, como podia estar

[35] Personagens de *Almas mortas*, de Nikolai Gógol. (N. da T.)

satisfeito com a sua posição e tranquilo em sua felicidade solitária, individual, exclusiva... Não devemos esquecer que sob seus pés havia um pântano, que a velha Oblómovka estava bem próxima, e que ainda era necessário abrir caminho no bosque para alcançar a estrada principal e fugir do oblomovismo. Se Stoltz fazia algo nesse sentido, o que precisamente fazia, e como fazia, isso nós não sabemos. E, sem isso, sua personalidade não pode nos satisfazer... Podemos apenas dizer que ele não é o homem que será capaz de pronunciar em língua inteligível à alma russa aquela palavra todo-poderosa "Avante!".

Talvez Olga Ilínskaia seja mais capaz dessa proeza que Stoltz, por estar mais próxima que ele à nossa nova vida. Não dissemos nada sobre as mulheres criadas por Gontcharov: nem sobre Olga, nem sobre Agáfia Matviêievna Pchenítsina (nem mesmo sobre Aníssia ou Akulina, que também se distinguem por um caráter peculiar), porque reconhecemos nossa total incapacidade de dizer algo coerente sobre elas. Analisar os tipos femininos de Gontcharov significa ter a pretensão de ser um grande conhecedor da alma feminina. Não possuindo tal qualidade, podemos apenas admirar as mulheres de Gontcharov. As senhoras consideram magnífica a fidelidade e a delicadeza da análise psicológica desse autor e, nesse caso, devemos dar-lhes crédito... Não ousamos acrescentar nada mais à sua opinião, porque tememos nos lançar em um terreno que nos é totalmente estranho. Mas, para concluir esse artigo, tomamos a liberdade de dizer algumas palavras sobre Olga e suas relações com o oblomovismo.

Olga, pelo seu desenvolvimento intelectual, representa o mais alto ideal que um artista russo pode evocar na atual vida russa. A extraordinária clareza e simplicidade da sua lógica e a estupenda harmonia do seu coração e da sua vontade nos surpreendem a tal ponto, que chegamos a duvidar da sua verdade poética e a dizer: "Uma moça assim não existe". Mas, seguindo-a através de todo o romance, percebemos que ela é sempre fiel a si mesma e ao seu desenvolvimento, que ela representa não uma sentença do autor, e sim um personagem vivo, embora de um tipo que ainda não havíamos encontrado. Nela, mais do que em Stoltz, é possível ver uma alusão à nova vida russa; dela é possível esperar a palavra que queimará e dissipará o oblomovismo... No início de seu amor por Oblómov, ela acredita nele e na possibilidade de sua transformação moral... Por muito tempo, obstinadamente, com amor e carinhosa dedicação, Olga se esforça por chamá-lo à ação, por estimular a vida naquele homem. Recusa-se a crer na sua incapacidade para o bem; amando nele a sua própria esperança, a sua futura criação, faz de tudo por ele: chega a ignorar as convenções, vai ter com ele sozinha, sem avisar a ninguém, e não teme, como ele, a perda da sua reputação. Mas, com surpreendente tato, percebe de imediato cada traço de falsidade em seu caráter, e explica-lhe de forma extremamente simples como e por que é falso e não verdadeiro. Oblómov, por exemplo, lhe escreve a carta de que já falamos acima e, mais tarde, jura que a escreveu apenas por se preocupar com ela, totalmente esquecido de si mesmo, sacrificando-se etc.: "Não", ela lhe responde, "não é verdade; se você pensasse apenas na minha felicidade e considerasse que por ela seria necessário nos separarmos, então você simplesmente iria embora, não me enviaria previamente nenhuma carta". Ele diz que teme a infelicidade de Olga, caso ela venha a considerar, com o tempo, ter se enganado a seu respeito e deixe de amá-lo, passando a amar outro. Em resposta, ela lhe pergunta: "Onde é que você vê minha infelicidade? Eu o amo agora e isso me faz bem; e se mais tarde eu vier a amar outro, significará que com esse outro também estarei bem. Você se preocupa inutilmente comigo". Essa simplicidade e clareza de pensamento encerram elementos de uma vida nova, não mais aquela sob cujas condições se desenvolveu a sociedade atual... Depois disso — como a vontade de Olga obedece ao seu coração! —, ela persiste em suas relações e amor por Oblómov, apesar de todas as estranhas contrariedades, zombarias etc., até o momento em que se convence de sua decidida sordidez. Declara-lhe, então, diretamente, que se enganara a seu respeito e que já não poderia vir a unir seu destino ao dele. Olga ainda o elogia e o afaga, nesse momento de renúncia e mesmo mais tarde. Sua conduta, porém, o aniquila como nenhum outro oblomovista fora antes aniquilado por uma mulher. Tatiana diz a Oniéguin ao final do romance:

Amo-vos, sim (para que fingir?).
Mas fui a outro já cedida
E ser-lhe-ei fiel por toda a vida...[36]

E assim, apenas o dever moral, formal, salva Tatiana desse janota vazio; fosse ela livre, e se atiraria em seus braços. Natália deixa Rúdin

---

[36] Púchkin, *op. cit.*, capítulo oitavo, XLVII. (N. da T.)

porque este titubeara nos primeiros momentos e, observando-o, convence-se de que ele não a ama, amargurando-se com isso. Nada a dizer sobre Petchórin, que foi bem-sucedido em obter o ódio da princesa Mary. Não, Olga não se portou assim com Oblómov. Ela lhe disse de maneira simples e gentil: "Descobri apenas recentemente que aquilo que eu amava em você era o que eu queria enxergar em você, o que Stoltz me apontava, o que nós imaginávamos. Eu amava um futuro Oblómov! Você é gentil e honesto, Iliá; é carinhoso... como um pombo; você esconde a cabeça sob a asa, e não deseja mais nada; está pronto a passar a vida toda arrulhando sob essas telhas... mas eu não sou assim: isso é pouco para mim, preciso de algo mais; do quê, exatamente, não sei!". E ela deixa Oblómov e se precipita em direção ao seu *algo mais*, apesar de ainda não saber bem o que é. Por fim, ela o encontra em Stoltz, une-se a ele, feliz; mas não acaba aqui, seu desejo não se extingue. Algumas questões nebulosas e dúvidas a perturbam, e ela busca saber mais. O autor não nos revela as suas inquietações por inteiro, e podemos nos enganar ao pressupor a natureza delas. Mas nos parece que o que perturba seu coração e sua mente é o sopro de uma nova vida, da qual está incomparavelmente mais próxima que Stoltz. Pensamos assim porque encontramos alguns indícios no seguinte diálogo:

> "— O que farei? Ceder e me tornar melancólica? — perguntou ela.
>
> — Nada disso — disse ele. — Armar-se de firmeza e serenidade. Nós não somos Titãs — continuou ele, abraçando-a —, não vamos seguir os Manfredos e Faustos e desafiar questões inquietantes a um combate mortal, nem aceitar seus desafios; vamos inclinar a cabeça e esperar humildemente que passem os tempos difíceis; a vida há de sorrir novamente, a felicidade...
>
> — E se não passarem nunca mais, se a tristeza vier a afligir sempre mais e mais? — perguntou ela.
>
> — Que fazer? Vamos recebê-la como novo elemento da vida... Não, isso não vai acontecer, não pode ser assim conosco! Essa tristeza não é sua; é uma enfermidade comum da humanidade. Respingou uma gota em você... Tudo isso é terrível, quando o homem se desprende da vida, quando não há apoio. Mas conosco..."

Stoltz não completou esse "conosco"... Porém, está claro que é *ele* que não quer "desafiar as questões inquietantes", é ele que decide "inclinar a cabeça humildemente"... Mas ela está pronta para o combate, anseia por ele e constantemente teme que sua felicidade tranquila com Stoltz se converta em algo semelhante a uma apatia oblomovista. Está claro que Olga não quer inclinar a cabeça e esperar humildemente que passem os tempos difíceis, na expectativa de que a vida volte a sorrir. Ela abandonou Oblómov ao perder a confiança nele; também deixará Stoltz, se não mais puder confiar. E isso de fato acontecerá, se as questões e as dúvidas não cessarem de atormentá-la, e se ele persistir com seus conselhos de que deve aceitá-las como um novo elemento da vida e baixar a cabeça. Olga conhece bem o oblomovismo; é capaz de percebê-lo em todos os semblantes, sob todas as máscaras, e de sempre encontrar forças dentro de si para pronunciar a seu respeito um julgamento implacável...

(1859)

Tradução de Sonia Branco

Lev Tolstói

A vida de Lev Nikoláievitch Tolstói (1828-1910) se espraia ao longo do século XIX, uma longevidade rara para os padrões dos escritores russos. Ele nasce em um mundo rural anterior às ferrovias, e morre na época do automóvel e do surgimento dos meios de comunicação de massa, os quais fartaram-se de reproduzir a imagem de Tolstói em filmes, discos e fotos. Caso ainda seja necessário, depois de Eikhenbaum e outros críticos, rebater o velho esquema da crítica, a propósito de um Tolstói anterior e outro posterior à sua momentosa crise dos anos 1870, este texto, dotado de um título sonoro e arquitolstoiano, é um bom exemplo de como as preocupações "filosóficas" de Tolstói já se encontravam na década de 1860. O conde Tolstói escreveu alguns dos romances e contos mais conhecidos da literatura universal, além de obras doutrinárias e filosóficas hoje pouco comentadas, mas que foram, durante boa parte de sua vida, tão ou mais conhecidas do que alguns dos textos ficcionais. Para os propósitos desta antologia, vale lembrar que Tolstói foi o único dos grandes escritores russos do século XIX que sistematizou suas visões críticas sobre a arte. O texto escolhido foi publicado originalmente na revista *Iásnaia Poliana*, periódico que levava o nome da sua emblemática fazenda, e que durou apenas um ano, de 1862 a 1863, encaixado, portanto, entre os textos de juventude de Tolstói e os romances dos anos 1860 e 1870. A revista era a materialização editorial das preocupações educacionais do conde, que já o haviam levado à Inglaterra, no começo da década, com o fito de estudar as correntes pedagógicas contemporâneas. Na volta à Rússia, emulando o gesto de aristocratas russos do período napoleônico que criavam escolas para camponeses, Tolstói constrói uma na sua propriedade rural. Os textos resultantes desse empreendimento, produzidos pelo escritor e pelas crianças camponesas, serviam de material para a revista. O artigo ora publicado traz diversos elementos que constam, sem grandes modificações, do bombástico ensaio *O que é arte?*, publicado em fins da década de 1890: a superioridade da arte do povo sobre a arte da elite e a primazia do critério da sinceridade são alguns deles.

Quem deve aprender a escrever com quem, as crianças camponesas conosco ou nós com as crianças camponesas?

Na quinta edição da *Iásnaia Poliana*,[1] na seção de redações infantis, foi publicada, por um engano da redação, a "História sobre como assustaram um menino em Tula". Esta historinha não foi inventada pelo menino, mas compilada pelo professor com base no que foi sonhado e relatado pelo menino. Alguns leitores que acompanham as edições da *Iásnaia Poliana* demonstraram dúvidas sobre tratar-se de um conto de aluno. Apresso-me em pedir perdão aos leitores por esta imprudência e também, neste caso, em atentar para o fato de que falsificações deste gênero são impossíveis. Esta história foi identificada não por ser melhor, mas por ser pior, muito pior do que todas as redações infantis. As demais histórias pertencem às próprias crianças. Duas delas, "Dá de comer com a colher e espeta o olho com a vara"[2] e "A vida da mulher de um soldado", publicadas neste livro, foram redigidas da seguinte maneira:

A principal arte do professor no estudo da língua e o principal exercício com este propósito, no sentido de conduzir as crianças na escrita da redação, consiste em mandar fazer, e não tanto em mandar fazer quanto em oferecer mais opções de escolha, em indicar o tamanho da redação, em expor as técnicas fundamentais. Muitos alunos inteligentes e talentosos escreviam tolices, como: "o incêndio começou a queimar, todos car-

---

[1] Nome da revista pedagógica publicada por Lev Tolstói durante o ano de 1862. Nela, eram apresentados experimentos pedagógicos adotados nas escolas populares que, segundo Tolstói, deveriam se tornar laboratórios onde os professores verificariam novos métodos e técnicas de trabalho pedagógico. O título da revista é também o nome da propriedade da família de Tolstói, onde o escritor viveu e trabalhou e que abriga seu túmulo. (N. da T.)

[2] Em russo, "*lójkoi kórmit, a stebliom glazá kólet*", provérbio utilizado em situações em que uma pessoa beneficia outra e depois passa a cobrar ou censurar o beneficiado pelo próprio favor feito. (N. da T.)

regavam coisas e eu fui para a rua". E não saía nada, embora o enredo fosse rico e o fato descrito houvesse deixado uma profunda impressão na criança. Eles não compreendiam o mais importante: para que escrever e o que há de bom em escrever? Não compreendiam a arte, a beleza da expressão da vida em palavras e o fascínio desta arte. Como eu já havia escrito no segundo número da revista, tentei solicitar a redação de várias maneiras distintas. Eu pedia, dependendo das inclinações, redações objetivas, artísticas, comovedoras, cômicas, sobre temas épicos: a coisa não caminhava. E foi assim que, sem querer, descobri uma técnica eficiente.

Há muito que a leitura da coletânea de provérbios de Sneguiriov[3] é para mim não uma de minhas ocupações preferidas, mas um de meus deleites preferidos. Em cada provérbio, imagino as faces do povo e seus conflitos dentro do sentido do próprio provérbio. Entre meus desejos irrealizáveis, sempre imaginei uma série de novelas ou cenas feitas à base de provérbios. Certa vez, no último inverno, aprofundei-me na leitura do livro de Sneguiriov depois do almoço e cheguei com este mesmo livro à escola. Era a aula de língua russa.

— Então, escrevam-me alguma coisa com base em um provérbio — eu disse.

Os melhores alunos, Fiedka,[4] Siomka[5] e outros, ficaram de orelha em pé.

— Com base em um provérbio, como assim? Poderia nos explicar? — Começaram a chover perguntas.

Começamos com o provérbio: dá de comer com a colher e espeta o olho com a vara.

— Então — disse eu —, imaginemos que um homem deu abrigo a algum mendigo e depois pôs-se a exprobrá-lo pela bondade ofertada. Pois isto significa "dá de comer com a colher e espeta o olho com a vara".

— Mas como escrever isto? — disse Fiedka, e todos os outros, que antes estavam de orelha em pé, afastaram-se de repente ao comprovar que essa tarefa não estava a seu alcance, e voltaram às tarefas que haviam iniciado antes.

---

[3] Ivan Mikháilovitch Sneguiriov (1793-1868), historiador, etnógrafo e folclorista russo, autor da coletânea *Rússkie naródnie poslóvitsi i prítchi* [Provérbios e parábolas populares russos]. (N. da T.)

[4] Diminutivo do nome masculino Fiódor. (N. da T.)

[5] Diminutivo do nome masculino Semion. (N. da T.)

— Escreve tu mesmo — disse-me alguém.

Todos estavam ocupados com algo. Eu tomei uma pena e o tinteiro e pus-me a escrever.

— Bem — eu falei —, vamos ver quem escreve melhor, e eu participarei com vocês. — Dei início a uma narrativa, publicada na quarta edição da *Iásnaia Poliana*, e escrevi a primeira página. Qualquer pessoa de mente aberta, que tenha sensibilidade para a arte e para a cultura popular, ao ler esta primeira página que eu escrevi e as páginas seguintes da narrativa, redigidas pelos próprios alunos, distinguirá a primeira das outras como quem vê uma mosca no leite: ela é muito falsa, muito artificial e escrita com uma péssima linguagem. Há que mencionar ainda que, em sua primeira versão, ela era ainda mais monstruosa e melhorou muito graças às sugestões dos alunos.

Fiedka olhava-me de vez em quando por detrás de seu caderno, e quando seus olhos encontravam os meus, piscava-me sorrindo e dizia: "Escreve, escreve, vou te manter ocupado". Parece que era divertido para ele notar que o adulto também estava compondo. Ao terminar sua redação, mais rapidamente e pior do que de costume, ele subiu no encosto de minha poltrona e começou a ler por sobre o meu ombro. Eu já não pude mais continuar, outros também aproximaram-se de nós e eu li meu escrito para eles, em voz alta. Não gostaram, ninguém elogiou. Eu estava envergonhado e, para tranquilizar minhas ambições literárias, passei a contar-lhes o meu plano sobre o que iria acontecer posteriormente. À medida que contava, entusiasmava-me, corrigia-me, e eles começaram a dar sugestões: um dizia que o velho deveria ser um bruxo; outro dizia "não, não precisa, será somente um soldado"; "não, melhor é que ele os roube", "não, isto não tem nada a ver com o provérbio", e iam falando assim por diante.

Todos estavam extremamente interessados. Parecia que para eles era algo novo e fascinante assistir ao processo de criação de uma narrativa e participar dele. Suas opiniões eram, em grande parte, semelhantes e corretas, tanto no que dizia respeito à construção da narrativa, quanto aos detalhes e características das personagens. Praticamente todos participavam na criação. Porém, desde o começo destacaram-se com mais evidência o bondoso Siomka, com considerável valor artístico na descrição, e Fiedka, com a precisão das imagens poéticas e, especialmente, com a vivacidade e velocidade imaginativa. As exigências deles eram tão pouco ocasionais e tão precisas, que mais de uma vez nos pusemos a discutir e eu tive que ceder. Eu tinha exigências bem enraizadas na cabeça quanto à exatidão da construção e à fidelidade à relação entre a ideia do provérbio e a narrativa; eles, ao contrário, somente apresentavam demandas quanto à veracidade artística. Eu queria, por exemplo, que o homem que abrigara o velho em sua casa se arrependesse por si próprio de sua bondade; eles acharam isto impossível e inventaram uma velha rabugenta. Eu dizia: o homem, no início, ficou triste pelo velho, mas depois ficou triste pelo pão dado. Fiedka respondia que isto não teria graça: "desde o primeiro momento ele não obedecera à mulher, logo, não vai se submeter depois". — Como ele deve ser como ser humano, que te parece? — perguntei. "Ele é como o tio Timofiei — disse Fiedka, sorrindo —, assim... tem uma barbinha rala, vai à igreja e cria abelhas." — Bondoso, mas obstinado? — disse eu. "É — disse Fiedka —, ele com certeza não vai ouvir as mulheres." A partir do momento em que carregaram o velho para a isbá, teve início um animado trabalho. Era evidente que pela primeira vez eles sentiam o encanto de registrar em palavras a realidade artística. Em relação a isso, destacou-se particularmente Siomka: os detalhes mais precisos saltavam, um após o outro. A única recriminação passível de se fazer seria a de que aqueles detalhes somente descreviam o momento presente, sem relação com o sentido geral da narrativa. Eu não tinha tempo para anotar e só lhes pedia que esperassem e que não esquecessem o que havia sido dito. Parecia que Siomka via e descrevia o que estava diante de seus olhos: os *lápti*[6] duros e congelados pelo frio e a sujeira que escorria deles quando se descongelavam, e que depois ficaram como torrados, quando a mulher os lançou no fogão; Fiedka, ao contrário, via apenas os detalhes que lhe provocavam o sentimento de quem olha para um rosto familiar. Fiedka via a neve que caía nas *ónutchi*[7] do velho, o sentimento de piedade com o qual o homem disse "Meu Deus, como ele estava andando!" (Fiedka reproduzia até mesmo os gestos com que o homem dizia aquilo, levantando as mãos e inclinando a cabeça). Ele via o capotinho feito de retalhos e a camisa rasgada, por baixo da qual aparecia o corpo do velho, magro, molhado pela neve derretida; inventou a mulher que resmungava sob as ordens do marido, enquanto

---

[6] Calçado antigo russo, usado por camponeses, feito com a entrecasca de árvores. (N. da T.)

[7] Largas faixas de tecido que eram enroladas nas pernas até a altura dos joelhos para, depois, calçar os *lapti*. (N. da T.)

retirava os *lápti* do velho e o gemido lamentoso deste, que dizia entre os dentes: "cuidado, queridinha, tenho feridas aí". Siomka necessitava principalmente de imagens objetivas: os *lápti*, o capotinho, o velho, a mulher, quase que sem relação entre elas; já Fiedka precisava despertar o sentimento de pena que ele mesmo sentia.

Ele se atropelava, contava como dariam de comer ao velho, como ele iria cair à noite, como depois, no campo, ensinaria um menino a escrever, e eu precisava, assim, pedir a Fiedka que não se apressasse e não esquecesse daquilo que havia dito. Seus olhos já brilhavam quase com lágrimas. As mãozinhas escuras e magras torciam-se convulsivamente. Ele ficava bravo comigo e me apressava mais e mais: "escreveu, escreveu?" — perguntava para mim o tempo todo. Tratava os demais de maneira nervosa e autoritária, queria apenas falar sozinho e não como se conta algo quando se conversa, mas falar como se escreve, ou seja, queria registrar com as palavras as imagens do sentimento, de forma artística; não permitia, por exemplo, que as palavras fossem mudadas de lugar. Se ele dizia "tenho feridas nos pés", já não permitia que se dissesse "nos pés tenho feridas". Sua alma, naquele momento abrandada e exasperada pelo sentimento de piedade, ou melhor, de amor, revestia qualquer imagem de forma artística e recusava tudo o que não correspondesse à ideia de beleza perpétua e de harmonia. Era só Siomka deixar-se arrebatar pela expressão de pormenores desproporcionais sobre cordeiros num estábulo etc., que Fiedka zangava-se e dizia: "Não podes mesmo parar!". Bastava eu apenas insinuar, por exemplo, o que estaria fazendo o homem, como a mulher saíra para ver o compadre, para que na imaginação de Fiedka imediatamente surgissem quadros com os cordeiros no estábulo, com os suspiros do velho e o delírio do menino Seriójka;[8] era só insinuar algum quadro artificial e inverídico, e imediatamente ele dizia, bravo, que não precisava daquilo. Sugeri, por exemplo, a descrição da aparência do homem. Ele não consentiu; mas diante da proposta de descrição quanto a o que o homem estaria pensando quando a mulher saiu para ver o compadre, Fiedka no mesmo instante retornou com o pensamento "Ah, se o falecido Savoska[9] fosse teu marido, ele te arrancava as melenas!". E ele disse aquilo num tom tão cansado, tranquilo, sério e, ao mesmo tempo,

[8] Diminutivo do nome masculino Serguei. (N. da T.)

[9] Diminutivo do nome masculino Savostian. (N. da T.)

tão bondoso, apoiando a cabeça com a mão, que as crianças caíram na risada. O aspecto mais importante de toda a arte, que é o senso de proporção, era insolitamente desenvolvido naquele menino. Incomodava-lhe qualquer traço supérfluo sugerido por algum dos meninos. Ele administrava a construção da narrativa tão autoritariamente, e com direito a essa autoridade, que em pouco tempo os meninos foram para casa e ficaram somente ele e Siomka, que não cedia, embora trabalhasse de outra maneira.

Ficamos trabalhando das sete até as onze horas. Eles não sentiam nem fome nem cansaço e ainda ficaram zangados comigo quando parei de escrever; principiaram eles mesmos a escrever, por turnos, mas logo pararam: o enredo não andou. Só então Fiedka perguntou qual era o meu nome. Começamos a rir porque ele não sabia. "Eu sei o nome do senhor, mas como se chama a propriedade?[10] Temos os Fokánitchev, os Ziábriev, os Iermílin". Eu disse a ele o nome. "Mas vamos publicar?" — perguntou ele. — "Sim!" — "Então temos de pôr: obra de Makárov, Morózov e Tolstói." Ele ficou por muito tempo emocionado e nem pôde dormir; não posso descrever o sentimento de emoção, alegria, medo e quase arrependimento que eu senti durante aquela noite. Senti que a partir daquele dia abriu-se para ele um novo mundo de delícias e sofrimentos: o mundo da arte. Parecia-me que eu casualmente havia percebido aquilo que a ninguém nunca fora permitido ver: o desabrochar da misteriosa flor da poesia. Eu sentia medo e alegria, como um caçador de tesouros que viu a flor do feto.[11] Alegria porque, de repente, abriu-se para mim, inesperadamente, aquela pedra filosofal que eu havia procurado em vão nos últimos dois anos: a arte de ensinar a expressar pensamentos; medo, pois esta arte criava novas exigências, um mundo inteiro de desejos que não correspondia ao ambiente no qual viviam os alunos, como já me parecera num primeiro momento. Não era permitido errar. Não era uma casualidade, mas uma criação consciente. Peço ao leitor que leia o primeiro capítulo da narrativa e observe a riqueza dos traços que ali estão presentes, traços de um verdadeiro talento humano. Por exemplo, o detalhe em que a mulher, cheia de rancor, reclama do marido

---

[10] Refere-se ao sobrenome, também utilizado para denominar as propriedades rurais. (N. da T.)

[11] Feto é a designação vulgar das plantas pteridófitas (a samambaia é uma delas); tais plantas não possuem flor. (N. da T.)

para o compadre e, apesar disso, esta mulher, por quem o autor sente uma evidente antipatia, chora quando o compadre lhe recorda sobre a destruição da casa. Para um escritor que cria unicamente com a mente e a memória, a mulher rabugenta representa apenas o antagonista do marido; ela, devido ao único desejo de causar desgosto ao marido, deveria ter convidado o compadre, mas o senso artístico de Fiedka atinge também a mulher e ela também chora, tem medo, sofre, não tem culpa aos olhos dele. A seguir, o detalhe secundário do compadre que havia vestido um casaquinho de peles feminino surpreendeu-me a tal ponto que perguntei: mas por que precisamente um casaco feminino? Nenhum de nós havia levado a Fiedka a ideia de que o compadre teria vestido um casaco. Ele respondeu: "assim parece de verdade". Quando eu perguntei: poderíamos dizer que ele vestiu um casaco de peles masculino?, ele falou "não, melhor o de mulher". E realmente, este detalhe era extraordinário. Na hora, não nos demos conta do motivo para um casaco feminino, precisamente, mas ao mesmo tempo sentimos que era maravilhoso e que não poderia ser de outra maneira. Cada palavra artística, não importa se ela pertence a Goethe ou a Fiedka, é distinta de uma palavra não artística justamente porque provoca uma infinidade de pensamentos, imagens e explicações. O compadre de casaco feminino, involuntariamente imagina-se como um homem mirrado, de peito estreito, exatamente como ele deve ser. O casaquinho de mulher, jogado no banco e que foi o primeiro que caiu em suas mãos, apresenta-nos também toda a rotina da noite de inverno de um camponês. Involuntariamente, o leitor imagina, por causa do casaco, o homem sentado sob o candeeiro, tarde da noite, seminu, e as mulheres a entrar e sair para pegar água e cuidar do gado e toda esta aparente desordem de uma habitação camponesa, onde nenhuma pessoa tem roupa definida e nada tem seu lugar definido. Com esta única expressão, "vestiu-se com o casaquinho de mulher", fica marcado todo o caráter do ambiente onde acontece a ação, e esta expressão não é dita por acaso, mas conscientemente. Eu ainda lembro claramente como surgiram em sua imaginação as palavras que o homem disse quando encontrou o papel e não conseguiu lê-lo: "Se meu Seriója soubesse ler, ele viria rapidinho, arrancaria o papel das minhas mãos, leria tudo e me contaria quem é este velho". É possível visualizar a relação deste lavrador com o livro, como ele o toma nas mãos queimadas de sol; este homem bondoso, de hábitos patriarcais, religiosos, aparece inteiro diante de nós. O leitor sente que o autor amou-o profundamente e por isso compreendeu-o por inteiro, para depois aplicar a ele uma digressão sobre os novos tempos que chegaram e que, de uma hora para a outra, podem arruinar a alma por nada. A ideia do sonho foi por mim sugerida, mas a invenção da cabra com feridas nas patas foi ideia de Fiedka, e ele ficou especialmente contente com ela. E a reflexão do homem no momento em que começou a sentir coceiras nas costas, a imagem do silêncio da noite, tudo isto não é nada ocasional, em todos estes detalhes sente-se a força consciente do artista!... Eu me lembro também que na cena em que o homem está adormecendo, propus fazê-lo pensar no futuro do filho, nas futuras relações do filho com o velho, que o velho ensinaria Seriója a ler e escrever etc. Fiedka fez uma careta, disse "sim, sim, está bem", mas via-se que ele não gostava desta frase, e por duas vezes ele a ignorou. O senso de proporção era mais forte nele do que em todos os escritores que eu conheço, aquele senso de proporção que, com enorme esforço e estudo, alguns raros artistas adquirem, esse senso de proporção manifestava-se em sua plena força primitiva na alma infantil e pura de Fiedka.

Deixei a aula, pois estava por demais emocionado.

"O que aconteceu, o senhor está tão pálido, talvez o senhor não esteja bem?" — perguntou-me meu colega. Realmente, duas ou três vezes na vida eu havia experimentado uma impressão tão forte como a daquela noite, e durante muito tempo não pude me dar conta do que havia experimentado. Parecia-me vagamente que eu, como um criminoso, havia espiado numa colmeia de vidro o trabalho das abelhas, secreto para os olhos de um mortal; parecia-me que eu havia depravado uma alma pura, primitiva, de uma criança camponesa. Eu sentia vagamente uma contrição por algum sacrilégio. Lembrava-me das crianças que os velhos ociosos e devassos obrigam a fazer trejeitos e representar dramalhões para excitar sua imaginação cansada e desgastada, e ao mesmo tempo eu sentia a alegria que deve sentir uma pessoa que viu aquilo que ninguém nunca antes havia visto.

Durante muito tempo eu não podia me dar conta da impressão que experimentara, embora sentisse que era uma dessas impressões capazes de ensinar algo a uma pessoa já em idade avançada, de levá-la a outro degrau da vida, fazê-la renunciar ao antigo e dedicar-se completamente ao novo. No dia seguinte, eu ainda não acreditava naquilo que havia experimentado no anterior. Parecia-me tão estranho que um menino camponês semialfabetizado de repente revelasse uma força tão consciente de artista que nem mesmo um Goethe, na altitude imensa de seu desenvolvimento, conseguiria atingir. Parecia-me tão esquisito e ofensivo que eu, autor de *Infância*,[12] que conquistara certo êxito e reconhecimento do talento artístico entre o público erudito russo, no que diz respeito ao tema da criação artística, não só não pudesse dar sugestões ou ajudar Siomka e Fiedka, de onze anos, como também mal tivesse condições — e, mesmo assim, apenas num momento afortunado de excitação — de acompanhá-los e compreendê-los. Isto me parecia tão estranho, que eu não acreditava no que havia se passado no dia anterior.

No dia seguinte, à noite, abordamos a continuação da narrativa. Quando perguntei a Fiedka se ele havia pensado na continuação e como ela seria, ele, sem responder, começou a agitar os braços e apenas disse: "Já sei, já sei! Quem irá escrever?". Continuamos trabalhando e, novamente, da parte dos meninos houve o mesmo senso de verdade artística, de proporção e de entusiasmo.

Na metade da aula, tive que deixá-los. Eles prosseguiram sem mim e escreveram mais duas páginas, tão bem, emotiva e corretamente quanto as primeiras. Estas páginas eram apenas um pouco mais escassas em detalhes, e estes às vezes eram colocados de uma maneira um tanto desajeitada, com umas duas repetições. Tudo isto evidentemente aconteceu porque o mecanismo de escritura dificultava-lhes o processo. No terceiro dia ocorreu o mesmo. Durante estas aulas, frequentemente chegavam outros meninos e, conhecendo o tom e o enredo da novela, muitas vezes sugeriam e adicionavam seus próprios detalhes. Siomka se afastava e voltava. Fiedka foi o único que levou a novela do começo até o fim, censurando todas as mudanças propostas. Não poderia mais haver dúvida ou ideia de que este êxito fosse um acaso: nós, pelo visto, havíamos chegado à técnica mais natural e motivadora de todas as experimentadas. Porém, tudo isto era surpreendente demais e eu não acreditava no que acontecia diante meus olhos. Era como se mais um caso especial precisasse acontecer para eliminar todas as minhas dúvidas. Eu necessitava passar alguns dias fora e a narrativa estava inacabada. O manuscrito — três grandes folhas todas cheias de rabiscos — estava na salinha do professor ao qual eu havia mostrado a narrativa. Antes de minha partida,

---

[12] Primeira parte da trilogia de Tolstói, *Infância*, *Adolescência*, *Juventude*, publicada em 1852. (N. da T.)

ainda durante o processo de criação, um novo aluno da escola mostrou aos nossos meninos a arte de fazer estalinhos de papel, e toda a escola, como costuma acontecer, entrou na fase de fazer estalinhos, substituindo o período de fazer bolas de neve que, por sua parte, havia substituído o período de cortar varinhas. O período de estalinhos permaneceu durante a minha ausência. Siomka e Fiedka, que eram membros do coro, iam para a sala do mestre para ensaiar e passavam lá tardes inteiras, às vezes, noites. Nas aulas de canto e em seus intervalos, os estalinhos, claro, faziam seu serviço e todo o papel que caía nas mãos virava estalo. O mestre foi jantar e esqueceu-se de avisar que os papeis sobre a mesa eram importantes, assim, o manuscrito da obra de Makárov, Morózov e Tolstói virou estalinho de papel. No dia seguinte, o barulho de estalos aborreceu tanto os próprios alunos que foi promovida uma perseguição total aos estalos de papel, realizada pelos próprios alunos: aos gritos e ganidos, todos os estalos foram expropriados e enfiados, triunfalmente, no fogão aceso. Terminou o período de estalinhos, mas junto com ele desapareceu nosso manuscrito. Nunca nenhuma perda fora tão pesada para mim como a daquelas três páginas rabiscadas: eu estava desesperado. Ao dar adeus a tudo, eu quis iniciar outra novela, mas não conseguia esquecer a perda, e, a cada minuto, involuntariamente, reprochava o mestre e os fazedores de estalinhos. (Não posso deixar de mencionar, neste caso, que unicamente devido à aparente desordem e liberdade total dos alunos, desordem e liberdade que são gentilmente zombadas pelo senhor Márkov[13] em *Rússki Viéstnik* [O Mensageiro Russo][14] e pelo senhor Gliébov[15] na revista *Vospitánie* [Educação],[16] número 4, eu soube, sem o menor esforço, ameaças ou artimanhas, de todos os detalhes da complexa história da conversão do manuscrito em estalos de papel e de sua in-

---

[13] Ievguêni Lvóvitch Márkov (1835-1903), escritor, crítico literário e etnógrafo russo. Tolstói refere-se a seu artigo "Teoria e prática da escola de Iásnaia Poliana", publicado na revista *Rússki Viéstnik* [O Mensageiro Russo] (1862, nº 2). (N. da T.)

[14] *Rússki Viéstnik* [O Mensageiro Russo], revista literária, política e social, uma das publicações mais influentes da segunda metade do século XIX. (N. da T.)

[15] Ivan Timofiêievitch Gliébov (1806-1884), pedagogo russo. Aqui, o autor refere-se a seu artigo "Um novo olhar para a educação popular", publicado na revista *Vospitánie* [Educação] (1862, nº 4). (N. da T.)

[16] *Vospitánie* [Educação], revista pedagógica publicada entre os anos de 1860 e 1863. (N. da T.)

cineração.) Siomka e Fiedka viram que eu estava magoado e aparentemente não entendiam o porquê, embora se compadecessem. Fiedka propôs, com timidez, que eles escrevessem novamente outra narrativa igual. "Sozinhos? — disse eu. — Eu não vou mais ajudar." — "Eu e Siomka passaremos a noite aqui" — disse Fiedka. Realmente, eles chegaram a casa depois das oito, após a aula, trancaram-se no escritório, o que muito me agradou, riram um pouco e ficaram quietos até as onze. Ao me aproximar da porta, eu só ouvia os dois conversando em voz baixa e rabiscando com a pena. Apenas em uma ocasião eles começaram a discutir sobre como era o texto antes e vieram até mim para esclarecer um ponto: se o homem estava procurando a bolsinha antes que a mulher fosse até o compadre, ou depois. Eu disse-lhes que tanto fazia. Depois das onze, bati na porta e entrei. Fiedka, vestido com novo abrigo de pele branco com debrum preto, estava sentado no fundo da poltrona, uma perna sobre a outra, e, apoiando sua cabecinha cabeluda em uma mão, com a outra brincava com uma tesoura. Seus grandes olhos negros, brilhando com um fulgor artificial, porém sério, de adulto, olhavam atentamente para algo distante; os lábios assimétricos, posicionados de um modo como se quisesse assobiar, pelo visto continham uma palavra, cunhada na imaginação, que ele queria expressar. Siomka estava de pé ante uma grande escrivaninha, com um enorme remendo de pele de ovelha nas costas (na aldeia, o que mais havia era alfaiates), com uma cinta solta, cabelo despenteado, e escrevia linhas tortas, enfiando sem parar a pluma no tinteiro. Eu despenteei o cabelo do Siomka, e seu redondo rosto de maçãs salientes com o cabelo emaranhado, quando ele me olhou assustado, com olhos sonolentos e atônitos, era tão engraçado que eu caí na risada; mas as crianças não riram. Fiedka, sem mudar de ar, tocou no braço de Siomka para que ele continuasse escrevendo: "Espera aí — disse-me —, um minuto" (Fiedka trata-me por "tu" quando está entusiasmado e emocionado), e ditou mais alguma coisa. Eu tomei o caderno deles e, dentro de cinco minutos, quando, sentados ao lado do armário, eles devoravam batata com *kvas*[17] e, olhando as colheres de prata, estranhas para eles, caíam, sem saber por quê, num riso sonoro de criança, uma velhinha, ouvindo-os lá de cima, sem saber por quê, também começou a rir. "Por que você está torto? — dizia Siomka. — Senta reto, senão

[17] Bebida fermentada russa, feita à base de pão de centeio. (N. da T.)

a comida vai ficar de um lado só." E, tirando os abrigos e deitando para dormir em baixo da escrivaninha, eles não paravam de rir com seu riso de criança, de camponês, saudável, encantador. Eu li o que haviam escrito. Era uma nova versão da mesma narrativa. Algumas coisas foram omitidas, outras, novas, novos encantos artísticos, foram adicionados. Novamente, o mesmo senso de beleza, de verdade e de proporção. Depois, foi encontrada uma das folhas do manuscrito perdido. Na narrativa publicada eu, lembrando-me da folha encontrada, juntei as duas versões. A criação desta narrativa deu-se no início da primavera, antes do término de nosso ano letivo. Eu, devido a certas circunstâncias, não tive tempo de realizar novas experiências. Somente mais uma narrativa foi escrita com base em um provérbio, por dois meninos mais medíocres quanto ao dom e mais estragados (porque eram meninos da criadagem): "Quem fica feliz por uma festa, fica bêbado até o amanhecer", publicada no terceiro número. As mesmas características surgiram nestes dois meninos e nesta narrativa, apenas com diferença no grau de talento, no grau de entusiasmo e quanto à ajuda da minha parte.

No verão, aqui na escola, os alunos não estudam, nunca estudaram e nunca vão estudar. Será dedicado outro artigo à razão pela qual, no verão, as aulas são impossíveis em nossa escola.

Por um período de tempo, no verão, Fiedka e outros meninos moraram comigo. Depois de nadar e de brincar à vontade, eles resolveram estudar um pouco. Eu propus-lhes escrever uma redação e dei alguns temas. Contei-lhes uma história bastante curiosa sobre um roubo de dinheiro, uma história sobre um assassinato, uma história sobre a milagrosa conversão de um *molokano*[18] em ortodoxo e, além disso, propus que escrevessem em forma de autobiografia a história de um menino cujo pai, pobre e devasso, fora convocado a ser soldado e voltou do exército uma pessoa reeducada e boa. Eu disse: "Eu escreveria assim. Lembro-me, quando era pequeno, que eu tinha mãe, pai e mais alguns parentes, e de como eles eram. Depois escreveria sobre como eu me lembro de que meu pai levava uma vida desregrada e minha mãe chorava o tempo todo e meu pai batia nela; depois, de como ele foi mandado para o exército, de como ela soluçava, de como começamos a viver ainda pior, de como o

[18] Adepto do movimento religioso cristão Molokánie, surgido na Rússia, no século XVIII. (N. da T.)

pai voltou e de como eu não podia reconhecê-lo, e que ele pergunta se a Matriona está viva — sua mulher — e por fim de como depois todos ficaram alegres e começaram a viver bem". Eis tudo o que eu disse, a princípio. Fiedka gostou muito deste tema. Imediatamente, ele apanhou uma pena, papel e começou a escrever. Durante a escritura eu só dei a ele a ideia de uma irmã e a ideia da morte da mãe. O restante ele escreveu sozinho e nem sequer mostrou-me, com exceção do primeiro capítulo, até tudo estar terminado. Quando me apresentou o primeiro capítulo e eu comecei a lê-lo, senti que ele estava muito nervoso e, contendo a respiração, olhava ou para o manuscrito, seguindo a minha leitura, ou para o meu rosto, querendo adivinhar nele alguma expressão de aprovação ou desaprovação. Quando eu lhe disse que estava muito bom, ele enrubesceu, mas não me disse nada e, num passo excitado e silencioso, foi com o caderno até a escrivaninha, colocou-o devagar sobre ela e saiu para o quintal. No quintal, naquele dia, ele esteve freneticamente agitado com os meninos e, quando nossos olhos se cruzavam, mirava-me com um olhar muito agradecido e carinhoso. Um dia depois, ele já havia esquecido sobre o que escrevera. Eu apenas inventei um título, dividi em capítulos e corrigi alguns erros que ele cometera unicamente devido à distração. Esta narrativa está publicada no livro em sua forma original, sob o título "A vida da mulher do soldado".

Eu não falarei sobre o primeiro capítulo; embora ele tenha seus incomparáveis encantos e embora o leviano Gordiéi esteja nele representado de forma extremamente viva e correta (Gordiéi, que parece estar com vergonha de reconhecer seu arrependimento e acha adequado simplesmente pedir a guarda do filho ao conselho tutelar), apesar de tudo isto, este capítulo é muito mais fraco do que outros. E o único culpado disto sou eu, que não pude me conter durante sua elaboração, não pude me conter no sentido de não lhes dar sugestões e não dizer como eu o escreveria. Se há alguma vulgaridade técnica na introdução, na descrição das personagens e da habitação, o único culpado sou eu. Se eu o tivesse deixado só, tenho certeza, ele haveria descrito da mesma forma como acontece no decorrer da ação narrativa, de modo imperceptível, com mais arte, sem a técnica entre nós cristalizada e que já se tornou inverossímil, de descrições colocadas numa ordem lógica: primeiro a descrição de personagens, até suas biografias, em seguida a descrição do espaço e do ambiente e, só depois, inicia-se a ação. E, por incrível que pareça, essas descrições que às vezes ocupam dezenas de páginas fazem o leitor conhecer menos as personagens do que um traço artístico lançado negligentemente, durante a ação já iniciada entre duas personagens que nem foram descritas. Assim, neste primeiro capítulo, a única fala de Gordiéi, "é disso que eu preciso", quando ele, dando adeus a tudo, conforma-se com seu destino de ser soldado e somente pede ao conselho para que não abandonem seu filho, esta fala apresenta melhor a personagem ao leitor do que as repetidas descrições de sua roupa, de seu aspecto e do costume de ir à taberna, por mim impostas. A mesma impressão é produzida pela fala da velha, que sempre repreendia o filho, e que, durante sua desgraça, diz à nora com inveja "Para com isto, Matriona! Fazer o quê? Pelo visto, Deus quer que assim seja! Ainda és jovem, e, se Deus quiser, talvez voltes a vê-lo. Mas eu, com a minha idade... com tantas doenças... de uma hora para outra vou morrer".

No segundo capítulo, ainda é evidente a influência da minha vulgaridade e deturpação, mas, novamente, os profundos traços artísticos na descrição das cenas e da morte do menino salvam o capítulo. Eu sugeri que o menino tivesse perninhas finas, sugeri o detalhe sentimental sobre o tio Nefiod, que faz o caixãozinho; mas os lamentos da mãe, que se expressam na significativa fala "Meu Deus, quando este jugo acabará!", mostram ao leitor toda a essência da situação; e depois, durante a noite em que o irmãozinho maior é acordado pelas lágrimas da mãe, e a resposta desta para a avó sobre o que estava acontecendo, com um simples "meu filho morreu", e a avó que se levanta, acende a luz e lava o pequeno corpo, tudo isto é próprio dele, é tudo tão concentrado, tão simples e forte que não há como extrair nenhuma palavra, não há como adicionar ou modificar algo. São somente cinco linhas e nestas cinco linhas está desenhada para o leitor toda a imagem daquela triste noite, imagem refletida na imaginação de um menino de seis, sete anos. "À meia-noite a mãe começou a chorar. A avó levantou-se e disse: o que aconteceu, Santo Pai? A mãe respondeu: meu filho morreu. A avó acendeu a luz, lavou o menino, pôs nele uma camisa, uma cinta, e o colocou sob os ícones. Quando amanheceu..." O leitor vê o próprio menino, acordado pelo choro familiar da mãe, sonolento, debaixo de um *kaftan*,[19] deitado em algum lugar, no estrado, ao lado do fogão, seguindo com o olhar assustado o que está acontecendo na isbá; o leitor vê a exausta mulher do sol-

[19] Antiga vestimenta masculina russa, tipo de paletó com abas longas. (N. da T.)

dado, sofredora, que um dia antes dissera "quando este jugo morrerá?", agora arrependida e abalada pela ideia do fim daquele jugo a tal ponto, que só pode repetir "meu filho morreu", sem saber o que fazer e pedindo ajuda à avó; vê também a velha, cansada do sofrimento da vida, curvada, magra, de membros ossudos, que, com as mãos acostumadas à labuta, sem pressa e tranquila, põe-se ao trabalho: acende uma brasa, traz a água e lava o menino, arruma tudo em seus devidos lugares e coloca o menino limpo e vestido com a cinta, sob os ícones. E o leitor vê estes ícones, a noite de vigília até o amanhecer, como se ele mesmo tivesse vivido aquela noite, da maneira que o menino a viveu, olhando por detrás do *kaftan*; esta noite surge em todos os seus detalhes e fixa-se em sua imaginação.

No terceiro capítulo, já há menos da minha influência. Toda a personalidade da babá pertence a Fiedka. Ainda no primeiro capítulo, com uma marca ele caracterizara a relação da babá com a família: "ela trabalhava para poder comprar roupas, tinha a intenção de se casar". E só este traço já caracteriza a moça, que não pode participar, e realmente não participa, das alegrias e dores da família. Ela tem um único interesse legítimo, um único objetivo imposto pela providência: o futuro casamento, sua própria futura família. Nosso colega escritor, especialmente aquele que deseja educar o povo mostrando-lhe exemplos de moralidade dignos de imitação, poderia sem dúvida dirigir-se à babá com a questão de sua participação nas necessidades e na desgraça da família. Ele faria dela ou um exemplo infame de indiferença, ou um modelo de amor e autossacrifício, e haveria aí uma ideia, mas não uma personagem viva: a babá. Somente uma pessoa que estudou e conheceu profundamente a vida poderia compreender que, para a babá, a questão da desgraça da família e da partida do pai para o exército é naturalmente secundária: ela tem seu casamento. É isto o que vê o artista na simplicidade de sua alma, embora seja criança. Se tivéssemos elaborado a descrição da babá como a de uma moça mais comovente, mais abnegada, nem sequer poderíamos imaginá-la e não a amaríamos como a amamos agora. E agora parece-me tão encantadora, tão viva esta garota bochechuda e corada que à noite vai às danças de roda com suas botas de pele compradas com o dinheiro conquistado, com seu xale vermelho, que ama sua família e que se incomoda com a miséria e a tristeza que são tão opostas a seu próprio estado de espírito. Eu sinto que ela é uma boa garota até mesmo porque sua mãe nunca reclamou dela e nunca teve problemas com ela. Ao contrário, sinto que suas preocupações com roupas, com os fragmentos de canções que ela cantava, com histórias de fofocas da aldeia que ela trazia dos trabalhos de verão ou da rua no inverno, no período triste de solidão da mulher do soldado, serviam como representações da alegria, juventude e esperança. Não é por acaso que o autor diz que o único momento de alegria foi quando celebravam o casamento da babá; não é por acaso que a felicidade decorrente do casamento é descrita com tanto amor e em tantos detalhes; não é por acaso que depois do casamento a mãe é obrigada a dizer: "Agora sim é que estamos arruinados". Vê-se que depois de casar a babá, eles perderam a alegria e a felicidade que ela trazia para sua casa. Toda a descrição do casamento é incrivelmente bela. Há detalhes diante dos quais involuntariamente o leitor fica atônito e, lembrando-se de que foram escritos por um menino de onze anos, pergunta-se: será possível que isto não foi feito por puro acaso? Pode-se ver, nesta descrição lacônica e intensa, um menino de sete anos, que não é mais alto do que uma mesa, com olhinhos inteligentes e atentos, a quem ninguém dá atenção, mas que recorda e percebe tudo. Quando, por exemplo, ele quis um pedacinho de pão, o autor não mencionou que ele o havia pedido à mãe, mas disse que ele havia puxado a mãe em sua direção. E isto não foi dito por acaso, mas porque o autor se lembrou da proporção de sua altura em relação à mãe naquela idade e de sua relação com a mãe, tímida na presença dos outros, mas íntima a sós. Entre muitas observações que ele poderia ter feito durante o ritual do casamento, lembrou-se e anotou justamente aquela que para ele e para cada um de nós desenha todo o caráter destes rituais. Quando disseram "amargo",[20] a babá pegou Kondrachka[21] pelas orelhas e eles começaram a se beijar. Depois, a morte da avó, sua recordação do filho antes de morrer e o caráter especial da mágoa da mãe: tudo tão sólido e lacônico, e tudo do próprio Fiedka.

Quando passei a ele o tema da narrativa, foi sobre o retorno do pai que eu mais lhe falei. Eu gostava desta cena e, então, contei-a a ele de uma maneira sentimental e vulgar, mas justamente desta cena ele também gostou muito, e me pediu: "não me diga nada, eu já sei, já sei", ele me

[20] Nos casamentos russos, até os dias de hoje, os convidados gritam repetidas vezes a palavra "amargo" ("*górko*") para que o casal se beije. (N. da T.)

[21] Diminutivo do nome masculino Kondrati. (N. da T.)

disse e começou a escrever, e daquele ponto terminou a narrativa inteira de uma só vez. Interessa-me muito a opinião de outros especialistas, mas acho que é meu dever expressar abertamente a minha. Nunca vi nada parecido a estas páginas na literatura russa. Em todo este reencontro não há nenhuma alusão que o torne comovente, apenas conta-se o que aconteceu; porém é contado, de tudo o que aconteceu, somente aquilo que é necessário para que o leitor compreenda a situação de todas as personagens. O soldado, em sua casa, disse somente três palavras. Primeiro, ele ainda tentava se conter e disse: "Bom dia". Quando começou a se esquecer do papel assumido, ele disse: "E por que a família está tão pequena?". E tudo revelou-se pelas palavras: "Cadê a minha mãezinha?". Todas palavras tão simples e naturais, mas nenhuma personagem é esquecida! O menino estava feliz e até chorou; mas ele é uma criança e, por isso, durante a cena, embora o pai estivesse chorando, ficou examinando a bolsinha e o que havia nos bolsos do pai. A babá também não foi esquecida. Pode-se ver esta mulherzinha corada, e de botas, que entrou timidamente em presença de todos e, sem falar nada, beijou o pai. Pode-se ver o soldado, confuso e feliz, que beija a todos, um após o outro, sem saber de quem se trata, e que, ao saber que a mulher jovem era sua filha, a chama novamente e a beija, não como uma moça qualquer, mas como uma filha que ele havia deixado há tempos, como se não se lamentasse por isso.

O pai corrigiu-se. Quantas frases falsas e inconvenientes teríamos dito nós a este respeito. Porém, Fiedka simplesmente relatou como a babá levou o vinho e o pai não quis beber. E o leitor vê no saguão a mulher que, ao tirar da bolsa os últimos 23 copeques, perdendo o fôlego, manda a moça comprar vinho e despeja em sua mão as moedas de cobre. O leitor vê a moça que, ao colocar uma toalha sobre a mão na qual trazia uma garrafa, batendo com as botas e agitando os cotovelos até as costas, corre até a taberna. O leitor vê como ela, enrubescida, entra na isbá, tira a garrafa de baixo da toalha, como a mãe alegre e satisfeita consigo mesma põe a garrafa em cima da mesa e como a mulher sente, a um tempo ofendida e alegre, que seu marido não queria beber. E vê que se ele não quis beber em tal momento, então ele com certeza corrigiu-se. O leitor sente que todos os membros da família tornaram-se pessoas diferentes. "Meu pai rezou e sentou à mesa. Eu sentei ao seu lado; a babá sentou no banco e a mãe ficou de pé ao lado da mesa olhando para o pai e disse: veja só, você ficou mais jovem sem barba. Todos riram."

Somente quando todos já haviam ido embora tiveram início as conversas verdadeiras entre a família. Só então descobre-se que o soldado enriqueceu, e enriqueceu da forma mais simples e natural, assim como enriquece a maioria das pessoas no mundo: o dinheiro alheio, do governo, o dinheiro público havia ficado com ele devido a um feliz acaso. Alguns leitores da narrativa notaram que aquele detalhe era imoral e que seria necessário erradicar entre o povo o conceito de erário público como vaca leiteira, e não fortalecê-lo. Para mim, porém, este traço é especialmente precioso, sem mencionar a sua veracidade artística. Pois, já que o dinheiro do Estado sempre sobra, por que não poderia, um dia, ficar para o soldado sem teto Gordiéi? Do ponto de vista do povo e das classes superiores, quanto à honestidade, frequentemente encontram-se opiniões totalmente opostas. As exigências do povo são especialmente sérias e rigorosas quanto à honestidade nas relações mais próximas, por exemplo, nas relações com a família, com a aldeia, com o mundo. Quanto aos estranhos, com o público, com o governo, especialmente com estrangeiros, com o erário, eles veem com dificuldade a possibilidade de aplicação de regras comuns de honestidade. O camponês que nunca mentirá para seu irmão, que suportará quaisquer privações para o bem de sua família, que nunca tomará de seu conterrâneo ou vizinho um copeque a mais e não merecido, este mesmo camponês roubará um estrangeiro ou um morador da cidade e nunca dirá uma palavra de verdade a um nobre ou a um funcionário; se for soldado, sem nenhum remordimento de consciência matará um francês cativo e, se encontrar dinheiro do Estado, considerará um crime contra sua família não se aproveitar daquele dinheiro. Na classe superior, ao contrário, costuma acontecer o oposto. O nosso irmão, com maior probabilidade, enganará a mulher, o irmão, o comerciante com quem tem negócios há dezenas de anos, seus serviçais, camponeses, o vizinho, e esta mesma pessoa, quando no exterior, sente um medo constante de enganar alguém inadvertidamente e pede a todos que lhe digam a quem mais ele há de dar dinheiro. O nosso irmão vai enganar seu batalhão e seu regimento para comprar champanhe e luvas e vai galantear o francês cativo. Esta mesma pessoa, quanto ao erário, considera o maior crime aproveitar-se dele quando se está sem dinheiro (mas apenas considera), porém, na maioria dos casos, em determinadas situações, não resistirá e fará aquilo que ele mesmo considera uma infâmia. Não digo o que é melhor, digo somente como são as coisas, na minha opinião. Apenas observo que a honestidade não é uma convicção e que a expressão "convicção de honestidade", em minha opinião, não faz o menor sentido: há hábitos de honestidade, mas não há convicção de honestidade.

As palavras "convicção de honestidade" constituem somente uma frase; e é por isso que essas imaginárias convicções de honestidade referem-se aos estados de coisas mais distantes da vida (o erário, o Estado, a Europa, a humanidade) e não são baseadas em hábitos de honestidade, não são desenvolvidas nas relações mais próximas ao cotidiano; por isso estas convicções de honestidade, ou melhor, promessas de honestidade, resultam ser ineficientes na relação com a vida.

Volto à narrativa. O surgimento do dinheiro subtraído do erário, que num primeiro momento parece ser imoral, em nossa opinião, ao contrário, possui um caráter mais humano e comovedor. Quantas vezes o literato de nosso meio, pela ingenuidade de sua alma, querendo apresentar seu herói como um ideal de honestidade, mostra-nos todo o interior sujo e devasso de sua própria imaginação. Neste caso, ao contrário, o autor precisa mostrar seu herói feliz; para que ele fosse feliz, bastaria que retornasse à família, mas seria necessário eliminar a pobreza que durante tantos anos pesava sobre essa família. Então, de onde tiraria ele a riqueza? De um erário informe. Se o autor quisesse proporcionar-lhe riqueza, deveria subtraí-la de alguém: não haveria, assim, maneira mais legal e racional de encontrá-la.

Na cena da revelação desse dinheiro, há um minúsculo detalhe, uma palavra que, a cada vez que leio, deixa-me novamente estupefato. Ela ilumina toda a cena, descreve todas as personagens e suas relações e é somente uma palavra, utilizada, além de tudo, de forma errada, gramaticalmente errônea: a palavra é "apressou-se". Um professor de sintaxe diria que está errado. "Apressou-se" exige um complemento: "apressou-se a fazer o quê?", deve perguntar o professor. Porém, aqui, diz-se simplesmente: a mãe pegou o dinheiro e apressou-se, foi guardá-lo. E isto é uma preciosidade. Como eu desejaria dizer uma palavra assim, como desejaria que os professores de língua dissessem e escrevessem tal frase. "Quando terminamos de almoçar, a babá beijou o pai mais uma vez e foi para casa. Depois, o pai começou a mexer na bolsinha e minha mãe e eu começamos a olhar. Então a mãe viu um livro lá e disse: ah, aprendeu a ler e escrever? O pai respondeu: aprendi. Depois o pai sacou uma trouxa grande e deu à mãe. A mãe disse: que é isso? O pai falou: é dinheiro. A mãe alegrou-se e apressou-se, foi guardá-lo. Depois, a mãe voltou e disse:

de onde você o tirou? O pai respondeu: eu fui sargento e havia dinheiro público, eu o repartia entre os soldados, uma parte sobrou e eu a escondi. A mãe estava muito feliz e corria como louca. O dia já se passara, chegou a noite. Acendemos o fogo. Meu pai pegou o livro e começou a ler. Eu me sentei ao seu lado e fiquei ouvindo, e a mãe segurava a brasa. Meu pai leu o livro durante muito tempo. Depois nos deitamos para dormir. Eu me deitei no banco de trás, junto com o pai, e a mãe deitou aos nossos pés, e eles conversaram durante muito tempo, quase até a meia-noite. Depois dormiram."

Mais um detalhe, quase imperceptível e que não surpreende o leitor de modo nenhum, mas que deixa uma profunda impressão: o detalhe sobre como eles foram dormir. O pai deitou-se junto ao filho, a mãe deitou-se aos pés deles, e durante muito tempo não conseguiam parar de conversar. Como deve ter-se grudado o filho caloroso ao pai, imagino eu, e como era surpreendente e prazeroso para o menino, caindo no sono e meio que cochilando, ouvir essas duas vozes, uma das quais ele não ouvia há tanto tempo. Poderíamos pensar que tudo havia acabado: o pai retornou e já não há mais pobreza. Mas Fiedka não ficou satisfeito com isto (é nítido que essas pessoas fictícias ficaram profundamente marcadas em sua imaginação), precisava também imaginar vivamente o cenário de suas vidas se modificando, imaginar claramente que agora essa mulher não é mais uma mulher de soldado solitária, desgraçada, com filhos pequenos, e que agora há um homem forte em casa, que tirará dos ombros cansados da mulher todo o peso da desgraça e da pobreza e a quem, por conta própria, firme e feliz, dará uma nova vida. E, para isto, ele desenha ao leitor uma cena singular: como o forte soldado, com um machado sem corte, rachou a lenha e levou-a à isbá. O leitor vê como um menino de olhar atento, habituado às lamúrias da mãe fraca e da avó, contempla cheio de surpresa, respeito e orgulho os braços musculosos do pai na manga arregaçada, o movimento enérgico do machado que coincide com o suspiro do peito do homem, e o cepo que, como se fosse mais um pedaço de lenha, soltava lascas sob o machado sem corte. O leitor vê isto e fica totalmente tranquilo quanto à futura vida da mulher do soldado. Agora ela com certeza não vai ter um triste fim, penso eu.

"Pela manhã a mãe se levantou, aproximou-se do pai e disse: Gordiéi! Levanta, precisamos de lenha para acender o fogão. O pai levantou-se, calçou-se, pôs o gorro e perguntou: há algum machado? A mãe disse: há, mas está sem corte, é possível que nem rache. Meu pai tomou o machado firmemente com as duas mãos, aproximou-se do cepo, ergueu-o para o alto e bateu com toda a força, rachando o cepo em dois; cortou a lenha e levou-a toda para a isbá. A mãe acendeu o fogão, aqueceu a casa e tudo ficou bem iluminado."

Porém, isto também não é suficiente para o artista. Ele quer nos mostrar o outro lado da vida da família, a poesia da feliz vida familiar, e desenha a seguinte imagem:

"Quando ficou bem claro, meu pai disse: Matriona! A mãe veio e disse: o quê? O pai disse: estou pensando em comprar uma vaca, cinco cordeiros, dois cavalos e uma isbá: esta nossa já está toda arruinada... no total, vamos gastar uns 150 *tselkóvi*.[22] A mãe ficou pensando, depois disse: mas deste jeito vamos torrar todo o dinheiro. O pai disse: vamos trabalhar. A mãe disse: está bem, vamos comprar, mas onde vamos achar um arcabouço de madeira para a casa? O pai disse: e o Kiriúkha,[23] será que ele não tem? A mãe disse: este é o problema, ele não tem: os Fokánitchev apossaram-se dela. O pai pensou e disse: então vamos pegar com o Briántsev. A mãe disse: duvido que ele tenha. O pai disse: ora, como não há de ter, é um homem que trabalha na floresta. A mãe falou: tenho medo de que cobre muito caro, olhe que ele é um espertalhão. O pai disse: eu vou lá, vou levar um pouquinho de vodca e combinar com ele; e você, cozinhe um ovinho na brasa para o almoço. A mãe cozinhou para o almoço um bocadinho, usando aquilo que tinha para si. Depois, o pai pegou o vinho e foi até Briántsev, e nós ficamos sentados por muito, muito tempo. Fiquei chateado sem meu pai. Comecei a pedir à mãe para deixar-me ir até lá, aonde tinha ido o pai. A mãe disse: você vai se perder. Eu comecei a chorar e quis sair, mas a mãe bateu em mim, e eu sentei em cima do fogão e comecei a chorar mais alto. Depois vi que o pai entrou na isbá e disse: por que você está chorando? A mãe disse: Fediúchka[24] queria correr atrás de você e eu bati nele. O pai aproximou-se de mim e disse: você está chorando por quê? Comecei a reclamar da mãe. O pai aproximou-se da mãe e começou a bater nela, assim, por brincadeira, dizendo: não bata no Fiédia![25] não bata no Fiédia! A mãe,

[22] Cada *tselkóvi* equivale a um rublo de prata. (N. da T.)

[23] Diminutivo do nome masculino Kirill. (N. da T.)

[24] Outra forma diminutiva para o nome masculino Fiódor. (N. da T.)

[25] Forma diminutiva de Fiódor. (N. da T.)

por brincadeira, começou a chorar. E eu me sentei no colo do pai e fiquei feliz. Depois o pai sentou-se à mesa, colocou-me do seu lado e gritou: mãe, traga o almoço para mim e para Fiédia, estamos com fome! Então a mãe nos serviu carne de vaca, pusemo-nos a comer. Almoçamos, a mãe disse: então, e quanto à armação para a casa? O pai disse: cinquenta rublos em prata. A mãe disse: menos mal. O pai disse: é, não há de que reclamar: a armação é boa."

Parece que tão pouco foi dito, de uma forma tão simples, mas o leitor já imagina a perspectiva de toda essa vida familiar. O leitor vê que o menino ainda é criança, que chora e dentro de um minuto já se mostra alegre; vê que o menino não sabe apreciar o amor da mãe e troca-a pelo pai viril, que pode rachar um cepo; vê que a mãe sabe que deve ser assim e não tem ciúme; vê o maravilhoso Gordiéi, que tem o coração cheio de felicidade. O leitor percebe que eles comeram carne de vaca, e que essa é uma comédia fascinante por eles interpretada — todos sabem ser uma comédia, mas interpretam-na com grande felicidade. "Não bata no Fiédia, não bata no Fiédia", diz o pai, erguendo o braço contra ela. E a mãe, habituada às lágrimas sinceras, começa um choro fingido, sorrindo feliz para o pai e para o filho. E este menino que subiu no colo do pai estava orgulhoso e contente sem saber o motivo. Talvez, orgulhoso e contente porque agora eles estavam felizes.

"Depois, o pai sentou-se à mesa, colocou-me ao seu lado e gritou: mãe, traga o almoço para mim e para Fiédia, estamos com fome."

Nós estamos com fome; colocou-o ao seu lado. Que amor e que feliz orgulho pelo amor respiram nestas palavras! Não há nada mais encantador, generoso do que esta última cena em toda esta preciosa narrativa.

Porém, o que queremos nós dizer com tudo isto? Que significado possui esta narrativa, escrita por um menino talvez excepcional, do ponto de vista pedagógico? Irão nos dizer: "O senhor, o professor, provavelmente o ajudou, sem percebê-lo, a compor esta e outras narrativas, e torna-se difícil demais identificar as fronteiras entre o que lhe pertence e o que é genuíno". Irão nos dizer: "Suponhamos que a narrativa seja boa, mas é somente um dos gêneros literários". Irão nos dizer: "Fiedka e os outros meninos, cujas redações o senhor publicou, são uma feliz exceção". Irão nos dizer: "O senhor mesmo é um escritor, o senhor ajudou os alunos sem perceber, com métodos que nem podem ser atribuídos a outros professores, que geralmente não são escritores". Irão nos dizer:

"De tudo isto é impossível deduzir uma regra comum ou uma teoria. É um fenômeno um tanto interessante, e nada mais".

Tentarei transmitir minhas conclusões de tal maneira que elas respondam às objeções por mim supostas.

Os sentidos de verdade, de beleza e de bem não dependem do grau de desenvolvimento. A beleza, a verdade e o bem são conceitos que simplesmente expressam a harmonia dentro dos sentidos de verdade, de beleza e de bem. A mentira é somente uma falta de correspondência nas relações dentro do significado de verdade; e a verdade absoluta não existe. Eu não minto dizendo que as mesas giram ao toque dos dedos se eu acredito nisto, embora não seja verdade; mas eu minto dizendo que não tenho dinheiro quando sei que tenho dinheiro. Nenhum nariz grande é feio por si mesmo, mas é feio num rosto pequeno. A feiúra é somente uma desarmonia com relação à beleza. Dar o seu almoço a um mendigo ou comê-lo você mesmo, em si, não tem nada de mal; mas doar ou comer este almoço quando a minha mãe está morrendo de fome, isto é uma desarmonia em relação ao bem. Criando, educando, desenvolvendo ou influenciando de qualquer maneira a criança, nós devemos ter e temos inconscientemente um único objetivo: alcançar a máxima harmonia em relação à verdade, à beleza e ao bem. Se o tempo não corresse, se a criança não vivesse todas as suas facetas, poderíamos alcançar esta harmonia tranquilamente, adicionando algo onde acreditamos que não há o suficiente, subtraindo onde há excesso. Mas a criança vive, cada faceta de seu ser aspira a se desenvolver sobrepujando a outra, e, na maioria dos casos, consideramos como nosso único objetivo o desenvolvimento progressivo dessas facetas e contribuímos para que isso aconteça com cada uma delas, mas não contribuímos com a harmonia desse desenvolvimento. Nisto radica-se o erro eterno de todas as teorias pedagógicas. Vemos o nosso ideal à frente, quando ele está atrás. O necessário desenvolvimento humano não é somente um meio de conquistar um ideal de harmonia que trazemos em nós, mas sim um obstáculo colocado pelo Criador para que se alcance o supremo ideal de harmonia. Nesta lei obrigatória de um desenvolvimento progressivo se encerra o significado do fruto da árvore da ciência do bem e do mal, o qual foi experimentado por nosso antepassado. Uma criança saudável nasce, satisfazendo perfeitamente os requisitos da harmonia absoluta em relação à verdade, à beleza e ao bem que trazemos em nós; ela está próxima aos seres inanimados, às plantas, aos animais, à natureza, que constantemente representam para nós aquela verdade, a beleza e o bem que buscamos e desejamos. Em todos os tempos e entre todas as pessoas, a criança sempre foi considerada um modelo de inocência, sem pecado, o bem, a verdade e a beleza. O ser humano nasce perfeito: esta é uma grande expressão de Rousseau e, como uma rocha, permanecerá sólida e verdadeira. Ao nascer, o homem representa o protótipo da harmonia da verdade, da beleza e do bem. Mas a cada hora da vida, a cada minuto, aumentam os espaços, as quantidades e os tempos entre aquelas relações que, no momento do nascimento, encontravam-se em harmonia total, e cada passo, cada momento ameaça violar esta harmonia, cada passo posterior e cada momento posterior ameaçam violar novamente, e não há esperança de restabelecimento da harmonia violada.

A maioria dos educadores não leva em conta que a infância é o protótipo da harmonia, e consideram como objetivo o desenvolvimento da criança, o que acontece de qualquer maneira, segundo leis invariáveis. O desenvolvimento é considerado erroneamente como um objetivo porque, com os educadores, acontece o mesmo que ocorre com os maus escultores.

Em vez de tentar interromper o excessivo desenvolvimento localizado ou interromper o desenvolvimento geral para esperar uma nova ocasião que elimine a falha ocorrida, tal como um mau escultor, que, em vez de raspar o excesso, acrescenta ainda mais material, os educadores parecem simplesmente se esforçar para que o processo de desenvolvimento não se interrompa de maneira alguma e, se pensam na harmonia, sempre tentam alcançá-la aproximando-se de um protótipo futuro, desconhecido para nós, e afastando-se do protótipo do presente e do passado. Por mais equivocado que seja o desenvolvimento da criança, sempre restam nela os traços primevos da harmonia. Ainda é possível ter a esperança de conquistar pelo menos certa aproximação à justiça e à harmonia, moderando ou, pelo menos, não contribuindo para o desenvolvimento. Mas estamos tão seguros de nós mesmos, tão fantasiosamente fiéis ao falso ideal da perfeição adulta, tão intolerantes com as falhas que nos rodeiam e tão convencidos de nossa capacidade de corrigi-las, tão pouco sabemos compreender e apreciar a beleza primitiva de uma criança que, o mais rápido possível, insuflamos, tapamos as falhas que nos saltam aos olhos, corrigimos e educamos a criança. Há que igualar uma faceta com a outra, ou igualar a outra à primeira. Desenvolvem mais e mais a criança e, mais e mais, afastam-se do antigo protótipo eliminado, tornando cada vez mais impossível a obtenção do protótipo imaginário da perfeição de um ser adulto. O nosso ideal está atrás, e não à frente. A educação estraga e não corrige as pessoas. Quanto mais estragada é a criança, tanto menos será necessário educá-la, tanto mais liberdade ela necessitará.

Não é possível e não faz sentido ensinar e educar a criança, pela simples razão de que ela está mais próxima do que eu, do que qualquer adulto, daqueles ideais de harmonia, verdade, beleza e bem, aos quais almejo elevá-la, devido ao meu orgulho. A consciência desse ideal é mais forte nela do que em mim. De mim, a criança precisa apenas do material para se enriquecer de uma maneira harmoniosa e plural. No momento em que lhe ofertei a liberdade total e parei de educá-la, ela escreveu uma obra tão poética como não há igual na literatura russa. E por isso, na minha opinião, não devemos ensinar crianças em geral, sobretudo crianças camponesas, a escrever e a compor, especialmente a compor textos poéticos. Tudo o que podemos fazer é ensiná-las a abordar o processo criativo.

Se o que usei para alcançar este objetivo pode ser chamado de técnica, então, foram as seguintes:

1) Oferecer a maior e mais variada lista de temas, sem pensá-los especificamente para crianças, mas oferecer temas mais sérios, que interessem ao próprio professor.

2) Dar obras infantis para as crianças lerem e oferecer somente obras infantis como modelos, porque as obras infantis sempre são mais justas, mais graciosas e mais virtuosas do que as obras dos adultos.

3) (Especialmente importante) Durante a revisão das obras infantis, nunca chamar a atenção dos alunos quanto ao asseio dos cadernos, nem quanto à caligrafia, nem quanto à ortografia, e, acima de tudo, quanto à construção das frases e à lógica.

4) Como na criação literária a dificuldade consiste não no volume ou no conteúdo, mas no valor artístico do tema, a gradação dos temas deve consistir não no volume, no conteúdo, na língua, mas no mecanismo do assunto, o que significa: primeiro, escolher uma ideia dentre um grande número de ideias e imagens que surjam; segundo, escolher palavras para esta ideia e expressá-la; terceiro, memorizá-la e encontrar um lugar para ela; quarto, lembrando do que foi escrito, não repetir, não omitir nada e saber agregar o posterior com o anterior; quinto, finalmente, que ao pensar e escrever ao mesmo tempo, uma coisa não atrapalhe a outra. Com este propósito eu fiz o seguinte: no começo, eu assumia

alguns destes aspectos do trabalho, pouco a pouco transferia-os todos para os alunos. Primeiro, eu escolhia para eles, entre as ideias e imagens surgidas, aquelas que pareciam-me melhores, recordava-as e indicava o lugar onde estavam, corrigia o texto, impedindo que se repetissem, escrevia eu mesmo, deixando apenas que expressassem as imagens e as ideias em palavras; depois, deixava que eles mesmos escolhessem; então, deixava que eles próprios lidassem com o texto e, finalmente, como ocorreu com a criação de "A vida da mulher do soldado", eles assumiam também o processo de escrita.

(1859)

Tradução de Yulia Mikaelyan

Dmitri Píssariev

Dmitri Ivánovitch Píssariev (1840-1868) nasceu na propriedade rural da família, na província de Oriol. Fez toda a formação escolar em São Petersburgo, e cedo começou a escrever para periódicos locais. Aos vinte e um anos, torna-se o principal crítico da revista *Rússkoie Slovo* [Palavra Russa]. Em julho de 1862, é preso devido a um panfleto revolucionário que escrevera. Passa cerca de quatro anos na fortaleza de Pedro e Paulo, a "bastilha russa". Após algum tempo de prisão, contudo, recebe permissão para escrever, e boa parte da sua publicística é produzida no cárcere. Morre afogado em uma praia próxima a Riga. Por causa de graves crises depressivas nos anos precedentes à sua morte, especula-se que tenha se suicidado. Píssariev já foi descrito como o *enfant terrible* da crítica dos anos 1860. Ele leva ao extremo certas posições dos seus "confrades em armas", convertendo-as, volta e meia, em um absurdo lógico. Como neste ensaio sobre "A destruição da estética", de 1865, no qual argumenta que, se o belo é uma realidade de segunda ordem, como sugerira Tchernichévski (em *Relações estéticas entre a arte e a realidade*, de 1855), um mero passatempo de gente ociosa, então a crítica estética não é mais importante, ou é até inferior, do que outras atividades humanas. Deriva daí a mais famosa *boutade* do período, segundo a qual um par de botas bem feito valia mais do que toda a obra de Púchkin. Uma afirmação feita sob medida para chocar intelectuais como Ánnenkov, cultores do legado do poeta. Píssariev foi o único dos "homens novos" que assumiu de bom grado o epíteto de "niilista", considerando que o personagem Bazárov, do romance *Pais e filhos*, de Turguêniev, era uma caracterização apropriada. Embora carregasse fortemente nas tintas utilitárias, Píssariev fazia troça da tradição hegeliana e dialética de boa parte dos críticos com os quais frequentemente é alinhado, como o próprio Dobroliúbov, preferindo mover-se em um terreno anarquizante, pontuado por um estilo brilhante, distante da secura pragmática de muitos dos seus contemporâneos.

A destruição da estética

I

Quando qualquer nova ideia começa a abrir caminho na mente humana, logo uma luta inevitável se inicia entre velhos e novos conceitos, o que geralmente leva os representantes da nova ideia a fazerem um balanço de todas as convicções elaboradas e armazenadas pelos pensadores precedentes, convicções estas já convertidas em patrimônio comum e predominantes nas mentes das massas mais instruídas. Semelhante balanço se faz necessário para que uma sentença rigorosa que venha a golpear todo aquele arcaico sistema de conceitos não pareça à sociedade um conjunto gratuito e infundado de paradoxos atrevidos. No momento de fazer o balanço, o representante da nova ideia vê-se forçado a se colocar no ponto de vista dos seus oponentes, apesar de saber muito bem que esse ponto de vista não o levará a lugar nenhum; vê-se forçado a golpear seus adversários com as armas deles, apesar de saber muito bem que, logo após a sua vitória, quebrará e abandonará para sempre essas armas velhas e enferrujadas. Caso o representante da nova ideia se conduza de outra forma, caso comece logo a expor sua teoria sem dar a mínima atenção aos antigos absurdos, então os defensores daqueles absurdos proclamarão alto e bom som que ele não sabe de nada, que não entende nada. Embora tais declarações sejam totalmente infundadas, sua preponderância numérica vem reforçar o lado dos defensores dos absurdos, levando a sociedade a acreditar nelas — circunstância que enfraquece ou retarda significativamente o sucesso que a nova ideia poderia obter. Isso significa que, nos primeiros momentos, deve-se falar aos filisteus em sua própria língua e aproximar-se deles com certa cautela, porque os filisteus são uma gente assustada e sempre pronta a abrir um berreiro ensurdecedor e incoerente, uma gente extremamente nociva à sociedade e a toda nova ideia. Mas quando os filisteus são derrotados e levados ao silêncio, quando uma nova ideia, tendo lançado raízes na sociedade, começa a se desenvolver, todo o trabalho prévio, elaborado para cobrir de opróbrio os filisteus, retira-se para um recanto silencioso da história juntamente com o velho sistema que todo aquele trabalho contribuiu para minar e destruir. Acontece por vezes de pensadores notáveis se estafarem a vida inteira com tais ações prévias e inevitavelmente efêmeras. A obra *Relações estéticas entre a arte e a realidade*, escrita dez anos atrás, está definitivamente obsoleta; não que o seu autor naquela época não tivesse aptidão para escrever algo mais duradouro, mas justamente porque já de início ele teve de refutar os filisteus mediante argumentações tiradas dos próprios arsenais destes.[1] O autor constatou que a estética, como fruto que era do imobilismo intelectual da nossa sociedade, contribuía, por sua vez, para manter o próprio imobilismo. Para rompê-lo, para dizer à sociedade uma palavra razoável e despertar na literatura enfraquecida a consciência da seriedade e importância do seu dever cívico, seria necessário destruir a estética, seria necessário enviá-la para junto da alquimia e da astrologia. Mas para desbaratar de fato o nocivo sistema de velhos erros é necessário pôr-se ao trabalho com cautela e parcimônia. Dizer diretamente à sociedade "joguem fora essas besteiras; há coisas bem mais importantes e interessantes a fazer" soará como insolência à assombrada e assustada sociedade, as pessoas não acreditarão em suas palavras e tomarão seu conselho razoável por uma extravagante bufonada. Por isso é preciso falar à sociedade no próprio tom a que ela está acostumada. É preciso dizer: "Vocês, senhores, respeitam a estética. Eu também a respeito. Lancemo-nos juntos, então, às investigações estéticas". Cativando desta forma a simpatia do crédulo leitor, o astuto mantenedor da nova ideia decerto se lançará em suas indagações estéticas com tal sucesso, que logo desmontará toda a estética em minúsculos pedaços, depois reduzirá a pó um a um todos esses mínimos pedaços e, por fim, dispersará esse pó aos quatro ventos. "Onde é que você meteu a minha estética, seu impertinente, aquela que você disse respeitar?", pergunta amargurado o leitor, punido por sua credulidade. "A sua estética sumiu", responde o escritor, "e já era

[1] *Relações estéticas entre a arte e a realidade* foi a dissertação de mestrado de Nikolai Tchernichévski, defendida na Universidade de São Petersburgo. Na época, as dissertações só podiam ser defendidas se previamente publicadas. A despeito da pequena tiragem, a publicação dessa obra causou grande polêmica, a ponto de levar meio mundo intelectual e estudantil a assistir à defesa. A dissertação foi reprovada pela banca. (N. da T.)

hora de esquecê-la, porque não são poucos os outros assuntos que merecem a sua atenção". O leitor suspira e, involuntariamente, volta-se resignado à economia social, porque sua estética de fato voou pelos ares, graças às investigações do pérfido escritor. Depois que o leitor for contido e coagido ao trabalho, então aquelas investigações que arruinaram a estética perderão todo o interesse que possuíam, e permanecerão unicamente como um curioso monumento histórico da perfídia do autor.

II

O autor de *Relações estéticas*, com notável antecipação, já à terceira página da sua introdução indica ao perspicaz leitor o resultado que deseja alcançar. "O respeito pela vida real", escreve, "a desconfiança de toda hipótese apriorística, ainda que esta possa ser agradável à fantasia, constitui a orientação predominante da ciência atual. O autor crê ser necessário reduzir a esse denominador comum também a nossa convicção estética, se ainda vale a pena falar em estética". *Se ainda vale a pena falar em estética* — ressalva extremamente significativa! Qualquer um percebe imediatamente por essa ressalva que o problema da estética já estava resolvido na mente desse escritor muito antes de apresentar sua dissertação de mestrado. Já há muito tempo o autor se dava conta de que só valeria a pena falar de estética se fosse para destruí-la radicalmente e fazer com que caíssem em si aquelas pessoas ludibriadas pelo filisteísmo parasita e pseudofilosófico. Portanto, o autor tinha em vista não a fundação de uma estética nova, mas a aniquilação da velha e, no limite, de qualquer teoria estética.

A estética, ou ciência do belo, terá direito lógico a existir apenas no caso em que o *belo* possua algum significado próprio, independente das infinitas variações pessoais de gosto. Se o belo é apenas o que nos agrada, e se, em consequência disso, todas as mais diversas concepções a seu respeito resultam igualmente legítimas, então a estética reduz-se a pó. Cada indivíduo em particular cria a sua própria estética; consequentemente, torna-se impossível uma estética geral que conduza os gostos individuais a uma necessária unidade. O autor de *Relações estéticas* conduz seus leitores exatamente a essa conclusão, apesar de não apresentá-la de forma totalmente aberta. "O indivíduo saudável", diz o autor, "encontra na realidade uma profusão de objetos e de fenômenos, e, ao observá-los, não lhe vem à mente desejar que fossem diferentes ou melhores do que são. A ideia de que o indivíduo tenha uma inevitável necessidade de *perfeição* é uma ideia fantástica, se por *perfeito* se compreende um objeto que reúna todas as qualidades possíveis e exclua todos os defeitos; quanto a estes, pode bem encontrá-los a fantasia de um homem de coração frio e saciado, a fim de se divertir. *Perfeito* para mim é aquilo que, segundo o meu juízo, é completamente satisfatório em seu gênero". Infere-se daí que *perfeição* para mim é uma coisa, para você é outra, para Ivan é uma terceira coisa, para Maria, uma quarta etc., até o infinito, porque cada indivíduo singular constitui-se como único e supremo juiz daquilo que para ele é satisfatório. O autor considera empresa perfeitamente inútil a de desenvolver o seu próprio gosto de modo a fazer-se exigente e escrupuloso. Chama de *saudável* aquele indivíduo que se satisfaz facilmente; na exigência caprichosa, ele vê apenas as consequências nocivas do ócio, da frieza e da saciedade.

É evidente que todas essas opiniões do autor se referem ao campo do belo, àquele campo em que a insatisfação com a realidade não pode conduzir a nada, exceto a um sofrimento inútil. De fato, imagine que a contemplação de um quadro de Rafael e de estátuas antigas inflame a tal ponto a sua imaginação, que todas as mulheres vivas com as quais você se depare lhe pareçam feias. Qual pode ser a utilidade de sua insatisfação, seja para si mesmo, seja para os outros? As mulheres russas de fato não são tão bonitas como as italianas que Rafael encontrou, ou como as gregas que os antigos escultores observaram; mas, por maior que seja a sua insatisfação, as mulheres russas nem por isso se tornarão mais belas, e você, com toda a sua insatisfação, ainda que passe a vida toda a pensar, não encontrará nenhum meio de acrescentar beleza a elas. Significa que sua decisão é pura perda de tempo, porque você ficará carrancudo e aborrecido à toa com uma coisa que, para outros, é objeto de admiração, paixão ou prazer. A insatisfação com a realidade, algo totalmente estúpido e inútil quando se refere à beleza, torna-se, ao contrário, um sentimento bastante proveitoso e respeitável quando está dirigido aos inconvenientes da vida que são produzidos pelas mãos e pela razão humana. Nesse caso, a insatisfação traz consigo uma atividade reformadora e, consequentemente, conduz a resultados extremamente práticos e tangíveis. Toda estética, velha, nova ou novíssima, se baseia necessariamente no pressuposto fundamental de que o homem deve fortalecer, purificar e aperfeiçoar em si mesmo sua aspiração inata à beleza. Aquele que refuta tal pressuposto, refuta não apenas algum erro particular desta ou daquela estética, mas o próprio princípio, o próprio fundamento de toda a estética em geral. O autor de *Relações estéticas* procede exatamente dessa forma. Ao considerar que um indivíduo saudável é aquele que se satisfaz com objetos e fenômenos em que se podem notar traços imperfeitos, insuficiência na riqueza de cores e diversas outras imperfeições, o autor se coloca incondicionalmente ao lado deste indivíduo saudável e não pretende que ele, em nome de uma beleza elevada, dê as costas àquilo que lhe provoca um prazer inofensivo e revigorante. Esse indivíduo saudável se satisfaz com o que vê diante de si; e está bem assim, não precisa de mais nada; inútil fazer-lhe chacota; inútil envenenar seu prazer natural e legítimo; quanto mais modestas são as suas exigências, tanto melhor será para si mesmo e para todos, porque maiores serão as suas chances de reiteradamente deleitar-se sem provocar aborrecimentos nem desprazer a ninguém. Esse é o processo de pensamento oculto nas palavras do autor, citadas acima; assim, por um desenvolvimento natural dessas ideias, cada homem saudável se confessa a mais suprema autoridade em matéria de estética, o que torna evidente que a estética como ciência é um absurdo, assim como seria, por exemplo, uma ciência sobre o amor. Cada um ama à sua maneira, sem consultar manuais. E cada um se deleita com as impressões da vida também à sua maneira, e igualmente sem consultar manuais. Portanto, uma ciência sobre como e com o que se deve ter prazer seria impensável.

III

"O belo é a vida", diz o autor, "bela é a criatura na qual vemos a vida como entendemos que deve ser; belo é o objeto que manifesta em si a vida ou nos faz recordá-la".

Essa definição possui tamanha amplitude, que nela submerge e desaparece totalmente aquilo que se chama "beleza" em linguagem comum e cotidiana. Essa definição demonstra claramente que o autor, como pensador, se refere ao belo sem diferir os sentidos estrito e genérico da acepção da palavra. Dessa forma, todo indivíduo perfeitamente saudável e que se desenvolve de forma normal é belo; tudo o que não é deformado em maior ou menor grau é belo. Isso pode parecer um paradoxo, mas, no entanto, é absolutamente exato. Quando se trata, por exemplo, da fisionomia do indivíduo, entende-se que questões do tipo: se a boca é muito grande ou pequena, se o nariz é grosso ou fino, se a cabeleira é abundante ou rala, em suma, todas as questões que se referem particularmente à estimada beleza perfeita, podem vir a interessar apenas à gogoliana Agáfia Tíkhonovna[2] e a pessoas de ambos os sexos que se encontrem no mesmo nível intelectual dessa fascinante moçoila. Desde que o sol começou a brilhar e o mundo a girar, nenhum nariz grosso, nem boca grande e nem cabeleira rala ou ruiva impediu alguém de se tornar uma pessoa útil ou grandiosa; e também nada disso impediu alguém de gozar dos prazeres que um amor mútuo pode oferecer. Quanto mais longa é a vida da humanidade neste mundo e quanto mais inteligente ela se torna, tanto mais indiferente se mostra com relação à beleza pura e tanto mais intensamente valoriza aqueles atributos da personalidade humana que constituem por si mesmos uma força e um bem real. Uma saúde exuberante e um intelecto vigoroso estampam sua marca na fisionomia humana, assim como a vida do pensamento, do sentimento e da paixão deixam nela seus traços; essa marca e esses traços levam toda pessoa inteligente a esquecer completamente que a boca é grande, o nariz é grosso e a cabeleira, rala. Mas a saúde e a inteligência não existem para estampar sua marca na fisionomia; o indivíduo vive, pensa, sente e se emociona, não para adquirir essa ou aquela expressão de rosto; a impressão da saúde e da inteligência e as marcas das impressões vividas sulcam o rosto sem nosso conhecimento e nosso desejo; a saúde, a inteligência e as impressões da vida possuem para nós um significado próprio, totalmente independente da expressão que conferem a nossas fisionomias e ainda mais importante do que essa expressão. Quando observamos pelo rosto de uma pessoa que ela é saudável, inteligente e bem vivida, esse rosto nos agrada, mas não como um belo quadro, e sim como uma antecipação do que serão nossas relações futuras com ela. Nós, a julgar pela fisionomia, estaremos dispostos a nos aproximar dessa pessoa, porque seu rosto nos diz algo que nem o perfil grego mais irretocável poderia nos dizer. Olhando esse rosto, instintivamente adivinhamos e pressentimos naquela pessoa um amigo enérgico, seguro, fiel, inteligente e útil. Quando uma fisionomia nos agrada dessa forma, como uma alusão à inteligência, ao caráter e à biografia de uma dada pessoa, então, evidentemente, a estética não tem

[2] Personagem da peça *O casamento*, de Nikolai Gógol. (N. da T.)

nada a fazer aqui. Olhamos para o rosto da pessoa como observamos a autenticidade do metal ao adquirirmos um objeto de ouro ou prata. A autenticidade não acrescenta nenhuma beleza ao objeto, é apenas a garantia do seu valor. De acordo com a definição de belo apresentada pelo autor, a estética, para nossa grande satisfação, desaparece na fisiologia e na higiene.

Não seguirei o nosso autor na queda de braço com o esteta alemão Fischer[3] sobre o problema do belo na realidade. Não temos nada com isso, uma vez que, no presente momento, toda a profundíssima especulação de Fischer e dos outros idealistas alemães decididamente não possui para nós nenhum significado. O resultado dessa luta é que, na opinião do nosso autor, "o belo da realidade objetiva é plenamente belo e satisfaz totalmente ao homem". Se assim é, então "a arte não se origina da exigência humana em corrigir as imperfeições do belo da realidade". Em outras palavras, a finalidade da arte não consiste na aspiração de criar qualquer miraculosa beleza que não existe e nem pode existir na natureza. No que consiste então a finalidade da arte? Para responder a essa questão, o autor passa em revista os diversos campos da arte, e creio que não será supérfluo nos determos sobre essa análise.

IV

O autor começa a sua análise pela arquitetura e desde o primeiro momento propõe aos senhores da estética um dilema fatal. Em sua opinião, ou se exclui a arquitetura da fileira das artes, ou se incorpora às artes a jardinagem, o mobiliário, a moda, a joalheria, a modelagem e, em geral, "todos os ramos da indústria, todos os ofícios que têm por objetivo satisfazer o gosto e o sentido estético". Se algum pórtico ou palácio é considerado obra de arte pelo fato de ser belamente construído e de alegrar os olhos com a regularidade de suas formas, então, com base nessa mesma razão, deverão ser chamados de obras de arte a aleia de árvores podadas, a poltrona de espaldar torneado e entalhado, o bule de porcelana com asa em gancho, o papel de parede em cores luminosas, o chapéu da dama adornado com flores e penas, o penteado louro da dama, con-

[3] Kuno Fischer (1824-1907), filósofo alemão da escola hegeliana, considerado também precursor do neokantismo. (N. da T.)

cebido e realizado por algum conhecido *artiste en cheveux*.[4] Mais ainda, até mesmo um pudim de mirtilo vermelho preparado em uma forma de cozinha pode ser uma obra de arte. Se o pudim se apresentasse simplesmente como uma massa compacta e informe derramada no prato, nem por isso deixaria de ser igualmente gostoso e digerível; no entanto, é servido em forma de torre com recortes e enfeites, e isso acontece justamente porque o homem não é gado ordinário; não lhe basta encher a pança de pudim, ele quer, sobretudo, mergulhar na contemplação dos recortes e dos enfeites para em seguida destruí-los a dentadas e sentir sua alma comover-se ante o pensamento de como é frágil a beleza do mundo. Dessa forma, o pudim enformado não apenas satisfaz ao sentimento estético daquele que o come, mas também desperta, em sua alma sensível, sublimes meditações, análogas às reflexões que geralmente dominam o ânimo de um impressionável viajante ao contemplar um pórtico caindo aos pedaços da época de Sétimo Severo[5] ou algum palácio abandonado de um patrício veneziano. Isso significa claramente que a arquitetura não tem o menor direito de habitar certos foros em que, por disposição de uma estética incoerente, vejam-se excluídas as suas irmãs de sangue e os seus parentes mais próximos. Os franceses há muito já o compreenderam, e por isso chamam os cabeleireiros de *artistes en cheveux*, e o nosso conhecido artesão de móveis, senhor Tur, certamente olharia para vocês com profundo desprezo se lhes passasse pela cabeça a ideia de contestar seu direito ao título de artista. E é de fato o que deve ocorrer, se a essência, o objetivo e a justificação da arte se definem como aspiração pela beleza. Até mesmo uma velhinha, ao se maquiar diante do espelho, deve ser considerada uma artista que transforma sua própria pessoa em obra de arte.

"Todos os ramos da indústria", diz o nosso autor, "todo tipo de ofício que tem por objetivo satisfazer o gosto ou o sentimento estético, nós consideramos como arte no mesmo nível da arquitetura, uma vez que suas obras são concebidas e realizadas sob a influência preponderante da aspiração à beleza, e uma vez que outras finalidades (que também são próprias à arquitetura) estão subordinadas a esse fim primordial".

---

[4] Em francês, no original: "artista de cabelos". (N. da T.)

[5] Lucius Septimius Severus (145-211), imperador romano entre 193 e 211. (N. da T.)

"É totalmente outra a questão de saber até que ponto são dignas de respeito aquelas realizações da atividade prática concebidas e executadas sob a aspiração preponderante de produzir algo menos necessário ou útil do que belo. Como resolver essa questão, não entra no escopo da nossa argumentação; mas ela será resolvida da mesma forma que a questão sobre o grau de respeito que merecem as criações arquitetônicas do ponto de vista da arte pura e não da atividade prática. O pensador deve observar com os mesmos olhos tanto um xale de caxemira que custa dez mil francos ou um relógio de mesa que custa dez mil francos, quanto um quiosque elegante que também custa dez mil francos. Talvez ele diga que a produção desses objetos não seja tão artística, quanto luxuosa; talvez diga que a verdadeira arte é estranha ao luxo, porque a característica essencial do belo é a simplicidade."

Esse pensador terá total razão em considerar com desprezo o xale, o relógio e o quiosque, mas não terá razão alguma ao sustentar que *a verdadeira arte é estranha ao luxo*. A verdadeira arte não tem nada a ver com considerações econômicas. A verdadeira arte é uma planta parasita que se nutre continuamente da seiva da riqueza humana. Surgindo sempre e em toda parte como companheira inseparável do luxo, não pode de forma alguma estar alheia a este. Michelangelo e Rafael cobriram tetos e paredes do palácio do papa com seus afrescos, assim como os vários artistas moscovitas que adornaram "com flores e amores" as paredes dos apartamentos em que Lazar Ielizáritch Podkhaliúzin desfrutou as alegrias da vida familiar em companhia de sua consorte, Olimpíada Samsónovna, nascida Bolchova.[6] Os afrescos de Rafael, na opinião de um esteta autêntico e talentoso como Henri Taine,[7] não possuem quase nenhum significado original. Constituem-se simplesmente como um complemento da arquitetura. "De fato", argumenta Taine, "por que os afrescos não podem ser um complemento da arquitetura? Não seria errado considerá-los isoladamente? Para entender a ideia de um pintor é necessário assumir o seu

[6] Personagens da comédia *É um caso de família*, de Aleksandr Ostróvski. (N. da T.)

[7] Trata-se na realidade de Hippolyte Taine, historiador e esteta francês (1828-1893). A obra a que Píssariev se refere é: "L'Italie et la vie italienne", *Revue des Deux Mondes*, janeiro de 1865. (N. do E.)

ponto de vista. E Rafael sem dúvida olhava para a sua tarefa exatamente dessa forma. *O incêndio de Borgo* é a decoração de um arco que lhe coube preencher com alguma coisa. *Parnaso* e *A libertação de São Pedro* adornam espaços sobre portas e janelas, e os espaços que tais pinturas ocupam forçam-nas a assumir determinada forma. Essas pinturas não estão apoiadas às paredes do edifício; elas próprias fazem parte do edifício; elas revestem o edifício, assim como a pele reveste o corpo. Se elas pertencem à arquitetura, como não acatar as exigências arquitetônicas? [...] Eis que", prossegue Taine adiante, "o arco da janela se curva em sublime simplicidade; a linha desse arco é nobre (*noble*!) e a orla da moldura acompanha a volta elegante, mas os espaços ao lado e acima permanecem vazios; é necessário preenchê-los, mas para fazê-lo convenientemente, deve-se servir apenas de figuras que não sejam inferiores à arquitetura, em plenitude e seriedade; personagens entregues ao fervor das paixões constituiriam aqui uma dissonância, não há lugar para grupos em atitude natural e desordenada. É necessário que os personagens sejam dispostos segundo a altura da parede; no alto do arco devem figurar crianças ou pessoas curvadas e nas laterais, figuras maiores, distendidas em sua altura plena".

Mas é verdade que nós não sabemos apreciar o mérito da nossa literatura nacional; é fato que mesmo nas nossas revistas sobre estética *Epokha* [Época] e *Ateniei* [O Ateneu] seria impensável declarar que *la ligne est noble*[8] e que *les personnages s'étagent selon la hauteur du panneau.*[9] Para os franceses tudo isso está a tal ponto na ordem do dia que mesmo o mais aguerrido realista se deixa confundir pelo autor somente quando, por algum estranho acaso, acontece de ter que traduzir tais delicadezas para a língua russa.

De toda forma, fica claro pelas palavras de Taine que a verdadeira arte transformou-se com extraordinária prontidão em lacaio do luxo. O artista se submeteu tão servilmente a todas as exigências do luxo, que consentiu em deformar suas obras para satisfazê-las, dispondo seus grupos segundo uma determinada ordem — em uma palavra, consentiu voluntariamente em prostituir a sua ideia criativa. Pode um pensador dizer,

---

[8] Em francês, no original: "A linha é nobre". (N. da T.)

[9] Em francês, no original: "Os personagens são dispostos segundo a altura da parede". (N. da T.)

depois disso, que *a verdadeira arte é estranha ao luxo*? Se o pensador decidisse expulsar do templo da *verdadeira arte* um Rafael Sanzio, seria o caso de se perguntar quem sobraria nesse templo, uma vez expulso seu principal sacerdote. E restaria ainda indagar se esse templo da verdadeira arte não se converteria em uma oficina do pensamento humano, onde pesquisadores, escritores e artistas, cada um por si, tenderiam todos a um único grande objetivo: a extirpação da pobreza e da ignorância...

Na mente do autor de *Relações estéticas*, essa conversão já se completara há muito; mas naquele ano de 1855, a nossa sociedade ainda estava bastante despreparada para que pudesse compreender ideias tão proveitosas; por isso, à espera de tempos mais maduros, o autor foi forçado a deixar intacta uma miragem qualquer da "*verdadeira arte*", em cuja existência, ele mesmo — o homem que em um tratado de estética ousou falar de coisas vulgares como os *dez mil francos*, citados acima — já não acreditava de forma alguma.

V

Ao expulsar a arquitetura do templo da *verdadeira arte*, o autor das *Relações estéticas* não considera necessário mencionar, nem de passagem, aquele mar infinito de frases que diversos turistas e diletantes derramam a respeito dos monumentos arquitetônicos, imaginando-se qualificados apreciadores e amantes do belo em todas as suas manifestações. E o autor tem total razão em seu desprezo silencioso a tais frases; não é de forma alguma possível combatê-las mediante uma objeção séria, e, por outro lado, ridicularizá-las seria extremamente inoportuno, uma vez que o trabalho que realizava seria submetido ao juízo de um areópago científico.[10] Mas, já que os literatos adversários do autor fingem que consideram o seu silêncio desdenhoso como prova da sua ignorância e incapacidade em refutar a fraseologia dos diletantes, então, lançarei aqui um rápido olhar sobre a inconsistência dessa fraseologia.

Certamente já aconteceu mais de uma vez aos leitores ouvir e ler exclamações sobre o fato de a arquitetura de determinado século e determinada nação haver encarnado toda a vida, todas as concepções de mun-

[10] Refere-se ao fato de que a dissertação de mestrado de Tchernichévski seria submetida a uma banca. (N. da T.)

do e todas as demandas espirituais da dita época e povo. Os historiadores e turistas franceses se mostram particularmente hábeis e audazes na arte de ler a história e as concepções dos povos antigos nos arcos de pedra, nas colunas, nos pórticos, nos capitólios, nos frontões e em vários outros ornamentos arquitetônicos. Estes senhores usam, a todo instante, expressões do gênero "um poema de granito", "uma epopeia de mármore", e aplicam tais expressões a grandes edifícios, semelhantes ao Coliseu, ao Vaticano ou à Catedral de São Pedro; se fossem de fato coerentes, então as pequenas construções com pretensão à elegância também deveriam constar de sua linguagem figurada — "madrigais de tijolos" ou "sonetos de carvalho".

A crer nas palavras destes senhores, conclui-se que, para eles, documentos escritos não são necessários em um estudo aprofundado do passado; eles próprios se encarregam de adivinhar e contar-lhe o que quer que seja com base em seus poemas de mármore e epopeias de granito. Conduza um desses senhores a um antigo templo grego e avise-o previamente de que se trata de um autêntico templo grego, e ele se porá de imediato a lhe explicar que o caráter geral e todos os detalhes singulares daquela arquitetura refletem a plenitude luminosa e harmônica do espírito grego. E começará a dissertar com tal fervor sobre o espírito grego, e manifestará uma tristeza tão elegíaca pelo fato de os antigos gregos estarem todos mortos, e saberá evocar diante de você um quadro tão vivo dos Jogos Olímpicos ou dos mistérios eleusínios, que você se enternecerá e atribuirá toda a sua eloquência ao maravilhoso influxo do espírito grego oculto nas paredes, nas colunas e nos arcos do antigo templo. Conduza agora este senhor a Alhambra e conte-lhe que foi construída em tal século, sob tal califa, e imediatamente se derramarão entusiásticos discursos sobre as ardentes fantasias árabes. Mas é melhor que não conduza seu fecundo turista a uma catedral gótica: aqui a leitura do poema de granito não terá fim; em cada janelinha ogival, ele encontrará uma expressão do idealismo medieval que aspira a desprender-se da terra e voar para o éter infinito. Em suma, as adivinhações do turista estarão sempre certas, e isso pela simples razão de que ele, como homem bem instruído, sempre saberá antecipadamente o que exatamente deve ser adivinhado em dada situação. Se sabemos antecipadamente que um determinado edifício foi construído em tal época, por tal pessoa, para um determinado uso, torna-se natural que, ao entrar nesse prédio, nós nos recordemos involuntariamente de como viveu aquela pessoa, o que fazia e o que pensava. Mas a maioria das pessoas, por não ser capaz de analisar as suas próprias impressões, acredita que as recordações evocam em seu íntimo a *forma* exata do edifício e que, por consequência, essa forma se encontra íntima e necessariamente ligada à vida, à atividade e ao modo de pensar daquele indivíduo trazido à memória.

A inconsistência dessa opinião pode ser demonstrada de modo perfeitamente claro e tangível por meio da análise de alguns outros processos do nosso pensamento, absolutamente análogos. Suponhamos, por exemplo, que lhe mostrem um quadro em que estão figurados alguns homens e mulheres; as fisionomias são jovens, mas os cabelos são brancos como a neve; você imediatamente imaginará que estão empoados e seu pensamento rapidamente se transportará ao século XVIII. Pó de arroz e século XVIII são duas representações indissoluvelmente ligadas uma à outra em nosso pensamento; nós sabemos que essa moda aconteceu exatamente ali e sabemos que não ocorreu em nenhum outro tempo; vemos uma infinidade de quadros em que as pessoas do século XVIII têm as cabeças empoadas, de modo que nos acostumamos, imperceptivelmente, à ideia de que o pó de arroz caracteriza de fato o século XVIII. Quem se arrisca a afirmar que essa estranha moda esteja necessária e intimamente ligada à vida, à atividade e ao modo de pensar do homem que viveu aquela época? Nessa moda há, naturalmente, um traço que caracteriza a sociedade de então, e esse traço, que podemos encontrar em muitas outras modas, consiste na artificialidade e extravagância — indícios de que àquela época, na Europa, havia uma classe completamente ociosa que gozava do máximo prestígio e que, sem saber como despender seu tempo, acolhia com entusiasmo as mais disparatadas invenções dos cabeleireiros e outros legisladores da moda. Mas o porquê de a artificialidade e a extravagância se manifestarem no reinado de Luís XV através da moda de espalhar pó branco sobre a cabeça, e no reinado de Luís XIV, pela moda das grandes perucas, isso nenhum pensador no mundo pode explicar com base em causas gerais, que dependem do espírito de cada época e nação. Certamente o pó de arroz e a peruca têm os seus motivos, mas tais motivos são tão pequenos, particulares e casuais, que devem interessar apenas a um colecionador de anedotas históricas.

Pode-se dizer o mesmo sobre os monumentos arquitetônicos. O fato de se construir em determinada época e nação uma considerável quantidade de edifícios suntuosos e inúteis demonstra, evidentemente, que as pessoas daquele país e daquela época acumulavam em suas mãos imensos capitais, ou que, por uma razão qualquer, podiam dispor a seu favor de um imenso volume de trabalho humano a baixo custo. E na trama dessa barafunda social e política, a fantasia ardente dos arquitetos e decoradores, aquecida pela perspectiva de uma lauta recompensa ou de uma terrível punição, bordou os mais grandiosos e variegados desenhos; mas enxergar nesses desenhos a manifestação da visão de mundo de um povo, e não uma fantasia individual, só é possível àqueles turistas que refletem seriamente sobre a nobreza do arco pleno ou sobre o sublime da janela ogival.

VI

Após haver lançado um rápido olhar sobre a escultura e a pintura, o autor de *Relações estéticas* chega à conclusão de que "as obras desta e daquela arte, em muitos dos seus elementos essenciais (beleza dos traços, perfeição absoluta da execução, capacidade de expressão etc.), são incomensuravelmente inferiores à natureza e à vida". Para comprovar sua tese, o autor se apoia tanto em suas impressões pessoais, quanto na análise das relações necessárias entre o ideal do artista e a realidade da vida. "Devemos dizer", escreve o autor, "que em Petersburgo não há uma só estátua cuja beleza de traços não seja muito inferior à da incontável maioria dos seres viventes, e basta apenas descer uma rua movimentada qualquer para que se encontrem alguns desses traços. Com isso concorda a maior parcela daqueles que estão habituados a pensar de forma independente".

Uma vez que o autor declara já no início de seu raciocínio que "o belo é a vida", e uma vez que a beleza de uma estátua não consiste na vida, ou seja, não consiste na expressão dos traços, e sim na perfeita regularidade das linhas e na absoluta proporcionalidade das partes, entende-se que as feições de qualquer ser vivente que não seja deformado e exprima inteligência serão muito mais belas do que todas as possíveis feições de mármore ou de cobre. Apenas nesse sentido podem ser compreendidas as palavras do autor, porque de outra forma seria difícil imaginar de que modo em Petersburgo — cidade que não pode se vangloriar da beleza de seus habitantes — poder-se-ia encontrar pelas ruas movimentadas feições mais belas do que aquelas das estátuas de Canova.[11]

[11] Antonio Canova (1757-1822), célebre escultor italiano. (N. da T)

Minha hipótese apoia-se no fato de o autor falar em *beleza de traços* para se referir à vida, e não em *regularidade*. Evidentemente, *regularidade* não possui para ele quase nenhuma importância. A respeito do ideal do escultor, o autor diz que "de forma alguma ele pode superar a beleza dos seres vivos que teve ocasião de observar. A força da fantasia criadora é bastante limitada: ela pode apenas combinar as impressões recebidas da experiência".

A esta verdade evidente podem se opor apenas aqueles idealistas incorrigíveis, capazes ainda hoje de tomar por moeda forte as histórias que afirmam que "os artistas, como deuses, são acolhidos no palácio de Zeus e, lendo o pensamento da divindade, passam a ver nos ideais eternos algo que a divindade revela em pequenas doses aos mortais". Quem não crê nos passeios dos artistas pelo palácio de Zeus e quem não reconhece a existência de ideias inatas, deve naturalmente concordar que o artista, assim como os outros mortais, haure da experiência todo o seu conteúdo espiritual e, consequentemente, todos os motivos de suas obras artísticas.

Ao falar sobre a pintura, o autor dirige sua atenção à imperfeição de seus meios técnicos. "Suas cores", escreve, "em comparação ao colorido do rosto e do corpo, são uma imitação grosseira e lamentável; em vez de um corpo delicado, surge algo esverdeado ou avermelhado". Adiante, prossegue: "As mãos humanas são brutas, e só estão em condições de realizar de forma satisfatória aquilo que não requer acabamento excessivamente delicado; *trabalho bruto*, eis uma justa definição para todas as artes plásticas, tão logo sejam comparadas com a natureza". Com relação a pinturas de paisagem, o autor igualmente não demonstra a menor reverência. Ele duvida que a pintura possa dispor os vários elementos de uma paisagem melhor do que a própria natureza, e diz que "uma pessoa que não possua o senso estético estragado deleita-se inteiramente com a natureza e nela não encontra defeitos".

Ao falar sobre música, o autor antes de tudo separa música vocal de instrumental. Depois, considerando a música vocal, ou canto, distingue o canto natural do canto artístico. Chama de natural o canto que o homem emite espontaneamente em um momento de alegria ou tristeza pela necessidade de desafogar algum sentimento acumulado, e não por aspirar à beleza. O autor considera o canto natural como obra da vida prática, e não como obra de arte. O canto artístico, em sua opinião, é belo na medida em que se aproxima da natureza. A beleza da música instrumental, por sua vez, está na sua proximidade à música vocal. "Tudo isso", escreve o autor, "nos dá o direito de dizer que na música, a arte não é mais do que uma débil reprodução dos fenômenos da vida, os quais são independentes da nossa aspiração pela arte".

Na poesia, o autor encontra uma inelutável insuficiência, pelo fato de suas imagens surgirem sempre pálidas e indefinidas quando comparadas aos fenômenos da vida. "A imagem na obra poética", diz o autor, "se relaciona com a imagem viva e real da mesma forma que a palavra se relaciona com o objeto real por ela designado, ou seja, não é mais do que uma pobre, genérica e indefinida alusão à realidade".

Para os que duvidam da justeza dessa ideia, posso propor a seguinte comprovação: sabe-se que o gênero poético mais elevado é o drama; sabe-se que os melhores dramas do mundo foram escritos por Shakespeare; que não há dramas em poesia mais elevados que os de Shakespeare. Isso significa que, se as imagens dos dramas shakespearianos se mostram como uma pálida e indefinida alusão à realidade, então já nem há palavras para as demais obras poéticas. Mas todos sabem que os dramas, inclusive os de Shakespeare, só alcançam a precisão que os aproxima da realidade quando são postos em cena; além disso, todos sabem que apenas atores de notável valor estão em condições de desempenhar satisfatoriamente os papéis shakespearianos; isso significa que é necessária uma nova esfera da arte que confira precisão à imagem poética; significa que são necessários talento, inteligência e instrução para compreender e interpretar essa *pálida e indefinida alusão à realidade*. Essa compreensão e interpretação constituem toda a tarefa do ator talentoso, e o próprio ator adquire notabilidade universal, ao solucionar sua tarefa de modo satisfatório. A tarefa é de fato bastante árdua e as *alusões* bastante *pálidas e imprecisas*. E isso não é tudo. Todos sabem que um determinado papel pode ser interpretado por diversos atores de modos absolutamente distintos, e apesar disso satisfazerem da mesma forma. Um ator compreende o caráter do personagem de certa forma, outro de outra forma, um terceiro ainda de outro modo, e se todos forem igualmente talentosos, o espectador mais atento e exigente ficará igualmente satisfeito; isso significa que todos os atores possuem uma compreensão justa do personagem e que a imagem poética se assemelha ao padrão de imprecisão que, como se sabe, oferece uma infinidade de soluções diversas. Depois do que foi dito, me parece difícil que se possa duvidar do fato de a poesia, por sua própria essência, não oferecer mais que uma pálida e indefinida alusão à realidade.

Após examinar desse modo toda a arte, o autor chega à conclusão geral de que o belo da realidade viva é sempre superior ao belo da arte. Portanto, se a arte não pode criar belezas maravilhosas que não existam na realidade, então — pode-se perguntar — o que deve exatamente fazer? Ela deve, na medida do possível, reproduzir essa realidade. O que precisamente deve reproduzir? Tudo que seja *interessante* para o homem na vida real. Para que é necessária essa reprodução? A esta última questão, o autor responde que "a exigência que dá origem à arte, no sentido estético da palavra (belas-artes), é a mesma que se manifesta claramente na pintura. Pinta-se um quadro não porque os traços de uma pessoa vivente não nos agradam, mas para que nos ajude a recordar a pessoa quando não está diante dos nossos olhos, ou para dar alguma ideia de alguém a quem não tivemos ocasião de ver pessoalmente. A arte, em suas reproduções, apenas nos recorda aquilo que nos interessa, e tenta até certo ponto nos apresentar temas que versam sobre os aspectos interessantes da vida que não tivemos a oportunidade de experimentar ou observar na realidade".

Se o artista deve pôr-nos em contato com aspectos *interessantes* da vida, então está claro que se trata de uma pessoa mais esclarecida e reflexiva, capaz de discernir o interessante do desinteressante. Caso contrário, desperdiçará todo o seu talento na descrição de detalhes que não possuem o menor sentido para a vida, e todas as pessoas dotadas de capacidade de reflexão considerarão sua obra com um sorriso compassivo, ainda que os detalhes escolhidos pelo artista estejam reproduzidos de maneira excelente. "Conteúdo digno da atenção do homem que pensa", diz o autor, "é apenas aquele que está em condições de redimir a arte da acusação de ser um entretenimento vazio, que é de fato como a arte costuma se mostrar: a forma artística não salva do desprezo ou do sorriso compassivo a obra de arte, se ela, ainda que portando uma ideia crucial, não se põe em condições de responder à pergunta: vale realmente a pena ocupar-se de semelhantes bobagens? O que é inútil não tem direito ao respeito. O homem tem a si mesmo por finalidade, mas a ação do homem deve encontrar sua finalidade nas exigências humanas, e não em si mesma". Ressaltando a ideia de que a arte reproduz e deve reproduzir não apenas o que é belo, mas o que é interessante em geral, o autor condena com justa indignação aquela falsa e adocicada representação da vida real encontrada em poetas que se submetem a preceitos da antiga estética, ao preencherem zelosamente suas obras com quadros maravilhosos e diversificados de, por exemplo, cenas de amor e descrições da natureza. "O hábito de figurar o amor, o amor, eternamente o amor", diz o autor, "faz com que os poetas esqueçam que a vida possui outros aspectos bem mais interessantes ao homem em geral; toda a poesia e toda a vida representada adquirem certo colorido róseo e sentimental. Em vez de uma séria representação da vida humana, as obras de arte apresentam um olhar sobre a vida excessivamente juvenil (para evitar epítetos mais precisos); o poeta é geralmente jovem, muito jovem, e suas narrativas interessam apenas às pessoas de sua mesma idade moral ou fisiológica".

Todo o pensamento e toda a tendência apresentados na obra *Relações estéticas* estão implícitos nas seguintes palavras exemplares do autor: "A ciência não se crê superior à realidade, e isso não constitui para ela nenhuma vergonha. A arte, da mesma forma, não deveria se crer superior à realidade, pois não há nada de humilhante nisso. A ciência não se envergonha ao declarar que sua finalidade é a de compreender e explicar a realidade, para em seguida pôr suas considerações a serviço do homem; que a arte também não se envergonhe em confessar que sua finalidade é a de compensar o homem pela eventual falta de um prazer estético pleno, proporcionável pela realidade, e que reproduza, dentro do possível, essa mesma preciosa realidade e a explique para o bem do homem. Que a arte se satisfaça com sua alta e estupenda finalidade: em caso de ausência de realidade, ser-lhe um sucedâneo e ao mesmo tempo servir ao homem como manual para o estudo da vida".

VII

Uma vez que já é do nosso conhecimento o conteúdo de *Relações estéticas*, passaremos a observar qual deveria ser a orientação de uma crítica fundada sobre os pressupostos teóricos expostos nesse livro. Afirma-se em *Relações estéticas* que de forma alguma a arte tem condições de criar um mundo próprio, que é sempre forçada a limitar-se à simples reprodução do mundo existente na realidade. Essa colocação fundamental obriga o crítico a examinar cada obra de arte na relação com a vida em meio à qual e em função da qual ela surgiu. Impondo ao crítico tal dever, *Relações estéticas* o preservam do perigo de embrenhar-se no deserto do antigo idealismo. Logo, *Relações estéticas* concedem ao crítico plena liberdade de ação. O papel do crítico, que esta obra inspira, não consiste na aplicação, às obras de arte, de artigos de algum código de estética pronto. Em lugar de exercer a função de um esteio anônimo e impassível a alguma lei imutável, o crítico converte-se em uma pessoa viva que traz, e se obriga a trazer, para a sua atividade, toda a sua concepção pessoal de mundo, todo o seu temperamento individual, todo o seu modo de pensar, todo o complexo de suas convicções humanas e civis, de suas esperanças e desejos. "*A arte*", diz o autor, "*reproduz tudo o que existe de interessante para o homem na vida*". E o que exatamente é interessante ou desinteressante? Essa questão não foi resolvida nas *Relações estéticas* e de forma alguma pode ser resolvida de uma vez por todas; cada crítico deve decidi-la por si mesmo, e a decidirá desta ou daquela forma, de acordo com o que exige da vida, com o seu modo de conceber o caráter e as demandas do próprio tempo. "*Conteúdo digno da atenção do homem que pensa*", diz o autor, "*é apenas aquele que está em condições de redimir a arte da acusação de ser um entretenimento vazio*". Mas o que significa *o homem que pensa*? O que significa precisamente *digno da atenção do homem que pensa*? Essas questões devem, novamente, ser decididas por cada crítico individualmente. E no entanto, a sentença do crítico sobre uma obra de arte depende, particularmente, em cada caso, da decisão dessas questões. Uma vez decidido que o conteúdo de certa obra é *desinteressante*, ou seja, *indigno da atenção do homem que pensa*, o crítico, com base nas próprias palavras do autor das *Relações estéticas*, passa a ter total direito em considerar a dita obra com desprezo ou um sorriso compassivo. Imaginemos, agora, que certo crítico considera determinada obra de arte com desprezo, e outro, com admiração. Uma vez que suas concepções colidem, surge entre eles uma disputa. Um deles diz: o conteúdo é desinteressante e indigno da atenção do homem que pensa. O outro diz: é interessante e digno. Percebe-se desde o início que a disputa entre os dois críticos não se origina de uma motivação estética. Podem ambos discutir sobre o sentido de "homem que pensa", o que este homem deve entender como "digno de sua atenção", como deve considerar a vida social e a natureza, como deve pensar e agir. Ao longo dessa discussão, os críticos se verão forçados a expor todas as suas concepções de vida, deverão tratar de ciências naturais, história, de ciências sociais, de política, de filosofia moral — mas sobre arte, não pronunciarão uma só palavra, porque o sentido de toda a discussão se concentrará sobre o *conteúdo*, e não sobre a *forma* da obra de arte. Exatamente porque ambos discutirão entre si não a forma, mas o conteúdo, exatamente porque, desse modo, estarão atribuindo uma importância maior ao conteúdo que à forma — exatamente por isso, ambos se mostrarão adeptos da doutrina exposta nas *Relações estéticas.* E nenhum deles terá direito de acusar seu adversário de haver renegado os princípios fundamentais daquele ensinamento; ambos se agarrarão firmemente às motivações gerais da doutrina, e o que os distinguirá será a diferença entre as soluções que darão às questões que essa doutrina, premeditada e sistematicamente, propõe a cada um em particular.

A doutrina exposta nas *Relações estéticas* é notável, sobretudo porque, ao romper os grilhões das velhas teorias estéticas, não os substitui por outros grilhões. Essa doutrina afirma, de modo claro e inequívoco, que o direito de pronunciar uma sentença sobre as obras de arte pertence não à estética, que apenas pode julgar a forma, mas ao homem que pensa, que julga o conteúdo, isto é, os fenômenos da vida. Sobre o que se deve entender por homem que pensa, o autor de *Relações estéticas* nada diz e nem pode dizer nada, porque uma questão como essa ultrapassa o âmbito da tarefa a que se propõe. Ocorre que, divergindo entre si na questão sobre o homem que pensa, os críticos não possuem o menor fundamento para invocar as *Relações estéticas.* Isso seria tão original, quanto alguém numa discussão sobre impostos indiretos apelar para um manual de geografia matemática. A geografia matemática é uma ciência muito respeitável, mas em matéria de problemas sociais é absolutamente incompetente.[12]

(1865)

Tradução de Sonia Branco

---

[12] O artigo é cortado aqui abruptamente. Constam ainda um parágrafo do capítulo VII e os capítulos VIII e IX, inteiramente dedicados a uma polêmica com o crítico radical Maksim Alekséievitch Antonóvitch (1835-1918), que, por tratarem de outro assunto, foram separados do corpo deste artigo pelos editores russos, procedimento que foi mantido pelas traduções ocidentais. (N. da T.)

Aleksandr Vesselóvski

Um dos fundadores dos estudos literários universitários na Rússia, Aleksandr Nikoláievitch Vesselóvski (1838-1906) estudou na Universidade de Moscou e depois tornou-se professor da Universidade de São Petersburgo. Foi também membro da Academia de Ciências, a partir de fins da década de 1870. A trajetória consistente nos meios acadêmicos russos ocorreu em paralelo a seu percurso de estudioso em instituições e arquivos ocidentais, na Espanha, em Berlim, em Praga e na Itália, onde passou vários anos pesquisando em arquivos (que resultaram em trabalhos sobre a literatura italiana medieval). Vesselóvski interessou-se, desde sua tese doutoral, pelas relações entre o folclore e a literatura, não restringindo o âmbito dos estudos aos temas russos ou a uma disciplina em particular. Sua visada possui, pelo contrário, um notável fôlego comparatista, versando sobre diversas tradições culturais e sobre os métodos da poética histórica, da antropologia e da teoria literária. Pouco estudada fora da Rússia, a obra de Vesselóvski é, entretanto, um dos pontos de referência da crítica literária dentro do país, sendo que diversas correntes teóricas gravitam a seu redor, ou se insurgem contra suas limitações. Os formalistas russos tiveram uma relação complexa com Vesselóvski: eles repudiaram a visada "genealógica" no tratamento da literatura, mas valorizaram a ênfase nos "componentes" da obra literária; como sugere Victor Erlich, "a insistência de Vesselóvski em estudar a poesia, mais do que o poeta, a estrutura objetiva da obra literária, mais do que o processo psíquico subliminar, encontrou respaldo na orientação confessadamente antipsicológica do formalismo inicial. Até mesmo a tendência de Vesselóvski para subtrair o papel do indivíduo na história literária encontra contrapartida em alguns dos manifestos formalistas".[1]

[1] Victor Erlich, *Russian formalism: history-doctrine*, Haia, Mouton, 1955.

Sobre o método e as tarefas da história da literatura como ciência

(Aula inaugural do Curso de História de Literatura Geral, proferida na Universidade de São Petersburgo em 5 [17] de outubro de 1870)

Prezados senhores! De qualquer um que se apresenta pela primeira vez em uma cátedra, os senhores esperam e têm o direito de exigir que discorra sobre o próprio programa.[1] Se o objeto a ser apresentado for novo, inexistente até então nos currículos dos cursos universitários russos, essa exigência será ainda mais fundamentada. Encontro-me nessas duas posições, mas, em vez de um programa, trago aos senhores uma espécie de promessa, algumas teses gerais elaboradas cientificamente e algumas convicções pessoais que talvez ainda precisem de validação científica. Neste momento, não desejo prometer mais do que isso, pois não quero que a promessa supere a execução. Aliás, o próprio caráter do meu objeto, transformado em disciplina específica há bem pouco tempo,[2] e a

---

[1] A primeira aula do jovem acadêmico estabeleceu o programa posterior de suas investigações científicas. Partindo da escola histórico-cultural, aqui, pela primeira vez, Aleksandr Vesselóvski tratou a literatura como portadora de ideias, porta-voz de uma concepção de mundo, reflexo condensado do pensamento social (ver *A ciência russa sobre literatura no final do século XIX e início do XX*, Moscou, 1982, p. 175); aplicando o princípio da historicidade ao estudo da literatura, ele apontou a ligação dialética entre esta e a vida da sociedade. (N. da E.)

[2] A própria noção de literatura mundial, geral ou universal é histórica, mutável e discutível. O termo "literatura universal" [*vsiemírnaia literatura*] foi proposto por Goethe em 1827, quatro décadas antes de Aleksandr Vesselóvski tratar dessa questão; "A literatura nacional agora pouco significa, está na ordem do dia a literatura universal, e cada um deve contribuir para apressar a sua chegada" (Johann Peter Eckermann, *Razgovóri s Guiôtie* [Conversas com Goethe], tradução de Natália Man, apresentação de Nikolai Nikoláievitch Vilmont, Moscou, 1986, p. 214). Na história da ciência, distinguem-se a noção da literatura universal como um complexo de manifestações literárias de significado mundial e a noção de literatura geral como a soma das literaturas nacionais (ver R.

suposta posição, ainda indefinida, que talvez ele possa ter em um curso universitário russo incitam-me igualmente a ser cauteloso. Será que a ciência universitária russa precisa de uma cátedra de literatura geral? Que lugar essa cátedra ocupará entre as outras? Servirá ela ao que se costuma chamar de formação geral ou terá pela frente a tarefa de perseguir objetivos científicos específicos? Todas essas são perguntas que a prática responderá, e o programa completo da disciplina virá apenas em seu final, de acordo com as demonstrações da experiência.

Na Alemanha, como se sabe, a literatura geral existe como cátedra de filologia românica e germânica.[3] A característica dessa cátedra é dada pela própria denominação: "filologia". O professor lê algum texto em francês arcaico, alemão arcaico ou provençal (observem que aqui se tratam principalmente de textos arcaicos); de antemão, apresentam-se breves regras de gramática, ditam-se paradigmas de conjugação e declinação, particularidades da métrica no caso de texto em versos; em seguida vem a leitura do autor, acompanhada de comentários filológicos e literários. Desse modo, leem *Edda*, *Beowulf*, *A canção dos Nibelungos* e *A canção*

Wellek, A. Warren, *Theory of literature*, Nova York, 1949, G. Markévitch, *Osnovníe probliémi naúki o literatúrie* [*Problemas fundamentais da ciência da literatura*], Moscou, 1980, p. 25). O tratamento dado a essa questão na ciência soviética está refletido nos princípios da *História da literatura geral*: compreende-se "literatura geral" como uma unidade sistêmica, o conjunto de todas as literaturas do mundo, desde os tempos antigos até os nossos dias, um todo que se encontra em correlações internas e inter-relações, em um processo ininterrupto de alterações naturais e desenvolvimento (ver *História da literatura mundial*, Moscou, 1983, tomo 1, pp. 6-10). (N. da E.)

[3] Em 1862, Vesselóvski viajou ao exterior como candidato ao título de professor titular. Durante um ano, assistiu às aulas de Introdução à História da Literatura de Heymann Steinthal (1823-1899), parte do curso de filologia germânica e românica da Universidade de Berlim. A escola popular-psicológica dos estudos literários, chefiada por Steinthal, estava voltada para o estudo comparativo da linguística, história da literatura, folclore e etnografia. Vesselóvski passou o seu segundo ano no exterior, em Praga, estudando filologia eslava. Fiódor Ivánovitch Busláiev exerceu notável influência sobre os interesses científicos do jovem estudioso nesse período (ainda nos anos em que frequentava a Universidade de Moscou, Vesselóvski entusiasmou-se pelas aulas e trabalhos de Busláiev, que se encontram na base da sua principal obra, *Ensaios históricos sobre literatura e arte popular russa*, 1861), o seu interesse pela arte popular, pela profundidade do caráter popular tanto no material europeu quanto no eslavo-russo (a esse respeito, ver particularmente Vladímir Fiódorovitch Chichmariov, *Aleksandr Vesselóvski i rússkaia literatura* [*Aleksandr Vesselóvski e a literatura russa*], Leningrado, 1946, pp. 18-22. (N. da E.)

de Rolando. Essa especialização não estará ao nosso alcance, pelo menos nos primeiros tempos e, de qualquer modo, não encontraria muitos seguidores; apesar da indiscutível utilidade que o pesquisador russo da antiguidade poderia extrair do contato mais próximo com monumentos da literatura anglo-saxã e escandinava, é fácil eliminar dúvidas relativas à utilidade ou ao potencial de aplicação direta desse tipo de aula.

Às vezes, o programa alemão toma o rumo de um comentário literário específico: a propósito de *A canção dos Nibelungos*, por exemplo, nenhum professor perde a oportunidade de falar da dissensão que até hoje divide os cientistas alemães a respeito dos manuscritos em que foi encontrado esse monumento antigo da poesia alemã. E ele vai mais além: fala de ligações com relatos populares e literários anteriores, de ecos na canção posterior e na denominação das localidades, do seu lugar no círculo de lendas de heróis alemães em geral etc. Desse modo, a tarefa, inicialmente colocada num campo estritamente filosófico, pode se estender por um tema mais amplo: o épico popular alemão em geral. Exatamente do mesmo modo, a análise das *chansons de geste* francesas facilmente motiva uma série de pesquisas desse tipo, como, por exemplo, a *Histoire poétique de Charlemagne*, de Gaston Paris,[4] e *Guillaume d'Orange*, de Jonckbloet;[5] ou então a leitura de monumentos dos escritos do alto-alemão antigo levará a uma pequena série de generalizações e levantará, por exemplo, a questão há pouco colocada por Wilhelm Scherer a respeito do grau de antiguidade da literatura alemã.[6]

Desse modo, partindo de uma especialização estreita, limitada ao exame e interpretação do texto antigo, passamos a uma análise mais frutífera. Mas aqui, outra vez, surge a questão da aplicabilidade do curso. Evidentemente, sobre a utilidade desse tipo de investigação para a formação geral, não há o que discutir, mas a questão de sua aplicação científica — tenho em vista a aplicação à ciência russa — no mínimo levanta dúvidas. O destino obscuro dos escritos alemães antigos não pode despertar especial interesse entre nós; não somos contra que se levem em consideração os resultados das pesquisas nesse campo, mas dificilmente

[4] Bruno Paulin Gaston Paris (1839-1903), filólogo francês, um dos pioneiros no estudo da literatura medieval. (N. da T.)

[5] Willem Jozef Andreas Jonckbloet (1817-1885), historiador holandês. (N. da T.)

[6] Wilhelm Scherer (1841-1866), filólogo alemão. (N. da T.)

teríamos a ideia de empreender nós mesmos essa investigação. Por outro lado, está fora de dúvida que a questão das sagas alemãs e das *chansons de geste* francesas pode nos ajudar a esclarecer muitas particularidades da criação das canções russas e que é impossível compreender a literatura russa do século XVIII sem boa familiaridade com o movimento do pensamento na Inglaterra e na França da época; tudo isso, porém, são problemas que cabem ao historiador da literatura russa ou que ainda aguardam a sua atenção; já o historiador da literatura geral pode lhe fornecer materiais, mas ele próprio não atacará o problema, nesse caso por receio de que o instrumento de análise cresça em suas mãos até uma cômica desproporcionalidade em comparação com a significação do fenômeno que ele decidiu esclarecer.

Caráter inteiramente diferente teve a história da literatura geral nas cátedras da França e, nos últimos tempos, da Itália. Eu diria que o seu caráter é de formação geral se essa denominação, por sua vez, não exigisse explicações. Exemplos desses cursos são as palestras no Collège de France, os livros de Philarète Chasles, o *Miguel de Cervantes*, de Émile Chasles, as obras de Mézières sobre Shakespeare e Petrarca e, finalmente, a *História da literatura inglesa* de Taine.[7] Como objeto de investigação elege-se, via de regra, uma época notável em termos culturais: por exemplo, o Renascimento italiano do século XVI, o drama inglês etc.; mas, normalmente, algum grande homem deve responder pela unidade do ponto de vista, pela inteireza da generalização: Petrarca, Cervantes, Dante e o seu tempo, Shakespeare e os seus contemporâneos. À época, aos contemporâneos nem sempre se atribui o papel lamentável de contrapeso, de tijolos do pedestal do grande homem; pode-se dizer que, ao contrário disso, nos últimos anos, o ambiente que cerca a personalidade principal avançou visivelmente e não apenas destaca o grande homem, mas também o explica, e, em medida significativa, explica-se por meio dele. Ainda assim, o grande homem permanece no centro de tudo, como ligação visível aos olhos, embora seja colocado nesse lugar não pelo conteúdo da sua atividade, que reúne em si todos os raios do desenvolvimento de sua época

[7] Victor Euphemien Philarète Chasles (1798-1873), crítico francês. Émile Chasles (1827-1908), filólogo, escritor e historiador francês. Alfred Jean François Mézières (1826-1915), crítico e historiador francês. Hippolyte Taine, historiador e esteta francês (1828-1893). (N. da T.)

ca, mas, com frequência, pelo cálculo retórico que o pesquisador contemporâneo faz da impressão externa de unidade que provoca em nós o referido nome, o referido acontecimento, e que nós estamos inclinados a aceitar como unidade interna.

Outros rodeios retóricos acomodam-se a fim de intensificar essa impressão artificial: para o grande homem convergem, nele se concentram todos os caminhos do desenvolvimento, dele partem todas as influências, assim como, no jardim planejado ao gosto do século XVIII, todas as aleias, unidas em forma de leque ou de raios, levam ao palácio ou a algum monumento pseudoclássico, sendo que sempre acontece de o monumento não ser inteiramente visto de todos os lados, ou ele está mal iluminado ou então é de um tipo que não deve ser colocado na área central de um jardim bem planejado, com perspectivas de todos os lados. Está claro por que a teoria dos heróis, esses guias e ativistas da humanidade, como representados por Carlyle e Emerson, é boa e poética apenas em sua inviolabilidade e quando levada ao extremo. A partir desse ponto de vista, realmente, eles podem se apresentar como os escolhidos dos céus, que descem de vez em quando à terra: ativistas solitários, eles ficam nas alturas; não têm necessidade de entorno nem de perspectiva. A ciência contemporânea, porém, permitiu-se olhar para aquelas massas que, desde então, permaneciam atrás deles, privadas de voz; ela notou nessas massas uma vida, um movimento imperceptível a olho nu, como tudo o que acontece em dimensões de espaço e de tempo amplas demais; ali, foi preciso buscar as molas secretas do processo histórico e, junto com o rebaixamento do nível material das prospecções históricas, o centro de gravidade foi transferido para a vida do povo. As grandes personalidades surgiam então como reflexos de certo movimento preparado na massa, reflexos mais ou menos evidentes de acordo com o grau de intencionalidade com que se relacionavam com ele ou com o grau de energia com que o ajudavam a se manifestar. Falar deles como porta-vozes de *toda uma* época e, juntamente com isso, cercá-los de um material que testemunha os movimentos da massa significa misturar a antiga configuração com a nova, sem notar toda a incompatibilidade dessa combinação. Ou os grandes seguem adiante do seu tempo — e, nesse caso, todos os detalhes relativos ao meio e aos costumes de sua época, de que são tão pródigos os ensaístas, consistem, nesse aspecto, em contrapesos, destituídos de significado sério —, ou então há sentido em tudo isso — nesse caso, o trabalho histórico acontece embaixo, os grandes tiram-no do berço, sofrem conscientemente; mas então falar do herói como porta-voz de *toda uma* época significa dar-lhe as dimensões sobrenaturais de Gargântua, esquecendo toda a diversidade do pensamento histórico, cuja personificação está aquém das forças de um único homem. De qualquer modo, seja uma mistura do ponto de vista antigo com o novo ou uma simples volta ao antigo, apenas nesse esboço, feito com tintas populares e cotidianas, do pano de fundo em que se deve desenhar, mais claramente, a figura grandiosa do herói, está a conhecida porção de mentira que pensei explicar com a busca de um efeito retórico. Apesar de todas as falhas dessa exposição da história da literatura característica da escola francesa, ela apresenta também enormes vantagens.

É exatamente essa exposição que oferece cada vez mais espaço ao que podemos chamar de material de formação geral: os pontos de vista históricos gerais, a característica da cultura, as generalizações filosóficas do desenvolvimento histórico. Porém, de novo, estamos inclinados a duvidar da solidez científica dessas generalizações.

Por "generalização" costumamos compreender noções extremamente diferentes e profundamente divergentes entre si. Na prática, não há grande pecado nisso, mas na ciência é interessante distinguir o aceito do lícito. Suponhamos que os senhores decidam estudar certa época: se quiserem elaborar um ponto de vista próprio e independente, será necessário conhecer não apenas os grandes acontecimentos dessa época, mas também a miudeza da vida que lhes serviu de fundamento; buscarão investigar ligações de causa e consequência entre eles; para facilitar o trabalho, tratarão o objeto por partes, a partir de determinado aspecto: a cada vez chegarão a alguma conclusão ou a uma série de conclusões isoladas.

Então já repetiram essa operação algumas vezes, aplicando diferentes grupos de fatos; já chegaram a uma série de conclusões e, além disso, surgiu a possibilidade de sua recíproca verificação, a possibilidade de trabalhar essas conclusões, assim como haviam trabalhado até o momento os fatos puros, extraindo princípios mais amplos daquilo que nelas foi encontrado de comum, de afim, em outras palavras, produzindo, com base na lógica, mas mediante constante verificação dos fatos, uma segunda série de generalizações.

Desse modo, avançando cada vez mais, chegam à generalização derradeira, a mais completa, que, em essência, expressa o seu ponto de vista final sobre a área estudada. Se resolvem retratar essa área, esse ponto de vista lhes dá um colorido natural e a inteireza de um organismo. Essa generalização pode se chamar *científica*, é claro, no sentido de que foi observado o caráter gradual do trabalho e a verificação constante dos fatos e de que, em sua generalização, não se omitiu nenhum elemento de comparação. É um trabalho mais ou menos prolongado, de acordo com a amplitude do objeto. O livro de Gibbon custou-lhe vinte anos;[8] o de Buckle, a vida inteira.[9] É possível até aliviar a própria tarefa. Chamou-lhes a atenção, por exemplo, a história do pensamento francês no século XVI. Os senhores estudaram os seus principais representantes — Rabelais, Montaigne, Ronsard e Marot.[10] Raciocinaram do seguinte modo: se esses homens destacaram-se, se as suas obras, mais do que outras, continuam a despertar atenção, então é evidente que há neles mais talento e, como mais talentosos, eles conseguiram perceber e refletir com mais força os movimentos do pensamento histórico de sua época. Mas eis que Rabelais e Marot são representantes da antiga França, daquele "*esprit gaulois*", predestinado a revelar-se outra vez, em todo o seu colorido, na corte de Francisco I da França e de Margarida de Navarra. Ronsard surge um pouco depois, já faz parte da transição para o monarquismo literário posterior. Montaigne é o tipo do cético eterno, placidamente isolado em uma ilha, quando à frente e atrás grassa a tempestade etc. Com base nessas três pequenas ideias é possível, se quiserem, montar a trama da época do Renascimento na França; nela se acomodariam todos os fenômenos intermediários por categoria; os outros, inoportunos, seriam relacionados a fenômenos transitórios; o quadro ficaria completo.

Desse modo tentaram explicar a história da vida e da literatura inglesa, a partir da transformação dos elementos anglo-saxão e normando, de sua luta e reconciliação, e os fatos pareciam se encaixar nessas generalizações. Mas essas generalizações estão *incompletas*, porque foram alcançadas sem a observação do princípio da gradação, sobre o qual falamos antes. Elas podem até não contradizer as hipóteses científicas, mas a convergência entre elas será ocasional. A esse tipo de generaliza-

---

[8] Referência ao livro *A história do declínio e queda do Império Romano*, do historiador inglês Edward Gibbon (1737-1794).

[9] Henry Thomas Buckle (1821-1862), historiador inglês, autor do inacabado *História da civilização na Inglaterra*. (N. da T.)

[10] Pierre de Ronsard (1524-1585) e Clément Marot (1496-1544), poetas franceses do Renascimento. (N. da T.)

ção está relacionada grande parte desses livrinhos, em cujo título figura: fulano e seu tempo. A literatura francesa é rica deles.

Pior ainda acontece quando a generalização não é alcançada a partir desse tipo de estudo incompleto e unilateral dos fenômenos, mas sim aceita com base na crença de alguma outra fonte, seja ela um pensamento preconcebido, a convicção de um publicista etc. Suponhamos, por exemplo, que eu considero o modo sensual-realista de ver a realidade como um traço característico da concepção de mundo da Rússia antiga. Então começo a buscar fatos que confirmem a minha opinião: alguns deles respondem satisfatoriamente, outros cedem mediante leve pressão. Os fatos são reunidos, submetidos a um único ponto de vista, e o livro está pronto. O livro é bom, em certa medida o ponto de vista está correto; mas nem um nem outro saíram bem, pois não foram provados. Não foi provada a hipótese principal, e talvez nem seja possível prová-la. É possível observar que a visão de mundo apresentada como própria da Rússia não é de jeito nenhum própria apenas da Rússia, houve tempo em que ela predominava também no Ocidente; que, se ela caracteriza algo, então não é uma raça, nem um povo, nem certa civilização, mas um período cultural específico, que se repete mediante a confluência de condições idênticas entre povos diversos. Quer dizer, ou a generalização está incompleta, ou seja, o material recolhido não foi suficiente para a comparação, ou ela foi feita com base numa crença que não se originou dos fatos, os fatos é que se ajustaram a ela; nesse caso, *não é científica*.

Evidentemente, tentarei, na medida do possível, fugir de generalizações não-científicas e incompletas. Algumas verdades hipotéticas, que proporei no início deste curso metodológico, poderão parecer desvios dessa regra, fatos sem comprovação suficiente. Mas elas são apresentadas mais como ponto de vista pessoal sobre a gênese da ciência e da poesia e serão submetidas depois à verificação a partir dos fatos; elas me parecem imprescindíveis como ponto de partida, como convenção ou valor que deve ser verificado no caminho inverso, dos resultados às premissas. No que diz respeito à exposição factual, da qual nos ocuparemos nos cursos subsequentes, aqui o programa terá de oscilar entre uma completa generalização, que estamos dispostos a chamar de ideal da ciência histórica, e uma investigação estreitamente especializada, cujos exemplos vimos nas cátedras alemãs. Porém, a generalização científica aplicada a períodos literários amplos, que mais do que tudo poderiam despertar a sua atenção, é possível apenas no final de uma atividade científica prolongada, em resultado de uma massa de generalizações parciais, alcançadas a partir da análise de uma série de fatos específicos. Os senhores devem compreender que não posso prometer seriamente um trabalho desse tipo. Por outro lado, uma generalização limitada, de esfera factual mais restrita, pode se transformar facilmente naquela especialização, da qual as exigências excepcionais da cátedra russa me obrigam a fugir. Aqui, portanto, é necessária uma escolha, um meio-termo.

Eu não o apresento como meu ideal; apenas expressei o aspecto negativo do meu programa. Seu aspecto positivo, aquele que mais me interessa, consiste no método que eu gostaria de ensinar e que, ao mesmo tempo, gostaria de aprender. Tenho em vista o método comparativo. Posteriormente, quero contar-lhes como, no campo das pesquisas histórico-literárias, ele substituiu os métodos estético, filosófico e, talvez, o histórico. Agora eu gostaria de apontar apenas o fato de que esse método não é nem um pouco novo e não propõe nenhum princípio científico singular: ele é apenas um desenvolvimento do método histórico, é aquele mesmo método histórico, apenas mais frequente, repetido em séries paralelas, com o objetivo de alcançar talvez uma generalização completa. Eu falo, neste caso, da sua aplicação a fatos da vida histórica e social. Estudando séries de fatores, observamos o seu caráter sequencial, a relação entre o último e o anterior; quando essa relação se repete, começamos a suspeitar de que há nela certa lei; quando ela se repete com frequência, paramos de falar em anterior e posterior, substituindo-os pela expressão de causa e consequência. Até estamos inclinados a ir mais longe e, de bom grado, transferimos essa noção estreita de causalidade para fatos contíguos mais próximos: eles despertaram a causa ou são ecos da consequência. Tomemos para verificação uma série paralela de fatos análogos: aqui pode não se repetir a relação entre um anterior e o seu posterior ou, caso se apresente, os seus elementos serão diferentes e, ao contrário, a analogia ocorrerá em níveis mais distantes das séries. Assim limitamos ou ampliamos a nossa concepção de causalidade; cada nova série paralela pode trazer nova mudança de concepção; quanto mais repetições de verificação, maior a probabilidade de que a generalização obtida chegue perto do rigor de uma lei.

É conhecida a reviravolta que a aplicação do método comparativo no campo da linguística provocou no estudo e na significação dos resultados alcançados. Posteriormente, essa reviravolta foi transferida também para o campo da mitologia, da poesia popular, das assim chamadas lendas dos cavaleiros errantes e, por outro lado, foi aplicada ao estudo da geografia e das tradições jurídicas. Os extremos da aplicação, que evidenciam o entusiasmo de qualquer novo sistema, não devem nos dissuadir da solidez do próprio método: os êxitos da linguística nesse sentido alimentam a esperança de que, também no campo dos fenômenos históricos e literários, possamos esperar resultados precisos, se não idênticos, pelo menos aproximados. Em parte, esses resultados já foram alcançados ou são esperados em um futuro próximo. Por exemplo, no campo da literatura, o método histórico-comparativo mudou muito as definições de poesia vigentes, abalou a estética alemã. A estética alemã alimentou-se dos clássicos; ela acreditava e, em parte, continua a acreditar na personalidade de Homero. Para ela, a épica homérica é o ideal de epopeia; daí vem a hipótese da criação pessoal. Junto com Winckelmann,[11] ela venerava a beleza da plástica grega e a plasticidade da poesia antiga: daí surgiu a hipótese da beleza como conteúdo imprescindível da arte. A transparência do desenvolvimento literário grego, expressa no caráter sequencial da épica, da lírica e do drama, foi tomada como norma e teve até uma interpretação filosófica, segundo a qual o drama, por exemplo, era não apenas remate necessário da vida literária do povo, mas também interpenetração da objetividade da épica e da subjetividade da lírica e assim por diante. Quando Wolf se permitiu duvidar da personalidade de Homero, ele partiu da crítica do texto homérico; em outras palavras, o material das suas comparações permaneceu, como antes, especialmente grego, mas ele trabalhava fatos de uma única série. Então surgiu Herder[12] com suas *Vozes dos povos em canções*; os ingleses e, depois deles, os alemães, descobriram a Índia; a escola romântica estendeu as suas simpatias pela Índia a todo o Oriente e também até os confins do Ocidente, a Calderón e à poesia da antiguidade alemã da Idade Média. Desse modo, surgiu a possibilidade de estudar fenômenos análogos em algumas séries paralelas de fatos; assim o caráter das generalizações antigas não apenas se tornaria mais completo, como também, em muitos casos, mudaria radicalmente. Ao lado da epopeia pessoal de Homero, surgiram algumas epopeias anôni-

[11] Johann Joachim Winckelmann (1717-1768), arqueólogo e historiador alemão. (N. da T.)

[12] Johann Gottfried von Herder (1744-1803), filósofo, poeta e crítico literário alemão. (N. da T.)

mas; a teoria da criação pessoal foi arruinada: até então a estética alemã não sabia como tratar, por exemplo, a *Kalevala*, as *chansons de geste* francesas. Juntamente com a lírica artificial, descortinou-se a riqueza da canção popular, com a qual se harmonizava mal a teoria da beleza como tarefa exclusiva da arte. Verificou-se, no final, que o drama existiu muito antes da épica e, ademais, com conteúdo completamente épico: o exemplo disso são os mistérios e os jogos populares da Idade Média, que acompanhavam as festividades anuais e distinguem-se por um caráter absolutamente dramático. Porém, o mesmo se pode dizer da lírica; os hinos védicos e aquelas canções curtas, as cantilenas, das quais se formaram as grandes epopeias populares, distinguem-se pela estrutura lírica. A estética alemã ignora o mistério, e à canção popular ela reservou apenas um lugar medíocre e acessório na seção da lírica. Mas esse desprezo não leva a nada; a estética precisa ser reconstruída, precisa distinguir com rigor o problema da forma das questões da concepção de mundo. Aquilo que poderíamos chamar de concepção de mundo épica, lírica e dramática deveria, na verdade, apresentar-se em certo sequenciamento, determinado pelo desenvolvimento cada vez maior da personalidade, embora eu me atreva a pensar que esse sequenciamento não foi inteiramente reconhecido pela estética alemã. No que diz respeito às formas da épica, da lírica e do drama, das quais se originou a denominação dos conhecidos tipos poéticos e épocas da poesia, elas estavam dadas muito antes do surgimento, na história, daquelas particularidades da concepção de mundo para as quais transferimos a definição do épico, do lírico etc. Essas formas são expressão natural do pensamento; para se manifestar, não precisavam esperar pela história. A forma do drama encontra-se já nos *Vedas* e nas conversas dos deuses da *Edda* poética. Entre essas formas e o conteúdo mutável da visão de mundo são estabelecidas relações como que de seleção natural, determinadas pelas condições da vida e por casualidades da história. Assim, os banquetes patriarcais e aristocráticos e os serões nos salões de Alcínoo ou no castelo do cavaleiro medieval deviam despertar a memória dos feitos, os contos dos aedos e dos trovadores. Os hinos védicos e a lírica de Delfos desenvolvem-se diretamente ligados aos sacrifícios e louvores aos deuses, ao desenvolvimento da classe sacerdotal; o drama grego condiciona-se pela vida das ruas de Atenas, pela atividade social das assembleias populares e costumes solenes das festividades de Dionísio. Obviamente, essa combinação podia não ter existido, essa visão de mundo podia ter tomado uma forma mais complicada e não essa, que agora lhe dá nome. Assim como Aristóteles coloca Homero à testa dos trágicos gregos, também nós, até agora, falamos do caráter dramático de tal situação no romance e bocejamos em resposta à prolixidade épica de determinado drama.

Em tudo isso não há nenhuma perturbação do desgastado ponto de vista, mas sim sinais de uma nova formação. Se não me engano, o estudo comparativo da poesia deve mudar muito as noções vigentes sobre a criação artística. Os senhores verão por si mesmos. Suponhamos que os senhores não tinham noção dos encantos do romantismo medieval, dos mistérios da Távola Redonda, das buscas do Santo Graal e das astúcias de Merlin. Acabaram de ter o primeiro contato com todo esse mundo em "Os idílios do rei" de Tennyson. Ele os conquistou com seu caráter fantástico, com a sua poesia; os senhores se apaixonaram pelos seus heróis; as suas esperanças e sofrimentos, o seu amor e ódio, tudo isso creditam ao poeta, capaz de personificar diante de seus olhos essa realidade talvez nunca antes existente na Terra. O seu julgamento baseia-se numa experiência recente, em algum romance, que se anuncia como invenção de seu autor. Em seguida, os senhores descobrem antigos poemas de Hartmann von Aue, Gottfried von Strassburg e Wolfram von Eschenbach:[13] encontram neles o mesmo conteúdo, personagens e aventuras conhecidas — Erec e a imagem sofrida de Enida; Vivien e o enganado Merlin; o amor de Lancelote e Guinever. Apenas os motivos da ação aqui são outros, os sentimentos e os caracteres são mais arcaístas, à semelhança do século distante. Os senhores concluem que, aqui, os novos autores recorreram a um empréstimo dos antigos e identificam o progresso poético pelo fato de terem introduzido nas imagens anteriores motivos mais humanos, uma psicologia que nos é mais compreensível, uma reflexão mais contemporânea. Creditam, portanto, ao século XIX o amor pelo aspecto flamengo da vida, que se detém em suas miudezas às vezes completamente desinteressantes, e ao século XVIII aquela relação artificial com a natureza, que gosta de enquadrar qualquer ação na moldura de uma paisagem e, em seu estilo, sombrio ou brincalhão, expressar a própria compaixão pela questão humana. O poeta medieval podia contar os feitos de

---

[13] Hartmann von Aue (*c.* 1165-*c.* 1215), Gottfried von Strassburg (?-1210) e Wolfram von Eschenbach (*c.* 1170-*c.* 1220), os três maiores poetas da literatura medieval alemã. (N. da T.)

Erec, mas não lhe passava pela cabeça dizer como ele entrou no pátio do castelo de Ignol, como seu cavalo pisoteou as estrelas espinhentas do cardo, que espiavam pelas fendas das pedras, como ele olhou e viu em torno de si só ruínas: "Aqui havia um arco caído, adornado por uma samambaia, ali desabara parte da torre, como pedra que se desprende do penhasco, e nela brotara vistosa família de flores. Um fragmento de escada serpenteava alto lá em cima: desnuda ao sol, nela havia rastos de passos há muito silenciados. Os caules monstruosos da hera tinham tomado as paredes cinzentas num abraço ramalhoso e eram sugados pelas fendas entre as pedras; embaixo, pareciam serpentes enroscadas em nó, em cima, estendiam-se num arbusto sombreado".

Then rode Geraint into the castle court,
His charger trampling many a prickly star
Of sprouted thistle on the broken stones.
He look'd and saw that ail was ruinous.
Here stood a shatter'd archway plumed with fern;
And here had fall'n a great part of a tower,
Whole, like a crag that tumbles from the cliff,
And like a crag was gay with wilding flowers:
And high above a piece of turret stair,
Worn by the feet that now were silent, wound
Bare to the sun, and monstrous ivy-stems.
Claspt the gray walls with hairy-fibred arms,
And suck'd the joining of the stones, and look'd
A knot, beneath, of snakes, aloft, a grove.

Esses detalhes realistas evidenciam um novo tempo: são os rebentos verdes da hera que tomam as coletâneas cinzentas da lenda antiga; mas os senhores reconhecem a própria lenda e continuam a falar em empréstimo. Assim decerto solucionaram um aspecto da questão, que agora só lhes resta generalizar.

Mas não é possível parar ainda nesse estágio da comparação: indo além do romantismo alemão medieval, encontrarão os mesmos relatos nos romances franceses da Távola Redonda, nas lendas populares dos celtas; e ainda mais além, na literatura narrativa de indianos e mongóis, nos contos maravilhosos do Oriente e do Ocidente. Levanta-se então a questão das fronteiras e das condições da criação artística.

Lotze[14] chama de instinto poético genial a inclinação dos grandes poetas a reelaborar enredos já submetidos certa vez à elaboração poética. Esse é, como se sabe, o procedimento de Shakespeare: os seus dramas são construídos, em grande parte, com base nas novelas italianas, e as peças históricas, na crônica de Holinshed.[15] Lotze acrescenta ainda Goethe. Exemplos semelhantes ao mencionado podemos reunir aos montes; mas eles podem se revelar muito específicos, detalhados e, por isso, não servem de prova. A prova vem da experiência diária: não há novela nem romance cujas colocações não nos lembrem outras semelhantes, encontradas por nós em outras ocasiões, talvez um tanto refeitas e com outros nomes. As intrigas que circulam entre os romancistas reduzem-se a um número pequeno, que é fácil reunir num número ainda menor de tipos mais gerais: cenas de amor e de ódio, lutas e perseguições encontramos igualmente no romance e na novela, na lenda e no conto maravilhoso ou, seria melhor dizer, elas nos acompanham do conto maravilhoso mítico à novela e à lenda e levam-nos até o romance contemporâneo. A lenda sobre Fausto percorreu a antiga e a nova Europa com diversos nomes; o Prometeu de Ésquilo pode ser reconhecido no Leo de Spielhagen,[16] no Pramathas do épico indiano,[17] no mito sobre o transporte do fogo do céu para a terra. A resposta à referida pergunta pode ser recolocada na forma de uma questão hipotética: não estaria a criação poética limitada a certas fórmulas conhecidas, a motivos invariáveis, que uma geração recebeu da anterior, e esta de outra ainda anterior, cujas primeiras imagens vamos encontrar inevitavelmente na antiguidade épica e antes ainda, na categoria de mito, em definições concretas da palavra primitiva? Será que cada nova época poética não trabalha com imagens herdadas desde tempos antigos, vivendo obrigatoriamente em suas fronteiras, permitindo-se apenas novas combinações das antigas e só completando-as com uma nova compreensão da vida, que consiste propriamente no seu progresso em relação ao

---

[14] Rudolf Hermann Lotze (1817-1881), filósofo alemão. (N. da T.)

[15] *Crônicas de Holinshed*, obra de crônica historiográfica publicada pela primeira vez em 1577 que serviu como base para as peças históricas de Shakespeare. (N. da T.)

[16] Friedrich Spielhagen (1829-1911), escritor e crítico literário alemão. Leo era o protagonista de seu romance *In Reih' und Glied*, muito popular na Rússia na segunda metade do século XIX. (N. da T.)

[17] Figura lendária da mitologia hinduísta, espécie de semideus ou demônio. (N. da T.)

passado? Pelo menos, a história da língua apresenta-nos fenômeno análogo. Nós não criamos uma nova língua, nós a recebemos desde o nascimento completamente pronta, não sujeita a revogação; as alterações factuais, conduzidas pela história, não encobrem a forma primitiva da palavra ou então a encobrem aos poucos, de modo imperceptível para as duas gerações subsequentes. As novas combinações acontecem dentro das fronteiras já colocadas, a partir do material arejado: apontarei como exemplo a formação do verbo romano. Mas cada época cultural enriquece o conteúdo interno da palavra com os avanços do saber, com novas noções de humanidade. Vale a pena acompanhar a história de toda palavra abstrata para se convencer disso: a palavra *dois*, em seu sentido concreto, está tão longe do seu uso contemporâneo quanto o Pramathas indiano do Prometeu de Ésquilo.

Esse enriquecimento interno do conteúdo, esse progresso do pensamento social nos limites da palavra ou da fórmula poética invariável, deve chamar a atenção do psicólogo, do filósofo, do esteta: ele está relacionado com a história do pensamento. Mas, juntamente com esse fato, o estudo comparativo revelou outro não menos significativo: essa série de fórmulas invariáveis, que se estende longamente no campo da história, da poesia contemporânea à antiga, da épica ao mito. Esse material tão invariável, assim como o material da palavra, e a sua análise geram resultados não menos sólidos. Alguns deles já foram elaborados pela ciência contemporânea; outros foram expressos antes, embora ainda no campo das hipóteses. "Seria possível fazer um trabalho extremamente interessante sobre a origem da poesia popular e sua transformação em lendas análogas através dos séculos e entre os países", disse Walter Scott em nota a *Lady of the Lake*: "Então se revelaria que, num período, foi mito, no século seguinte passou a romance e mais tarde a conto maravilhoso infantil. Essa pesquisa depreciaria significativamente as nossas representações da riqueza da criatividade humana".

Eu gostaria de terminar com a definição, em poucas palavras, da noção de história da literatura. História da literatura, no sentido amplo dessa expressão, é a história do pensamento social, até que ponto ele se expressou no movimento filosófico, religioso e poético e foi consolidada pela palavra. Se, como me parece, na história da literatura convém dedicar particular atenção à poesia, então o método comparativo abrirá para ela, nessa esfera mais estreita, uma tarefa completamente nova: investigar de que modo o novo conteúdo da vida, esse elemento da liberdade, que aflui a cada nova geração, penetra as imagens antigas, essas formas da necessidade, para as quais refluiu inevitavelmente todo o desenvolvimento precedente. Mas essa é a tarefa ideal, e eu proponho indicar-lhes apenas o que se pode fazer, nesse sentido, nas reais condições do saber.

(1870)

Tradução de Denise Sales

Fiódor Dostoiévski

Não faltam textos momentosos na obra de Fiódor Mikháilovitch Dostoiévski (1821-1881), mas este definitivamente ocupa as primeiras posições nesse quesito. O discurso foi pronunciado durante o ciclo de palestras promovido por ocasião da inauguração de um monumento a Púchkin, em Moscou, entre os dias 6 e 8 [18 e 20] de junho de 1880. Para se ter uma ideia do contexto da iniciativa, organizada pela Sociedade dos Amantes das Letras Russas, é preciso lembrar da extrema tensão em que a sociedade russa se encontrava, com uma polarização ideológica cada vez maior e a violência política crescente. Púchkin era tido como uma figura de consenso, um cessar-fogo capaz de deter as contradições políticas nacionais. Dostoiévski percebeu a expectativa altissonante em torno do nome do poeta e aproveitou a oportunidade para arrematar a sua consagração pessoal, desenhada com a publicação catártica de *Os irmãos Karamázov*. Ao lançar o nome do poeta messianicamente na arena universal como uma síntese de todas as contradições — entre Rússia e Ocidente, eslavófilos e ocidentalistas, povo e *intelligentsia*, prosa e poesia —, obteve um efeito prático imediato no microcosmo à mão, o próprio auditório do evento, realizando, entre os presentes, a superação das clivagens sociais. São famosas as imagens de pessoas desmaiando de emoção, chapéus para o ar, guirlandas de flores, inimigos se reconciliando — até Turguêniev, velho desafeto, cumprimentou Fiódor Mikháilovitch pelo discurso, reconhecendo sua superioridade em relação à palestra que ele proferira alguns dias antes e que fora recebida pelo público com frieza. Turguêniev, contudo, depois voltaria ao estado animoso anterior e publicaria comentários acrimoniosos em relação ao discurso do rival. Nas palavras do próprio Dostoiévski, citando matreiramente o eslavófilo Ivan Serguêievitch Aksákov, "os ocidentalistas e os eslavófilos não terão nada para discutir, pois de agora em diante tudo foi esclarecido". A narração do seu sucesso no púlpito pode ser lida quase como uma cena da ficção do autor de *O idiota*, porém desembocando em um momento de consagração, não de escândalo. Pensaríamos tratar-se de uma hipérbole tipicamente dostoievskiana, não fossem relatos de outros presentes que corroboram a descrição. O texto, que possui todas as marcas da retórica oral, foi publicado depois na edição de agosto de 1880 do *Diário de um escritor*.

Púchkin

(Discurso pronunciado no dia 8 [20] de junho
na reunião da Sociedade dos Amantes das Letras Russas)[1]

"Púchkin é um extraordinário fenômeno e talvez o único fenômeno do espírito russo", disse Gógol.[2] Acrescentarei, de minha parte: é também profético. Sim, para todos nós, russos, existe algo incontestavelmente profético em seu surgimento. Púchkin aparece logo no início de nossa verdadeira autoconsciência, que teve origem em nossa sociedade um século após a reforma de Pedro,[3] e seu surgimento contribuiu muito para a iluminação do nosso caminho obscuro, com uma nova luz orientadora. É nesse sentido que Púchkin é uma profecia e uma direção. Divido a obra do nosso grande poeta em três períodos. Não falo agora como um crítico literário: comento a obra literária de Púchkin porque quero esclarecer o meu pensamento sobre o seu significado profético para nós e o que compreendo por essa palavra. No entanto, noto, de passagem, que os períodos da obra de Púchkin não possuem, parece-me, limites rígidos entre eles. O início de *Oniéguin*, por exemplo, ainda pertence, na minha opinião, ao primeiro período da obra do poeta, mas *Oniéguin* termina no segundo período, quando Púchkin já encontrara os seus ideais em sua terra natal, assimilara-os e amara-os plenamente com sua alma amorosa e clarividente. É comum também dizer que no primeiro período de sua

[1] A Sociedade dos Amantes das Letras Russas (*Óbschestvo Liubíteliei Rossíiskoi Sloviésnosti*) se originou junto à Universidade de Moscou (1811-1930) e caracterizou-se principalmente pelo interesse pela cultura e o folclore russos. Vários eslavófilos participaram dessa Sociedade. (N. da T.)

[2] Referência ao texto de Gógol "Algumas palavras sobre Púchkin", presente nesta antologia. (N. da T.)

[3] O tsar Pedro I, o Grande (1672-1725), conduziu uma série de profundas reformas sociais e políticas, com o intuito de colocar a Rússia em pé de igualdade com as demais nações da Europa Ocidental. (N. da T.)

obra, Púchkin imitou poetas europeus: Parny, André Chénier[4] e outros, mas sobretudo Byron. Sim, sem dúvida, os poetas europeus tiveram uma grande influência no desenvolvimento de seu gênio, e essa influência permaneceu durante toda sua vida. No entanto, mesmo os primeiros poemas de Púchkin não eram apenas uma imitação, pois neles já se exprimia a extraordinária independência de seu gênio. Em uma imitação nunca transparece o sofrimento independente e a profunda autoconsciência que Púchkin mostrou, por exemplo, em *Ciganos*: um poema que atribuo inteiramente ao primeiro período de sua obra literária. Isso sem mencionar a força criativa e o ímpeto, que não seriam os mesmos se Púchkin apenas imitasse. No tipo de Alieko, protagonista do poema *Ciganos*, já se manifesta um pensamento completamente russo, forte e profundo, mais tarde expresso com uma perfeição tão harmoniosa em *Oniéguin*, em que quase o mesmo Alieko aparece, já não sob uma luz fantástica, mas com um aspecto palpável, real e compreensível. Em Alieko, Púchkin já havia encontrado e identificado de forma genial o infeliz errante em sua terra natal, aquele sofredor russo histórico, que surgiu de maneira tão historicamente necessária em nosso meio afastado do povo. É óbvio que ele não o havia encontrado apenas em Byron. Esse tipo fiel foi apreendido com exatidão, um tipo constante e que se instalou em nossa terra russa por muito tempo. Esses errantes russos continuam até hoje as suas andanças e, ao que parece, não sumirão tão cedo. Se hoje em dia eles não vão mais ao acampamento cigano buscar os seus ideais universais e uma trégua da vida confusa e absurda da *intelligentsia* russa, no seio da natureza, entre os ciganos, em sua vida selvagem, peculiar, mesmo assim eles se entregam ao socialismo que ainda não existia nos tempos de Alieko, e vão, com a nova fé, a outro campo,[5] para trabalhar nele com zelo; acreditam, como Alieko, que alcançarão, por meio dos seus atos fantásticos, os seus objetivos e a felicidade, não só para si, mas também a universal. Pois o errante russo precisa justamente da felicidade universal para ter uma trégua: por menos ele não concordaria; é claro, por enquanto trata-se apenas de uma teoria. É o mesmo homem russo, só que surgido em uma época diferente. Esse homem, repito, nasceu bem no início do segundo século após

---

[4] Évariste Desiré de Forges, visconde de Parny (1753-1814), e André Marie Chénier (1762-1794), poetas franceses. (N. da T.)

[5] Alusão ao movimento dos "*naródniki*" ("populistas"). (N. da T.)

a grande reforma de Pedro, no meio da *intelligentsia*, afastada do povo e da força popular. Ah, a maioria esmagadora dos membros da *intelligentsia* russa, ainda na época de Púchkin, assim como agora, nos dias de hoje, serviram e continuam a servir, pacíficos, como funcionários, no Tesouro, nas ferrovias e nos bancos, ou simplesmente ganham dinheiro por meios diferentes, ou até mesmo se dedicam às ciências, realizam palestras: e tudo isso de forma regular, indolente e pacífica, ganhando seu salário, jogando *préférence*, sem nenhuma pretensão de fugir para acampamentos ciganos ou qualquer outro lugar que corresponda mais a nossa época. São liberais demais, mas "com um toque de socialismo europeu", que recebe certo caráter benévolo russo — porém, tudo isso é apenas uma questão de tempo. Não importa que alguns ainda não tenham começado a se preocupar, enquanto outros já acharam uma porta trancada e deram com toda a força de cara com ela. A seu tempo, o mesmo espera por todos, a menos que sigam o caminho salvador da interação humilde com o povo. Ainda que não seja isto que espere por todos, os "escolhidos" são suficientes, apenas um décimo de preocupados é suficiente para que a grande maioria dos restantes não saiba, por sua causa, o que é tranquilidade. Alieko, é claro, ainda não sabe exprimir a sua angústia da forma devida: tudo isso ainda é um pouco abstrato, nele há apenas uma angústia, um anseio pela natureza, uma insatisfação com a sociedade mundana, aspirações universais, um lamento pela verdade, que alguém perdeu em algum lugar e que ele não consegue encontrar de jeito nenhum. Há um pouco de Jean-Jacques Rousseau nisso. Claro, ele mesmo não saberia dizer em que consiste essa verdade, de que forma ela poderia se manifestar e exatamente quando ela se perdeu, mas de fato ele está sofrendo. Um homem fantástico e impaciente anseia pela salvação, sobretudo, por enquanto, apenas em fenômenos externos; e é assim mesmo que deve ser: "A verdade, por assim dizer, talvez esteja em algum lugar fora dele, em outras terras, na Europa, por exemplo, com a sua sólida formação histórica, sua vida social e civil estabelecida". O que ele nunca compreenderá é que a verdade, antes de tudo, está dentro de si mesmo, mas, também, como é que ele vai entender isso? Em sua própria terra já não é ele mesmo, passou todo um século desacostumado a trabalhar, não possui cultura, cresceu como uma estudante de colégio interno, encerrada nos muros, e exerceu funções estranhas e indefinidas, que variavam conforme pertencesse a essa ou aquela classe, das catorze em que é dividida a sociedade russa educada. Ele ainda é apenas uma folha arrancada que voa pelo ar. E ele sente isso, sofre por isso, continuamente, é uma tortura! E daí que, talvez pertencendo à nobreza hereditária e, o que é muito provável, possuindo servos, ele tenha se permitido, como uma liberdade por conta da nobreza, a pequena fantasia de se deixar seduzir por pessoas que vivem "sem lei", e passou um tempo em um acampamento cigano, desfilando e exibindo um urso? É evidente que uma mulher, "uma mulher selvagem", nas palavras de um poeta,[6] poderia dar-lhe logo esperança de uma saída para sua angústia, e ele, com uma fé leviana, mas fervorosa, lança-se sobre Zemfira: "Aqui está a minha saída, aqui talvez esteja a minha felicidade: no seio da natureza, longe da sociedade, aqui, entre as pessoas que não têm nem civilização, nem leis!". E o que acontece: no primeiro choque com as condições dessa natureza selvagem ele não resiste e mancha as suas mãos de sangue. O infeliz sonhador é inútil não apenas para a harmonia universal, mas até para os ciganos, que o expulsam: sem vingança, sem crueldade, com deferência e singeleza:

Deixe-nos, homem orgulhoso;
Somos selvagens, não temos leis,
Não torturamos, nem punimos.[7]

Tudo isso, claro, é fantástico, mas o "homem orgulhoso" é real e foi apreendido com precisão. Foi Púchkin quem o apreendeu pela primeira vez, e isso deve ser lembrado. Isso mesmo, isso mesmo, se acontece algo desagradável, ele é capaz de aniquilar e punir, cruel, em nome de sua ofensa ou, o que é ainda mais conveniente, lembrar que pertence a uma das catorze classes; pode clamar (isso também já aconteceu) pela lei, que tortura e pune, e invocá-la, só para que sua ofensa pessoal seja vingada. Não, esse poema genial não é uma imitação! Nele já está sugerida uma solução russa para uma questão, "uma questão maldita", segundo a fé e a verdade popular: "Submeta-se, homem orgulhoso, e, acima de tudo, domine seu orgulho. Submeta-se, homem ocioso, e, acima de tudo, trabalhe em sua própria terra": aqui está a solução de acordo com a verda-

[6] Provável alusão ao artigo de Iákov Petróvitch Polónski (1819-1898) sobre a novela de Lev Tolstói *Os cossacos*, em que o poeta russo se refere à "mulher semisselvagem". (N. da T.)

[7] Trecho do poema *Ciganos*, de Púchkin, escrito em 1824 e publicado em 1827. (N. da T.)

de e a razão popular. "A verdade não está fora de você, mas em si mesmo; encontre-se a si mesmo e subordine-se a si mesmo, apodere-se de si mesmo, e então verá a verdade. Essa verdade não está nas coisas, nem fora de você, nem em algum lugar ultramarino, mas, acima de tudo, em seu próprio trabalho sobre si. Caso consiga vencer e apaziguar a si mesmo, você será livre como jamais imaginou e iniciará um grande feito, libertará os outros e verá a felicidade, pois a sua vida se preencherá e, finalmente, compreenderá o seu povo e a sua verdade sagrada. A harmonia universal não está entre os ciganos, nem em lugar algum se você mesmo, primeiro, não é digno dela, se é cruel, orgulhoso, e exige a vida de graça, sem sequer supor que é necessário pagar por ela." A solução para essa questão já está sugerida com veemência no poema de Púchkin. Ela foi expressa com ainda mais clareza em *Ievguêni Oniéguin*, um poema já não fantástico, mas perceptivelmente real, que personifica a verdadeira vida russa, com um poder criativo e uma perfeição jamais vistos antes de Púchkin e, talvez, mesmo depois dele.

Oniéguin vem de São Petersburgo, justo de São Petersburgo; isso sem dúvida era necessário no poema, e Púchkin não poderia omitir um traço tão grandioso e real na biografia de seu protagonista. Repito, é como o próprio Alieko, sobretudo depois, quando Oniéguin exclamou, angustiado:

Por que, como o assessor de Tula,
Não estou deitado, paralisado?

Mas então, no início do poema, ele ainda era meio afetado e mundano, ainda vivera muito pouco para se desiludir por completo com a vida. Porém, assim mesmo "o nobre diabo do tédio secreto"[8] já estava começando a aparecer para ele e a perturbá-lo.

No meio do nada, no coração de sua terra natal, ele certamente não está em seu lugar, não está em casa. Ele não sabe o que fazer lá e se sente como um visitante em seu próprio país. Mais tarde, quando, angustiado, erra pela terra natal e pelas terras estrangeiras, como uma pessoa incontestavelmente inteligente e incontestavelmente sincera, sente-se ainda mais alheio entre estranhos e alheio a si mesmo. É verdade que ama a

---

[8] Citação do verso de Nikolai Nekrássov "É consolador para mim ver que encontra..." ["*Otrádno vídet, tchto nakhódit...*"], de 1845. (N. da T.)

sua terra natal, mas não confia nela. Claro, ouviu falar dos ideais nacionais, mas não acredita nisso. Acredita apenas na absoluta impossibilidade de qualquer tipo de trabalho no solo natal, e olha para aqueles que acreditam nessa possibilidade — poucos, mesmo naquela época, assim como agora — com um triste escárnio. Ele simplesmente matou Liénski de melancolia e, vai saber, talvez melancolia por causa de um ideal universal: isso se parece muito conosco e é algo bem provável. Já Tatiana não é assim: é um tipo firme, com os pés firmes no chão. Ela é mais profunda que Oniéguin e, é claro, mais inteligente do que ele. Apenas com o seu instinto nobre ela pressente onde e em que está a verdade, como é expresso no final do poema. Talvez Púchkin tivesse feito ainda melhor se tivesse chamado o seu poema de Tatiana e não de Oniéguin, pois ela é incontestavelmente sua protagonista. É um tipo positivo, e não negativo, um tipo cuja beleza é positiva, a apoteose da mulher russa, e é ela que o poeta incumbiu de exprimir a mensagem do poema, na famosa cena do último encontro entre Tatiana e Oniéguin. É possível dizer até que essa beleza do tipo positivo da mulher russa quase não se repetiu em nossa literatura, com exceção, talvez, da representação de Lisa em *Ninho de fidalgos*, de Turguêniev. Porém, a maneira de olhar por cima do ombro fez com que Oniéguin nem reconhecesse Tatiana quando a encontrou pela primeira vez, no meio do nada, na modesta representação de uma moça pura e inocente, tão intimidada por estar diante dele pela primeira vez. Ele não pôde distinguir nessa pobre moça a plenitude e a perfeição e, de fato, talvez a tenha considerado um "embrião moral".[9] Ela, um embrião, depois de sua carta a Oniéguin?! Se há um embrião moral nesse poema, seria ele mesmo, claro, Oniéguin, isso é incontestável. Não podia sequer reconhecê-la: e por acaso ele conhecia a alma humana? Era distraído, a sua vida toda fora um sonhador inquieto. Tampouco a reconheceu mais tarde, em São Petersburgo, no papel de uma ilustre senhora, quando, em suas próprias palavras, escritas em uma carta para Tatiana, "compreendeu todas as suas qualidades com a alma". Mas são só palavras: ela passou por sua vida, diante dele, sem ser reconhecida ou valorizada; essa é a tragédia de seu amor. Ah, e se, no primeiro encontro com

[9] Referência às palavras de Vissarion Bielínski, que chamou Tatiana de "embrião moral" (ver *Obras completas* [*Pólnoie sobránie sotchiniéni*], Moscou, 1955, volume VII, p. 499). (N. da T.)

ela, no vilarejo, chegasse da Inglaterra Childe Harold[10] ou, quem sabe, o próprio Lord Byron em pessoa, e, percebendo seu encanto tímido, modesto, este lhe mostrasse Tatiana? Ah, Oniéguin teria ficado imediatamente surpreso e admirado, pois às vezes nesses mártires universais há tamanho servilismo espiritual! Entretanto, isso não aconteceu, e, depois de proferir um sermão para ela e agir, apesar de tudo, de modo muito honrado, aquele que buscava a harmonia universal partiu, com sua angústia universal, com sangue em suas mãos, derramado por causa de um momento tolo de raiva, errando pela pátria, sem notá-la, fervendo de força e de saúde, e praguejando:

Sou jovem, a vida em mim é resistente,
O que posso esperar, angústia, angústia!

Tatiana compreendeu isso. Nos versos imortais do romance, o poeta retratou sua visita à casa desse homem, ainda tão inusitado e misterioso para ela. Sem falar do valor artístico, da beleza inalcançável e da profundidade dessas estrofes. Então ela está no escritório dele, examina seus livros, coisas, objetos, tentando desvendar a sua alma por meio deles e decifrar o seu mistério; o "embrião moral" finalmente para, absorto, com um sorriso inusitado, um pressentimento, uma solução para o mistério, e seus lábios sussurram, delicados:

Será que ele não seria uma paródia?

Sim, ela teve que sussurrar isso, ela decifrou. Depois, em São Petersburgo, após um longo período, quando se encontram novamente, ela já o conhece muito bem. A propósito, quem disse que a vida mundana, da corte, tocou sua alma de forma nociva e que justo a posição de dama da corte e as novas noções mundanas foram em parte a razão para ela recusar Oniéguin? Não, não foi assim. Não, é a mesma Tânia,[11] a mesma Tânia de antes, do vilarejo! Ela não se corrompeu, pelo contrário, a vida suntuosa de São Petersburgo a deixou oprimida, abalada, sofrida; ela

[10] Protagonista do poema *A peregrinação de Childe Harold*, de Byron, publicado entre 1812 e 1818. (N. da T.)

[11] Apelido de Tatiana. (N. da T.)

odeia sua posição de dama da sociedade, e quem a julga de forma diferente não entende o que Púchkin queria dizer. Então ela diz para Oniéguin, firme:

Mas fui entregue a outro
E para sempre lhe serei fiel.

Exprimiu isso justamente como uma mulher russa, esta é a sua apoteose. Ela exprime a verdade do poema. Ah, não direi uma palavra sobre as suas crenças religiosas, sobre a visão do matrimônio sagrado, não, não comentarei esse assunto. Mas o que é isso: será que se recusou a segui-lo, apesar de ela mesma ter-lhe dito "Amo o senhor", porque, "como uma mulher russa" (não do sul, não uma francesa),[12] é incapaz de dar um passo ousado, não tem coragem para partir suas correntes, para sacrificar o encanto das honras, as riquezas, o seu significado mundano, as condições da virtude? Não, uma mulher russa teria ousado. Uma mulher russa seguirá, corajosa, aquele em quem acreditar, e ela já provou isso.[13] Mas ela foi "entregue a outro e para sempre será fiel a ele". A quem, a que ela é fiel? A quais obrigações? Ao general idoso, a quem ela simplesmente não pode amar, porque ama Oniéguin, e com quem ela se casou apenas porque "a mãe implorou, com lágrimas de súplica" e porque na sua alma ofendida, coberta de feridas, havia apenas desespero e nenhuma esperança, nenhuma ventura? Sim, ela é fiel ao general, seu marido, um homem honrado, que a ama, respeita e se orgulha dela. "A mãe implorou", mas foi ela, e nenhuma outra pessoa, que concordou; foi ela, ela mesma que lhe havia jurado ser sua esposa honrada. Mesmo que tenha se casado com ele por desespero, agora o general é seu marido, e a traição o cobrirá de desonra e vergonha, matando-o. Será que uma pessoa pode fundar sua felicidade sobre a infelicidade do outro? A felicidade não está apenas nos deleites do amor, mas na harmonia superior do espírito. Como tranquilizar o espírito se por trás da felicidade há um ato desonrado, ímpio e desumano? Ela deveria fugir apenas por causa de sua felicidade? Perdão, imaginem que vocês ergam o edifício do destino humano com o objetivo

---

[12] Provável referência à paixão do escritor russo Ivan Turguêniev pela cantora francesa Pauline Viardot (1821-1910). (N. da T.)

[13] Referência às mulheres dos dezembristas que seguiram seus maridos no exílio na Sibéria. (N. da T.)

de fazer as pessoas felizes no desfecho, dar-lhes finalmente paz e tranquilidade. Imaginem também que para isso é necessário e inevitável torturar apenas um ser humano e, mais do que isso, que ele não seja tão digno, que seja até um ser irrisório de certo ponto de vista, não um Shakespeare, mas simplesmente um senhor de idade, honrado, marido de uma jovem em cujo amor ele acredita cegamente, e, embora não conheça o coração dela, respeite-a, orgulhe-se dela, esteja feliz e tranquilo com ela. Então, só é preciso difamá-lo, desonrá-lo e torturá-lo para erguer o seu edifício sobre as lágrimas desse senhor desgraçado! Vocês concordariam em ser o arquiteto desse edifício, com essa condição? Essa é a questão. Será que podem admitir, por um instante, a ideia de que as próprias pessoas para as quais construíram esse edifício concordariam em aceitar de vocês essa felicidade, se na sua fundação há sofrimento, mesmo que seja de um ser insignificante, mas que foi torturado de forma impiedosa e injusta; e, depois de aceitar essa felicidade, será que conseguiriam permanecer felizes para sempre? Digam-me, será que Tatiana poderia ter resolvido de outra forma, com sua alma elevada, com seu coração tão sofredor? Não; é assim que a alma russa pura resolve: "Mesmo que apenas eu perca a felicidade, mesmo que a minha infelicidade seja infinitamente maior do que a infelicidade desse senhor e, finalmente, mesmo que ninguém, nem mesmo esse senhor, jamais saiba do meu sacrifício, não quero ser feliz arruinando o outro!". Isso é uma tragédia, ela ocorre, é impossível ultrapassar o limite, já é tarde demais, e então Tatiana manda Oniéguin embora. Alguns podem dizer que Oniéguin também estava infeliz; ao salvar um, ela arruinou o outro! Perdão, mas essa já é outra questão e até, talvez, a mais importante no poema. A propósito, a questão sobre Tatiana não ter seguido Oniéguin possui, de certa forma, pelo menos em nossa literatura, uma história bastante característica, e foi por isso que me permiti estender-me tanto sobre ela. E é ainda mais característico que a solução moral dessa questão tenha sido, por muito tempo, submetida à dúvida. Penso o seguinte: mesmo que Tatiana se libertasse, mesmo que seu marido idoso morresse e ela se tornasse viúva, mesmo assim ela não seguiria Oniéguin. É necessário compreender toda a essência desse caráter! Afinal, ela vê quem ele é: um eterno errante de repente viu a mulher que antes tinha menosprezado, em um ambiente novo, brilhante e inacessível — talvez a essência da questão esteja nesse ambiente. Afinal, essa menina, que ele quase desprezou, agora é venerada pela alta sociedade, sociedade que representa uma terrível autoridade para Oniéguin, apesar de todas as suas aspirações universais: é por isso que ele se lança sobre ela, deslumbrado! Esse é o meu ideal, ele exclama, essa é a minha salvação, esse é o fim da minha angústia, e eu o negligenciei, "a felicidade era tão possível, estava tão perto!". Assim como antes Alieko se lançou sobre Zemfira, ele corre ao encontro de Tatiana, buscando todas as soluções em sua nova fantasia extravagante. Será que a heroína não vê isso nele, será que ela já não o decifrara havia tanto tempo? Ela sabe muito bem que no fundo ele só ama a sua nova fantasia, e não a ela, Tatiana, que continua humilde como sempre! Ela sabe que ele a toma por outra coisa, e não pelo que ela é, que ele sequer a ama, que talvez não ame ninguém, e sequer seja capaz de amar alguém, apesar de sua tortura, de seu sofrimento! Ele ama uma fantasia, afinal ele mesmo é uma fantasia. Afinal, se ela o seguir, amanhã mesmo ele se decepcionará e olhará para o seu encanto com escárnio. Ele não possui raiz, é uma folha levada pelo vento. Ela é totalmente diferente: mesmo no desespero, na consciência sofredora com a qual ela compreende que toda a sua vida foi arruinada, há algo firme e inabalável em que sua alma se apoia. São suas memórias da infância, memórias da terra natal, do recanto provinciano em que começou a sua vida humilde e pura, "a cruz e a sombra dos ramos sobre o túmulo da sua pobre babá". Ah, agora essas memórias e imagens antigas são para ela as mais preciosas, essas imagens foram o que lhe restou e são justo elas que salvarão a sua alma do extremo desespero. Isso não é pouco, não; é muito, porque contém uma fundação, algo inabalável e indestrutível. O contato com a pátria, com o povo nativo, com o seu santuário. E Oniéguin, o que tem, quem é ele? Ela não o seguirá por compaixão, apenas para consolá-lo, para lhe dar, por um instante, um espectro de felicidade, pela infinita misericórdia amorosa, sabendo muito bem, de antemão, que amanhã ele olhará para essa sua felicidade com escárnio. Não, existem almas profundas e rígidas que não podem entregar o seu santuário conscientemente para a desonra, nem mesmo por infinita compaixão. Não, Tatiana não poderia seguir Oniéguin.

Sendo assim, em *Oniéguin*, esse poema eterno e inalcançável, Púchkin foi um grande escritor popular, como ninguém nunca o foi. Em um impulso, da forma mais adequada e clarividente, ele identificou a profundeza da nossa essência, do nosso meio, que é mais valorizado que o povo. Ao identificar o tipo do errante russo, errante até hoje, nos dias atuais; ao adivinhar, com o seu faro genial, o seu destino histórico e a imensa importância para o nosso destino futuro; ao colocar a seu lado um tipo de beleza positiva e incontestável, representada pela mulher russa, Púchkin, mais uma vez como o primeiro dos escritores russos, apresentou-nos também, em outras criações desse período de sua obra, uma série de tipos positivamente maravilhosos que ele encontrou no povo russo. A principal beleza desses tipos está em sua verdade, uma verdade incontestável e palpável, de modo que já não podemos refutá-los: eles se erguem, como se tivessem sido esculpidos. Lembrarei uma vez mais: não falo como crítico literário e, portanto, não vou explicar o meu pensamento por meio de uma discussão particularmente detalhada das geniais obras literárias do nosso poeta. Seria possível escrever um livro inteiro sobre o tipo do monge cronista russo,[14] por exemplo, para indicar toda a importância e todo o significado que tem para nós essa majestosa representação russa, encontrada por Púchkin na terra russa, extraída e esculpida por ele, apresentada a nós para sempre em sua beleza espiritual incontestável, humilde e grandiosa, como evidência daquele poderoso espírito da vida popular, capaz de produzir imagens tão verdadeiras a partir de si. Esse tipo foi dado, existe, e não pode ser contestado e acusado de ser apenas uma invenção e uma idealização do poeta. Vocês mesmos contemplam e concordam: sim, isso existe, assim como existe o espírito do povo que o criou, da mesma forma que existe a força vital desse espírito, e ela é grande, incomensurável. Em toda a obra de Púchkin, sente-se a fé no caráter russo, fé em seu poder espiritual, e já que existe a fé, portanto, há esperança, uma grande esperança no povo russo,

Na esperança da glória e do bem
Olho para a frente, sem medo,[15]

disse o próprio poeta em outra ocasião, mas essas palavras podem ser aplicadas diretamente a toda sua obra nacional. Nenhum escritor russo, nem antes, nem depois dele, uniu-se de modo tão íntimo e familiar com o seu povo como Púchkin. Ah, temos muitos escritores especialistas em nosso povo, que versam sobre ele de forma tão talentosa e afetiva, com tanta precisão; mas, assim mesmo, se os compararmos com Púchkin, de

---

[14] Referência ao monge-cronista da tragédia *Boris Godunov*, de Púchkin, que foi publicada em 1831. (N. da T.)

[15] Referência às linhas iniciais do poema "Estâncias", de Púchkin, de 1826. (N. da T.)

fato, até agora, com exceção de um ou no máximo dois de seus seguidores, são apenas "senhores" que escrevem sobre o povo. Mesmo na obra dos mais talentosos entre eles, mesmo nessas duas exceções que acabo de mencionar, às vezes cintila algo altivo, algo de outra realidade e de outro mundo, algo que pretende elevar o povo até si e fazê-lo feliz com essa ascensão. Já em Púchkin, há certa união verdadeira com o povo, que chega quase a ser uma comoção ingênua. Vejam a lenda do urso e de como um mujique matou sua senhora-ursa,[16] ou recordem os seguintes versos:

Compadre Ivan, vamos começar a beber[17]

e vocês entenderão o que quero dizer.

Todos esses tesouros de arte e de clarividência artística foram deixados por nosso grande poeta como uma espécie de indicação para as gerações de artistas que viriam depois dele, para futuros trabalhadores desse mesmo terreno. Definitivamente podemos dizer que se não tivesse havido Púchkin, não teriam surgido os talentos que o seguiram. Ou, pelo menos, apesar de seus grandes dons, eles não se teriam revelado com tanta força e clareza, com as quais puderam se exprimir mais tarde, até os dias atuais. Porém, não se trata apenas da poesia, nem da arte literária: se não tivesse havido Púchkin, talvez, não se teria definido com uma força tão inabalável (isso até apareceu depois, não em todos, mas em muito poucos) a fé em nossa independência russa, nossa esperança, agora já consciente, em nossas forças populares e, então, a fé na futura posição autônoma entre a família de povos europeus. Essa proeza de Púchkin se esclarece sobretudo se examinarmos aquilo que chamo de terceiro período de sua obra literária.

Repito e insisto em repetir: esses períodos não possuem limites rígidos. Algumas criações, mesmo desse terceiro período, poderiam, por exemplo, aparecer no início da obra poética do nosso poeta, pois Púchkin sempre foi, por assim dizer, um organismo íntegro, uno, que continha ao mesmo tempo todos os gérmens dentro de si, sem assimilá-los do exterior.

---

[16] Referência a um conto inacabado de Púchkin, "Conto sobre a ursa" ["*Skazka o medviédikhe*"], escrito em 1830. (N. da T.)

[17] Trata-se de poema homônimo, escrito em 1833 ("*Svat Ivan, kak pit mi stanem*"). (N. da T.)

O ambiente externo apenas despertava nele aquilo que já estava encerrado nas profundezas de sua alma. Mas esse organismo se desenvolvia e de fato é possível apontar os períodos de desenvolvimento e indicar, em cada um deles, o seu caráter especial e a transformação progressiva de um período a outro. Sendo assim, ao terceiro período pode ser atribuída a categoria de obras na qual começaram a cintilar predominantemente ideias universais, refletem-se imagens poéticas de outros povos e se personificam os seus gênios. Algumas dessas obras apareceram após a morte de Púchkin. É nesse período de sua obra que o nosso poeta compõe algo quase milagroso, inaudito e inédito antes dele, jamais visto em ninguém, em lugar algum. De fato, nas literaturas europeias já haviam surgido gênios literários de enorme grandeza, como Shakespeare, Cervantes ou Schiller. Porém, indique ao menos um desses grandes gênios que possuísse capacidade de compaixão universal semelhante à de nosso Púchkin. É essa capacidade, a principal capacidade da nossa nação, que justamente ele compartilha com o nosso povo, e, acima de tudo, é por isso que ele é o poeta do povo. Os maiores poetas europeus jamais seriam capazes de personificar com tamanha força o gênio de outro povo — até, quem sabe, de um povo vizinho —, o seu espírito, toda a profundidade oculta desse espírito e toda a angústia de sua vocação, como Púchkin foi. Pelo contrário, quando se dirigiam a povos estrangeiros, os poetas europeus costumavam personificá-los em sua própria nacionalidade e os entendiam de sua forma. Mesmo em Shakespeare, por exemplo, quase todos os seus italianos são totalmente parecidos com os ingleses. Púchkin é o único dos poetas universais que possui a particularidade de se personificar por completo em uma nacionalidade alheia. Veja cenas de "Fausto", de "O cavaleiro avarento" e a balada "Era uma vez um pobre cavaleiro". Releiam seu "Don Juan": se não tivesse a assinatura de Púchkin, vocês jamais saberiam que a obra não foi escrita por um espanhol. E que imagens profundas e fantásticas há no poema "O festim nos tempos da peste"![18] Nessas imagens fantásticas pode-se ouvir o gênio da Inglaterra; e a maravilhosa canção sobre a peste, declamada pelo protagonista do poema, ou a canção de Mary, com os seguintes versos:

---

[18] Todas obras de Púchkin: "Uma cena do Fausto" (1825), "O cavaleiro avarento" (1830), "O convidado de pedra" (1830) e "O festim nos tempos da peste" (1830). (N. da T.)

As vozes dos nossos filhos
Ressoavam na escola ruidosa,[19]

são canções inglesas, angústia do gênio britânico, seu lamento, seu pressentimento sofredor sobre o futuro. Lembrem-se dos inusitados versos:

Um dia, vagando pelo vale selvagem...[20]

O poema é quase uma transcrição literal das três primeiras páginas de um estranho livro místico, escrito em prosa por um antigo sectário religioso inglês — mas, seria apenas uma transcrição?[21] Na música triste e extasiada desses versos sente-se a própria alma do protestantismo do norte, do heresiarca inglês, do místico infinito, com a suas aspirações embotadas, sombrias e insuperáveis, e todo o sonho místico desenfreado. Ao ler esses inusitados versos, é como se vocês ouvissem o espírito dos séculos da Reforma; o ardor militante do início do protestantismo torna-se compreensível, e, por fim, a própria história torna-se clara, e não apenas por meio do pensamento, mas como se vocês mesmos estivessem lá, passassem em meio ao acampamento armado dos sectários, cantassem com eles os seus hinos, chorassem com eles em êxtases místicos e acreditassem naquilo em que eles acreditam, junto com eles. A propósito, ao lado desse misticismo religioso estão as estrofes religiosas do Corão ou as *Imitações do Corão*:[22] por acaso não seria um muçulmano, não seria o próprio espírito do Corão e sua espada, majestade singela da fé e seu poder terrível e sangrento? E então o mundo antigo, "Noites egípcias",[23] os deuses terrenos, sentados acima do povo, como deuses, que já desprezam o gênio e as aspirações de seu povo e já não acreditam mais nele, e que de fato se tornaram deuses isolados e enlouqueceram em seu isola-

---

[19] Versos de "O festim nos tempos da peste", pequena tragédia de Púchkin, de 1830. (N. da T.)

[20] Primeira linha do poema "O peregrino" (1835), de Púchkin. (N. da T.)

[21] Referência ao livro *O peregrino* (1678), do pastor inglês John Bunyan (1628-1688). (N. da T.)

[22] Referência ao ciclo de poesias *Imitações do Corão*, de Púchkin, de 1824. (N. da T.)

[23] Título de um conto de Púchkin. Há edição brasileira: *Noites egípcias e outros contos*, tradução de Cecília Rosas, São Paulo, Hedra, 2011. (N. da T.)

mento, que se distraem do tédio e da angústia agonizantes com bestialidades fantásticas, a voluptuosidade dos insetos, a voluptuosidade da aranha fêmea, que devora o seu macho. Não, direi de maneira definitiva, não houve um poeta com essa compaixão universal como Púchkin, e não se trata apenas de compaixão, mas de sua espantosa profundidade, da personificação de seu espírito no espírito de outros povos, uma personificação quase perfeita e, portanto, milagrosa, pois esse fenômeno não voltou a acontecer em lugar algum e em poeta algum do mundo inteiro. Encontramos isso apenas em Púchkin, e, nesse sentido, repito, ele é um fenômeno inédito e inaudito que, em nossa opinião, também é profético, porque... porque foi nisso que mais se exprimiu o seu poder nacional russo, exprimiu-se justamente a sua nacionalidade, a nacionalidade em seu subsequente desenvolvimento, a nacionalidade do nosso futuro, que já se encontra escondido no presente, e exprimiu-se de maneira profética. Pois o que é a força do espírito nacional russo senão as suas aspirações, no fim das contas, à universalidade e ao humanitarismo? Ao se tornar um poeta do povo por inteiro, imediatamente, assim que tocou o poder do povo, Púchkin já pressentiu o grande destino futuro dessa força. Ele é um adivinho, um profeta.

De fato, o que é para nós a reforma de Pedro, não só para o futuro, mas mesmo no que já ocorreu, no que efetivamente já se realizou? Qual foi o significado dessa reforma para nós? Afinal, ela não serviu só para assimilarmos o vestuário, costumes, invenções e ciência europeus. Examinemos como tudo aconteceu, vejamos mais detalhadamente. Sim, pode muito bem ser que no início Pedro tenha começado a realizar a reforma apenas nesse sentido estritamente utilitarista, mas, depois, no subsequente desenvolvimento da sua ideia, Pedro, é claro, obedeceu certo instinto oculto que o guiou nessa empreitada rumo aos objetivos do futuro, sem dúvida muito maiores do que o simples utilitarismo. Da mesma forma, o povo russo aceitou a reforma não só por utilitarismo, mas, sem dúvida, já pressentindo quase imediatamente algum propósito subsequente, incomparavelmente superior ao utilitarismo imediato — pressentindo esse propósito, repito; claro, de forma inconsciente, mas imediata e completamente vital. Afinal, naquele momento, todos nós nos direcionamos de uma vez à reunificação mais vital, à unificação de toda a humanidade! Não recebemos de forma hostil (como parece que devia ter acontecido), em nossa alma, os gênios das outras nações, todos reunidos, mas de forma amistosa, com um amor total, sem fazer diferenças preferenciais entre as raças, sabendo, instintivamente, quase desde o primeiro passo, distinguir e eliminar as contradições, perdoar e conciliar as divergências, e, por meio dessa conduta, já demonstramos a nossa prontidão e disposição, que tinha acabado de aparecer e ser anunciada para nós mesmos, à reunificação geral de todos os seres humanos com todas as raças da grande espécie ariana. Sim, é incontestável que a vocação do homem russo é unir a Europa e o mundo todo. Ser um verdadeiro russo, ser russo o suficiente, pode significar e significa apenas (no fim das contas, isso deve ser sublinhado) tornar-se irmão de todos os homens, um homem universal, por assim dizer. Ah, todo esse nosso eslavofilismo e ocidentalismo é apenas um grande equívoco, embora historicamente necessário. Para um verdadeiro russo, a Europa e o patrimônio de toda a grande raça ariana são tão caros, como a própria Rússia, como o patrimônio da própria terra natal, pois o nosso patrimônio é a universalidade, adquirida não pela espada, mas pelo poder da irmandade e do desejo fraternal de reunificação das pessoas. Se quiserem aprofundar-se em nossa história após a reforma de Pedro, encontrarão os traços e os indícios desse pensamento, desse meu sonho, por assim dizer, já no caráter da nossa interação com as raças da Europa, mesmo na política do nosso Estado. Afinal, o que a Rússia fez durante esses dois séculos em sua política a não ser servir a Europa, talvez até mais do que a si própria? Não acho que isso tenha acontecido apenas por incapacidade dos nossos políticos. Ah, os povos da Europa nem sabem como são queridos por nós! Acredito que, posteriormente, nós, ou seja, não nós, claro, mas os futuros russos, entenderão tudo o que significará exatamente ser um russo de verdade: tentar trazer a reconciliação final para as contradições da Europa, indicar uma saída para a angústia europeia em sua alma russa, que reunifica toda a humanidade, incorporar nela, com amor fraternal, todos os nossos irmãos e, no fim, eventualmente, talvez, proferir a última palavra da grande harmonia geral, do acordo fraternal de todas as raças segundo a lei do Evangelho de Cristo! Sei, sei muito bem que as minhas palavras podem parecer entusiasmadas demais, exageradas e fantásticas. Pode ser, mas eu não me arrependo de exprimi-las. Isso tinha que ser expresso, mas, sobretudo agora, no momento de nosso triunfo, no instante da homenagem ao nosso grande gênio, que encarnou justamente essa ideia em sua força artística. Além disso, esse pensamento já foi expresso mais de uma vez, não digo nenhuma novidade. O mais importante é que tudo isso pode parecer presunçoso: "Seria esse mesmo o patrimônio da nossa terra, miserável e rústica? Seriamos nós os predestinados a dar a boa nova para a humanidade?". Ora, será que estou falando sobre a glória econômica, a glória da espada e da ciência? Falo apenas sobre a irmandade dos homens, e que o coração russo talvez seja, entre todos os povos, o mais predestinado à união universal e fraterna de toda a humanidade; vejo traços disso em nossa história, em nossas pessoas de talento, no gênio artístico de Púchkin. Mesmo que nossa terra seja miserável, por essa pobre terra Cristo "andou, na imagem de um escravo, abençoando-a".[24] Por que então não podemos incorporar a sua última palavra? Ele mesmo não teria nascido em uma manjedoura? Repito, pelo menos já podemos apontar Púchkin, o seu gênio universal que reúne toda a humanidade. Afinal, ele podia incorporar gênios alheios em sua alma, como se fossem nativos. Na arte, ao menos na obra literária, ele demonstrou essa aspiração universal do espírito russo de forma indiscutível, e isso já é muito significativo. Se o nosso pensamento for uma fantasia, pelo menos Púchkin oferece um fundamento para essa fantasia. Se ele tivesse vivido mais, talvez criasse representações imortais e grandiosas da alma russa, compreensíveis para os nossos irmãos europeus, atraindo-os para muito mais perto de nós do que agora; talvez tivesse tempo para lhes explicar toda a verdade das nossas aspirações, e eles nos entenderiam melhor do que nesse momento, passariam a nos pressentir e deixariam de olhar para nós com desconfiança e altivez, como ainda hoje olham. Se Púchkin tivesse vivido mais tempo, talvez também entre nós houvesse menos confusões e controvérsias do que vemos nesse momento. Mas Deus julgou de outra forma. Púchkin morreu em pleno desenvolvimento de suas forças e incontestavelmente levou consigo para a sepultura um grande mistério. E então aqui estamos nós, sem ele, decifrando esse mistério.

(1880)

Tradução de Ekaterina Vólkova Américo e Graziela Schneider

---

[24] Referência ao último verso do poema "Esses pobres povoados..." ["*Éti biédnie seliénia...*"], de Fiódor Tiútchev (1803-1873), de 1855. (N. da T.)

Nikolai Mikhailóvski

Nikolai Konstantínovitch Mikhailóvski (1842-1904) foi durante várias décadas a principal voz crítica no interior do movimento populista (*naródnitchestvo* — não confundir com o populismo latino-americano, com o qual não guarda nenhuma semelhança), uma forma especificamente russa de socialismo, voltado para o mundo agrário e adversário da perspectiva industrializante do marxismo. Apesar disso, cumpriu um papel importante na difusão de Marx na Rússia, assim como das ideias de pensadores como Comte, Spencer e Proudhon. Teve uma vida de intensa agitação política. Na juventude, foi expulso do instituto de mineração de São Petersburgo por participação em protestos. O governo o exilou quatro vezes, nas províncias. Valeu-se de dez pseudônimos ao longo de sua atividade editorial, durante a qual atuou como editor e principal crítico nos periódicos *Otiétchestvennie Zapíski* [Anais da Pátria], de 1868 a 1884, e *Rússkoie Bogátstvo* [Riqueza Russa], de 1892 a 1904. Seus artigos sobre assuntos literários foram extremamente polêmicos, sendo que este, sobre Dostoiévski, certamente encontra-se entre os cinco textos mais influentes já escritos sobre o autor de *Crime e castigo* (o que justifica sua publicação na íntegra nesta antologia). Ao mesmo tempo em que sintetizava duas décadas de juízos negativos da esquerda russa (como pode-se ler no estudo de Paulo Bezerra sobre o *Bobók* de Dostoiévski[1]), Mikhailóvski adicionava-lhes imagens famosas, que se converteriam no núcleo das ressalvas feitas a Dostoiévski em anos subsequentes. Górki, em suas críticas ao "karamazovismo" (*karamazóvschina*) do escritor, a quem chamava de o "gênio maligno da Rússia", reflete a marca de Mikhailóvski, que será prolongada, em parte pelos esforços de Górki, ao período posterior à revolução. A ortodoxia soviética nunca soube bem o que fazer com Dostoiévski. Ele não podia ser simplesmente riscado do mapa, pois já assumira uma posição simbólica que ia muito além dos textos publicados. Por outro lado, era claramente um elemento incômodo dentro da perspectiva "clássica", em que se enquadravam mais confortavelmente nomes como o de Tolstói. A solução foi mor-

[1] Cf. posfácio à Fiódor Dostoiévski, *Bobók*, São Paulo, Editora 34, 2012.

der e assoprar, mantendo-o no tenso equilíbrio entre genialidade e doença, talento e crueldade, previsto por Mikhailóvski no longo ensaio de 1882, publicado originalmente no número 9 da *Otiétchestvennie Zapíski* [Anais da Pátria]. Note-se que, como Mikhailóvski deixa claro no começo do seu artigo, àquela altura, no ano seguinte à morte de Dostoiévski, seu nome ainda não se fixara como um consenso na cultura russa.

Um talento cruel

"O homem é um déspota por natureza e gosta de torturar."

Dostoiévski, *Um jogador*

"A tirania é um hábito que se transforma em necessidade."

Dostoiévski, *O sonho do titio*

"Cheguei a tal ponto que, agora, ocorre-me pensar por vezes que o amor consiste justamente no direito que o objeto amado voluntariamente nos concede de tiranizá-lo."

Dostoiévski, *Memórias do subsolo*

"Que estranha amizade! Posso seguramente afirmar que nove décimos dela eram puro ódio."

Dostoiévski, *O crocodilo*

I

Novamente Dostoiévski.[1]

Sim, novamente Dostoiévski, e talvez isso ainda se repita outras vezes. Não que Dostoiévski represente um desses centros da vida intelectual russa, a quem a crítica deva voluntária ou involuntariamente se reportar com frequência por força de uma pulsação comum. Há gente que gostaria de fazer dele algo semelhante; mas a despeito dos esforços dessas pessoas, que assumem para si tal tarefa com a paciência de um pica-pau, de certo modo nada advém dos seus esforços. Basta observar o senhor Orest

[1] Mikhailóvski alude a seu artigo anterior, "Notas sobre a contemporaneidade", publicado nos *Otiétchestvennie Zapíski* [Anais da Pátria] em fevereiro de 1881; o segundo capítulo, "Sobre Píssemski e Dostoiévski", foi escrito a respeito da morte de ambos os escritores, que ocorrera pouco tempo antes, quase simultaneamente. (N. da T.)

Miller![2] Ele se parece exatamente com um pica-pau, quando, em seus artigos e conferências públicas, para os quais não há limites nem números, glorifica Dostoiévski, cumula Dostoiévski de louvores, extasia-se com Dostoiévski, proclama Dostoiévski e exclama: "Oh, Dostoiévski!". É verdade que o papel do senhor O. Miller como propagandista e comentador limita-se a essa tendência, mas, por outro lado, pense no quanto de trabalho ele tem posto nisso! E onde está o resultado? O ainda mais impetuoso Vladímir Soloviov, este age impensadamente. Caiu-me nas mãos um discurso litografado ou conferência do senhor Soloviov sobre o ilustre falecido. Estava estruturado aproximadamente assim: no mundo político, um dado país é sempre governado no final das contas por uma pessoa; o mesmo ocorre no mundo moral: nesse caso, cada nação tem sempre o seu guia espiritual; esse guia singular seria, para a Rússia, Dostoiévski. Dostoiévski seria o profeta de Deus! Chamo atenção para as palavras "profeta de Deus" e para a construção de suas reflexões, se é que se pode chamar de reflexões a passagem de um ponto a outro por graciosos saltos, sem qualquer pensamento sobre como reforçá-los e ligá-los. Em todo caso, tendo feito a passagem, o senhor Soloviov está na outra margem e grita solene e triunfalmente: eis o profeta de Deus! Onde está o resultado? Eu não apenas não vejo resultado, como também não vejo o senhor Soloviov; nem ele, nem o seu tão proclamado profeta. Pessoas bem diversas ocupam a cena, e o "profeta de Deus" não é lembrado em suas preces, e nem mesmo nas preces daqueles que, de um jeito ou de outro, gostariam de aderir a Dostoiévski com seu túmulo ainda fresco. Fazem barulho com sua memória. Há muito barulho, é verdade, mas, no fundo, é apenas barulho, e nada mais. Esse barulho é composto de duas correntes. Em primeiro lugar, sempre há os chorões, pessoas que são inclinadas ou inclinam-se para a comoção, pessoas que, ao invés de reagir de forma séria e sóbria à perda, põem-se, como diz a expressão popular, a berrar e a se lamuriar: isso e aquilo, assim e assado. Isso ainda não seria nada, verdade, porque, vejam só, talvez o falecido, de fato, seja assim e assado. Mas é necessário, ainda que com alguma imprecisão, dar uma resposta a isso, em lugar de atirar as pérolas da emoção aos porcos, como se diz. É necessário deixar passar algum tempo para que um novo

---

[2] Orest Fiódorovitch Miller (1833-1889), folclorista e historiador da literatura, conhecido por sua obra *A literatura russa após Gógol* (1894). (N. da T.)

fato venha a comover e o antigo já não seja mais lembrado. Foi exatamente isso o que ocorreu com muitos por ocasião da morte de Dostoiévski. Mas, exceto pelos emotivos, aqueles que foram machucados na infância por suas amas de leite e que até hoje se comovem com isso, não faz diferença para as pessoas como e por que se emocionam; além delas, afirmo, há ainda diversos politiqueiros mais ou menos sutis. Estes não se comovem à toa, mas aderem à comoção, também batem no peito e rasgam suas vestes, embora unicamente com o propósito de "captar o momento". Passado o momento, finda a necessidade. Dostoiévski, nos últimos tempos antes da sua morte, apresentou-se como baluarte das relíquias oficiais do governo ortodoxo russo em sua relação (não totalmente clara e provavelmente não compreendida pelo próprio Dostoiévski) com certos elementos místico-populares. Assim, todo aquele que desejou seguir esse caminho e aderiu ao grande artista no exato momento da sua morte foi incendiado por uma espécie de fogo ardente. Passado já algum tempo, onde você encontra agora, nos escritos dos senhores Aksákov,[3] Katkov[4] e outros, traços dos seus lamentos e vestes rasgadas sobre o túmulo de Dostoiévski? Nos momentos difíceis, onde estão as lições que tiram das criações de tão célebre professor? Eu, no entanto, de modo algum os culpo por isso. Eles são culpados apenas por inflar ou tentar inflar o significado de um artista talentoso, a ponto de fazer dele o guia espiritual da sua nação ("profeta de Deus"). Mas se o guia que falsamente criaram não os conduz a lugar nenhum, isso é muito natural.

Para tornar o assunto mais patente, lembremos o que ocorreu cerca de um mês atrás. O general Skóbeliev[5] morreu. Morreu repentinamente, no auge de sua honra e popularidade. Evidentemente, surgiram os chorões (tendo à frente, como é de praxe, o senhor Gaidebúrov[6] como mestre de

---

[3] Ivan Serguêievitch Aksákov (1823-1886), jornalista, teórico dos círculos nacionalistas, era figura proeminente entre os eslavófilos. (N. da T.)

[4] Mikhail Nikíforovitch Katkov (1818-1887), jornalista, editor do periódico *Otiétchestvennie Zapíski* [Anais da Pátria], crítico e censor, uma das vozes conservadoras mais destacadas na vida cultural russa. (N. da T.)

[5] Mikhail Dmítrievitch Skóbeliev (1843-1882), general do exército russo, famoso por suas ações militares na guerra russo-turca (1877-1878). (N. da T.)

[6] Pável Aleksándrovitch Gaidebúrov (1841-1893), jornalista e editor do periódico *Nediélia* [A Semana], órgão da direita populista. (N. da T.)

cerimônias) e politiqueiros (encabeçados pelo senhor Aksákov, a fazer sala ao general Tcherniáiev[7] e ao conde Ignátiev,[8] este um tanto mais próximo ao coche funerário de Skóbeliev). Se, passado algum tempo, se abater sobre a pátria a dor de uma guerra, todos se lembrarão, por vezes, do "general branco", até mesmo aquele que justificadamente considerava suas experiências oratórias parisienses como infantis e sem tato;[9] vão dizer: aqui é que precisávamos de Skóbeliev! Ou: se Skóbeliev estivesse vivo, seria desta ou daquela forma!

Certamente, se o general branco estivesse vivo, talvez a sorte fosse outra, as coisas fossem diferentes; em caso de guerra, seu nome seria frequentemente lembrado. Mas aponte-me alguma situação difícil em que ocorra aos mesmos chorões e politiqueiros, para não falar dos simples mortais, lembrar-se de Dostoiévski com uma espécie de fé e esperança: ele nos ajudaria, nos ensinaria, nos traria luz! Não ocorre nada semelhante e, no entanto, passaram-se apenas dezoito meses da sua morte, ou melhor, passaram-se *já* dezoito meses da sua morte. É um tempo muito curto para que se tenham esquecido do guia espiritual e profeta de Deus, mas também muito longo, porque não só já não se lembram, como nem sequer suspiram tristemente pela ajuda que o profeta daria se estivesse vivo. Se você parar para pensar o que foram esses dezoito meses, é de arrepiar os cabelos![10]

Mas chega dessa bobagem sobre o papel de Dostoiévski como profeta e guia espiritual da nação russa. Vale a pena assinalar esse disparate, mas não vale a pena investir em uma refutação detalhada. Dostoiévski é simplesmente um grande e original escritor que merece um estudo cuidadoso e apresenta enorme interesse para a literatura. E é assim que vamos estudá-lo.

Logo após a morte de Dostoiévski, oferecemos ao leitor uma breve descrição da fisionomia literária do falecido, propondo retornar, com o

---

[7] Mikhail Grigórievitch Tcherniáiev (1828-1898), general e governador do Turquistão, editor do jornal conservador *Rússki Mir* [O Mundo Russo]. (N. da T.)

[8] Nikolai Pávlovitch Ignátiev (1832-1908), figura conservadora do governo, militante pan-eslavista. (N. da T.)

[9] Trata-se dos discursos de natureza pan-eslavistas que Skóbeliev pronunciou em Paris, em 1882. (N. da T.)

[10] Mikhailóvski refere-se à cruel reação política que se seguiu ao assassinato do tsar Alexandre II em março de 1881. (N. da T.)

tempo, a uma elaboração mais detalhada de alguns aspectos. Foram mencionados, de passagem, três motivos que teriam atraído Dostoiévski àquela exaltação apaixonada do sofrimento ao final de sua vida: o respeito pela ordem geral existente, a sede de uma prédica pessoal, e a *crueldade do talento*. Propomos agora ao leitor deter-se neste último aspecto. O segundo e o terceiro tomos da coleção completa das obras de Dostoiévski nos dão uma excelente ocasião para isso. Eles contêm pequenas novelas e contos, alguns dos quais a maioria dos leitores dificilmente recordará, mas que são de grande interesse para observarmos as características do escritor. No segundo tomo, encontramos: *Gente pobre*, *O duplo*, *Senhor Prokhartchin*, *Um romance em nove cartas*, *A senhoria*, *Um coração fraco*, *A mulher do outro e o marido debaixo da cama*, *Um ladrão honesto*, *Uma árvore de natal e um casamento*, *Noites brancas*, *Niétotchka Niezvânova*, *O pequeno herói*; no terceiro tomo: *O sonho do titio*, *A aldeia de Stepántchikovo e seus habitantes*, *Uma história abominável*, *Notas de inverno sobre impressões de verão*, *Memórias do subsolo*, *O crocodilo: um acontecimento extraordinário ou passagem na passagem*, *Um jogador*. Todas essas obras possuem valor artístico muito desigual e reputação também muito variada. Quem não conhece *Gente pobre*? Mas já não é tão certo que muitos tenham lido, por exemplo, o conto *A mulher do outro e o marido debaixo da cama*. E é justo que não tenham lido: a história é ruim. Mas, para o nosso propósito, esse conto insignificante pode ser muito útil e importante. Nos pormenores, Dostoiévski permanece Dostoiévski, com todas as forças e fraquezas do seu talento e do seu pensamento. Nas minúcias iniciais, podem-se encontrar os rudimentos de todas as suas posteriores imagens, quadros, ideias, procedimentos. E seria do mais alto interesse realizar toda a operação, do início ao fim, ou seja, examinar toda a embriologia literária, como se diz, de Dostoiévski. Mas não tomaremos sobre nós essa tarefa, apenas observaremos os traços presentes nas novelas e contos do segundo e terceiro tomos que justificam o título atribuído ao artigo: um talento cruel.

Antes de qualquer coisa, é necessário notar que crueldade e martírio sempre ocuparam Dostoiévski, justamente por sua capacidade de sedução, pelo fato de o martírio, de certa forma, possuir alguma voluptuosidade. E derramam-se em grande número por suas novelas e contos menores, às vezes em observações extremamente sutis. Podem-se ver exemplos disso na nossa epígrafe. Sua mera citação poderia encher páginas inteiras, sobretudo se também os retirarmos não apenas dos pormenores iniciais de Dostoiévski, mas também das suas obras tardias, quando em sua fantasia criativa surgiu a imagem de Stavróguin (*Os demônios*), que "acreditava não haver nenhuma diferença entre a beleza de um ato voluptuoso e selvagem e a de uma proeza qualquer, ainda que fosse o sacrifício de uma vida pela humanidade, encontrando em ambos uma beleza coincidente e um prazer semelhante". No entanto, sem tocar nas grandes obras tardias de Dostoiévski, veremos, a seguir, magníficos exemplos do entendimento e interesse do escritor, expressos em suas representações de atos torturantes e sentimentos cruéis. Evidentemente o artista é sempre um artista ao se interessar e procurar compreender um assunto: para ele "o livro sideral é cristalino", com ele "fala a onda do mar".[11] E embora no livro sideral dificilmente esteja escrito algo sobre a crueldade, o martírio e o mal, e a onda do mar não fale sobre isso, uma vez que essas coisas existem e representam um papel importante na vida humana, o artista deve se interessar por elas e procurar compreendê-las. *Deve*, aliás, é um pouco forte. Platão expulsou de sua república ideal o poeta "especialmente hábil em imitar e capaz de assumir uma infinidade de formas diferentes". Platão compreendeu a grandeza do artista e propôs adorná-lo com uma coroa de ramos e banhá-lo em mirra, mas a despeito da famosa versatilidade do espírito antigo, enxotou-o da república com base na "incompatibilidade de algumas ocupações em uma só pessoa". Nós certamente não exigimos tamanha estreiteza e especialização da criação poética. Ao contrário, quanto mais vasto é o artista, quanto mais cordas da alma humana ele dedilha, tanto mais caro ele nos é. Mas não é possível exigir de um poeta que represente com a mesma força e verdade as sensações de um lobo devorando uma ovelha, e as de uma ovelha sendo devorada por um lobo. Alguma dessas duas situações lhe será mais próxima e interessante, e necessariamente repercutirá no seu trabalho.

Este exemplo me é oportuno pela clareza, e creio que ninguém na literatura russa tenha analisado as sensações do lobo devorando uma ovelha com tamanho esmero e profundidade, com tamanho amor, eu diria, como Dostoiévski — se é que se pode falar em uma atitude amorosa pelos sentimentos do lobo. E o escritor pouco se preocupou com o que há de elementar e rude nesses sentimentos, a simples fome, por exemplo.

---

[11] Citação do poema romântico "A respeito da morte de Goethe", de Ievguêni Abrámovitch Baratínski (1800-1844). (N. da T.)

Não, ele escavou as profundezas da alma do lobo, descobrindo ali coisas sutis e complexas — não simplesmente a satisfação do apetite, mas justamente a voluptuosidade do mal e da crueldade. Essa especialidade de Dostoiévski salta demais aos olhos para não ser notada. Mas apesar de Dostoiévski ter dado à esfera desta sua especialidade uma grande e valorosa contribuição, parece ter de alguma forma contrariado outro traço geralmente adotado em seus trabalhos. Detendo-se sobre a nossa metáfora, alguém poderá talvez contestar, dizendo que, ao contrário, foram os sentimentos da ovelha sendo devorada pelo lobo que Dostoiévski estudou com particular sutileza: afinal, trata-se do autor das *Recordações da casa dos mortos*, do cantor dos *Humilhados e ofendidos*, que soube tão bem encontrar os melhores e mais elevados sentimentos onde ninguém sequer suspeitava que existissem. Tudo isso está correto, e estava ainda mais correto muitos anos atrás, quando a apreciação feita sobre Dostoiévski tomou pela primeira vez a forma que prevalece até os dias de hoje. Mas, se levarmos em consideração a carreira literária de Dostoiévski como um todo, concluiremos que ele simplesmente gostava de atormentar a ovelha com o lobo, e que durante a primeira metade da sua atividade, esteve interessado particularmente na ovelha, e durante a segunda, no lobo. Mas não há nenhuma mudança radical aqui. Dostoiévski não queimou aquilo que adorava, e não adorava aquilo que queimou. Mudanças em seus interesses e em particularidades do seu talento aconteceram muito gradualmente: o que antes estava em segundo plano veio para o primeiro, e vice-versa. Dobroliúbov teve razão, em sua época, ao falar de uma relativa fraqueza do talento de Dostoiévski e da orientação "humanista" de sua intuição artística. Já havia, então, fortes inclinações àquele grande porém cruel talento que mais tarde se desenvolveu magnificamente. O segundo e o terceiro tomos das obras completas de Dostoiévski testemunham isso melhor que tudo. Trata-se de um completo bestiário cuidadosamente escolhido, um completo viveiro de lobos de diversas espécies, e o seu proprietário dificilmente chega a ostentar sua rica coleção, tanto mais que nem pensa em tirar dela qualquer proveito; ele conhece tão bem a sua tarefa e gosta tanto dela, que o estudo da natureza dos lobos é, para ele, suficiente em si mesmo; ele deliberadamente provoca suas feras, mostra-lhes a ovelha, um pedaço de carne ensanguentada, dá-lhes chibatadas e queima-as com ferro em brasa, a fim de observar neste ou naquele detalhe a sua maldade e crueldade; a fim de observar e, evidentemente, trazê-las a público.

II

Iniciemos com a seção do bestiário chamada *Memórias do subsolo*.

O homem do subsolo (para abreviar as coisas, vamos chamar assim a figura desconhecida que relata as *Memórias do subsolo*) inicia suas memórias com algumas reflexões filosóficas. Ao mesmo tempo, em meio às reflexões — indiferentes para nós nesse momento, embora possuam seu brilho e originalidade de pensamento —, ele extravasa sua alma diante do leitor, tentando escavá-la o mais fundo possível e exibindo esse fundo em toda a sua sujeira e abominação. Toma lugar um cruel desnudamento, precisamente no sentido de apresentar ao público "todas as sinuosidades da volúpia" do mal. Isso por si só já produz a impressão de algo opressivo, fétido, bolorento; você está de fato, verdadeiramente, no subsolo, ou há de fato certo leproso desmazelado, a levantar, diante de você, um a um, os trapos sujos e supurados da chaga empesteada. Então, o desnudamento passa de verbal a factual, ou seja, a narrativa conta certas proezas do herói.

Várias circunstâncias triviais e absurdas, em meio às quais o herói não cessa de irritar-se e de buscar novos e novos pretextos para a raiva, conduzem o homem do subsolo a uma casa de tolerância e deixam-no lá para passar a noite. Aqui, ele entabula com sua namorada casual e momentânea uma conversa que se mostra longa e torturante para ela, com o fito de admoestá-la. Ele a vê pela primeira vez na vida, portanto, não tem e nem pode ter nada contra ela. Mas nele fala o instinto do lobo: "Mais que tudo, me atraía o jogo",[12] lembra-se. A ação não é imediata. O lobo vai cercando a vítima designada, ora por um lado, ora por outro, até cravar os dentes com mais segurança. "É preciso acertar o tom — passou-me pela cabeça —, com sentimentalismo talvez não se consiga muita coisa. (...) Talvez ela nem esteja compreendendo isso — pensei — que é, ademais, ridículo: com a moral, (...) é com essas imagens, justamente com essas imagens que é preciso atuar sobre você! — pensei comigo mesmo." Dessa forma estimulou-se o especialista do subsolo em crueldade e maldade, enquanto examinava e rodeava a sua vítima. Ele

[12] As citações de *Memórias do subsolo* encontram-se aqui reproduzidas a partir da tradução de Boris Schnaiderman (São Paulo, Editora 34, 2009). (N. da T.)

começou por contar sobre as exéquias de uma prostituta a que assistira, um funeral triste, pobre e lamentável como o que a esperava, segundo ele; depois, pôs-se a falar sobre o destino das prostitutas em geral, remexendo maldosamente em lugares doridos e buscando chagas abertas a fim de reavivá-las à vontade. Em seguida, vieram imagens de tipo oposto, quadros cor-de-rosa de certa felicidade familiar, da qual a ouvinte fora privada. Entretanto, o sistema de tortura e crueldade insere aqui outra contribuição relacionada ao colorido. "Nos primeiros tempos — diz o homem do subsolo — até as brigas com o marido acabam bem. Algumas, quanto mais amam, mais brigas com o marido arranjam. É verdade, conheci uma que dizia: 'Amo-te muito, é por amor que te atormento, e para que sintas isso'. Você sabia que por amor pode-se torturar uma pessoa?" Esses refinamentos eram alheios ao coração simples da infeliz ouvinte, mas as "imagens" claramente a transpassavam, e o homem do subsolo açoita com elas a sua vítima, ao predizer seu futuro sombrio, sua doença, morte e exéquias em meio à tristeza e ao sofrimento. A vítima tenta opor resistência, afastando de si essas visões impertinentes e importunas de uma felicidade inacessível e de uma infelicidade inevitável. Mas o homem do subsolo está entusiasmado com o "jogo" e sabe como conduzi-lo. Entretanto, ele apenas brinca de lobo e ovelha, uma vez que ainda não possui, nem em sonhos, "da treva dos enganos/ meu verbo cálido persuasivo etc. etc...".[13] Mas deixemos que ele mesmo conte.

> "Agora, tendo alcançado o efeito desejado, assustei-me de repente. Não, nunca, nunca eu havia sido testemunha de tamanho desespero! Ela estava deitada de bruços, o rosto fortemente comprimido contra o travesseiro, que rodeara com os braços. Seu peito se rompia. Todo o corpo jovem estremecia, como que em convulsões. Os soluços comprimidos em seu peito faziam pressão, dilaceravam-na, e, de repente, rompiam para fora, com gritos e clamores. Então, apertava-se ainda mais fortemente contra o travesseiro: não queria que uma só alma viva soubesse ali das suas lágrimas e tormentos. Mordia o travesseiro; mordeu mesmo a mão até sangrar (vi isto mais tarde); ou, de dedos

[13] Citação de poema de Nikolai Nekrássov. (N. da T.)

agarrados às tranças desfeitas, petrificava-se no esforço, contendo a respiração e apertando os dentes."

O homem do subsolo não esperava por isso e desorientou-se; uma vez desorientado, deu a Liza (assim se chamava a prostituta), sem saber por quê, seu endereço e convidou-a a visitá-lo. Naturalmente, no dia seguinte, o homem do subsolo ficou furioso consigo mesmo e com Liza. Não por havê-la atormentado a fim de obter uma satisfação pessoal com o "jogo", sem necessidade ou objetivo, mas por tê-la convidado a ir a sua casa. Consolou-se com o fato de que talvez ela não viesse, de que não a liberariam, a "canalha". Às vezes passava-lhe pela cabeça ir ao seu encontro, "contar-lhe tudo" e convencê-la a não vir. "Mas junto com este pensamento erguia-se em mim uma raiva tal que, segundo parecia, eu teria esmagado aquela 'maldita' Liza se ela aparecesse de repente ao meu lado; tê-la-ia ofendido, coberto de escarros, expulsado, batido!" Passou-se um dia, outro, e Liza não veio. O homem do subsolo já se acalmava, quando, de repente, no terceiro dia, Liza aparece e ainda por cima encontra o nosso herói no estado mais lastimável, brigando e quase se atracando com o seu lacaio. Estava "de pé diante dela, abatido, humilhado, repulsivamente envergonhado e, ao que parece, sorria, procurando com todas as forças cobrir-me com as abas do meu roupãozinho de algodão puído". Após alguns prelúdios histéricos, afetações e excentricidades, o homem do subsolo convida Liza a tomar chá, e eis as suas recordações sobre o fato:

> "— Tome o chá! — disse eu com rancor. Eu estava enraivecido contra mim mesmo, mas, naturalmente, ela é que devia sofrer as consequências. Um rancor terrível contra ela ferveu de chofre em meu coração; era capaz de matá-la ali mesmo, parecia-me. Para me vingar dela, jurei mentalmente não lhe dizer mais nenhuma palavra enquanto estivesse ali. 'Ela é a causa de tudo', pensava. O nosso silêncio durava já uns cinco minutos. O chá estava sobre a mesa; não o tocamos: eu chegara a um estado tal que, de propósito, não queria começar a tomá-lo, a fim de tornar a situação dela ainda mais penosa, e ela sentia embaraço em começar. Por algumas vezes olhou-me com uma perplexidade triste. Eu, obstinado, calava-me. O maior sofredor, sem dúvida, era eu próprio, pois percebia completamente toda

a repulsiva baixeza da minha rancorosa estupidez e, ao mesmo tempo, não podia de modo algum conter-me."

E então entram em ação as verdadeiras presas do lobo. O homem do subsolo prorrompeu em um longo monólogo destinado a abater a visitante convidada, mas indesejada; sobre aquela noite que havia sido tão memorável para ela, ele mentiu, caçoou e insultou-a; a fim de se desforrar de um homem que não estava presente, voltou-se contra ela, despejando nela toda a sua raiva, dizendo que não tinha e nunca teria nada a ver com ela etc. etc. Mas os cálculos do homem do subsolo não se mostraram corretos, ou pelo menos o efeito do seu monólogo resultou em algo totalmente inesperado para ele. De todo o seu discurso raivoso, Liza compreendeu apenas que ele era infeliz, atirou-se a ele, abraçou-o e pôs-se a soluçar. O homem do subsolo ficou atônito por um minuto, mas imediatamente em seu coração "se acendeu, de repente, um outro sentimento... o sentimento de domínio e de posse". O homem do subsolo dirigiu-se à sua visitante como a uma prostituta, de forma rude e insultuosa, para que ela percebesse o insulto, e pôs em sua mão, à saída, uma nota de cinco rublos (que ela não levou, deixando-a sobre a mesa). A essa altura da sua narração, acrescenta que fez aquela crueldade do dinheiro "por raiva". A moça foi embora, e as *Memórias do subsolo* propriamente ditas terminam aqui.

Resumi muito brevemente o conteúdo dessa história, passando por cima de muitos detalhes extremamente sutis. A narrativa como um todo se constitui como uma espécie de rendilhado psicológico. Mas penso que nesses traços rudes da narrativa, transmitidos por mim, é possível ver quão profundamente Dostoiévski se interessava pelos fenômenos da crueldade, da tirania e do sofrimento, e quão atento ele estava a essas coisas. Talvez o mais interessante em *Memórias do subsolo* seja essa falta de motivos na exasperação do homem do subsolo contra Liza. Em geral não se encontra motivo algum para sua exasperação. O indivíduo surge em cena como um homem de quarenta anos, totalmente formado, mas aquilo que tanto arruinara sua vida permanece oculto pelas trevas do desconhecido, nas palavras de Kaidánov.[14] É como se toda a sua torpeza se

[14] Ivan Kuzmitch Kaidánov (1782-1843), educador, professor do Liceu Aleksándrovski, autor de manuais de história largamente usados na primeira metade do século XIX. (N. da T.)

explicasse por uma autogênese, ou até mesmo não exigisse explicação alguma. A esse respeito há na narrativa apenas frases genéricas, destituídas de um conteúdo definido, como, por exemplo, que o homem do subsolo está desacostumado à "vida viva" e preso à vida "livresca". Mas suponhamos que o autor simplesmente tenha desejado retratar dessa forma um homem totalmente raivoso e atormentado; nesse caso isso é um assunto dele, do autor, e não um traço de caráter do homem do subsolo. Muito mais interessante é o fato de o homem do subsolo começar a torturar Liza por absolutamente nenhuma razão, simplesmente por ela estar à mão. Não há nenhum motivo para a sua raiva contra ela, e ele próprio não antevê nenhum resultado em seu ato de tortura. Ele se entrega a essa tarefa unicamente pelo "jogo", por amor à arte. Ainda encontraremos novamente essa desnecessária crueldade. Mas por ora verificamos que a própria colocação dos quadros da crueldade na moldura da desnecessidade atesta o valor que Dostoiévski atribui a esse assunto. O herói poderia torturar Liza com o digno propósito de conduzi-la ao caminho da verdade; poderia vingar-se dela por alguma ofensa, zombaria etc. O quadro de uma alma transtornada poderia ter sido apresentado em todas essas instâncias. Mas Dostoiévski rejeitou toda exterioridade, todo motivo incidental. O herói tortura porque gosta, porque lhe agrada torturar. Não há motivos ou objetivos aqui e, para o pensamento do autor, eles não são absolutamente necessários, já que há uma crueldade incondicional, uma crueldade *an und für sich*,[15] e é ela precisamente que interessa.

Se é por esse ou por algum outro motivo, o fato é que é bastante difícil dizer como Dostoiévski se relaciona com o seu herói. Nas duas ou três linhas finais o autor lhe atribui o nome, indiferente quanto à atitude moral, de "paradoxalista". No que diz respeito à bagagem intelectual do homem do subsolo, é possível encontrar coisas bem diversas aqui; entre outras, há aquelas reflexões filosóficas (por exemplo, o livre-arbítrio) que não possuem absolutamente nenhuma relação com a crueldade, bem como aquelas que são afins ao próprio Dostoiévski. Em *Memórias do subsolo*, aparece, por exemplo, embora ainda de forma obscura e interrogativa, uma das ideias favoritas dos últimos anos da atividade de Dostoiévski. O homem do subsolo escreve: "E por que estais convencidos tão firme e solenemente de que é vantajoso para o homem apenas o que é

[15] Do alemão: "Em si e para si", ou seja, autossuficiente. (N. da E.)

normal e positivo, numa palavra, unicamente a prosperidade? Não se enganará a razão quanto às vantagens? Quem sabe o homem não ama só a prosperidade? Quem sabe ele ama, na mesma proporção, o sofrimento? Quem sabe o sofrimento lhe é exatamente tão vantajoso como a prosperidade? O homem, às vezes, ama terrivelmente o sofrimento, ama-o até a paixão, isto é um fato". Se o leitor se lembra da maneira apaixonada pela qual Dostoiévski pregou posteriormente o sofrimento, de como ele viu no sofrimento a mais íntima exigência do espírito do povo russo; de como elevou o cárcere e a colônia penal a uma pérola da criação; se o leitor se lembra de tudo isso, então talvez se surpreenda ao encontrar as mesmas ideias nas memórias de uma besta cruel. Pois essa é precisamente a questão: se, do ponto de vista de Dostoiévski, o homem do subsolo é de fato uma besta. As opiniões do homem do subsolo sobre si mesmo, à primeira vista, espantam pela inclemência: o homem claramente está pronto a narrar toda e qualquer abominação. Mas, examinando essa estranha confissão mais de perto, você vê que o homem do subsolo se dispõe não apenas a exibir sua inclemência para consigo, mas também a justificar-se até onde for possível. Sobretudo, ele não se considera um monstro, um homem excepcional por natureza. Na verdade, ele se presume de fato uma pessoa excepcional, mas pela coragem do seu pensamento e pela clareza de consciência. Ele diz, por exemplo: "E, no que se refere a mim, apenas levei ao extremo, em minha vida, aquilo que não ousastes levar até a metade sequer, e ainda tomastes a vossa covardia por sensatez, e assim vos consolastes, enganando-vos a vós mesmos". Em outro lugar, discorrendo amplamente sobre "o prazer da dor de dentes", o homem do subsolo afirma que *todo* "homem instruído do século dezenove" no segundo ou terceiro dia da dor de dentes já não geme mais de dor, mas de raiva. "Os seus gemidos tornam-se maus, perversos, vis, e continuam, dias e noites seguidos. E ele próprio percebe que não trará nenhum proveito a si mesmo com os seus gemidos. Melhor do que ninguém, ele sabe que apenas tortura e irrita a si mesmo e aos demais. Sabe que até o público, perante o qual se esforça, e toda a sua família, já o ouvem com asco, não lhe dão um níquel de crédito e sentem, no íntimo, que ele poderia gemer de outro modo, de forma mais simples, sem garganteios nem sacudidelas, e que se diverte, por maldade e raiva. (...) Eu vos inquieto, faço-vos mal ao coração, não deixo ninguém dormir. Pois não durmais, senti vós também, a todo instante, que estou com dor de dentes. Para vós, eu já não sou o herói que anteriormente quis parecer, mas simplesmente um homem ruinzinho, um *chenapan*.[16] Bem, seja! Estou muito contente porque vós me decifrastes. Senti-vos mal, ouvindo os meus gemidos, ignobeizinhos? Pois que vos sintais mal; agora, vou soltar, em vossa intenção, um garganteio ainda pior... (...) Não compreendeis, mesmo agora, senhores? Não, ao que parece é preciso adquirir um profundo desenvolvimento, uma profunda consciência, para compreender todas as sinuosidades dessa volúpia!"

Dessa forma, a diferença entre o homem do subsolo e a maioria das pessoas instruídas do século XIX consiste apenas em que o primeiro reconhece mais claramente o prazer que deriva da raiva, enquanto os demais simplesmente desfrutam desse prazer. Tal generalização atenua significativamente a autoflagelação do homem do subsolo. Mal de muitos, consolo é. Isso significa que o homem do subsolo não é assim tão repulsivo, uma vez que os demais também o são; ele é até mais elevado que os outros, porque mais corajoso e inteligente. Que experimente alguém, dentre as "pessoas instruídas do século dezenove", atirar nele a primeira pedra. Além dessa particularidade atenuante e mesmo elevada, o homem do subsolo talvez decidisse apresentar mais uma. O leitor viu que nos numerosos quadros cor-de-rosa com os quais o homem do subsolo feriu dolorosamente a alma de Liza, havia o esboço de uma mulher torturando seu marido por amor. Seguiu-se a generalização: "Você sabia que por amor pode-se torturar uma pessoa?". Sobre si, o homem do subsolo diz francamente: "... amar significava para mim tiranizar e dominar moralmente. Durante toda a vida, eu não podia sequer conceber em meu íntimo outro amor, e cheguei a tal ponto que, agora, chego a pensar por vezes que o amor consiste justamente no direito que o objeto amado voluntariamente nos concede de exercer tirania sobre ele. Mesmo nos meus devaneios subterrâneos, nunca pude conceber o amor senão como uma luta: começava sempre pelo ódio e terminava pela subjugação moral; depois não podia sequer imaginar o que fazer com o objeto subjugado". Se, por assim dizer, ele é um monstro que nunca sentiu amor, então deve-se reconhecer sua coragem e sinceridade em fazer tal declaração. O amor parece ser um sentimento bastante acessível a todos e, por si só, suficientemente compensador. Para experimentá-lo não se exige nenhuma inteligência especial ou moral elevada, portanto deve ser realmente um pobre

[16] Em francês, no original: "vagabundo", "bandido", "calhorda". (N. da T.)

e lamentável monstro aquele em cuja linguagem o amor e a tirania se confundem ou ao menos se acompanham. E assim é. E se essa aparente pobreza de pensamento e sentimento não for totalmente uma deformidade, mas apenas profundidade de "penetração" na alma humana? E se essa alma, imaginemos, não a do homem em geral, mas apenas a do homem instruído do século dezenove, estiver estruturada de forma que o amor e a tirania floresçam inevitavelmente lado a lado? Um simples mortal não pode compreender, nem sabe o que é isso! Um simples mortal admira a beleza de um belo rosto, mas um cientista aproxima-se com o microscópio e vê nesse belo rosto toda uma malha de rugas e cavidades nada belas. O mesmo ocorre aqui. Psicólogos refinados como o homem do subsolo e o próprio Dostoiévski podem encontrar na alma certas coisas e certas combinações de coisas que para nós, simples mortais, são totalmente inacessíveis. E se, de fato, o amor e a tirania crescem, florescem e dão frutos lado a lado, até mesmo transformando-se um no outro, se isso é de alguma forma uma lei da natureza, então, novamente, quem dentre as pessoas instruídas do século dezenove ousará atirar a primeira pedra no homem do subsolo? A pedra inevitavelmente pulará de sua mão como grãos de ervilha seca no celeiro, e golpeará o próprio arremessador. Significa que o homem do subsolo está novamente justificado e mesmo glorificado. Veja o que ele diz, não de si, mas como uma observação geral: "Você sabia que por amor pode-se torturar uma pessoa?".

Essa atitude tão cética em relação aos melhores sentimentos ou a sentimentos benévolos não se restringe, no homem do subsolo, apenas ao amor. A epígrafe do capítulo sobre o encontro com Liza (que possui um título à parte, "A propósito da neve molhada") foi tomada do poema de Nekrássov: "Quando da treva dos enganos/ meu verbo cálido persuasivo/ ergueu a tua alma caída etc.". Nos lábios do homem do subsolo essas palavras não são mais que pura ironia, porque, apesar de Liza realmente estar "envolta em vergonha e medo", "terminou por chorar, confusa e abalada", resultado este completamente inesperado para o homem do subsolo, que, como já vimos, simplesmente se divertia com o "jogo" do lobo e da ovelha. Mas não é sem razão que foi utilizada essa epígrafe, e pode-se esperar, pela malícia cética do homem do subsolo, que a culpa seja atirada sobre o outro. Diria ele: se algum incidente ocorrer com qualquer um de vocês, senhores, não deixem de declamar o poema de Nekrássov e mantenham uma aparência heroica de salvadores da alma, pois eu sei como essas coisas acontecem, sei que mesmo que vocês estejam pensando na salvação de uma alma caída, mistura-se aqui necessariamente um grande desejo de atormentá-la e torturá-la; sei disso e falo por mim com sinceridade, mas quanto a vocês, se escondem por trás de sentimentos elevados... Correta ou não essa explanação, o fato é que, no homem do subsolo, toda e qualquer manifestação da vida está inevitavelmente entrelaçada com a crueldade e o desejo de torturar. E certamente não é uma coincidência casual que o próprio Dostoiévski sempre e em todo lugar examine cuidadosamente a mistura de crueldade e ódio com sentimentos diversos, que à primeira vista não possuem nenhuma relação com os primeiros. Ao longo das pequenas narrativas colhidas no segundo e no terceiro tomo das obras de Dostoiévski, espalham-se os germes dessas combinações antinaturais, germes estes que seriam desenvolvidos posteriormente.

Em *O crocodilo*, o autor aponta para a combinação entre amizade e ódio ("Que estranha amizade! Posso seguramente afirmar que nove décimos dela eram puro ódio."). Mais abaixo, encontraremos uma expressão bastante original dessa combinação em *O eterno marido*.

Em *Um jogador*[17] há uma tal Polina — um estranho tipo de mulher, autoritária ao ponto da crueldade, estouvada, mas atraente —, que se repete na Nastássia Filíppovna de *O idiota* e na Grúchenka de *Os irmãos Karamázov*. Dostoiévski ocupou-se bastante com esse tipo feminino, mas, por toda a vida, não avançou um passo sequer na sua elaboração. Eu diria até mesmo que o primeiro esboço (Polina) é mais claro que o último (Grúchenka). Mas Polina se parece com uma espécie de nuvem, algo nebulosa, não se constitui e não pode se constituir de forma inteiramente definida, distende-se ora para um lado, ora para outro. Entre essa Polina e o herói de *Um jogador* ocorre uma relação por demais estranha. Como se sabe, ela o ama, aliás, já bem tardiamente; no entanto, maltrata-o como a um lacaio, até mesmo pior que a um lacaio. Em todos os detalhes de sua relação com o "jogador" transparece "algo de desprezível e de odioso". O jogador também a ama e ela sabe disso, e é exatamente por esse motivo que o achincalha, ordena que faça diversas coisas estúpidas e o atormenta com o cinismo deliberado e a vulgaridade das suas conversas. É verdade que nela isso parece fatal. Com relação à sua aparência,

[17] As citações de *Um jogador* encontram-se aqui reproduzidas a partir da tradução de Boris Schnaiderman (São Paulo, Editora 34, 2004). (N. da T.)

encontra-se ao menos um traço muito curioso e característico: "sua pegada é muito estreita e comprida — *torturante, exatamente torturante*". O que se pode fazer, se a pegada é torturante?! Por seu lado, o herói não sabe muito bem se realmente ama Polina ou se, ao contrário, a odeia. Em uma ocasião ele observa: "E agora, mais uma vez, formulei a mim mesmo a pergunta: eu a amo? E, mais uma vez, não soube responder, ou melhor, pela centésima vez respondi que a odiava. Sim, ela me era odiosa. Havia momentos (mais precisamente, sempre que uma conversa nossa chegava ao fim) em que eu teria dado a metade da minha vida para poder estrangulá-la! Juro, se fosse possível empurrar-lhe lentamente, para dentro do peito, um punhal afiado, eu, parece-me, agarraria o cabo com delícia. E, no entanto, juro por tudo o que existe de sagrado que, se ela me tivesse realmente dito no alto de Schlangenberg, o passeio da moda: 'Atire-se de cabeça' — eu o faria no mesmo instante, e até mesmo com deleite".

Na novela *A aldeia de Stepántchikovo e seus habitantes*[18] há um personagem introdutório, o velho Iejevíkin, que faz o papel de um bufão de aparência bastante bondosa, que deseja agradar a todos, mas que no fundo é extremamente venenoso: é o protótipo de toda uma galeria de velhos bufões, encontrados nas obras posteriores de Dostoiévski. A filha de Iejevíkin, uma pobre governanta, encontrando-se numa situação particularmente difícil, supõe que o pai se faz de bufão *para ela*. No curso da história essa sugestão é muito verossímil, mas Dostoiévski decididamente a rejeita. Ele diz que Iejevíkin "passava por bufão devido a uma simples necessidade interna, para dar vazão a sua raiva acumulada...".

No entanto, em *A aldeia de Stepántchikovo*, há um personagem bem mais interessante do que o velho e malvado bufão Iejevíkin.

III

O proprietário da aldeia de Stepántchikovo, Iegor Ilitch Rostániev, coronel hussardo aposentado, é a própria ovelha, humilde e bondoso às raias da estupidez. Qualquer um pode montá-lo à vontade, ofendê-lo e tiranizá-lo, e ele sempre se considera culpado perante o seu tirano e lhe

---

[18] As citações da novela *A aldeia de Stepántchikovo e seus habitantes* encontram-se aqui reproduzidas a partir da tradução de Lucas Simone (São Paulo, Editora 34, 2012). (N. da T.)

pede perdão. E exatamente essas são as suas relações com a mãe, viúva de um general, mulher insuportável por sua estupidez e insolência, que, vivendo nas costas do filho e torturando-o de todas as maneiras, ainda o considera um egoísta e pouco atencioso para com ela. Mas a tirania da mãe empalidece totalmente ante aquela que o coronel Rostániev e todos os habitantes da aldeia suportam da parte de um certo Fomá Fomitch Opískin — um exemplar extremamente curioso da espécie dos lobos. Fomá apareceu inicialmente na casa do falecido general "na qualidade de declamador e mártir", o próprio parasita, e sofreu muito com o escárnio do general. Mas, com relação à parte feminina da casa, investiu-se de um papel totalmente diferente. A mulher do general nutria por ele certo respeito místico, que ele mantinha através de conversas sobre a salvação da alma, interpretações de sonhos, profecias, idas à missa e às matinas e assim por diante. Mas depois que o general morreu e a mulher se voltou para o filho, Fomá Opískin tornou-se decididamente a primeira pessoa da casa. Sobre o passado de Fomá sabe-se com certeza apenas que fracassou no campo literário e que sofreu muitas ofensas do general. Ele era, então, uma ovelha, provavelmente maldosa, tinhosa, detestável, mas ainda uma ovelha, humilhada e insultada por sua condição social. Mas agora seu instinto de lobo tinha a possibilidade de irromper. "Agora imaginem — diz Dostoiévski — o que poderia se tornar esse Fomá, que por toda a vida fora oprimido e amedrontado, talvez até de fato agredido; Fomá, no íntimo voluptuoso e cheio de amor-próprio; Fomá, o literato amargurado; Fomá, que se tornara o bufão em troca do pão de cada dia; Fomá, no fundo um déspota, a despeito de toda a sua insignificância e impotência pretéritas; Fomá, um fanfarrão que se tornava um insolente ao obter qualquer sucesso; esse Fomá, que de repente alcançara a honra e a glória, passara a ser acalentado e incensado graças a uma protetora idiota e a um protetor deslumbrado e que concordava com tudo, em cuja casa ele finalmente fora parar depois de longas peregrinações?"

De fato, imagine que canalha-mor não resulta de tais condições! Mas se o leitor se acha capaz de imaginar facilmente um tipo semelhante de canalha, está redondamente enganado. É fácil, sim, mas não para ele, um simples leitor, porque ainda que seja extremamente perspicaz, não mergulha por muito tempo e voluntariamente nas circunvoluções dos labirintos sombrios da abominável alma humana. É fácil apenas para um conhecedor e aficionado como Dostoiévski. No entanto, desta vez Dostoiévski quis, por alguma razão, apresentar suas feras sob uma certa luz cômica — capricho do artista, que pode sempre retornar mais e mais vezes ao seu assunto e experimentá-lo sob todas as luzes possíveis. Tanto melhor, o colorido cômico tempera as impressões e leva o leitor a sorrir de tempos em tempos; mas ao soltar o sorriso dos lábios, você percebe imediatamente o tirano odioso e torturador que há na sua frente.

Segue uma ilustração da tortura que Fomá Opískin impõe.

> "— Antes quem era o senhor? — dizia por exemplo Fomá, refestelando-se, após um lauto almoço, em sua confortável poltrona, tendo um criado atrás de si, de pé, que devia espantar as moscas com um ramo fresco de tília. — Com que se assemelhava antes de minha chegada? E então fiz nascer em você uma chama desse fogo celestial que agora queima em sua alma. Fiz ou não nascer em você uma chama desse fogo celestial? Responda: fiz ou não nascer uma chama em você?
>
> Fomá Fomitch, a bem da verdade, sequer sabia a troco de que fazia aquela pergunta. Mas o silêncio e o embaraço do titio imediatamente o incitavam. Ele, antes paciente e retraído, agora inflamava-se como pólvora à menor objeção. O silêncio do titio parecia-lhe ofensivo, e agora ele já exigia uma resposta.
>
> — Mas responda: essa chama queima em você ou não?
>
> O titio vacilava, encolhia-se, não sabia que atitude tomar.
>
> — Se o senhor me permite observar, estou esperando — pontuava Fomá com uma voz ofendida.
>
> — *Mais répondez donc*,[19] Iegôruchka! — acudia a generala, encolhendo os ombros.
>
> — Estou perguntando: essa chama queima em você ou não? — repetia Fomá com tom de superioridade, pegando um docinho da *bonbonnière* que sempre ficava diante dele na mesa. Eram ordens da generala.
>
> — Juro que não sei, Fomá — respondia finalmente o titio, com desespero no olhar. — Deve haver alguma coisa desse tipo... Juro, é melhor você não perguntar mais, ou vou acabar dizendo uma mentira...

[19] Em francês, no original: "mas responda". (N. da T.)

— Muito bem! Então o senhor me considera tão insignificante que sequer mereço uma resposta; era isso que queria dizer? Pois que seja assim; que eu seja um nada, então.

— Mas não, Fomá, que Deus abençoe! Quando foi que eu quis dizer isso?

— Não, foi exatamente isso que o senhor quis dizer.

— Mas juro que não foi!

— Pois bem! Eu é que sou o mentiroso! Porque, a julgar pela sua acusação, sou eu que procuro de propósito um pretexto para brigar. Pois que mais essa afronta se junte a todas as outras: suportarei tudo...

— *Mais, mon fils...*[20] — gritava a generala, amedrontada.

— Fomá Fomitch! Mãezinha! — exclamava o titio em desespero. — Juro que não sou culpado! Devo ter deixado escapar por acaso!... Não olhe para mim, Fomá: sou um estúpido, sinto que sou um estúpido..."

E assim por diante. Evidentemente Fomá é ridículo, mesquinho e estúpido em suas cobranças; mas para ser um tirano cruel não se exige uma fisionomia grandiosa e trágica. Em geral as pessoas concedem muitas honrarias aos torturadores, imaginando-os necessariamente como uma espécie de gigantes. Ao contrário, possuindo um ferrão de mosquito sanguessuga, são dotados, em sua maioria, do tamanho de um mosquito. Um exemplo é Fomá Opískin, de uma insignificância lamentável e imprestável, mas que pode envenenar a vida das pessoas mais delicadas e fracas com seu zumbido mesquinho, importuno e insolente. Pese os tormentos causados por algum sofrimento agudo e forte e compare-os com as trivialidades que uma pessoa sofre cronicamente ao estar condenada a viver junto a Fomá Opískin, e você não saberá qual prato da balança penderá mais. Você viu que o infeliz coronel-ovelha está totalmente paralisado e amedrontado por aquela trituração verbal com que Fomá incessantemente o mói dia a dia. O coronel está pronto a pagar ao seu torturador qualquer resgate que seja, a rebaixar-se, chamar-se de tolo, desaparecer sem deixar vestígios, virar-se do avesso, apenas para que termine essa trituração. Mas Fomá Opískin não precisa de nenhum resgate, neces-

[20] Em francês, no original: "mas, meu filho". (N. da T.)

sita apenas de alimento para a raiva e a tortura, e essa sua fome é insaciável: o coronel que se vire do avesso, que hesite e se atormente cada vez mais; e quando o torturador por fim se cansar, deixará a vítima para uma próxima vez. Apenas a fadiga pode pôr um fim a semelhante tormento; fadiga, mas não saciedade; não pode haver saciedade aqui. Não importa que concessões a vítima faça, cada um dos seus passos apenas oferece uma nova ocasião para a agonia; é indiferente a maneira com que cada movimento do peixe preso ao caniço inevitavelmente dilacera as suas entranhas. Fomá não obtém nenhum resultado definido, nenhuma conquista que pudesse pôr fim a sua operação; para ele, importa o próprio processo da tortura, que é autossuficiente e, em consequência, incessante.

Certa vez o coronel ofereceu a Fomá quinze mil para que este sumisse da sua casa discretamente. Fomá representou uma cena trágica com esses "milhões" — assim se expressou —, espalhou o dinheiro pelo cômodo, insultou o coronel à farta, instou-o a pedir-lhe desculpas e no final das contas não pegou o dinheiro, mas também não deixou a casa. Um certo Mizíntchikov opinou sobre esse assunto da seguinte forma: "Recusou quinze mil para depois pegar trinta. Aliás, quer saber? Duvido que Fomá tenha feito qualquer cálculo. Não é um homem prático; é uma espécie de poeta, à sua maneira. Quinze mil... Hm! O senhor percebe, ele pegaria o dinheiro, mas sucumbiu à tentação de impressionar, de pavonear-se". Mais tarde, quando, em uma ocasião totalmente singular, o coronel finalmente pôs o seu torturador porta afora, física e literalmente, Fomá resignou-se. Chegou mesmo a alegrar o coronel com suas esquisitices e maneirismos. Mizíntchikov estava certo: Fomá não é uma pessoa nada prática, ele necessita do desnecessário.

É certamente difícil traçar uma fronteira entre o que é necessário e o que é desnecessário. Coisas que são absolutamente desnecessárias, por exemplo, ao mujique russo, podem ser absolutamente imprescindíveis ao lorde inglês, assim como em tempos remotos o mujique russo pode ter tido demandas que hoje são desnecessárias. Em geral — exceto pela satisfação imediata das necessidades mais elementares de ar, alimento, abrigo, vestimenta —, tudo o que hoje é necessário foi absolutamente desnecessário um dia. Isso ocorre também ao reverso, as necessidades desaparecem, o necessário recua para o domínio do desnecessário. Às vezes trata-se de algo inconstante, como a moda, às vezes de uma mudança radical das condições de vida. Mas, se é impossível estabelecer uma fronteira incondicional entre o necessário e o desnecessário, já não é tão difícil perceber uma fronteira condicional em uma sociedade que possui alguma complexidade. A confusão de detalhes e as tendências do pesquisador podem certamente obscurecer a matéria e levantar dúvidas mesmo em questões como: será a liberdade uma necessidade para o homem russo, ou um luxo desnecessário? Mas em princípio não há dificuldades. Em geral é possível observar nas grandes coisas essa fronteira histórica e arbitrária entre o necessário e o desnecessário, frequentemente marcada ou por grandes desordens sociais, ou pela presença de fortes personalidades, inovadores que buscam algo que, segundo a opinião geral, é desnecessário, mas amanhã talvez venha a ser necessário. Não vamos discutir o próprio mecanismo do processo; não vamos falar sobre o quanto essas personalidades singulares dominantes criam uma nova necessidade ou eliminam outras mais antigas, ou mesmo, ao contrário, o quanto conduzem os anseios descoordenados e irrefletidos das massas. Para nós essa questão é de somenos importância, e ao mesmo tempo nos desviaria do nosso caminho. De um jeito ou de outro, o certo é que em grandes e pequenas coisas, no domínio da teoria abstrata e da prática cotidiana, surgem de tempos em tempos pessoas com demandas especiais, insatisfeitas com o necessário, pessoas para quem o necessário chega a ser repulsivo, enquanto que o desnecessário lhes é importante e desejado. Elas se afligem com a esfera saciada do necessário, aquela que é exigida por todos e sem a qual ninguém pode viver. Demandam da vida, se não o novo, em essência desconhecido e ainda misterioso, ao menos algum tempero à insípida necessidade...

Você certamente espera uma discussão sobre aquelas pessoas que representam a humanidade na busca por novas verdades e novas formas de justiça e que, por vezes à custa de terríveis esforços e sofrimentos em suas vidas, transportam-nas do reino do desnecessário ao reino do necessário, convertendo-as em necessidade universal; você espera uma discussão sobre essas pessoas, a respeito das quais foi dito que ninguém é um profeta em sua própria terra; sobre essas pessoas a quem seus compatriotas e contemporâneos, longe de acolher com braços abertos, ao contrário, bem frequentemente perseguem, para que mais tarde, muitos anos depois, seus descendentes venham a se fazer a seguinte pergunta, que se repete constantemente na história: como puderam perseguir e crucificar essas pessoas? Como puderam considerar desnecessário o que realizaram?

Sim, essas pessoas têm a ver com o nosso assunto. Mas não é sobre elas que recairá a nossa discussão, porque Fomá Opískin, que também se insere aqui, nos aguarda. Não se deve ficar confuso com a comparação entre "o dedo do pé" (na expressão de Menenius Agrippa)[21] e a beleza e orgulho do gênero humano. Apenas à primeira vista ela parece ofensiva à dignidade humana. Ocorre que as portas do desnecessário são muito largas e por elas passam para a vida tanto o bem, quanto o mal. A plebe romana dos tempos da queda de Roma gritava: "Pão e circo!". Mas nem sempre o circo foi tão necessário quanto o pão, sobretudo aqueles espetáculos cruéis e sanguinários com que os romanos degenerados se rejubilavam. Alguém, em algum momento, tornou esses espetáculos iguais ao pão de cada dia. Quem fez isso — se personagens de forte influência moral, personagens com poder oficial, ou a própria plebe faminta e pervertida — é indiferente para nós, nesse momento. O certo é que, instigada pelos espetáculos sanguinolentos, uma excitação particular dos nervos, que antes era desnecessária, tornou-se uma necessidade, e os primeiros a sentir essa necessidade introduziram na vida o desnecessário e foram inovadores a seu modo, naturezas reivindicatórias, insatisfeitas com o pão de cada dia. Donde o rei Lear não está totalmente correto ao dizer: "Não conceda à natureza mais do que a natureza necessita, a vida do homem é ordinária como a das bestas". Isso é verdade, mas uma verdade incompleta, uma meia verdade. A outra metade da verdade é que também o desnecessário, sem o qual é bem possível viver, ao se tornar necessário, por vezes iguala o homem às bestas. Trata-se, então, das qualidades daquele desnecessário que é desejado por certas naturezas humanas e do grau de influência que estas naturezas possuem sobre os seus compatriotas e contemporâneos. O desnecessário pode ser algo elevado, ao ponto de superar as forças e a capacidade humanas; mas pode também ser algo baixo, ao nível da animalidade. E, em ambos os casos, tanto uma frágil insignificância, quanto uma grande força podem igualmente tentar introduzi-lo na vida. Entende-se que diversas combinações podem sair desses quatro pressupostos.

Retornando a Fomá Opískin, devemos admitir que ele é por demais insignificante para que deixe a marca de sua imagem e semelhança em qualquer grupo significativo de pessoas. Mas tente imaginar que ele pos-

[21] Menenius Agrippa (século V a.C.), cônsul do Império Romano que, a fim de refrear uma rebelião, apela à plebe, valendo-se de uma fábula na qual as várias partes de um corpo, invejosas do estômago, recusam-se a alimentá-lo, resultando no definhamento de todo o corpo. (N. da T.)

sui certa força interior; imagine, por exemplo, que ele é um literato desafortunado, mas que, por outro lado, é dotado de um enorme e original talento, sem, ao mesmo tempo, deixar de ser Fomá Opískin em essência.

No entanto, deixe que primeiro completemos o retrato de Fomá, e então as coisas ficarão mais claras.

Nas condições atuais da nossa vida, é necessário abater uma galinha ou matar um boi para o almoço, mas é desnecessário torturar o boi e a galinha, prolongar a sua agonia, cortar primeiro as suas pernas, supliciá-los na roda. Esse espetáculo certamente não embeleza o seu almoço, e talvez até o estrague. Para Fomá, ao contrário, o importante é justamente o desnecessário. Ele prolongaria deliberadamente o suplício da galinha para retardar o almoço, para irritar-se o tempo todo e para acompanhar com dupla crueldade o estremecimento convulsivo da sua vítima. Essa tendência ao desnecessário alcança em Fomá as raias da estupidez, a qual poderia por si só ser ridícula, se não envolvesse o sofrimento de pessoas. Havia, na aldeia de Stepántchikovo, por exemplo, o menino servo Falaliei, muito bonito, ingênuo, tolo e mimado, e esta última característica foi suficiente para torná-lo objeto da raiva invejosa de Fomá. Mas Falaliei tinha na mulher do general uma importante protetora, que o vestia como a uma boneca e o amava como a uma bela bonequinha. Esse obstáculo Fomá não podia vencer diretamente e por isso considerou mais seguro usar de subterfúgios. Ele próprio quis se colocar como benfeitor de Falaliei e começou por oferecer ao rapazinho lições de "moralidade, boas maneiras e língua francesa". "Como — disse Fomá Fomitch — como é que ele fica o tempo todo na parte de cima, junto com sua senhora?! De repente ela, esquecendo que ele não entende francês, diz a ele, por exemplo, *donnê muá mon muchuar*;[22] ele tem que dar um jeito e prestar o serviço!" Mas Falaliei era estúpido em qualquer dialeto, totalmente incapaz para os estudos, ainda mais para o francês. Aqui está a fonte dos tormentos do menino. Fomá o aporrinhava, mas também a criadagem o aporrinhava apelidando-o de "francês". De repente, Fomá percebeu que o camareiro do coronel, o velho Gavrila, ousou expressar dúvida em relação à utilidade da gramática francesa. Fomá se encheu de alegria, daquela alegria maldosa que se aproveita de qualquer situação para imputar à questão um ultraje virtuoso e especialmente desnecessário: como

[22] Em francês russificado, no original: "dê-me meu lenço". (N. da T.)

castigo, fez o próprio Gavrila estudar francês. E então, ocorre a seguinte cena. Na presença de todos, ele se dirige ao velho camareiro:

> "— Ei, você, paspalho, venha cá! Faça o favor de vir mais para perto, Gavrila Ignátitch! Está vendo, Pável Semiônitch, este é Gavrila; como punição por sua grosseria está aprendendo o dialeto francês. Como Orfeu, tenho abrandado os ânimos por aqui, só que não com música, mas com o dialeto francês. Pois então, francês, *meciê chematon*; ele não suporta quando dizem a ele *meciê chematon*; sabe a lição?[23]
>
> — Decorei — respondeu Gavrila, cabisbaixo.
>
> — E *parlê-vu-francê?*
>
> — *Vuí, meciê, je-le-parl-an-pê...*"[24]

Uma gargalhada geral decerto percorre todo o alegre grupo; o velho se ofende; segue-se um terrível escândalo sobre o qual não nos deteremos, pois o infeliz Falaliei ainda nos espera. Observe com atenção esse traço raivoso: Fomá, achincalhando Gavrila, não perde a chance de alfinetá-lo com o seu "*meciê chematon*", situação que este *não pode suportar*. Fomá precisa disso. Ele estuda cuidadosamente, na medida das suas forças e capacidade, aquilo de que o outro não gosta, precisamente para mais tarde, em uma circunstância favorável, aplicar um dos alfinetes envenenados da sua coleção.

Fomá, por ensinar a Falaliei, além do francês, moral e boas maneiras, certa vez decidiu apresentá-lo em público com o seguinte molho:

> "Venha cá, venha cá, sua criatura deplorável, venha cá, seu idiota, com essa sua fuça rosada!...
>
> Falaliei aproximou-se, chorando, enxugando os olhos com ambas as mãos.
>
> — O que você disse quando devorou sua torta? Repita na frente de todos.
>
> Falaliei não respondeu e desfez-se em amargas lágrimas.

[23] Em francês russificado, no original: "senhor *chematon*". Trocadilho com o verbo francês *chômer* ("estar ocioso"). (N. da T.)

[24] Em francês russificado, no original: "Fala francês? Sim, senhor, falo um pouco". (N. da T.)

— Se é assim, eu falo por você. Você disse, batendo na sua pança estufada e indecente: 'Estou empanturrado de torta como Martin de sabão!'. Perdão, coronel, por acaso falam frases como essa na sociedade educada, ainda mais na alta sociedade? Disse isso ou não? Diga!

— Dis-se!... — confirmou Falaliei, soluçando.

— Pois agora me diga: por acaso o Martin come sabão? Onde exatamente você viu esse Martin que come sabão? Diga-me, dê-me uma noção desse fenomenal Martin!

Silêncio.

— Estou perguntando — insistiu Fomá —, quem exatamente é esse Martin? Quero vê-lo, quero conhecê-lo. Quem é ele, afinal? Um registrador colegiado,[25] um astrônomo, um matuto, um poeta, um quarteleiro, um criado; deve ser alguém. Responda!

— É cri-a-do — respondeu finalmente Falaliei, continuando a chorar.

— De quem? De que senhor?"

Mas Falaliei não ousou dizer de que senhor. Evidentemente, tudo isso terminou com Fomá correndo para fora do recinto num acesso de raiva e gritando que o haviam ofendido; a mulher do general começou a ter um ataque e o tio amaldiçoou a hora em que nasceu, pediu perdão a todos e passou o resto do dia andando pelo seu quarto na ponta dos pés.

No dia seguinte, após o incidente com o sabão de Martin, Falaliei, como se nada tivesse acontecido, levou de manhã a Fomá o chá e contou-lhe que havia sonhado "com um boi branco". Fomá tomou-se de pavor, ralhou com o coronel e, além disso, submeteu Falaliei a um castigo, deixando-o de joelhos em um canto. O motivo da sua ira pode ser visto na seguinte reprimenda: "Será que você não consegue — diz Fomá a Falaliei —, será que você não consegue sonhar com algo elegante, delicado, requintado, alguma cena da boa sociedade, senhores jogando cartas, por exemplo, ou damas passeando num belo jardim?". O boi branco perturbou Fomá por ser prova da "rudeza, ignorância e provincianismo do nosso inculto Falaliei". Falaliei prometeu emendar-se, mas

[25] Cargo civil mais baixo da burocracia tsarista. (N. da T.)

— puxa! — já no dia seguinte e no terceiro dia e durante toda a semana voltou a sonhar com o tal boi branco, embora tenha chegado a rezar à noite para não vê-lo mais em sonhos. Por estupidez e sinceridade ingênua, não se aventurava a mentir. Assim, tudo em casa tremeu ante a ira de Fomá, Falaliei até mesmo emagreceu, e as senhoras de coração compassivo já borrifavam nele água com carvão quando, de repente, o incidente terminou por si mesmo, por inanição, porque Fomá passou a se distrair com outras coisas.

É suficiente, nos parece. Podemos ignorar as outras proezas de Fomá, muitas outras, sempre do mesmo gênero. Fomá é um desses exemplares curiosos da raça do lobo, e sobre isso certamente não pode haver dúvidas: todas as suas ações e palavras estão marcadas pela mais feroz crueldade. Mas, ao mesmo tempo, como diz acertadamente Mizíntchikov, é um homem nada prático e "uma espécie de poeta, à sua maneira": todas as suas ações expostas acima surpreendem pelo desnecessário que comportam. Quase toda a fisionomia moral de Fomá se reduz às palavras "crueldade desnecessária", e se acrescentarmos aqui o desmedido amor-próprio em face da completa insignificância, teremos então todo o Fomá Opískin. Ele não tira nenhum proveito da sua crueldade, mas se entrega ao ato de atormentar por uma necessidade imediata da sua natureza de lobo — como ele diz, *é assim*. Ele é puro artista, poeta da cólera e da tirania sem o menor fundamento utilitário. E quanto mais bizarro e inusitado é o projeto de tortura que lhe vem à cabeça, tanto mais prazer lhe dá. Dê a Fomá Opískin a força exterior de Ivan, o Terrível, ou de Nero, e ele não lhes ficará devendo em nada: "surpreenderá o mundo com a sua vilania". Dê-lhe alguma força interior e acontecerão coisas em certo sentido ainda mais curiosas.

Suponha que Fomá Opískin, como já foi dito acima, não seja desprovido de talento, embora as suas buscas literárias tenham sido um fiasco, mas que, ao contrário, tenha um grande talento. Antes de tudo, um grande talento amaciaria a rudeza caricatural de seus traços fisionômicos. "O gênio e a vilania são incompatíveis" diz Púchkin pelos lábios de seu Mozart.[26] Isso não é verdade, são até bem compatíveis. Mas as formas estúpidas que a tirania de Fomá assume são de fato incompatíveis com um grande talento: o talento lhe daria certa elegância, beleza e sedução, de

[26] "Mozart e Salieri" (1831), peça em um ato do poeta Aleksandr Púchkin (1799-1837). (N. da T.)

tal forma que nem de longe alguém duvidaria de que suas ações de torturador se realizariam por vocação da natureza. Entretanto, no momento em que surge à nossa frente uma figura literária, nós deveríamos ter em vista precisamente a sua atividade, em vez de nos ocuparmos com a sua vida privada. Quanto ao verdadeiro Fomá Opískin, ou seja, aquele que Dostoiévski apresenta em seu bestiário, alguns sugeriram ser um homem de vida elevada e santa, outros foram de opinião completamente oposta. No que tange ao *nosso* Fomá, não é possível considerarmos as coisas dessa forma. Estamos apenas interessados em saber como a crueldade desnecessária, revelada a partir da estupidez, da baixeza e da insignificância de Fomá, se manifesta no tão grande talento literário do escritor.

IV

O talento cruel que resulta daí elege prioritariamente o tema do sofrimento para as suas obras e leva seus personagens e leitores a sofrer. Certamente isso também pode ser feito por alguém de talento mais suave e adocicado. É muito natural que um grande número de obras literárias esteja construído sobre esse tema, porque a literatura é apenas um reflexo da vida, e na vida há bastante sofrimento. Mas, uma vez que o tema é abordado por figura tão enormemente talentosa, é normal que arranque aos leitores lágrimas de simpatia ou indignação, em geral por levá-los a sofrer através de alguma situação dolorosa. Porém, o traço distintivo do nosso talento cruel é justamente o da desnecessidade do sofrimento causado, sua falta de motivos e de objetivo. O nosso talento cruel está na exata posição, acima mencionada, para quem o necessário é totalmente desnecessário, para quem o necessário é demasiadamente insípido. Formalmente, isso se reflete na arquitetura do romance ou da novela por prolixidades excessivas e nada artísticas, por cenas introdutórias e digressões, sempre que convier provocar excitações torturantes nos nervos do leitor ou submeter os personagens a uma ação cruel qualquer. Ao mesmo tempo, o aspecto interior de todas essas digressões e cenas introdutórias não é oferecido durante todo o romance, não corresponde à verdade da vida, não contém um sentido moral, não revira o pensamento do leitor. Tudo isso seria condição ou exigência do necessário, e tudo isso o talento cruel desdenha e submete ao pedestal do sofrimento desnecessário. Apenas para atormentar alguma de suas criações, fulano ou sicrano (e ao mesmo tempo o leitor), ele sobrecarrega o personagem de uma inacreditável montanha de desgraças, compele-o a cometer os crimes mais bizarros e a sofrer de remorsos por eles, arrasta-o por entre as mais fantásticas e impossíveis desgraças e ofensas. Não dá atenção ao que é cotidianamente rotineiro e necessário, ou, então, dedica-se ao que há ali de mais insignificante. No entanto, desenvolve cada mínimo traço, cada detalhe microscópico do sofrimento desnecessário com o cuidado de um virtuose. É evidente que, se semelhante trabalho fosse elaborado por um escritor cruel e sem talento, este não receberia como recompensa nada além de zombaria, uma vez que todas as condições amplamente reconhecidas da criação literária estão aqui violadas. Mas, veja, estamos falando de talento, e o talento tem o privilégio de pôr sua alma inteira em tudo o que toca. Ele lhe mostrará o desnecessário, o impossível, o irreal, o monstruoso e o fantástico de tal forma, que você não se desviará e não poderá ridicularizá-lo, porque você realmente estará sofrendo através do sofrimento que lhe é mostrado. Ele nublará a sua mente com suas imagens e quadros, fará o seu coração disparar, e naquela *lucida intervalae*, quando, durante a própria leitura, você repentinamente se sente sóbrio, poderá perguntar-se: e por que ele atormenta tanto fulano ou sicrano? E por que ao mesmo tempo espeta também a mim? Por que e para quê? Isso é totalmente desnecessário. Não há sentido que o torne necessário. É uma espécie de tourada espanhola o que acontece. Seguindo com rigorosa atenção as peripécias desse espetáculo abominável, sinto, juntamente com todos os espectadores, o afluxo e o refluxo de diversos sentimentos, sou atraído e me transformo inteiro em visão e audição. Será de fato necessário que o touro rasgue o estômago do cavalo, meta o picador em seus chifres e receba o ágil golpe mortal do matador?

Será de fato necessário? A questão do que é necessário se coloca aqui, já que uma massa inteira de pessoas admira essas abominações; necessário no sentido em que as sensações se tornam demandas, embora essas pessoas não possam dar quaisquer justificativas por si mesmas. Entretanto, talvez fosse mais correto dizer que isso *era* necessário, porque parece que os espanhóis já começam a abandonar toda essa "diversão original", como diz o nosso jargão político. De qualquer forma, ainda há pouco, todos os viajantes que passavam pela Espanha descreviam o entusiasmo e a paixão com que a audiência — inclua-se aí o belo e meigo sexo frágil — aplaudia o touro no momento em que este metia o picador em seus chifres, e no momento em que o matador enfiava sua espada no touro.

Houve um tempo, porém, em que na poética Espanha a tourada era coisa desnecessária, não contava entre as diversões originais espanholas. Essa necessidade não se desenvolve repentinamente, assim como não é abolida repentinamente. É de se pensar, portanto, que o estado meditativo no qual mergulham por vezes os leitores e admiradores do talento cruel se enfraqueça gradualmente com o passar do tempo, até que a agitação criada pela crueldade desnecessária do autor se torne, finalmente, uma necessidade tão forte quanto a necessidade espanhola pela tourada e a necessidade romana pelos espetáculos. Evidentemente, para se chegar a esse resultado é preciso que haja uma coincidência de circunstâncias bastante complexas. Em primeiro lugar, o talento cruel deve ser realmente um talento grande e original, capaz de "queimar o coração das pessoas com as palavras". Mas, ainda assim, ele pode passar como uma estrela cadente, se não houver condições apropriadas no meio que o circunda e entre seus leitores. Se, por exemplo, ocorre de a sociedade ter diante de si alguma extensa tarefa ou um grande número de tarefas a absorver sua atenção, o talento cruel poderá existir sem deixar rastros, embora certamente o leiam. E talvez, então, seja preciso um longo tempo para que, sob outras condições de vida, venham a lembrá-lo e se inebriem com ele, ainda mais se surgirem continuadores, imitadores e intérpretes seus. Isso já ocorreu diversas vezes na história do pensamento e da criação. Schopenhauer, por exemplo, uma mente genial, não produziu a impressão que merecia em seu tempo, mas ressuscitou, após algumas décadas, em Hartmann,[27] pensador muito hábil, que com dignidade talvez apenas desate o cadarço das botas de Schopenhauer. Está claro que, se o público leitor ficar de mãos vazias, ou seja, se ficar sem ter o que fazer, sem ter algo de fato atraente a fazer, ocupando-se apenas com coisas pequenas e mesquinhas, então o talento cruel será recebido de braços abertos, sem mais nem menos. Aqui é preciso ser mais específico. Falando estritamente, as pessoas sempre têm muito a fazer, até excessivamente, e não existe tempo nem geração que não se confronte com tarefas extremamente amplas e que delas se ocupe, em vez de se embriagar com touradas. Para reconhecer esse princípio simples, não é preciso um rigor tão grande a ponto de se considerar que "um pote de barro cozido é a coisa mais valiosa" do mundo, porque "nele cozinhamos nossa comida". Não, existem coisas

[27] Eduard Hartmann (1842-1902), filósofo idealista alemão. (N. da T.)

incomparavelmente mais valiosas do que um pote de barro cozido, mas certamente não a tourada. E, apesar dessa constante presença de tarefas que absorvem toda a atenção da sociedade, sobretudo nos momentos em que se fazem particularmente urgentes, o talento cruel pode se tornar herói do seu tempo, alcançando a atenção pública, que buscará um lugar para acomodá-lo. Isso pode ocorrer quando a sociedade se coloca perante a tarefa que deve empreender da mesma forma que a raposa perante o vinhedo, na fábula de Krilov.[28] Que existe trabalho a ser feito, isso é claro para todos, pois o trabalho nasce das entranhas da história — mas se circunstâncias incidentais impedem a sua consecução, então essa energia acumulada, não encontrando uma saída apropriada, volta-se para coisas desnecessárias e baixas, narcóticas por natureza. Dentre essas coisas, talvez possamos considerar as sensações que nos oferecem as obras de um talento cruel: o leitor — submisso e até certo ponto entusiasmado — imerge naquela tortura desnecessária com que o talento cruel o submete junto com os seus fulanos e sicranos. Uma tortura imaginária, e não só imaginária como também desnecessária, torna-se assim uma necessidade, e para satisfazê-la surge uma falange de imitadores e continuadores do nosso talento cruel. Sabe-se que na própria vida, na "vida viva" — nas palavras do homem do subsolo —, a demanda por torturas desnecessárias e o habituar-se a elas podem ter consequências diversas, que dificilmente são determináveis, mas que certamente são negativas. É preciso lembrar que, por sua natureza, tais torturas se refletem. Não que espanquem o leitor com três chicotes. Não. Espancam, sim, sob os seus olhos, fulano e sicrano, espancam alguém que não é culpado de nada, e sem razão nenhuma, mas espancam de forma tão artística, que se torna um prazer para o leitor observar esse espetáculo abominável; um simples prazer, sem a menor participação de qualquer outro sentimento e pensamento.

Com isso, levanto a suposição de que o talento cruel é um poeta, um beletrista. E parece que tudo isso nasce naturalmente, por si só, do traço mais característico do nosso purificado e transfigurado Fomá Opískin, ou seja, da sua crueldade desnecessária. É bem mais difícil chegar às consequências da crueldade desnecessária quando a forma da atividade literária que a perpetra é a publicística. À primeira vista pode não parecer tão difícil — sobretudo para nós, russos, que possuímos uma rosa tão

[28] Ivan Andrêievitch Krilov (1769-1844), célebre fabulista russo. (N. da T.)

perfumada como Katkov no buquê do nosso publicismo. De fato, o que é um infanticídio clássico, divulgado de maneira tão impertinente no Bulevar Strástni, em Moscou,[29] se não a cópia exata da introdução da língua francesa na aldeia de Stepántchikovo por Fomá Opískin, com pérolas do tipo: *vuí, meciê, je-le-parl-an-pê...*? E com tais palavras mágicas, os costumes se abrandam. Ambos são muito similares, é verdade, mas há apenas semelhança e não identidade de traços. É possível, no entanto, que haja traços bem próximos, porque a crueldade de Katkov e sua propensão à coerção são extremadas. Mas como publicista ele ainda persegue tarefas práticas e logra certos resultados. Os motivos da sua atividade são decerto variados. Aqui, diga-se de passagem, há a real convicção, obstinação, tirania e perplexidade de um publicista que durante muitos anos gozou de uma influência sem precedentes entre nós, e que percebe, ao final, não ter feito nada de útil com essa influência. Mas, de uma forma ou de outra, por esse ou aquele impulso, o fato é que Katkov precisa, como Marat,[30] por exemplo, de cem mil cabeças — e até mesmo as exige; precisa que, além dele, ninguém mais ouse dar um pio na imprensa — e isso ele vem conseguindo; precisa que todos leiam Homero e Virgílio no original — e vem propagando isso. Fomá Opískin já não precisa de resultados como esses. Ele certamente daria a mão a Katkov e, com simpatia e respeito, honraria a atividade deste, mas Fomá, propriamente, só precisa do processo de tortura. Certamente ficaria muito feliz se tivesse a possibilidade de triturar, com seu triturador verbal, cem mil pessoas dia após dia, mas não a ponto de exterminá-las, e sim de maneira a que elas, exaustas, se contraiam de dor emocional; e ele as trituraria constantemente, remexeria e fritaria. Pergunta-se: como a publicística pode acolher a falta de motivos e de resultados da tortura, se trabalha justamente com motivos e resultados? É muito improvável que acolha, e para decidir a questão, portanto, será necessário considerar que o nosso talento cruel não pode ser um puro publicista. Ele pode excursionar de tempos em tempos por essa região, mas o centro de gravidade da sua atividade deve necessariamente ser alocado na esfera artística, onde a mão do poeta é soberana, como se diz. Ele tirou fulano das trevas da inexistência e di-

[29] O escritório editorial de Katkov se localizava no Bulevar Strástni, em Moscou. (N. da T.)

[30] Jean-Paul Marat (1743-1793), personagem da Revolução Francesa que exigiu a execução de cem mil aristocratas. (N. da T.)

vertiu-se com ele o quanto pôde: o artista não é obrigado a apresentar razões e argumentos, a dizer por que, como e para que fulano bebe daquela taça amarga. Por fim, o reino da arte admite uma fórmula de transição para a publicística. O autor precisa apenas colocar em um dos seus personagens o seu próprio pensamento. E parece possível prever que o talento cruel chegará a essa fórmula com muita frequência ao estender os monólogos através do falso "eu" até alcançar prolixidades totalmente não artísticas. Esse uso é muito confortável para o talento cruel. O tema dos seus argumentos em forma de publicística será sempre o mesmo sofrimento desnecessário, imotivado e sem resultado. Mas, neste caso, o tema já não surge através de imagens de sofrimentos desnecessários, e sim de demandas práticas. Como, em seu próprio nome, impor tormentos às pessoas? É muito confortável pôr essa demanda na boca de algum "paradoxalista", algum excêntrico. No entanto, como veremos, o talento cruel consegue no final das contas imaginar um meio de apresentar essa exigência direta de sofrimento em sua própria pessoa, cercando a questão com diversas cariátides e outros ornamentos com que pretende sustentar o edifício.

Mas talvez o leitor duvide da própria existência de pessoas tão desnecessariamente cruéis. Ele ouviu dizer que pessoas atormentam pessoas por vingança, interesse etc. E quando a paixão nubla a mente, a crueldade, se não é desculpável, é ao menos compreensível como ímpeto em meio ao estupor. Mas torturar assim, por um jogo da fantasia, por uma contemplação artística da tortura — isso existe? Infelizmente, sem dúvida existe. É testemunha disso a história, que conheceu Ivan, o Terrível, Nero e outros cultores da mais refinada e delicada arte da tortura. É testemunha disso o fato histórico da diversão que espetáculos atrozes proporcionavam às pessoas, às vezes durante longos períodos. São testemunhas disso diversas trivialidades cotidianas, se você quiser observá-las com atenção. É testemunha também a observação psicológica que faz esse tão grande artista que é Dostoiévski, mesmo se só houvesse criado o homem do subsolo e Fomá Opískin, se não levarmos em conta suas obras derradeiras. Dostoiévski atesta que "o homem é um déspota por natureza e gosta de torturar"; que há pessoas que encontram na tortura o maior e mais intenso prazer — a lascívia; que é possível torturar com prazer não apenas o inimigo, mas também a quem se ama. E como, afinal, não acreditar nesse homem que, mesmo não sendo o profeta de Deus (o senhor Soloviov decidiu esquecer os sentimentos), não deixa de ser, em todo caso, um observador de extrema sutileza? Tanto mais que, independentemente das imagens poéticas que apresenta sobre a crueldade desnecessária, Dostoiévski é, ele mesmo, uma de suas mais curiosas imagens vivas. Ele é precisamente o talento cruel de que falamos...

Se as espadas de papelão dos chorões comovidos, dos politiqueiros engenhosos e das pessoas de cabeça oca, que há muito vêm sendo desembainhadas pela metade, pudessem cortar ou cravar, eu, nesse momento, estaria sujeito a muitos golpes. Qual! Dostoiévski — essa estrela da literatura russa, quase um mandamento de fé e a imagem da doçura — é apanhado em crueldade, aliás, totalmente desnecessária, e ainda comparado a um insignificante imprestável como Fomá Opískin! Só a estreita parcialidade de um campo ou partido pode levar a tamanha asneira!

Os chorões comovidos, os politiqueiros engenhosos e as pessoas de cabeça oca diriam algo semelhante, mas não estariam dizendo o que pensam; certamente acrescentariam muitas outras coisas pouco lisonjeiras em relação a mim. Eu, decididamente, não tenho nada a tratar com essas pessoas. Mas temo que alguém dentre os leitores bem-intencionados, preocupado com a reputação santificada de Dostoiévski, repita isso não como objeções — porque, afinal, o que são objeções? —, mas como reproches. Isso, sim, seria lamentável. Ocorre que uma atitude partidária em relação a Dostoiévski é impossível. Ele não pertencia a nenhum partido, e muito menos deixou uma escola atrás de si. Quanto a isso, pode-se dizer apenas que, em uma relação estritamente literária, alguns dos nossos jovens beletristas infelizmente foram seduzidos pelo exemplo de Dostoiévski e tentam trabalhar sobre a tortura desnecessária, presumindo que nisso e apenas nisso consiste a análise psicológica. Diga-se que, dos vários partidos políticos que surgiram em nosso país, Dostoiévski esteve ora mais próximo, ora mais distante de uns e de outros, simplesmente por não possuir aquilo que se pode chamar de temperamento político. Ele era antes de tudo um artista que se deliciava com o processo de criação e um pregador que se ocupava exclusivamente com o homem e seu destino. Não vem ao caso se ele entendia correta ou incorretamente a vida política e as suas formas — isso ainda está sujeito a discussão —, mas elas simplesmente não o interessavam, eram-lhe totalmente alheias, em face do seu gosto pelo exame dos assuntos e negócios mais íntimos e pessoais. É por isso que, quando várias circunstâncias casuais o empurraram pelo caminho da publicística, já próximo ao seu fim, ele proferiu absurdidades que pareceriam colossais, se não fossem cômicas. Deixou escapar subitamente que a servidão por si mesma não estorva de forma alguma a relação moral ideal entre senhores e servos. Depois, profetizou que muito em breve tomaríamos Constantinopla e os turcos iriam vender sabão e roupão, como teria ocorrido com os tártaros após a tomada de Kazan. É compreensível que os politiqueiros que sonham com o renascimento da servidão de forma renovada e legalizada, assim como as pessoas de cabeça oca desejosas de pregar seus escudos nos portões de Tsargrad, fiquem contentes com esse apoio indireto da parte de tão grande talento literário. Mas é também compreensível que pessoas que têm algo contra a servidão, mesmo quando esta se mostra fantasticamente paramentada na última moda, e que sugerem ser possível prescindir de Constantinopla, não ouçam com sentimento de alegria os absurdos que saem da boca de um escritor que goza de enorme e merecida fama, embora ela se deva a um motivo totalmente diverso. Faça o favor de examinar isso: é *Dostoiévski* quem diz, e isso é tremendamente importante para muitos. Daqui provém a alegria de uns e a amargura de outros. Mas, nunca, nem uns, nem outros consideraram seriamente Dostoiévski como figura política ou suporte de partido. E por isso, repito, uma inclinação partidária em relação a Dostoiévski não tem nenhuma *raison d'être*[31] sobretudo agora, depois de sua morte.

Toda a política e a publicística de Dostoiévski são uma contínua vacilação e confusão, na qual existe, no entanto, um traço independente e original: a crueldade desnecessária, imotivada e insolúvel. E, se eu comparo Dostoiévski com sua própria criação, Fomá Opískin, evidentemente compreendo muito bem que o primeiro é inteligente e talentoso e o segundo é estúpido e inapto. Não sabemos nada sobre as relações cotidianas de Dostoiévski e talvez não seja preciso saber, já que apenas desejamos ver como a crueldade cotidiana desnecessária de Fomá Opískin reflete-se na atividade *literária* de Dostoiévski.

Comecemos pelo fim, ou seja, pela publicística, porque aqui o assunto é mais simples e claro, embora seja bastante difícil, ou mesmo quase impossível, falar da publicística de Dostoiévski sem tocar em seu beletrismo.

Katkov ficou indignado com a brandura das sentenças do júri e exigiu "castigos severos, prisão e trabalhos forçados". Dostoiévski também

---

[31] Em francês, no original: "razão de ser". (N. da T.)

se indignou com a suavidade das sentenças do júri e exigiu castigos severos, prisão e trabalhos forçados. Mas a diferença está no seguinte: a indignação e a exigência de Katkov se apoiam em uma motivação puramente utilitária: ele luta contra uma "disciplina" relaxada e exige que os habitantes da terra russa que não estejam suficientemente "controlados" sejam afinal controlados em um grau satisfatório. Dostoiévski, em suas exigências, se coloca fora de toda e qualquer consideração utilitária. A própria questão do porquê dos castigos severos, prisão e trabalhos forçados não lhe ocorre, embora em sua atividade publicística aconteça de, involuntariamente, voltar-se para ela. Mas ele se debruça mais sobre outra questão, falando francamente, sobre uma questão incomum e estranha: quem deseja os castigos severos etc.? Quem deseja o sofrimento em geral? Está claro que tal colocação é extremamente confortável para uma pessoa que não deseja ou que não sabe como esclarecer os motivos da sua exigência, ou para quem é forçado, por alguma razão, a dissimular os seus verdadeiros motivos, ou para a pessoa que simplesmente tem pouca consciência deles (esta última é muito mais frequente do que talvez o leitor imagine: é muito comum haver pessoas que não se dão conta dos verdadeiros motivos de suas atividades). É muito conveniente, em lugar de elaborar toda uma argumentação sobre a essência de determinado assunto, apenas invocar alguma grande autoridade na questão: ela, a autoridade, quer assim. E é possível atribuir à autoridade o seu próprio desejo. Dostoiévski parece ter posto à prova todas essas autoridades. Vimos que o homem do subsolo fala do desejo das pessoas em sofrer, diz que elas "amam o sofrimento até a paixão". Em suas últimas obras ficcionais, Dostoiévski deteve-se com especial ardor naquelas situações singulares em que o indivíduo busca de todo jeito o sofrimento, talvez exatamente por amá-lo, em expiação de algum pecado cometido. Com esse propósito, o escritor força seus personagens a realizar crimes fantásticos e bizarros, ou, ao menos, a alimentar pensamentos desse tipo para depois vir a sofrer, sofrer, sofrer. É digno de atenção o fato de que sucede, por vezes, de uma pessoa estar disposta a sofrer por motivos completamente diferentes, mas Dostoiévski não reconhece sua legitimidade, e se os introduz em suas obras, o faz necessariamente em tom sarcástico. Vejamos agora o que ocorre aqui. Em todos os casos é a própria pessoa quem deseja e ama o sofrimento, e esse fato se constitui como autoridade suficientemente alta; se ela própria quer sofrer, não cabe elaborar raciocínios sobre os motivos e os propósitos do sofrimento: ela que sofra. Mas Dostoiévski não se satisfaz com essa autoridade, talvez com base no entendimento de que nem todos acreditam nesse amor do homem pelo sofrimento. Com o tempo, o escritor acrescenta a autoridade do próprio Deus, e depois a autoridade do povo russo, e em torno deste último pilar giram toda a sua política e publicística, expostas em seu próprio nome no *Diário de um escritor*, e em nome de seus personagens nos romances *O idiota*, *Os demônios*, *Os irmãos Karamázov*. Examinando mais de perto, descobre-se que não é o homem em geral que ama e deseja sofrer, e sim o homem russo. O francês, o alemão, o turco e os homens de outros povos, inclusive, ficam, neste ponto, sob forte suspeita. O traço enraizado no homem russo, e que tem sido particularmente preservado entre o povo, é a tendência irresistível ao sofrimento. Desse centro saem raios em várias direções sob a forma, no entanto, de deduções práticas e teóricas bem pouco numerosas. O seguinte raciocínio pode servir como um exemplo delas, quase em sua totalidade: advogados, procuradores, juízes e, sob sua influência, jurados (a menos que os jurados pertençam à chamada *intelligentsia*, caso em que se colocam de forma totalmente independente), na qualidade de pessoas que perderam contato com o solo da nação, não compreendem as necessidades de sofrimento do povo russo; eles absolvem um camponês criminoso que, no entanto, desejava, ele mesmo, ir para a prisão, e que talvez cometera o crime precisamente para sofrer de remorsos posteriormente na cadeia ou em trabalhos forçados.

Estranhas, selvagens e impossíveis reflexões, mas Dostoiévski as expressa por completo. E, evidentemente, não é possível explicá-las apenas pela crueldade. À crueldade do talento com que nos ocupamos e que, naturalmente, deve atravessar as imagens principais da ficção, somam-se ainda outros elementos, mencionados na nota a respeito da morte de Dostoiévski: respeito pela ordem geral existente e propensão a uma prédica pessoal, em geral à colocação de todas as questões em base pessoal. Não vamos tocar nesses elementos agora, vamos observar apenas o fato que segue.

"O homem é um déspota por natureza e gosta de torturar", diz Dostoiévski pela boca de *Um jogador*. "O homem ama o sofrimento até a paixão", diz o mesmo Dostoiévski pela boca do homem do subsolo. Torturar ou torturar-se, ou os dois ao mesmo tempo: eis o que significa não só o destino do homem, mas também a profunda demanda de sua natureza. Assim como na economia da natureza existem o lobo e a ovelha, também na economia das relações mútuas entre as pessoas existem e devem existir o torturador e o torturado. A questão é: como se colocar diante de torturadores? Como se relacionar com eles? Talvez você diga que é preciso agir com eles da mesma forma que com o lobo, ou seja, simplesmente expulsá-los e surrá-los. De forma alguma. Os lobos são indesejáveis e inconvenientes para o homem e por isso estes o surram, mas já o homem, este gosta de torturar e também de sofrer — uma dupla justificação para a existência de torturadores. Por isso a ordem geral das coisas, que cria torturadores e torturados, apresenta-se como algo sagrado e inviolável; e Dostoiévski perseguiu de várias maneiras todos os que, com palavras, ações ou reflexões, atentaram contra essa ordem geral inviolável. Somente em seu discurso durante a solenidade em homenagem a Púchkin, Dostoiévski concordou em reconhecer o direito deles em nome do povo russo.

Mas se a ordem geral das coisas é inviolável, absolutamente não resulta disso que as personalidades individuais dos torturadores também sejam invioláveis. Não, aqui é preciso analisar. Há formas de tortura rudes, toscas, como, por exemplo, aquelas com as quais Fomá Opískin se contenta. Tal tortura merece todo tipo de menosprezo e todo tipo de punição. É compreensível: por menor que seja o grau de sutileza de um artista, ou mesmo a intuição artística de um homem simples, todos certamente repelirão com desagrado semelhante hediondez. Mas existem outras formas de tortura mais sofisticadas e mais interessantes, com as quais, a depender do caso, é possível até mesmo se pavonear, declarando abertamente: "eu adoro torturar pessoas, mas vejam só como estou acima dos simples mortais em meu abuso e humilhação voluntários". Oh! Que belo e interessante torturador pode-se tomar sob sua proteção; sem fazer uso de invectivas, que, aliás, ele bem merece, pode-se chamá-lo pelo nome suave e interessante de "paradoxalista"; podem-se introduzir nele seus próprios pensamentos e, consequentemente, como que identificá-lo consigo... Ao menos foi com essa gentileza que Dostoiévski procedeu em relação ao homem do subsolo.

V

É hora, no entanto, de nos debruçarmos sobre outras novelas e contos, presentes nos tomos segundo e terceiro das obras de Dostoiévski. Até agora nós apenas nos convencemos de que Dostoiévski se interessava enormemente pelas várias manifestações da crueldade, e de que possuía um entendimento inusitadamente sutil do que é estranho e selvagem — fonte, sem dúvida, do grande prazer com que as pessoas alcançam o tormento desnecessário. Ainda não vimos ilustrações de crueldade do seu talento.

Eis a novela — ou "poema petersburguense", como é chamado por alguma razão — *O duplo*.

Havia certa vez um conselheiro titular, Yákov Pietróvitch Golyádkin. Era o homem mais comum possível, de matiz indeterminada, e, se se diferenciava dos outros tantos funcionários do registro, secretários e conselheiros, talvez fosse apenas pela total ausência de qualquer qualidade superior e pela abundância de qualidades menores: covardia, hipocondria, condescendência etc. Nas primeiras páginas do "poema petersburguense", Golyádkin sobe as escadas para uma consulta médica "tomando fôlego e contendo as batidas do coração, que tinha o hábito de bater em todas as escadas alheias".[32] Afora essa intimidação, desde as primeiras páginas da história, mais de uma vez se revela a considerável desordem na cabeça de Golyádkin, em que a incomum abundância de qualidades menores parece depender diretamente dessa desordem. A novela termina com Golyádkin perdendo a razão e sendo enviado para um hospício. A fraqueza da vontade de um homem semilouco é observada com notável atenção aos menores detalhes, cuja densidade chega a fatigar o leitor. E essa fadiga não é de forma alguma atenuada pelo tom humorístico que o autor mantém na narrativa sobre as aventuras do seu herói. Ao contrário, no final, ele ainda acrescenta à fadiga um certo espanto. De fato, que há de respeitável nessa zombaria com um infeliz conselheiro titular que enlouquece? Está certo que ele não é um figurão, mas poderiam, ao menos por humanidade, ter pena do "senhor Golyádkin", como seu autor invariavelmente o chama. Melhor mesmo seria, talvez, que deixassem o senhor Golyádkin em paz. Um simples fotógrafo, trabalhando não por imposição, mas por conta própria, ao fotografar, por exemplo, uma paisagem, escolhe por algum motivo um lugar característico ou pitoresco, ou notável por certas razões. Também aqui um artista talentoso escolhe um inseto pequeno e desinteressante — Golyádkin —, o conduz à loucura, e ainda o achincalha por isso.

---

[32] As citações de *O duplo* encontram-se aqui reproduzidas a partir da tradução de Paulo Bezerra (São Paulo, Editora 34, 2011). (N. da T.)

Mas o leitor talvez obste que de forma alguma o autor conduz o senhor Golyádkin à loucura, que o próprio senhor Golyádkin perde o juízo sob a influência de diversas circunstâncias, enquanto o autor apenas narra de que maneira esse processo atinge seu apogeu.

Não, não é bem assim e inclusive não é assim em absoluto. A história encontra o senhor Golyádkin já perturbado; em razão disso, ele sofre de uma boa quantidade de aflições e ofensas imaginárias e de contrariedades reais. Umas e outras são totalmente naturais, na vida de uma pessoa que sofre de alguma doença psíquica. Mas, para Dostoiévski, parecem poucas as contrariedades e ofensas provocadas pelo curso normal da doença. Ele ainda arruma para o "senhor Golyádkin" a seguinte surpresa, totalmente incomum e improvável: após uma contrariedade que muito amargurou Golyádkin, este, chegando a sua casa à noite, encontra o seu duplo, que entra com ele no apartamento e se esparrama em sua cama. Tudo isso por ora é ainda muito simples. Mas no dia seguinte, mais descansado e calmo, Golyádkin dirige-se à repartição e lá, para seu imenso horror, encontra o seu já autêntico e real duplo, sob a forma de um funcionário noviço. E o recém-admitido funcionário chama-se justamente como o nosso herói, Yákov Pietróvitch Golyádkin; assim como o herói, é conselheiro titular e, como duas gotas d'água, ambos possuem idêntica aparência; para cúmulo, o chefe o faz sentar na mesma mesa do nosso herói, justo de frente para ele! Surge daqui uma nova e abundante fonte de ofensas, aflições e confusões para o senhor Golyádkin, já antes disso infeliz e oprimido por Deus. Tais confusões não se inserem totalmente nas contas de uma desordem mental habitual. Elas foram inseridas pelo autor artificialmente e a questão é: por quê? Elas não correspondem à verdade das coisas, porque foram determinadas por uma confluência de circunstâncias tão estranha que, embora sejam satisfatórias para um *vaudeville* e seus disfarces, se mostram improváveis para a vida real. Não é possível justificá-las pelas demandas artísticas, porque esses dois conselheiros titulares — iguais como duas gotas d'água, dois Yákov Pietróvitch Golyádkin, sentados um de frente para o outro — são de uma insignificância grosseira. Também não traz nenhum sentido moral aos sofrimentos do senhor Golyádkin. Para que é necessário um segundo senhor Golyádkin? Naturalmente, para criar ao senhor Golyádkin um segundo nível de tormentos bizarros, fantásticos, impossíveis, e, com eles, excitar os nervos do leitor. Naturalmente, para o jogo da fantasia. Naturalmente, para dar curso à crueldade do talento de Dostoiévski. Assim como o homem do subsolo tortura Liza naturalmente, por "jogo" e por uma crueldade desnecessária; assim como Fomá Opískin tortura toda a aldeia de Stepántchikovo desinteressadamente, apenas pelo impulso da vontade de assistir à tortura, também Dostoiévski, sem nenhuma necessidade, acrescenta ao senhor Golyádkin um segundo Golyádkin, e com isso despeja sobre ele toda uma profusão de sofrimentos imotivados e insolúveis. A seu modo, esse segundo Golyádkin é um instrumento de tortura tão fantástico e selvagem para o "senhor" Golyádkin primeiro, quanto o vocabulário francês para o velho Gavrila e o pequeno Falaliei. O que fazer: "o homem é um déspota por natureza e gosta de torturar"! Por outro lado, o homem "ama o sofrimento até a paixão". Por que, então, o conselheiro titular Golyádkin não receberia seu quinhão de sofrimento a mais, acima do esperado?

Talvez você diga que essa não é uma explanação verossímil; afinal, quem poderia levantar a mão contra tão lamentável inseto como Golyádkin? Mas essa é justamente a questão: por que foram inventadas agonias fantásticas para um inseto já por si só atormentado pelo curso normal da vida? Isso em primeiro lugar. Em segundo, Golyádkin não é o único a se submeter a agonias desnecessárias. Também os leitores se submetem, ou, no limite, há a expectativa de que essas agonias se reflitam nos leitores, já que estes são obrigados a vivenciar os sofrimentos do senhor Golyádkin. E há uma verdadeira legião de leitores. Em terceiro lugar, finalmente, o que é um inseto? Aleksei Petróvitch[33] (*Um jogador*) observa: "A satisfação é sempre útil, e um poder selvagem, ilimitado, *ainda que sobre uma mosca*, também é, a seu modo, uma forma de prazer". E é graças a esse prazer que Dostoiévski, por meio de seu Golyádkin número 2, pisoteia a verdade, a beleza e a justiça, a conhecida trindade — *le vrai, le beau et le juste* — que tanto obcecaram os anos trinta e quarenta — anos também de Dostoiévski...

Mas vamos prosseguir e desta vez utilizar um método comparativo.

Será ofensiva a Dostoiévski uma comparação com Shakespeare? Não creio. Seria uma zombaria ofensiva se se tratasse de alguém sem talento. Mas um talento de tal magnitude como o de Dostoiévski não admite a possibilidade de zombarias. Ele não é Shakespeare, certamente, e eu não

---

[33] Mikhailóvski engana-se quanto ao nome do protagonista de *Um jogador*, que se chama Aleksei Ivánovitch. (N. da T.)

pretendo medi-lo com Shakespeare. Pretendo apenas comparar certos procedimentos artísticos de um e outro na elaboração de um mesmo tema.

Vocês se lembram de Otelo. Um drama psicológico, elaboração figurada de uma paixão individual — o ciúme —, não pode ir muito longe. Se buscarmos, então, o segredo de sua profundidade incomum, perceberemos que está exatamente na ausência da tortura desnecessária, embora a tortura constitua a natureza do tema. Uma vez que a natureza e a situação estão dadas, todo o resto, todos os menores detalhes de seu sofrimento surgem por si mesmos. Gostaria de dirigir sua atenção a dois aspectos do drama. Primeiro, que o enredo é extremamente simples: sob a influência das calúnias de Iago, nasce e cresce o ciúme — "um monstro de olhos verdes que se serve da zombaria venenosa como alimento". Atingindo certo limite, o ciúme termina em assassinato, e, uma vez demonstrada a inocência de Desdêmona, o atormentado e alquebrado Otelo, que com suas mãos arruinou a própria felicidade, já não quer mais viver e apunhala-se. E isso é tudo. Otelo é quase estúpido por confiar em Iago; Otelo é um bruto ao injuriar e bater em Desdêmona; Otelo, finalmente, é um assassino insano, e ninguém acredita que ele faça tudo por "honra" e nada por "raiva". E apesar disso você não percebe em nenhum lugar, no drama inteiro, a mão do autor tentando humilhar e oprimir o herói, impondo-lhe alguma tristeza ou humilhação que exceda o que é estimado como natural em sua posição.

Agora veja o que Dostoiévski fez com esse tema. Ele possui duas obras com o motivo do "monstro de olhos verdes": uma é cômica e muito pobre — *A mulher do outro e o marido debaixo da cama*; a outra é uma concepção séria e, a seu modo, uma realização superlativa, característica do talento de Dostoiévski em seu mais alto nível — *O eterno marido*.

Dostoiévski definitivamente não obteve sucesso com a farsa. Ele foi excessivamente cruel para isso, ou, para quem não gosta dessa expressão, uma nota trágica predominou em seu talento. Dostoiévski tentou diversas vezes escrever coisas cômicas. Mas, ou fez graça com algo que de forma alguma se prestava a ser engraçado (*O duplo*), ou a farsa lembrava — se posso me permitir essa comparação — um jogo de gato: o gato imperceptivelmente torna-se irritado no processo do jogo e se põe a dar unhadas e mordidas reais e raivosas. A diferença, porém, é que falta a Dostoiévski a graça do gato: ele quase sempre introduz em suas farsas os mais toscos e nada graciosos efeitos (*O sonho do titio*, *O crocodilo* etc.). *A mulher do outro e o marido debaixo da cama* — "um incidente incomum" — pertence precisamente à categoria dessas farsas toscas e ao mesmo tempo nada graciosas.

A ação começa com um "senhor idoso em casaco de guaxinim" que intercepta na rua, à tardinha, um "senhor jovem em casaco curto de verão" com perguntas a respeito de certa dama que se supõe estar em algum lugar por ali; teria o jovem senhor a visto? Da longa explicação, conclui-se que o senhor vestido com pele de guaxinim procura pela esposa, que suspeita infiel. Mas como se sente embaraçado em confessar isso abertamente, inventa uma tolice qualquer sobre "a mulher do outro". Está extremamente perturbado e fala constantemente de sua própria "humilhação". Mais adiante, mostra-se que o senhor jovem é justamente o amante dessa mesma "mulher do outro", a qual também o tapeia, o que vem a ser revelado.

É revelado com tamanha clareza que para o marido não pode haver mais nenhuma dúvida. Mas ainda assim ele quer "caçá-la". A ocasião se apresenta no dia seguinte. Ambos, marido e mulher, estão na ópera. O marido sentara-se na plateia, e a esposa, na frisa de uma família conhecida, com alguns jovens. De repente, um objeto imoral, um bilhete amoroso lançado do alto, voa direto para a cabeça respeitável e descoberta, ou seja, parcialmente sem cabelos, do irritado e ciumento Ivan Andrêitch. Este imediatamente conclui que o autor do bilhete é a sua própria esposa e, como nele marcava-se um encontro para depois do espetáculo, sai desabalado do teatro direto para o endereço indicado. Já no local, é ultrapassado na escada por um janota que, assim pareceu ao marido ofendido, entrou correndo por aquela mesma porta designada no bilhete. Ivan Andrêitch o seguiu. "Quis parar frente à porta, ponderar sensatamente sobre seus passos, acovardar-se um pouco e só então tomar uma atitude decisiva." Mas nesse momento ressoou à entrada o som de uma carruagem que chegava, ouviram-se pesados passos ao pé da escada, e Ivan Andrêitch instintivamente irrompeu porta afora, atravessou correndo dois cômodos escuros e viu-se no quarto de uma dama bela e jovem totalmente desconhecida dele. Tendo subido as escadas, os pesados passos continuavam ressoando por trás. "Deus! É meu marido! — exclamou a moça, agitando os braços e empalidecendo mais que seu penhoar. O assustado Ivan Andrêitch enfiou-se sob a cama. Mas lá o esperava uma nova aventura: já havia lá um homem, que o recebeu com hostilidade. E eis que entre a bela desconhecida e seu marido recém-chegado inicia-se uma discussão familiar, enquanto sob a cama acontecia uma forte algazarra entre sussurros tensos e recíproca arguição. Ocorre que Ivan Andrêitch e o seu vizinho sob a cama erraram de porta, deveriam ambos ter subido mais um andar, o que fez Ivan Andrêitch concluir que o vizinho sob a cama era o amante de sua mulher; novos suspiros: "Por que estou sendo punido?". E o marido ofendido e o amante ainda levariam longe essa conversa, não fosse o fato de que, além da bela desconhecida e do seu marido senil, estava lá também a fogosa cachorrinha Aníchka. Ouvindo a algazarra debaixo da cama, Aníchka se enfiou lá aos latidos; Ivan Andrêitch por instinto de autopreservação estrangulou-a, a bela desconhecida desmaiou, o vizinho sob a cama aproveitou-se do momento de confusão e escapuliu, e Ivan Andrêitch, arrastando-se para fora, viu-se sozinho frente à encolerizada desconhecida e a seu não menos encolerizado marido. Ao preço de várias humilhantes explicações, rogos e promessas, Ivan Andrêitch conseguiu de alguma forma aplacar a ira do casal e obter a liberdade. Correu para casa e foi recebido por sua mulher, que há muito havia chegado do teatro, sob uma chuva de suspeitas e recriminações por sua ausência. O embaraçado Ivan Andrêitch tentava alcançar um lenço no bolso "por lhe faltarem palavras, pensamentos e disposição". Mas em vez de puxar o lenço, súbito puxou o cadáver de Aníchka, que, no momento do desespero, no outro apartamento, havia enfiado no bolso! Isso deu motivos à esposa de cair-lhe em cima com novas perquirições e censuras...

Foi de propósito que relatei detalhadamente todas essas ninharias, para que o leitor possa avaliar melhor a total inutilidade dessa abundância de desventuras de Ivan Andrêitch. Ocorrem ao longo de dois dias tantos acontecimentos, conflitos, encontros, sempre humilhantes e torturantes! Mas para Dostoiévski isso ainda é pouco. Ele termina a narrativa com as seguintes palavras: "Aqui nós deixamos o nosso herói a aguardar uma próxima vez, porque aqui começa uma aventura totalmente nova e peculiar. Algum dia, senhores, terminaremos de contar a respeito de todas essas calamidades e perseguições do destino. Mas os senhores mesmos devem concordar que o ciúme é uma paixão imperdoável e, mais que isso, infeliz!".

Acaso, para chegar a essa conclusão, valeu a pena bater tanto no tolo Ivan Andrêitch, puxá-lo pelos cabelos e cuspir nele? Acaso trata-se de uma tourada, empreendida unicamente por uma crueldade desnecessária? Podemos supor que Ivan Andrêitch seja um touro muito divertido, mas o que há de mais despropositado é todo esse arsenal de desgraças apontado para ele, todos esses bandarilheiros, picadores e matadores que o irritam, o picam e o matam (note-se que as conversas na rua e sob a cama, que atormentam Ivan Andrêitch, prolongam-se de forma incomum). Lembremos novamente *Otelo* com a simplicidade do seu conteúdo fatual e a *quantidade* moderada de circunstâncias que humilham e ofendem o herói...

Mas por que comparar uma simples farsa, tosca e fracassada, diga-se de passagem, a uma estrela de primeira magnitude?

Repito que não pretendo comparar Dostoiévski com Shakespeare, e sim assinalar os métodos da crueldade desnecessária de Dostoiévski. É curioso que esses métodos também tenham predominado na farsa, que se assemelharia ao mais ordinário *vaudeville* do menos talentoso produtor desse tipo de obra, não fosse pela prolixidade do tormento do herói e pela perspectiva conclusiva que nos remete a futuras agonias de Ivan Andrêitch. Já o *vaudeville* é sempre bem-humorado e termina em calmaria geral...

Voltemo-nos para o *Eterno marido*.[34]

Pável Pávlovitch Trussótski, ao descartar a correspondência de sua mui amada esposa recém-falecida, descobre que durante muitos anos ela o enganou, entregando-se a vários amantes, e que sua única filha, Liza, não é de fato sua filha. A mulher de Trussótski era, na opinião de um de seus amantes, "um tipo apaixonante, cruel e sensual". "Ela gostava de torturar o amante", mas com o marido se comportava bem; ao menos exteriormente se preocupava com ele, e o mantinha em rédea curta. Após sua morte, Trussótski, ante a notícia de que havia sido corneado, decidiu ir a Petersburgo e levar Liza consigo. Pensou em solicitar mudança para alguma outra província, mas ele mesmo prorrogava seus negócios, porque o objetivo íntimo de sua viagem a Petersburgo era, como todos sabem, ver de perto os dois amantes da mulher que lá viviam: Bagaútov e Vieltchâninov. Vê-los e mostrar-se a eles, atormentá-los e atormentar-se ao vê-los. Note-se que Trussótski colocava as coisas em termos o mais possível amigáveis em relação a eles, chegando até mesmo a nutrir por Vieltchâninov um extraordinário amor e respeito. Outro em seu lugar, para quem a revelação fosse mais difícil e repugnante, atacaria seus ofensores, partiria para o insulto, o duelo, algum tipo de vingança, ou então, se

[34] As citações de *O eterno marido* encontram-se aqui reproduzidas a partir da tradução de Boris Schnaiderman (São Paulo, Editora 34, 2003). (N. da T.)

olhasse as coisas de forma mais filosófica, guardaria seus tormentos para si mesmo, tentaria esquecer toda essa história e talvez nunca viesse a cruzar com esses senhores. Em geral, de uma forma ou de outra, com derramamento de sangue (*Otelo*) ou sem derramamento de sangue, tudo termina muito rapidamente. Mas as criaturas de Dostoiévski não se conduzem de forma tão simples, não necessitam de um final ou de um resultado preciso, necessitam do processo; precisam idealizar algo mais refinado, cruel e bizarro do que uma simples vingança. E o processo de que necessitam decorre de duas características básicas da natureza humana: 1) o homem é um déspota por natureza e gosta de torturar; 2) o homem ama o sofrimento até a paixão.

E é sobre essas duas teclas que Trussótski toca a sua peça: atormentar seus ofensores e ser ele mesmo atormentado. No entanto, ele não *idealiza* nada nesse sentido, simplesmente segue a demanda instintiva de sua (ou do homem em geral?) alma. Com Bagaútov ele se comporta da seguinte forma: ao longo de três semanas, passa diariamente por sua casa, mas não o recebem, porque Bagaútov está doente. Afinal é recebido, mas é recebido pelo defunto: Bagaútov morreu. Trussótski fica terrivelmente exasperado. E quando o segundo amante de sua mulher, Vieltchâninov, lhe pergunta o que houve com ele, tem lugar a seguinte conversa:

> "— É sempre o nosso Stiepan Mikháilovitch que faz das suas... Bagaútov, o elegantíssimo jovem de Petersburgo, e da melhor sociedade.
>
> — Não o receberam novamente, não foi?
>
> — Nã-ão, o caso está em que, desta vez, até que me receberam; pela primeira vez, deixaram-me entrar, e pude contemplar-lhe as feições... mas eram as de um defunto!...
>
> — O quê-ê-ê? Bagaútov morreu? — Vieltchâninov surpreendeu-se ao extremo, embora, aparentemente, não houvesse motivo para tamanha surpresa.
>
> — Ele mesmo! O fiel amigo de seis anos! Morreu ontem mesmo, quase ao meio-dia, e eu nem sabia! É possível até que eu tivesse ido informar-me de sua saúde naquele instante mesmo. O enterro é amanhã, ele já se acha estendido no caixão, que tem forro de veludo vermelho e ornamentos dourados... Morreu de febre nervosa. Deixaram-me entrar, sim, deixaram-me entrar, e eu contemplei-lhe as feições! Declarei na entrada

que ele me considerava um amigo de verdade, e foi por isso que me deixaram entrar. Mas veja só que peça me pregou esse verdadeiro amigo de seis anos, não é mesmo? *Eu talvez tenha vindo a Petersburgo apenas por causa dele!*

— Mas, por que se irrita contra ele? — riu Vieltchâninov. — Ele não morreu de propósito!

— Mas eu o lamento; era um amigo precioso. Veja o que ele significa para mim.

E, de chofre, de modo absolutamente inesperado, Pável Pávlovitch espetou dois dedos por cima da testa calva, como dois chifres, e deu uma risada prolongada e tranquila. Ficou sentado assim, com aqueles chifres, e dando risadinhas, durante meio minuto a fio, fitando Vieltchâninov bem nos olhos, com certa volúpia, feita da mais viperina impertinência. O outro ficou petrificado, como se tivesse visto algum fantasma. Mas isso durou apenas um breve instante; um sorriso irônico, tranquilo até a insolência, foi-lhe surgindo aos poucos nos lábios.

— Mas que significa isso? — perguntou com displicência, arrastando as palavras.

— Isto significa uns chifres — respondeu bruscamente Pável Pávlovitch, afastando finalmente os dedos da testa.

— Quer dizer... os seus chifres?

— Sim, meus; por sinal, muito bem adquiridos! — Pável Pávlovitch torceu novamente o rosto, de modo extremamente maligno";

(Trussótski propõe beberem champanhe.)

"— Pelo prazer do alegre encontro, após uma separação de nove anos — Pável Pávlovitch fazia um acompanhamento inútil e desajeitado de risinhos. — Agora só me resta você como amigo autêntico! Stiepan Mikháilovitch Bagaútov não existe mais! (...)

— Diga-me uma coisa: já que você acusa tão diretamente Stiepan Mikháilovitch, provavelmente sentiu alegria com a morte do seu ofensor; nesse caso, por que se irrita?

— Mas, que alegria? Alegria por quê?

— Estou julgando pelos sentimentos.

— Eh, eh! Neste caso se engana com relação aos meus sentimentos; segundo a expressão de um sábio: '*É bom um inimigo morto, mas um vivo é ainda melhor*'. Ih, ih!";

"— ... compreendo muito bem para que precisava de Bagaútov vivo, e estou pronto a respeitar o seu mal-estar, mas...

— E para que precisava eu de Bagaútov, na sua opinião?

— Isso é da sua conta.

— Sou capaz de jurar: não pensou num duelo? (...)

— Mas então para que diabo precisava, depois de tudo isso, de Bagaútov vivo?

— Ainda que fosse *apenas para olhar o amiguinho*. Poderíamos apanhar uma garrafa e beber juntos".

No final das contas, para deleitar-se da forma mais torturante possível, Trussótski vai ao enterro de Bagaútov e acompanha o corpo até o túmulo. Como você pode ver, o homem ama o sofrimento até a paixão. Mas note quanta malícia sibilante há no sofrimento voluntário de Trussótski; quanta sincera animosidade contra Bagaútov, que com sua morte pôs um ponto final no processo torturante de sua autotortura! Ocorre que o homem não apenas ama o sofrimento, como também gosta de fazer sofrer os outros, de torturar. Por isso, Trussótski cai sobre Liza e Vieltchâninov, que ainda estão vivos, com redobrada energia. Atormenta Liza de forma relativamente simples — com "beliscões". Tem para ela um cardápio mais sutil: ameaça enforcar-se na sua frente e explica que se enforcará "por causa dela"; xinga Liza dos piores nomes; traz para casa à noite, em sua presença, prostitutas.

Quanto a Vieltchâninov, você pode julgar a natureza das relações de Trussótski com ele em parte pelas conversas sobre Bagaútov citadas acima. Pável Pávlovitch atormenta incessantemente Vieltchâninov com diversas alusões e com a descrição direta de como soube que era corno; ora excita seu ciúme com recordações sobre os outros amantes da mulher, ora desperta sua consciência com reflexões sobre suas velhas amizades, ora provoca tensão ao aludir ao fato de que sabia das relações de Vieltchâninov com sua esposa, ora afrouxa a rédea, simulando que não sabia de nada. Vieltchâninov, homem amargo e irritadiço, mordia a isca e se atrapalhava, confundia-se, encolerizava-se. E com especial ímpeto lançava-se à próxima isca. Trussótski, sem dizer nada diretamente e até mesmo simulando não saber de nada, alude ao fato de Liza ser filha de Vieltchâninov. Este, terrivelmente perturbado, absorve essa ideia e passa a se preocupar com Liza; mas quando, mais tarde, a pobre moça morre, Pável Pávlovitch lhe revela abertamente, sem subterfúgios, que o pai de Liza não era ele, Vieltchâninov, e sim um notável "tenente de artilharia", que ambos conhecem bem...

De certo campo conhecido, que inclui Dostoiévski com gosto entre os "seus", ouvem-se frequentes queixumes a respeito da chamada literatura negativa, a qual, dizem, pinta sempre quadros sombrios, manifestando, assim, desrespeito à pátria, já que nela há muito de rosa claro e azul-celeste. Não nos deteremos nessa cantilena, que ainda na época de Gógol era cantada por tolos e hipócritas. Mas nos perguntamos o que dizer de um escritor que, sem levar em conta nenhum dano social, toma uma pessoa em particular e instala nela, na alma humana em geral, duas bandeiras, quais sejam: 1) "o homem gosta de torturar"; 2) "o homem ama o sofrimento até a paixão"...? Não será isso uma forma de minar por baixo tudo o que existe no mundo de rosa claro e azul-celeste? Não será isso uma forma de solapar todas as melhores recordações e todas as esperanças em um futuro melhor? Que pensem direitinho sobre isso os hipócritas e os tolos, enquanto nós observamos a história de Trussótski como um caso especial, que por alguma razão interessou ao artista.

Se renunciarmos à ideia de que as leis gerais da natureza humana demandam sofrimentos para o homem; se observarmos a conduta de Trussótski pela perspectiva oposta, como um caso excepcional, até mesmo uma anormalidade, tornar-se-á impossível reconhecer *O eterno marido* como uma obra incrivelmente notável. A maldade desenfreada que se autoalimenta, que não escapa para o exterior como um grito lancinante ou uma ação decisiva, mas que apenas rasteja, sibilante, aproximando-se sorrateira, é magnificamente trabalhada. É sem dúvida uma das melhores coisas de Dostoiévski. Mas somente até o ponto em que levamos o nosso relato. Parece-nos que Dostoiévski poderia terminar nesse momento, ou seja, com a morte de Liza e o "tenente de artilharia". O tipo Trussótski já está evidenciado, não há mais para onde levar o requinte de maldade. Se estivéssemos tratando de uma pessoa semelhante a Otelo, ou seja, de uma pessoa que desejasse de algum modo livrar-se do peso da sua alma e findar algo, então esse fim procurado seria ao mesmo tempo o fim do drama. Trussótski não necessita de nenhum final, o que ele gostaria mesmo é de poder fritar em fogo lento Bagaútov, Liza e Vieltchâninov por toda a eternidade. Mas tomar a mesma direção que Trussótski significa não dar um fim à história. Da mesma forma, é impossível esticar infinitamente as visitas de Trussótski a Vieltchâninov, as frituras e as conversas venenosas. A morte de Liza em conexão com o "tenente de artilharia" seria simplesmente uma saída técnica para tirar o autor da dificuldade.

Mas, como sempre, não bastam a Dostoiévski as cenas torturantes determinadas pelo curso natural das coisas e pelas condições da técnica da arte. Além disso, os sentimentos de Pável Pávlovitch Trussótski são simples demais para o autor. Nós vimos que, em dado momento, Vieltchâninov foi objeto de amor e respeito para Trussótski. Em dado momento, também Bagaútov foi seu amigo, mas agora ele lamenta a morte do seu antigo amigo unicamente porque essa morte lhe arrancou das mãos a vítima de sua vingança pessoal. Seria possível pensar que essas são também as suas disposições em relação a Vieltchâninov. Ao contar a Vieltchâninov sobre a morte de Bagaútov, Trussótski diz com um entusiasmo apaixonado que agora apenas ele, Vieltchâninov, lhe restou no mundo. Mais tarde, em outra conversa semelhante e com ímpeto ainda mais apaixonado, beija as mãos de Vieltchâninov. Tudo isso certamente são variações do mesmo tema da maldade que se autoalimenta e que chega a amar o objeto do seu ódio como ponto de partida para uma infatigável vingança. Essa é uma combinação antinatural, um hermafroditismo do sentimento, se podemos nos expressar assim, que Dostoiévski desejou levar ao ponto de tensão mais alto possível.

Pável Pávlovitch pensou em casar-se novamente. Isso aconteceu logo após a morte de Liza e apenas três meses após a morte da esposa: Dostoiévski quase sempre apressa seus personagens e gosta de aglomerar as situações, imprensando-as de uma maneira inacreditável no menor espaço de tempo possível. Pável Pávlovitch pensou em casar-se com uma moça de quinze anos, ainda estudante do ginásio. O casamento, no entanto, era esperado para daí a nove meses, quando houvesse completado o período de luto e para que a noiva estivesse um pouco mais adulta. Um belo dia, Trussótski inesperadamente comunica essa sua decisão a Vieltchâninov e pede-lhe que o acompanhe imediatamente à casa da família da noiva. Vieltchâninov, evidentemente surpreso com tal pedido, recusa com repugnância, mas Trussótski insiste, implora, declara seu amor com tal ardor, que Vieltchâninov termina cedendo. Não seguiremos os acontecimentos em casa dos Zakhliebínin (família da noiva). Resumindo, a noiva não pode suportar Pável Pávlovitch, e Vieltchâninov inadvertidamente contribui para o rompimento final do sonho do "eterno marido" de um novo lar. Surge então a questão: por que Trussótski levou consigo Vieltchâninov à casa da noiva? Inicialmente o próprio Pavel Pávlovitch explica que o levou simplesmente como amigo, mas depois revela que desejava "testar" a noiva, confrontando-a com algumas das qualidades de Vieltchâninov. Vieltchâninov afinal chega à conclusão de que Trussótski o levou por fanfarronice e por um desafio do tipo: você foi amante da minha mulher, então agora você vai ver, eu serei feliz novamente e você não vai estragar nada! Vieltchâninov, no entanto, estragou, ainda que inadvertidamente. Seria compreensível que o sentimento de raiva de Pável Pávlovitch por ele aumentasse. No entanto, surpreendentemente, naquela noite, enquanto retornam da casa dos Zakhliebínin, Pável Pávlovitch mostra uma ternura incomum por Vieltchâninov. Este adoece e Pavel Pávlovitch cuida dele como se fosse seu próprio irmão, chegando a comovê-lo. Mas, após aplacar as dores de Vieltchâninov com várias compressas que ele mesmo preparou na cozinha, Pável Pávlovitch, nessa mesma noite, atira-se sobre o adormecido Vieltchâninov com uma navalha... Vieltchâninov só se salva por sorte: acorda a tempo.

> "E será verdade realmente tudo o que este... louco me disse ontem, sobre o seu amor por mim, quando lhe tremeu o queixo e ele bateu com os punhos no peito? Sim, é a verdade absoluta! (...) Ele era suficientemente estúpido e grato para se encher de amores pelo amante da própria mulher, em quem não notara *nada* durante vinte anos! Respeitou-me nove anos seguidos, lembrava-se de mim com veneração e conservou na memória minhas 'lucubrações'. E eu não sabia de nada, meu Deus! Ele não podia estar mentindo ontem! Mas amava-me acaso ontem, quando expressou o seu amor e disse: 'Ajustemos as contas'? Sim, amava-me *por ódio*; e este amor é o mais forte..."

Concluindo, Pável Pávlovitch enviou a Vieltchâninov uma carta, onde ficava claro que Liza era realmente filha deste, e não do tenente de artilharia...

Parece, então, que agora terminou, que chegou ao fim? Absolutamente não. Dois anos mais tarde, numa estrada de ferro, Vieltchâninov dá de cara com Pável Pávlovitch, que, novamente casado, teme terrivelmente que Vieltchâninov apareça em sua casa e estrague sua felicidade conjugal, mas enquanto ele se põe sob as rédeas da mulher, não percebe que o oficialzinho ulano com quem viajam é amante dela...

VI

Se tivéssemos decido utilizar todas as obras de Dostoiévski para este artigo, nossa tarefa teria sido quantitativamente bem mais difícil. Examinar e apresentar ao leitor apenas os mais proeminentes exemplos de crueldade desnecessária nas obras derradeiras de Dostoiévski demandaria muito mais tempo e espaço. Essas suas últimas obras, que começam com *Crime e castigo*, mas especialmente *Os demônios* e *Os irmãos Karamázov*, estão repletas de crueldade desnecessária; no entanto, exatamente por isso, a tarefa da crítica teria sido qualitativamente mais fácil. Nas obras mais antigas de Dostoiévski sobre as quais nos debruçamos, ou ao menos em muitas delas, irrompe uma forte orientação "humanista", como a nomeia Dobroliúbov em seu notável artigo "Gente oprimida". Devemos agora considerar esse elemento, já que nas últimas composições de Dostoiévski ele gradualmente decresceu e, perto do fim, desapareceu por completo no deserto dos aforismos adocicados e decrépitos sobre o amor. É natural que semelhantes aforismos custem barato — até Fomá Opískin os pronuncia em quantidade — e não haverá dificuldades em separá-los da massa viva das imagens e quadros artísticos. Agora estamos diante de uma operação um tanto mais complexa.

Além disso, ainda devemos considerar a face exterior da carreira literária de Dostoiévski. Falando sobre o talento cruel que poderia se formar a partir de Fomá Opískin se este não fosse tão estúpido e tosco, vimos que o grau de sucesso e influência depende, em primeiro lugar, do tamanho do talento, e, em segundo lugar, das condições do meio, ou seja, depende primordialmente de saber se o meio possui ou não alguma questão vital genuína. É necessário discutir esses dois pontos no que diz respeito a Dostoiévski.

Devemos nos voltar, então, para o artigo de Dobroliúbov. Esse artigo estudou com grande acuro a orientação "humanista" de Dostoiévski, vindo a determinar por muito tempo o tom e a natureza das opiniões correntes sobre o cantor dos *Humilhados e ofendidos*; consequentemente, pode nos mostrar o grau de influência de Dostoiévski sobre os seus contemporâneos.

"Nas obras do senhor Dostoiévski, encontramos um traço geral mais ou menos perceptível em tudo o que escreve: a dor pelo homem que se confessa sem forças ou sem direito a ser um homem genuíno, completo e independente em si mesmo. 'Todo homem deve ser um homem e, como homem, relacionar-se com os outros' — esse é o ideal que se formou na alma do autor à margem de todas as visões convencionais e parciais e, aparentemente, à margem também de sua própria vontade e consciência, como uma espécie de *a priori*, como algo que constitui uma parte da sua própria natureza." Essa é a ideia fundamental do artigo de Dobroliúbov, posto que versa especialmente sobre Dostoiévski, e não sobre a "gente oprimida". É necessário ainda acrescentar sua apreciação sobre o talento artístico de Dostoiévski. Nesse âmbito, Dobroliúbov tem uma opinião extremamente baixa a respeito do escritor: declarou abertamente que sua "crítica estética é comezinha", encontrou em suas obras "pobreza e imprecisão de imagens", "necessidade de repetir-se", "inabilidade para desenvolver os personagens e lhes dar capacidade de expressão exterior" etc., etc., etc. Como o leitor pode ver, essa opinião é diametralmente oposta à nossa. Nós, ao contrário, reconhecemos em Dostoiévski um imenso talento artístico; não apenas não vemos nele nenhuma "dor" pelo homem humilhado e ofendido, como percebemos justamente certa necessidade instintiva em provocar a dor nesse homem humilhado e ofendido. Se essas duas apreciações saíssem de dois campos literários opostos, seria certamente fácil pôr a culpa na parcialidade e falta de consciência do outro.[35] Lembro aqui, como exemplo, um artigo extremamente divertido, publicado no *Rússki Viéstnik* [O Mensageiro Russo], da lavra do senhor Strákhov,[36] em que este crítico demonstra circunstanciadamente ser o senhor Stakhéiev[37] um grande e autêntico artista, enquanto chama a Nekrássov e Schedrin[38] de "mais ou menos", de "lugar vazio". Se cou-

[35] Mikhailóvski se situa no mesmo campo crítico que Dobroliúbov, o campo radical, embora atue sobretudo nas décadas posteriores à morte deste último; opunham-se, ambos, aos conservadores e aos liberais defensores da "arte pela arte". (N. da T.)

[36] Nikolai Nikoláievitch Strákhov (1828-1896), crítico conservador, escritor, amigo de Dostoiévski e colaborador nos jornais dos irmãos Dostoiévski de 1860: *Vrêmia* [Tempo] e *Epokha* [Época]. (N. da T.)

[37] Dmitri Ivánovitch Stakhéiev (1840-1918), escritor menor e ensaísta. (N. da T.)

[38] Mikhail Ievgráfovitch Saltikov-Schedrin (1826-1889), crítico e grande escritor satírico russo. (N. da T.)

besse a mim fazer tão estranho paralelo, então... então eu nunca o faria, a tal ponto está claro para mim onde exatamente se encontra o lugar vazio. E é bem provável que um de nós, o senhor Strákhov ou eu, esteja sendo levado por parcialidades inconscientes. Mas com relação a Dostoiévski, não é possível dizer nada semelhante, e a questão que se coloca é: de onde vem essa brusca diferença de opiniões sobre um escritor indubitavelmente brilhante?

Isso se explica de forma bem simples. À primeira vista, de forma até excessivamente simples. O artigo de Dobroliúbov foi escrito em 1861, e já estamos em fins de 1882. De imediato, nada que seja digno de atenção pode resultar daí, porque não temos necessariamente que virar do avesso as nossas opiniões sobre os maiores representantes da literatura russa a cada vinte anos. Ao contrário, uma apreciação feita pelas mãos de um mestre da dimensão de Dobroliúbov deve sobreviver não vinte, mas duzentos anos. E é certamente o que ocorre. Então, não se trata aqui de virar pelo avesso as opiniões; trata-se do seguinte: *Humilhados e ofendidos* foi a última obra de Dostoiévski que Dobroliúbov leu. Não chegou a conhecer *Os demônios* e *Os irmãos Karamázov*, tampouco *Memórias do subsolo* e *O eterno marido*. Quanto a nós, apesar de não trabalharmos aqui com as obras maiores de Dostoiévski, nós as conhecemos. Sabemos, portanto, que desde a época de *Humilhados e ofendidos* o talento de Dostoiévski cresceu extraordinariamente. É verdade que ele, até o fim dos seus dias, não se livrou inteiramente das falhas apontadas por Dobroliúbov; com o tempo, algumas delas tornaram-se até mais pronunciadas, como, por exemplo, a fraqueza arquitetônica e a inabilidade para tratar de um assunto sem fazer longas digressões, que destroem a harmonia do todo. Apesar disso, o talento de Dostoiévski afiou-se, se é que se pode expressar assim, adquiriu um brilho e uma agudeza tais como não se vê em *Gente pobre* ou em *Humilhados e ofendidos*. Afiou-se e... tornou-se cruel. Ou, quem sabe, ao contrário: tornou-se cruel e afiou-se. De qualquer forma, do nosso ponto de vista, foi um processo duplo, seu talento se desenvolveu *lado a lado com* sua progressiva crueldade. Isso pode ter ocorrido da seguinte forma: ao se conscientizar de que possuía uma força especial para a tortura artística, Dostoiévski se deixou atrair pelo "jogo", assim como o homem do subsolo no episódio com Liza, e se pôs, mais adiante, a fustigar o coração dos seus heróis e leitores. Mas é possível também que, cruel por natureza ou pelas condições de sua experiência na vida, o talento, após se testar de diversas maneiras, tenha por fim caído (casualmente ou seguindo algum instinto) em sua esfera real, única em que seria capaz de se desenvolver e brilhar. Proponho o seguinte experimento. Pegue a primeira novela de Dostoiévski, *Gente pobre*, recebida tão entusiasticamente por Bielínski e tratada por Dobroliúbov com tão grande reserva, e compare-a ao último romance, *Os irmãos Karamázov*, que está longe de ser a melhor das suas obras do segundo período. A novela *Gente pobre* é atravessada pela orientação "humanista"; mas, relendo-a agora, depois de tudo o que recebemos de Dostoiévski e depois de tudo o que vivenciamos em geral nesses últimos anos, você não encontrará nela nenhuma página de alto valor artístico, e em certos momentos você terá aproximadamente a mesma impressão que teria se fosse forçado a comer mingau de semolina: é um alimento que as crianças adoram, mas raramente é apreciado pelos adultos. Em *Os irmãos Karamázov*, ao contrário, apesar da tendência à natureza inquisitorial, apesar da crueldade desnecessária em um grande número de detalhes, em cenas introdutórias e em quadros e imagens, apesar até mesmo do tédio enfadonho de quase tudo o que diz respeito ao *stáriets* Zossima e ao jovem Aliócha, nessa obra você encontrará certas passagens de extraordinária força e vivacidade. Mas creio não ser correto colocar as coisas dessa forma: *apesar da* natureza inquisitorial, *apesar da* crueldade desnecessária. Ao contrário, é antes *graças à* crueldade, posto que foi justamente na esfera da tortura que o talento artístico de Dostoiévski alcançou a sua maior força. Mas ele a estragou com seus excessos, exagerou ao torturar demasiadamente seus personagens e leitores. Portanto, o erro de Dobroliúbov, sua baixa apreciação do talento de Dostoiévski, deve ser desconsiderado. Na época, tal apreciação tinha sua razão de ser, e, se hoje vemos nela alguns erros ou, mais precisamente, incompletudes, é justamente porque conhecemos *O eterno marido*, *Crime e castigo* etc., obras que Dobroliúbov não chegou a conhecer. E sabemos também de muitas outras coisas que Dobroliúbov não soube e não teve como saber — em vinte anos muita água correu, e que bom seria se tivesse corrido só água...

Tudo isso parece muito simples. Mas há um lado mais complexo e curioso da questão. Diz-se que nas obras iniciais de Dostoiévski já existem fortes indícios do talento cruel, e nós vimos ilustrações disso. Vimos igualmente que "o homem é um déspota por natureza e gosta de torturar" e que "o homem ama o sofrimento à paixão". Como então Dobroliúbov não apenas não reparou nisso, mas ainda afirmou que "todo homem deve ser um homem e, como homem, relacionar-se com os outros"? Na nossa última análise, encontramos a todo momento instintos de lobo nos heróis de Dostoiévski: maldade e tortura, simples maldade, maldade qualificada, combinada com amor e amizade etc. Em todo o artigo de Dobroliúbov, há apenas duas observações sobre essa matéria. De início, surpreendeu-o o desenvolvimento do caráter do príncipe Valkóvski (*Humilhados e ofendidos*): "Analisando a representação desse personagem — diz Dobroliúbov — você encontrará uma total deformidade, embora delineada com amor, uma coleção de traços maliciosos e cínicos, mas não encontrará aqui um rosto humano. Daquele princípio conciliatório e resolutivo, tão poderosamente efetivo na arte, que coloca diante de você uma pessoa completa e o obriga a olhar para a sua natureza humana através de todas as abominações acumuladas — desse princípio, não há nem vestígio na representação da personalidade do príncipe. Por isso você não pode sentir nenhuma pena do personagem, nem odiá-lo com aquele ódio elevado que se dirige não a uma pessoa real, mas a um tipo, a uma certa categoria de fenômenos. E mesmo que se considere isso como um experimento do autor, uma infelicidade sua ao olhar para a alma do seu protagonista... não há nada, nem tentativa, nem alusão... Como e o que fez o príncipe ser como é? O que o preocupa e perturba seriamente? O que ele teme e em que acredita? Se não crê em nada, se sua alma foi totalmente removida, então de que forma e sob que circunstâncias esse processo aconteceu?". A seguir, considerando que as pessoas ofendidas e humilhadas que figuram nas novelas de Dostoiévski compõem dois tipos — dóceis e endurecidas —, Dobroliúbov observa sobre este último tipo: "Constatando que os seus direitos e as suas demandas legais, aquilo que lhes é sagrado e com que entraram no mundo, são espezinhados e não reconhecidos, essas pessoas desejam romper com tudo o que as cerca, tornar-se alheias a tudo, ser autossuficientes e não ter de pedir ou receber obséquios de ninguém, nem qualquer sentimento fraternal, nem olhar complacente. Está claro, para elas mesmas, que não conseguirão sustentar tal caráter, que por causa dessa escolha estão eternamente insatisfeitas consigo mesmas, amaldiçoam a si e aos outros, vislumbram o suicídio etc.".

E é isso. Como se Dostoiévski não fosse o fino conhecedor e estudioso da maldade e da tortura que nós conhecemos! Sobre os próprios experimentos torturantes que Dostoiévski inflige a seu heróis e leitores, Dobroliúbov não diz literalmente uma palavra. E dificilmente se pode explicar essa lacuna pelo fato de o crítico não ter chegado a conhecer os personagens mais característicos da obra posterior do escritor. Dobroliúbov ao menos conhecia *A aldeia de Stepántchikovo...* e *O duplo*. Eis o que ele diz de passagem ao se referir aos heróis dessas duas novelas: "Dostoiévski toma como ponto de partida a expansão doentia da vaidade e da desconfiança e, após alcançar a mais extremada anormalidade, até mesmo a insanidade, nos dá o senhor Golyádkin e Fomá Fomitch". Assim, Fomá Fomitch, que aterroriza os habitantes da aldeia de Stepántchikovo, e Golyádkin, que é desnecessariamente atormentado pelo próprio Dostoiévski, vêm a estar sob a mesma rubrica. Certamente ambos podem estar sob a mesma rubrica, já que nos dois a vaidade e a desconfiança de fato tomaram corpo ao ponto da morbidez. No entanto, mais importante que a similaridade não será a diferença, uma vez que um se apresenta como torturador e o outro como torturado? Como é que o crítico pôde notar um traço tão vago e geral de similaridade e passou batido por uma diferença tão particular, aguda e evidente?

Mais curiosa é a explanação imaginada por Dobroliúbov para a "ideia" de *O duplo*. Golyádkin, pelo que diz, tortura-se e enlouquece "como consequência do desacordo entre os pobres vestígios da sua humanidade e as exigências oficiais da sua posição". Ofendem-no, mas ele já está habituado a isso, ele próprio está pronto a se considerar um inseto; ao mesmo tempo, porém, ainda fervilham nele alguns fragmentos de ideias sobre "direitos" e dignidade humana; "mas depois seus pensamentos transtornam-se de vez: já não sabe se tem direito ou se não tem direito... sente apenas uma coisa: que algo aqui está errado, não vai bem. Quer se explicar com todos os seus inimigos e adversários, mas nada acontece, seu caráter não permite. E chega à ideia fixa, à beira da insanidade, de que só é possível viver no mundo pelas intrigas, que o mundo só é bom para os astutos, os infames, os ofensores. E eis que lhe vem a decisão de ser também astucioso, de também minar as situações, intrigar. Mas onde porá em prática tal arte? Nunca antes viveu assim, não se preparou para isso, não possui esse caráter... E o senhor Golyádkin, geralmente inclinado à melancolia e ao devaneio, começa a se exasperar com suposições e ilusões obscuras, a lançar-se a ações em desacordo com o seu caráter. Por fim, divide a si mesmo em dois, começa a se ver duplamente... Embora reúna toda a indolência e esperteza, toda a vileza e todo o sucesso que lhe vêm à imaginação, sua timidez na prática e os resíduos de um sentimento moral dissimulado sob antigas rugas o impedem de assumir a responsabilidade pelas astúcias e vilanias imaginadas; nesse momento, sua imaginação lhe cria um 'duplo'. Esta é a base da sua insanidade. Não sei o quanto compreendo corretamente a ideia que está na base de *O duplo*; até onde sei, ninguém, em matéria de interpretação, foi além do 'o herói do romance é um louco'. Mas, parece-me que, se para cada loucura deve haver um motivo, e ainda mais para uma loucura narrada por um escritor talentoso em 170 páginas, tanto mais natural é a explicação que propus, que se formou por si mesma na minha cabeça ao *folhear* essa novela (confesso que não pude vencê-la completamente)".

Tudo isso é muito perspicaz e sutil, mas, se Dobroliúbov tivesse tido paciência para ler *O duplo* em vez de apenas folheá-lo, certamente renegaria sua explicação. Ocorre que o Golyádkin número 2, o "duplo", não é apenas fruto da imaginação desordenada do Golyádkin número 1. Se fosse assim, a explanação de Dobroliúbov seria não só perspicaz, mas também correta, ou ao menos plausível, e nós simplesmente estaríamos diante de um caso especial e extremamente interessante de desordem mental. Mas Golyádkin número 2 não é apenas uma alucinação, é um personagem real da história. É verdade que ambos, alucinação e personagem real, se enlaçam e desenlaçam no decorrer da história a tal ponto que se torna impossível até mesmo distinguir qual deles está à nossa frente: se uma pessoa de carne e osso ou apenas a criação da fantasia de um homem doente. No entanto, na história há indicações diretas da existência real do Golyádkin número 2. Assim, por exemplo, um dos colegas de repartição do herói surpreende-se com a assombrosa semelhança dos dois conselheiros titulares de mesmo nome, Yákov Pietróvitch Golyádkin, sentados um de frente para o outro na mesma mesa.

Certamente é impossível não se surpreender com tão estranho jogo da natureza, e pode-se até mesmo duvidar de que ela lance tais dados. Mas suponhamos que a natureza seja às vezes muito brincalhona e que, ao jogar, extraia das suas profundezas coisas curiosas, dentro dos limites da sua competência, dos limites da vida. Tabela de categorias do serviço público não é assunto dela, que não cria conselheiros titulares. Também não se pode culpar a história por todas as desventuras do "senhor Golyádkin", mas a história cria, certamente, a tabela de categorias e toda essa ordem geral contra a qual se lança o artigo inteiro de Dobroliúbov em ardente protesto. Que se a acuse, então, se as desventuras de Golyádkin são de fato "consequência do desacordo entre os pobres vestígios da sua humanidade e as exigências oficiais da sua posição". Dobroliúbov imagina que desse desacordo resulta a desordem psicológica de Golyádkin, com a representação fantástica do duplo; no entanto, somente o autor

— e não a natureza ou a história — é culpado pelo real e vivaz duplo Golyádkin, cuja aparição amplia infinitamente o tormento do infeliz conselheiro titular. Admitamos que tudo o mais na história de *O duplo* seja real e verdadeiro, que ocorra exatamente como na terra pecadora. Se assim é, ao menos ocorre de forma genérica, e não nessa quantidade de detalhes repletos de jogos virtuosos que atuam sobre os nervos dos leitores. Quanto à história de Golyádkin ser uma história típica, característica de uma larga esfera de fenômenos da vida russa em particular, ou da vida espiritual do homem em geral — convenhamos que não há absolutamente nada de típico no fato de dois conselheiros titulares possuírem o mesmo nome, patronímico e sobrenome, de se assemelharem um com o outro como duas gotas d'água e de, por um destino burocrático, virem a ocupar a mesma mesa, sentando-se um de frente para o outro. E, no entanto, essa circunstância tem um papel extraordinário na história. A responsabilidade pelo quinhão de tormento do "senhor" Golyádkin não pode ser imputada à vida, que dificilmente criaria tal combinação. É o autor que deve responder por sua fantasia cruel ter transformado um caso tão excepcional, que beira o impossível, numa fonte de tormentos para um homem já infeliz sem isso. Pergunta-se para que é necessário o segundo Golyádkin. Eu considero essa pergunta totalmente legítima e um mau sinal para uma obra artística. A própria possibilidade de que a formulem já demonstra que há alguma falha no que tange à verossimilhança. O artista pode e deve ter seus propósitos pessoais, pode e deve persegui-los através da arte, mas, ao mesmo tempo, as suas relações com o leitor devem permitir apenas uma pergunta relacionada a este ou aquele detalhe da obra; mais exatamente, a pergunta "por quê?". Por exemplo: por que o senhor Golyádkin enlouqueceu? Por isso e por aquilo; leia a novela *O duplo* e terá uma resposta completa. Mas e se vier à cabeça do leitor a pergunta "para quê?"? Por exemplo: para que apareceu o Golyádkin número 2? Isso significa que não há razões satisfatórias para o surgimento de tal personagem nesse recorte de vida que a novela *O duplo* representa. O personagem pode ter sido introduzido à força pelo autor, contra a verossimilhança. E isso não seria ainda uma desgraça, mas apenas meia desgraça, porque é impossível exigir perfeição da obra de arte. Muita coisa tem sido escrita às pressas, a toque de caixa, e sabe-se que Dostoiévski sempre escreveu exatamente assim; como, então, se pode cobrar por cada erro aqui?! O reino da arte, por fim, admite, mesmo em suas maiores criações, um grande número de convenções arbitrárias e, consequentemente, de artificialidade. Se, por exemplo, tivermos em mente apenas as exigências da verossimilhança em toda a sua completude e inflexibilidade, então o fantasma do pai de Hamlet, que é visível aos espectadores, vem a ser algo totalmente disparatado. Tente eliminar as convenções arbitrárias e não restará pedra sobre pedra na esfera da arte. São muito engraçados esses inovadores "realistas" e "naturalistas" de diversos naipes que exigem do artista — poeta, beletrista, músico, pintor — uma cópia da natureza; exigem do escritor de ficção, por exemplo, que narre precisamente quantas vezes por dia seu herói assoou o nariz; exigem da orquestra de ópera que descreva com sons ignóbeis o caráter ignóbil do malfeitor que canta no palco, etc. Como se fosse possível! Houve um tempo entre nós, por exemplo, em que os inovadores musicais, em nome da verossimilhança, expulsavam o canto e colocavam em um pedestal o recitativo. De fato, na vida não acontece a um homem agonizante cantar com voz suave, ou a três conspiradores, no momento mais crucial da sua ação, começar a cantar, e ainda mais, que sejam necessariamente baixo, barítono e tenor. Isso não acontece, como também ninguém na vida real fala em forma de recitativo...

Portanto, é possível permitir certa artificialidade ou força por parte do autor em detrimento da verossimilhança. Mas, uma vez admitido o arbitrário, se ainda surge na mente do leitor a pergunta "para quê?", torna-se necessário encontrar antes de mais nada uma resposta, para só então, a partir dessa resposta, vir a julgar a obra e talvez o autor. Com que fim o fantasma do pai de Hamlet, sendo uma alucinação do herdeiro do trono da Dinamarca, passeia pelo palco e fala como se fosse um ser vivo e real? Para que essa alucinação do príncipe se torne uma espécie de alucinação coletiva dos espectadores (alucinação coletiva é um fato psicológico autêntico), imbuídos que estão de simpatia pela situação infeliz do príncipe. Para que o "duplo", uma alucinação do senhor Golyádkin, constitui-se em cópia exata na vida e em pessoa real e viva de nome Yákov Pietróvitch Golyádkin número 2? Eu não sei, e o leitor também não sabe... No entanto, graças a Dostoiévski, graças a sua "penetração" em vários recessos obscuros do espírito humano, podemos, os leitores e eu, adivinhar: Golyádkin número 2 é introduzido à força na história pela mesma razão que Fomá Opískin introduz o francês na aldeia de Stepántchikovo e chama Gavrila de "*meciê Chematon*"; pela mesma razão que o homem do subsolo pinta para Liza o "quadro" de uma irritabilidade torturante, e que Trussótski perscruta Vieltchâninov por puro "jogo", a fim de espicaçar seus nervos. Se Dostoiévski não elucidou totalmente para nós esse lado obscuro da alma humana, digno de pesquisas científicas e representações artísticas, contribuiu muito, no entanto, para o nosso esclarecimento a esse respeito. Deu-nos tão vívidas imagens dos sentimentos selvagens e tão claros retratos dos seus representantes, que ao menos não pode haver dúvidas sobre a existência de uma inclinação humana especial à tortura. É certo que existem pessoas que torturam seus semelhantes sem que haja nisso qualquer interesse ou vingança, sem que queiram afastá-las do seu caminho, mas apenas para satisfazer sua propensão à tortura. Essa propensão se revela também na arte, em talentos cruéis como o do próprio Dostoiévski.

Voltando ao artigo de Dobroliúbov, devemos admitir que não é possível explicar a incompletude ou os erros do crítico simplesmente como descuido. Suponhamos que ele tenha deixado escapar o verdadeiro papel de Golyádkin número 2 ao folhear a novela *O duplo*. Mesmo nessas condições, um crítico tão perspicaz como Dobroliúbov poderia ter captado nessa particularidade, ainda que muito específica, o espírito geral de tortura que irradia da obra de Dostoiévski. No entanto, ele não só não captou isso como ainda percebeu em Dostoiévski uma orientação "humanista". Além disso, não notou, ou ao menos não assinalou, as diferenças entre o torturador Opískin e o torturado Golyádkin. Mais ainda, Dobroliúbov combinou de tal forma os quadros, cenas, características e imagens de Dostoiévski, que de tudo isso resulta algo meio indeterminado, mas que se traduz em uma atitude negativa com função de protesto em relação à ordem geral das coisas na Rússia (de seu tempo), uma ordem que, ao criar humilhados e ofendidos, reduziu suas personalidades à submissão passiva, ao queixume lamentável ou à desgraça insana. Nisso está a ideia do artigo de Dobroliúbov. Mas já em *O idiota* (1868), Dostoiévski expressou clara e violentamente, pela boca de um de seus personagens, uma de suas ideias mais caras e que posteriormente desenvolverá com frequência: aquele de nós que ataca "a ordem existente das coisas", ataca "a própria essência das nossas coisas, as próprias coisas, e não apenas a ordem, não apenas a ordem russa, mas a própria Rússia".

Como podemos ver, é um ou outro: ou Dobroliúbov cometeu um erro grosseiro, ou Dostoiévski, com o passar do tempo, mudou radicalmente. No fundo, porém, não se trata nem de um, nem de outro: nem de um erro *grosseiro*, nem de uma mudança *radical*.

VII

Em *Humilhados e ofendidos*,[39] Dostoiévski escreve:

"Li para eles (família Ikhméniev) o meu romance num único serão, que começou depois do chá e se prolongou até duas horas da manhã. O velho a princípio franzira o cenho: ele esperava algo de uma altura inacessível, que ele próprio não fosse capaz de compreender, algo sublime e elevado. E, em vez disso, ouvia a narração de acontecimentos quotidianos e inteiramente comuns — exatamente as mesmas coisas que se passam em torno de todos nós. Se ao menos o meu herói fosse um homem ilustre ou merecesse um interesse particular — uma personagem histórica como Roslávliev ou Iuri Miloslávski![40] Mas não; eu punha em cena um pobre diabo, funcionário obscuro, passavelmente tolo, cuja sobrecasaca rapada já perdera os botões — e dizia isso simplesmente, na linguagem em que costumamos falar de nós próprios... Era realmente singular! Ana Andrêievna fitava o marido com um olhar interrogador, um pouco amuado, como se dissesse: 'Valerá a pena imprimir e ler tais misérias, e, o que é mais, comprá-las?' Natacha era toda atenção; escutava com avidez, não me largava com o olhar, e a cada palavra que eu dizia, os seus lindos lábios se moviam acompanhando os meus. Pois bem: eu ainda não chegara à metade e já lhes arrancara lágrimas. A mãe chorava sinceramente, compartilhava de todo o coração os sofrimentos do meu herói, e gostaria ingenuamente de lhe prestar auxílio, pelo que se deduzia de suas exclamações. O velho renunciara aos seus sonhos de grandeza e elevação. 'Logo de início', disse-me ele, 'a gente vê que não irás muito longe; contudo, não está nada mal; uma historiazinha simples, mas que empolga; também as circunstâncias acessórias

[39] As citações de *Humilhados e ofendidos* encontram-se aqui reproduzidas a partir da tradução indireta de Rachel de Queiroz (Rio de Janeiro, José Olympio, 1954). (N. da T.)

[40] Ambos personagens de romances históricos escritos por Mikhail Nikoláievitch Zagóskin (1789-1852), muito populares na primeira metade do século XIX. (N. da T.)

são fáceis de compreender e de guardar de memória, e a gente verifica que mesmo o último e mais oprimido dos homens é sempre um homem e tem o direito a que o chamemos irmão. Natacha escutava, chorava, e às escondidas, sob a mesa, apertava-me a mão com força. Acabada a leitura, ergueu-se com o rosto em fogo, os olhos cheios de lágrimas; apanhou-me de súbito a mão, levou-a aos lábios, e fugiu correndo da sala."

Sabe-se que em *Humilhados e ofendidos*, na parte concernente às aventuras literárias de Ivan Petróvitch, Dostoiévski introduziu certos traços autobiográficos: é citada a recepção entusiástica do primeiro romance de Ivan Petróvitch pelo crítico B.,[41] o conteúdo apresentado é bastante próximo ao de *Gente pobre*, chama-se atenção para o modo de escrita de Ivan Petróvitch, muito similar ao do próprio Dostoiévski etc. É possível pensar que Dostoiévski, como na história citada, viveu algo semelhante aos minutos de felicidade que couberam a Ivan Petróvitch na leitura de seu primeiro romance, em um círculo de pessoas próximas e sensíveis. Certamente não nos detalhes criados pela fantasia do autor em forma de enredo e desenlace, não em peculiaridades como, por exemplo, nas relações de Ivan Petróvitch com a família Ikhméniev em geral e com Natacha em particular. Mas sabemos que Dostoiévski conheceu pessoalmente esse instante de alegria orgulhosa, o mesmo que coube a Ivan Petróvitch diante das lágrimas dos Ikhméniev e do beijo apaixonado de Natacha. Se na vida do escritor não houvesse ocorrido episódio análogo (o que no fundo não é importante), então essa circunstância da história não viria a representar, de modo figurado e ao mesmo tempo esquemático, a recepção que teve o primeiro romance de Dostoiévski entre os leitores russos em geral. No artigo de Bielínski podem-se encontrar reflexos do beijo apaixonado de Natacha e das lágrimas dos Ikhméniev. Em suma, Ivan Petróvitch, assim como Dostoiévski, recebeu aprovação de tal forma comovente, palpável e estimulante, como raramente alcança um escritor ao dar seus primeiros passos no campo literário. Ivan Petróvitch, como Dostoié-

---

[41] Mikhailóvski associa a cena descrita em *Humilhados e ofendidos* ao entusiasmo com que o primeiro romance de Dostoiévski, *Gente pobre*, foi recebido pelo notável crítico literário russo Vissarion Bielínski, que tornou autor e obra conhecidos do público leitor da noite para o dia. (N. da T.)

vski, convenceu-se pessoalmente da força de suas palavras, soube por experiência própria que poderia "ferir o coração das pessoas com as palavras". Momento da mais alta importância para a história, essa força não é puramente espontânea, mas capaz de autoconsciência. Nesse instante, Dostoiévski se encontra em posição semelhante à da mulher que se convence pela primeira vez do poder de sedução da sua beleza; ou à do colegial que, ao enfrentar pela primeira vez um colega com sucesso, se dá conta da força de seu punho, e de que já não é mais nenhum "novato" obrigado a suportar escárnios; ou à do tribuno após seu primeiro discurso, que provocou forte impressão; ou à do chefe militar ao perceber pela primeira vez que a massa ordenada dos soldados o obedece não apenas formalmente, ao mover-se à direita e à esquerda, mas que o acolhe com entusiasmo sincero e genuíno. Etc. etc. Eu acrescentaria, quem sabe, a comparação com um filhote de tigre que pela primeira vez após a amamentação prova o sabor do sangue, mas tal comparação só é apropriada em sentido negativo. Pelas leis imutáveis da natureza, o filhote deve se tornar um tigre sanguinário e, por isso, pode-se admirar a sua graça feroz, pode-se descrevê-lo, pode-se matá-lo, mas não se pode julgá-lo — não há julgamento possível; os tigres talvez possuam entre si o seu próprio tribunal, mas não é da nossa alçada; para nós o tigre está simplesmente fadado à execução, sem julgamentos ou inquéritos. É assunto diferente dos exemplos supramencionados. A moça que se conscientiza do seu poder de sedução pode direcioná-lo a um objetivo honrado ou vergonhoso, e em função disso será submetida à apreciação. Entre as várias combinações possíveis aqui, interessa-nos sobretudo aquela em que o meio ou instrumento, o próprio jogo dos músculos da beleza, por assim dizer, se torna o objetivo. Perdoem essa expressão incongruente, mas uma vez que me escapou da língua, permitam-me que fale de passagem em músculos do pensamento, músculos da criação etc. Tudo isso são instrumentos, e a tensão desses músculos deveria ser apenas um meio para se atingir o objetivo desejado. Mas há casos em que, por resultado de qualidades puramente pessoais ou de condições externas, o detentor do poder torna-se alvo do seu próprio jogo com os músculos. Nesse caso, a mulher se torna uma coquete que joga aleatoriamente com qualquer passante e conduz sua força para uma fonte de tormentos; quanto ao tribuno e ao chefe militar, tornam-se ambiciosos, capazes, por seus belos olhos, de causar muita desgraça e levar milhares ao túmulo. Os grandes feitos são as primeiras provas de força ou poder. Pode-se mesmo dizer que você não conhece uma pessoa até que ela prove do poder, e que até então nem mesmo ela se conhece. Quantas pessoas, após alcançar o poder, juram dedicar-se sinceramente ao bem da pátria ou da humanidade para depois virem a deleitar-se com o poder apenas para si: posso ferir, dizem, e posso também ser indulgente. Não há nenhuma razão para afirmar que no momento de seus calorosos juramentos o indivíduo tenha agido como um verdadeiro canalha, que tenha mentido para limpar o terreno e alcançar aquele prazer que o poder proporciona aos que lhe são próximos. Talvez tenha mentido e tenha sido canalha, mas é muito possível que ele simplesmente não conhecesse a si próprio e não tivesse previsto o fascínio daquele prazer, nascido de um "poder selvagem e ilimitado, ainda que apenas sobre uma mosca". Certamente esse não é o melhor tipo de pessoa, mas, em todo caso, o indivíduo pode ter sido plenamente sincero no início de sua carreira.

Temos à nossa frente um escritor que pela primeira vez é convencido da sua força. Mesmo antes já estava cônscio de que a possuía dentro de si, pois de outra forma não se poria ao trabalho; no entanto, era uma consciência vaga, e frequentemente dúvidas amargas alternavam-se com expectativas orgulhosas em sua alma. Agora foi posto um ponto final em todas essas vacilações: está provada a existência da sua força pela impressão que produziu. O escritor se convenceu de que é uma pessoa poderosa, que pode deslocar os corações dos seus leitores ou ouvintes. Mas deslocar como e para onde? À sua frente, assim como à frente do bogatir contador de histórias, abrem-se três caminhos, mas à diferença deste, o escritor não perderá seu cavalo, nem perecerá em nenhuma das estradas. Que perdas há aqui, que morte! Não, a potência jovem e autoconsciente em jogo superará todos os obstáculos, sobrevoará todas as barreiras e lá, em algum lugar a uma distância desconhecida e nebulosa, plantará a bandeira da vitória! Bons tempos, tempos felizes...

No entanto, os caminhos são diversos e é necessário escolher. Um deles está esboçado no entusiasmo ingênuo do velho Ikhméniev:

> "Tu vês, Vânia — continuou Ikhméniev, animando-se cada vez mais —, isso não vale o serviço de Estado, entretanto é uma carreira. Pessoas importantes lerão teus livros. Contaste que Gógol recebia uma pensão e que o mandaram para o estrangeiro. E quem sabe se tu próprio... Hein? Ou será ainda cedo demais? Que é que dizes disso? Talvez seja realmente cedo demais;

talvez precises escrever ainda outra coisa. E nesse caso, escreve, irmãozinho, escreve depressa, depressa! Não durmas sobre os louros colhidos... E se te derem, por exemplo, uma tabaqueira... Por que não? Para te estimular. E quem sabe talvez sejas convidado à Corte, não? Ainda é cedo demais para chegar à Corte?... Certamente não te farão fidalgo do paço porque escreveste um romance: não se pode pensar nisso; mas poderá sempre ser alguém, pode ser adido a uma embaixada, ser enviado para o estrangeiro, para a Itália, para se aperfeiçoar na arte, ou pode pelo menos receber um subsídio em dinheiro."

Se o nosso bogatir quisesse seguir por esse caminho, certamente choveriam em abundância tabaqueiras, subsídios e chaves para a fidalguia. Mas não é por aí que segue. Já se foram os tempos em que as tabaqueiras eram desejadas e possíveis. Mais desejável e possível é um certo caminho, indicado pela atitude de Natacha ao apertar apaixonadamente a mão de Ivan Petróvitch e cobri-la com suas lágrimas de emoção e simpatia. A aprovação recebida por Ivan Petróvitch, além da comovente tangibilidade com que foi expressa, teve também um teor bem definido, dado pela "simplicidade" da história em conexão com sua propensão "humanista": "Saiba que mesmo o último e mais oprimido dos homens é sempre um homem e tem o direito a que o chamemos irmão". Seguidamente descrever, de forma simples e sincera, as alegrias e tristezas do homem oprimido; seguidamente despertar na alma do leitor a simpatia pelo humilhado e ofendido; tocar com a força de sua criatividade não apenas os benevolentes velhinhos Ikhméniev, nem apenas a apaixonada e nobre Natacha, mas também aqueles que oprimem os oprimidos; atravessar suas peles grossas e atingir os seus corações — eis o caminho pelo qual Ivan Petróvitch seguirá.

Caminho atraente, mas difícil. Não apenas porque existem no mundo obstáculos externos e influências, as chamadas "circunstâncias independentes", a impelir categoricamente o indivíduo a silenciar quando quer falar, e a sair quando quer ficar em casa. Isso subentende-se por si mesmo. Outros são os perigos que assolam o caminho escolhido por Ivan Petróvitch, dos quais o mais importante é a proximidade e a sedução da coqueteria no sentido mais amplo da palavra, no sentido do jogo com os músculos da criação, no sentido da tortura desnecessária. Esse terceiro caminho, no entanto, está bem próximo e é muito sedutor.

Natacha chora bem! É bom ver essa moça serena chorando, ao perceber que fui eu, Ivan Petróvitch, o causador dessas lágrimas, e que as causei não por ofensa ou insulto, mas por haver introduzido em seu coração a dor por um doente, o sofrimento por um sofredor. Tanto melhor, quando você se lembra de que essa moça serena reflete o crítico B. e tudo o que há de compreensível e solícito para os leitores da Rússia. Seria muito tentador intensificar o tom para produzir maior efeito, acrescentar ao humilhado ainda mais humilhações e ao ofendido, ainda mais ofensas: assim, a moça serena, e tudo o que ela personifica para Ivan Petróvitch, se tornaria ainda mais comovente. Esta é uma observação bastante natural, mas é a fonte do plano inclinado em direção à falta de "simplicidade" — simplicidade pela qual recebera aprovação — e em direção à presença da tortura desnecessária, que de forma alguma merece ser aprovada. Com o tempo, Ivan Petróvitch passa a se deslocar do segundo para o terceiro caminho. O objetivo inicial de despertar simpatia pelo homem oprimido aos poucos recua até cair totalmente para segundo plano, cedendo lugar ao que inicialmente era apenas um meio: o jogo com os músculos da criação. Em suma, parece ocorrer uma reprodução exata dos dois primeiros momentos da fórmula hegeliana do desenvolvimento dialético: tese vira antítese, simpatia vira tortura. Pessoas diferentes sob circunstâncias diferentes rolarão de formas diferentes ao longo desse plano inclinado. O que veio a ocorrer a Ivan Petróvitch, desconhecemos e não nos importa. Mas, no que diz respeito a Dostoiévski, o escritor rolou tão rapidamente, que o próprio Bielínski, apesar de todo o entusiasmo com *Gente pobre*, veio a chamar suas obras subsequentes de "disparates nervosos" ("e até de nomes mais fortes", acrescenta o senhor Pípin[42] em seu famoso livro sobre Bielínski). "Disparate nervoso" significa precisamente a falta de simplicidade e a presença da tortura desnecessária. Certamente essa metamorfose não se deu de forma tão simples, nem tão repentina, e ambas as tendências devem ter lutado uma contra a outra por um longo tempo. Ou uma ou outra venceria, dependendo das circunstâncias...

Pergunta-se: quais circunstâncias, quais condições são capazes de deter ou intensificar esse rolar pelo plano inclinado, mencionado acima?

[42] Aleksandr Nikoláievitch Pípin (1833-1904), historiador da literatura russa. Mikhailóvski tem em mente o seu livro *Bielínski, sua vida e correspondência* (1876). (N. da T.)

Antes de tudo, as condições que refreiam, ou, ao contrário, intensificam, podem provir de qualidades inerentes ao próprio escritor: "talentos divinos". A crueldade do talento, assim como qualquer outra crueldade, pode ser o resultado de uma combinação infeliz de forças cegas. Se, por exemplo, Polina, que tortura cruelmente o "jogador", deixa "pegadas estreitas e compridas, torturantes, precisamente torturantes", isso significa que desde o seu nascimento estava escrito que seria torturadora. No escritor, porém, a crueldade inata do talento pode ser detida por outros elementos, em parte inerentes e espontâneos, em parte racionais. Para um artista, a coisa mais importante é o senso de proporção que, em naturezas que possuem um apurado desenvolvimento artístico, atua exemplarmente de forma a controlar tudo; é o que entre as pessoas ilustradas chamamos de tato. Um homem ilustrado que, por exemplo, seja um grande patife, por força do tato que lhe é inerente, não revelará sua patifaria. Esse mesmo tato não permitirá ao homem ilustrado provocar qualquer cena pública indecente, ainda que um verdadeiro inferno borbulhe em sua alma. O mesmo ocorre com o artista: o senso de proporção reprime e controla suas pretensões pessoais. Em Dostoiévski, esse senso é extremamente fraco. Seu talento é extremamente desigual: ora se vai extinguindo até o total apagamento, até o tédio fastidioso, ora se inflama de uma chama forte e brilhante, mas nunca conhece proporções. Exceto por *Recordações da casa dos mortos* e dois ou três contos menores (*Noites brancas*, *O pequeno herói*, *Uma criatura dócil*), inteiramente bem-acabados em termos de harmonia e proporção, todo o resto escrito por Dostoiévski só não nos surpreende em sua descoordenação, prolixidade e desproporcionalidade porque já estamos bastante acostumados à sua maneira de escrever.

Já apresentamos ilustrações dessa desproporcionalidade: cornucópia de infelicidades e ofensas que cercam os heróis; aglomeração de eventos a eclodir em um só dia, enquanto outros autores fariam com que transcorressem ao longo de todo um ano; desnecessárias transições, inserções e digressões... Se há um momento em que o senso de proporção se prova particularmente fraco para conter a crueldade do talento, esse momento é quando Dostoiévski representa sentimentos de benevolência. *Gente pobre*, por exemplo. É difícil lê-lo sem alguma náusea pela abundância desmedida dos seus "mãezinhas" e "pombinhos meus". Em *Humilhados e ofendidos*, Ivan Petróvitch se consome em uma abnegação tão desmesurada, que cede resignadamente sua Natacha ao primeiro malandro que aparece, e ainda faz as vezes de alcoviteiro, ou seja, é tão desmesuradamente nobre, que chega a ser torpe.

Pois bem, o senso de proporção, por ser muito fraco em Dostoiévski, não pôde conter seu movimento no plano inclinado.

Há ainda uma circunstância que, até pela terrível e inata crueldade do talento — e que é portanto difícil de eliminar —, poderia ter salvo Dostoiévski de torturas desnecessárias, e seus leitores e personagens de serem torturados desnecessariamente. Um dos heróis de Eugène Sue,[43] não lembro qual deles, sendo por natureza um homem sanguinário no sentido literal da palavra, ao cair sob a influência de um chefe virtuoso e inteligente, torna-se um homem infeliz. As forças cegas da natureza atraem-no à carnificina, mas a influência do chefe virtuoso e inteligente não lhe permite chegar ao derramamento de sangue. Por fim, a ação se resolve de forma bem simples: o chefe virtuoso e inteligente atribui ao herói sanguinário a função de açougueiro em um matadouro. Aqui o herói pode satisfazer suas propensões cruéis e ao mesmo tempo fazer algo de útil. Isso, decerto, não é mais do que uma ilustração tosca da teoria de Fourier,[44] que considera que as paixões e inclinações que a natureza introduz no homem, a despeito de quão repugnantes sejam, requerem apenas uma certa acomodação para que possam prover a sociedade de um serviço útil. Aqui nada nos concerne, nem a teoria original de Fourier, nem a ilustração tosca de Sue. Embora não resolva a nossa questão, essa ilustração, talvez pela sua própria rudeza, desenha claramente uma possibilidade de solução: que desapareça da face da terra o mal, a crueldade, a tortura, e que o amor possa florescer exuberante sobre os seus túmulos. Como seria melhor! Algum dia será, as mudanças são lentas. Mas até lá não haverá "paz na terra e benevolência entre os homens"; a mais amorosa das pessoas admitirá a possibilidade e até mesmo o caráter necessário da "animosidade indômita, selvagem, torpemente feroz". E qualquer animosidade requer, por vezes, pessoas cruéis (nem sempre torturadores, pois nem todos os fatos os exigem). E Dostoiévski assumiu nessa animosidade o papel correspondente às suas inclinações e habilidades, que, por sua vez, encontram aí um ponto definido de aplicação. Semelhante ao

---

[43] Mikhailóvski alude a um personagem da novela *Os mistérios de Paris*, de Eugène Sue. (N. da T.)

[44] François Marie Charles Fourier (1772-1837), socialista utópico francês. (N. da T.)

herói de Sue. Mas o herói teve um chefe virtuoso e inteligente, tão virtuoso, inteligente e poderoso como não se encontra na realidade da vida. Não consta que Dostoiévski, ele mesmo uma pessoa poderosa, tenha se submetido a qualquer chefe por um longo período. A única liderança possível para o escritor teria de ser algo incorpóreo, ideal, algo diante de que a pessoa mais orgulhosa e poderosa não se envergonhasse em se curvar, e ao mesmo tempo algo que não se situasse em um lugar nas nuvens, mas que estivesse sempre aqui, próximo, envolvendo constantemente o homem. As pessoas cordatas e fracas podem se satisfazer com a disciplina moral imposta por um líder pessoal ou por ordens de autoridades transcendentais. As pessoas fortes e poderosas, capazes elas mesmas de governar de um jeito ou de outro os corações alheios, não se põem sob o jugo de lideranças pessoais. Estão cientes (nem todas, decerto) do "desafio orgulhoso aos céus".[45] Mas tais pessoas poderosas podem (e não se trata de reflexão teórica, mas de fato recorrente na história) se curvar diante de um princípio ideal, de cuja criação tenham participado, em que tenham inserido uma partícula de si mesmas, de seus pensamentos, sentimentos e vontades; mas apenas um ideal social definido pode ocupar lugar nesse princípio. Se Dostoiévski possuísse semelhante ideal, não transigiria com a tortura desnecessária e o jogo dos músculos da criação, mas conduziria suas propensões cruéis para algo definido. Mas Dostoiévski não tinha tal ideal...

Não estou falando na qualidade de homem de partido. É bastante provável que o ideal social de Dostoiévski, se é que o teve, fosse algo próximo à utopia do senhor Katkov — um deserto desolador, ilimitado, onde apenas raramente, em meio ao silêncio geral, ressoa o grito: "Guarda!", "Alto!", "Hurra!". Do meu modesto ponto de vista, como do ponto de vista do deus poderoso para quem eu rezo, não há absolutamente nada de bom nisso e há muito de ruim. Mas, deixando de lado a questão sobre se Dostoiévski pôde ser mais feliz com sua escolha, ainda nesse caso a utopia o salvaria do "jogo" despropositado sobre os nervos dos leitores. Mas, repito, Dostoiévski não possuía nenhum ideal social determinado. Por que não? É uma questão peculiar e bem difícil de resolver.

---

[45] Verso presente na sexta redação (de 1835), mas excluída da versão final do poema "O demônio" de Mikhail Liérmontov. Foi registrado na carta de Bielínski a Bótkin de 17 [29] de março de 1842. (N. da T.) [Vassili Petróvitch Bótkin (1812-1869), crítico literário e tradutor russo. (N. da T.)]

Não a trabalharemos, tendo em vista a falta de dados biográficos necessários. Importa-nos apenas o próprio fato. Se alguém duvida, experimente compor um ideal social a partir dos fragmentos da doutrina moral eslavófila com que Dostoiévski se rejubilou, sobretudo nos últimos anos; sugiro a esse cético que ponha seus dedos nas chagas abertas.

Refletindo sobre certa teoria das relações sociais (aparentemente socialista), o homem do subsolo escreve, entre outras coisas:

> "Então — sois vós que o dizeis ainda — surgirão novas relações econômicas, plenamente acabadas e também calculadas com precisão matemática, de modo que desaparecerá num instante toda espécie de perguntas, precisamente porque haverá para elas toda espécie de respostas. Erguer-se-á então um palácio de cristal. Então... bem, em suma, há de chegar o Reino da Abundância. Naturalmente, não se pode, de modo algum, garantir (desta vez, sou eu que o digo) que então tudo não seja terrivelmente enfadonho (com efeito, que se há de fazer quando tudo estiver calculado numa tabela?), mas, em compensação, tudo será extremamente sensato. É verdade, porém: o que não se há de inventar por fastio! Realmente, também por fastio enfiam-se alfinetes de ouro nos seios,[46] mas tudo isso não teria importância. O ruim (ainda sou eu que o digo) é que as pessoas então talvez se sintam felizes com alfinetes de ouro. Pois o homem é estúpido, de uma estupidez fenomenal. Ou, melhor, embora ele não seja de todo néscio, não há nada no mundo que seja tão ingrato. Realmente, eu, por exemplo, não me espantaria nem um pouco se, de repente, em meio a toda a sensatez futura, surgisse algum cavalheiro de fisionomia pouco nobre, ou melhor, retrógrada e zombeteira, e pusesse as mãos na cintura, dizendo a todos nós: pois bem, meus senhores, não será melhor dar um pontapé em toda esta sensatez unicamente a fim de que todos esses logaritmos vão para o diabo, e para que possamos mais uma vez viver de acordo com a nossa estúpida vontade?! Isto ainda não seria nada, mas lamentavelmente ele

---

[46] Referência a uma passagem de *Memórias do subsolo* na qual o autor alude ao prazer que sentia Cleópatra quando cravava alfinetes de ouro nos seios de suas cativas. (N. da T.)

encontraria sem dúvida alguns adeptos: assim é o homem. E tudo isso devido à mais fútil das causas, à qual, parece, quase nem valeria a pena referir-se: tudo precisamente porque o homem, seja ele quem for, sempre e em toda parte gostou de agir a seu bel-prazer e nunca segundo lhe ordenam a razão e o interesse; pode-se desejar ir contra a própria vantagem e, às vezes, *decididamente se deve* (isto já é uma ideia minha). Uma vontade que seja nossa, livre, um capricho nosso, ainda que dos mais absurdos, nossa própria imaginação, mesmo quando excitada até a loucura — tudo isto constitui aquela vantagem das vantagens que deixei de citar, que não se enquadra em nenhuma classificação, e devido à qual todos os sistemas e teorias se desmancham continuamente, com todos os diabos! E de onde concluíram todos esses sabichões que o homem precisa de não sei que vontade normal, virtuosa? Como foi que imaginaram que ele, obrigatoriamente, precisa de uma vontade sensata, vantajosa? O homem precisa unicamente de uma vontade *independente*, custe o que custar essa independência, e leve aonde levar."

E assim por diante, e há ainda muito mais páginas com a mesma engenhosa exposição dessa ideia simplória. Cerca de trinta anos antes de ser exposta pelo homem do subsolo (1864), essa ideia, já então bastante simplória enquanto crítica das teorias socialistas daquele tempo, era até certo ponto oportuna e mesmo correta. Mas uma coisa não foi levada em conta pelos representantes da burguesia liberal europeia que fizeram da ideia desenvolvida pelo homem do subsolo seu adorável passatempo: que essa ideia pudesse estar dirigida contra decididamente todo e qualquer ideal social, incluindo o liberal-burguês. Sobre os demais, nada diremos. Não vamos discutir aqui como e em que medida pode haver uma reconciliação entre a independência pessoal e alguma ordem social. O fato é que a objeção do homem do subsolo pode ser apresentada apenas ao sujeito que não possui absolutamente nenhum ideal social. Aludindo às características da natureza humana, faz-se necessário lembrar que, tendo o homem criado para si um ideal, ainda que o mais fantasioso e absurdo, torna-se impossível demovê-lo dos seus disparates, pois nele tudo já está previsto e resolvido. Ainda que se trate daquela utopia do plano infinito preenchido pelos gritos: "Guarda!", "Alto!", "Hurra!". O que pode ser mais fantasioso e absurdo que isso? Tente intimidar o senhor Katkov, "um *gentleman* de fisionomia ignóbil, ou melhor, retrógrada e zombeteira", que subitamente põe as mãos na cintura e sugere que toda prosperidade "vá pro diabo". Você não o intimidará, porque há nessa utopia um lugar para tal *gentleman*, ou lugares — distantes, mas nem tanto. Também em outros tipos de utopia o *gentleman* de fisionomia retrógrada e zombeteira está previsto. Supõe-se que a realização de uma utopia trará para a vida tanta luz e felicidade, que se o *gentleman* aparecesse e atraísse alguém atrás de si, o número desses empolgados não ultrapassaria uns três e meio gatos pingados, que fariam o papel de monstros raros, hoje atribuído ao rouxinol de duas cabeças, aos anões miúdos e aos gigantes monumentais. Mesmo que isso seja um sonho, a natureza humana é tal, que apenas as pessoas destituídas de qualquer ideal particular podem se deixar confundir e confundir outros com a figura do *gentleman* de fisionomia retrógrada e zombeteira. Tal é o homem do subsolo que, em sua réplica liberal-burguesa estereotipada, fez apenas aquele estranho reparo: "você não deve se preocupar muito com a prosperidade — o homem ama sofrer". Como se essas coisas faltassem na vida! Mas o homem do subsolo não é simplesmente um homem do subsolo, e sim, até certo ponto, o próprio Dostoiévski. Ao menos na parte de *Memórias do subsolo* de onde levantamos a discussão sobre o *gentleman* de fisionomia retrógrada e zombeteira, Dostoiévski inseriu, sem dúvida, muito de sua personalidade, de si mesmo...

Isso não prova nada! — o leitor me interrompe. Certamente não prova, é apenas uma reflexão baseada na similaridade entre algumas ideias teóricas de Dostoiévski e do homem do subsolo e os meios práticos de tortura de ambos. A prova poderia consistir simplesmente no fato de que Dostoiévski nunca nos mostrou seu ideal social. Mas é ainda pouco. Lembre-se da estranha ideia de Dostoiévski — estranha, mas não totalmente isolada em seus escritos — de que Koróbotchka e seus servos, acabando por ficar na mesma condição social, poderiam dar ao mundo um exemplo elevado de relações morais recíprocas, se imbuídos de um autêntico espírito cristão. Ninguém duvida de quão elevada é a moral cristã, mas essa saída deixa transparecer um desdém tão terrível por qualquer ideal social, uma tão pouco compreensível pobreza de pensamento e sentimento a esse respeito, que você a contragosto se lembrará do *gentleman* de fisionomia retrógrada e zombeteira. A essa altura, o fantástico *gentleman* deverá dizer com as mãos na cintura: "Bem, senhores, vamos mandar pro inferno tudo o que tem sido alcançado e desenvolvido através do sofrimento da humanidade, no que concerne a ideias sociais; acaso fazem alguma diferença a servidão e a ordem presente e futura? Tudo isso é bobagem, pois em qualquer posição que se esteja, pode-se sempre ser uma pessoa de moral elevada".

A fraqueza do senso artístico de proporção, que controlaria as manifestações do talento cruel, e a carência de um ideal social, que as regularia — foram estas as condições que possibilitaram ou acompanharam o movimento de Dostoiévski ao longo do plano inclinado, da "simplicidade" à extravagância, da orientação "humanista" à tortura desmotivada e despropositada. Quanto mais longe foi, tanto mais evidente surgiu nele a necessidade de jogar com os nervos dos leitores através de monstros variados e terríveis e de maravilhas de tirar o fôlego. E toda essa faculdade inventiva não foi, porém, suficiente para satisfazer sua demanda insaciável: teve de repeti-la. Assim, por exemplo, em o *Eterno marido*, Trussótski beija de ódio as mãos de Vieltchâninov; cuida dele com amor em sua doença, para duas, três horas depois, tentar degolá-lo com uma navalha. Um monstro assim seria satisfatório à mais rica coleção de "monstros e raridades". Em Dostoiévski, episódios como esse se repetem quase literalmente, para não falar nas incontáveis variantes sobre esse tema amor-ódio. Veja-se o exemplo de *O idiota*: Rogójin confraterniza com o príncipe Míchkin, troca cruzes com ele, e, no mesmo dia, atira-se sobre o príncipe com uma faca. Daquelas representações simples, rotineiras e típicas da vida, que tanto emocionaram os Ikhméniev, não há mais vestígio. Ao contrário, tudo é extravagante, extraordinário, casual, miraculoso. O próprio Dostoiévski, por fim, deu atenção a isso. Ao menos, no prefácio a *Os irmãos Karamázov*[47] há as seguintes linhas:

> "Porque não só o excêntrico 'nem sempre' é uma particularidade e um caso isolado, como, ao contrário, vez por outra acontece de ser justo ele, talvez, que traz em si a medula do todo, enquanto os demais viventes de sua época — todos, movidos por algum vento estranho, dele estão temporariamente afastados sabe-se lá por que razão."

---

[47] As citações de *Os irmãos Karamázov* encontram-se aqui reproduzidas a partir da tradução de Paulo Bezerra (São Paulo, Editora 34, 2009). (N. da T.)

Isso não é mais do que uma tentativa de justificar-se pela escolha de pessoas, situações e sentimentos excêntricos, peculiares e excepcionais. Essas palavras foram ditas a respeito de Aleksei Karamázov, o qual talvez se revelasse um excêntrico "medular". Mas a desgraça é que Aleksei Karamázov não chega a descobrir sua "medularidade" no romance; ele está mergulhado em um oceano inteiro de pessoas e situações variadas e incomuns que o próprio autor hesita em apresentar como "medulares". Há o velho Karamázov, depravado a ponto de encontrar prazer em relações amorosas com a suja e idiota Lizavieta Smierdiáschaia.[48] Há também Dmitri Karamázov e toda a sua série de aventuras incomuns. Há a turbulenta e fantástica Grúchenka, há os epiléticos, os parricidas, os loucos de deus, os santos, em suma, uma verdadeira *kunstkámera*.[49] O "excêntrico" Aliócha termina por ser a pessoa mais normal dessa coleção de monstros. Mas o leitor sabe que *Os irmãos Karamázov* não são absolutamente uma exceção. Também *Crime e castigo*, *O idiota* e *Os demônios* estão repletos desse tipo de raridades, de fenômenos excepcionais e de monstros. E se, apesar disso, os corações dos leitores se emocionam, e quem sabe até mais fortemente do que os corações dos Ikhméniev em sua época, em todo caso isso ocorre de uma maneira completamente diferente; a simpatia pelos oprimidos, humilhados e ofendidos é substituída por uma atitude completamente diferente com relação a eles. Tomem-se como exemplo os dois cornos: Ivan Andrêievitch e Trussótski. São pessoas verdadeiramente infelizes a quem o destino cruel, pelas mãos cruéis de Dostoiévski, humilhou e ofendeu acima de todas as medidas e sem que houvesse qualquer culpa da parte deles; de forma alguma são culpados, nem diante de suas esposas, nem diante de suas amantes. Ao contrário, ao menos um deles, Trussótski, foi todo atenção e amor. E, no entanto, nenhuma simpatia pode irromper nos leitores por esses indivíduos: um deles é ridículo e estúpido como um poste, o outro é perverso, ignóbil e repulsivo. Aqui já não é possível repetir as palavras do velho Ikhméniev:

---

[48] O sobrenome Smierdiáschaia significa "fedorenta". (N. da T.)

[49] *Kunstkámera* (do alemão *Kunstkammer*, galeria de raridades, museu) era o lugar onde se guardavam e conservavam raras coleções artísticas, históricas, científicas etc. O primeiro museu russo — instalado em São Petersburgo por Pedro I e aberto ao público em 1727 — chamou-se justamente *Kunstkámera*. Trata-se de um museu ainda hoje conhecido por sua coleção de "monstros", ou seja, de figuras humanas com graves anomalias. Esta é a origem da referência acima. (N. da T.)

saiba que mesmo o último e mais oprimido dos homens é sempre um homem e tem o direito a que o chamemos irmão. Todo o processo psíquico que se aninha na alma do leitor se reduz a alguns vagos estremecimentos dos nervos, indiferentes à parte ofendida e à parte ofensora, mas, apesar disso, graças ao grande talento do autor, o leitor se envolve e vivencia por algum tempo esse estremecimento despropositado e torturante.

VIII

Nada disso Dobroliúbov encontrou. Se nas primeiras obras de Dostoiévski já eram evidentes os sinais de uma propensão à tortura, eram, no entanto, só sinais, algo ainda fraco e nebuloso. Além disso, o espírito do tempo em que Dobroliúbov atuava...[50]

Aliás, permitam-me inicialmente fazer um pequeno desvio.

Em *Memórias do subsolo*, há uma frase, pronunciada pelo homem do subsolo, que parece não ser mais que uma observação passageira, mas que pode ter um conteúdo importante e amplo. O homem do subsolo diz que perdeu contato com a "vida viva" e agarrou-se à vida "livresca". O que isso significa? Tomemos não o obscuro "paradoxalista" que flerta com sua própria mesquinharia, mas uma pessoa verdadeiramente "letrada" e sobretudo de boa índole. Imagine um belo jovem que possui sede de conhecimentos científicos e que sonha usar os conhecimentos, adquiridos a duras penas, para o bem da pátria. Imagine que essa pátria, sagrada para ele, oferece-lhe a possibilidade de alcançar tais conhecimentos de modo tranquilo e despreocupado e depois lhe abre de par em par as portas da vida prática: vá e trabalhe. Também para a pátria é vantajoso, ela ganha um trabalhador a mais, sendo que este possui um belo objetivo e domina os meios para realizá-lo; e o destino pessoal desse jovem se constrói de maneira formidável, "as cordas dedilhadas ressoam por todo o mundo", como diz o personagem de Turguêniev, Chúbin, em *Na véspera*. Infelizmente, esse acontecimento, bastante simples em teoria, na prática é muito raro. O fato é que a pátria, enceguecida por várias circunstâncias difíceis, pela água turva em que pessoas espertas se põem a pescar,

---

[50] Mikhailóvski se refere ao sentimento generalizado de otimismo que se seguiu à relativa distensão política iniciada sob o reinado do tsar Alexandre II, após trinta anos de um dos governos mais repressivos da história russa, sob o tsar Nicolau I. (N. da T.)

recebe o jovem, talvez seu filho mais querido, com desconfiança. Suponhamos que a pátria não o atrapalhe em sua busca por conhecimentos, independente de quantos ou quais sejam eles. O fato é que nem isso acontece. Oferecendo estudos ao nosso belo jovem, a pátria enceguecida deixa-lhe apenas uma ínfima fresta como passagem para a "vida viva" e utilização dos seus conhecimentos. O jovem toma ciência disso já nos bancos escolares, e mais tarde se convence pessoalmente de que seus sonhos dourados, esperanças cor-de-rosa, ideais azul-celeste, todas essas flores coloridas e brilhantes da vida estão condenadas a "não desabrochar, e murchar na manhã de dias sombrios". Se for um espírito fervoroso, para quem a atividade prática da "vida viva" é tão necessária quanto a água para o peixe, nesse caso muitas e diversas aventuras nada alegres estarão à sua espera, mas isso já são outros quinhentos. Se o indivíduo for capaz de se satisfazer com esferas teóricas, então poderá facilmente se tornar um virtuose na área da ciência à qual se dedica. Para isso, é necessário apenas que coloque em primeiro plano o meio — o conhecimento — em vez da finalidade — o bem da pátria —, solapada pelas circunstâncias. Ele estudou, por exemplo, filosofia, e, com a ingenuidade própria aos jovens, especialmente bons, sonhava fazer o bem à pátria, trazendo-lhe as soluções éticas e sociológicas alcançadas em seus persistentes estudos. Acontece que a pátria não precisa de sua ética e sociologia; ela já possui um sólido código moral e sólidas concepções sobre relações sociais, e por isso põe de lado, ciumenta, tudo o que possa vir a perturbar essa solidez. O jovem, após se debater por um tempo como um peixe no gelo, despede-se de seus ideais práticos e entrega-se às sutilezas lógicas, mitológicas, dialéticas e metafísicas. Aqui ele pode construir alguma coisa livremente, ainda que seja uma torre de Babel de que ninguém precisa e que a ninguém ameaça ou alegra. O jovem estuda história. Ele pensa em deduzir leis originais, suas próprias leis, ou proceder à verificação de leis históricas alheias, de forma a aplicá-las ao destino da pátria e a provar, com clareza e exatidão matemáticas, que no presente momento a pátria necessita disso ou daquilo. Mas não, a pátria enceguecida não quer nem ouvir falar "disso ou daquilo", e então aplica o selo do silêncio sobre a boca do jovem historiador, que passa a se ocupar dos arquivos nacionais, talvez também estrangeiros, a inebriar-se com pequenos fatos e obscuridades, com o lixo histórico, desligando-se de vez e para sempre da "vida viva"... E assim por diante. O biólogo submerge no mar infinito das espécies de insetos; o estatístico se atola no pântano dos variados tipos de números. Todos eles serão virtuoses, isolados da "vida viva" ou, melhor dizendo, jogados fora por ela. Alguns se dedicarão a esse virtuosismo, a esse jogo com os músculos do pensamento, após alguma luta, com dor e mortificação espiritual; outros se deixarão enredar no jogo imperceptivelmente, pouco a pouco, talvez com alguma alegria e opinião extremamente elevada sobre si mesmos e suas atividades.

Não pense o leitor que me dirijo às respeitáveis especialidades mencionadas com alguma zombaria, com desprezo ou qualquer negatividade. Ao contrário. É indiscutível que todo e qualquer virtuose produz muitas coisas desnecessárias que permanecem desnecessárias para todo o sempre. Se alguém deseja conhecer todos os tipos de números ou contar "os grãos de areia do mar e os raios dos planetas",[51] que o faça. Eu só lamento esses belos jovens que absolutamente não desejavam isso ao iniciar a vida, e que tiveram de se afundar em toda espécie de números ou tiveram de se enterrar em arquivos, porque a vida viva os repudiou. É um lamento perdoável, eu espero. E esses são ainda os melhores casos de separação da vida. Há outros muito piores, como talvez o do homem do subsolo. Quem sabe! Talvez, ao se conscientizar de suas notáveis habilidades em geral e de sua força especial para "exaurir" as pessoas com "quadrinhos", ele imaginasse dominar grandes feitos, sonhasse em mover montanhas e em "perturbar" sua querida pátria com esses "quadrinhos" até que ela estremecesse e se purificasse de toda imundície. Mas a pátria enceguecida não desejava os seus serviços, a vida viva o repudiou; talvez o tenha repudiado de forma extremamente rude, dolorosa, ofensiva e inexorável. E agora, esses "quadrinhos" extenuantes, que antes eram apenas um meio para alcançar um objetivo elevado, tornavam-se o próprio objetivo do homem do subsolo. A força permanecia, mas, tendo perdido o ponto de aplicação inicialmente proposto, desorganizava-se e tornava-se inútil e sem sentido. O homem do subsolo encontra a infeliz Liza e a perturba com quadrinhos, ou seja, tortura-a sem motivo, sem objetivo e sem necessidade.

No que se refere aos meios utilizados pela vida viva para afastar de si as pessoas de ação, suponho não haver razão para nos estendermos sobre isso. O leitor sabe que são muitos e diversos. Dostoiévski, pessoalmente, sentiu na pele os mais terríveis deles. Por sua ingênua participação

---

[51] Citação inexata do poema "Deus", de Gavriil Derjávin. (N. da T.)

no círculo Petrachévski, sofreu todos os horrores e desgraças dos trabalhos forçados e das chibatas dos soldados. Bateram, açoitaram-no... a ele, que havia experimentado o deleite do maior poder que pode existir na terra: o poder sobre os corações das pessoas...

Agora é possível, parece, voltarmo-nos para o "espírito do tempo".

O espírito do tempo caracteriza-se significativamente pelo número de homens de ação repudiados e não repudiados pela vida vivida. Não apenas as classes superiores, não apenas os grandes, os poderosos, mas também os fracos, insignificantes e humildes querem tomar parte na vida viva, ponderando com justiça que nela encontrarão trabalho suficiente; e todos eles, isto é, a sociedade inteira pode ser repudiada pela vida viva, ou tomar parte nela. Certamente o espírito do tempo não é o mesmo nas duas situações — os interesses das pessoas e a sua visão das coisas são diferentes. Na época de Dobroliúbov, o tempo da primavera nos vinha da seguinte forma: o gelo derretia, as flores desabrochavam, os pássaros da primavera cantavam canções primaveris; metáforas à parte, após uma longa e agonizante inércia, a sociedade de então finalmente obtinha alguma oportunidade de participar da vida viva. Dobroliúbov foi inteligente e perspicaz o bastante para não se deixar entusiasmar loucamente (como ocorreu a muitos) com esse primeiro passo incerto e hesitante. O espírito do tempo manifestou-se no crítico. Assim, por exemplo, insinua-se em seu artigo sobre a gente oprimida, apesar do tom melancólico e de protesto, um veio otimista, decerto justificado pelas circunstâncias da época. Quem poderia então prever as trevas e o caos que tão logo baixariam, depois daquele "nascer do sol" e do "tremeluz caloroso de seus raios sobre as folhagens"! Aquele mesmo otimismo frequentemente persuadiu Dobroliúbov e outros a considerar como vencido o que em essência não estava de fato vencido, mas apenas retraído, de cabeça baixa. Dobroliúbov lidou com as fórmulas do virtuosismo — ciência pela ciência, arte pela arte — como se já estivessem superadas. É compreensível. A vida viva, as atividades autênticas se tornaram de tal forma acessíveis, e grandes perspectivas surgiram em um tempo tão curto, que ninguém desejaria substituir a vida real por seu reflexo, o fim pelo meio; ciência e arte deveriam certamente servir à vida viva. Esse era o tom geral, embora não em detalhes. Dando, de passagem, uma cutucada desdenhosa na famigerada arte pela arte, Dobroliúbov lidava com todos os grandes fenômenos da literatura por ele analisados, como se não pudesse haver dúvidas de que eram produtos de uma dedicação consciente à vida viva. Não lhe passava pela cabeça que tal ou qual fenômeno literário tivesse sido concebido *simplesmente assim*, como a rosa desabrocha, como o rouxinol canta.[52] A esse respeito surgiram anedotas picantes. Em seu artigo "Quando chegará o verdadeiro dia?", por exemplo, Dobroliúbov escreveu algumas belas páginas sobre o fato de o personagem Insárov ser búlgaro e não russo, e sobre o motivo pelo qual um russo não poderia atrair Elena. Ao mesmo tempo, sugeria que Turguêniev havia escolhido de propósito tal herói por tais e tais razões. Mais tarde, Turguêniev esclareceu com franqueza que não tivera tal tipo em mente, que apenas reproduzira um incidente real, cujo herói fora justamente um búlgaro. O mesmo aconteceu em relação a Dostoiévski. Dobroliúbov não podia conceber, por exemplo, que alguém torturasse o "senhor Golyádkin" *simplesmente assim*, sem razão, apenas pelo "jogo". Não que ele não tivesse percepção e talento crítico para isso. Não, ocorre que a própria necessidade de um fenômeno tão selvagem como esse estava distante dos seus pensamentos. Então, ele inventa para as desventuras de Golyádkin uma explicação vital, sensível e sutil, mas que não leva a lugar nenhum. Naturalmente, isso não tira o valor do artigo de Dobroliúbov, consagrado que está não tanto a Dostoiévski quanto às pessoas oprimidas, e estas decerto hão de ser mais importantes que Dostoiévski...

Nessas considerações e em muitas outras, Dobroliúbov foi um verdadeiro porta-voz do espírito do seu tempo. Todo o público leitor foi de certa forma inconscientemente convencido da impossibilidade daquela leitura "*simplesmente assim*". Permitiram-se, decerto, exceções com relação a detalhes e futilidades, mas naquela época primaveril qualquer grande talento era percebido necessariamente como homem de ação da vida viva, e era exatamente nesse sentido que o leitor buscava explicações sobre as obras de Turguêniev, Ostróvski, Gontcharov e Dostoiévski.

Sob tais condições, Dostoiévski, com suas propensões a torturador e enquanto talento ainda imaturo, não podia ter uma atuação mais proeminente. A despeito da relativa fraqueza de seu talento, a audiência lhe era simplesmente inapropriada. O leitor dessa época, fosse ele culto ou estúpido, esteticamente desenvolvido ou não, assemelhava-se à abelha da fábula alemã, que extrai das flores apenas o néctar doce e deixa o veneno.

---

[52] Referência ao romance *Oblómov*, de Ivan Gontcharov. A imagem citada do romance é trabalhada por Dobroliúbov em seu texto crítico "O que é oblomovismo?". (N. da T.)

O leitor estava demasiado ocupado com a vida viva para vir a tirar prazer de estremecimentos despropositados dos nervos — simplesmente não percebia o lado torturante do imenso talento de Dostoiévski, não lhe dava importância.

Bem diferente foi o último período de Dostoiévski, sobretudo no fim de sua vida. Tudo conspirou para elevar sua popularidade a alturas incomuns. O escritor se envolveu com a publicística, e, como jornalista, se mostrou simplesmente desastrado; teria sido reconhecido como tal, se não fossem as manobras políticas de alguns e as emoções ingênuas de outros. Mas o seu talento literário se aguçou até alcançar o brilho e o fio de uma navalha. Além disso, o leitor já era outro. Não que o leitor propriamente tenha mudado, e sim seu ambiente: estava isolado da vida viva. Ali, na vida viva, haviam ocorrido eventos de grande importância, de uma dimensão sem precedentes, quase fantásticos. Mas o leitor não lhes deu importância. Pondo-se como espectador, pôde apenas deixar seus nervos tremerem...

Bem, é isso, leitor, nossos nervos sofrem tanto nesses tempos difíceis e terríveis, que, ou falamos deles abertamente, de coração, ou ficamos calados. Mas, para falar de forma sincera, é preciso esperar a *primavera*, que o gelo novamente derreta, que as flores desabrochem e os pássaros da primavera cantem canções primaveris...

(1882)

Tradução de Sonia Branco

Vladímir Soloviov

Se "Púchkin" é o elemento perene de referência da cultura russa, montado e desmontado de maneiras distintas, e "Gógol" é o ponto-chave nas discussões sobre a prosa russa dos anos 1840, o final do século mostra como "Dostoiévski" se tornará o principal ponto de debate, abrindo caminho para o século XX, numa discussão que ultrapassará em muito as fronteiras da Rússia. Canonizar Dostoiévski — em vários sentidos — foi uma tarefa sagrada a que Vladímir Serguêievitch Soloviov (1853-1900) se propôs em diversos ensaios e palestras, especialmente neste artigo, escrito entre a morte do grande escritor e o ano de 1883. Interessante observar que Soloviov enseja um "discurso" a respeito de Dostoiévski, o mesmo gênero usado pelo escritor para consagrar Púchkin, apoteose ainda fresca na memória de todos. Soloviov conheceu Dostoiévski quando tinha apenas vinte anos, e o romancista já contava mais de cinquenta. Não resta dúvida de que o ecumenismo de Soloviov causou uma impressão profunda no último Dostoiévski (especulou-se que Soloviov teria inspirado o personagem Aliócha, nos *Irmãos Karamázov*). O contato com Dostoiévski, porém, foi apenas uma etapa da vida intensa do filósofo, um dos pensadores russos mais importantes de todos os tempos. Soloviov inicialmente parecia destinado a uma carreira universitária, mas arruinou essa possibilidade ao proferir uma palestra na qual solicitava perdão para os assassinos do tsar Alexandre II. A partir daí, teve que atuar fora dos meios oficiais. A trajetória intelectual de Soloviov é extremamente rica ao fundir misticismo e especulações arcanas sobre profundezas teológicas — como deixam entrever títulos de muitos de seus livros (*A ideia russa*, *A história e o futuro da teocracia*, *A Rússia e a Igreja Universal*, *O significado do amor*) — com um pensamento secular e quase liberal. Soloviov foi um crítico rigoroso das políticas autoritárias de russificação em voga no reinado de Alexandre III, assim como de seu antissemitismo oficial. Ao mesmo tempo em que anseia pelas imagens inatingíveis da Bela Dama e especula com o conceito-chave de "Sofia", o princípio feminino universal, Soloviov faz uma poesia de tipo humorístico, em que parodia a própria linguagem metafísica, num jogo de cintura raro em pensadores dessa cepa. Ao fim e ao cabo, foi o principal motor do simbolismo russo. Sem Soloviov, é impossível compreender a obra de autores como Blok, Ivánov e outros.

Três discursos em memória de Dostoiévski

Prefácio

Nestes três discursos sobre Dostoiévski, não me ocupo nem de sua vida pessoal, nem da crítica literária de suas obras. Tenho em vista apenas uma questão: a que serviu Dostoiévski, que ideia inspirou toda a sua atividade?

Deter-me nessa questão é ainda mais natural se pensarmos que nem os detalhes da vida pessoal, nem as qualidades artísticas ou os defeitos das suas obras explicam, por si sós, a singular influência exercida por ele nos últimos dias de sua vida e a extraordinária impressão causada por sua morte. Por outro lado, nem mesmo os ataques encarniçados de que a memória de Dostoiévski ainda é alvo têm sido dirigidos ao aspecto estético de suas obras, pois todos são unânimes em reconhecer nele um talento artístico de primeiro grau, alçado às vezes até a genialidade, embora não livre de defeitos graves. Entretanto, a ideia a que serviu esse talento a alguns parece sincera e salutar, a outros mostra-se falsa e danosa.

A definitiva apreciação de toda a atividade de Dostoiévski depende de como enxergamos a ideia que o inspirava, aquilo em que ele acreditava e aquilo que ele amava. "E ele amava, acima de tudo, a alma humana que vive em tudo e em toda parte, acreditava que somos todos *raça divina*,[1] acreditava na força infinita da alma humana, que triunfa sobre qualquer violência externa e sobre qualquer queda interior. Tendo sofrido em sua alma toda a maldade humana, todo o peso e a escuridão da vida e tendo superado tudo isso com a infinita força do amor, Dostoiévski anunciou essa vitória em todas as suas obras. Tendo experimentado em

[1] Atos 17, 29. (N. da T.)

sua alma a força *divina*, que irrompe através de toda a fraqueza humana, Dostoiévski chegou ao conhecimento de Deus e do Deus-Homem. A *realidade* de Deus e de Cristo revelou-se a ele na força interior do amor e da indulgência, e ele profetizou que essa mesma força indulgente e benéfica seria a base também para o estabelecimento externo do reino da verdade na terra, pelo qual ele ansiara e que buscara a vida inteira."[2]

Parece-me que não se pode ver Dostoiévski apenas como um romancista comum, como um literato talentoso e inteligente. Nele havia algo mais, e esse algo mais é sua característica distintiva e explica sua influência sobre os outros. Para confirmar isso, seria possível apresentar muitos testemunhos. Limito-me a um, digno de particular atenção. Eis o que diz o conde Lev Nikoláievitch Tolstói em carta a Nikolai Nikoláievitch Strákhov:[3] "Como eu gostaria de poder dizer tudo o que sinto a respeito de Dostoiévski. O senhor, ao descrever o seu sentimento, expressou parte do meu. Eu nunca me encontrei com esse homem, nunca tive relações diretas com ele; mas, de repente, quando ele faleceu, compreendi que, para mim, ele era a pessoa mais próxima, querida e necessária. E nunca me veio à cabeça a ideia de medir-me com ele, nunca. Tudo o que ele fazia (tudo de bom, de verdadeiro que ele fazia), quanto mais fizesse, melhor seria para mim. A arte desperta em mim a inveja; a inteligência, também; mas atos do coração, apenas a alegria. Sendo assim, eu o considerava um amigo e não pensava de outro modo a não ser que nos encontraríamos e que apenas por enquanto isso não havia acontecido, mas que éramos próximos. E de repente leio: faleceu. O apoio fugiu-me aos pés. Fiquei desnorteado, e depois se tornou claro como ele era importante para mim, e então chorei e continuo chorando. Alguns dias antes da sua morte, li *Humilhados e ofendidos* e me comovi". E em outra carta, anterior: "Há pouco estava lendo [*Recordações da*] *Casa dos mortos*. Tinha esquecido muita coisa, comecei a reler e não conheço livro melhor em toda a nova literatura, com exceção de Púchkin. Não é o tom, mas o ponto de vista que é surpreendente: sincero, natural e cristão. Um livro bom e edificante. Ontem

---

[2] Do discurso proferido junto ao túmulo de Dostoiévski, em 1º [13] de fevereiro de 1881. (N. do A.)

[3] Nikolai Nikoláievitch Strákhov (1828-1896), crítico conservador, escritor, amigo de Fiódor Dostoiévski e colaborador nos jornais dos irmãos Dostoiévski na década de 1860: *Vrêmia* [Tempo] e *Epokha* [Época]. (N. da T.)

tive por isso um dia muito agradável, como há muito não tinha. Se encontrar Dostoiévski, diga-lhe que eu o amo".[4]

Essas qualidades do coração e esse ponto de vista ressaltados pelo conde Tolstói estão estreitamente relacionados com a ideia predominante que Dostoiévski levou consigo a vida inteira, embora só perto do fim tivesse começado a apoderar-se dela por completo. Ao esclarecimento dessa ideia são dedicados os meus três discursos.

Primeiro discurso

Nos primórdios da humanidade, os poetas eram profetas e sacerdotes, a ideia religiosa dominava a poesia, a arte servia aos deuses. Mais tarde, quando a vida ficou mais complexa, quando surgiu a civilização baseada na divisão do trabalho, a arte, assim como outras atividades humanas, isolou-se e separou-se da religião. Se antes os artistas serviam aos deuses, agora a própria arte transformava-se em divindade e ídolo. Surgiram sacerdotes da arte pura, para os quais a perfeição da forma artística era o principal, além de qualquer conteúdo religioso. A dupla primavera dessa arte livre (no mundo clássico e na nova Europa) foi suntuosa, mas não eterna. Diante de nossos olhos, chegou ao fim o florescimento da nova arte europeia. As flores despetalaram-se, mas os frutos estavam apenas começando a germinar. Teria sido injusto exigir do gérmen qualidades de fruto maduro; pode-se só prever essas qualidades vindouras. É preciso tratar o atual estado da arte e da literatura exatamente desse modo. Os artistas atuais não podem e não querem servir à beleza pura, produzir formas perfeitas; eles buscam o conteúdo. Porém, estranhos ao prévio conteúdo religioso da arte, voltam-se inteiramente à realidade do presente e, em relação a ela, colocam-se *duplamente* como escravos: em primeiro lugar, esforçam-se servilmente em copiar os fenômenos dessa realidade; em segundo lugar, buscam, com a mesma servilidade, trabalhar a favor do tema do dia, satisfazer o estado de espírito social de determinado momento, professar a moral em voga, pensando que assim tornam a arte útil. É claro que não atingem nem aquele nem este objetivo. Na

---

[4] Retirado do volume I das *Obras completas* [de Lev Tolstói], anexos, pp. 67 e 69. (N. do A.)

fracassada perseguição a detalhes efemeramente reais,[5] apenas se perde a verdadeira realidade do todo, enquanto o esforço de unir a arte a um caráter instrutivo e à utilidade externa em detrimento da sua beleza interna a transforma na coisa mais inútil e desnecessária do mundo, pois está claro que a obra de arte ruim, por melhor que seja a sua tendência, não ensina nada e não pode ter utilidade nenhuma.

Decretar a condenação incondicional do estado contemporâneo da arte e da sua orientação dominante é muito fácil. A decadência geral das obras de arte e os frequentes atentados à ideia de beleza saltam demais aos olhos; porém, ainda assim, condenar incondicionalmente tudo isso seria injusto. Nessa produção artística contemporânea baixa e grosseira, sob esse olhar duplamente servil, ocultam-se vozes de divina grandeza. As exigências da realidade contemporânea e de uma utilidade direta da arte, sem o menor sentido em seu atual emprego grosseiro e obscuro, aludem, no entanto, à ideia suprema e profundamente autêntica da arte, à qual ainda não chegaram nem os representantes nem os intérpretes da arte pura. Insatisfeitos com a beleza da forma, os artistas contemporâneos querem, mais ou menos conscientemente, que a arte seja uma *força real*, capaz de iluminar e de transformar todo o mundo humano. A arte precedente fazia com que o ser humano se *abstraísse* das trevas e da maldade reinantes no mundo, ela o conduzia por suas alturas serenas e *distraía-o* com as suas obras iluminadas; a arte atual, ao contrário, *atrai* o ser humano para as trevas e a maldade cotidianas, com a intenção, às vezes pouco clara, de iluminar essa escuridão, de apaziguar essa maldade. Mas onde a arte buscará a força que ilumina e transforma? Se a arte não deve se limitar a abstrair o ser humano da vida de maldades, mas deve melhorar a própria vida, então esse objetivo grandioso não pode ser alcançado pela simples reprodução da realidade. Figurar ainda não significa transfigurar, e o desmascaramento ainda não é a restauração. A arte pura ergueu o ser humano acima da terra, conduziu-o a alturas olímpicas; a nova arte retorna à terra, com amor e compaixão, mas não para mergulhar nas trevas e na maldade da vida terrena — pois para isso não é preciso nenhuma arte —, mas sim para curar e renovar essa vida. Para isso, é pre-

---

[5] Todo detalhe, tomado isoladamente, por si só, não é real, porquanto são reais apenas *todos juntos*; além disso, o artista realista, de qualquer modo, vê a realidade *a partir de si*, compreende-a a seu modo e, consequentemente, isso já não é a realidade *objetiva*. (N. do A.)

ciso estar em comunhão e em proximidade com a terra, é preciso amor e compaixão por ela, mas é preciso também algo mais. Para exercer uma ação poderosa sobre a terra, é preciso mudá-la e recriá-la, atrair e aplicar à terra *forças não terrenas*. A arte que se desligou, que se destacou da religião, deve estabelecer com ela uma ligação nova e livre. Artistas e poetas devem de novo se tornar sacerdotes e profetas, mas agora num outro sentido, ainda mais importante e supremo: não apenas a ideia religiosa irá dominá-los, mas eles próprios dominarão a ideia religiosa e guiarão as personificações terrenas dela. A arte do futuro, que, *por si só*, depois de prolongadas provações, voltará à religião, já não será de modo algum aquela arte dos primórdios, que ainda não havia se separado da religião.

Apesar do caráter (aparentemente) antirreligioso da arte contemporânea, o olhar perspicaz será capaz de distinguir nela traços vagos da futura arte religiosa, precisamente em sua dupla aspiração: à personificação integral de uma ideia nos mínimos detalhes materiais, até a fusão quase completa com a realidade corrente, e, junto com isso, a aspiração a *influenciar* a vida real, fazendo nela correções e melhorias, de acordo com conhecidas normas ideais. É verdade que as próprias normas são ainda bastante medíocres, e os esforços suscitados por elas, bastante malsucedidos. Por não reconhecer o caráter religioso de sua tarefa, a obra artística realista recusa o único apoio firme e a única alavanca potente para a sua própria ação moral sobre o mundo.

Mas todo o realismo grosseiro da obra artística contemporânea é apenas o rígido invólucro em que se esconde, provisoriamente, a poesia proverbial do futuro. Isso não é apenas um sonho pessoal: fatos positivos levam a essa conclusão. Já surgem artistas que, saindo do realismo reinante e permanecendo ainda, em medida significativa, no seu solo baixo, ao mesmo tempo alcançam a verdade religiosa, a ela relacionam a tarefa de suas obras, dela haurem o seu ideal social, com ela sagram o seu serviço social. Se, na obra artística realista contemporânea, vemos uma espécie de promessa da nova arte religiosa, então essa promessa já começa a se cumprir. Ainda não há representantes dessa nova arte religiosa, mas já surgem os seus precursores. Um desses precursores foi Dostoiévski.

Pertencendo, pelo gênero de sua atividade, ao grupo dos artistas do romance, e sendo inferior a alguns deles só em um aspecto ou outro, Dostoiévski tem, perante todos, a vantagem de enxergar não apenas em torno de si, mas adiante, ao longe...

À exceção de Dostoiévski, todos os nossos melhores romancistas tomam a vida que os cerca assim como a encontraram, como ela se constituiu e se manifestou: em suas formas prontas, firmes e claras. São assim, em particular, os romances de Gontcharov e do conde Lev Tolstói. Ambos reproduzem a sociedade russa, gerada durante séculos (proprietários, funcionários públicos, às vezes camponeses), em seu cotidiano, em formas que existem há muito tempo e estão parcialmente obsoletas ou começam a se tornar obsoletas. Os romances desses dois escritores são definitivamente análogos quanto ao seu objeto artístico, com toda a particularidade do talento de cada um. A particularidade que distingue Gontcharov é a força da generalização artística, graças à qual ele conseguiu criar um tipo panrusso como Oblómov, para o qual, *em sua amplitude*, não encontramos equivalente em nenhum dos escritores russos.[6] Já no que se refere a Tolstói, todas as suas obras distinguem-se nem tanto pela amplitude dos tipos (nenhum de seus heróis teve seu nome transformado em substantivo comum), quanto pela mestria da pintura detalhada, pela representação viva de todo tipo de pormenor da vida das pessoas e da natureza; a sua principal força está na apuradíssima reprodução do *mecanismo das manifestações espirituais*. Mas também essa pintura dos detalhes externos e essa análise psicológica surgem sobre o pano de fundo invariável da vida pronta, já formada, exatamente da vida da família russa nobre, ainda mais acentuada pelas imagens fixas do povo simples. O soldado Karatáiev é modesto demais para encobrir os senhores, e nem a figura histórica mundial de Napoleão é capaz de ampliar esse horizonte estreito: o potentado da Europa aparece apenas na medida em que mantém contato com a vida do fidalgo russo; mas esse contato pode se limitar a muito pouco, por exemplo, ao famoso ato de lavar-se, aspecto em que o Napoleão do conde Tolstói compete condignamente com o general Bétrischev de Gógol. Nesse mundo fixo, tudo está claro e determinado, tudo foi estabelecido; se há algum desejo de algo mais, alguma tentativa de sair desses limites, então essa tentativa está direcionada não para a

[6] Comparados a Oblómov, Fámussovs e Moltchálins, Oniéguins e Petchórins, Manílovs e Sobakévitchs, sem falar nos heróis de [Aleksandr] Ostróvski, todos eles possuem apenas um significado *particular*. (N. do A.) [Fámussov e Moltchálin são personagens da peça *A desgraça de ter espírito*, de Aleksandr Griboiêdov. Manílov e Sobakévitch são personagens de *Almas mortas*, de Nikolai Gógol.]

frente, mas para trás, para uma vida ainda mais simples e imutável, para a vida da natureza (*Os cossacos*, "Três mortes").

O mundo artístico de Dostoiévski apresenta caráter completamente contrário. Aqui tudo está em fermentação, nada foi estabelecido, tudo ainda está acontecendo. O objeto do romance não é o *cotidiano* da sociedade, mas o *movimento* social. De todos os nossos romancistas notáveis, só Dostoiévski tomou o movimento social como objeto principal de sua obra. Comumente, nesse aspecto, comparam-no a Turguêniev, mas sem fundamento suficiente. Para caracterizar o significado geral de um escritor, é preciso pegar as suas melhores obras e não as piores. Pois as melhores obras de Turguêniev, em particular *Memórias de um caçador* e *Ninho de fidalgos*, apresentam maravilhosos quadros não do movimento social, mas somente de um *estado* social, aquele mesmo mundo da nobreza que encontramos em Gontcharov e em Lev Tolstói. Embora depois Turguêniev tenha constantemente seguido o nosso movimento social de perto e, em parte, tenha aceitado a sua influência, o sentido desse movimento não foi desvendado por ele, e o romance especialmente dedicado a esse objeto (*Terra virgem*) mostrou-se um completo fracasso.[7]

Dostoiévski não cedeu à influência das aspirações que reinavam ao seu redor, não acompanhou de modo submisso as fases do movimento social; ele previu as viragens desse movimento e antecipadamente as *julgou*. E ele podia julgá-las por direito, pois tinha a medida desse julgamento em sua fé, que o colocava acima das correntes dominantes, permitia que ele enxergasse muito além dessas correntes e não se deixasse arrebatar por elas. Por força de sua fé, Dostoiévski previu corretamente o objetivo supremo e distante de todo o movimento, enxergou com clareza os desvios em relação a esse objetivo, por direito julgou-os e com justiça condenou-os. Essa condenação justa teve como alvo apenas os falsos caminhos e os maus procedimentos do movimento social, e não o próprio movimento, necessário e desejado; essa condenação teve como alvo a compreensão mesquinha da verdade social, o ideal social enganoso e não a busca da verdade social, não a aspiração de concretização do ideal social. Esse último também para Dostoiévski viria mais tarde: ele

[7] Embora a palavra "niilista" pertença a Turguêniev em seu significado geral, o sentido prático do movimento niilista não foi desvendado por ele, e as manifestações ulteriores desse movimento, já bem distantes das conversas de Bazárov, revelaram-se uma penosa surpresa para o autor de *Pais e filhos*. (N. do A.)

acreditava não apenas no Reino Divino passado, mas também no vindouro, e compreendia a necessidade do trabalho e do feito para sua concretização. Quem conhece o verdadeiro objetivo de um movimento é capaz de julgar os seus desvios e deve fazê-lo. E Dostoiévski tinha ainda mais direito a isso por ter experimentado originariamente esses desvios: ele próprio havia tomado um falso caminho. O ideal religioso positivo, que colocou Dostoiévski tão acima das tendências dominantes no pensamento social, esse ideal positivo não se revelou a ele de imediato, mas foi alcançado após uma luta difícil e longa. Ele julgava aquilo que conhecia, e o seu julgamento era justo. E, quanto mais clara se tornava para ele a verdade suprema, mais definitivamente ele devia condenar os falsos caminhos da ação social.

O sentido geral de toda a atividade de Dostoiévski, ou o significado de Dostoiévski como ativista social, consiste na resolução desta dupla questão: o ideal supremo da sociedade e o verdadeiro caminho para alcançá-lo.

A legítima causa do movimento social encerra-se na contradição entre as exigências morais da pessoa e o regime social constituído. A partir daí, também Dostoiévski começou como aquele que descreve, interpreta e, além disso, participa ativamente do novo movimento social. Um sentimento profundo da inverdade social, embora na forma mais inofensiva, expressou-se em sua primeira novela, *Gente pobre*. O significado social dessa novela (à qual se juntou também o romance posterior *Humilhados e ofendidos*) resume-se àquela verdade antiga, porém eternamente nova, segundo a qual, na presente ordem das coisas, as *melhores* pessoas (moralmente) são, ao mesmo tempo, as *piores* para a sociedade, aquelas destinadas a serem pobres, humilhadas e ofendidas.[8]

Se a injustiça social fosse para Dostoiévski apenas tema de novela ou de romance, então ele teria sido apenas um literato e não teria alcançado esse significado singular na vida da sociedade russa. Mas, para Dostoiévski, o conteúdo de sua novela era também uma tarefa de vida. Ele logo colocou a questão no campo moral e prático. Tendo enxergado

[8] É o mesmo tema de *Os miseráveis*, de Victor Hugo: o contraste entre a qualidade moral interior do ser humano e a sua posição social. Dostoiévski tinha esse romance em alta conta e ele próprio sofreu certa influência, embora bastante superficial, de Victor Hugo (a inclinação à antítese). Influência mais profunda exerceram sobre ele, além de Púchkin e Gógol, Dickens e George Sand. (N. do A.)

e condenado o que se fazia no mundo, perguntou: o que deve ser feito, então?

Antes de tudo, apresentava-se uma decisão simples e clara: as melhores pessoas, que viam em outros e em si próprias a capacidade de sentir a inverdade social, deviam se unir, rebelar-se contra essa inverdade e recriar a sociedade a seu modo.

Quando a primeira tentativa ingênua[9] de colocar em prática essa decisão levou Dostoiévski ao patíbulo e aos trabalhos forçados, ele, assim como seus camaradas, conseguiu no início ver nesse desfecho do seu projeto somente o próprio fracasso e a violência alheia. A sentença que o atingiu foi severa. Mas a sensação de ter sido ofendido não impediu Dostoiévski de compreender que o seu projeto de viragem social não estava certo, que ele era necessário apenas ao próprio Dostoiévski e a seus camaradas.

Em meio aos horrores da casa dos mortos, Dostoiévski pela primeira vez deparou-se conscientemente com o verdadeiro sentimento popular e, à sua luz, enxergou com clareza o desacerto de suas aspirações revolucionárias. Os camaradas de cárcere de Dostoiévski eram, em sua grande maioria, pessoas simples, do povo, e, afora algumas notáveis exceções, as piores pessoas simples. Entretanto, também as piores pessoas simples normalmente conservam aquilo que as melhores pessoas da *intelligentsia* já perderam: a crença em Deus e o reconhecimento da própria condição de pecador. Os criminosos simples, apartados da massa popular por suas más ações, não se afastam nem um pouco dela em termos de sentimentos e pontos de vista, em termos de concepção religiosa do mundo. Na casa dos mortos, Dostoiévski conheceu "gente pobre" (ou, segundo a expressão popular, infelizes) de verdade. Aquelas outras pessoas, que ele deixara para trás, ainda encontravam refúgio contra a ofensa social no sentimento do próprio mérito, da própria superioridade como pessoa. Nos trabalhadores forçados não havia isso, mas havia algo mais. As piores pessoas da casa dos mortos devolveram a Dostoiévski o que as melhores pessoas da *intelligentsia* haviam-lhe roubado. Se lá, entre os representantes da ilustração, um resto de sentimento religioso fazia-o empalidecer diante das blasfêmias do literato vanguardista, ali, na casa dos mortos, esse sentimento devia renascer e renovar-se sob a impressão causada pe-

[9] Ingênua especialmente da parte de Dostoiévski, para quem os caminhos da viragem social mostravam-se em traços extremamente indeterminados. (N. do A.)

la fé resignada e devota dos forçados. Ainda que esquecidas pela Igreja e oprimidas pelo governo, essas pessoas acreditavam na Igreja e não repudiavam o governo. E, no momento mais grave, oriunda da multidão impetuosa e feroz dos condenados a trabalhos forçados, ergueu-se na memória de Dostoiévski a imagem imponente e dócil do mujique servo Marei, encorajando, com amor, o patrãozinho assustado. E ele sentiu e compreendeu que, diante dessa suprema verdade de Deus, toda a sua verdade autofabricada era uma mentira, e a tentativa de incuti-la nos outros, um crime.

Em lugar da raiva de revolucionário fracassado, Dostoiévski levou dos trabalhos forçados a visão clara de um homem renascido moralmente. "Mais fé, mais unidade, e se, além disso, ainda houver amor, então tudo estará resolvido", escreveu ele. Essa força moral, renovada pelo contato com o povo, deu a Dostoiévski o direito a um lugar elevado no meio do nosso movimento social, não como alguém que serve ao tema do dia, mas como um verdadeiro promotor do pensamento social.

O ideal social positivo ainda não estava inteiramente claro para o intelecto de Dostoiévski no retorno da Sibéria. Entretanto, nesse aspecto, três verdades já se encontravam completamente claras: ele compreendeu, antes de tudo, que pessoas isoladas, ainda que fossem as melhores pessoas, não tinham o direito de coagir a sociedade em nome de uma superioridade pessoal; compreendeu também que a verdade social não se inventa em inteligências isoladas, mas está enraizada no sentimento do povo; e, finalmente, compreendeu que essa verdade tem um sentido religioso e está relacionada, obrigatoriamente, com a fé em Cristo, com o ideal de Cristo.

Consciente dessas verdades, Dostoiévski adiantou-se muito em relação à orientação dominante no pensamento social, e graças a isso *pôde prever* e apontar para onde seguia essa orientação. Sabe-se que o romance *Crime e castigo* foi escrito antes do crime de Danílov[10] e de Karakózov, e o romance *Os demônios*, antes do processo do caso Netcháiev.[11] A ideia do primeiro desses romances, com toda a profundidade dos detalhes, é

---

[10] Estudante da Universidade de Moscou que matou e roubou um agiota, tendo, para isso, planos bem específicos. (N. do A.)

[11] Em 1869, o niilista Serguei Netcháiev comandou o assassinato do estudante I. Ivanov, integrante de seu grupo político. O caso, considerado inspirador do romance *Os demônios*, causou grande comoção na época. (N. da T.)

muito simples e clara, embora muitos não a tenham compreendido. O personagem principal é um representante da concepção de que todo homem forte é senhor de si, e a ele tudo se permite. Em nome de sua superioridade pessoal, em nome do fato de ser ele próprio a força, esse personagem acha-se no direito de cometer um assassinato, e realmente o comete. Mas eis que, de repente, a ação que ele julgava ser só violação de uma lei externa sem sentido e uma provocação contra o preconceito social, de repente, para a sua consciência, mostra-se como algo muito maior, como um pecado, como a violação de uma verdade moral interior. A violação da lei externa recebe a pena legal externa de degredo e trabalhos forçados, mas o pecado interno do orgulho, que separa da humanidade o homem forte e leva-o a cometer um homicídio, esse pecado interior de autoendeusamento pode ser expiado somente pelo feito moral interno da renúncia voluntária. O excesso de confiança em si próprio deve desaparecer diante da fé naquilo que é mais do que o *próprio* homem, e a absolvição por conta própria deve se submeter à verdade suprema de Deus, que vive naquelas mesmas pessoas simples e fracas para as quais o homem forte olhava como se fossem insetos insignificantes.

Em *Os demônios*, esse mesmo tema aparece, se não aprofundado, pelo menos significativamente ampliado e agravado. Todas as pessoas que alimentam o sonho da viragem à força, da reformulação do mundo à sua maneira, cometem crimes cruéis e matam do modo mais vergonhoso, enquanto a Rússia curada pela fé inclina-se diante do seu Salvador.

O significado social desses romances é enorme; neles são *previstos* fenômenos sociais importantes, que não demoraram a se revelar; além disso, esses fenômenos são condenados em nome da suprema verdade religiosa, e aponta-se como melhor saída para o movimento social o acolhimento dessa mesma verdade.

Ao condenar a busca de uma verdade arbitrária e abstrata, que gera apenas crimes, Dostoiévski contrapõe a ela o ideal religioso, baseado na fé em Cristo. O retorno a essa fé é a saída geral tanto para Raskólnikov quanto para toda sociedade tomada por demônios. Só e apenas a crença em Cristo, viva no povo, conserva em si aquele ideal social positivo, em que o homem isolado é solidário com todos. Do homem que já perdeu essa solidariedade, exige-se, antes de tudo, a renúncia a seu orgulhoso recolhimento, para que, por meio de um ato moral de abnegação, ele de novo se reúna espiritualmente ao povo como um todo. Mas em nome de quê? Em nome apenas do fato de que ele é povo, de que 60 milhões são mais do que uma unidade ou mil? Certamente há pessoas que entendem exatamente assim. Mas essa compreensão, simples demais, era inteiramente estranha a Dostoiévski. Ao exigir da pessoa apartada o retorno ao povo, ele tinha em vista, acima de tudo, o retorno à verdadeira fé que ainda se conserva no povo. No ideal social de irmandade ou de solidariedade universal em que acreditava Dostoiévski, o importante era o significado religioso-moral, e não o nacional. Já em *Os demônios*, há uma afiada zombaria em relação aos que reverenciam o povo apenas porque ele é povo e consideram a ortodoxia apenas como um atributo do povo russo.

Se quisermos abarcar numa só palavra o ideal social a que chegou Dostoiévski, então essa palavra será não povo, mas *Igreja*.

Acreditamos na Igreja como o corpo místico de Cristo; conhecemos a Igreja também como a reunião de crentes de uma ou outra profissão de fé. Mas o que é a Igreja como ideal social? Dostoiévski não tinha nenhuma pretensão teológica, e por isso não temos o direito de buscar nele nenhum tipo de determinação lógica da Igreja em sua essência. Entretanto, ao pregar a Igreja como ideal social, ele manifestou uma condição plenamente clara e determinada, tão clara e determinada quanto aquela condição anunciada pelo socialismo europeu (embora diretamente oposta a ela). (Por isso, em seu último diário, Dostoiévski chamou a fé do povo na Igreja de "nosso socialismo russo".) Os socialistas europeus exigem o rebaixamento de todos, à força, ao nível puramente material de operários bem alimentados e autossuficientes, exigem o rebaixamento do governo e da sociedade ao grau de simples associação econômica. O "socialismo russo" de que fala Dostoiévski, ao contrário, *eleva* todos ao nível moral da Igreja como irmandade espiritual, e, embora conserve a desigualdade externa das posições sociais, exige a espiritualização de todo o regime governamental e social por meio da personificação nele da verdade e da vida de Cristo.

A Igreja como ideal social positivo devia servir de ideia central para um novo romance ou uma nova série de romances, dos quais foi escrito apenas o primeiro: *Os irmãos Karamázov*.[12]

---

[12] A ideia principal, e em parte também o plano de sua nova obra, Dostoiévski contou-me em traços breves no verão de 1878. Nesse mesmo ano (e não em 1879, como foi dito por engano nas memórias de Nikolai Strákhov), nós estivemos no [monastério de] Óptina Pústin. (N. do A.)

Se esse ideal social de Dostoiévski opõe-se diretamente ao ideal dos ativistas contemporâneos retratados em *Os demônios*, então, do mesmo modo, opõem-se a eles também os caminhos percorridos para alcançá-lo. Lá o caminho é a violência e o homicídio, aqui o caminho é o *feito* moral, e, nesse caso, um feito duplo, um ato duplo de abnegação moral. Acima de tudo, exige-se do indivíduo que ele renuncie à sua opinião particular e arbitrária, à sua verdade autogerada, em nome da fé e da verdade geral, de todo o povo. O indivíduo deve se curvar diante da verdade do povo não porque ela é do povo, mas sim porque ela é verdadeira. E se é assim, então isso significa que o povo, em nome da verdade em que acredita, também deve renunciar e renuncia a tudo aquilo que, nele próprio, não está de acordo com a verdade religiosa.

A posse da verdade não pode ser privilégio do povo, assim como também não pode ser privilégio de um único indivíduo. A verdade só pode ser universal, e do povo exige-se o feito de servir a essa verdade universal, ainda que, e até *necessariamente*, sacrificando o próprio egoísmo nacional. O povo deve se justificar diante da verdade universal e deve entregar a própria alma se quiser salvá-la.

A verdade universal personifica-se na Igreja. O ideal e o objetivo definitivos não estão no povo, que, por si só, é apenas uma força servidora, mas na Igreja, que é o objeto supremo ao qual se deve servir, que exige um feito moral não apenas de cada indivíduo, mas do povo inteiro.

Assim, portanto, a Igreja, como ideal social positivo, como base e objetivo de todos os nossos pensamentos e causas, e o feito do povo, como caminho direto para a concretização desse ideal, são a palavra final a que chegou Dostoiévski e que iluminou toda a sua atividade com uma luz profética.

Segundo discurso (proferido em 1º [13] de fevereiro de 1882)

Vou falar apenas do mais importante e essencial na atividade de Dostoiévski. Dada a rica e complexa natureza de Dostoiévski, dada a sua extraordinária sensibilidade e capacidade de compreender todos os fenômenos da vida, seu mundo espiritual apresentava uma variedade tão grande de sentimentos, pensamentos e ímpetos, que se torna impossível reconstituí-lo em um discurso curto. Porém, opinando sobre *tudo* com tanto ardor espiritual, ele sempre reconheceu apenas uma *ideia* como a mais importante e incondicionalmente necessária, diante da qual todo o restante devia *se prostrar*. Essa ideia central, à qual Dostoiévski serviu em toda a sua atividade, era a ideia cristã da união livre de toda a humanidade, da irmandade universal em nome de Cristo. Dostoiévski pregava essa ideia quando falava da verdadeira Igreja, da ortodoxia universal, via justamente nela a essência espiritual, ainda não revelada, do povo russo, a tarefa histórica mundial da Rússia, aquela palavra nova que a Rússia devia dizer ao mundo. Embora já tenham se passado dezoito séculos desde a época em que essa palavra foi anunciada por Cristo pela primeira vez, em verdade ela ainda é inteiramente nova nos nossos dias, e um pregador da ideia cristã, como foi Dostoiévski, pode com toda justiça ser chamado de "predecessor clarividente" do verdadeiro cristianismo. Para ele, Cristo não era apenas um fato do passado, um milagre distante e inalcançável. Quando se enxerga Cristo desse modo, então facilmente se pode fazer Dele uma imagem morta, à qual se prostram nas igrejas em dias santos, mas que não encontra lugar na vida. Todo o cristianismo estaria encerrado entre as paredes do templo e seria transformado em cerimônia e palavras de oração, enquanto a vida ativa permaneceria inteiramente não cristã. Essa Igreja de aparência encerraria em si a fé verdadeira, porém uma fé tão fraca que seria alcançada apenas nos minutos das cerimônias. Esse é o cristianismo *de templo*. E no início ele deve existir, pois na terra o externo vem antes do interno; mas ele não é suficiente. Há outro tipo ou grau de cristianismo, que já não se contenta com o serviço religioso: ele quer orientar a vida ativa do ser humano, ele sai do templo e passa a habitar a morada dos homens. Seu território é a vida interior da pessoa. Nela Cristo surge como o ideal moral supremo, a religião concentra-se na moral de cada pessoa e o seu objetivo é a salvação de cada uma das almas humanas. Nesse cristianismo também existe a fé verdadeira, mas aqui também ela ainda é fraca: ela consegue alcançar apenas a vida *pessoal* e as causas *particulares* de cada pessoa. Esse é o cristianismo *de casa*. Ele deve existir, mas também não é suficiente. Pois ele não cuida do mundo inteiro, de toda a humanidade, de todas as coisas, sociais, civis e internacionais — ele abandona tudo isso e deixa aos cuidados do poder de maus dirigentes anticristãos. Entretanto, se o cristianismo é a verdade suprema incondicional, então não é assim que deve ser. O verdadeiro cristianismo não pode ser apenas de casa, nem apenas de templo, ele deve ser *universal*, ele deve se estender à humanidade inteira e a todas as causas humanas. E, se Cristo é realmente a encarnação da verdade, então Ele não deve permanecer apenas em imagens nos templos, nem apenas no ideal pessoal: nós devemos reconhecê-Lo como o princípio histórico mundial, como o fundamento vivo e a pedra angular da Igreja de toda a humanidade. Todas as causas e relações humanas devem ser definitivamente guiadas pelo mesmo princípio moral ao qual nos prostramos nos templos e que reconhecemos em nossa vida doméstica, ou seja, o princípio do amor, da concórdia livre e da unidade irmanada.

Esse cristianismo universal é o que Dostoiévski pregava e anunciava.

O cristianismo de templo e o de casa existem na realidade — são um *fato*. O cristianismo universal ainda não existe na realidade, ele é apenas um *objetivo*, e um objetivo enorme, que, pelo visto, ultrapassa as forças humanas. Na realidade, todas as causas humanas, a política, a ciência, a arte, a economia, quando se encontram fora do princípio cristão, em vez de unirem, desirmanam e separam as pessoas, pois todas essas causas são governadas pelo egoísmo e proveito pessoal, pela competição e luta, e geram opressão e violência. Essa é a realidade, esse é o fato.

Entretanto, o mérito e todo o significado de pessoas como Dostoiévski estão precisamente em que elas não se curvam à força dos fatos e não servem a ela. Contra a força ordinária daquilo que existe, essas pessoas possuem em si a força espiritual da fé na verdade e no bem, naquilo que deve existir. Não se deixar seduzir pela aparente supremacia do mal e não renunciar, por causa dela, ao bem inaparente é um feito de fé. Nele está toda a força do homem. Quem não é capaz de realizar esse feito, nada faz e nada diz à humanidade. As pessoas do fato vivem uma vida alheia, não são elas que criam a vida. Quem *cria a vida* são as pessoas da fé. São as pessoas chamadas sonhadoras, utópicas, *iuródivi*[13] — elas são os profetas, são verdadeiramente as melhores pessoas e os guias da humanidade. Nós hoje compreendemos essas pessoas.

Sem se perturbar com o caráter anticristão de toda a nossa vida e atividade, sem se perturbar com o desânimo e a inação do nosso cristianismo, Dostoiévski acreditava no cristianismo vivo e ativo, na Igreja universal e na ortodoxia mundial, e pregava isso. Ele falava não apenas do que há, mas também do que deve haver. Ele falava da Igreja ortodoxa universal não apenas como uma instituição divina, invariavelmente presente,

[13] Misto de bobo, mendigo alienado e profeta. (N. da T.)

mas também como o *objetivo* da ligação com tudo o que é humano, com tudo o que é terrestre em nome de Cristo e no espírito de Cristo: no espírito do amor e da misericórdia, do feito e do autossacrifício. A verdadeira Igreja, a que Dostoiévski pregava, é aquela de toda a humanidade, antes de tudo no *sentido* de que, nela, deve desaparecer inteiramente a divisão dos homens em tribos e povos hostis que rivalizam entre si. Todos eles, sem perder o caráter nacional, mas apenas se libertando do egoísmo nacional, podem e devem se unir em nome do renascimento do mundo inteiro. Por isso, Dostoiévski, ao falar da Rússia, não podia ter em vista o isolamento. Ao contrário, ele acreditava que todo o significado do povo russo estava em servir ao verdadeiro cristianismo, e nele não há nem grego nem judeu.[14] É verdade que ele considerava a Rússia como o povo escolhido por Deus, mas escolhido não para rivalizar com outros povos, não para dominá-los ou ter primazia sobre eles, mas para servir livremente a todos os povos e para constituir, em união irmanada com eles, a verdadeira humanidade e a Igreja universal.

Dostoiévski nunca idealizou o povo e nem se prostrou diante dele como diante de um ídolo. Ele acreditava na Rússia e vaticinava-lhe um futuro grandioso, mas a principal garantia desse futuro era, a seu ver, exatamente a fraqueza do egoísmo nacional e a excepcionalidade do povo russo. Nele, dois traços eram particularmente caros a Dostoiévski. Em primeiro lugar, a extraordinária capacidade de assimilar o espírito e as ideias de outros povos, de encarnar em si a essência espiritual de todas as nações — traço que se manifestara sobremaneira na poesia de Púchkin. O segundo traço apontado por Dostoiévski no povo russo, ainda mais importante, era a consciência da própria condição de pecador, a incapacidade de colocar a própria imperfeição na qualidade de lei e direito e de conformar-se com ela, de onde vêm a exigência de uma vida melhor, a sede de pureza e de feitos. Sem isso não há a verdadeira atividade nem para a pessoa isoladamente nem para o povo como um todo. Por mais profunda que seja a queda de uma pessoa ou de um povo, por mais que a sua vida esteja repleta de imundice, essa pessoa ou esse povo pode sair dela e erguer-se, se *quiser*, ou seja, se reconhecer a sua má atividade apenas como má, apenas como um fato que não deve existir, em vez de fazer desse mau fato uma lei e um princípio invariáveis, em vez de transformar

[14] Colossenses 3, 11. (N. da T.)

o próprio pecado em uma verdade. Entretanto, se a pessoa ou o povo não se conformar com a má atividade que pratica e se a condenar como um pecado, então isso quer dizer que essa pessoa ou povo tem alguma noção ou ideia, ou apenas um pressentimento, de outra vida melhor, daquilo que *deve* ser. Eis por que Dostoiévski afirmava que o povo russo, apesar de sua aparente imagem bestial, no fundo de sua alma carrega outra imagem, a imagem de Cristo, e, quando chegar a hora, mostrará Cristo na realidade a todos os povos, fará com que se aproximem Dele, e junto com eles alcançará o objetivo de toda a humanidade.

E esse objetivo, ou seja, o verdadeiro cristianismo, é de toda a humanidade, não apenas no sentido de que ele deve unir todos os povos em uma *única fé*, mas também, e mais importante, no sentido de que ele deve unir e reconciliar todas as *causas* humanas em uma única causa mundial comum, pois sem ele até a fé universal comum seria apenas uma fórmula abstrata e um dogma morto. Porém, essa reunificação das causas comuns à humanidade, pelo menos das mais elevadas dentre elas, em uma única ideia cristã, foi não apenas pregada por Dostoiévski, mas, até certo grau, também demonstrada em sua própria atividade. Sendo um homem *religioso*, foi, além disso, um *pensador* livre e um *artista* grandioso. Nele, esses três aspectos, essas três causas elevadas não impunham limites uma à outra e não se excluíam, mas sim coexistiam inseparavelmente em toda a sua atividade. Em suas convicções, ele nunca separou a verdade do bem e da beleza; em sua obra artística, nunca colocou a beleza separada do bem e da verdade. E ele estava certo, pois esses três vivem apenas em união. O bem separado da verdade e da beleza é apenas um sentimento indeterminado, um ímpeto sem força; a verdade abstrata é uma palavra vazia; a beleza sem o bem e a verdade é um ídolo. Já para Dostoiévski, eles eram apenas três tipos inseparáveis de uma mesma ideia incontestável. A infinitude da alma humana revelada em Cristo, capaz de conter em si toda a infinitude da divindade — essa ideia é, ao mesmo tempo, o bem maior, a verdade suprema e a beleza perfeita. A verdade é o bem pensado pela inteligência humana; a beleza é esse mesmo bem e essa mesma verdade corporeamente personificada em uma forma viva concreta. E a sua personificação integral já é, em tudo, o final, o objetivo e a perfeição, e eis por que Dostoiévski dizia que a beleza salvará o mundo.

O mundo não deve ser salvo à força. O objetivo não está na simples união de todas as partes da humanidade e de todas as causas humanas em uma única causa comum. É possível imaginar as pessoas trabalhando juntas para alcançar um objetivo grandioso, unindo-se em nome dele e subordinando a ele todas as suas atividades particulares, mas, se esse objetivo lhes for *imposto*, se for para elas algo fatal e constante, se elas estiverem unidas por um instinto cego ou por imposição externa, então, ainda que essa unidade se estenda a toda a humanidade, isso não será a verdadeira humanidade, mas apenas um enorme "formigueiro". Houve exemplos desses formigueiros, como sabemos, nos despotismos orientais, na China, no Egito, e, em pequenas dimensões, houve deles já nos novos tempos, colocados em prática por comunistas na América do Norte. Contra tais formigueiros insurgiu-se Dostoiévski com toda a sua força, pois via neles o antípoda direto do seu ideal social. O ideal de Dostoiévski exige não apenas a unidade de todas as pessoas e de todas as causas humanas, mas também e mais importante: exige a sua unidade *humanamente*. A questão não está na unidade, mas em *concordar* livremente com essa unidade. A questão não está na grandiosidade nem na importância do objetivo comum, mas no reconhecimento voluntário desse objetivo.

A condição definitiva da verdadeira humanidade é a liberdade. Mas então onde está a garantia de que as pessoas chegarão livremente à unidade e não se dispersarão por todos os lados, hostilizando-se e exterminando-se, como estamos vendo agora? A garantia é uma só: a infinitude da alma humana, que não permite ao homem permanecer sempre no parcial, no mesquinho, no incompleto nem se conformar com isso, mas o obriga a buscar e a alcançar a vida humana plena, causa universal e mundial.

A fé nessa infinitude da alma humana é dada pelo cristianismo. De todas as religiões, só o cristianismo, junto com o Deus perfeito, faz o *homem perfeito*, em que a plenitude da divindade habita corporeamente. E, se a atividade plena da alma humana infinita foi realizada em Cristo, então a possibilidade, a centelha dessa infinitude e plenitude está em toda e qualquer alma humana, até naquela que decaiu ao nível mais baixo, e isso mostrou-nos Dostoiévski em seus tipos queridos.

A plenitude do cristianismo é a humanidade, e toda a vida de Dostoiévski foi um ímpeto ardente na direção da humanidade.

Não quero acreditar que essa vida passou em vão. Quero acreditar que não foi em vão que a nossa sociedade inteira chorou, comovida, a morte de Dostoiévski. Ele não deixou nenhuma teoria, nenhum sistema, nenhum plano ou projeto. Mas o princípio e o norte, o objetivo e a ideia social suprema foram colocados por ele numa altura sem precedentes. Será vergonhoso se a sociedade russa tirar a própria ideia social das alturas, substituindo a grandiosa causa comum por seus mesquinhos interesses profissionais e de classe, sob nomes diversos e sonoros. É claro que cada um, inclusive aqueles que reconhecem a grandiosa causa de toda a humanidade, tem as suas próprias causas e ocupações particulares, a sua profissão e a sua especialidade. E não é preciso de modo algum abandoná-los, desde que não haja neles nada contrário à lei moral. A causa de toda a humanidade é assim exatamente porque reúne tudo e não exclui nada, exceto a maldade e o pecado. De nós, exige-se apenas que não coloquemos a nossa pequena parte no lugar do grandioso todo, que não nos isolemos em nossa causa particular, mas que tentemos relacioná-la à causa de toda a humanidade, para que nunca percamos de vista essa causa grandiosa, para que a coloquemos acima e antes de tudo, e todo o restante depois dela. Não está em nosso poder decidir quando e como se concretizará o objetivo supremo da união de toda a humanidade. Mas colocá-lo a si mesmo como objetivo supremo e servir-lhe em todas as nossas causas — isso está em nosso poder. Está em nosso poder dizer: eis o que queremos, eis o nosso objetivo supremo e a nossa bandeira, e não aceitamos nenhum outro.

Terceiro discurso
(proferido em 19 de fevereiro [3 de março] de 1883)

No reinado de Alexandre II, terminou a formação natural externa da Rússia, a formação do seu *corpo*, e começou o processo do seu nascimento *espiritual*, em meio a sofrimentos e doenças. Qualquer novo nascimento, qualquer processo artístico que introduza elementos essenciais em novas formas e combinações é antecedido inevitavelmente da *fermentação* desses elementos. Quando se constituiu o corpo da Rússia e nasceu o governo russo, as pessoas russas, desde os príncipes com suas drujinas até o último lavrador, vagavam[15] por todo o país. Toda a Rus arrastava-

[15] No original, *brodit*, que significa caminhar, errar, perambular e também fermentar. (N. da T.)

-se em diversas direções. Por meio dessa agitação[16] externa, deu-se a consolidação externa do governo, de maneira a fazer da Rússia um único corpo. Iniciado pelos príncipes em Moscou e finalizado pelos imperadores em Petersburgo, esse processo de consolidação externa — por força do qual as antigas drujinas errantes transformaram-se em nobreza local, os antigos visitantes livres transformaram-se em pequeno-burgueses e os camponeses que se deslocavam livremente foram feitos servos —, essa organização da Rússia, consolidada pelo governo, estabeleceu os usos, costumes e atividades do povo e da sociedade dentro de limites firmes e determinados. Limites esses que permaneceram inviolados ainda quando, após a reforma de Pedro, o Grande, e, em particular, com o reinado de Alexandre I, ideias e correntes de pensamento da Europa Ocidental começaram a dominar a classe culta da sociedade russa. Nem as crenças místicas dos maçons russos, nem as ideias humanitárias dos ativistas dos anos 1840 — apesar da orientação prático-moral que com frequência adquiriram entre nós — tiveram influência significativa sobre a solidez das bases da vida cotidiana; também não impediram que as pessoas cultas pensassem do modo novo enquanto viviam do modo antigo, de acordo com as formas herdadas de seus antepassados. Até o ato de libertação do reinado passado,[17] a vida e a atividade dos russos não dependiam significativamente dos seus pensamentos e convicções; elas estavam determinadas de antemão por limites prontos, dentro dos quais se incluía cada pessoa e cada grupo de pessoas desde o nascimento. A questão específica dos objetivos da vida — *para que viver* e *o que fazer* — não podia surgir na sociedade de então, porque a vida e a atividade eram determinadas não pelo *para que*, mas pelo *por quê*. O senhor de terras vivia e agia de determinado modo não *para* algo, mas, antes de tudo, *porque* era senhor de terras, e precisamente do mesmo modo o camponês era obrigado a viver de certa maneira, e não de outra, porque ele era camponês, e, entre essas duas formas extremas, todos os grupos sociais restantes, de acordo com as normas e costumes regidos pelo governo, encontravam fundamentação suficiente, com a qual se determinava o círculo de sua vida, sem deixar lugar para a pergunta: "o que fazer?". Se a Rússia fosse apenas

---

[16] No original, *brojénie* (mesmo radical de *brodit*), que significa agitação, excitação e também fermentação. (N. da T.)

[17] Em 1861, no reinado de Alexandre II (1818-1881), foi abolida a servidão na Rússia. (N. da T.)

um *corpo* popular-governamental, como, por exemplo, a China, então ela poderia se satisfazer com essa firmeza externa e essa determinação da vida, poderia permanecer em sua organização consolidada. Mas a Rússia, batizada na fé cristã ainda na sua primeira infância, ouviu dela a voz da vida espiritual suprema e, depois de alcançar a idade adulta, depois de se formar e se definir corporeamente, devia buscar para si uma definição moral livre. E, com esse fim, antes de tudo, as forças da sociedade russa deviam ter a liberdade, a possibilidade e o estímulo para sair da imobilidade externa que condicionava o regime da servidão. Nesse campo (libertador e não reformador) está todo o sentido do reinado passado. O grandioso feito daquele reinado foi unicamente a libertação da sociedade russa dos limites antigos obrigatórios, para então permitir a criação futura de novas formas espirituais, mas não foi de modo algum a própria criação dessas formas, que por enquanto ainda não se iniciou. Antes de criar essas formas, a sociedade libertada deve passar por uma *fermentação* espiritual interior. Assim como aconteceu antes da formação do corpo do governo, quando houve um período em que todos vagavam, deve acontecer também antes do nascimento espiritual da Rússia. Nesta época de fermentação interna, surge com força avassaladora a questão: para que viver e o que fazer?

Essa questão surge inicialmente com um sentido enganoso. Há algo de enganoso já na própria colocação de tal questão por pessoas que acabaram de ser arrancadas de bases de vida determinadas externamente e que ainda não as substituíram por nenhuma outra base superior, ainda não tomaram o domínio de si. Perguntar diretamente "O que fazer?" significa supor que há algo *pronto* ao qual é preciso apenas levar as mãos, significa deixar emergir outra questão: os próprios fazedores estariam prontos?

Entretanto, em todo afazer humano, grande e pequeno, físico e espiritual, são igualmente importantes duas questões: *o que* fazer e *quem* faz? Um trabalhador ruim ou despreparado só pode estragar o melhor dos afazeres. O objeto do afazer e a qualidade do fazedor estão indissociavelmente relacionados entre si em todo e qualquer afazer *verdadeiro*, e, quando esses dois aspectos separam-se, já não se realiza nenhum afazer verdadeiro. Então, antes de tudo, o afazer buscado divide-se em dois. De um lado, apresenta-se a imagem do regime de vida ideal, instaura-se certo "ideal social" determinado. Mas esse ideal passa a existir independentemente de qualquer trabalho interior da própria pessoa, ele se encontra apenas em certo regime de vida econômico e social determinado de antemão, imposto de fora; por isso, tudo o que o homem pode fazer para atingir esse ideal *externo* reduz-se à remoção de *obstáculos* externos à sua concretização. Desse modo, o próprio ideal fica reservado exclusivamente ao futuro, enquanto no presente a pessoa ocupa-se só daquilo que contradiz esse ideal, e toda a sua atividade, afastada do ideal inexistente, passa a se dirigir para a *perturbação do existente*, e, uma vez que esse último é mantido pelas pessoas e pela sociedade, então todo o seu *afazer* volta-se para a violência contra as pessoas e contra a sociedade inteira. De modo imperceptível, o ideal social é substituído por uma atividade antissocial. À pergunta "O que fazer?", temos então uma resposta clara e determinada: matar todos os adversários do regime ideal futuro, ou seja, todos os defensores do atual.

Diante dessa solução para o problema, a questão "Os fazedores estão prontos?" realmente é supérflua. Para servir ao ideal social *desse modo*, a natureza humana, em seu estado atual e com os seus piores aspectos, encontra-se plenamente pronta e apta. Na obtenção do ideal social por meio da destruição, todas as más paixões, todos os elementos da maldade e da loucura encontram para si lugar e destino: tal ideal social está inteiramente no solo do mal reinante no mundo. Ele não apresenta àqueles que o servem nenhuma condição moral, ele precisa não de forças espirituais, mas de violência física, ele exige da humanidade não a *transformação* interna, mas a *viragem* externa.

Antes do surgimento do cristianismo, o povo judeu esperava o advento do reino de Deus, e a maioria entendia que esse era o reino da viragem externa, que devia dar o domínio ao povo escolhido e aniquilar os seus inimigos. As pessoas que esperavam tal reino, pelo menos as mais decididas e zelosas entre elas, tinham uma resposta clara e determinada para a pergunta "o que fazer?": insurgir-se contra Roma e abater os soldados romanos. E foi isso que elas fizeram, começaram a abater o povo romano e também foram destroçadas. E o seu afazer arruinou-se, e os romanos arrasaram Jerusalém. Em Israel, foram poucos os que entenderam o reino vindouro como algo mais profundo e mais radical, que tiveram conhecimento de outro inimigo, um inimigo mais terrível e mais misterioso do que os romanos, e que buscaram outra vitória, ainda mais difícil, porém, em compensação, mais frutífera. Para essas pessoas, a pergunta "o que fazer?" tinha uma única resposta, enigmática e indeterminada, que os mestres de Israel não podiam propor: "Em verdade, em verdade, te digo: quem não nascer de novo não pode ver o reino de Deus".[18] Algumas pessoas, sem se deixar perturbar por essa resposta estranha e obscura, tendo aceitado o novo nascimento e confiado no reino espiritual divino — essas pessoas venceram os romanos e conquistaram a paz. E também entre nós agora, na época da fermentação espiritual, enquanto os partidários do "ideal social", daquele ideal tão externo e superficial quanto os "reinos" dos materialistas judeus, insurgem-se e matam, arruínam os outros e perecem eles próprios sem frutos e sem glória, enquanto outros ou se perdem no caos intelectual ou naufragam na cupidez e indiferença, há só algumas poucas pessoas que não se satisfazem com nenhum objetivo nem ideal externo, que sentem e anunciam a necessidade de uma viragem *moral* profunda e apontam as condições do novo nascimento espiritual da Rússia e da humanidade. Desses poucos precursores do futuro russo e universal, o primeiro, sem dúvida, foi Dostoiévski, pois com maior profundidade do que os outros previu a essência do reino vindouro, com mais força e vigor o prenunciou. A superioridade fundamental da maneira de ver de Dostoiévski é precisamente o motivo pelo qual às vezes o censuram: a ausência ou, melhor dizendo, o repúdio a todo tipo de ideal social *externo*, ou seja, àquele que não está ligado à transformação interna do indivíduo nem ao seu renascer. Esse nascer de novo não é necessário ao assim chamado ideal social. Esse ideal contenta-se com a natureza humana como ela está, ele é tosco e superficial, e nós sabemos que as tentativas de concretizá-lo apenas sancionam e multiplicam o mal e a loucura que já imperam no mundo. Em Dostoiévski não havia esse ideal tosco e superficial, sem divindade e sem humanidade, e nisso está o seu primeiro mérito. Ele conhecia bem demais todos os abismos da queda do homem; ele sabia que o mal e a loucura formam a base da nossa natureza pervertida e que, se essa perversão for tomada como norma, então não será possível alcançar mais nada, a não ser violência e caos.

Enquanto a base sombria da nossa natureza, má em seu egoísmo excepcional e louca em sua aspiração de concretizar esse egoísmo, de pegar tudo para si e de determinar tudo por conta própria, enquanto essa base sombria, patente em nós, não for transformada, e esse pecado original não for eliminado, enquanto isso não acontecer, não será possí-

---

[18] João 3, 3. (N. da T.)

vel a realização de nenhum *afazer verdadeiro*; a pergunta "*o que fazer?*" não terá nenhum sentido razoável. Imagine uma multidão de pessoas, de cegos, de mudos, de aleijados, de endemoniados e, de repente, dessa multidão, ouve-se a pergunta: "o que fazer?". A única resposta razoável aqui é: buscai a cura; enquanto não fordes curados, não haverá o que fazer, e, enquanto vos apresentardes como saudáveis, não haverá cura.

O homem que, na própria doença moral, na própria maldade e loucura, assenta a base do seu direito de agir e de reformar o mundo à sua maneira, esse homem, sejam quais forem o seu destino e assuntos externos, por sua própria essência é um assassino; inevitavelmente, ele vai violentar e arruinar outras pessoas e, inevitavelmente, perecerá em consequência da violência. Ele se considera forte, mas está em poder de forças alheias; orgulha-se da própria liberdade, mas é escravo da aparência e do acaso. Esse homem não será curado enquanto não der o primeiro passo na direção da salvação. Para nós, o primeiro passo na direção da salvação é sentir a própria impotência e a própria sujeição; quem sente isso plenamente, já não será assassino; entretanto, se *permanecer* nesse sentimento de impotência e sujeição, ele chegará ao *suicídio*. O suicídio, a violência contra si próprio, já é algo mais elevado e mais livre do que a violência contra os outros. Reconhecendo a própria incapacidade, desse modo, o homem fica *acima* dessa incapacidade, e, quando se condena à pena de morte, não apenas sofre como réu, mas também exerce o poder como juiz supremo. Porém também aqui o seu julgamento é injusto. Na decisão de se suicidar há uma contradição interior. Essa decisão origina-se da consciência da própria loucura e sujeição; entretanto, o próprio suicídio é já um ato de força e de liberdade — por que então não usar essa força e liberdade para a vida? Mas a questão é que o suicida não apenas reconhece a incapacidade humana em si mesmo, como também lhe dá a condição de lei universal, o que já é loucura. Ele não apenas sente o mal, mas também *crê* no mal. Ele reconhece a própria doença, mas não crê na cura e, por isso, consegue usar a força e a liberdade adquiridas com a consciência apenas para a autodestruição. Chegam ao suicídio todos os que reconhecem o mal de toda a humanidade, mas não têm fé no Bem sobre-humano. Somente com essa fé o homem do pensamento e da consciência salva-se do suicídio. Ele não deve parar no primeiro passo, na consciência do próprio mal, mas deve dar o segundo passo, reconhecer o verdadeiro Bem além de si próprio. E é preciso só um pouco de bom senso para, sentindo todo o mal no homem, chegar ao Bem que não depende do homem, e é preciso só um pequeno esforço de boa vontade para se voltar na direção desse Bem e dar-Lhe um lugar dentro de si. Pois esse verdadeiro Bem, por si só, já busca por nós, volta-se para nós, e resta-nos apenas nos entregar a Ele, apenas não agir contra Ele.

Com a fé no Bem sobre-humano, ou seja, em Deus, volta também a fé no homem, que já aparece aqui não em sua solidão, impotência e sujeição, mas como participante livre da divindade e detentor da força divina. Entretanto, se acreditamos realmente no Bem sobre-humano, então já não podemos, de modo algum, admitir que o seu surgimento e a sua ação estejam relacionados exclusivamente com nosso estado subjetivo, que a Divindade, em sua manifestação, dependa apenas da ação pessoal de cada um; necessariamente, além da nossa relação religiosa pessoal, devemos reconhecer a revelação positiva da Divindade também no mundo externo, devemos reconhecer a religião objetiva. Limitar a ação de Deus somente à consciência moral do homem significa negar-Lhe a plenitude e a infinitude, significa não crer em Deus. Quando acreditamos realmente em Deus, assim como no Bem que desconhece fronteiras, é imprescindível reconhecer também a personificação objetiva da Divindade, ou seja, a união d'Ela com o próprio ser da nossa natureza, não apenas no espírito, mas também na carne, e através dela também com os elementos do mundo externo, e isso significa reconhecer que a natureza é capaz de encarnar em si a Divindade, significa acreditar na redenção e na consagração da matéria e na sua comunhão com Deus. A partir da fé real e plena na Divindade, retornam a nós não só a fé no homem, mas também a fé na natureza. *Conhecemos* a natureza e a matéria separadas de Deus e pervertidas em si, mas *cremos* na sua redenção e na sua união com a divindade, na sua transformação em *Mãe de Deus* e, por intermédio dessa redenção e da restauração, reconheceremos o homem verdadeiro e perfeito, ou seja, o *Deus-Homem* em Sua vontade e ação livre. O homem verdadeiro, nascido a partir do alto pelo feito moral da autoabnegação, levará a força divina viva ao corpo sem vida da natureza, e todo o mundo formará o reino universal de Deus. Crer no reino de Deus significa, com fé em Deus, reunir a fé no homem e a fé na natureza. Todos os enganos da inteligência, todas as teorias falsas e todos os abusos e estreitezas práticas vieram e vêm da separação entre essas três fés. Toda a verdade e todo o bem vêm da união interior delas. Por um lado, o homem e a natureza fazem sentido apenas em sua relação com a Divindade, pois o homem, entregue a si próprio e apoiado em uma base sem Deus, revela a sua inverdade interior e chega, como sabemos, ao assassinato e ao suicídio, enquanto a natureza, separada do Espírito de Deus, é um mecanismo morto e sem sentido, sem motivo nem objetivo; por outro lado, também Deus, separado do homem e da natureza, fora de sua própria revelação positiva, é para nós ou uma distração vazia ou uma indiferença que tudo devora.

Por meio da separação nefasta dos três princípios e das três fés, aconteceu todo o iluminismo europeu livre. Ali sobressaíram os *místicos* (quietistas e pietistas), que aspiravam mergulhar na contemplação da Divindade, que desprezavam a liberdade humana e tinham aversão à natureza material. Ali sobressaíram ainda os *humanistas* (racionalistas e idealistas), que se prostravam diante do princípio humano, anunciavam a autolegislação incondicional e a supremacia da razão humana e do pensamento gerado por ela e viam em Deus apenas um embrião de homem e na natureza, apenas a sombra dele. Mas essa sombra fez sentir de modo real demais a própria realidade, e eis que, por fim, após a ruína do idealismo, sobressaíram-se, no primeiro plano do iluminismo contemporâneo, os *naturalistas* (realistas e materialistas), que, tendo expulsado da própria concepção de mundo todos os rastos do espírito e da Divindade, curvaram-se diante do mecanismo morto da natureza. Todas essas orientações estreitas apanharam-se mutuamente na mentira e evidenciaram a própria incapacidade. E o nosso iluminismo rudimentar passou por essas três orientações abstratas. Mas não é nelas que está o porvir espiritual da Rússia nem da humanidade. Enganosas e infrutíferas em sua dissensão, elas encontram a verdade e a força frutífera em sua união interior, na plenitude da ideia cristã. Essa ideia afirma a encarnação do princípio divino na vida natural, através do feito livre do homem, unindo à fé em Deus a fé no Deus-Homem e na Mãe de Deus (Virgem Maria). Assimilada de modo instintivo e semiconsciente pelo povo russo na época do seu batismo, essa ideia da trindade cristã deve ser a base também para o desenvolvimento espiritual consciente da Rússia, relacionado aos destinos de toda a humanidade. Dostoiévski compreendeu e anunciou isso. Mais do que qualquer um de seus contemporâneos, ele aceitou a ideia cristã *harmonicamente*, na plenitude da sua trindade: ele foi um místico, um humanista e um naturalista, em conjunto. Dotado do sentimento vivo da ligação interior com o que está acima do homem e sendo, nesse sentido, um místico, nesse mesmo sentimento ele encontrava a liberdade e a força humanas; conhecendo todo o mal humano, ele tinha fé em todo o bem humano e era, segundo a opinião geral, um verdadeiro humanista. Mas a sua fé no homem estava livre de qualquer idealismo ou espiritualismo estreito: ele tomava o homem em toda a sua plenitude e realidade, aquele homem estreitamente ligado à natureza material, e Dostoiévski tratava a natureza com profundo amor e ternura, compreendia e amava a terra e tudo o que é terrestre, acreditava na pureza, na santidade e na beleza da matéria. Nesse materialismo não há nada de enganoso nem de pecador. Assim como o verdadeiro humanismo não é o curvar-se diante do mal humano apenas porque ele é humano, do mesmo modo, o verdadeiro naturalismo não é ser escravo da natureza pervertida apenas porque ela é natural. O humanismo é a *fé* no homem, mas ter fé no mal e na doença humana não é nada de mais: eles são evidentes, visíveis; e ter fé na natureza pervertida também não é nada de mais: ela é um fato aparente e palpável. Ter fé no homem significa reconhecer nele algo *mais* do que aquilo que é visível, significa reconhecer nele aquela força e aquela liberdade que o liga à Divindade; e ter fé na natureza significa reconhecer nela a luminosidade e a beleza recôndita que fazem dela o *corpo de Deus*. O verdadeiro humanismo é a fé no *Deus-Homem*, e o verdadeiro naturalismo é a fé na *Mãe de Deus*. Já a justificativa dessa fé, a revelação positiva desses princípios, a realidade do Deus-Homem e da Mãe de Deus são-nos dadas em Cristo e na Igreja, que é o corpo vivo do Deus-Homem.

Aqui, no cristianismo ortodoxo, na Igreja universal, encontramos a base firme e o princípio essencial da nova vida espiritual para a formação harmônica da verdadeira humanidade e da verdadeira natureza. Aqui, quer dizer, na condição do genuíno afazer. O verdadeiro afazer é possível apenas quando, tanto no homem quanto na natureza, existem, livres e positivas, as forças da luz e do bem; mas, sem Deus, nem o homem nem a natureza possuem essas forças. Separar-se da Divindade, ou seja, da plenitude do Bem, é um mal, e, agindo com base nesse mal, podemos servir apenas a maus afazeres. O afazer derradeiro do homem sem Deus é o assassinato e o suicídio. O homem introduz na natureza a maldade e dela recebe a morte. Somente renunciando à própria posição enganosa, à enlouquecida concentração em si mesmo, à própria solidão danosa, somente se ligando a Deus, em Cristo, e ao mundo, na Igreja, podemos promover o verdadeiro afazer de Deus — aquilo que Dostoiévski chamou de *afazer ortodoxo*.

Se o cristianismo é a religião da salvação, se a ideia cristã consiste na cura, na união interior desses princípios cuja dissensão é o perecimento, então a essência do verdadeiro afazer cristão será aquilo que, na língua da lógica, chama-se *síntese*, e, na língua da moral, *conciliação*.

Nesses traços gerais, Dostoiévski assinalou a missão da Rússia no seu discurso em homenagem a Púchkin. Essa foi sua última palavra e herança. E ali havia algo muito maior do que o simples apelo a sentimentos pacíficos em nome da largueza do espírito russo, ali já se encontrava também a designação dos objetivos históricos positivos ou, melhor, das obrigações da Rússia. Não por acaso se percebeu e comentou então que estava suprimida a disputa entre eslavófilos e ocidentalistas, e a supressão dessa disputa significa suprimir *da ideia* a própria discórdia histórica multissecular entre o Oriente e o Ocidente; significa encontrar para a Rússia uma nova posição moral, libertá-la da obrigação de prosseguir na luta anticristã entre o Oriente e o Ocidente e encarregá-la do grandioso dever de servir moralmente ao Oriente e ao Ocidente, reconciliando ambos em si.

E esse dever e esse destino da Rússia não foram inventados, mas dados a ela pela história e pela fé cristã.

A divisão entre Oriente e Ocidente — no sentido da dissensão e do antagonismo, do ódio e da hostilidade mútua —, essa divisão não *devia* existir no cristianismo e, se surgiu, foi então um grande pecado e uma grande tragédia. Porém, precisamente na época em que se cometeu esse grande pecado em Bizâncio, nascia a Rússia para a sua remissão. Tendo recebido de Bizâncio o cristianismo ortodoxo, será que a Rússia devia assimilar para sempre, juntamente com o sagrado e o divino, também os pecados históricos do reino de Bizâncio, que preparou o seu próprio perecimento? Se, a despeito de toda a plenitude da ideia cristã, Bizâncio de novo suscitou um grande cisma mundial e de novo se posicionou unilateralmente, ao lado do Oriente, então o seu destino não é para nós um modelo, mas uma lição.

Primordialmente, a Providência colocou a Rússia entre o Oriente não cristão e a forma ocidental do cristianismo, entre o *bassurmánstvo*[19] e o *latínstvo*;[20] e enquanto Bizâncio, em unilateral hostilidade com o Ocidente, penetrando-se cada vez mais exclusivamente dos princípios

[19] A totalidade dos *bassurmans*: aqueles que, na antiguidade russa, professavam religiões diferentes da ortodoxa, principalmente os muçulmanos. (N. da T.)

[20] Termo arcaico que designava a fé cristã de Roma, numa referência ao uso do latim nas celebrações religiosas. (N. da T.)

orientais e transformando-se em um reino asiático, tornava-se igualmente impotente tanto contra os cruzados quanto contra os bárbaros muçulmanos e finalmente se submetia aos últimos, a Rússia, com decisivo êxito, salvaguardava-se tanto do Oriente quanto do Ocidente, rechaçando o *bassurmánstvo* e o *latínstvo* de modo triunfal. Essa luta externa contra ambos os adversários foi necessária para a conformação e o fortalecimento externo da Rússia, para a formação do seu *corpo* governamental. Mas eis que esse objetivo externo foi cumprido, o corpo da Rússia formou-se e cresceu; forças estranhas não podem tragá-lo, e o antigo antagonismo perde o sentido. A Rússia mostrou suficientemente ao Oriente e ao Ocidente as suas forças físicas na luta contra eles, agora é hora de mostrar-lhes a sua força espiritual na reconciliação. Não falo da aproximação externa e da transmissão mecânica de formas alheias à Rússia, como foi a reforma de Pedro, o Grande, necessária apenas como preparação. O verdadeiro objetivo não está em *imitar*, mas sim em *compreender* as formas alheias, identificar e assimilar a essência positiva do espírito alheio e unir-se moralmente a ele em nome da suprema verdade mundial. É imprescindível a reconciliação *na essência*, e a essência da reconciliação é Deus; a verdadeira pacificação está em tratar o adversário não à maneira dos homens, mas "à maneira de Deus". Isso é ainda mais premente para nós porque, agora, os nossos dois principais adversários já não estão fora de nós, mas em nosso meio. O *latínstvo* na pessoa dos poloneses, e o *bassurmánstvo*, ou seja, o Oriente não cristão, na pessoa dos judeus, entraram na composição da Rússia, e, se são nossos inimigos, então são já inimigos internos, e se com eles devemos guerrear, então essa será já uma guerra intestina. Aqui já não é só a consciência cristã, mas a sabedoria de toda a humanidade que fala em reconciliação. E aqui não bastam sentimentos pacíficos em relação aos adversários como pessoas *em geral*, pois esses adversários não são pessoas *em geral*, mas pessoas completamente *particulares*, com determinado caráter, e para a real reconciliação é preciso uma profunda compreensão exatamente desse caráter particular: é preciso voltar-se para a essência espiritual deles e tratá-la à maneira de Deus.[21]

[21] Do que foi dito, parece-me claro que se trata não de *concessões e compromissos* na luta externa (político-teológica e nacional), mas da remoção do *motivo* interno dessa luta, por meio da reconciliação espiritual, no terreno puramente religioso. Enquanto a unidade religiosa interna não for recuperada, a luta política e nacional continuará a mesma. (N. do A.)

O princípio espiritual dos poloneses é o catolicismo, o princípio espiritual dos judeus é a religião judaica. Reconciliar-se verdadeiramente com o catolicismo e com o judaísmo significa, antes de tudo, distinguir neles o que é de Deus e o que é dos homens. Se em nós próprios está vivo o interesse pelos assuntos de Deus na terra, se os assuntos sagrados Dele são-nos mais caros do que todas as relações humanas, se não colocamos a força divina permanente na mesma balança dos assuntos humanos passageiros, então, através da rígida crosta de pecados e enganos, distinguiremos a marca da escolha de Deus, em primeiro lugar no catolicismo e depois também no judaísmo. Vendo que a Igreja de Roma, ainda nos tempos antigos, manteve-se sozinha, firme como um rochedo em que rebentavam todas as ondas sombrias do movimento anticristão (da heresia e do muçulmanismo); vendo que também nos nossos tempos só Roma permanece intocável e inabalável em meio a uma corrente de civilizações anticristãs e que só dela soa a palavra imperiosa, embora brutal, de condenação desse mundo sem Deus, não atribuiremos isso somente a alguma obstinação humana incompreensível, mas reconheceremos aqui também a força misteriosa de Deus; e se Roma, inabalável em sua morada santa, além disso, com a aspiração de levar a essa morada toda a humanidade, progrediu e mudou, avançou, tropeçou, levou uma grande queda e de novo se ergueu, então não nos cabe julgá-la por esses tropeços e quedas, pois nós não a apoiamos e não a erguemos, mas, com satisfação, ficamos olhando o caminho difícil e espinhoso do confrade ocidental, sentados imóveis, e, por estarmos sentados, não caímos. Se todo mal, toda mesquinharia e toda sujeira humana saltam-nos aos olhos, se nós, tão clara e precisamente, vemos todo o pó da terra, enquanto todo o divino e o santificado, ao contrário, passam por nós despercebidos, obscuros e inverossímeis, então isso significa apenas que, em nós mesmos, há pouco de Deus. Basta darmos a Ele mais espaço em nós mesmos para podermos vê-Lo mais claramente no outro. Então veremos a sua força não apenas na igreja católica, mas também na sinagoga judaica. Então compreenderemos e aceitaremos as palavras do apóstolo sobre os israelitas: "aos quais pertencem a adoção filial, a glória, as alianças, a legislação, o culto, as promessas, aos quais pertencem os patriarcas e dos quais descende o Cristo, segundo a carne, que é, acima de tudo, Deus bendito pelos séculos!".[22]

---

[22] Romanos 9, 4-5. (N. da T.)

"*Não teria Deus, porventura, repudiado seu povo?* De modo algum! [...] Não repudiou Deus o seu povo que de antemão conhecera."[23] "Não quero que ignoreis, irmãos, este mistério, para que não *vos tenhais na conta de* sábios: o endurecimento atingiu uma parte de Israel até que chegue a plenitude das nações, e assim todo Israel será salvo [...]"[24] "Deus encerrou todos na desobediência para a todos fazer misericórdia."[25]

Em verdade, se para nós a palavra de Deus é mais verdadeira do que quaisquer reflexões humanas, e a causa do reino de Deus é mais cara do que quaisquer interesses terrenos, então, diante de nós, abre-se o caminho da reconciliação com nossos inimigos históricos. E não vamos perguntar: será que os nossos adversários selarão também a paz? Como eles tratarão essa causa e que resposta nos darão? Nós desconhecemos a consciência alheia, e as causas alheias não estão em nosso poder. Não está em nosso poder fazer com que os outros nos tratem bem, mas está em nosso poder sermos dignos desse tratamento. E devemos pensar não naquilo que os outros nos dirão, mas naquilo que nós diremos ao mundo.

Em uma conversa, Dostoiévski aplicou à Rússia a visão que o profeta João Evangelista teve da mulher vestida com o sol, entre as dores do parto, atormentada para dar à luz: a mulher é a Rússia, e o que ela gera é a nova Palavra que a Rússia deve dizer ao mundo. Se essa interpretação do "grandioso sinal dos tempos" está ou não correta, não sabemos, mas Dostoiévski previu corretamente a nova Palavra da Rússia. É a palavra da reconciliação entre o Oriente e o Ocidente, na união da verdade eterna de Deus e da liberdade humana.

Eis o objetivo supremo, a obrigação da Rússia e o "ideal social" de Dostoiévski. A sua base é o renascimento moral e o feito espiritual já não de uma única pessoa isolada, mas da sociedade e do povo como um todo. Assim como outrora, esse ideal não está claro para os mestres israelitas, mas nele está a verdade, e ele conquistará o mundo.

---

[23] Romanos 11, 1-2. (N. da T.)

[24] Romanos 11, 25-26. (N. da T.)

[25] Romanos 11, 32. (N. da T.)

Anexo
Nota em defesa de Dostoiévski contra a acusação de "novo" cristianismo ("Nossos novos cristãos" etc., K. Leóntiev,[26] Moscou, 1882)

> "Os homens são todos mentirosos."[27]
>
> "Vós, porém, procurais matar-me, a mim, que vos falei a verdade."[28]
>
> "Não penseis que vim trazer paz à terra. Não vim trazer paz, mas espada."[29]
>
> "Então haverá um só rebanho, um só pastor."[30]
>
> "O princípio da sabedoria é temer o Senhor."[31]
>
> "Deus é amor."[32]
>
> "Não há temor no amor; ao contrário: o perfeito amor lança fora o temor."[33]

Seria possível reduzir toda a essência do cristianismo apenas ao humanitarismo? O objetivo do cristianismo seria a harmonia geral e a prosperidade na terra, alcançada pelo progresso natural da humanidade?

Finalmente, será que a *base* da vida e da atividade cristã encerra-se só no amor?

Diante da colocação direta dessas perguntas, a resposta não pode deixar dúvidas. Se toda a verdade estivesse apenas no humanitarismo, então qual seria o sentido da *religião* cristã? Então por que falar dela em vez de pregar diretamente o simples humanitarismo? Se o objetivo da

[26] Konstantin Nikoláievitch Leóntiev (1831-1891), diplomata, filósofo e crítico literário de orientação conservadora. (N. da T.)

[27] Salmos 116, 11. (N. da T.)

[28] João 8, 40. (N. da T.)

[29] Mateus 10, 34. (N. da T.)

[30] João 10, 16. (N. da T.)

[31] Salmos 110, 10. (N. da T.)

[32] 1 João 4, 8. (N. da T.)

[33] 1 João 4, 18. (N. da T.)

vida é alcançado pelo progresso natural e consiste na prosperidade terrena, então para que vinculá-lo a uma religião que se apega a segredos, milagres e feitos? Finalmente, se toda a causa da religião está só no sentimento humano do amor, então isso significa que a religião não tem nenhuma razão de ser e nenhuma utilidade. Pois o amor humano, com toda a sua complexidade psicológica, no sentido moral, é só um fato simples e ocasional e não pode, de modo algum, consistir no conteúdo básico da prédica religiosa. O próprio apóstolo do amor, na base da sua prédica, coloca não a moral do amor, mas a verdade mística da personificação da Voz de Deus: "O que era desde o princípio, o que ouvimos, o que vimos com nossos olhos, o que contemplamos, e o que nossas mãos apalparam do Verbo da vida — porque a vida manifestou-se: nós a vimos e dela vos damos testemunho e vos anunciamos esta Vida eterna, que estava voltada para o Pai e que nos apareceu — o que vimos e ouvimos vo-lo anunciamos para que estejais também em comunhão conosco. E a nossa comunhão é com o Pai e com o seu Filho Jesus Cristo".[34] E sobre o amor fala-se já depois, pois o amor pode ser frutífero apenas no solo da alma crente e renascida. Porém, no solo puramente humano, ele permanece somente como uma disposição pessoal, pois não se pode deixar de transmitir o amor (como simples sentimento) aos outros, não se pode deixar de exigi-lo dos outros — pode-se apenas constatar a sua presença ou ausência em cada caso. Consequentemente, por si só, como estado subjetivo, o amor não pode ser objeto da *obrigação* religiosa ou dos *objetivos* da ação religiosa. A colocação direta das três questões citadas e a resposta definitiva a elas no sentido negativo constitui o grande interesse e valor da brochura "Nossos novos cristãos". O que o autor ataca aqui é a aspiração a substituir a plenitude viva do cristianismo por lugares-comuns da moral abstrata, disfarçada sob o nome cristão, mas sem a essência cristã; essa aspiração encontra-se extremamente disseminada nos nossos dias, e convinha ressaltá-la. Infelizmente, ao denunciar os enganos do pseudocristianismo, o autor da brochura relacionou-os ao nome de dois escritores russos, dos quais pelo menos um está definitivamente livre de enganos desse tipo.

O autor da brochura, para falar a verdade, tem em alta conta o significado e os méritos de Dostoiévski. Mas a ideia cristã a que serviu

[34] 1 João 1, 1-3. (N. da T.)

esse homem notável, na opinião do senhor Leóntiev, deturpou-se na mente dele, mesclando-se com um sentimentalismo e com um humanismo abstrato. A nuança do sentimentalismo pode estar no estilo do autor de *Gente pobre*, mas, seja como for, o humanismo de Dostoiévski não tem a moral abstrata que o senhor Leóntiev denuncia, pois o escritor fundamentava as suas melhores esperanças no homem na verdadeira fé em Cristo e na Igreja, e não na fé na razão abstrata ou na humanidade sem Deus e endemoniada, que, nos romances do próprio Dostoiévski, manifesta-se, em toda a sua vilania, com mais clareza do que em qualquer outro lugar. O humanismo de Dostoiévski sustenta-se na base mística e sobre-humana do verdadeiro cristianismo, e, na avaliação de um ativista com perspectiva cristã, o mais importante de tudo é *em que* ele se baseia e com base em que ele se constrói.

"Será possível", pergunta o senhor Leóntiev, "construir uma nova cultura nacional com base só no bom sentimento em relação às pessoas, sem ter, ao mesmo tempo, objetos de fé materiais e místicos determinados, acima dessa humanidade? Eis a questão". Dostoiévski teria respondido tão negativamente quanto o autor da brochura. Para Dostoiévski, o ideal da verdadeira cultura, nacional e universal ao mesmo tempo, sustentava-se não no bom sentimento em relação às pessoas, mas, antes de tudo, nos objetos místicos da fé que estão acima dessa humanidade, a saber, em Cristo e na Igreja, e a própria criação da verdadeira cultura apresentava-se a Dostoiévski, antes de tudo, como uma "causa religiosa ortodoxa"; e "creio na divindade do Carpinteiro de Nazaré crucificado sob Pôncio Pilatos"[35] era o princípio que inspirava tudo o que Dostoiévski dizia e escrevia.

"O cristianismo não crê nem na moral *autônoma* pessoal do indivíduo, nem na razão da humanidade como coletivo que, cedo ou tarde, deve criar o paraíso na terra." Dostoiévski não acreditava em nada nem semelhante a isso. Se ele fosse um moralista, como o denomina o senhor Leóntiev, então a sua moral seria não a autônoma (autojustificada), mas a cristã, fundamentada na conversão religiosa e no renascimento do homem. A razão coletiva da humanidade, com as suas tentativas de uma nova torre de Babel, não só era repudiada por Dostoiévski, como servia para ele de objeto de espirituosas zombarias, e não apenas nos últimos

[35] Palavras do Credo ortodoxo. (N. da T)

tempos de sua vida, mas também antes. Que o senhor Leóntiev releia nem que seja *Memórias do subsolo*.

Dostoiévski tinha fé no homem e na humanidade apenas porque acreditava no Deus-Homem e no Deus-Humanidade: em Cristo e na Igreja.

> "Conhece-se Cristo não de outro modo, mas pela Igreja. Ame, antes de tudo, a Igreja.
>
> Apenas pela Igreja pode-se entrar em comunhão com o povo e também conquistar a sua confiança de modo simples e livre.
>
> É preciso aprender com o povo a resignar-se intelectualmente, compreender que na concepção de mundo dele há mais verdade do que na nossa.
>
> Por isso, a submissão diante do povo, para aquele que se dá conta dos próprios sentimentos, não é outra coisa, senão a submissão diante da Igreja."

Dostoiévski, sem dúvida, assinaria embaixo dessas palavras maravilhosas. No *Diário de um escritor*, o senhor Leóntiev poderia encontrar muitos pontos em que se expressam essas ideias. Basta lembrar o que lá se diz contra os nossos *naródnik*, que queriam unir-se ao povo e viver bem com ele *à revelia da Igreja*.

Em verdade, só amando a Igreja e servindo-lhe é possível servir ao próprio povo e à humanidade. Pois não se pode servir a dois senhores. O servir ao próximo deve coincidir com o servir a Deus, mas a Deus não podemos servir de outro modo, senão amando aquilo que Ele próprio amava — o objetivo único do amor de Deus, a Sua amada e amiga, é a Igreja.

A Igreja é a humanidade divinizada por Cristo, e, tendo fé na Igreja, ter fé na humanidade significa apenas ter fé em sua *capacidade para a divindade*; ter fé, nas palavras de Santo Atanásio, no ensinamento de que Deus tornou-se homem em Cristo para então fazer do homem, deus. E essa fé não é herética, mas verdadeiramente cristã, ortodoxa, paternal.

E, diante dessa fé, a prédica ou a profecia da reconciliação geral, da harmonia mundial etc. relaciona-se diretamente só com a obra definitiva da Igreja, quando, nas palavras do Salvador, haverá um único rebanho e um único pastor, e, nas palavras do apóstolo, Deus será tudo em todos.

Dostoiévski teve a oportunidade de falar a pessoas que não tinham lido a Bíblia e já tinham esquecido o catecismo. Por isso, para ser compreendido, a contragosto, teve de usar expressões como "harmonia geral", quando queria falar sobre a Igreja triunfal ou ortodoxa. E debalde o senhor Leóntiev aponta que devem se concretizar no outro mundo o triunfo e a ortodoxia da Igreja, enquanto Dostoiévski acreditava na harmonia geral aqui, na terra, pois essa fronteira incondicional entre "este" e o "outro" não há na Igreja. E a própria terra, pela Sagrada Escritura e pelo ensinamento da Igreja, é um termo *em mutação*. Uma é a terra a respeito da qual se fala no início do Livro do Gênesis: a terra estava vazia e vaga, as trevas cobriam o abismo; outra é aquela sobre a qual se diz: eis a tenda de Deus com os homens; e ainda outra é a terra nova, nela já mora a verdade. A questão é que a condição moral da humanidade e de todos os seres espirituais em geral não depende em nada de viverem aqui nesta terra ou não, mas ao contrário, a própria condição da terra e a sua relação com o mundo invisível determina-se pelo estado moral dos seres espirituais. E essa harmonia mundial, que Dostoiévski pregava, não significa de modo algum a prosperidade utilitária das pessoas na terra atual, mas exatamente o princípio dessa nova terra em que mora a verdade. E o surgimento dessa harmonia mundial ou da Igreja triunfal acontecerá não pelo caminho do progresso mundano, mas pelos sofrimentos e doenças do novo nascimento, como está escrito no Apocalipse, o livro preferido de Dostoiévski nos seus últimos anos. "Um sinal grandioso apareceu no céu: uma Mulher vestida com o sol, tendo a lua sob os pés e sobre a cabeça uma coroa de doze estrelas; estava grávida e gritava, entre as dores do parto, atormentada para dar à luz."[36]

E apenas depois, passadas essas doenças e sofrimentos, haverá triunfo, glórias e alegria.

> "Ouvi depois como que o rumor de uma grande multidão, semelhante ao fragor de águas torrenciais e ao ribombar de fortes trovões, aclamando: 'Aleluia! Porque o Senhor, o Deus Todo-poderoso passou a reinar. Alegremo-nos e exultemos, demos glória a Deus, porque estão para realizar-se as núpcias do Cordeiro, e sua esposa já está pronta: concederam-lhe vestir-se

[36] Apocalipse 12, 1-2. (N. da T.)

com linho puro, resplandecente' — pois o linho representa a conduta justa dos santos."[37]

"Vi então *um céu novo e uma nova terra* — pois o primeiro céu e a primeira terra se foram, e o mar já não existe. Vi também descer do céu, de junto de Deus, a Cidade santa, uma Jerusalém nova, pronta como uma esposa que se enfeitou para seu marido. Nisto ouvi uma voz forte que, do trono, dizia: 'Eis a tenda de Deus com os homens. Ele habitará com eles; eles serão o seu povo, e ele, *Deus-com-eles*, será o seu Deus. *Ele enxugará toda lágrima dos seus olhos*, pois nunca mais haverá morte, nem luto, nem clamor, e nem dor haverá mais. Sim! As coisas antigas se foram!'."[38]

Eis qual harmonia mundial e prosperidade tinha em mente Dostoiévski ao repetir com suas próprias palavras a profecia do Apocalipse do Novo Testamento.

(1881-1883)

Tradução de Denise Sales

[37] Apocalipse 19, 6-8. (N. da T.)

[38] Apocalipse 21, 1-4. (N. da T.)

Gueorgui Plekhánov

Nome mais destacado do marxismo russo na virada do século XIX — embora tenha feito quase toda a carreira como crítico na emigração —, Gueorgui Valentínovitch Plekhánov (1856-1918) nasceu em uma família da nobreza agrária e estudou no Instituto de Mineração de São Petersburgo. Conduziu atividades políticas clandestinas ao participar, em 1876, de uma manifestação estudantil. Exilou-se em 1880 e passou o resto da vida no exterior, voltando após a revolução bolchevique e falecendo menos de um ano depois. Plekhánov escreveu profusamente sobre temas literários e artísticos — ensaios sobre escritores russos e ocidentais, como Ibsen. Ele ocupa um lugar importante na tradição do marxismo, por ter sido o primeiro teórico dessa vertente a tentar desenvolver uma estética marxista, ponto que faltara, de modo sistemático, à reflexão dos pais fundadores. Plekhánov foi muito criticado por setores do pensamento de esquerda europeu, nos anos 1920, devido ao esquematismo de sua visão "superestrutural" da arte e à sua filiação a uma noção evolucionista de movimento social. Também foi criticado, contudo, durante os anos stalinistas, em função de seu elogio à liberdade (relativa) do artista no processo criativo. Em todo caso, Plekhánov certamente merece ser relido, dentro e fora da história intelectual russa. O artigo incluído nesta antologia foi resultado de uma palestra proferida na primavera de 1898, em assembleias russas em Genebra, Zurique e Berna, pelos 50 anos da morte de Bielínski.

V. G. Bielínski

(Palestra proferida na primavera de 1898,
em assembleias russas em Genebra, Zurique e Berna,
pelos 50 anos da morte de Bielínski)

Senhores!

Antes de falar da importância de Vissarion Grigórievitch Bielínski para a história do nosso desenvolvimento intelectual, gostaria de avivar um pouco, em nossa memória, a imagem desse homem notável. Numa caracterização de si mesmo, ele disse que o caráter apaixonado era o elemento predominante de sua alma. "Esse caráter apaixonado é a fonte de meus tormentos e de minhas alegrias", acrescentou ele, "e uma vez que o destino recusou-me coisas em demasia, então não posso me entregar pela metade àquele pouco que ele não me recusou. Para mim também a amizade dos homens é uma paixão, e eu era cioso dessa paixão".

Pois esse traço básico do caráter de Bielínski certamente se reflete também em todas as suas simpatias e antipatias sociais. Revela-se em seus artigos, embora a mão zelosa do censor tenha apagado o seu colorido de modo implacável e obstinado; irrompe como torrente agitada em sua famosa carta a Gógol; acrescenta irrefutável encanto a toda a sua correspondência em geral; finalmente, determina a sua relação com seus adversários. Ele sempre foi um polemista apaixonado.

"Às vezes somos envolvidos em polêmicas, sobretudo de revistas", diz ele em seu primeiro e famoso artigo, "Devaneios literários". "Isso é muito natural. Será que as pessoas indiferentes à vida intelectual são capazes de compreender como se pode preferir a verdade ao bom-tom e, por amor a ela, atrair para si ódio e perseguição? Oh, elas nunca conceberão o deleite de, por voluptuosidade da alma, dizer a algum gênio aposentado e sem honras que ele é risível e lamentável com suas pretensões infantis à grandeza; fazê-lo ver que ele deve sua importância não a si próprio, mas a algum jornalista-berrador; dizer a algum veterano que ele se vale da própria autoridade como crédito de velhas lembranças ou de hábito antigo; provar a algum professor de literatura que ele é míope, está fora de época e precisa reaprender o abecê; dizer a alguém saído sabe Deus de onde, a algum espertalhão e a Vidocq,[1] a algum vendilhão de literatura que ele envergonha a si próprio, a essa arte verbal e às pessoas boas de cujo crédito se serve, que ele insultou também a santidade da verdade e a santidade do conhecimento, marcar o seu nome com a vergonha do repúdio, arrancar-lhe a máscara, ainda que ela seja de barão[2] e mostrar-lhe o mundo em toda a sua nudez!... Afirmo-lhe: em tudo isso há um deleite inefável, uma voluptuosidade sem fim."

Em 1842, ou seja, quando Bielínski já não era mais um jovem, numa carta a Bótkin,[3] ele agradece assim por notícias sobre os eslavófilos: "Obrigado pelas notícias sobre os eslavófilos. Se não me engano a respeito de mim mesmo e de meus sentimentos, o ódio desses senhores me alegra, eu saboreio esse ódio como os deuses a ambrosia, como Bótkin (meu amigo) todo tipo de porcaria doce; eu ficaria feliz com a vingança deles... Vou matá-los de raiva constantemente, farei com que percam a paciência, vou provocá-los. É batalha mesquinha, mas ainda assim uma batalha; guerra com sapos, mas, de qualquer modo, melhor do que paz com carneiros".

Em outra carta, escrita mais ou menos na mesma época, ele reconhece: "Sinto-me agora inteiramente vivo, porque nasci para combates impressos, e a minha vocação, vida, felicidade, ar, alimento é a polêmica".

O mesmo sentiam, provavelmente ainda com mais vivacidade, os seus bastante numerosos amigos e os seus inumeráveis inimigos. Eis o que Panáiev[4] diz sobre ele em suas memórias: "Para conhecer plenamente Bielínski, para vê-lo em todo seu brilho, era preciso conduzir a conversa para aquelas questões sociais que o tocavam profundamente e irritá-lo com objeções; tocado, ele de súbito crescia, suas palavras despejavam-se numa torrente, sua figura transpirava energia e força interior, sua voz sufocava de tempos em tempos, todos os músculos de seu rosto ficavam

---

[1] Menção a Bulgárin. (N. do A.) [Faddiei Venedíktovitch Bulgárin (1789-1859), escritor, jornalista, crítico literário e editor. (N. da T.)]

[2] Menção a Senkóvski, "barão de Brambeus". (N. do A.) [Óssip-Iulian Ivánovitch Senkóvski (1800-1858), escritor russo. (N. da T.)]

[3] Vassili Petróvitch Bótkin (1812-1869), crítico literário e tradutor russo. (N. da T.)

[4] Ivan Ivánovitch Panáiev (1812-1862), escritor, crítico literário e jornalista russo. (N. da T.)

tensos... Ele se lançava sobre o adversário com a força de um homem que detém o poder, fazia dele um brinquedo qualquer, colocava-o em situação cômica e, enquanto isso, continuava a desenvolver a sua ideia com assombrosa energia. Nesses minutos, aquele homem habitualmente acanhado, tímido e desengonçado tornava-se irreconhecível".

Praticamente o mesmo lemos em *O passado e as ideias*, de Herzen: "Naquele homem acanhado, naquele corpo débil ocupado, habitava uma natureza potente, de gladiador!... Sim, era um forte combatente! Não sabia profetizar nem pregar, era feito para a disputa. Sem objeções, sem irritação, ele falava mal, mas quando se sentia ofendido, quanto estavam em jogo suas caras convicções, quando nele os músculos da face começavam a tremer e sua voz ficava embargada, era preciso ver: ele atacava o adversário como um leopardo, estraçalhava-o em pedacinhos, fazia-o ridículo, tornava-o lamentável e, enquanto isso, com extraordinária força, com extraordinária poesia, desenvolvia sua ideia. Muito frequentemente, a disputa terminava em sangue, jorrando da garganta do enfermo; pálido, arquejante, com os olhos fixos no seu interlocutor, ele levava o lenço à boca, com a mão trêmula, e parava, profundamente ofendido, arrasado pela debilidade física. Como eu o amava, como sentia pena dele nesses minutos!".

Não há dúvidas de que, aos inimigos de Bielínski, ou seja, àqueles que ele achincalhava, àqueles que ele colocava em posição ridícula, àqueles que ele fazia de brinquedo, esse mesmo caráter apaixonado apresentava-se como um traço muito desagradável. Chamavam-no *buldogue* da literatura e acusavam-no de não gostar de nenhum russo: lembremos os conhecidos versos, em que o autor diz, dirigindo-se a Bielínski:

Não, o seu feito não é louvável,
Nenhum viva à Rússia;
Karamzin dá pena,
Lomonóssov não é poeta... etc.

Mas, os senhores, espero, não estranharão se eu disser que esse "buldogue", esse polemista apaixonado e estranho era extremamente bondoso. O herói do seu drama de juventude, Dmitri Kalínin, diz de si próprio: "Você não pode imaginar como eu me sentia ao ver algum infeliz. Se ouvia contarem sobre injustiças, perseguições, crueldades dos fortes contra os fracos, sobre o mau uso do poder, então o inferno se revoltava em meu peito". Kalínin expressa aqui o que acontecia em todas as situações semelhantes na alma do próprio Bielínski.

Falando desse tema, não consigo vencer a tentação de ler para os senhores um trecho de uma carta (de 8 [20] de setembro de 1841) de Bielínski ao mesmo Bótkin: "Que me interessa se, para escolhidos, há a beatitude, quando a maior parte nem suspeita da possibilidade de sua existência? Fora com essa beatitude se, entre mil, sou o único a tê-la! Eu não a quero se ela não for também de meus irmãos menores... O meu coração sangra e sobressalta-se convulsivamente ao ver a multidão e os seus representantes... Eu dou uma moeda a uma mendiga e depois corro dela, como se tivesse feito algo ruim, como se não quisesse ouvir o ruído dos próprios passos. E isso é vida: ficar na rua, vestida em farrapos, com uma expressão idiota no rosto, de dia juntar algumas moedas, de noite bebê-las na taverna; e as pessoas veem isso, mas ninguém tem nada com isso! E essa sociedade, que existe com base em princípios racionais, é um fenômeno da realidade! E, depois disso, será que o *ser humano* tem o direito de abandonar-se à arte, ao saber?"

Esse é exatamente aquele traço, que se desenvolveu muito na Rússia entre as pessoas de vanguarda dos anos 60, que está na base de sua relação negativa com a arte e que foi tão mal compreendido e tão absurdamente interpretado pelos russos conservadores daquela época e pelos russos decadentistas de nossos dias. Para as pessoas de vanguarda dos anos 60, a questão da arte era, antes de tudo, uma questão moral; elas se perguntavam: será que *nós* temos o direito de nos deleitar com a arte enquanto a maioria de nossos próximos está privada não apenas desse deleite, mas também da possibilidade de satisfazer suas necessidades mais elementares, e, por isso mesmo, as mais vitais e inadiáveis? Pois elas foram acusadas de imoralidade, insensibilidade, estreiteza de concepções e quase até de indiferença pelos interesses dos próprios pobres em nome dos quais haviam renunciado tanto ao prazer da arte quanto aos outros bens da vida.

O trecho da carta de Bielínski a Bótkin que acabei de mencionar revela, com clareza impressionante, a completa falta de fundamento dessas acusações.

Aliás, para mim, o importante aqui não é a falta de fundamento dessas acusações, mas justamente o fato de que Bielínski, na etapa final de sua vida, considerou a arte exatamente do mesmo modo como ela foi considerada mais tarde por Tchernichévski, Dobroliúbov e outros vanguardistas da década de 1860. O nosso movimento social desses anos, exatamente como o da década seguinte, foi, em sua manifestação extrema, o movimento daquela camada social à qual atribuíram a acertada denominação de *raznotchíniets*. Por sua origem, Bielínski pertencia a essa camada. Ele foi praticamente o primeiro e, sem nenhuma dúvida, o mais ativo porta-voz literário das aspirações progressistas dos intelectuais *raznotchíntsi*. Batia-se pelas mesmas questões que moveram estes últimos mais tarde; aprendeu com os mesmos sofrimentos que eles estariam condenados a padecer e — *raznotchíniets* genial — já apontava, em traços gerais, o caminho que conduziria a parte passível de desenvolvimento dos nossos *raznotchíntsi* na direção de uma atividade social frutífera. Nisso consiste o grande significado social da atividade literária de Bielínski.[5]

[5] E assim se explica também o respeito entusiástico que lhe devotaram os *raznotchíntsi* vanguardistas das décadas de 1860 e 1870. Para caracterizar essa relação, apresentarei dois exemplos. Em seus "Ensaios do período gogoliano da literatura russa", Tchernichévski, passando à avaliação da atividade de Bielínski, expressa-se assim: "Se, para cada um de nós, há temas tão próximos e caros ao coração que, ao falar deles, cada um tenta se impor frieza e tranquilidade, tenta fugir de expressões em que seja possível notar o seu transbordamento de amor, convicto, de antemão, de que, ainda que mantenha toda a frieza possível, o seu discurso sairá muito caloroso; se, dizemos, em cada um de nós há esses temas caros ao coração, então a crítica do período gogoliano (ou seja, a crítica de Bielínski) ocupa entre eles um dos primeiros lugares... Por isso falaremos da crítica do período gogoliano do modo mais frio possível: há certo grau de respeito e compaixão quando qualquer elogio é repudiado como algo que não expressa plenamente os nossos sentimentos".

Outro exemplo ainda mais notável. Em 1856, Aleksandr Ivánovitch Levítov, naquela época um jovem estudante da academia médico-cirúrgica, foi enviado, por disposição administrativa, primeiro a Vologda, depois a Chenkursk. Sua situação lá, obviamente, era difícil tanto no sentido material, quanto moral. Os amigos que se correspondiam com ele tentavam, como podiam, manter o seu ânimo elevado. Em abril de 1859, um deles, um tal de Fidielin, aconselhando-o a continuar os trabalhos literários iniciados, escreveu: "Lembre-se de Bielínski e se anime... Leia, leia, pegue livros... Agora estão publicando muitos livros, e todos os livros são bons; de novo lembro a você Bielínski. Eu queria até lhe mandar algo, confessar... aliás, não há o que confessar, se eu conseguir um rublo de prata, então prometo enviar sem falta a primeira parte das obras de Bielínski". (Veja as páginas LXVI-LXVII do artigo de Filipp Diomídovitch Nefiódov: "Aleksandr Ivánovitch Levítov", apêndice do primeiro tomo das obras reunidas de A. I. Levítov, publicada por Kozmá Teriéntievitch Soldatiónkov.) Era enorme a importância de Bielínski para os *raznotchíntsi* dessa geração. (N. do A.)

No artigo "Grande coração", cujos primeiros capítulos foram publicados na edição de março da revista *Rússkoie Bogátstvo* [A Riqueza Russa] e sobre o qual ainda terei oportunidade de falar hoje, o senhor Venguérov[6] chama o falecido Vassili Bótkin de *fonte de estimulação espiritual para Bielínski*. Em alguns aspectos, essa denominação é correta. Mas seria muito interessante esclarecer se havia, e em que medida, na relação de Bótkin com a arte, esse traço que acabamos de ver na relação de Bielínski com o seu objeto.[7] Duvido muito de que possa ser encontrado; em todo caso, sem dúvida, em nenhum outro ocidentalista dos anos 40 ele atingiu aquele desenvolvimento observado em Bielínski. Nesse aspecto, ele se aproximou mais dos nossos iluministas da década de 60 do que qualquer outro de seus contemporâneos.

E não apenas nesse aspecto. O mesmo Venguérov, no mesmo artigo que acabei de citar, "Grande coração", diz: "Pois as pessoas realmente grandiosas são aquelas que refletem não elas próprias, mas épocas grandiosas. Secundária teria sido a importância de Bielínski se ele refletisse só Stankévitch, só Bótkin, só Bakúnin, só Granóvski,[8] só Herzen. Mas, se ele refletiu Stankévitch, Bótkin, Bakúnin, Granóvski e Herzen simultaneamente e, além disso, em relação à maioria deles com grande força e brilho, isso já significa que ele é o ponto central da mais ilustre das épocas, é o porta-voz do momento mais notável da cultura russa, responsável pela plêiade de grandes escritores que colocaram a Rússia no mesmo nível das grandes potências literárias da humanidade".

É assim, mas não é bem assim. Indiscutivelmente, Bielínski "refletiu" Stankévitch, Bótkin, Bakúnin, Granóvski, Herzen e ainda muitas outras das pessoas de vanguarda de sua época, ou seja, em outras palavras, indiscutivelmente, ele refletiu tudo o que havia nele de comum com todas essas pessoas consideradas como um todo e com cada uma delas em particular. Mas isso não o impediu de "refletir", antes de tudo e com mais vivacidade, a si próprio como individualidade específica, com todos os

---

[6] Semion Afanássievitch Venguérov (1855-1920), crítico literário russo. (N. da T.)

[7] Evidentemente, estou falando dos anos 40 e não da época em que Bótkin fez amizade com Fiet e envenenou a censura contra os colaboradores da *Sovremiênnik* [O Contemporâneo]. (N. do A.) [Afanássi Afanássievitch Fiet (1820-1892), poeta e tradutor russo. (N. da T.)]

[8] Timofiei Nikoláievitch Granóvski (1813-1855), historiador medievalista russo, membro de círculos ocidentalistas. (N. da T.)

seus traços individuais. E, ao falarmos do significado de Bielínski para a história do nosso desenvolvimento intelectual, podemos e devemos, suponho, perguntar: *será que não tiveram significado histórico geral os seus traços individuais, as suas particularidades pessoais*? Só diante dessa colocação da questão é possível esclarecer, em toda a sua plenitude, o papel histórico de um grande homem.

Vejamos então essas particularidades.

Pela própria forma de suas ideias, Bielínski, no círculo de nossos ocidentalistas dos anos 40, representava a *extrema esquerda*. Não por acaso Herzen chama-o em seu "diário" de *fanático, homem de extremismos*. Combatente apaixonado, "judeuzinho" que odiava "filisteus", ele realmente não conseguia, por exemplo, perdoar Herzen por suas relações semiamigáveis com os eslavófilos de Moscou. Quando Herzen foi se explicar com ele a esse respeito, Bielínski concluiu que as suas explicações "cheiravam a comedimento" e a uma prudência ordinária, ou seja, a um início de queda e putrefação.[9] Sobre outro colega seu, Granóvski, ele se expressava de modo bem elogioso, mas, acrescentava, só tem um defeito: a moderação! Granóvski, por sua vez, impressionava-se ainda mais agudamente do que Herzen com os "extremos" de Bielínski. "Entre Bielínski e Granóvski havia uma grande amizade", diz em suas memórias Kaviélin,[10] "mas eu acho que não havia simpatia espontânea entre eles, e nem podia haver. Eram duas naturezas completamente opostas... Sobre Bielínski, Granóvski falava sempre com muito respeito, com muito amor, mas acrescentava que ele se entusiasmava com muita paixão e 'caía em extremos'. Se essas naturezas não coadunassem, na mais estreita das uniões, as circunstâncias externas, a nobreza das aspirações comuns, a conduta pessoal irrepreensível, assim como o peso do pensamento, da ciência e da literatura, Bielínski e Granóvski provavelmente teriam rompido, assim como Granóvski, mais tarde, rompeu com Herzen".[11]

No livro de Pípin, *Bielínski, sua vida e correspondência*, ficamos sabendo que entre Granóvski e Bielínski com frequência havia discussões sobre a Revolução Francesa e que Granóvski não concordava com a

---

[9] Ver Pípin, *Bielínski, sua vida e correspondência*, v. II, p. 180. (N. do A.)

[10] Konstantin Dmítrievitch Kaviélin (1818-1885), historiador e jurista russo. (N. da T.)

[11] *Idem*, v. II, p. 230. (N. do A.)

opinião de Bielínski "sobre R.", ou seja, Robespierre. Isso é inteiramente compreensível e mais uma vez confirma a opinião de Kaviélin, segundo a qual, em outras condições sociais, esses homens teriam se distanciado muito um do outro.

O senhor Venguérov, e não só o senhor Venguérov, quis suavizar muitos "extremos" do caráter e, em particular, dos pontos de vida de Bielínski, quis torná-lo, como dizem os alemães, *salonfähig*.[12] Sabe-se, por exemplo, que, tendo rompido, até certo ponto, com a filosofia de Hegel, pela qual antes tanto se entusiasmara, Bielínski passou ao *socialismo*. "Você conhece a minha natureza", escreveu ele a Bótkin, "ela está sempre nos extremos... Agora estou em um novo extremo: é a ideia do socialismo, que se tornou para mim a ideia das ideias... alfa e ômega da fé e do conhecimento... para mim, ela tragou a história, a religião, a filosofia. E por isso com ela explico agora a minha e a sua, a vida de todos com quem me encontrei pelo caminho".

O senhor Venguérov, evidentemente, tinha em vista essa circunstância quando disse em seu artigo: "Pela principal característica da concepção de mundo do círculo de Bielínski e de Herzen, eles seriam denominados 'socialistas'. Mas eu temo essa denominação, que posteriormente adquiriu outra nuança, de bélico. Pois eu, diferentemente, gostaria de mostrar agora que o 'socialismo', no sentido posterior, agressivo, era estranho às pessoas dos anos 40. Bielínski, em uma carta, autodenomina-se 'socialista', mas apenas no sentido de pessoa interessada preferencialmente em questões 'sociais', ou seja, *obschéstvennik*.[13] Que me seja permitido, então, chamar os nossos ocidentalistas da década de 40 não de 'socialistas', mas de *obschéstvennik*, e então, nesse grupo, entram Herzen e Bielínski e, incondicionalmente, escritores pacíficos: Grigoróvitch,[14] Turguêniev, Dostoiévski, Saltikov,[15] Nekrássov etc.".

---

[12] Em alemão, no original: "apresentável". (N. da T.)

[13] Indivíduo que participa ativamente da vida social. Essa palavra era usada inicialmente para designar o "membro de uma associação camponesa". Embora sua raiz seja a mesma de *óbschestvo* ("sociedade") e de *obschéstvenni* ("social", "público"), não foi ela que deu origem ao termo "socialista" e "socialismo" na Rússia, que são, respectivamente, *sotsialist* e *sotsializm*, derivados do alemão. (N. da T.)

[14] Dmitri Vassílievitch Grigoróvitch (1822-1900), escritor russo. (N. da T.)

[15] Mikhail Ievgráfovitch Saltikov-Schedrin (1826-1889), crítico e grande escritor satírico russo. (N. da T.)

O senhor Venguérov, como se vê, explicou mal o caráter de Bielínski, que, em seus entusiasmos, sempre foi exatamente "*agressivo*". "Estou começando a gostar da humanidade *à moda de Marat*",[16] disse ele a respeito de si próprio, "para fazer feliz uma mínima parte sua, parece que eu, com fogo e espada, exterminaria o resto". Confrontem esse seu amor *maratiano* pela humanidade com o interesse por Robespierre, que mencionei antes, e os senhores concordarão que ao socialismo de Bielínski nem de longe eram estranhos elementos muito agressivos. Mas a *Rússkoie Bogátstvo* [Riqueza Russa] não quer concordar com isso, e eis que ela, na pessoa do senhor Venguérov, emprega todos os esforços para apagar as cores vibrantes da imagem de nosso grande escritor. Para isso, o senhor Venguérov recorre, aliás, ao testemunho de Schedrin. Certa vez, Schedrin escreveu: "Da França de Saint-Simon, Cabet, Fourier, Louis Blanc[17] e, especialmente, de George Sand, verteu-se em nós a fé na humanidade; de lá começou a brilhar a certeza de que o século de ouro não ficou para trás, mas está adiante de nós". A esse respeito, o senhor Venguérov observa: "Nesse importante testemunho histórico, são valiosos não só os fatos, mas o tom geral. O tema parece girar em torno de teorias político-econômicas, mas, na realidade, as lembranças sacudiram, no velho entorpecido, apenas a memória do coração, aqui não está a "luta de classes", mas a *humanidade*; não está a economia política, mas a *fé*, e essa fé não é recebida de modo lógico e seco, porque fatos e cifras são incontestáveis: ela brilhava..." etc.

Então aqui não está a luta de classes, mas a humanidade; aqui não está a economia política, mas a fé. Deixemos de lado, uma vez que não cabe aqui, a questão de como o próprio Schedrin considerava a "economia política". Mas será útil esclarecer se a "luta de classes" realmente não desempenhava nenhum papel no socialismo de Bielínski.

Para responder a essa pergunta, basta ler seu artigo sobre o romance de Eugène Sue *Les mystères de Paris*. Nesse artigo, Bielínski lamenta que o povo trabalhador parisiense tivesse pegado em armas em julho de

---

[16] Ou seja, de acordo com as ideias de Jean-Paul Marat (1743-1793), filósofo e político da Revolução Francesa que defendia o corte de quinhentas ou seiscentas cabeças para garantir a liberdade de milhões. (N. da T.)

[17] Claude Henri de Rouvroy, conde de Saint-Simon (1760-1825), Étienne Cabet (1788-1856), François Marie Charles Fourier (1772-1837) e Louis Jean Joseph Charles Blanc (1811-1882), pensadores do socialismo utópico francês. (N. da T.)

1830, quando a luta da burguesia com o poder real não era assunto dele, não era assunto do povo: "Numa abnegação cega e insensata, o povo não se poupou, combatendo pela destruição dos direitos que não o faziam mais feliz e, consequentemente, tocavam-lhe tão pouco quanto a saúde do imperador chinês". Depois Bielínski contesta a noção burguesa de igualdade: "O proletário francês, diante da lei, é igual ao proprietário capitalista mais rico, aquele e este são julgados pelo mesmo tribunal e, tendo culpa, são condenados à mesma pena; mas a desgraça é que a vida do proletário não fica melhor por causa disso. Eterno trabalhador do proprietário capitalista, o proletário fica inteiramente nas mãos deste, pois é ele que lhe dá trabalho e, arbitrariamente, fixa seu salário. Com esse salário, o pobre trabalhador nem sempre consegue comprar o alimento do dia e alguns andrajos para vestir a si mesmo e à família, enquanto o rico proprietário leva 99% desse salário... Bela igualdade!"

No final, Bielínski critica severamente a insensibilidade e a avidez da burguesia e aponta os sofrimentos do povo parisiense. "A pobreza do povo em Paris ultrapassa, em todos os sentidos, as invenções mais audaciosas da fantasia", exclama ele. "Mas as centelhas do bem ainda não se apagaram na França, elas estão sob cinzas, esperando um vento favorável, que as transforme em chama viva e pura. O povo é uma criança, mas essa criança está crescendo e promete fazer-se homem, pleno de força e razão... Ele ainda é fraco, mas só ele conserva em si o fogo da vida nacional e o puro entusiasmo da convicção, já apagado nas camadas da sociedade culta" etc.

Eu pergunto aos senhores: que forma tem aqui a "fé na humanidade"? Ela coincide, inteira e completamente, com a *fé no povo*, cuja noção, por sua vez, coincide completamente com a noção de *classe trabalhadora*. Os interesses e até a moral dos trabalhadores contrapõem-se aos interesses e à moral da burguesia. Será que esse não é o ponto de vista da luta de classes? Será que isso não é aquela "estreiteza", de que os socialistas atuais são acusados por pessoas incapazes de compreender determinadas concepções e prontas a considerar como *amplos* os pontos de vista sociais que, na realidade, são *apenas e simplesmente obscuros*?

Entretanto, apresso-me a fazer uma ressalva. Nenhum dos socialistas atuais concordaria com Bielínski, quando este diz que a questão dos direitos políticos tem tão pouco a ver com os verdadeiros interesses do povo quanto a questão da saúde do imperador chinês. Isso é um erro. Sem direitos políticos, não é possível um amplo desenvolvimento do movimento dos trabalhadores, e eis por que nos lugares onde eles não existem, os trabalhadores devem se empenhar, com todas as forças, para conquistá-los. Eis por que também entre nós, na Rússia, o primeiro grande passo do movimento dos trabalhadores deve ser a conquista da liberdade política. Não estava clara para Bielínski a ligação entre os interesses econômicos da classe trabalhadora e seus direitos políticos. Esse era o ponto fraco de seus pontos de vista socialistas, assim como de *todo o socialismo daquela época, atualmente chamado de utópico*. Mas isso não impedia que ele defendesse o ponto de vista da luta de classes ou, como expressa o senhor Venguérov, da *economia política*, nem que a sua fé na humanidade coincidisse exclusivamente com a fé na *classe trabalhadora*. Em vista disso, todas as tentativas de fazer dele um *salonfähig* devem ser reconhecidas como inteiramente infundadas.

Uma vez que tocamos na questão da luta de classes, não posso sair dela sem antes tentar destruir certa associação de ideias que até hoje está enraizada bastante firmemente não apenas nas mentes de filisteus franceses e alemães, mas, infelizmente, também nas mentes de muitas pessoas russas que se consideram "vanguardistas". Eu tenho em vista o preconceito contra a luta de classes. Dizem: por que defender os interesses apenas da classe trabalhadora? Isso é uma restrição. É preciso defender os interesses de toda a humanidade. Falar assim, porém, significa fazer um jogo de palavras. Pergunto então às pessoas que se ocupam desse jogo como se ele fosse algo muito sério: de qual "humanidade" estão falando? Se é da humanidade trabalhadora, se é daqueles que trabalham e não ficam montados nas costas de outros, então os interesses deles, de modo geral, coincidem com os interesses da classe trabalhadora. Mas, se estão falando daqueles que não podem existir sem explorar o trabalho alheio, que, à semelhança de um parasita, não pode existir sem chupar o sangue de outro, então eu me permito duvidar de que pessoas que aspiram à bondade e à verdade possam considerar caros ao seu coração os interesses *dessa* suposta humanidade. A Revolução Francesa do último século foi algo de enorme importância para todo o mundo civilizado, embora, ao mesmo tempo, tenha sido um fato da *luta de classes*, mais exatamente, um fato da luta da terceira classe contra a nobreza e o clero. E o que seria essa terceira classe? "*Toute la nation moins les privilégiés*", responderiam os revolucionários franceses daquela época. Essa determinação era justa, e os senhores concordarão que, defendendo os interesses de toda a nação, *menos* "dos privilegiados", esses revolucionários não pecaram nem um pouco por "restrição". Mas essa mesma resposta, absolutamente igual, podem dar também os socialistas da atualidade. Quais são os interesses da classe trabalhadora? São os interesses de todos aqueles que não vivem da exploração do trabalho alheio. De novo é toda a nação, ou, mais exatamente, "todas as nações *moins les privilégiés*", menos os exploradores. Os interesses dos exploradores são uma grandeza negativa; subtraí-los dos interesses gerais de todo o povo significa acrescentar-lhes algo positivo. Quem anuncia guerra contra a guerra, anseia pela paz; quem anuncia guerra contra a exploração econômica, defende o ponto de vista dos interesses da classe trabalhadora e, ao mesmo tempo, *defende os interesses de toda a humanidade*. Lamento muito que o senhor Venguérov desconheça essa verdade incontestável, que tão aguda e claramente revela-se em resultado do movimento social de nosso século.

Mas voltemos a Bielínski.

Herzen conta, em *O passado e as ideias*, que Skóbeliev,[18] responsável pela administração da fortaleza de Pedro e Paulo, ao se encontrar com o famoso crítico na avenida Niévski, disse-lhe, brincando: "Quando nos fará uma visita? Tenho já preparada uma casamata quentinha; guardo-a para o senhor". Essa singela piada de carcereiro retrata bem como as nossas antigas "esferas dirigentes" viam Bielínski. Consideravam-no um homem extremamente perigoso. Certamente todos os senhores conhecem o episódio eternizado no quadro de Naúmov:[19] "Bielínski diante da morte". Eis como ele se deu. Já em fevereiro de 1848, Dubbelt,[20] então chefe da famosa terceira seção, chamou Bielínski para esclarecimentos. Este já estava muito doente e não podia sair de casa. Deixaram-no em paz por um tempo, mas, em 27 de março [8 de abril], apareceu em sua casa um gendarme com uma nova intimação. A chegada desse gendarme também foi representada por Naúmov. Um dos amigos de Bielínski conta o seguinte sobre a impressão causada por essa visita. "Bielínski, já sem se levantar da cadeira, inquieto, fraco e com a voz ofegante, pediu-me... que

---

[18] Mikhail Dmítrievitch Skóbeliev (1843-1882), general do exército russo, famoso por suas ações militares na guerra russo-turca (1877-8). (N. da T.)

[19] Aleksei Avvakúmovitch Naúmov (1840-1895), pintor russo. (N. da T.)

[20] Leónti Vassílievitch Dubbelt (1792-1862), nobre, general da cavalaria e chefe da Terceira Seção da Chancelaria, órgão responsável, entre outras coisas, pela censura e perseguição política. (N. da T.)

procurasse o seu ex-professor Popov... (na época, ele servia na terceira seção) e descobrisse por que queriam vê-lo. Na conversa com Popov, eu lhe expliquei sobre a doença grave de Bielínski, preso à cadeira, e perguntei o que queriam com ele. Popov lembrou com carinho os anos da infância de Bielínski, expressou preocupação com o seu estado de saúde e pediu que eu tranquilizasse o doente, que lhe dissesse que estava sendo chamado não por nenhum assunto ou acusação pessoal, mas como um dos ativistas mais notáveis no campo da literatura russa — queriam apenas apresentar pessoalmente o patrão da literatura russa ao chefe do departamento (onde Popov servia).

No dia do enterro de Bielínski, aos muitos amigos que acompanharam o corpo até o cemitério Volkovo, juntaram-se, como diz Panáiev em suas memórias, "três ou quatro desconhecidos, que apareceram de repente não se sabe de onde. Eles ficaram no cemitério até o final do sepultamento e observaram tudo com respeito e curiosidade, embora não houvesse absolutamente nada para observar". Mas, quando os amigos de Bielínski tiveram a ideia de rifar a sua biblioteca, em prol da família que ficara sem recursos, e um deles foi conversar sobre o assunto com o já citado Popov, então aconteceu o seguinte: "Ao ouvir sobre a morte de Bielínski, Popov expressou pesar pelo fim tão prematuro do notável crítico, mas assim que lhe falaram da rifa, a sua expressão mudou completamente, e ele respondeu com uma negativa, num tom muito irritado. As suas palavras indicavam que, para ele, o nome de Bielínski equivalia ao nome de um criminoso político...".

Bielínski nunca fez nada de *criminoso*, nem mesmo do ponto de vista de nossas leis, que anunciam como criminosas ações que em qualquer parte do Ocidente são consideradas não apenas permitidas, mas absolutamente habituais. Entretanto, considerando Bielínski, mais uma vez, como um criminoso político, a terceira seção mostrou de novo o seu fino faro de cão policial. Para ela, Bielínski realmente devia parecer um criminoso. Os senhores se lembram do amor *maratiano* de Vissarion Grigórievitch pela humanidade; os senhores se lembram de seu interesse por Robespierre. Agora eu acrescento que, extremamente nervoso e sincero, ele não podia e não queria ocultar as suas convicções. Apresentarei dois casos das memórias de Herzen extremamente característicos nesse aspecto: "Certa vez ele foi almoçar na casa de um literato na semana da Paixão e serviram comida de jejum. 'Faz tempo que vocês se tornaram assim tão devotos?', perguntou ele. 'Nós respeitamos o jejum só por respeitar, para as pessoas.' '*Para as pessoas?*', perguntou Bielínski, já pálido. 'Para as pessoas?', repetiu ele e levantou-se da mesa. 'E onde estão as suas pessoas? Eu lhes direi que elas estão sendo enganadas, qualquer vício manifesto é melhor e mais humano do que esse desprezo pelo fraco e pelo inculto, do que essa hipocrisia que ajuda a manter a ignorância. E os senhores pensam que são pessoas livres? Estão todos no mesmo saco, junto com tsares, popes e proprietários de terras. Adeus, eu não jejuo para pregar sermão, eu não tenho *pessoas*!'".

Eis o segundo caso.

Certa vez, numa festa na casa desse mesmo literato que jejuava "para as pessoas", um mestre da Universidade de Petersburgo, segundo Herzen, desmerecendo as próprias capacidades de filosofia e filologia, refletiu longamente sobre o tema do comedimento e da precisão e, depois de tocar na famosa "carta filosófica" de Tchaadáiev, informou que o seu autor não merecia respeito. Herzen, que estava na festa e conhecia Tchaadáiev pessoalmente, começou a refutar o mestre, explicando-lhe como era injusto esse parecer sobre um homem que havia expressado corajosamente a sua opinião e sofrera por ela. O mestre respondeu, apontando a necessidade de respeitar outros "fundamentos" diferentes. A discussão estendia-se... "De repente, Bielínski cortou a minha fala...", diz Herzen, "ele se aproximou de mim já branco como papel, bateu em meu ombro e disse: 'Eis que se pronunciaram — inquisidores, censores, manter as ideias no cabresto'... e continuou, continuou. Ele falava terrivelmente inspirado, temperando palavras sérias com causticidades mortíferas. 'Que melindres são esses? Batem com porrete, não nos ofendemos; mandam para a Sibéria, não nos ofendemos; mas aqui Tchaadáiev, vejam, ofendeu a honra do povo, não se atreva a falar; falar é um atrevimento, o lacaio não deve falar nunca! Porque em países mais cultos, onde, ao que parece, a sensibilidade também deve estar mais desenvolvida do que em Kostromá e Kaluga, ninguém fica ofendido com palavras.'".

— Em países cultos — disse o mestre com incomparável presunção — há prisões nas quais trancam os dementes que ofendem o que o povo inteiro reverencia... e fazem muito bem.

Bielínski cresceu, naquele minuto ele estava terrível, grandioso; cruzou os braços no peito doente e, fitando diretamente o mestre, respondeu com voz surda:

— E em países ainda mais cultos há a guilhotina, que pune aqueles que acham isso maravilhoso.

Assim que disse isso, ele se largou na poltrona, esgotado, e calou-se. Diante da palavra "guilhotina", o anfitrião empalideceu, os convidados inquietaram-se, fez-se uma pausa. O mestre fora liquidado...

Assim era o "Vissarion exaltado". Agora, coloquem-se no lugar de Dubbelt, senhores, e digam se ele não tinha obrigação de, "pelo dever do cargo e por juramento", ver nele um criminoso político?

Nós, porém, não servimos à terceira seção, não juramos ser fiéis gendarmes da grandeza de Petersburgo, a nós é permitido examinar a questão a partir de outro ângulo. Aos nossos olhos, a imagem "criminosa" das ideias do "Vissarion exaltado" é uma das muitas características suas que justificam o nosso amor e o nosso respeito. Amamos Bielínski inclusive porque, aos olhos de Dubbelt, ele era, e não podia deixar de ser, um criminoso. Só a morte salvou Bielínski de travar conhecimento mais próximo com a terceira seção. Imaginando a improvável satisfação desse conhecimento, nós, com grande sentimento, repetimos junto com Nekrássov:

Rezando à sua sombra tão sofredora, Mestre, diante de seu nome
Permita-nos, humildemente, ficar de joelhos.

Passo à outra parte da minha conferência. Tendo lembrado aos senhores *como Bielínski sentia*, quero agora lembrar como ele *pensava* e qual foi o principal objeto de sua mente no decorrer de sua vida racional. O mesmo Nekrássov disse, referindo-se a ele:

Naqueles dias em que tudo na Rus estagnava,
Cochilando e rastejando vergonhosamente,
A sua mente fervilhava — e novas sendas abria, trabalhando obstinadamente.

Até que ponto são justas as palavras do poeta sobre as "sendas" abertas por Bielínski? Que a nossa crítica literária seguiu por uma nova senda exatamente graças a Bielínski, isso já sabem todos, até aqueles que valorizam nele principalmente o "grande coração". E já com base naquilo que ele fez para a crítica literária, pode-se dizer, com pleno direito, que não há nenhum exagero nas palavras de Nekrássov. Mas a mente ativa e forte de Bielínski ansiava abrir novas "sendas" não apenas na crítica literária. O seu trabalho obstinado orientou-se igualmente para o campo sociopolítico. E a sua tentativa de encontrar um novo caminho nessa área merece até mais atenção do que o seu feito propriamente na literatura.

Essa tentativa está estreitamente relacionada com o seu entusiasmo pela filosofia de Hegel, cujo sentido na atualidade precisamos esclarecer. Para compreender esse sentido é necessário, antes de tudo, imaginar a época em que se passaram os anos da juventude de Bielínski. Ele tinha cerca de quinze anos de idade quando aconteceu o famoso levante dos dezembristas. Esse levante despertou uma onda de rumores em toda a Rússia e, certamente, produziu forte impressão naquele jovem impetuoso, extremamente talentoso e precocemente desenvolvido. Depois de 14 de dezembro, a reação, que já era forte no final do reinado de Alexandre I, intensificou-se ainda mais. "O nível moral da sociedade caiu", diz Herzen, "o desenvolvimento foi interrompido; tudo o que era de vanguarda, cheio de energia foi riscado da vida. O restante, assustado, fraco, perdido, estava amesquinhado e vazio; o lixo da geração de Alexandre ocupava o primeiro lugar." É fácil imaginar o estado moral de pessoas que tinham conservado as melhores tradições da época anterior e, de repente, viam-se completamente sem forças na luta por seus ideais. "Terríveis, os primeiros anos que se seguiram a 1825", diz Herzen, em outra obra. "Seria necessária quase uma década para que se recuperassem desse avassalamento e perseguição."[21]

O que experimentava o jovem Bielínski no decorrer dessa década difícil? Há abundância de dados à nossa disposição para responder a essa pergunta, entretanto, temos também o próprio testemunho do autor, cujo valor é tão grande quanto tudo o que esse homem franco disse a respeito de si mesmo. Em suas palavras, na juventude, ele estava cheio de aspirações heroicas, odiava ardentemente o regime social vigente e, ao *mesmo tempo*, sofria ao se considerar uma nulidade. De semelhante estado de espírito, podia haver apenas duas saídas: primeiro, o indiferentismo contemporâneo, o completo esquecimento de todas as aspirações idealizadas; segundo, a busca apaixonada, na literatura política, na ciência ou na filosofia, de explicações para o presente difícil e de indícios de um futuro melhor. Bielínski e os seus companheiros entrincheiraram-se na filosofia. Na nossa vizinha Alemanha, reinava então, compactamente,

[21] "Du développement des idées révolutionnaires en Russie", Paris, 1851, p. 97. (N. do A.)

a filosofia idealista de Hegel. Quando Bielínski a conheceu, ela o arrebatou inteiro e deixou sua marca profunda em todo o curso subsequente de seu desenvolvimento intelectual.

Por que ela o influenciou tão fortemente? Pelo mesmo motivo pelo qual subjugou as mentes mais novas e enérgicas da Alemanha de então e, em parte, de toda a Europa Ocidental. Porque ela era o foco em que se concentravam todos os resultados do trabalho precedente do pensamento filosófico e do qual partiam os raios que iluminavam o caminho do desenvolvimento intelectual e moral do mundo civilizado. As minhas palavras podem lhes parecer exagero; por isso apresso-me a citar o nome de Strauss, Bruno Bauer, Feuerbach, Lassalle, Engels e Marx. Todos eles tinham mentes eminentes, algumas até simplesmente geniais; todos eles contribuíram muito para o desenvolvimento intelectual de nosso século, e nenhum deles se recusou a reconhecer que devia a Hegel tanto o seu método vigoroso de pesquisa quanto toda uma série de ideias das mais frutíferas. Para que os senhores possam julgar a relação que mantinham com Hegel pessoas geniais, que passaram por sua escola, mas, posteriormente, abandonaram o seu ponto de vista, recomendo o pequeno livro de Engels sobre Feuerbach, que veio à luz nos anos 80, em alemão, e foi publicado em russo em Genebra.

É evidente que não conseguiria apontar aos senhores agora todos os aspectos, ainda que só os mais notáveis, da concepção de mundo de Hegel. Para isso, não haveria tempo suficiente. Espero, no entanto, destacar o mais importante deles. Pelo menos, é o que tentarei fazer.

Na história do desenvolvimento intelectual da humanidade, assim como na história de *qualquer* desenvolvimento, a última fase sempre está estreitamente relacionada com a anterior, e, além disso, toda fase subsequente não apenas *se distingue* da anterior, como, em muitos aspectos, é diretamente *contrária a ela*. Essa é uma regra geral, da qual precisamos nos lembrar durante o estudo de qualquer processo de desenvolvimento. E essa regra geral brilhante confirma-se no estudo da corrente predominante no pensamento filosófico da primeira metade do século XIX em comparação com a corrente mais importante da segunda metade do século antecedente.

Na filosofia do século XVIII, com algumas poucas e desimportantes exceções, faltava o ponto de vista do desenvolvimento. Na posição dos filósofos daquela época, observa-se essa falha básica, tanto em relação à natureza, quanto em relação à história da humanidade. O processo histórico é um processo de desenvolvimento, e, por isso, poderia parecer impossível o exame da história de outro modo a não ser a partir do ponto de vista da *evolução*. Entretanto, os filósofos do século XVIII estudaram-na de outra maneira, e ainda agora nem todos nós conseguimos nos desvencilhar do ponto de vista do século XVIII.

Para os filósofos do século XVIII, a principal mola do movimento histórico era o desenvolvimento e a disseminação dos conhecimentos, da ilustração, *des lumières*, como eles diziam. É claro que não passa pela cabeça de ninguém contestar a legitimidade relativa desse ponto de vista. Também no nosso tempo os sociais-democratas alemães cantam em sua marselhesa:

> *Der Feind, den wir am tiefsten hassen,*
> *Der uns umlagert, schwarz und dicht,*
> *Das ist der Unverstand der Massen*
> *Den von des Geistes Schwert durchbricht.*[22]

Todo ativista social-progressista, na prática, sempre teve de levar em consideração o *subdesenvolvimento das massas*. Mas, no estudo teórico do objeto, pode-se e deve-se perguntar: será que a própria acumulação de conhecimentos e a disseminação da ilustração não se fundamentam em alguns princípios mais profundos? Em outras palavras, no estudo teórico do objeto pode-se e deve-se fazer a seguinte pergunta: será que não poderíamos ver a própria acumulação de conhecimentos e a disseminação da instrução como um *processo de desenvolvimento subordinado a certas leis*, que podem ser descobertas e determinadas, assim como se descobrem e determinam as leis da natureza? Se *sim*, então o desenvolvimento intelectual da humanidade é capaz de se tornar objeto de investigação científica; se *não*, então não há o que dizer sobre o estudo científico desse desenvolvimento, porque *não há ciência onde não existam fenômenos sujeitos a leis*.

Refletindo formalmente, cada filósofo do século XVIII, é claro, concordaria que os fenômenos da vida intelectual dos povos, assim como todos os outros fenômenos, possuem causas e, por isso, podem ser estu-

[22] Em alemão, no original: "O inimigo que odiamos mais profundamente,/ que nos cerca, negro e cerrado,/ é a incompreensão das massas/ que a espada do espírito perfura". (N. da T.)

dados a partir do ponto de vista de sua submissão a leis. Alguns deles, como Helvétius,[23] por exemplo, fizeram experiências até muito interessantes, na tentativa de empreender semelhante estudo. Mas, na enorme maioria dos casos, eles continuaram a ver o desenvolvimento intelectual da humanidade como a causa derradeira do movimento histórico, e, por isso, pode-se dizer que, na investigação desse movimento, a sua análise científica termina onde precisaria começar. Eis por que entre os *iluministas do século XVIII não havia a filosofia científica da história.*

Até certa época, por exemplo, quando da publicação da famosa enciclopédia, era possível não prestar atenção a essa circunstância. A principal missão histórica dos iluministas do século XVIII consistia na luta intelectual com pontos de vista antiquados, herdados do período do florescimento da monarquia absoluta e do domínio total e indiscutível da nobreza e do clero. Nessa luta intelectual, era natural e até muito útil enxergar o *correr das ideias* como a causa derradeira e mais profunda *do correr das coisas* nas sociedades humanas. Mas eis que grassou a tempestade da grande revolução; os acontecimentos sucederam-se um ao outro com rapidez vertiginosa e com a força implacável dos poderosos fenômenos da natureza.

O estado de espírito social mudava com muita frequência, muito decisivamente e de modo completamente inesperado; o curso da vida social e do pensamento, pelo visto, não só não justificou as esperanças radiosas e as previsões consoladoras dos filósofos, mas zombou diretamente delas. Então ficou evidente para muitos que o curso das ideias não determina o curso das coisas, mas, ao contrário, ele próprio é determinado por este último. E eis que os filósofos da época da Restauração tentam descobrir as leis do curso do desenvolvimento intelectual da humanidade (exatamente nessa época, Saint-Simon tenta determinar a lei das três fases, teológica, metafísica e positiva, relacionada comumente, e sem nenhum fundamento, com o nome de Auguste Comte. Na atualidade, pode-se ver essa "lei" como um dos melhores exemplos de que, naquela época, as concepções sobre as leis do desenvolvimento histórico ainda não estavam inteiramente elaboradas); os historiadores examinam as ideias das pessoas como produto de suas relações sociais, e todos os pesquisadores da vida social, cada vez mais, passam ao *ponto de vista do desenvolvimento.*

---

[23] Claude Adrien Helvétius (1715-1771), filósofo francês. (N. da T.)

Essa passagem encontrou a sua principal expressão no sistema filosófico de Hegel. O ponto de vista de Hegel é um *ponto de vista do desenvolvimento*; ele consiste no aspecto mais importante da sua filosofia; e exatamente graças a esse aspecto, a sua filosofia exerceu influência tão poderosa e frutífera sobre todo o curso do desenvolvimento intelectual do século XIX.

A teoria do desenvolvimento examina os fenômenos a partir do seu aspecto passageiro. Ela aponta as causas que desencadearam o *surgimento* dos fenômenos e também revela as causas que fundamentaram, ou deverão fundamentar no futuro, o seu *desaparecimento*. O antigo revolucionário, que examina, a partir desse ponto de vista, suponhamos, o fenômeno francês da volta daqueles mesmos Bourbons, cuja soberania parecia ter recebido um golpe definitivo com a deposição e morte de Luís XVI, deve sentir alívio considerável diante da ideia de que a própria reação, que sucedeu o poderoso ímpeto revolucionário na França, é apenas um fenômeno passageiro, que persistirá somente enquanto existirem as causas temporais que o determinaram. Depois de descobrir essas causas, o revolucionário cria a possibilidade de contribuir para a sua *eliminação* e, consequentemente, para um novo triunfo da ação do progresso. O ponto de vista do desenvolvimento, que prestou serviços tão importantes à ciência, mostrou-se, além disso, como que intencionalmente elaborado para dar sustentação moral e alento a todos os inovadores progressistas, cujas forças, no início, são sempre muito insignificantes. Herzen estava inteiramente certo quando disse que a filosofia de Hegel é uma *verdadeira álgebra da revolução*.

Mas essa álgebra da revolução, essa arma poderosa do pensamento revolucionário era bem mais complexa do que a arma simples da negação, utilizada no século anterior e, por isso, a sua ação sobre as mentes jovens daquela época devia se mostrar também incomparavelmente mais complexa.

O modo de pensar do século XVIII é caracterizado muito bem pela fórmula: sim, sim; não, não; o que passa disso vem do Maligno.[24] Ele conhecia apenas uma relação com o fenômeno dado: podia condená-lo uma única vez e para sempre ou então uma única vez e para sempre reconhecer a sua legitimidade. Assim, por exemplo, à pergunta: "é bom ou

[24] Mateus 5, 37. (N. da T.)

não o domínio do clero?", o filósofo do século XVIII podia dar apenas uma resposta: *ele é muito nocivo*. As causas históricas do surgimento desse domínio escapavam completamente do seu ponto de vista. Não era assim que a questão se apresentava, por exemplo, a Saint-Simon, que via o clero já na perspectiva do *desenvolvimento histórico dessa classe*. Negando a legitimidade do seu domínio na atualidade, Saint-Simon apontou os seus méritos históricos e, nesse caso, em oposição aos filósofos do século XVIII, involuntariamente exagerou o significado desses méritos, circunstância que, por sua vez, deixou evidente rasto tanto em seus próprios pontos de vista quanto nos pontos de vista de seus discípulos.

Repito que as doutrinas negativistas do nosso século são muito mais complexas do que as doutrinas negativistas do século passado. As pessoas do século XIX, em sua negação, revelam muito mais exigências intelectuais do que os contemporâneos de Diderot e Voltaire. O famoso escritor alemão e revolucionário Arnold Ruge conta que, nos seus primeiros dias de estudante, foi obrigado a assistir a uma palestra, não me lembro mais de qual professor, sobre religião. O professor revelou uma relação muito livre com a religião: "mas foi exatamente isso que me atingiu de modo bastante desagradável", disse Ruge, "não porque eu próprio fosse então um homem de fé, mas porque não me satisfazia a maneira superficial da negação característica do século XVIII" (cito de memória, mas o sentido é esse). Ruge, que posteriormente se tornou revolucionário, naquela época era defensor ardoroso da filosofia de Hegel.

Acrescento, além disso, que o próprio Hegel, por causas cujo exame nos levaria longe demais, com frequência interpretava a própria álgebra da revolução no sentido conservador e baseava-se em sua famosa proposição: "*Was wirklich ist, das ist vernünftig*",[25] para condenar as correntes oposicionistas do seu tempo.

Como esse aspecto importante da filosofia de Hegel, que acabei de apontar, influenciou e como devia influenciar Bielínski? Já sabemos que ele, embora jovem, instintivamente sentia a superficialidade, a fraca fundamentação da própria negação; que ele, em suas próprias palavras, considerava-se uma "nulidade", apesar de toda a força do seu heroísmo "abstrato". Aquele, cuja negação se baseia em um solo concreto e firme, não se sente uma nulidade, embora saiba também que a concretização do

[25] Em alemão, no original: "o que realmente é, é razoável". (N. da T.)

seu ideal é coisa que está muito distante no futuro. O estudo da filosofia de Hegel, com sua abordagem histórica de todos os fenômenos, devia levar Bielínski à *consciência clara* daquilo que antes ele apenas *sentia* com o coração apertado: ele definitivamente se convenceu da completa falta de fundamentação da própria negação. Como natureza apaixonada e impulsiva, negando a própria negação anterior, ele necessariamente devia ir então ao extremo de condenar toda negação em geral. Falando de outro modo, ele devia, inevitavelmente, "passar de negador impetuoso a conservador não menos impetuoso". Nele, esse novo estado de espírito devia ser sustentado pela lembrança dos sofrimentos morais experimentados na época de seu, como ele próprio começou a dizer, heroísmo *abstrato*: o instinto de autoconservação moral ter-lhe-ia sugerido que a volta ao ponto de vista negativista significava, sem falta, a volta também ao sofrimento moral anterior. E eis que Bielínski se torna zeloso comentarista da tese: todo real é razoável, reconhecendo como idênticas as noções de *real* e de *existente*.

Contestando esse novo ponto de vista de Bielínski, Herzen certa vez lhe disse, pensando impressioná-lo com seu ultimato: "O senhor sabe que, com seu ponto de vista, pode demonstrar que o absolutismo monstruoso sob o qual vivemos é razoável e deve existir?".

"Sem dúvida nenhuma", respondeu Bielínski audaciosamente.

Se, naquela época, Herzen tivesse compreendido o processo psicológico em curso na cabeça do seu interlocutor, então poderia ter previsto, com precisão, a resposta afirmativa de Bielínski. Em seu entusiasmo pela filosofia de Hegel, Bielínski devia começar justamente pela justificação do absolutismo, da servidão e de outras torpezas semelhantes, uma vez que, por causa dessas torpezas, é claro, ele havia sofrido muito na fase anterior de seu desenvolvimento intelectual.

Será preciso dizer que esse entusiasmo pelo conservadorismo não durou muito? Os senhores sabem disso muito bem, lembram-se daquela passagem da carta de Bielínski a Bótkin que se tornou famosa, em que ele, anunciando a própria volta à negação, exclama, amargo e brincalhão: "Agradeço imensamente, Iegor Fiódoritch (nome jocoso de Hegel no círculo de Bielínski), saúdo vossa cartola filosófica, mas, com o devido respeito a vosso *filistinismo* filosófico, tenho a honra de comunicar-vos que, se eu conseguisse chegar ao degrau superior da escada do desenvolvimento, lá eu vos pediria que prestasse contas de todas as vítimas das condições da vida e da história, de todas as vítimas dos acasos, da superstição, da inquisição, de Filipe II etc. etc., senão, do degrau de cima, lançar-me-ia abaixo de cabeça..." etc.[26]

Com o tempo, o assim chamado rompimento com Hegel deu início à última fase do desenvolvimento de Bielínski, em que ele se apresenta como revolucionário resoluto. Já indiquei alguns traços que caracterizam esse período do seu desenvolvimento. Agora indicarei alguns outros.

Entre nós, é costume pensar que, "tendo dado adeus à *cartola* filosófica" de Hegel, Bielínski abandonou completamente a sua *filosofia*. Isso é um grande erro. Na verdade, ele renunciou apenas ao seu aspecto conservador, tendo assimilado agora, completamente, seu significado mais profundo, ou seja, a "*álgebra da revolução*". Agora, condenando o próprio artigo sobre o aniversário da Batalha de Borodinó, ele diz no entanto (e isso os nossos escritores legalistas mais ou menos "de vanguarda" costumam esquecer): "É claro que a ideia que me esforcei para desenvolver no artigo a respeito do livro de Glinka sobre a Batalha de Borodinó[27] é acertada em seus fundamentos, mas era preciso desenvolver também a ideia da negação como direito histórico não menos sagrado do que o primeiro e sem o qual a história da humanidade seria transformada num pântano estagnado e fétido, e se não fosse possível escrever isso, então o dever de *honra* exigia já não escrever nada".

Quer dizer, a ideia que servia de base para o artigo era acertada. Que ideia era essa? Era aquela mesma ideia fundamental de toda a filosofia de Hegel: *a ideia do desenvolvimento submetido a leis*. Mas como seria desenvolver a ideia da negação a partir das relações sociais russas? Seria preciso demonstrar que a ordem social e política que tanto oprimiu Bielínski e seus partidários não podia ser eterna, que ela tinha um significado apenas temporário, passageiro e que o movimento histórico subsequente devia, sem falta, varrê-la da face da terra russa, como acontecera, digamos, com a ordem do apanágio e do *vietche*.[28] Fazer isso significava elaborar uma filosofia inteira, bem-fundamentada, da história russa. Isso não seria possível sem a ajuda do pensamento da Europa Ocidental, uma

---

[26] Pípin, *idem*, v. II, p. 105. (N. do A.)

[27] Fiódor Nikoláievitch Glinka (1786-1880), poeta russo. Escreveu uma série de relatos a respeito de sua participação em diversas campanhas do exército russo no início do século XIX. (N. da T.)

[28] Refere-se ao período da história russa que antecedeu à invasão dos mongóis. O *vietche* era uma espécie de assembleia popular da época. (N. da T.)

vez que a vida russa ainda estava pouco desenvolvida. Mas o próprio pensamento da Europa Ocidental encontrava-se, na época, ou seja, nos anos 40 do nosso século, em estado de transição. O próprio idealismo absoluto de Hegel não tinha forças para revelar *causas* do movimento histórico mais distanciadas, mais profundas do que todas as outras; ele ofereceu apenas indicações e observações isoladas, embora extremamente notáveis, sobre essas causas.[29] Mas, sem explicar bem essas causas, não era possível explicar o *sentido* do movimento histórico, ou seja, consequentemente, não era possível edificar as esperanças de futuro num solo firme e real. É verdade que, naquela época, a respeito da qual falamos agora, o idealismo de Hegel já cedia lugar ao materialismo de Feuerbach; mas esse materialismo ainda era totalmente inconsistente na questão da explicação do processo histórico-social. Nesse aspecto, Feuerbach era, vez ou outra, muito mais idealista do que o próprio Hegel. Por isso Bielínski não podia se apoiar no materialismo de Feuerbach para desenvolver sistematicamente a sua ideia da negação. Ele odiava, com toda a sua alma, a "*realidade*" russa da época, mas não sabia, e não podia saber, de onde viria a sua ruína e sofria profundamente por não saber isso; sua fé em um futuro melhor oscilava muito de tempos em tempos.

"Infelizmente, meu amigo", escreve ele a Bótkin, "sem sociedade não existe amizade, nem amor, nem interesses do espírito, existem apenas impulsos na direção de tudo isso, impulsos irregulares, sem força, sem resultado, doentios, irreais. Toda a nossa vida, as nossas relações são a melhor prova dessa verdade amarga... A humanidade é um solo abstrato para o desenvolvimento da alma do indivíduo, e nós todos crescemos a partir desse solo abstrato, somos infelizes Anacarses[30] da nova Cítia. Por isso bocejamos, nos apertamos, fazemos barulho, ficamos interessados por tudo sem nos atermos a nada, devoramos tudo sem nos satisfazermos com nada".[31]

Em outra carta, ele diz: "Sem objetivo não há atividade, sem interesses não há objetivo e sem atividade não há vida. A fonte dos interesses, dos objetivos e da realidade é a substância da vida social. Não é claro,

---

[29] Permitam-me indicar, aos que se interessam por essas questões, o meu artigo "Para o sexagésimo aniversário da morte de Hegel" ["*Zu Hegel's sechzigstem Todestag*"], no número de novembro de 1891 da *Neue Zeit*. (N. do A.)

[30] Anacarses, filósofo cita do século VI a.C. (N. da T.)

[31] Pípin, v. II, pp. 114-5. (N. do A.)

lógico, verdadeiro? Somos seres sem pátria, não, pior ainda, não somos sem pátria: somos seres para os quais a pátria é um espectro, e não é de admirar que nós próprios não sejamos espectros, que a nossa amizade, o nosso amor, as nossas aspirações, a nossa atividade não sejam espectros?[32]

Peço-lhes insistentemente que deem atenção a esse traço da psicologia de Bielínski: ele é muito instrutivo porque fornece material valioso para a solução de questões semelhantes àquelas que tanto e tão apaixonadamente estavam sendo discutidas na Rússia há bem pouco tempo, um ano e meio, dois anos atrás. Depois de dar adeus à "cartola" de Hegel, Bielínski voltou à negação da "realidade" russa. Mas ele não conseguiu fundamentar teoricamente a sua negação, "desenvolver a sua ideia", ou seja, encontrar, em nossa própria vida social, aquelas forças que, em seu desenvolvimento posterior, sem falta deveriam levar à destruição de suas deformidades atuais. Por isso, surgiu-lhe a dolorosa consciência da sua *falta de "pótchvennost"*.[33] A Rússia começou a lhe parecer um "espectro", no sentido de que ele não via nela elementos saudáveis, capazes de levar a um desenvolvimento futuro sadio. Porém, uma vez que ele pensava com muita clareza e havia passado por uma escola muito boa, e, por isso, não se deixaria enganar nem enrolar por divagações fantásticas sobre o tema do *papel da personalidade na história*, então ele, com sua habitual coerência lógica, explicou que "nós próprios", ou seja, as pessoas da negação, somos "espectros". Em vista disso, restou-lhe apenas lamentar o desenvolvimento intelectual graças ao qual ele já não podia renunciar à negação. "A realidade despertou-nos e abriu os nossos olhos, mas para quê?... Melhor seria se ela os tivesse fechado para sempre, para serenar, com o sono da insignificância, as aspirações inquietas da vida ávida do coração...

Mas a terceira chave — a chave fria do esquecimento,
Mais docemente do que todas, serena o ardor do coração..."[34]

---

[32] Pípin, v. II, pp. 122-3. (N. do A.)

[33] Literalmente, "caráter do que é relativo ao solo". Nos anos 1860, Dostoiévski cunhou o conceito de *pótchvennitchestvo*, ou seja, a necessidade de "retornar ao solo". (N. da T.)

[34] Pípin, v. II, p. 124. (N. do A.)

E esse estado de espírito de Bielínski de jeito nenhum era excepcional: experimentavam-no todos os seus correligionários e até os melhores de seus adversários, ou seja, os eslavófilos mais letrados e perspicazes. E ele se manifesta com muita agudeza no diário de Herzen: "Será que as pessoas do futuro vão compreender, vão reconhecer todo o terror, todo o aspecto trágico da nossa existência?", pergunta ele com eloquência e desespero. "Será que vão compreender por que somos preguiçosos, por que buscamos todo tipo de prazer, tomamos vodca etc.? Por que no minuto do êxtase não esquecemos a melancolia?... Oh, que eles parem, pensativos e tristes, diante das pedras sob as quais dormiremos, nós somos dignos da sua tristeza! Será que houve época assim em algum país? Roma nos últimos séculos de existência, mas nem ela... Lá havia lembranças sagradas, havia o passado, os ofendidos pela condição da pátria finalmente podiam descansar no seio da religião nascente, que surgia em toda a sua pureza e poesia. Nós somos massacrados pelo vazio e pela desordem do passado e também do presente, pela falta completa de interesses comuns..." (Nesse aspecto lamentável da história do desenvolvimento de nossa *intelligentsia*, convém dar maior atenção àqueles que, entre nós, até hoje se entregam à verborreia sobre o papel da personalidade na história, esquecendo que esse próprio papel é determinado, no final das contas, pela "substância da vida social".)

Um pouco adiante, o mesmo Herzen escreve: "Hoje eu li um artigo sobre *Almas mortas* na revista *Otiétchestvennie Zapíski* [Anais da Pátria]; lá citavam trechos... Entre outras coisas, a paisagem russa (a estrada no inverno e no verão); reler essas linhas trouxe-me uma tristeza sufocante, a estepe, a Rus apresentou-se tão vivamente diante de mim, a questão contemporânea repetiu-se tão dolorosamente, que eu estava a ponto de cair no choro. Um sono prolongado, pesado. Por que despertamos? Quero dormir, dormir, como tudo ao redor!".

Vendo que na realidade circundante não havia nenhum elemento saudável, passível de desenvolvimento (e, consequentemente, de negação), Bielínski exacerbava-se até contra aqueles cuja posição sempre lhe despertara apaixonada simpatia e pelos quais ele, certamente, estaria pronto a dar sua última gota de sangue: eu falo dos *camponeses e do povo russo em geral*. Após a morte de Koltsov, ele escreve em carta a Bótkin: "A morte de Koltsov foi um golpe para você. O que fazer? Essas coisas afetam-me de outro modo; eu pareço um soldado no auge do combate: caiu um amigo e irmão, não é nada, com Deus isso é coisa ordinária. Por isso, decerto, a perda me afeta mais fortemente quando já estou acostumado a ela do que no primeiro minuto. Sobre o pai de Koltsov não há o que pensar: um caso desse poderia munir a pena com indignação enérgica e estrondosa em algum outro lugar, mas não entre nós. E, ainda mais, que culpa tem esse pai se é um mujique? E o que ele fez de excepcional? Faça como quiser, mas eu não consigo alimentar inimizade contra um lobo, um urso ou um cão raivoso mesmo que um deles estraçalhe um gênio maravilhoso ou uma maravilha da beleza, assim como não posso alimentar inimizade contra uma locomotiva a vapor, que em seu trajeto esmaga um homem. Por isso, pelo visto, Cristo rezou também por seus carrascos, dizendo: Pai, perdoa-lhes, não sabem o que fazem. Eu não posso rezar pelos lobos, nem pelos ursos, nem pelos cães raivosos, nem pelos comerciantes e mujiques russos, nem pelos juízes e guardas de quarteirão russos; mas não posso alimentar ódio pessoal nem por uns, nem por outros!".[35]

Essa impossibilidade psicológica de respeitar o povo em vista de seu atraso asiático, juntamente com o amor ardente por esse mesmo povo e a impossibilidade de encontrar sossego moral em vista dos seus sofrimentos, consiste, sem dúvida, no traço mais trágico da posição de nossos ocidentalistas daquela época. Ela deixou a sua marca naquilo que se pode chamar de *política prática* e influenciou, de modo muito acentuado, o desenvolvimento das ideias da geração seguinte. Ela merece um exame especial, mas aqui eu posso falar dela apenas em termos de quanto ela determinou o próprio curso posterior do desenvolvimento intelectual de Bielínski.

Já sabemos que, voltando à negação da realidade, ele se entusiasmou pelo socialismo, introduzindo nesse entusiasmo seu habitual caráter apaixonado. Mas esse entusiasmo ardente prolongou-se por apenas alguns anos. Na segunda metade dos anos 40, ele vê o socialismo com muito ceticismo e até "dá adeus" a ele definitivamente. Em carta de 6 [18] de fevereiro de 1847 a Bótkin, ele faz um elogio a Littré,[36] que o agrada "justamente porque não pertence nem aos ladrões-sabichões do *Journal des Débats* e da *Revue des deux Mondes*" (ou seja, aos limitados partidários e defensores da ordem burguesa vigente), "nem aos socialistas",

[35] Pípin, v. II, p. 157. (N. do A.)

[36] Émile Maximilien Paul Littré (1801-1881), lexicógrafo e filósofo francês. (N. da T.)

dos quais agora ele diz que são degenerados das fantasias do genial Rousseau. Na mesma carta há um apelo notável sobre Louis Blanc: "A propósito, na *Gazette de France*, li um trecho do primeiro volume de *História da revolução* de Louis Blanc. A opinião dele sobre Voltaire! Céus, é um Cheviriov![37] Tudo o que Louis Blanc diz ao censurar Voltaire está correto, mas o estúpido é que ele não o julga e já o condena e, além disso, como se fosse um nosso contemporâneo, como um colega do *Journal des Débats*. Louis Blanc é um historiador dos acontecimentos contemporâneos, mas, no passado que virou história, pelo visto, ele não devia mexer".

Em carta a Ánnenkov (de 15 [27] de fevereiro de 1848), ele se manifesta a respeito de Louis Blanc ainda mais energicamente: "Estou lendo agora os romances de Voltaire e, a cada minuto, cuspo em pensamento na fuça do estúpido, do asno, do animal do Louis Blanc" (de novo por causa da opinião negativa em relação a Voltaire, expressa por Louis Blanc em sua *História da revolução francesa*). Observem, senhores, que, quando estava escrevendo o artigo que mencionei antes, sobre *Les mystères de Paris*, de Eugène Sue, Bielínski defendia o ponto de vista de Louis Blanc, pelo qual alimentava então profundo respeito. Agora Louis Blanc, em sua apreciação de Voltaire, parece-lhe semelhante a Cheviriov. Por que isso? Pois o próprio Bielínski não reconheceria que essa apreciação era correta "em si"? Sim, correta, mas *faltava-lhe a perspectiva histórica*. A incapacidade de fincar pé no ponto de vista histórico era o calcanhar-de-aquiles do socialismo da época, que, exatamente em função desse defeito, agora é chamado de *utópico*. A Bielínski, que permaneceu hegeliano até o final da vida, devia saltar aos olhos, e realmente saltava, esse defeito do socialismo da época, e assim se explicam todos os seus ataques irritados contra os socialistas nas cartas dos seus últimos anos de vida. Tanto maior era a sua irritação contra o socialismo utópico, fincado no solo da negação *abstrata* da ordem das coisas vigente, quanto mais dolorosamente ele se dava conta da necessidade de encontrar um solo *concreto*, *ativo* para a sua negação da *realidade* ou, caso contrário, de reconhecer como "espectros" até aqueles poucos russos que, entre nós, eram representantes da orientação negativista. Uma vez que o socialismo utópico não lhe deu material para a fundamentação da ideia negativista, ele

---

[37] Stepan Petróvitch Cheviriov (1806-1864), historiador e crítico literário de inclinação eslavófila. (N. da T.)

então, "dando adeus" ao socialismo, começou a analisar mais atentamente o *papel histórico da burguesia*. Na carta já citada, de 15 [27] de fevereiro de 1848, a Ánnenkov, encontramos a seguinte passagem, importantíssima: "O meu amigo crente (não se sabe de quem Bielínski estava falando, talvez de Bakúnin) e os nossos eslavófilos ajudaram-me muito a abandonar a crença mística no povo. Onde e quando o próprio povo se libertou? Sempre tudo se fez pela personalidade. Quando eu, em nossas discussões sobre a burguesia, chamei-lhe conservador, fui um asno ao quadrado, enquanto o senhor foi um homem inteligente. Todo o porvir da França está nas mãos da burguesia, todo o progresso depende apenas dela, enquanto o povo talvez possa desempenhar algum papel passivo e acessório de tempos em tempos. Quando eu, diante de meu amigo crente, disse que agora a Rússia precisa de um novo Pedro, o Grande, ele atacou a minha ideia como se fosse heresia, dizendo que o próprio povo deve fazer tudo para si próprio. Que pensamento ingênuo, arcádico! Depois disso, por que não propor que os lobos, que vivem nos bosques russos, reúnam-se e formem um Estado seguro, instaurem para si, no início, uma monarquia absoluta, depois uma monarquia constitucional e, finalmente, passem à república? Em dois anos, Pio IX demonstrou o que significa um grande homem para a sua própria terra. O meu amigo crente demonstrou-me ainda que Deus livrará a Rússia da burguesia. Mas agora se vê claramente que o processo interno de desenvolvimento civil na Rússia só terá início no momento em que a nobreza russa se transformar em burguesia. A Polônia foi que melhor mostrou como é forte o governo privado de uma burguesia com direitos. Que homem estranho eu sou! Quando se mete em minha cabeça algum disparate místico, as pessoas de bom-senso raramente conseguem arrancá-lo de mim com provas: para isso, eu preciso, sem falta, primeiro me juntar a místicos, pietistas e fantasistas enlouquecidos pela mesma ideia, e só então volto atrás. O meu amigo crente e os eslavófilos prestaram-me um grande serviço. Não se surpreenda com a semelhança: os melhores eslavófilos veem o povo exatamente como o meu amigo crente; eles chuparam essas noções dos socialistas e, em seus artigos, citam George Sand e Louis Blanc. Mas basta disso!...".[38]

É muito provável que esse trecho tenha parecido aos senhores longo demais; mas eu não podia deixar de apresentá-lo por inteiro, uma vez que

---

[38] *Ánnenkov e seus amigos*, pp. 610-2. (N. do A.)

conhecê-lo bem é obrigatório para todos os que querem entender os pontos de vistas sociopolíticos de Bielínski e o modo como eles se constituíram nos últimos anos de sua vida. Em nossa literatura já dedicaram atenção a esse trecho, mas ali ele deu motivo a um mal-entendido curioso. O senhor Miakótin[39] concluiu o seguinte: se, na opinião de Bielínski, tudo se fez pela personalidade, então o ponto de vista dele era o mesmo dos subjetivistas nossos contemporâneos. É uma grande ingenuidade. Na verdade, que "personalidades" Bielínski queria para a Rússia? "Para a Rússia agora é preciso um novo Pedro, o Grande", diz ele. Falando de outro modo: A Rússia precisa de um tsar, personificado pelo ódio à nossa "realidade". Isso é muito característico dos pontos de vista de Bielínski na época. Por não ter descoberto no povo nenhum elemento progressista e por não experimentar a menor esperança de que um protesto contra a nossa pobre realidade pudesse sair do meio do povo, Bielínski, automaticamente, voltou os seus olhares para o trono do tsar. O representante do tsarismo seu contemporâneo, o imperador Nicolau I, era obtuso, mau, inimigo de todo tipo de movimento progressista do povo. Esperar algo dele não levaria a nada. Mas Pedro I não era obtuso, não era inimigo do progresso; ele havia despertado a Rus moscovita de sua sonolência de muitos séculos. Por isso, precisamos desejar o surgimento na Rússia de um novo Pedro, o Grande. Nos últimos anos de sua vida, Bielínski mais de uma vez expressou a ideia de que o desenvolvimento da Rússia havia se completado *de cima para baixo*, e não *de baixo para cima*, ou seja, que tudo o que era progressivo surgiu entre nós *por iniciativa do governo e não por iniciativa do povo*.[40] Essa mesma ideia ele expressa na carta a Ánnenkov. Esse ponto de vista teve enorme influência sobre o desenvolvimento posterior do pensamento russo de vanguarda. Aos revolucionários *raznotchíniets* das décadas de 60 e 70, que entraram na luta revolucionária com o governo, já não era possível pensar que a concretização de seus ideais viria "de cima"; eles podiam ser e permanecer revolucionários apenas se alimentassem a firme convicção de que a ordem de coisas vigente seria destruída "de baixo", ou seja, com a revolução popular. Por isso, de bom grado, eles tomaram de empréstimo dos eslavófilos a idea-

[39] Venedikt Aleksándrovitch Miakótin (1867-1937), escritor e historiador russo. (N. da T.)

[40] Vejam, por exemplo, o artigo dele "Petersburgo e Moscou", na coletânea *A fisiologia de Petersburgo*, publicada em 1845. (N. do A.)

lização do povo russo em geral e de alguns aspectos jurídicos e econômicos da vida do povo em particular.[41] Porém, para provar que esse ponto de vista de Bielínski não tem nada em comum com a "sociologia subjetiva", basta considerar a sua origem. Pensem: como é que ele surgiu em nosso crítico? Ele surgiu em Bielínski como resultado do seu desejo de fundamentar a ideia da negação em um solo *real* (concreto): não encontrando no povo a lei do movimento progressista autônomo, Bielínski foi obrigado a supor, a contragosto, que o nosso desenvolvimento acontece não de baixo para cima, mas de cima para baixo, e passou então a alimentar a esperança de que, talvez, o próprio Nicolau Pávlovitch fizesse, finalmente, algo para a erradicação do grande mal da Rússia na época — *a servidão*. Quando, no final de 1847, correram boatos de que Nicolau realmente estava pronto a aboli-la, Bielínski agarrou com alegria esse boato e com alegria transmitiu-o aos amigos que se encontravam então no exterior. Ao mesmo tempo, ele receava que os nossos progressistas assustassem o governo com manifestações radicais de hostilidade. Essas pessoas começaram a parecer danosas a Bielínski, uma vez que "irritam o governo, deixam-no desconfiado, pronto a ver revolta onde não há absolutamente nada, e despertam medidas drásticas e desastrosas para a literatura e a ilustração". Por isso ele trata sem compaixão o caso de Chevtchenko, deportado para o Cáucaso como soldado.[42] Esse ponto de vista, é claro, pode parecer algo estranho da parte do Bielínski da época, autor da famosa carta a Gógol. Mas todos os que compreendem a origem desse ponto de vista devem reconhecer que, em Bielínski, ele surge em

---

[41] Por exemplo, a *obschina*. O famoso eslavófilo [Iuri Fiódorovitch] Samárin escreveu na *Moskvitiánin* [O Moscovita], em 1847, com o pseudônimo M... Z... K...): "O princípio da *obschina* consiste na base, no solo de toda a história russa do passado, do presente e do futuro; é a semente e a raiz de tudo que se ergue à superfície, soterradas em suas profundezas fecundas". Esse é o pensamento fundamental do *naródnitchestvo*.

Mais adiante, Samárin diz que o mundo ocidental reclama agora a *obschina* (ele tem em vista o movimento socialista), que essa exigência *coincide com a "nossa substância"* (destaque meu), que "para justificar a fórmula, nós trazemos a vida", e que, finalmente, nisso está o ponto de contato mútuo entre a nossa história e a ocidental. Isso até hoje constitui todo o conteúdo da polêmica dos *naródniki* contra alguns "partidários do capitalismo". (N. do A.)

[42] Tarás Grigórievitch Chevtchenko (1814-1861), maior poeta ucraniano. Em 1847, como punição por um poema em que satirizava o imperador Nicolau II e sua esposa, foi enviado para o Cáucaso como soldado. (N. da T.)

resultado da aspiração de ligar a própria negação à correlação de forças sociais existentes na Rússia naquele momento, mas não em consequência de uma perspectiva "subjetiva" da história. Além disso, até o próprio Pedro, o Grande, na opinião do Bielínski de então, devia, em sua atividade, subordinar-se antes de tudo às exigências e leis da realidade *econômica*: "o processo interno de desenvolvimento civil terá início na Rússia apenas no momento em que a nobreza russa se transformar em burguesia". Se isso é subjetivismo, então está explicado por que os russos subjetivistas *atuais* temem tanto o capitalismo. Portanto, o senhor Miakótin teria de explicar a si próprio e a nós essa interessante circunstância.

Sigamos adiante. Bielínski diz que os eslavófilos veem o povo exatamente como os socialistas o veem. Está completamente certo, é preciso lembrar apenas que ele fala dos socialistas utópicos. Na opinião dos eslavófilos sobre o povo não havia lugar para o *elemento do desenvolvimento*. E até mais: I. S. Aksákov estendia-se com enternecimento no tema da *imobilidade salvadora do povo russo*. Essa mesma imobilidade salvadora enternecia também seus correligionários, que pertenciam a um período anterior. No modo de ver dos socialistas daquela época, o elemento do desenvolvimento também não desempenhava nenhum papel. Na existência e no desenvolvimento do capitalismo, eles viam apenas um mal e não notavam o seu aspecto revolucionário. Idealizando o povo, eles idealizavam não a *capacidade de desenvolvimento* encerrada nele graças à sua posição socioeconômica, mas todo o caráter que ele possui na atualidade e no qual não pode deixar de haver traços antipáticos herdados do passado. Depois de ter revelado o calcanhar de aquiles do socialismo utópico e de ter se posicionado contra esse socialismo, Bielínski, com a agudeza que lhe era própria, indica os pontos fracos do caráter do povo. Na burguesia, ele vê então a representante do movimento histórico. Traduzindo esse ponto de vista para a nossa linguagem atual, diríamos que Bielínski, melhor do que os socialistas utópicos de então, compreendeu o papel histórico do capitalismo na Europa Ocidental e previu a sua enorme importância na questão da eliminação do *nosso* antigo "modo de vida patriarcal". É verdade que, depois de reconhecer esse papel e essa importância, ele logo caiu em outro extremo, negando não só ao *camponês servo russo, mas também ao proletário francês*, a capacidade de ter uma ação histórica própria. Isso é um grande erro. Mas ele é completamente insignificante em comparação com a verdade contida em seu novo ponto de vista.

Negando o socialismo utópico, o pensamento de Bielínski caminhava na mesma direção em que, naquela época, já começava a caminhar o *pensamento revolucionário do Ocidente*. A filosofia de Hegel foi substituída pela filosofia de Feuerbach. A filosofia de Feuerbach cedeu lugar ao socialismo científico revolucionário de Marx e Engels. *Esse* socialismo era a resposta a todas as questões teóricas de Bielínski. Ele fundamentou a *ideia da negação* no curso do desenvolvimento histórico da vida social das sociedades civilizadas contemporâneas e levou essa ideia, pela primeira vez firmemente fundamentada, para as fileiras do proletariado internacional. O movimento desse proletariado tornou-se, na expressão de Engels, herdeiro da filosofia clássica alemã. Por tudo isso, também o "povo" deixou de ser uma massa lamentável, supersticiosa e inerte. Atingido pela propaganda socialista, o proletariado é a parte mais ativa, mais pensante das *sociedades* civilizadas contemporâneas. E não é só na Europa Ocidental que se dá essa transformação do povo. Diante de nossos olhos, acontecem o despertar e o desenvolvimento da autoconsciência de classe também na classe trabalhadora *russa*. Esse fenômeno, cuja importância dificilmente poderia ser exagerada, cria novas chances de êxito para todos aqueles que sinceramente odeiam a ordem de coisas vigente e estão prontos a lutar contra ela. Agora a *ideia da negação* está fundamentada, entre nós, no próprio curso do desenvolvimento social. Agora a nossa pátria *já não é um espectro*, assim como não são *espectros* aqueles que aspiram lutar por um futuro melhor. Agora apenas um pobre decadente poderia se perguntar: "para que nós despertamos?". Mas nem os decadentes fazem semelhantes perguntas.

Se Bielínski tivesse vivido até nosso tempo, então estaria, finalmente, com a alma em paz. Já não chamaria a si próprio de *Anacarses da nova Grécia*. Não, com seu habitual caráter apaixonado, com suas palavras inspiradas, ele cumprimentaria o início do despertar do proletariado russo e, diante da morte, invejaria sinceramente os que terão a felicidade de viver até o dia da vitória.

É hora de terminar, e eu ainda nem falei da atividade de Bielínski como crítico literário. Aliás, eu tinha o direito de não falar dela, uma vez que o seu sentido e significado foram explicados, ainda que parcialmente, em nossa literatura legalista.[43] Aqui eu gostaria apenas de apontar

---

[43] A propósito, eu tentarei caracterizá-la aqui em poucas palavras. Os nossos iluministas dos anos sessenta — Tchernichévski, Dobroliúbov etc. — viam Bielínski como

aquilo que consistiu no objeto mais importante, no mais sagrado de todos os seus trabalhos intelectuais, que começa na época em que ele, pela primeira vez, livrou-se do jugo do "*heroísmo abstrato*" e termina nos últimos dias de sua vida de tantos sofrimentos. Esse objeto importantíssimo do seu trabalho intelectual é a *negação do ideal abstrato e utópico, a tentativa de desenvolver a ideia da negação, apoiando-se no desenvolvimento da própria vida social em conformidade com as suas leis*. Por enquanto, ninguém viu Bielínski a partir desse ângulo, mas, atualmente, esse ângulo é mais importante para nós do que todos os restantes. Pois entre nós, continua até hoje a luta de quem tenta fundamentar a sua negação no solo concreto contra os representantes e defensores dos ideais abstratos, contra esses dom-quixotes dos nossos dias.

(1898)

Tradução de Denise Sales

---

o seu professor em questões de crítica literária. Eles estavam completamente certos, e eu já disse que Bielínski, em muitos aspectos, foi o seu precursor. Mas escapou do campo de visão deles um outro aspecto da atividade crítico-literária de Bielínski, a saber: o anseio de libertar as sentenças e juízos críticos dos gostos pessoais e simpatias do próprio crítico e de colocá-los num solo *científico objetivo*. Esse anseio foi radicalmente expresso por ele já no artigo sobre a Batalha de Borodinó. "Nós pensamos e estamos convencidos", disse ele então, "de que, em nossa literatura, já está ficando para trás o tempo dos brados indefinidos, com seus "oh", sinais de exclamação e pontos para expressar ideias profundas sem nenhum sentido; já está ficando para trás o tempo das grandes verdades, proferidas com gravidade ditatorial, mas que não se fundamentam em nada e não confirmam nada além da opinião pessoal e das noções voluntariosas de supostos pensadores. O público começa a exigir não opiniões, mas ideias... A opinião baseia-se na convicção ocasional de um único indivíduo, que não interessa a ninguém e, por si só, é totalmente desimportante; a ideia baseia-se em si própria, no seu próprio desenvolvimento interno de acordo com as leis da lógica. Aqui Bielínski ainda mantinha os dois pés no solo do idealismo de Hegel. Mas, posteriormente, em alguns artigos sobre Púchkin, por exemplo, pelo menos em algumas passagens, ele abandona o solo idealista e julga o nosso grande poeta, *examinando-o como representante da melhor parte letrada de nossa nobreza*. Essa crítica não se parece com a crítica dos anos 60 e já não tem absolutamente nada em comum com a crítica "subjetiva" dos nossos dias. É o alvorecer da crítica científica, apoiando-se na compreensão materialista da história. Evidentemente, a história dos pontos de vista literários de Bielínski está relacionada, de modo muito estreito, com a história geral de suas concepções filosóficas. Aqui, entretanto, não é lugar de elucidar essa ligação. (N. do A.)

Nikolai Fiódorov

Nikolai Fiódorovitch Fiódorov (1827-1903) teve uma existência relativamente discreta, pouco aparecendo na linha de frente das principais batalhas ideológicas russas. Nos bastidores, porém, tornou-se uma figura decisiva. Ele cresceu e estudou em Tambov e Odessa, como filho ilegítimo do príncipe Gagárin; foi professor em escolas da província, e em 1868 mudou-se para Moscou, onde trabalhou até o fim da vida como bibliotecário na Biblioteca Rumiântsev (a futura Biblioteca Lênin, hoje Biblioteca Estatal Russa). Não publicou quase nada em vida, porém reuniu gerações de admiradores ao seu redor, entre eles Tolstói, Dostoiévski, Soloviov e Konstantin Tsiolkóvski — o fundador dos estudos de astronáutica na Rússia. Suas anotações foram reunidas postumamente por alguns discípulos em um livro intitulado *A filosofia da tarefa comum*. Fiódorov propunha a ideia de triunfo sobre a natureza — inclusive e especialmente sobre a morte biológica — como objetivo fundamental do novo homem. Devidamente aperfeiçoada, a humanidade atingiria um grau tão alto de controle sobre a técnica, que poderia ressuscitar e recriar os antepassados mortos, os quais poderiam ser, então, alocados em outros planetas. O "cosmismo" de Fiódorov, como é conhecido, pode parecer uma extravagância finissecular, mas a ideia da obtenção da imortalidade e da criação de uma nova humanidade foi apropriada de diversas maneiras por muitos artistas, pensadores e políticos russos e soviéticos, inclusive por certos setores da vanguarda e do discurso comunista.

A imortalidade como privilégio dos super-homens[1]

(A respeito do artigo de V. S. Soloviov sobre Liérmontov)[2]

> "A super-humanidade é a negação da pátria e da fraternidade."[3]
>
> "O super-homem, esquecendo-se de sua profunda semelhança com todos, percebe somente sua pequena dessemelhança em relação aos outros e toma-a por uma enorme superioridade."[4]
>
> "A doutrina sobre o dever da ressurreição universal deve ser precedida pela abominação à imortalidade privilegiada."

A doutrina da imortalidade como privilégio de poucos eleitos e não como aquisição de todos, de todos sem exceção, de cada indivíduo,[5] foi exposta por Soloviov em seu texto a respeito de Liérmontov. Em Liérmontov, Soloviov vê o embrião daquela disposição de pensamento, de sentimento, e, em parte, de ação que encontrou sua expressão final em Nietzsche, tão em moda nos dias de hoje; aquilo que o poeta havia manifestado de forma embrionária[6] é o que o filósofo expõe em toda

---

[1] ... que, ainda que fosse alcançável, eles amaldiçoariam, se sentissem seu equívoco perante seus pais. (N. da E.)

[2] As notas identificadas como (N. da E.) constam da edição original e foram identificadas como "acréscimos de Nikolai Fiódorov às margens do manuscrito". (N. da T.)

[3] Ou seja: o homem é o filho pródigo, pois a abdicação da grande tarefa comum condena à perdição e ao erro. (N. da E.)

[4] Assim, a "super-humanidade" é uma grande mentira. (N. da E.)

[5] A imortalidade seria realmente um privilégio, caso a ressurreição se limitasse somente a todos os vivos, abandonando todos os mortos. (N. da E.)

[6] É surpreendente que Soloviov veja ou pareça ver em Liérmontov um embrião do nietzschianismo, mas não perceba o nietzschianismo absoluto em si mesmo. (N. da E.)

sua plenitude; nele, esta corrente pode ser estudada até as últimas consequências.

No nietzschianismo, como em qualquer pensamento equivocado (na opinião de Soloviov), existe também uma verdade indubitável na qual o equívoco se fundamenta, fazendo desta verdade uma perversão. Este equívoco (ou seja, o nietzschiano) não consiste no fato de que Nietzsche crie uma classe de super-homens ("Eu e Companhia"),[7] ou atribua exclusivamente a um Eu a acepção de super-homem; o equívoco consiste no fato de que esta acepção de super-homem e este desprezo ao ser humano são atribuídos de *antemão*.[8] E não é tudo! Expressa-se também a exigência de que esta atribuição de grandeza, em nada justificada, seja reconhecida pelos outros, seja uma "norma da realidade"; em outras palavras, que o desprezo seja legitimado.

Assim, segundo Soloviov, o equívoco não estaria no privilégio em si, mas somente em sua atribuição prematura.

Apresentando-nos o equívoco, o autor quer mostrar também a verdade no nietzschianismo. Assim como seria errôneo reconhecer como mandamento "conhecer a si mesmo" (ou seja, conhecer somente a si, esquecendo-se dos outros e de onde provém a super-humanidade), seria boa e verdadeira a exigência de posição crítica quanto a si mesmo, não só no que diz respeito a alguns sentimentos, pensamentos e ações, mas a todo o seu ser, "à própria existência, como um todo". Ademais, a última exigência, já decorrente do mandamento "arrependei-vos!", não deve se referir a alguns, aos escolhidos, mas a cada um e a todos. Soloviov não faz da crítica uma lei universal, como faz o cristianismo, e não faz porque não sente a aproximação do Reino de Deus,[9] para a qual a regra do arrependimento é introdução obrigatória à aprendizagem. A atitude crítica, que não é uma exigência para todos e que, por outro lado, dá a alguns o direito de desprezar os demais, mostra o quanto nos desviamos do cristianismo, o quão profundamente caímos no nietzschianismo absoluto. Sem notar que "a posição crítica quanto ao próprio modo de existência" não deve pertencer somente a certos indivíduos, mas a todas as pessoas, o filósofo do egoísmo glorificado não exige uma reforma radical de seu

[7] Fiódorov parece referir-se à obra *Ecce homo*, de Friedrich Nietzsche. (N. da T.)

[8] Grifo de V. S. Soloviov. (N. da E.)

[9] O Reino de Deus para os filhos consiste na devolução da vida aos pais. (N. da E.)

próprio ser,[10] mas apenas deseja, novamente imitando Nietzsche, ser maior e melhor do que ele realmente é. Porém, dizemos que, para o homem que o Senhor criou por si mesmo, *nada deve ser dado, doado, mas tudo deve ser adquirido mediante o trabalho comum, o trabalho de todos.* Não basta ao autor dizer que, "de qualquer maneira, de um modo ou de outro, aquilo que o próprio homem *faz*, ele o faz de forma mais visível e evidente na qualidade de ser *coletivo*, e menos visível, mas ainda muito evidente, na qualidade de ser *individual*". Quanto mais as exigências críticas do autor se distanciam, mais enfraquecem; e, no final, descobre-se que "toda a história consiste no fato de que o homem torna-se sempre melhor e maior do que era antes, ultrapassa sua realidade, *lançando-a* em direção ao passado".[11] E o autor está tão convencido do direito de tal atitude para com o passado,[12] que ele acha necessário até sublinhar sua reivindicação de afastá-lo para os confins do olvido. Porém, não deveríamos *sublinhar*, mas *riscar* esta frase, a um tempo camítica e sem sentido! Podemos "afastar o passado" somente em pensamento, ou seja, podemos falar sobre os defeitos de nossos pais como se estivéssemos livres deles, mas nossa tarefa de filhos não é condenar e sim expiar os pecados dos pais. Então o filho de um historiador, falando da "intromissão" no presente daquilo que "ainda há pouco era oposto à realidade", daquilo que era "um sonho, um idealismo subjetivo, uma utopia", evidentemente nunca sonhara com o dever dos filhos, com o dever da ressurreição, embora Dostoiévski tenha assegurado o contrário em uma de suas cartas. Talvez Soloviov nem sequer suponha que a realização deste dever seja o estabelecimento total do bem e a aniquilação de todo o mal.

---

[10] Ou seja, transformar a maneira inconsciente de ser em uma maneira consciente, que se autogoverne. (N. da E.)

[11] Ou seja, os homens, lutando individualmente uns contra os outros, contra as uniões (simbioses), tornam-se "melhores", a saber: mais fortes, mais astutos, e cada geração supera nestas qualidades sua precedente. (N. da E.)

[12] Aparentemente, Soloviov imagina a humanidade como ermidas separadas, onde cada qual se ocupa de seu próprio aperfeiçoamento, esquecendo-se dos demais; ou imagina a humanidade como um monastério, no qual o aperfeiçoamento individual se alcança mediante a competição, onde os homens, como árvores numa floresta, procuram ser maiores, melhores e mais fortes do que si mesmos, ao passo que seria necessária a união dos seres racionais contra a força irracional ou a união dos vivos para devolver a vida aos mortos; seria necessário possuir um supramoralismo. (N. da E.)

Falando do crescimento interior em sua relação com o exterior, físico, ao que parece ele não sabe que o crescimento se transforma no nascimento, e a forma ideal, a *forma consciente do nascimento*, na qual ele deve se transformar, *é a ressurreição, não a mental, mas a real.* A crítica da "forma da própria existência" limita-se apenas às características funcionais. Na morfologia, Soloviov não vê nem a limitação, nem a patologia dos órgãos. Ele não compreende em absoluto — ou não reconhece — que a atitude do homem, no que concerne ao seu organismo como produto de uma evolução cega, inconsciente, consiste em convertê-lo num organismo controlado pela mente, recriado. Ao contrário de Soloviov, que está tão satisfeito com o órgão da visão, a humanidade ficou descontente com este e criou órgãos artificiais que, embora não sejam perfeitos, não obstante podem se aperfeiçoar, tornar-se conscientemente naturais. A partir dos dois olhos de hoje, podem se abrir as "pupilas proféticas, como as da águia alerta".[13] Porém estes olhos proféticos não podem ver, apenas supor; e, sob a influência do medo, talvez nem mesmo supor. A morte tornou-se um defeito orgânico, não funcional, mas morfológico. Portanto, não são suficientes apenas algumas mudanças funcionais do organismo, isto sem mencionar as outras condições externas.

A super-humanidade imortal, no sentido dado por Soloviov, como exaltação dos antepassados e dos pais, dos contemporâneos ou irmãos, é muito mais amoral do que a exaltação da riqueza e do poder que vemos em nossa vida não-mítica, secular. A super-humanidade alcançará maior exaltação quando os mitos se tornarem realidade, deixarem de ser mitos, quando não houver mais a necessidade de estudar as línguas clássicas, porque nos será possível contemplar com os olhos físicos, não no passado, mas no presente, os novos deuses e deusas da super-humanidade. Os super-homens de Soloviov estão para os humanos, assim como os deuses imortais de Homero estão para os mortais. Pode-se até dizer que entre os super-homens imortais e os humanos mortais há uma distância muito maior do que entre o homem mortal e os animais.

Mas será que este privilégio irá satisfazer ao próprio super-homem? Não haverá entre eles pessoas tão honestas que, caso não seja possível fazer a *todos* imortais, preferirão um destino mais amargo apenas para

---

[13] Referência ao poema "O profeta", de Aleksandr Púchkin. (N. da T.)

dividi-lo com *todos* e não se deleitar a *sós*, como exceções num lugar em que todos ou quase todos sofrem e morrem?...

Não será a imortalidade como privilégio de super-homens o maior egoísmo, muito maior do que a imortalidade entendida como um privilégio de todos os vivos, embora esta imortalidade também seja, em essência, um terrível egoísmo, que limita o bem supremo (a imortalidade) a alguns seres viventes, a uma geração, recusando-o a todos os mortos? Ou talvez os homens estarão tão esquecidos de seu dever para com os falecidos, para com os pais que lhes deram a vida, que terão de suportar o horror do privilégio de uma imortalidade que separa os perpétuos, os próximos, um do outro, irmão de irmão? Será necessário passar por todo esse terror em pensamento para, finalmente, compreender a necessidade do dever da ressurreição?

Goethe, em quem também se costuma ver o super-homem, Goethe nunca compreendeu o significado daquele instante em que seu Fausto realmente poderia dizer ao tempo: "Pare!" (= não mate!). No entanto, para não mencionar pessoas não deformadas pela ilustração, em nosso país até o ocidentalista Karamzin compreendeu isto, ao expressar esta grande ideia em palavras muito pouco valorizadas: "E eu diria ao tempo 'pare!', se pudesse, ao mesmo tempo, exclamar 'mortos, ressuscitem!'".

É preciso imaginar esta ordem de super-homens imortais contemplando silenciosamente a morte de uma geração após outra para compreender todo o terror da situação destes mesmos privilegiados "imortais"! Uma vez que isto esteja claro em toda a sua plenitude e vivacidade, torna-se difícil imaginar que haja interessados em possuir tal privilégio. Ao contrário, se o imortal Filho do Senhor desceu à terra para fazer a *todos* imortais, obviamente deveriam surgir e surgiriam imitadores desta façanha! Somente um cristianismo distorcido, o catolicismo, pode aceitar a imortalidade como um privilégio. Não serão o Papa e sua hierarquia "super-humanos" que, ao comungar do sangue do Senhor, privam os laicos deste mesmo direito?

"Agora — diz Soloviov — está claro que se o homem é [...] mortal [...], então o super-homem deve ser [...] o vencedor da morte."

No entanto, Soloviov considera indubitável que tal vitória do super-homem sobre a morte não pode ser alcançada de imediato. Mas ele diz duvidar de que ela não possa jamais ser alcançada dentro de uma única vida. Mas Soloviov é um pensador transigente: ele está disposto, ainda que com muito pesar, a trocar o próprio super-homem pelo caminho super-humano. Todavia, por este caminho passaram, passam e hão de passar muitos *para o bem de todos, mas não todos*! Em outras palavras: aqui também a boa meta é alcançada por maus meios, como com os padres jesuítas. Como vemos, a inabilidade, a incapacidade de se elevar até a universalidade mostra também, neste caso, o profundo declínio da própria filosofia.

A doutrina da imortalidade como privilégio, com base em Liérmontov, expressada por Soloviov, evidentemente *não é compreendida* por ele. "Não, eu não sou Nietzsche, sou o outro",[14] diria Liérmontov, se ouvisse Soloviov; ou, talvez, dissesse isso a ele quando a vida imortal se tornasse não o privilégio de todos os vivos, mas o patrimônio de todos os mortos, resgatados pelo amor e conhecimento de todos os seus descendentes.

Poderia parecer-se com Nietzsche aquele que disse:

Sou filho da dor; meu pai
Nunca soube o que era a paz;
Minha mãe morreu em lágrimas...[15]

Liérmontov era um filho afetuoso e não poderia reconhecer a imortalidade como um privilégio somente de todos os vivos. Ele não compreenderia a imortalidade dos filhos sem a ressurreição dos pais; não compreenderia isto nem com o coração, nem com a razão. Porém, se até mesmo as pessoas nos dissessem — evidentemente sem nunca ter pensado na ressurreição como o tema mais antipático ou, na expressão de Tolstói, "não simpático ao nosso século" — que a ressureição é impossível, então a imortalidade física sem ressurreição já seria um absurdo lógico total, pois isso significaria possuir a vida em si, conservá-la, sem possuir as condições necessárias a sua conservação. Se Liérmontov conhecesse o dever da *ressurreição* como o conhecia Soloviov, o poeta não teria sido Petchórin.

E ele amaria não somente o pai e a mãe, mas também o pó de seus ancestrais mais distantes, como testemunha o poema "Por que não sou

[14] Fiódorov refere-se ao famoso poema "Não, eu não sou Byron, sou o outro" (1832), de Mikhail Liérmontov. (N. da T.)

[15] Poema sem título de Liérmontov, escrito em 1831. (N. da T.)

um pássaro...". Não provaria isto que, sob o falso princípio que Soloviov vê em Liérmontov, estaria oculto algo distinto?

(1901)

Tradução de Mário Ramos

Glossário

Conceitos

Bogatir — herói do folclore russo, geralmente um guerreiro de força e coragem descomunais.

Boiardo — nobre proprietário de terras, especialmente no período "moscovita" da história russa (*c.* séculos XIV-XVI).

Drujina — durante o período "kievano" (*c.* séculos X-XIII), séquito ou força militar de um príncipe ou grão-príncipe.

Grão-príncipe — durante o período "kievano" e mongol (*c.* séculos X-XV), o príncipe de maior importância na hierarquia. Primeiramente baseado em Kíev, o Grão-Principado mudou-se para Vladímir no fim do século XII e para Moscou no início do século XIV.

"Homem supérfluo" — personagem típico da literatura russa de meados do século XIX, caracterizado principalmente pela inação e pelo desajuste com seu meio social. Em geral tratam-se de homens com habilidades notáveis, mas paralizados pelo ceticismo e incapazes de pôr seus talentos em prática. Ainda que o termo tenha se popularizado a partir da novela de Turguêniev *Diário de um homem supérfluo* (1850), a tradição foi inaugurada mais de duas décadas antes com o romance *Ievguêni Oniéguin* (1825), de Púchkin. A ele se seguiu Petchórin, o protagonista de *O herói do nosso tempo* (1840). Na galeria de "homens supérfluos" ilustres destacam-se ainda Biéltov, do romance de Herzen *Quem é o culpado?* (1846); o personagem-título de *Oblómov* (1859), de Gontcharov; e vários heróis de Turguêniev, como Lavriétski, de *Ninho de fidalgos* (1858) e Rúdin (1855), do romance homônimo.

Intelligentsia — camada da intelectualidade russa surgida no século XIX. O termo referia-se originalmente ao amplo espectro de artistas, ativistas e intelectuais progressistas da época; mais tarde, tornou-se sinônimo de qualquer vanguarda intelectual e política em um determinado país.

Liubomúdrie — literalmente, "amor pela sabedoria". A palavra remete ao círculo literário *Óbschestvo Liubomúdria* [Sociedade dos amantes da sabedoria], de 1823-1825, que cunhou uma palavra eslava cujos radicais fossem a tradução exata do grego *filo* (amor) e *sofia* (sabedoria).

Naródnik — "populista", participante do movimento *Naródnitchestvo*, existente entre 1860 e 1910 e que visava à aproximação entre o povo e a *intelligentsia* e ao retorno à vida no campo.

Obschina — entre os antigos eslavos, organização social com características comunais. Mais tarde, no Império Russo, unidade administrativa do meio rural.

Pequena Rússia — Pequena Rússia ou Maloróssia era o nome dado à Ucrânia na Rússia Imperial.

Príncipe — durante o período "kievano" (c. séculos X-XIII), nobre, geralmente de origem escandinava, que governava uma cidade.

Raznotchíniets — integrante da *intelligentsia* russa, entre os séculos XVII e XIX, que não pertencia nem à nobreza, nem à burguesia.

Rus — nome possivelmente de origem escandinava com o qual se denominava o povo russo e, por extensão, a terra por ele ocupada entre os séculos IX e XVII.

Tsargrad — nome pelo qual os russos chamavam a cidade de Constantinopla. Literalmente, "cidade dos césares".

Variague — denominação dada pelos antigos russos aos vikings.

Personagens históricos

Aleksandr (Iaroslávitch) Niévski (1220-1263) — príncipe de Nóvgorod e posteriormente grão-príncipe de Vladímir. Derrotou os suecos na batalha do Nievá (1240), feito que lhe rendeu o título de *Niévski*. Aliou-se aos mongóis, atraindo a animosidade da Igreja do Ocidente. Em abril de 1242, venceu a Ordem dos Cavaleiros Teutônicos na famosa Batalha do Gelo, no lago Peipus. Assim como outros príncipes russos do mesmo período, foi canonizado pela Igreja Ortodoxa Russa, mas apenas no século XVI.

Aleksei (Mikháilovitch) Románov (1629-1676) — tsar da Rússia de 1645 até sua morte. Durante seu turbulento reinado, marcado por revoltas populares e por uma grande expansão territorial, ocorreram alguns dos eventos mais significativos da história russa, como o Cisma da Igreja Ortodoxa e a reanexação da Ucrânia.

Bati Khan (*c.* 1207-1255) — chefe mongol que liderou a invasão da Rússia, da Polônia e da Hungria (1237-1242). Fundador da Horda Dourada, ramo ocidental do Império Mongol.

Boris (Fiódorovitch) Godunov (*c.* 1551-1605) — regente de Fiódor I (1557-1598), a quem sucedeu como tsar em setembro de 1598. Além de reconquistar territórios perdidos durante o reinado de Ivan IV (1530-1584), selou a paz com a maioria das potências vizinhas, trouxe professores europeus para fundar escolas, enviou jovens para estudar no exterior e autorizou a construção de igrejas protestantes na Rússia. Por outro lado, endureceu as leis que adscreviam o campesinato ao solo, na prática institucionalizando a servidão.

Dmitri Aleksándrovitch (1250-1294) — príncipe de Pereiaslavl-Zaliéski e de Nóvgorod; posteriormente, grão-príncipe de Vladímir em duas ocasiões (de 1276 a 1281 e de 1283 a 1294). Filho de Aleksandr Niévski.

Dmitri (Ivánovitch) Donskoi (1350-1389) — príncipe de Moscou e posteriormente grão-príncipe de Vladímir (1363-1389). Foi o primeiro líder russo a desafiar a suserania tártaro-mongólica. A vitória sobre Mamai na batalha de Kulíkovo (1380), às margens do rio Don, foi o primeiro êxito das armas russas contra os mongóis; o feito lhe rendeu o epíteto de *Donskoi*.

Dmitri (Mikháilovitch) Pojárski (1577-1642) — príncipe que, juntamente com o mercador Kuzmá Mínin, liderou a resistência contra a invasão polonesa de Moscou (1610-12).

Falso Dmitri I (?-1606) — impostor que governou a Rússia entre julho de 1605 e maio de 1606. Afirmava ser Dmitri Ivánovitch, filho de Ivan, o Terrível, e que morrera em 1591. Não há consenso sobre sua verdadeira identidade, mas tradicionalmente acredita-se que ele tenha sido Grigóri Otrépiev, mais tarde tornado protagonista da peça *Boris Godunov*, de Aleksandr Púchkin.

Falso Dmitri II (?-1610) — pretendente ao trono da Rússia. Às vezes chamado de "ladrão de Túchino", também afirmava ser Dmitri Ivánovitch, e chegou a receber apoio de algumas facções da nobreza polonesa.

Falso Dmitri III (?-1612) — último pretendente ao trono que afirmava ser Dmitri Ivánovitch. Conhecido como o "ladrão de Pskov", obteve pouco apoio e foi rapidamente executado.

Filariet, nascido Fiódor Nikítitch Románov (1553-1633) — patriarca de Moscou de 1619 até sua morte. Pai de Mikhail, primeiro tsar da dinastia Románov.

Godunov — *ver* Boris Godunov.

Iaroslav (Vladímirovitch), o Sábio (*c*. 978-1054) — príncipe de Nóvgorod e posteriormente grão-príncipe de Kíev (1019-1054). Em seu reinado, a assim chamada "Rus kievana" chegou ao ápice de seu poderio militar e influência cultural. A ele (e a seus filhos) é atribuído o primeiro código de leis escritas do país, a *Rússkaia Pravda*.

Iuri (ora Gueorgui) Dolgorúki (*c*. 1095-1157) — grão-príncipe de Kíev entre 1149 e 1151 e entre 1155 e 1157. Tradicionalmente, é atribuída a ele a fundação de Moscou.

Ivan (Vassílievitch) III, o Grande (1440-1505) — grão-príncipe de Moscou (e "de toda a Rússia") de 1462 até sua morte. Pôs fim ao domínio tártaro na Rússia (1480), anexou a República de Nóvgorod e conquistou diversos territórios suecos e lituanos.

Kuzmá Mínin (?-1616) — mercador que, ao lado de Dmitri Pojárski, comandou a defesa de Moscou contra a invasão polonesa (1610-12).

Mamai (?-1380) — chefe mongol da Horda Azul, ramo meridional da Horda Dourada. Foi derrotado na batalha de Kulíkovo por Dmitri Donskoi.

Mikhail (Iarosláviteh) de Tvier (1271-1318) — grão-príncipe de Vladímir entre 1304 e 1314 e novamente entre 1315 e 1318. Foi executado por ordem do khan da Horda Dourada, o que provocou o início do declínio de Tvier e da ascensão de Moscou.

Mínin — *ver* Kuzmá Mínin.

Mstislav Vladímirovitch, o Valente (*c.* 983-1036) — príncipe de Tmutarakan e de Tchernígov, irmão de Iaroslav, o Sábio, com quem dividiu o governo da Rus "kievana" até sua morte.

Mstislav Rostislávitch, o Valente (*c.* 1143-1180) — príncipe de Biélgorod, Smoliensk e Nóvgorod, famoso por suas campanhas contra os polovetsianos.

Nestor (*c.* 1056-*c.* 1114) — monge ortodoxo a quem é atribuída a compilação da *Crônica dos tempos passados*, a mais antiga fonte escrita a respeito do período "kievano" da história russa.

Oleg Viéschi (?-912) — líder variague e príncipe de Nóvgorod. De acordo com as crônicas russas, foi regente de Igor — filho de Riúrik — de 882 até 912, além de conquistar Kíev e expandir o domínio escandinavo na região.

Pojárski — *ver* Dmitri Pojárski.

Riúrik (?-879) — chefe variague semilendário tido como fundador da Rússia (*c.* 860) e da dinastia que a governou até o início do século XVII.

Sviatopolk Vladímirovitch, o Amaldiçoado (*c.* 980-1019) — príncipe de Túrov e, posteriormente, grão-príncipe de Kíev (1015-1019). Um dos muitos filhos de Vladímir, o Santo, ascendeu ao trono em meio a uma séria crise sucessória. Entrou para a história como o *amaldiçoado* pelo assassinato de seus dois irmãos mais novos, os santos Boris e Gleb.

Sviatoslav Ígorevitch (*c.* 942-972) — príncipe de Kíev de 964 a 972. Pagão convicto, foi o primeiro líder russo a adotar um nome eslavo. Empreendeu campanhas contra os búlgaros do Volga e do Danúbio, e, posteriormente, contra Bizâncio. Foi morto por nômades petchenegues nas corredeiras do Dniepr.

Tamerlão (1336-1405) — líder militar originário da Ásia Central. Ao longo de sua vida, tentou restituir a integridade do Império Mongol, atacando a Horda Dourada, a Pérsia, a Índia e a Ásia Menor.

Vassilko Rostislávitch (*c.* 1066-1124) — príncipe de Terebóvl (1085-1124). Em 1097, foi preso e cegado por príncipes rivais.

Vladímir (Sviatoslávitch), o Santo [ora o Grande] (*c.* 958-1015) — príncipe de Nóvgorod e posteriormente grão-príncipe de Kíev (978-1015). Entre 988 e 989, conduziu o processo que levou à cristianização da Rússia.

Vladímir (Vsiévolodovitch) Monomakh [ora Vladímir II] (1053-1125) — príncipe de Smoliensk, Tchernígov e de Pereiaslav. Em 1113, após revolta popular em Kíev, tornou-se grão-príncipe. É considerado um dos mais sábios governantes de toda a história russa.

Bakúnin, Mikhail Aleksándrovitch (1814-1876) — revolucionário russo, um dos principais pensadores anarquistas do século XIX.

Derjávin, Gavriil Románovitch (1744-1816) — um dos maiores poetas do classicismo russo, precursor de Púchkin.

Dmítriev, Ivan Ivánovitch (1760-1837) — poeta, autor de fábulas, representante do sentimentalismo russo.

Eugène Sue, Joseph Marie (1804-1857) — romancista francês, muito famoso na Rússia do século XIX.

Fonvízin, Denis Ivánovitch (1745-1792) — tradutor e dramaturgo russo, autor das peças *Brigadir* [Brigadeiro] e *Niêdorosl* [O menor de idade], entre outras. É considerado o fundador da comédia de costumes no país.

Gontcharov, Ivan Aleksándrovitch (1812-1891) — escritor russo. Sua obra mais famosa, *Oblómov*, deu origem ao termo "oblomovismo" em razão das características principais do personagem-título: apatia, passividade e estagnação.

Griboiêdov, Aleksandr Serguêievitch (1795-1829) — dramaturgo, poeta e diplomata russo. Sua obra mais famosa é a peça *A desgraça de ter espírito*. Em 1829 foi enviado a Teerã e lá morreu em um ataque à embaixada.

Jukóvski, Vassili Andrêievitch (1783-1852) — poeta, tradutor e crítico. Um dos fundadores do Romantismo na Rússia.

Kantemir, Antiokh Dmítrievitch (1708-1744) — diplomata, um dos primeiros poetas iluministas russos.

Koltsov, Aleksei Vassílievitch (1809-1842) — poeta russo.

Liérmontov, Mikhail Iúrevitch (1814-1841) — poeta, escritor e dramaturgo russo, foi mandado para o Cáucaso como punição por homenagear Púchkin com os versos "A morte do poeta". Apesar da vida breve, deixou importante obra lírica e dramática; seu único romance acabado, *O herói do nosso tempo* (1840), é uma das obras fundadoras da prosa russa. Liérmontov morreu aos 27 anos em um duelo.

Lomonóssov, Mikhail Vassílievitch (1711-1765) — enciclopedista, cientista e poeta russo. É considerado um dos consolidadores da língua russa literária moderna, ainda em formação na época. Filho de um pescador, estudou primeiro em Moscou, São Petersburgo, e mais tarde na Alemanha. Elaborou o projeto da Universidade de Moscou, mais tarde batizada em sua homenagem; além disso, fez descobertas importantes no campo das ciências naturais.

Nekrássov, Nikolai Aleksêievitch (1821-1878) — personagem importante no meio cultural russo, poeta, crítico, editor do periódico *Sovremiênnik* [O Contemporâneo], onde escreveram Dobroliúbov e outros críticos de esquerda.

Ostróvski, Aleksandr Nikoláievitch (1823-1886) — um dos mais importantes dramaturgos russos.

Polevoi, Nikolai Alekseievitch (1796-1846) — dramaturgo, crítico literário e teatral, historiador e tradutor russo. Um dos fundadores do jornalismo na Rússia.

Sand, George — pseudônimo de Amantine Aurore Lucile Dupin (1804-1876), romancista francesa, uma das precursoras do feminismo, defensora das ideias socialistas e ativa participante da revolução de 1848.

Stankévitch, Nikolai Vladímirovitch (1813-1840) — escritor, poeta e publicista russo. Líder de um importante círculo filosófico, do qual participaram Mikhail Bakúnin, Vissarion Bielínski e Konstantin Aksákov.

Sumarókov, Aleksandr Petróvitch (1717-1777) — poeta e dramaturgo russo.

Turguêniev, Ivan Serguêievitch (1818-1883) — escritor e dramaturgo russo. Nascido em Oriol, Turguêniev viveu boa parte da vida fora da Rússia e foi considerado um autor de estilo europeizante, criador de pontos de vista narrativos sofisticados. Retratou as discussões políticas de sua época em diversas obras como *Rúdin* (1855) e *Pais e filhos* (1862). Frequentador dos círculos literários franceses, foi o primeiro autor russo a obter reconhecimento na Europa.

Obras

As aventuras de Tchítchikov ou *Almas mortas* — romance incompleto de Nikolai Gógol, uma de suas obras mais conhecidas. Concebido em três volumes, teve sua primeira parte publicada em 1842; em 1852, Gógol queimou os manuscritos da segunda parte. A terceira jamais foi escrita.

Canto do exército de Igor — mais famosa obra poética do período kievano, escrita no século XII e que narra a expedição empreendida pelo príncipe Igor Sviatoslávitch em 1185 contra os petchenegues, tribo de nômades das estepes.

Crônica de Nestor — também chamada de *Crônica dos tempos passados*, crônica redigida nos séculos XI-XII, inicialmente atribuída ao monge Nestor, um de seus autores. O relato começa nos tempos bíblicos e se estende até o século XII.

A desgraça de ter espírito — comédia em versos de Aleksandr Griboiêdov que satiriza a aristocracia moscovita de sua época. A peça tornou-se um grande clássico da dramaturgia russa e deu origem a inúmeros provérbios. O título, de difícil tradução, consagrou-se no Brasil como *A desgraça de ter espírito*. Polyana Ramos, em sua dissertação "*Gorie ot uma*, de Aleksandr Gribóiedov: tradução e aproximações" propõe uma nova tradução: *A inteligência, que desgraça!*.

Diário de um homem supérfluo — ver "Homem supérfluo".

"Hamlet do distrito de Schigrí" — conto de Turguêniev publicado pela primeira vez na revista *Sovremiênnik* [O Contemporâneo] em 1849. Posteriormente, foi incluído com vários outros contos na coletânea *Memórias de um caçador* (1852).

O herói do nosso tempo — romance de Liérmontov de 1840, protagonizado por Petchórin, jovem militar ironicamente inspirado nos personagens de Byron. Situada no Cáucaso, a narrativa em primeira pessoa pretende ser, segundo o prefácio do autor, "um retrato dos vícios de toda a nossa geração".

Ievguêni Oniéguin — romance em versos de Púchkin, publicado pela primeira vez em forma de folhetim entre 1825-31 e depois editado em um só volume em 1833. Primeiro romance da literatura russa, foi composto em uma forma absolutamente original, que depois ficou conhecida como "estrofe de Oniéguin". A obra deixou uma marca profunda no imaginário nacional.

Kalevala — epopeia nacional da Finlândia, publicada em sua forma atual no ano de 1849, época em que o país fazia parte do Império Russo.

Ninho de fidalgos — romance de Turguêniev publicado pela primeira vez em 1859 na revista *Sovremiênnik* [O Contemporâneo]. O protagonista, Lavriétski, é considerado uma espécie de intermediário entre Rúdin, personagem principal de sua primeira novela e representante da geração dos anos 1840, e Bazárov, o herói de *Pais e filhos* que, vinte anos mais tarde, representaria o *homem novo*. A novela provocou uma discussão com o autor Ivan Gontcharov, que acusou Turguêniev de plágio.

Oniéguin — ver *Ievguêni Oniéguin*.

Petchórin — ver *O herói do nosso tempo*.

Quem é o culpado? — romance de Aleksandr Herzen publicado em 1846 na revista *Otiétchestvennie Zapíski* [Anais da Pátria]. Dura crítica à servidão, a obra recebeu elogios de Vissarion Bielínski.

Rúdin — romance de estreia de Turguêniev, então já famoso como contista. Publicado em 1856, trata de um grupo de nobres que, reunidos em uma casa de campo, recebem a visita de Dmitri Rúdin, um homem de ideias inspiradoras, mas incapaz de colocá-las em prática.

Tchítchikov — ver *As aventuras de Tchítchikov* ou *Almas mortas*.

Créditos dos textos

"Do amor à pátria e do orgulho nacional" (1802), de Nikolai Karamzin "O liubví k otiétchestvu i naródnoi górdosti", em *Pólnoie sobránie sotchiniéni*, Moscou, Terra, 2008.

"Prefácio à *História do Estado russo*" (1818), de Nikolai Karamzin — "Predislóvie", em *Istória Gossudárstva Rossíiskogo*, Moscou, Iermak, 2004.

"Da insignificância da literatura russa" (1834), de Aleksandr Púchkin — "O nitchtójestvie literaturi rússkoi", em *Sobránie sotchiniéni*, Moscou, Vagrius, 2006.

"Algumas palavras sobre Púchkin" (1835), de Nikolai Gógol — "Niéskolko slov o Púchkinie", em *Púchkin: pro et contra*, São Petersburgo, Izdátelstvo Rússkogo Khristiánskogo Gumanitárnogo Instituta, 2000.

"Primeira carta filosófica" (1836), de Piotr Tchaadáiev — "Piérvoie filossofítcheskoie pismó", em Tarássov, B. N. (org.), *Piotr Iákovlevitch Tchaadáiev*, Moscou, Rússki Mir, 2008.

"Algumas palavras sobre a 'Carta filosófica'" (1836), de Aleksei Khomiakov — "Niéskolko slov o 'Filossofítcheskom pismié'", em *Sotchiniénia v 2 tomakh*, Moscou, Medium, 1994.

"Algumas palavras sobre o poema de Gógol *As aventuras de Tchítchikov* ou *Almas mortas*" (1842), de Konstantin Aksákov — "Niéskolko slov o poémie Gógolia: *Pokhojdiénia Tchítchikova, ili Miôrtvie dúchi*", em *Literatúrnaia krítika*, Moscou, Sovremiênnik, 1981.

"Pensamentos e observações sobre a literatura russa" (1846), de Vissarion Bielínski — "Mísli i zamiétki o rússkoi literatúrie", em *Pólnoie sobránie sotchiniéni*, Moscou, Akadiémia Naúk SSSR, 1955.

“Carta a Nikolai Vassílievitch Gógol” (1847), de Vissarion Bielínski — “Pismó N. V. Gógoliu”, em *Pólnoie sobránie sotchiniéni*, Moscou, Akadiémia Naúk SSSR, 1955.

“Literatura e pensamento social depois do 14 de dezembro de 1825” (1850), de Aleksandr Herzen — “Literatura i obschéstvennoie mniénie póslie 14 dekabriá 1825 goda”, em *Rússkaia estiétika i krítika 40-50-kh godov XIX vieka*, Moscou, Iskússtvo, 1982.

“Sobre o caráter da ilustração da Europa e sua relação com a ilustração da Rússia” (1852), de Ivan Kiriêievski — “O kharákterie prosveschénia Ievrópi i o iegó otnochéni k prosveschéniu Rossíi”, em *Razum na putí k ístine*, Moscou, Právilo Viéri, 2002.

“Sobre o significado das obras de arte para a sociedade” (1856), de Pável Ánnenkov — “O znatchéni khudójestvennikh proizvediéni dliá óbschestva”, em *Rússkaia estiétika i krítika 40-50-kh godov XIX vieka*, Moscou, Iskússtvo, 1982.

“O russo no *rendez-vous*” (1858), de Nikolai Tchernichévski — “Rússki tcheloviek na *rendez-vous*”, em *Sobránie sotchiniéni v 5 tomakh*, Moscou, Pravda, 1974.

“O que é oblomovismo?” (1859), de Nikolai Dobroliúbov — “Tchto takóie oblómovschina”, em *Ízbrannie literaturno-krititcheskie statí*, Moscou, Naúka, 1970.

“Quem deve aprender a escrever com quem, as crianças camponesas conosco ou nós com as crianças camponesas?” (1859), de Lev Tolstói — “Komu u kogó utchítsia pissat, krestriánskim rebiátam u nas íli nam u krestiánskikh rebiat?”, em *Sobránie sotchiniéni v 22 tomakh*, Moscou, Khudójestvennaia Literatura, 1983.

“A destruição da estética” (1865), de Dmitri Píssariev — “Razruchénie estiétiki”, em *Literatúrnaia krítika v 3 tomakh*, Leningrado, Khudójestvennaia Literatura, 1981.

“Sobre o método e as tarefas da história da literatura como ciência” (1870), de Aleksandr Vesselóvski — “O miétodie i zadátchakh istóri literaturi kak naúki”, em *Istorítcheskaia Poétika*, Moscou, Víschaia Chkola, 1989.

“Púchkin” (1880), de Fiódor Dostoiévski — “Púchkinskaia rietch”, em *Pólnoie sobránie sotchiniéni*, Leningrad, Naúka, 1984.

"Um talento cruel" (1882), de Nikolai Mikhailóvski — "Jestóki talant", em *Literaturno-kritítcheskie statí*, Moscou, Direct-Media, 2010.

"Três discursos em memória de Dostoiévski" (1881-3), de Vladímir Soloviov — "Tri riétchi v pámiat Dostoiévskogo", em *Stikhotvoriénia, estiétika, literatúrnaia krítika*, Moscou, Kniga, 1990.

"V. G. Bielínski" (1898), de Gueórgui Plekhánov — "V. G. Bielínski", em *Sotchiniénia v 24 tomakh*, Moscou, Leningrado, Izdátelstvo Gossudárstvennoie, 1925.

"A imortalidade como privilégio dos super-homens" (1901), de Nikolai Fiódorov — "Bessmiértie, kak priviliéguia sverkhtcheloviékov: po póvodu statií V. S. Soloviova o Liérmontovie", em *Sobránie sotchiniéni v 4 tomakh*, Moscou, Progress, 1995.

Sobre o organizador

Bruno Barretto Gomide nasceu no Rio de Janeiro em 1972. É doutor pela Unicamp, com estágio de doutorado CAPES na Universidade da Califórnia, em Berkeley. Realizou cursos nas Universidades de Illinois, Indiana, Cambridge e Linguística de Moscou. Desde 2005 é professor de literatura russa na USP, e atualmente coordena a pós-graduação da área. Foi pesquisador-visitante no Instituto Górki de Literatura Mundial, em Moscou (com apoio da FAPESP). É o organizador do GT de Literatura Russa da ABRALIC. Tem publicado artigos em periódicos internacionais (como o *Tolstoy Studies Journal* e o *Vopróssi Literaturi*) e participado dos principais congressos de eslavística. Em 2011, fruto de sua tese de doutorado, publicou o livro *Da estepe à caatinga: o romance russo no Brasil (1887-1936)* pela Edusp, vencedor do Prêmio Jabuti 2012 na categoria Teoria e Crítica Literária (2° lugar). No mesmo ano, organizou a *Nova antologia do conto russo (1792-1998)*, lançada pela Editora 34, e após coordenar em 2017 a coleção Narrativas da Revolução, também pela Editora 34, publicou o livro *Dostoiévski na rua do Ouvidor: a literatura russa e o Estado Novo* (Edusp/Fapesp, 2018), sua tese de livre-docência defendida na USP.

Sobre os tradutores

Cecília Rosas é mestre e doutoranda em Literatura e Cultura Russa pela Faculdade de Filosofia, Letras e Ciências Humanas da Universidade de São Paulo, com dissertação sobre Aleksandr Púchkin. Traduziu o conto "Di Grasso", de Isaac Bábel, para a revista *Fevereiro* (2011), e os volumes *Noites egípcias e outros contos* (Hedra, 2010) e *O conto maravilhoso do tsar Saltan* (Cosac Naify, 2013), de Púchkin, e *O ladrão honesto e outros contos*, de Dostoiévski (Hedra, 2013). Participou também da *Nova antologia do conto russo (1792-1998)* (Editora 34, 2011). Para esta antologia, traduziu "Do amor à pátria e do orgulho nacional" e "Prefácio à *História do Estado russo*", de Karamzin; "Da insignificância da literatura russa", de Púchkin; e "Primeira carta filosófica", de Tchaadáiev, com a colaboração de Ekaterina Vólkova Américo no cotejo dos textos.

Denise Regina de Sales é tradutora, doutora em Literatura e Cultura Russa pela Universidade de São Paulo e professora do Setor de Russo do Instituto de Letras da Universidade Federal do Rio Grande do Sul. Formada em Jornalismo, trabalhou na Rádio Estatal de Moscou como repórter e locutora. Publicou diversas traduções, entre elas a novela *Minha vida*, de A. P. Tchekhov (Editora 34, 2011) e a coletânea *A fraude e outras histórias*, de Nikolai Leskov (Editora 34, 2012). Participou também da *Nova antologia do conto russo (1792-1998)* (Editora 34, 2011). Para esta antologia, traduziu "Algumas palavras sobre a 'Carta filosófica'", de Khomiakov; "Algumas palavras sobre o poema de Gógol *As aventuras de Tchítchikov* ou *Almas mortas*", de Aksákov; "Literatura e pensamento social depois do 14 de dezembro de 1825", de Herzen; "Sobre o caráter da ilustração da Europa e sua relação com a ilustração da Rússia", de Kiriêievski; "Sobre o método e as tarefas da história da literatura como ciência", de Vesselóvski; "Três discursos em memória de Dostoiévski", de Soloviov; e "V. G. Bielínski", de Plekhánov.

Ekaterina Vólkova Américo é formada em História, Literatura e Cultura Russa e Hispano-Americana pela Universidade Estatal de Ciências Humanas de Moscou. Tradutora das obras de Iúri Lótman, Pável Medviédev e Mikhail Bakhtin, possui mestrado (2006) e doutorado (2012) pela Universidade de São Paulo em Literatura e Cultura Russa. Para esta antologia, traduziu "Sobre o significado das obras de arte para a sociedade", de Ánnenkov (com Graziela Schneider); e "Púchkin", de Dostoiévski (com Graziela Schneider).

Graziela Schneider é doutoranda em Literatura e Cultura Russa pela Faculdade de Filosofia, Letras e Ciências Humanas da Universidade de São Paulo, tendo defendido seu mestrado com a dissertação "A face russa de Nabókov: poética e tradução". Entre suas traduções, destacam-se, *Minha descoberta da América*, de Vladímir Maiakóvski (Martins, 2007), *O cadáver vivo*, de Lev Tolstói, em parceria com Elena Vássina (Peixoto Neto, 2007), e *Os últimos dias de Tolstói*, em parceria com outras tradutoras (Companhia das Letras, 2011). Participou também da *Nova antologia do conto russo (1792-1998)* (Editora 34, 2011). Para esta antologia, traduziu "Algumas palavras sobre Púchkin", de Gógol; "Sobre o significado das obras de arte para a sociedade", de Ánnenkov (com Ekaterina Vólkova Américo); e "Púchkin", de Dostoiévski (com Ekaterina Vólkova Américo).

Mário Ramos é professor de Literatura Russa na Faculdade de Filosofia, Letras e Ciências Humanas da Universidade de São Paulo, com mestrado e doutorado dedicados ao estudo da obra do poeta cubofuturista Velimir Khliébnikov. Além de artigos e poemas, traduziu a peça *À saída do teatro...*, de Nikolai Gógol, com Arlete Cavaliere (Paz e Terra, 2002) e participou da *Nova antologia do conto russo (1792-1998)* (Editora 34, 2011). Para esta antologia, traduziu "A imortalidade como privilégio dos super-homens", de Fiódorov.

Renata Esteves é doutoranda em Literatura e Cultura Russa na Faculdade de Filosofia, Letras e Ciências Humanas da Universidade de São Paulo. Na mesma instituição, graduou-se em Russo e Português em 1993 e concluiu o mestrado, em 2011, em Teoria Literária e Literatura Comparada, com a dissertação "Vissarion G. Belínski: uma apresentação", que traz um ensaio sobre o crítico russo e a tradução de dois textos representativos de sua trajetória. No ano de 1997, morou em Moscou, onde trabalhou na Rádio Estatal de Moscou e estudou no Instituto de Língua Russa A. S. Púchkin. Lecionou como professora de português e literatura no ensino formal e trabalhou no mercado editorial. É professora de português para estrangeiros, russo e inglês. Para esta antologia, traduziu "Pensamentos e observações sobre a literatura russa" e "Carta a Nikolai Vassílievitch Gógol", de Bielínski.

Sonia Branco é professora de Literatura e Cultura Russas junto ao Departamento de Letras Orientais e Eslavas da Faculdade de Letras da UFRJ, com mestrado e doutorado voltados para os estudos da crítica literária russa do século XIX. Dentre os textos que traduziu, foram publicadas as obras *Contos de*

Sebastopol (Hedra, 2011) e *Os cossacos* (Livros da Matriz, 2012), ambas de Lev Tolstói. Para esta antologia, traduziu "O russo no *rendez-vous*", de Tchernichévski; "O que é oblomovismo?", de Dobroliúbov; "A destruição da estética", de Píssariev; e "Um talento cruel", de Mikhailóvski.

Yulia Mikaelyan é russa, doutoranda em Literatura e Cultura Russa pela Faculdade de Filosofia, Letras e Ciências Humanas da Universidade de São Paulo. Graduada em espanhol pela faculdade de Letras da Universidade Estatal de Moscou, trabalhou como professora de espanhol na Universidade MGIMO de Moscou entre 2007 e 2010, exercendo paralelamente a função de tradutora e intérprete em espanhol, português e russo. Atualmente ministra aulas de língua russa para estrangeiros no Brasil e é coautora de um manual de espanhol para estudantes russos. Participou também da *Nova antologia do conto russo (1792-1998)* (Editora 34, 2011). Para esta antologia, traduziu "Quem deve aprender a escrever com quem, as crianças camponesas conosco ou nós com as crianças camponesas?".

Este livro foi composto em Sabon
pela Bracher & Malta, com CTP e
impressão da Edições Loyola em
papel Pólen Soft 70 g/m² da Cia.
Suzano de Papel e Celulose para a
Editora 34, em abril de 2022.